Management-Reihe Corporate Social Responsibility

Herausgegeben von
René Schmidpeter
Dr. Jürgen Meyer Stiftungsprofessur für
Internationale Wirtschaftsethik und CSR
Cologne Business School (CBS)
Köln, Deutschland

Das Thema der gesellschaftlichen Verantwortung gewinnt in der Wirtschaft und Wissenschaft gleichermaßen an Bedeutung. Die Management-Reihe Corporate Social Responsibiltiy geht davon aus, dass die Wettbewerbsfähigkeit eines jeden Unternehmens davon abhängen wird, wie es den gegenwärtigen ökonomischen, sozialen und ökologischen Herausforderungen in allen Geschäftsfeldern begegnet. Unternehmer und Manager sind im eigenen Interesse dazu aufgerufen, ihre Produkte und Märkte weiter zu entwickeln, die Wertschöpfung ihres Unternehmens den neuen Herausforderungen anzupassen sowie ihr Unternehmen strategisch in den neuen Themenfeldern CSR und Nachhaltigkeit zu positionieren. Dazu ist es notwendig, generelles Managementwissen zum Thema CSR mit einzelnen betriebswirtschaftlichen Spezialdisziplinen (z.B. Finanz, HR, PR, Marketing etc.) zu verknüpfen. Die CSR-Reihe möchte genau hier ansetzen und Unternehmenslenker, Manager der verschiedenen Bereiche sowie zukünftige Fach- und Führungskräfte dabei unterstützen, ihr Wissen und ihre Kompetenz im immer wichtiger werdenden Themenfeld CSR zu erweitern. Denn nur, wenn Unternehmen in ihrem gesamten Handeln und allen Bereichen gesellschaftlichen Mehrwert generieren, können sie auch in Zukunft erfolgreich Geschäfte machen. Die Verknüpfung dieser aktuellen Managementdiskussion mit dem breiten Managementwissen der Betriebswirtschaftslehre ist Ziel dieser Reihe. Die Reihe hat somit den Anspruch, die bestehenden Managementansätze durch neue Ideen und Konzepte zu ergänzen, um so durch das Paradigma eines nachhaltigen Managements einen neuen Standard in der Managementliteratur zu setzen.

Weitere Bände in dieser Reihe
http://www.springer.com/series/11764

Hans-Hermann Albers · Felix Hartenstein
(Hrsg.)

CSR und Stadtentwicklung

Unternehmen als Partner für eine
nachhaltige Stadtentwicklung

Herausgeber
Hans-Hermann Albers
STADTREGIE stadtforschung
Berlin, Deutschland

Felix Hartenstein
Zentralinstitut El Gouna
Technische Universität Berlin
Berlin, Deutschland

ISSN 2197-4322　　　　　　　　ISSN 2197-4330 (electronic)
Management-Reihe Corporate Social Responsibility
ISBN 978-3-662-50312-6　　　　ISBN 978-3-662-50313-3 (eBook)
DOI 10.1007/978-3-662-50313-3

Die Deutsche Nationalbibliothek verzeichnet diese Publikation in der Deutschen Nationalbibliografie; detaillierte bibliografische Daten sind im Internet über http://dnb.d-nb.de abrufbar.

Springer Gabler
© Springer-Verlag GmbH Deutschland 2017
Das Werk einschließlich aller seiner Teile ist urheberrechtlich geschützt. Jede Verwertung, die nicht ausdrücklich vom Urheberrechtsgesetz zugelassen ist, bedarf der vorherigen Zustimmung des Verlags. Das gilt insbesondere für Vervielfältigungen, Bearbeitungen, Übersetzungen, Mikroverfilmungen und die Einspeicherung und Verarbeitung in elektronischen Systemen.
Die Wiedergabe von Gebrauchsnamen, Handelsnamen, Warenbezeichnungen usw. in diesem Werk berechtigt auch ohne besondere Kennzeichnung nicht zu der Annahme, dass solche Namen im Sinne der Warenzeichen- und Markenschutz-Gesetzgebung als frei zu betrachten wären und daher von jedermann benutzt werden dürften.
Der Verlag, die Autoren und die Herausgeber gehen davon aus, dass die Angaben und Informationen in diesem Werk zum Zeitpunkt der Veröffentlichung vollständig und korrekt sind. Weder der Verlag noch die Autoren oder die Herausgeber übernehmen, ausdrücklich oder implizit, Gewähr für den Inhalt des Werkes, etwaige Fehler oder Äußerungen.

Einbandabbildung: Michael Bursik
Lektorat: Janina Tschech

Gedruckt auf säurefreiem und chlorfrei gebleichtem Papier

Springer Gabler ist Teil von Springer Nature
Die eingetragene Gesellschaft ist Springer-Verlag GmbH Germany
Die Anschrift der Gesellschaft ist: Heidelberger Platz 3, 14197 Berlin, Germany

Vorwort des Reihenherausgebers: Unternehmen – Partner in der Stadtentwicklung

In der aktuellen Debatte um die gesellschaftliche Verantwortung von Unternehmen werden Unternehmen immer öfter auch als Teil ihres lokalen und regionalen Beziehungs- und Handlungsnetzwerkes gesehen. Denn nicht selten – insbesondere bei kleinen und mittleren Unternehmen – deckt sich der Unternehmensstandort mit dem Wohnsitz der Beschäftigten, dem Standort der Zulieferer und/oder dem Absatzmarkt. So stehen unternehmerisches Handeln und die damit verbundene Entscheidungen in direkter Wechselwirkung mit den ökonomischen, ökologischen und sozialen Entwicklungen in einer Stadt bzw. Region.

In Anbetracht dieser zahlreichen Wechselwirkungen zwischen Unternehmen und ihren jeweiligen Standorten, erscheint es nur logisch und konsequent, die Potenziale, Motive, Strategien und Projekte von Unternehmen als „Corporate Citizen – d. h. Unternehmensbürger" und damit als Mitgestalter der regionalen Entwicklungen und Rahmenbedingungen näher zu betrachten. Die vorliegende Publikation beschreibt diesen wichtigen Nexus zwischen dem gesellschaftlichen Engagement von Unternehmen und der Stadt- bzw. Regionalentwicklung. Dabei wird sowohl der Nutzen für die Unternehmen als auch ihrer Kooperationspartner deutlich. Es zeigt sich dabei auch, dass für ein erfolgreiches Stadtmanagement der Grad der „gesellschaftlichen Eingebundenheit von Unternehmen" sowie das Zusammengehörigkeitsgefühl zwischen Wirtschaft und Bevölkerung, die Geschlossenheit, der mentale Zusammenhalt, die kollektive Problemwahrnehmung sowie die gemeinsamen Strategien der vor Ort oft ganz unterschiedlichen Akteure immer wichtiger werden.

Der vorliegenden Band gibt viele Beispiele wie sich Unternehmen gesellschaftlich engagieren. Dabei wird ein stetiger Trend deutlich: weg vom rein kurzfristigen Engagement in Form von Geld- und Sachspenden hin zu unternehmerischen Aktivitäten, die proaktiv, strategisch und langfristig ausgerichtet sind. Unternehmen bietet sich auf diese Weise die Möglichkeit, aktiv als „Corporate Citizen" oder als „Bürger ihrer Stadt" sowohl ihr unternehmerisches als auch ihr gesellschaftliches Umfeld zu mitzugestalten. Dieses unternehmerische Engagement stiftet dabei nicht nur Nutzen für die Stadt bzw. Region, sondern auch für die Unternehmen. Denn es schafft direkt und/oder indirekt verbesserte Rahmenbedingungen im Wettbewerb um Menschen, Kapital und Wissen.

In der Management Reihe Corporate Social Responsibility (CSR) macht die nun vorliegende Publikation „CSR und Stadtentwicklung" deutlich, dass neue Kooperationen zwischen Wirtschaft, Politik und Zivilgesellschaft immer wichtiger werden, um die Problemlösungskompetenz und Innovationsfähigkeit von Städten und Regionen zu erhöhen. Das Buch stellt damit die dringend benötigte Brücke zwischen dem Forschungs- und Handlungsfeldern der Stadt- und Regionalentwicklung und der aktuellen CSR-Diskussion da. Alle LeserInnen sind nunmehr herzlich eingeladen, die in der Publikation dargelegten Gedanken aufzugreifen und für die eigenen beruflichen Herausforderungen zu nutzen. Ich möchte mich last but not least sehr herzlich bei den Herausgebern Dr. Hans-Hermann Albers und Felix Hartenstein für ihr großes Engagement, bei Michael Bursik und Janina Tschech vom Springer Gabler Verlag für die gute Zusammenarbeit sowie bei allen Unterstützern der Reihe aufrichtig bedanken und wünsche Ihnen, werte Leserinnen und werter Leser, nun eine interessante Lektüre.

Prof. Dr. René Schmidpeter

CSR und Stadtentwicklung: Vorwort

Corporate Social Responsibilty und Corporate Citizenship sind vielerorts wichtige Bestandteile der Stadtentwicklung. Dass Unternehmen gesellschaftliches Engagement ausüben und sich dabei auf die Entwicklung von urbanen Räumen, Stadt und Architektur beziehen, ist allerdings nicht neu. Schon die ersten Unternehmen beteiligten sich am Aufbau städtischer Strukturen, unterstützten kulturelle und soziale Einrichtungen oder finanzierten den Bau von günstigen Wohnungen. Die Fuggerei in Augsburg steht exemplarisch für dieses frühe Unternehmerengagement und ist mittlerweile die weltweit älteste Sozialsiedlung. Später – im Zeitalter der Industrialisierung und zunehmender Verstädterung – richtete sich das Engagement vieler Industrieunternehmen auf die Bewältigung der sozialen Frage. Die Verbreitung des Werkswohnungsbaus – als bekanntestes Beispiel gilt die Margarethenhöhe in Essen – sowie unternehmerische Schenkungen und Stiftungen zur Errichtungen gesellschaftlicher Einrichtungen – beispielsweise das Grillo-Theater, ebenfalls in Essen – führten zu einer erheblichen Verbesserung der Lebenssituation breiter Bevölkerungsschichten, vor allem in den übervölkerten Ballungsgebieten der aufstrebenden Industriestädte.

Heute ist das lokale Engagement oft bereits traditioneller Bestandteil der Beziehungen vieler Unternehmen zu ihrem Standort. Ihr gesellschaftliches Engagement und die Verknüpfungen mit bedeutsamen Komponenten der Stadtentwicklung bilden seit langem eine wichtige Grundlage für unsere modernen Städte. Dabei stellt der Einsatz für ihre Stadt oder Region für die Unternehmen auch einen Gewinn dar, da Produktivkraft und Zufriedenheit der Mitarbeiter zunehmen, das Image vor Ort – und darüber hinaus – steigt oder generell ein fruchtbares Unternehmensumfeld gefördert wird.

Die Ziele und Motive für lokales gesellschaftliches Engagement haben sich im Laufe der Zeit und im Zuge des wirtschaftlichen Fortschritts weiterentwickelt und ausdifferenziert. Mit der Entwicklung eines modernen CSR-Verständnisses sowie von professionalisierten CSR-Instrumenten und -Konzepten stehen für das Aktionsfeld „CSR und Stadtentwicklung" gegenwärtig mehr Mittel und Methoden zur Verfügung als dies je der Fall war. Jedoch stehen dieser positiven Entwicklung äußerst komplexe Herausforderungen und dementsprechend weitreichende Betätigungsräume gegenüber. Umweltschutz, Ressourcenverknappung, demografischer Wandel und die generellen Folgen der Globalisierung sind nur einige der aktuell dominierenden Gesellschaftsthemen. Die Dimension und Verschränkung dieser Belange führt zu einer neuen Motivation für Verantwortungs- und Nachhaltigkeitsaspekte und zu einem wachsenden ethisch-moralischen Anspruch an alle Wirtschaftsakteure. Gleichzeitig stehen politische, ökonomische und gesellschaftliche Entscheidungsträger vor der Herausforderung, den technischen Fortschritt – gerade im Bereich der umfassenden Digitalisierung – mit den Anforderungen von Nachhaltigkeit und sozialer Verantwortung sinnvoll zu verbinden.

In einer parallelen Entwicklung entstehen gegenwärtig neue, dem gesellschaftlichen und ökonomischen Strukturwandel geschuldete Bedingungen in der Stadtentwicklung. Klassische Stadtplanung „von oben" wird zunehmend durch heterogene und kooperative Planungsprozesse ersetzt. Sowohl Bürger als auch Unternehmen sind aufgefordert mitzugestalten und fordern das Recht auf Mitbestimmung auch aktiv ein. Sie beteiligen sich auf eigene Initiative an Stadtentwicklung und setzen ihre Ideen und Konzepte unabhängig um – nicht zuletzt, weil sich staatliche Finanzressourcen zunehmend als unzureichend erweisen, die Bewältigung komplexer Aufgaben anders nicht zu bewerkstelligen ist oder grundlegende Bedürfnisse nicht erfüllt werden. In der Folge entstehen vielfältige Bürgerinitiativen und -stiftungen oder private Spendenaktionen. Unternehmen werden dabei immer mehr zu engagierten Partnern bei der Durchführung nachhaltiger Stadtentwicklungsprojekte. Stadtentwicklung wird somit zunehmend als Gemeinschaftsaufgabe verstanden, die trisektoral – von Wirtschaft, Zivilgesellschaft/Bürgern, und Politik/Verwaltung – getragen wird. Corporate Social Responsibility in der Stadtentwicklung bedeutet heutzutage in besonderer Weise die Förderung von Engagementprozessen oder sozialen Strukturen und vor allem ein vernetztes und strategisches Handeln. Auch „klassische" CSR-Instrumente aus dem Corporate Giving Bereich kommen deshalb vermehrt als Bestandteil von Gesamtstrategien – und damit wirkungsoptimiert – für eine nachhaltige Stadtentwicklung zum Einsatz.

Vor diesem Hintergrund erfolgt mit den folgenden Beiträgen in diesem Band eine umfassende Auseinandersetzung über die aktuelle und künftige CSR-Praxis im Lebens- und Arbeitsraum Stadt und mit Bezug auf eine nachhaltige Stadtentwicklung. Dabei werden die Potenziale und Chancen, die sich für Städte und Unternehmen erschließen, umfassend beschrieben und ausgewertet. Die Autoren stellen in ihren Beiträgen vor, wo und wie aktuelle CSR-Instrumente für Stadtentwicklungsprojekte eingesetzt werden können und analysieren deren strategische Nutzung. Sie zeigen zudem die Wirkungsfelder sowohl in Bereichen sozialer als auch baulicher Infrastrukturen auf und überprüfen diese auf Stadt- oder Quartiersebene. Da CSR im Kontext der Stadtentwicklung immer häufiger kooperativ erfolgt, werden anhand von zahlreichen Praxisbeispielen wirksame Organisations- und Managementstrukturen skizziert sowie erfolgreiche Formen der Zusammenarbeit zwischen Unternehmen und Kommunen aufgezeigt.

Weil sich das Themenpaar aus CSR und Stadtentwicklung über einen besonders weiten Betrachtungswinkel erschließt und ganz unterschiedliche Akteure umfasst, ist dieser Band wissenschaftlich interdisziplinär angelegt. Es sind unterschiedliche Branchen wie auch Unternehmensformen vertreten und es kommen Experten aus Forschung, Privatwirtschaft, Verwaltung, drittem Sektor und kommunalen Unternehmen zu Wort.

Im ersten Teil des Buches steht die wissenschaftlich-theoretische Annäherung und Analyse im Fokus der Beiträge. Dabei geht es einerseits um die Einordnung von CSR als räumlich und gesellschaftlich wirksame Komponente der Stadtentwicklung, die Definition beziehungsweise Deutung der verwendeten Begriffe und um die Erfassung der Ziele und Kernfragen auf Seiten der Akteure (siehe u. a. den Beitrag von Moldaschl und Wörlen). Andererseits geht es darum, die Vielschichtigkeit des Themas, der Einsatzmöglichkeiten und Anwendungsfelder abzubilden, den jeweiligen Nutzen für Stadt und Wirtschaft herauszustellen und die Wirkungen zu analysieren. Die Beiträge beziehen sich daher auf verschiedene Wirtschaftsbereiche sowie auf unterschiedliche Unternehmensgrößen und -formen, stellen aber auch den CSR-Einsatz in unterschiedlichen städtischen Dimensionen und Sozialräumen vor. Der Betrachtungsraum reicht von Großstadtquartieren über Mittelstädte bis hin zu peripheren Kleinstädten (siehe Danielzyk u. a.) und dörflichen Strukturen (siehe Burke, Harmel und Jank). Dabei werden jeweils die spezifischen und allgemeinen Herausforderungen herausgearbeitet und mit notwendigen wie sinnvollen Organisationsstrukturen für ein funktionsfähiges Handeln verbunden. Einige Beiträge beziehen sich folglich auf exemplarische Kooperationsmodelle zwischen Unternehmen und Kommunen, Unternehmen und der Zivilgesellschaft oder – im Sinne trisektoraler Bündnisse – allen drei Akteursbereichen.

Bojarra-Becker beschreibt in ihrem Text die Funktionsweise von Bürgerstiftungen und erörtert die Rolle der Unternehmen als Corporate Citizen in diesem Kooperationsmodell. Faller, Wilmsmeier und Kleine-König stellen Kooperationsformen im Kontext der sozialen Quartiersentwicklung vor und zeigen, wie soziale Problemviertel mit Unternehmensengagement effektiv und wirksam unterstützt werden können.

Eine besondere Form der Zusammenarbeit von Unternehmen und Kommune ist die Wolfsburg AG, ein PPP-Modell der Volkswagen AG und der Stadt Wolfsburg. Die Beiträge von Harth und Kiese dokumentieren dieses spezielle und dominante Unternehmensengagement am Konzernsitz und beschreiben die sozialräumlichen Wirkungen auf Stadt und Region.

Als besonders wichtiger Akteur der Stadtentwicklung gilt die Immobilienwirtschaft. Mit den Ergebnissen der Studie „CSR in der Immobilienwirtschaft" führen Zeitner, Peyinghaus und Stratmann eine erste Analyse über das Engagement in dieser Branche durch.

Der zweite Teil des Buches bündelt Beiträge, die Erfahrungen aus der praktischen Umsetzung von stadtwirksamen CSR-Maßnahmen zusammenfassen und Einblicke in differenzierte Handlungsfelder eröffnen. Dabei berichten Praktiker aus verschiedenen Bereichen (Berater, Mittler, Verwaltungs-, Unternehmens- und Verbandsvertreter oder zivilgesellschaftliche Akteure) über ihre CSR-Projekte und -Konzepte und stellen die inhaltlichen Schwerpunkte vor. Dabei geht es zum einen darum, die Organisation von Kooperationen, den Aufbau von Engagementstrategien und die notwendigen Rahmenbedingungen für fruchtbare Maßnahmen aufzuzeigen und handlungsorientiert zu vermitteln. Zum anderen wird der Nutzen für Unternehmen, Städte und Bürger formuliert. Es wird geklärt, welche Motivation die Akteure vorantreibt und welche Strukturen hilfreich sind, aber auch, welche Hindernisse zu beachten sind. Dabei stehen die Praxisbeiträge meist in einem engen Bezug zu den vorangehenden wissenschaftlichen Betrachtungen und bieten nützliche thematische Querbezüge. Etwa schließen das Beispiel der Stadtteilpatenschaften aus Nürnberg (Brochier, Glaser und Wolff) oder der Beitrag der Montag Stiftung Urbane Räume (Brügge, Burgdorff und Haas) an den Text über die soziale Quartiersentwicklung (Faller, Wilmsmeier und Kleine-König) an. Die Analyse zum CSR-Stand der Immobilienwirtschaft (Zeitner, Peyinhaus und Stratmann) wird ergänzt durch den Beitrag über das Engagement der Wohnbaugesellschaft DeGeWo (Heitzmann und Jost) und das Kapitel zum Werkswohnungsbau der Stadtwerke München (Kadereit). Gleichsam stehen der Beitrag zu CSR und Ortsentwicklung (Danielzyk u. a.) und die aufgeführten Beispiele zum Engagement kleiner und mittlerer Unternehmen im ländlichen Raum in engem Zusammenhang (Burke, Harmel und Jank).

Der dritte Teil des Buches widmet sich der Zukunft von CSR in der Stadtentwicklung, den künftigen Herausforderungen und möglichen Positionen des gesellschaftlichen Engagements der Unternehmen in der Stadt von Morgen. Spars geht in seinem Beitrag auf zwei Entwicklungslinien ein und eröffnet damit den Ausblick. Einerseits ist es die weiterhin wachsende Komplexität und Menge der kommunalen Aufgaben, welche durch angespannte Finanzlage, Flüchtlingskrise und Umwelt- wie Ressourcenprobleme vorangetrieben wird und den Rückzug öffentlicher Akteure forciert. Unternehmen werden deshalb weiterhin verstärkt als Akteure für die nachhaltigen Stadtentwicklung aktiviert (Pull-Effekte). Andererseits wirken Faktoren wie Digitalisierung, Fachkräftemangel und Tertiärisierung sowie zunehmend moralische und ethische Ansprüche auf Seiten der Stakeholder als Treiber für CSR-Aktivitäten bei den Unternehmen (Push-Effekte).

Der darauf folgende Beitrag blickt auf den charakteristischen und maßgeblichen Ort des digital-ökonomischen Wandels, das Silicon Valley, und die dort ansässigen Unternehmen der Digital- und Internetwirtschaft (Hartenstein). Kernfrage ist dabei, wie Unternehmen wie Google, Apple oder Facebook neue Arbeits- bzw. Lebenswelten für ihre Mitarbeiter konstruieren und welche Form von Unternehmensverantwortung damit formuliert wird. Neben der neuen spaßbetonten Arbeitskultur auf den Campussen der Technologiefirmen werden auch die Auswirkungen auf das urbane Umfeld an den Firmenstandorten und in San Francisco einer kritischen Betrachtung unterzogen.

Den Abschluss bildet ein zusammenfassender Beitrag über den Weg in die digitalmoderne Stadt und die korrelierende CSR-Entwicklung (Albers). Der Text beschreibt neue CSR-Anwendungen, die durch Digitalisierung ermöglicht werden, wirft einen Blick auf die Internet- und Digitalwirtschaft als neuen CSR-Akteur und hinterfragt die Verantwortungsrolle der im virtuellen Raum aktiven Unternehmen hinsichtlich ihrer Auswirkungen im physischen Stadtraum.

Es bleibt festzuhalten, dass Städte hinsichtlich der vielfältigen Herausforderungen und des wachsenden Nachhaltigkeitsanspruches mit dem gesellschaftlichen Engagement von Unternehmen eine wichtige Unterstützung erfahren können. Gleichzeitig sind CSR-Projekte im Stadtentwicklungskontext für Unternehmen auch besonders nützlich, weil die stadträumliche Komponente oft zusätzliche Vorteile erschließt – etwa durch verbesserte weiche Standortfaktoren, erhöhte Mitarbeitermotivation oder hohe Standortakzeptanz.

Unternehmen stellen jedoch nur einen Bestandteil komplexer Stadtgesellschaften dar. Sie müssen daher lernen, gemeinschaftlich mit Bürgern und Kommunen zu wirken. Kooperationen und partnerschaftliche Projekte – wie sie in diesem Band vorgestellt werden – sind deshalb ein gewinnversprechender Weg, um nachhaltige und effektive Wirkungen für das urbane Umfeld zu erzielen. Für eine wirksame Zusammenarbeit sind gegenseitiges Verständnis, Vertrauen und eine optimale Verzahnung der Akteure und Institutionen unersetzlich. Hier gilt es, bestehende Hindernisse, Kommunikations- und Verständnishürden ab- und geeignete Plattformen der Vernetzung auszubauen und effizient zu gestalten. Dieser Sammelband versteht sich daher als nützliche Brücke zwischen den städtischen Akteurskonstellationen und als Anregung zur Umsetzung gemeinschaftlicher Initiativen zur Aufwertung der Arbeits- und Lebensbedingungen auf der Ebene von Stadt, Quartier oder Nachbarschaft.

Wir danken allen Autorinnen und Autoren sehr herzlich für ihre wertvollen Beiträge, für die anregenden und motivierenden Diskussionen sowie für die zahlreichen Ideen und Anregungen für neue CSR-Innovationen. Wir wünschen allen Akteuren und Lesern dieses Buches viel Erfolg und Freude bei der Umsetzung ihres Engagements für nachhaltige und lebenswerte Städte.

Hans-Hermann Albers

Felix Hartenstein

Die Herausgeber

Hans-Hermann Albers, (*1976) Dipl.-Ing. Dr. techn. (Berlin) ist selbständiger Architekt, Urbanist und Unternehmensberater. Er studierte Architektur- und Städtebau in Graz, Athen und Helsinki. Promotion zum Dr. techn. an der TU Graz mit dem Thema CSR und Stadtentwicklung. Seine Arbeits-, Lehr- und Forschungsschwerpunkte sind CSR & nachhaltige Stadtentwicklung, (digitale) Stadtökonomie, urbane Tourismus- und Freizeitstrukturen. Er lehrte an der TU Graz und war Mitarbeiter in einer Unternehmensberatung. Er führt seit 2009 ein Büro für Stadtforschung, -entwicklung und -beratung in Berlin.

Felix Hartenstein (*1980) ist Stadtökonom und Urbanist. Nach seinem Studium der Volkswirtschaft in Maastricht und Santiago de Chile war er für die GIZ in den Bereichen kommunale Wirtschaftsförderung und KMU-Mentoring in Namibia tätig. Seit 2012 ist er wissenschaftlicher Mitarbeiter an der TU Berlin und arbeitet im Wechsel in Ägypten und Deutschland. In seiner Forschung und Lehre beschäftigt er sich mit den Themen unternehmerisches Engagement & Stadtentwicklung, städtische Arbeits- und Lebensformen, (neue) urbane Ökonomien, zukunftsfähige Stadtgestaltung sowie Stadt & Klimawandel.

Inhaltsverzeichnis

Teil I Wissenschaft & Forschung

Unternehmen in der sozialen Quartiersentwicklung 3
Bernhard Faller, Nora Wilmsmeier und Christiane Kleine-König

Wolfsburg und VW: Strukturelle Abhängigkeit und dominantes Engagement
am Unternehmensstandort 23
Annette Harth

Bürgerstiftungen: Mit und oder ohne Unternehmen? 41
Elke Bojarra-Becker

Corporate Regional Responsibility (CRR) 55
Meike Schiek

Koproduktion und Corporate Social Responsibility: Soziale lokale Unternehmen
als Kunden der Wirtschaftsförderung 75
Anna Butzin und Stefan Gärtner

Wie lebenswert sind unsere Städte? 93
Manfred Moldaschl und Matthias Wörlen

Unternehmerisches Engagement in der Clusterentwicklung – Konzeptionelle
Überlegungen und Fallbeispiele aus Wolfsburg und Mitteldeutschland 119
Matthias Kiese

CSR und Ortsentwicklung 143
Rainer Danielzyk, Isabelle Klein, Linda Lange, Pia Steffenhagen-Koch, Winrich
Voß und Alexandra Weitkamp

Corporate Social Responsibility in der Immobilienwirtschaft als Ressource
für Stadtentwicklung und Unternehmen nutzen 159
Regina Zeitner, Marion Peyinghaus und Anna Stratmann

Corporate Urban Responsibility – Hintergründe, Motive und Rahmenbedingungen für nachhaltiges Engagement von multinationalen Unternehmen in der Stadtentwicklung 181
Kerstin Falk

Teil II Anwendung & Best Practice

Initialkapital für den Stadtteil – die Urbane Nachbarschaft Samtweberei 203
Oliver Brügge, Frauke Burgdorff und Dirk E. Haas

„Stadtteilpatenschaften" in Nürnberg 223
Alexander Brochier, Uli Glaser und Heike Wolff

Private Initiativen in der Stadtentwicklung am Beispiel von Business Improvement Districts (BIDs) 235
Tine Fuchs

Prozess- und Strukturförderung ersetzt Projektförderung in der lokalen CSR- und Engagementpolitik 249
Loring Sittler

Neue Kooperationen initiieren: Unternehmensengagement für die soziale Stadtentwicklung 263
Reinhard Lang

Werkswohnungsbau als wiederentdeckte Aufgabe 279
Peter Kadereit

Stadtentwicklung durch gesellschaftliches Engagement – Die Rolle von Sparkassen und Sparkassenstiftungen 297
Susanne Uhlen

Unternehmerisches Engagement für eine nachhaltige Stadtentwicklung in Duderstadt 309
Sebastian Tränkner und Carolin Schwarz

Gemeinsam für die Stadt: Community Organizing und die Rolle der Unternehmen 327
Tobias Meier

Von Heuschrecken und alten Wurzeln 341
Mathias Burke, Eleonore Harmel und Leon Jank

CSR und Stadtrendite bei degewo: eine erste Bilanz 353
Reinhard Heitzmann und Janko Jost

**Verantwortungspartner für Lippe – ein Beitrag zur Regionalentwicklung
durch lokales Engagement im unternehmerischen Verbund** 371
Rolf Merchel

Teil III Zukunft, Ausblick & Perspektiven

Ausblick: CSR in der Stadt von Morgen 391
Guido Spars

Geek-Towns 409
Felix Hartenstein

CSR auf dem Weg in die digitalmoderne Stadt 429
Hans-Hermann Albers

AutorInnenverzeichnis

Hans-Hermann Albers STADTREGIE stadtforschung, Berlin, Deutschland

Elke Bojarra-Becker Deutsches Institut für Urbanistik (DIfU), Berlin, Deutschland

Alexander Brochier Brochier Stiftung, München, Deutschland

Oliver Brügge Montag Stiftung Urbane Räume, Bonn, Deutschland

Frauke Burgdorff Agentur für kooperative Stadtentwicklung, BURGDORFF STADT, Bochum, Deutschland

Mathias Burke studio amore, Berlin, Deutschland

Anna Butzin Institut für Arbeit und Technik, Westfälische Hochschule in Kooperation mit der Ruhr-Universität Bochum, Bochum, Deutschland

Rainer Danielzyk Gottfried Wilhelm Leibniz Universität Hannover, Hannover, Deutschland

Kerstin Falk WIR GESTALTEN e.V., Berlin, Deutschland

Bernhard Faller Quaestio Forschung & Beratung, Bonn, Deutschland

Tine Fuchs Dienstleistungen, Infrastruktur, Regionalpolitik, Deutscher Industrie- und Handelskammertag, Berlin, Deutschland

Stefan Gärtner Institut für Arbeit und Technik, Westfälische Hochschule in Kooperation mit der Ruhr-Universität Bochum, Bochum, Deutschland

Uli Glaser Referat für Jugend, Familie und Soziales, Stabsstelle Bürgerschaftliches Engagement und Corporate Citizenship, Stadt Nürnberg, Nürnberg, Deutschland

Dirk E. Haas Montag Stiftung Urbane Räume, Bonn, Deutschland

Eleonore Harmel studio amore, Berlin, Deutschland

Felix Hartenstein Zentralinstitut El Gouna, Technische Universität Berlin, Berlin, Deutschland

Annette Harth HAWK-HHG Hochschule, Hildesheim/Holzminden/Göttingen, Deutschland

Reinhard Heitzmann Berlin, Deutschland

Leon Jank studio amore, Berlin, Deutschland

Janko Jost degewo AG, Berlin, Deutschland

Peter Kadereit Stadtwerke München, München, Deutschland

Matthias Kiese Bochum, Deutschland

Isabelle Klein Technische Universität Dresden, Dresden, Deutschland

Christiane Kleine-König Quaestio Forschung & Beratung, Bonn, Deutschland

Reinhard Lang UPJ Netzwerk für Corporate Citizenship und CSR, Berlin, Deutschland

Linda Lange Gottfried Wilhelm Leibniz Universität Hannover, Hannover, Deutschland

Tobias Meier Deutsches Institut für Community Organizing, Berlin, Deutschland

Rolf Merchel Gewerbe- und Innovationszentrum Lippe-Detmold GILDE GmbH, Detmold, Deutschland

Manfred Moldaschl Socio-Economics and Entrepreneurial ResponsAbility, Zeppelin Universität, Friedrichshafen, Deutschland

Marion Peyinghaus CCPMRE GmbH, Berlin, Deutschland

Meike Schiek Bochum, Deutschland

Carolin Schwarz Dransfeld, Deutschland

Loring Sittler Generali Zukunftsfonds, Generali Deutschland AG, Köln, Deutschland

Guido Spars Bergische Universität Wuppertal, Wuppertal, Deutschland

Pia Steffenhagen-Koch Gottfried Wilhelm Leibniz Universität Hannover, Hannover, Deutschland

Anna Stratmann Bundesvereinigung der Landes- und Stadtentwicklungsgesellschaften e.V., Berlin, Deutschland

Sebastian Tränkner Göttingen, Deutschland

Susanne Uhlen Deutscher Sparkassen- und Giroverband e.V. (DSGV), Berlin, Deutschland

Winrich Voß Gottfried Wilhelm Leibniz Universität Hannover, Hannover, Deutschland

Alexandra Weitkamp Technische Universität Dresden, Dresden, Deutschland

Nora Wilmsmeier Quaestio Forschung & Beratung, Bonn, Deutschland

Heike Wolff Referat für Jugend, Familie und Soziales, Stadt Nürnberg, Nürnberg, Deutschland

Matthias Wörlen Socio-Economics and Entrepreneurial ResponsAbility, Zeppelin Universität, Friedrichshafen, Deutschland

Regina Zeitner HTW Berlin, Berlin, Deutschland

Teil I
Wissenschaft & Forschung

Unternehmen in der sozialen Quartiersentwicklung

Bernhard Faller, Nora Wilmsmeier und Christiane Kleine-König

1 Einführung

Das Bild und die Wahrnehmung von Unternehmen haben sich in den letzten Jahren verändert. Damit verbunden ist die Erwartung, dass Unternehmen nicht mehr ausschließlich Ertrags- und Renditeziele verfolgen, sondern sich über ihre engere Geschäftstätigkeit hinaus gesellschaftlich engagieren sollen. Die dazugehörigen Fachanglizismen „Corporate Social Responsibility (CSR)" und „Corporate Citizenship (CC)" werden intensiv genutzt. Empirische Belege für einen rasanten Zuwachs des gesellschaftlichen Engagements von Unternehmen sucht man jedoch vergeblich. Eindeutig ist indes, dass mehr über CSR/CC gesprochen und geschrieben wird. Dies liegt nicht nur am Bedürfnis der Unternehmen nach einer entsprechenden Selbstdarstellung, sondern geht auch auf die Ausweitung der Forschung und Lehre (z. B. Erster Engagementbericht der Bundesregierung im Jahr 2012, Einrichtung von Lehrstühlen und Studiengängen), die Durchführung von Fachveranstaltungen und nicht zuletzt auf die Erprobung unterschiedlicher Formate der Engagementvermittlung (Marktplatz für gute Geschäfte, Verantwortungspartnerschaften, stadtweite Freiwilligentage) zurück. Wachsende Aufmerksamkeit erhält das Thema auch durch eine zunehmend kritische Auseinandersetzung in der Öffentlichkeit, z. B. über die Medien. Schließlich erfährt das gesellschaftliche Engagement von Unternehmen in jüngerer Zeit mehr Beachtung und Wertschätzung seitens der Politik, was sich in Strategiepapieren (z. B. Aktionsplan CSR 2010), Veröffentlichungen und Studien der Bundesregierung (z. B. Erster Engagementbericht 2012), Informationskampagnen (z. B. „CSR made in Germany") und (Förder)Programmen (z. B. „Gesellschaftliche Verantwortung im Mittelstand") ausdrückt.

B. Faller (✉) · N. Wilmsmeier · C. Kleine-König
Quaestio Forschung & Beratung
Bonn, Deutschland
E-Mail: faller@quaestio-fb.de

Die intensive Debatte über unternehmerisches CSR/CC-Engagement ist zum einen Ausdruck der veränderten gesellschaftlichen Erwartungshaltung gegenüber Unternehmen. Zum anderen vollzieht sich darin eine gewisse Systematisierung und Professionalisierung in der Ausrichtung und Steuerung des Unternehmensengagements. Dies trägt einerseits zu einer besseren Verknüpfung mit den sonstigen Unternehmenszielen bei und kann andererseits – diese Facette steht im Vordergrund dieses Beitrages – zu einer verbesserten Ausrichtung am gesellschaftlichen Bedarf und einem Mehr an Wirkungsorientierung führen. Großunternehmen und unternehmensverbundene Stiftungen führen bisweilen Studien durch und beteiligen sich anderweitig am wissenschaftlichen Diskurs, um sich die gesellschaftliche und städtische Wirklichkeit zu erschließen und ihrem Engagement ein konzeptionelles Fundament zu geben. Kleinen und mittelständischen Unternehmen ist dies in der Regel nicht möglich. Bei ihnen kommt es mehr auf die unmittelbaren Kontakte und Einblicke, auf das Gespräch zwischen gesellschaftlichen Akteuren und Unternehmen bzw. Unternehmern an.

Dieser Beitrag befasst sich damit, wie Unternehmen Zugang zu den Themen der Stadt- und insbesondere der sozialen Quartiersentwicklung finden, wie und ob sie lokale Bedarfe erkennen und sie ihr Engagement ausrichten. Dabei wird der Status quo mit einigen normativen Überlegungen zur Ausrichtung unternehmerischen Engagements kontrastiert. Ziel ist es ferner, die in einigen Modellprojekten gesammelten Erfahrungen aus der Zusammenarbeit von Kommunen und engagierten Unternehmen (und Stiftungen) weiterzugeben.[1]

2 Theoretisch-konzeptionelle Bezüge und Grundannahmen

2.1 Gesellschaftspolitische Verortung unternehmerischen Engagements

Die Stadtforschung neigt in weiten Teilen zu einer sehr kritischen Beurteilung der aktuellen städtischen Entwicklungstrends. Als Ergebnis einer primär von Wirtschaftsinteressen gesteuerten „neoliberalen Globalisierung" werden insbesondere Tendenzen zu einer durchgreifenden Privatisierung und Deregulierung beklagt, die auch und insbesondere in den Städten zu einer Ausweitung der sozialen Ungleichheit führen (vgl. Heinz 2015). In diesem Kontext fügt sich ferner die Diagnose ein, dass sich das Aufgaben- und Kräfteverhältnis zwischen Staat, Märkten und ziviler Gesellschaft verschiebt und auch auf der städtischen Ebene in einen „Prozess der Entstaatlichung" (Selle 2005, S. 36) sowie der Entdemokratisierung mündet. Zivilgesellschaft und Marktakteure werden im „aktivieren-

---

[1] Die Autoren haben in den Jahren 2012 bis 2015 im Auftrag der Bundesregierung (BMUB/BBSR) das Forschungsfeld „Unternehmen und Stiftungen für die soziale Quartiersentwicklung" im Rahmen des Experimentellen Wohnungs- und Städtebaus (ExWoSt) betreut. Der vorliegende Beitrag basiert auf diesen Vorarbeiten und fasst die im Endbericht vorgelegten Ergebnisse zusammen (Endbericht: BBSR 2015). Die Autoren bedanken sich bei BMUB und BBSR für die entsprechende Freigabe zur Nutzung dieser Vorarbeiten.

den Gewährleistungsstaat" stärker für öffentliche Aufgaben in Anspruch genommen. Die öffentliche Hand zieht sich zurück. In diesem Kontext entsteht die Neigung, auch das gesellschaftliche Engagement von Unternehmen und Stiftungen als Teil dieser Entwicklung zu verstehen (vgl. Schuppert 2008). Dabei kann es – noch relativ zurückhaltend – als unzureichende Kompensation („Lückenbüßer") einer zurückgefahrenen sozialen Ausgleichspolitik kritisiert werden oder aber – schärfer im Ton – als „Ablenkungsmanöver" in einer Strategie der Entstaatlichung und der Durchsetzung wirtschaftlicher Interessen gebrandmarkt werden. Dietrich Fürst macht allerdings darauf aufmerksam, dass ein „anderes Staatsbild" zwar in den Köpfen der politischen und wirtschaftlichen Eliten präsent sei, aber sich insbesondere in Deutschland bislang wenig in diese Richtung bewegt: „Faktisch vollziehen sich solche Änderungen sehr langsam und der Wandel vom Wohlfahrtsstaat zum ‚aktivierenden Staat' lässt sich empirisch kaum darstellen" (Fürst 2012, S. 36).

Unabhängig von diesen teilweise konträren Einschätzungen wird hier davon ausgegangen, dass es der Gesellschaft „guttut", wenn Unternehmen über ihre engeren Unternehmensziele hinausdenken und sich für gesellschaftliche Belange engagieren. Ein recht pragmatisches Argument für diese Position ist, dass es viele interessante Projekte und Initiativen gibt, die durch das Raster der öffentlichen Förderangebote fallen, eine Unterstützung aber gut gebrauchen können. Mindestens ebenso wichtig ist das etwas weiterführende Argument, dass eine Unterstützung durch Unternehmen und Unternehmer jeweils auch Ausdruck von Wertschätzung und praktizierter Solidarität mit einem spezifischen Anliegen und den dahinter stehenden Menschen ist. Diese zweite Facette dürfte zudem eine wichtiger werdende Quelle des gesellschaftlichen Zusammenhalts sein. Denn der Staat kann und soll zwar einen sozialen Ausgleich organisieren, er benötigt dazu jedoch eine gesellschaftliche Zustimmung in Form einer bestehenden Solidarität zwischen unterschiedlichen Gruppen, die er nicht selbst generieren kann (Argument in Anlehnung an das sog. „Böckenförde-Diktum"[2]). In einer traditionellen Interpretation kommt den Kirchen und den christlich-religiös vermittelten Werten der Nächstenliebe in dieser Hinsicht eine hohe Bedeutung zu. Bei abnehmender gesellschaftlicher Bedeutung des kirchlichen Lebens muss auf Empathie gegründete Solidarität wahrscheinlich stärker als bisher aus der unmittelbaren Kooperation und dem Wirken unterschiedlichster gesellschaftlicher Akteure entstehen. Das Engagement von Unternehmen für soziale Belange ordnet sich hier ein.

Insofern knüpft der vorliegende Beitrag nicht an der Frage an, ob das gesellschaftliche Engagement von Unternehmen, Stiftungen oder Mäzenen den Staat in einer relevanten

---

[2] *„Der freiheitliche, säkularisierte Staat lebt von Voraussetzungen, die er selbst nicht garantieren kann. Das ist das große Wagnis, das er, um der Freiheit willen, eingegangen ist. Als freiheitlicher Staat kann er einerseits nur bestehen, wenn sich die Freiheit, die er seinen Bürgern gewährt, von innen her, aus der moralischen Substanz des einzelnen und der Homogenität der Gesellschaft, reguliert. Anderseits kann er diese inneren Regulierungskräfte nicht von sich aus, das heißt, mit den Mitteln des Rechtszwanges und autoritativen Gebots zu garantieren suchen, ohne seine Freiheitlichkeit aufzugeben und – auf säkularisierter Ebene – in jenen Totalitätsanspruch zurückzufallen, aus dem er in den konfessionellen Bürgerkriegen herausgeführt hat."* (Böckenförde 1976, S. 60).

Größenordnung entlasten kann. Vielmehr setzt er voraus, dass ein gemeinwohlorientiertes Zusammenwirken insgesamt mehr für die Gesellschaft bewirkt als ein isoliertes, primär eigennütziges Nebeneinander. Die Kooperation vor Ort, in einem kleinen räumlichen Zusammenhang des Stadtteils und des Quartiers, kann dabei in verschiedener Hinsicht eine besondere Bedeutung haben, wie in den folgenden Abschnitten ausgeführt wird.

2.2 Die Verräumlichung sozialer Probleme

Seit den 1990er-Jahren wird der räumlichen Maßstabsebene des Stadtteils oder des Quartiers sowohl in Theorie als auch in Praxis eine wachsende Bedeutung zuteil, die sich aus der zunehmenden sozialräumlichen Ungleichheit innerhalb der Städte ergibt. Dem zugrunde liegt die Erkenntnis, dass sich unterschiedliche Formen der sozialen Benachteiligung räumlich verdichten und aus dieser Verräumlichung zugleich eine eigene Problemdimension mit negativer Wirkung auf die Lebenschancen der Menschen entsteht. Dies verbindet sich unter anderem mit Stigmatisierungen. Aber auch der innere Zusammenhalt zwischen den Gruppen in den Quartieren wird brüchig und die Verbindungen zum alltäglichen gesellschaftlichen Leben (politische Teilhabe, Bildungsbeteiligung beziehungsweise -orientierung, Arbeitsmarktbeteiligung) werden schwächer. Gleichzeitig sind die sozialen Einrichtungen und vor allem die Schulen im Status quo kaum in der Lage, angemessen auf die besonderen Probleme zu reagieren. Auch abseits der wissenschaftlichen Literatur wird häufig darauf verwiesen, dass der verminderte Zugang zu gesellschaftlicher Teilhabe und Anerkennung (im Wesentlichen Erwerbsarbeit, Bildungsabschlüsse, statusorientierter Konsum) das Entstehen von „Armutskulturen" oder gar „Parallelgesellschaften" mit von der Mehrheitsgesellschaft (deutlich) abweichenden Wertorientierungen nach sich ziehen kann. Die räumliche Konzentration von Armut in den derart benachteiligten Stadtteilen begünstigt solche Entwicklungen und erschwert die gesellschaftliche Integration zusätzlich.

Diese Verräumlichung sozialer Probleme hat sowohl in der Sozial- als auch in der Stadtentwicklungspolitik konzeptionelle Debatten angestoßen und teilweise Veränderungen im Handeln erzeugt. Damit verbunden hat sich die Einschätzung durchgesetzt, dass die Menschen nicht nur individuell, sondern auch in ihrem Lebensumfeld insgesamt Unterstützung erfahren müssen. Sozialpolitik, Sozialverwaltungen und Wohlfahrtsverbände lösen sich dementsprechend von einer rein auf einzelne Personen beziehungsweise Haushalte konzentrierten Vorgehensweise und propagieren die „Sozialraumorientierung". Der Fallbezug im Handeln wird durch den (Sozial-)Raumbezug ergänzt (Hinte 2009).[3]

In der Stadtentwicklungspolitik und der mit ihr korrespondierenden Städtebauförderung war der Raumbezug schon immer grundlegend. Hier wurde mit dem Städtebauförderungsprogramm „Soziale Stadt" seit dem Ende der 1990er-Jahre der Blick für den engen

---

[3] Einen umfassenden Einblick in die damit verbundenen Debatten und praktische Tipps vermittelt die Seite: www.sozialraum.de.

räumlichen Zusammenhang von städtebaulichen und sozialen Problemen geschärft. Insofern stehen die soziale Stadtteilentwicklung und das Programm Soziale Stadt insbesondere für den Anspruch, unterschiedliche Handlungsansätze – unter anderem aus den Bereichen Städtebau, Soziales, Arbeitsmarkt und Bildung – in Form eines thematisch und räumlich integrierten Handelns (inklusive Mittelbündelung) zu verbinden. Sowohl in der Sozialpolitik als auch in der Stadtentwicklungspolitik ist folglich die Einschätzung entstanden, dass die Bewältigung räumlich konzentrierter sozialer Probleme einen Raumbezug im (staatlichen) Handeln erfordert.

2.3 Die gesellschaftspolitische Dimension des Quartiers

Ein zweiter Perspektivwechsel zeigt sich in der verstärkten Verwendung des Begriffs „Quartier" und der damit verbundenen „Quartiersentwicklung". Der Begriff des „Quartiers" bleibt dabei im Gegensatz zu dem Begriff des „Stadtteils" relativ unbestimmt. Während letzterer stärker auf die administrativen Grenzen bezogen ist und insofern primär eine Perspektive der öffentlichen Hand repräsentiert, wird das „Quartier" insbesondere durch die sozialen Beziehungen der dort lebenden und agierenden Menschen konstituiert. Der Begriff „Quartier" zeichnet sich somit hinsichtlich seiner Abgrenzung durch eine gewisse Unschärfe („Fuzzy Place") aus (Schnur 2008, S. 40 f.). (Soziale) Quartiersentwicklung ist unter diesem Blickwinkel vor allem zu verstehen als

> das Bemühen (...), die nicht von selbst entstehenden oder im Status quo sogar erodierenden sozialen Beziehungen und Bindungen im Nahraum des Lebensumfeldes sowohl in ihrer Entstehung als auch in ihrer langfristigen Potenzialentfaltung für eine selbstbestimmte Lebensführung zu unterstützen (Quaestio Forschung & Beratung 2015, S. 6).

In der so verstandenen sozialen Quartiersentwicklung geht es folglich nicht darum, einen Stadtteil mit öffentlichen Maßnahmen zu „beglücken" und dabei die Menschen mehr oder weniger gut an den politischen Entscheidungen zu beteiligen. Im Mittelpunkt stehen stattdessen eine Aktivierung der Anwohnerinnen und Anwohner hinsichtlich einer selbstbestimmten Lebensführung und des Ausbaus der Potenziale für eine solche. Damit einher geht die Fokussierung auf die sozialen Bindungen im Quartier. Dahinter steht die Einschätzung, dass eine befriedigende und selbstbestimmte Lebensführung auch angesichts der gesellschaftlichen Herausforderungen nicht mehr allein auf die (zunehmend überforderten) Potenziale von innerfamiliärer Selbsthilfe und sozialstaatlicher Fürsorge setzen kann. Wie Bildungschancen verteilt werden, ob eine selbstbestimmte Lebensführung im Alter möglich ist oder ob Integration gelingt, hängt auch in hohem Maße von den Lebensbedingungen und den sozialen Beziehungen im Quartier ab. In diesem Sinne wird in den entsprechenden Diskussionszusammenhängen auch das Subsidiaritätsprinzip neu betont und ausgelegt (Heinze et al. 2015). Im subsidiär aufgebauten Verantwortungsgefüge der Gesellschaft wird das Quartier zu einer eigenständig wirksamen Ebene. Dies verlangt nach einem hohen Maß an quartiersbezogener Selbstorganisation und Selbstverantwortung.

Der Appell an die im Quartier verankerte beziehungsweise wahrgenommene bürgerschaftliche Selbstverantwortung und Selbstorganisation hat nicht die Entlastung der Kommune und des Staates von ihren bzw. seinen öffentlichen Aufgaben zum Ziel. Stattdessen steht eine „Koproduktion von Gemeinwohl" als Konzept im Mittelpunkt. Dies beschreibt einen Leistungsverbund aus einer gestärkten bürgerschaftlichen Selbstverantwortung und eines darauf bezogen agierenden Wohlfahrtsstaates (und der von ihm finanzierten Wohlfahrtsverbände). Eine solche Weiterentwicklung ist in verschiedener Hinsicht mit Voraussetzungen verbunden: Auf der bürgerschaftlichen Seite müssen sich die Mentalitäten in Richtung einer selbstverständlicher wahrgenommenen Selbstverantwortung verschieben; damit korrespondierend muss das Handeln von Staat und Kommune von einer ermöglichenden und unterstützenden Haltung gegenüber bürgerschaftlicher Selbstorganisation und Selbstverantwortung geleitet sein.

2.4 Bürgerschaftliches Engagement in benachteiligten Quartieren

Den sozialen und ökonomischen Bedingungen in den benachteiligten Quartieren kommt bei dieser Konzeption von sozialer Quartiersentwicklung eine besondere Bedeutung zu. Denn oft zeigt sich, dass vor allem bildungsbürgerlich geprägte Schichten gut auf die Versuche, bürgerschaftliches Engagement anzuregen, ansprechen. Insofern sind die Voraussetzungen in benachteiligten Quartieren schwieriger. Gerade dieser Umstand sollte jedoch nicht Anlass für weniger, sondern eher für mehr unterstützendes Engagement auf dem Weg zu einer selbstbestimmten Lebensführung und mehr gesellschaftlicher Teilhabe in den benachteiligten Quartieren sein. Dies hat auch der Expertenbeirat[4] im ExWoSt-Forschungsfeld betont und in seinem Positionspapier formuliert:

> oft zeigt sich, dass die Versuche bürgerschaftliches Engagement anzuregen, vor allem bei den bildungsbürgerlich geprägten Schichten fruchten. Ob es ein Mangel an Bildungsvoraussetzungen oder beruflich erworbenen Kompetenzen ist, ein Mangel an Zuversicht und Selbstvertrauen, überhaupt etwas bewegen zu können, oder aber schlicht der Umstand, dass die sozialen Gegensätze und kulturellen Unterschiede in diesen Quartieren im Sinne einer kooperativen Selbstorganisation schwieriger zu überbrücken sind, ist jeweils spezifisch. Unabhängig von einer derartigen Ursachenanalyse gilt, dass sich die wesentlichen gesellschaftlichen Probleme (Bildungs- und Integrationsdefizite, Vereinsamung und Unterversorgung im Alter etc.) in einem hohen und zunehmenden Maße in diesen Stadtteilen und Quartieren konzentrieren. Insofern besteht die Aufgabe, die Intensität des politischen Handelns auch als Ermöglichung konkreten gesellschaftlichen Engagements von Unternehmen, Stiftungen und Bürgerschaft zu erhöhen (Quaestio Forschung & Beratung 2015, S. 8).

---

[4] Der Beirat hat das Forschungsfeld als Expertengremium begleitet und seine Einschätzungen in einem eigenständigen, oben zitierten Positionspapier aufbereitet. Im Beirat vertreten waren Experten aus der Ministerialverwaltung, Wissenschaft, Stiftungen, Unternehmen sowie ausgewählte Verbände.

Das ExWoSt-Forschungsfeld „Unternehmen und Stiftungen für die soziale Quartiersentwicklung" zielte darauf ab, Unternehmen und Stiftungen in die Aufgaben der sozialen Quartiersentwicklung einzubeziehen. Wichtig war dabei lediglich, dass sie sich in oder für benachteiligte Quartiere engagierten, nicht ob sie das oben diskutierte Grundverständnis teilten. Einige Unternehmen und Stiftungen taten dies als Teil ihres gesellschaftlichen Engagements bereits ganz selbstverständlich. In den acht ausgewählten Modellvorhaben des Forschungsfeldes sollte deshalb nicht nur zusätzliches Engagement, zum Beispiel durch Ansprache weiterer Unternehmen und Stiftungen, mobilisiert werden, sondern auch bestehendes Engagement vertieft und weiterentwickelt werden. Die (kommunalen) Akteure der sozialen Quartiersentwicklung waren daher aufgerufen, die entsprechenden partnerschaftlichen Netzwerke zu erweitern, ihre Arbeit darin zu systematisieren und die Engagementinteressen der Unternehmen mit den lokalen Bedürfnissen und Aufgaben der Quartiersentwicklung in Einklang zu bringen.

3 Empirische Erkenntnisse zum unternehmerischen Engagement im Quartier

Die in Abschn. 2 aufgezeigte, konzeptionelle Anschlussfähigkeit von unternehmerischem Engagement mit Themen der Stadt- und insbesondere der sozialen Quartiersentwicklung lässt sich auch empirisch im Rahmen von Umfragen (Hüther et al. 2012; DIHK 2012; Braun 2008; CCCD 2007), Fallstudien (Kleine-König und Hohn 2016; Faller und Wiegandt 2010) und Förderprogrammen (Kleine-König und Schmidpeter 2010) feststellen, wenngleich die im Rahmen des Forschungsfeldes durchgeführte Befragung von Unternehmen und Stiftungen erstmalig einen expliziten Zusammenhang zwischen diesen beiden Themen hergestellt und abgefragt hat. Vorherige Befragungen waren allgemeinerer Natur, lassen aber dennoch erste Anzeichen auf einen Zusammenhang sowie erste Befunde zu.

3.1 Ausgeprägte räumliche Orientierung des Engagements

Gemäß des Engagementberichts der Bundesregierung[5] sind knapp 64 % der Unternehmen in Deutschland gesellschaftlich engagiert (Hüther et al. 2012, S. 516), und zwar bevorzugt in den Bereichen „Erziehung, Kindergarten, Schule" sowie „Sport und Freizeit" (Hüther et al. 2012, S. 822, 765). Dabei ist bemerkenswert, dass das unternehmerische Engagement unabhängig von der Größe des Unternehmens primär im unmittelbaren lokalen und regionalen Umfeld des Unternehmensstandortes stattfindet (vgl. Tab. 1) und damit einen klaren

---

[5] Das Institut der deutschen Wirtschaft Köln Consult GmbH (IW-Consult) hat für den Ersten Engagementbericht der Bundesregierung eine repräsentative Befragung von Unternehmen in Deutschland durchgeführt. Insgesamt 4392 Unternehmen haben auf die Frage, ob sie sich gesellschaftlich engagieren oder nicht, geantwortet. Über 2500 engagierte Unternehmen gaben Auskunft über Strategien, Motive, Bereiche und finanziellen Aufwand (BMFSFJ 2012, S. 22).

Tab. 1 Regionale Ausrichtung des unternehmerischen Engagements nach Unternehmensgröße in Mitarbeitern. (Eigene Zusammenstellung nach Hüther et al. 2012, S. 821)

	gesamt	bis 49	50–499	500 und mehr
regional am Unternehmensstandort	89,9 %	89,8 %	93,9 %	89,6 %
regional am Unternehmensstandort international	2,1 %	1,9 %	3,3 %	22,5 %
überregional	9,5 %	9,6 %	7,5 %	19,1 %
international unabhängig von eigenen Standorten	9,3 %	9,4 %	7,2 %	11,8 %

räumlichen Bezug aufweist. Die Zahl der regional am Unternehmensstandort engagierten Unternehmen beläuft sich auf knapp 90 % (Hüther et al. 2012, S. 821). Braun kommt zu dem Ergebnis, dass „gesellschaftliche Unternehmensbeteiligung [...] in Deutschland also ganz überwiegend ein sozialräumlich gebundenes Lokalengagement" (Braun 2010, S. 94) darstellt. Der lokale Bezug drückt sich zudem in der Wahl der Kooperationspartner aus. In aller Regel sind diese Partner selbst auf lokaler oder regionaler Ebene tätig. Insgesamt 80,8 % der engagierten Unternehmen geben an, ausdrücklich zur Stärkung des lokalen Umfelds beitragen zu wollen und deshalb lokale und/oder regionale Partner zu wählen (Hüther et al. 2012, S. 582).

Für kleine und mittlere Unternehmen (KMU), die traditionell über eine intensive Bindung an ihren Unternehmensstandort verfügen, spielt die lokale und regionale Ebene eine besondere Rolle. Trotz ihrer zunehmenden Einbindung in globale Wertschöpfungsketten treffen sie weiterhin einen Großteil ihrer Anspruchsgruppen in räumlicher Nähe an und können diese mit einem räumlich fokussierten Engagement direkt erreichen. Neben der lokalen Bevölkerung und der Gemeinde liegen nicht selten der Wohnstandort ihrer Beschäftigten, Standorte von Zulieferern und der Absatzmarkt im lokalen und regionalen Unternehmensumfeld.

3.2 Sozial benachteiligte Stadtteile als Handlungsräume des Engagements

Im Rahmen des ExWoSt-Forschungsfeldes „Unternehmen und Stiftungen für die soziale Quartiersentwicklung" wurde erstmalig der Bezug von gesellschaftlichem Engagement zur sozialen Quartiersentwicklung abgefragt,[6] der im Folgenden näher herausgestellt wird. Da nicht davon auszugehen war, dass die Befragten mit dem Begriff „soziale Quartiers-

---

[6] Zwischen Juli 2013 und Januar 2014 wurden zwei Onlinebefragungen von Stiftungen und Unternehmen durchgeführt, wobei letztere für die vorliegende Veröffentlichung relevant ist. Es wurde ein auf Internetrecherchen basierender Verteiler von insgesamt 970 engagierten Unternehmen angeschrieben. Des Weiteren wurde die Befragung über diverse Plattformen und Netzwerke verbreitet. Der Rücklauf betrug 167, wovon 147 Unternehmen gesellschaftlich engagiert waren. Sie wurden hinsichtlich ihres Engagements in benachteiligten Stadtteilen befragt.

entwicklung" vertraut waren, wurde mittels der Abfrage ausgewählter Themen und Teilaspekte versucht, den Zusammenhang zu erörtern und zu (in)direkten Schlüssen zu gelangen. Hierzu wurde Augenmerk auf Überschneidungen, z. B. in der thematischen Ausrichtung des Engagements, gelegt. In Anbetracht des integrierten Ansatzes der sozialen Quartiersentwicklung eröffnet sich hier grundsätzlich ein breites Feld an Themen und Handlungsfeldern, das zahlreiche Anknüpfungspunkte für unternehmerisches Engagement und die jeweiligen Interessen der Unternehmen bietet. Wie Abb. 1 erkennen lässt, sind die befragten Unternehmen vor allem in den Bereichen „Bildung/Erziehung" sowie „Integration/gesellschaftliche Teilhabe" sowie weiteren Bereichen engagiert, die deutliche Überschneidungen mit Belangen der Quartiersentwicklung im Sinne der Unterstützung individueller Lebenswelten aufweisen. Dem gegenüber steht die Förderung gebauter Strukturen, z. B. „Gestaltung öffentlicher Räume" und „Denkmalschutz/Architektur", die weniger häufig, aber immerhin noch von rund der Hälfte der Unternehmen gelegentlich bis regelmäßig adressiert werden.

Eine Differenzierung der Befragungsergebnisse nach Unternehmensgröße bringt hervor, dass sich kleinere Betriebe (weniger als 250 Beschäftigten) zu einem geringeren Anteil und weniger regelmäßig engagieren. Besonders deutlich ist dieser Unterschied in den Themenbereichen „Wirtschaft/Forschung" sowie „Sport", die bei kleineren Unternehmen weit weniger im Fokus des Engagements stehen. Eine Erklärung hierfür könnte darin liegen, dass dies tendenziell Bereiche sind, die durch höhere Finanzbeträge und weniger

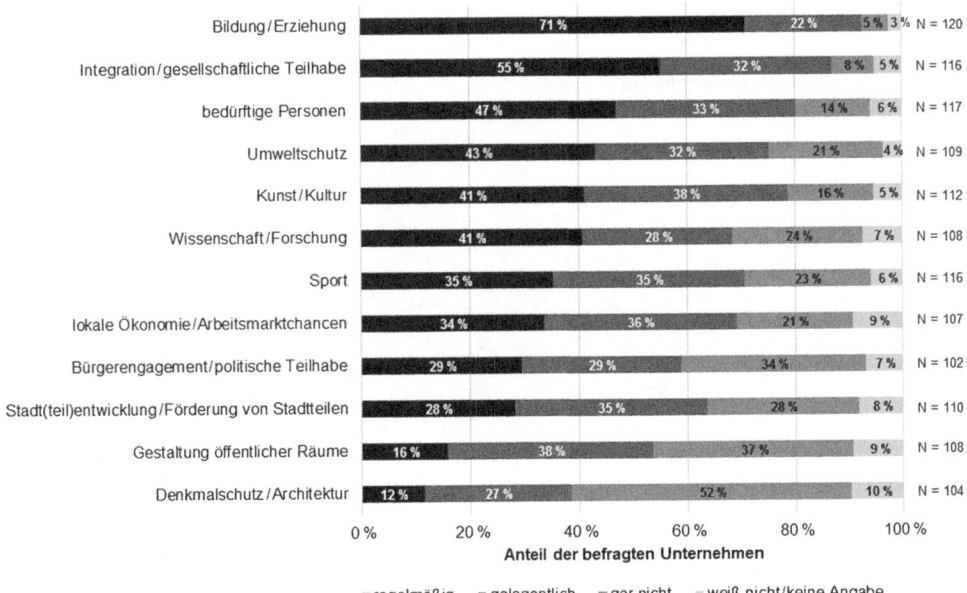

Abb. 1 Engagementbereiche der befragten Unternehmen. (Eigene Erhebung 2013–2014)

durch persönliches Engagement oder durch Sachleistungen unterstützt werden. Die Stärken kleinerer Unternehmen liegen in der Unterstützung „bedürftiger Personen" und der Förderung der „lokalen Ökonomie/Arbeitsmarktchancen".

Ähnlich wie in vorherigen Befragungen (vgl. Kap. 3) zeigte sich, dass das Engagement überwiegend auf jene Stadt fokussiert ist, in der sich der Unternehmenssitz befindet. Von zusätzlichem Interesse war, welche Rolle einzelne Quartiere bzw. sozial benachteiligte Stadtteile im Speziellen spielen. In der Tat stellte sich heraus, dass das Engagement zu rund 54 % in benachteiligten Stadtteilen zu verorten ist. Allerdings zeigte sich außerdem, dass sich dieser Zusammenhang – wie vermutet – eher beiläufig durch die Auswahl der Projekte ergibt. Lediglich 16 % der Unternehmen gaben an, gezielt benachteiligte Stadtteile für ihr Engagement auszuwählen (vgl. Abb. 2). Hieran wird deutlich, dass das Quartier bzw. der Stadtteil oftmals der räumliche Bezugsrahmen, aber nicht das anvisierte Ziel des Engagements ist. Es stehen vorrangig einzelne Projekte und weniger der räumliche Kontext im Vordergrund.

Als Hintergrund für den geringen expliziten Fokus auf benachteiligte Stadtteile scheint primär die Auswahl der Projekte ausschlaggebend zu sein. Die Ansicht, das Engagement in diesen Quartieren könnte von einer negativen Berichterstattung sowie einer negativen Außenwirkung begleitet werden und sich somit nachteilig auf das Unternehmen auswirken, erwies sich als wenig relevant. Lediglich 16 % der engagierten Unternehmen teilen diese Ansicht und schrecken aus diesem Grund vor einem dortigen Engagement zurück (vgl. Abb. 3).

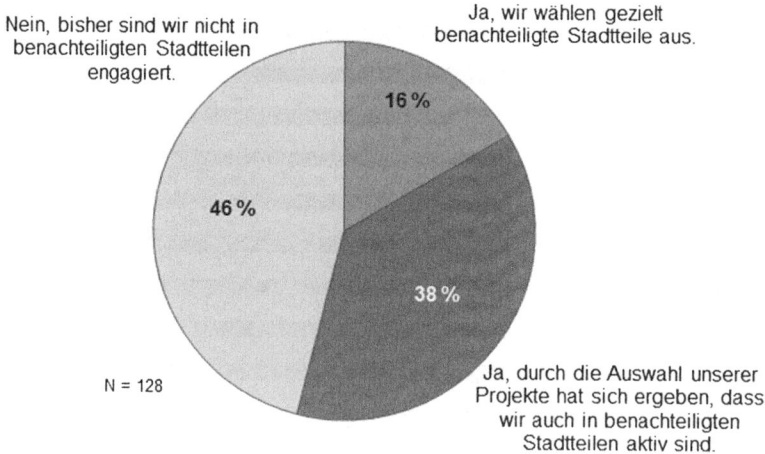

Abb. 2 Engagement von Unternehmen in benachteiligten Stadtteilen. (Eigene Erhebung, 2013–2014)

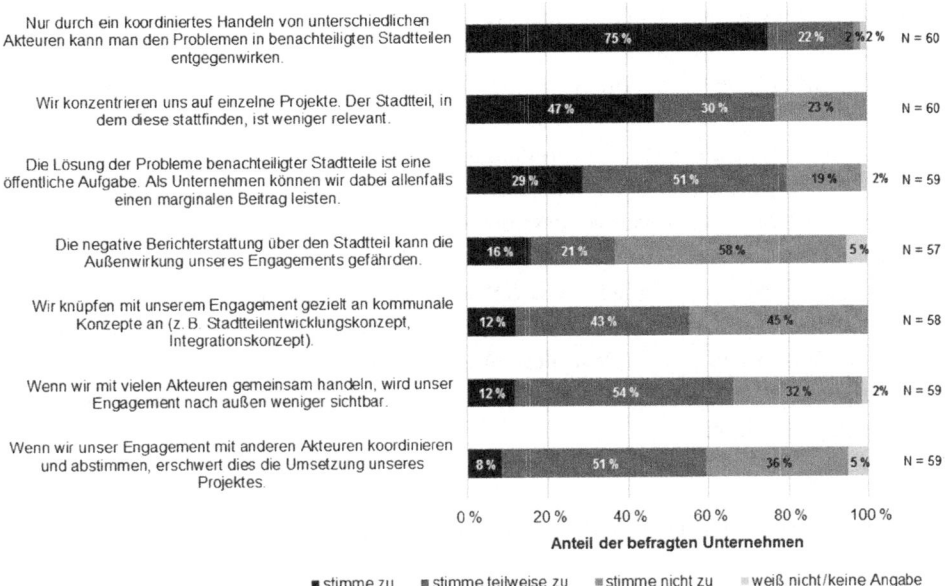

Abb. 3 Ausgewählte Aussagen zum Engagement in benachteiligten Stadtteilen der dort engagierten Unternehmen. (Eigene Erhebung 2013–2014)

3.3 Problemwahrnehmung und Aufgabenverständnis von engagierten Unternehmen

Wie ausgeführt, sind 54 % der befragten Unternehmen durch ihr Engagement bereits in benachteiligten Stadtteilen aktiv. Davon orientiert sich mehr als die Hälfte (55 %) an kommunalen Konzepten wie z. B. integrierten Entwicklungskonzepten für die Stadtteile (vgl. Abb. 3). Dies zeugt von einer gewissen Sensibilisierung der Unternehmen für die Problemlagen vor Ort. Mit Blick auf eine zukünftig stärkere Verflechtung des CSR-Engagements mit Aufgaben der sozialen Quartiersentwicklung ist ferner daraus abzuleiten, dass auf Seiten der Unternehmen ein Interesse sowie eine hohe Erreichbarkeit bzw. Ansprechbarkeit für die Belange von benachteiligten Stadtteilen besteht.

Der Umgang mit der Zuständigkeit für die Lösung der Probleme in benachteiligten Stadtteilen stellt sich sehr ambivalent dar. Ganz im Sinne des integrierten und kooperativen Ansatzes der sozialen Quartiersentwicklung teilen die engagierten Unternehmen überwiegend die Überzeugung, dass den Problemen in benachteiligten Stadtteilen nur durch ein koordiniertes und gemeinsames Handeln unterschiedlicher Akteure entgegengewirkt werden kann (vgl. Abb. 3). Daraus leitet sich aber nicht notwendigerweise das Verständnis ab, als Marktakteur selbst einen Beitrag zu dieser Aufgabe zu leisten. Vielmehr wird sie vom Gros der engagierten Unternehmen (80 %) – immer noch – als eine öffentliche Aufgabe gesehen, zu der die Unternehmen allenfalls einen marginalen Beitrag leisten können. Die öffentliche Hand wird hier in der Verantwortung gesehen. Damit scheint zwar ein Grundverständnis für die Komplexität der Probleme in benachteiligten Stadtteilen gegeben zu sein, doch führt dies nicht unbedingt zu einem Mehr an unternehmerischer Mitwirkung.

Darüber hinaus können sehr pragmatische Gründe gegen ein gemeinsames Vorgehen sprechen. 66 % der engagierten Unternehmen sind der Meinung, dass ihr Engagement nach außen weniger sichtbar ist, wenn sie mit vielen Akteuren gemeinsam handeln. Insgesamt 59 % stimmen (teilweise) zu, dass die Koordination und Abstimmung mit anderen Akteuren die Umsetzung ihres CSR-Projektes erschwert. Hieran wird deutlich, dass es zu bedenken gilt: Mit dem Engagement verbinden die Unternehmen auch Nutzenerwartungen – z. B. Imagevorteil – und müssen mit begrenzten zeitlichen, finanziellen und personellen Ressourcen planen. Wo diese Aspekte bedacht und Unternehmen dahingehend unterstützt werden, sind gute Voraussetzungen für ein verlässliches und langfristiges Engagement geschaffen.

3.4 Informationsbedarf und Übersetzungsleistung

Wenngleich seitens der Unternehmen die Probleme und die Herausforderungen in benachteiligten Stadtteilen wahrgenommen werden, kann nicht davon ausgegangen werden, dass dieses Wissen sogleich in entsprechende Handlungen übersetzt werden kann. Dazu bedarf es zusätzlicher Kenntnis und Einschätzung, z. B. hinsichtlich der Priorität von Bedarfen, möglicher Kooperationspartner und der Sinnhaftigkeit zu fördernder Projekte. Die Sachlage im Quartier stellt sich dabei als komplex und unübersichtlich dar.

Die Befragung hat gezeigt, dass selbst jene Unternehmen, die bereits im Stadtteil engagiert sind, einen deutlichen Informationsbedarf hinsichtlich der Herausforderungen und der Bedürfnisse der Bewohner im Stadtteil sehen, um ihre Projekte gezielt durchführen zu können (68 %). Einem ähnlich hohen Prozentsatz der Unternehmen fällt es schwer einzuschätzen, ob ein Projekt hinsichtlich der Probleme im Stadtteil sinnvoll/wirksam ist – sowohl im Vorfeld (67 %) wie auch nach Abschluss der Förderung (62 %) (vgl. Abb. 4).

Aus diesen Aussagen lässt sich ableiten, dass die Unternehmen durchaus Hilfe bei der Professionalisierung ihres Engagements gebrauchen können bzw. sich wünschen. Dieser Bedarf zeigt sich bei kleinen und mittleren Unternehmen (unter 250 Beschäftigte) deutlich stärker als bei größeren Unternehmen. Hier kann es Aufgabe der öffentlichen Hand sein, Zugang zu Themen und Projekten zu schaffen sowie hinsichtlich der komplexen Thematik der sozialen Quartiersentwicklung übersetzend zu unterstützen. Das Bestehen eines solchen Zugangs ist eine wichtige Bedingung, damit unternehmerisches Engagement zukünftig vermehrt und effektiver in benachteiligte Stadtteile gelenkt werden kann. Darüber hinaus kann sich diese Informations-, Vermittlungs- und Übersetzungsleistung als durchaus lohnenswert erweisen, da sich ein nicht unerheblicher Prozentsatz der befragten Unternehmen vorstellen kann, sich gezielter in benachteiligten Stadtteilen zu engagieren – sowohl auf Seiten jener, die sich hier bereits engagieren (60 %), als auch auf Seiten solcher, die dort noch nicht aktiv sind (41 %).

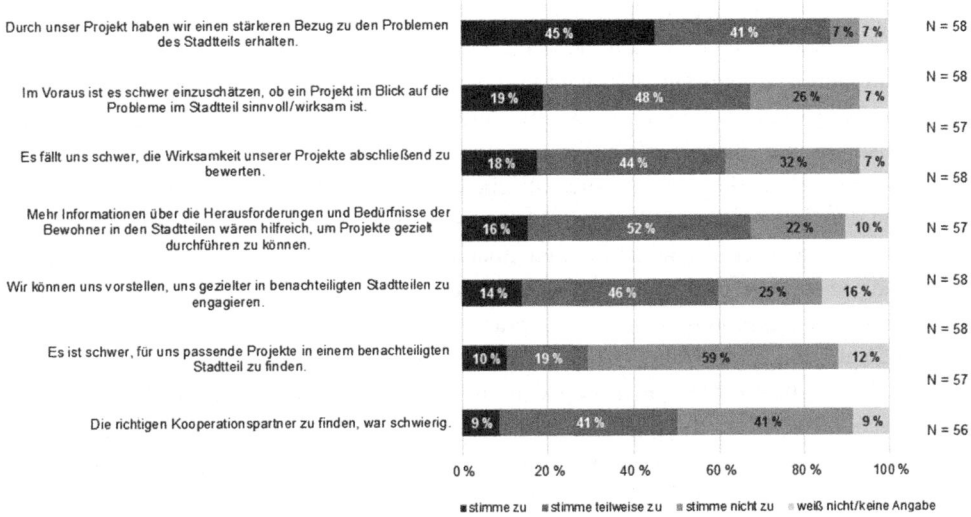

Abb. 4 Erfahrungen von Unternehmen, die in benachteiligten Stadtteilen engagiert sind. (Eigene Erhebung, 2013–2014)

4 Kooperationen für ein Engagement im Quartier

4.1 Die Kommune als Brückenbauer

Gegenüber dem bestehenden unternehmerischen Engagement verbindet sich mit dem Engagement in der Quartiersentwicklung insbesondere ein Übergang von einem thematisch bzw. auf Zielgruppen ausgerichteten Handeln zu einer räumlichen Orientierung. Damit weitet sich das Blickfeld auch auf die gesamte Breite der in sozial problematischen Quartieren vorhandenen Problemfelder und Themen. Für ein Engagement, das sich an den Bedarfen vor Ort ausrichtet und insofern zur Verbesserung der Situation vor Ort beiträgt, besteht daher die Herausforderung, einen Überblick über die Problemlagen im Quartier zu schaffen. Ebenso ist in den Quartieren meist eine Vielzahl von Akteuren und Projekten verortet. Auch hier braucht es Informationen über die bestehenden Aktivitäten im Quartier, um diese entsprechend aufgreifen zu können bzw. um Parallelstrukturen zu vermeiden. Wie oben beschrieben, besteht bei den Unternehmen ein Mangel an diesen notwendigen Informationen, was den Zugang zu einem Engagement in der Quartiersentwicklung erschwert.

Die beteiligten Kommunen im ExWoSt-Forschungsfeld haben an dieser Stelle angesetzt und das zentrale Scharnier zwischen Quartier und engagierten Unternehmen und Stiftungen gebildet. Insbesondere im Kontext des Städtebauförderungsprogramms Soziale Stadt besteht von Seiten der Kommunen ein guter Einblick in die Situation in den Quartieren und zum Teil ist ein Quartiersmanagement vorhanden. Vor diesem Hintergrund haben die acht im Forschungsfeld vertretenen Kommunen gezielt Kontakt mit Unternehmen und Stiftungen gesucht und die Zusammenarbeit mit diesen für die Quartiere initiiert. Solche Kooperationen zwischen Unternehmen und der Kommune im Bereich der Quartiersentwicklung sind wenig etabliert, sodass auf beiden Seiten Erfahrungen zu Zielsetzungen, Möglichkeiten und Grenzen einer gemeinsamen, bzw. gesamtgesellschaftlichen, Verantwortungsübernahme für sozial problematische Quartiere fehlen. Im persönlichen Kontakt zwischen den Akteuren müssen diese daher ausgehandelt werden. Notwendig sind Plattformen in den Städten, in denen ein gleichberechtigter und offener Austausch zwischen Kommune und Unternehmen (sowie Stiftungen) stattfinden kann. Während im ExWoSt-Forschungsfeld die Kommunen das Gespräch gesucht und Plattformen zum Austausch ins Leben gerufen haben, muss dies nicht zwangsläufig als kommunale Aufgabe gesehen werden. Die Initiative kann auch von Unternehmen oder zivilgesellschaftlichen Akteuren ausgehen. Die Modellvorhaben haben deutlich gemacht, dass das Vorgehen, um eine solche Plattform aufzubauen und die weitere Zusammenarbeit mit Unternehmen auszugestalten, je nach Situation und Zielen vor Ort angepasst werden muss. Entsprechend haben sich unterschiedliche Kooperationsformen herausgebildet, die im Folgenden beschrieben werden.

4.2 Kooperationsformen des Engagements

Wie auch in der Befragung, hat sich in den Modellvorhaben gezeigt, dass häufig bereits ein Engagement von Unternehmen in benachteiligten Quartieren besteht. Umfang und Art des Engagements, sei es finanziell oder durch Personaleinsatz, durch eigene Projekte oder die Unterstützung von Projekten Dritter, sind dabei unterschiedlich. Als zentraler Mehrwert, auch für die Unternehmen, hat sich herausgestellt, dass durch eine Koordinierung der Aktivitäten sichergestellt wird, dass in den Quartieren keine Doppelstrukturen entstehen. Gleichzeitig wird durch die Zusammenarbeit mit der Kommune eine Transparenz hinsichtlich der bestehenden Bedarfe hergestellt. Die beteiligten Unternehmen im Forschungsfeld schätzten daher das gemeinsame und abgestimmte Engagement als Zugewinn für ihre CSR- bzw. CC-Aktivitäten ein. Bei gleichem Aufwand kann durch die Koordinierung des Engagements eine höhere Wirksamkeit erreicht werden. Wie ein solches koordiniertes und strategisches Zusammenwirken in den Quartieren ausgestaltet wird, hängt insbesondere von den bestehenden Strukturen und Interessen der Beteiligten ab. Zwar gibt es keinen Königsweg, jedoch wurden im ExWoSt-Forschungsfeld unterschiedliche Konzeptionen sichtbar, die jeweils Vor- und Nachteile mit sich bringen:

- Patenschaftsmodell: Bereits seit einigen Jahren wird in Nürnberg erfolgreich das Modell der Stadtteilpaten umgesetzt. Ein Unternehmen bzw. eine Stiftung übernimmt jeweils die Patenschaft für einen benachteiligten Stadtteil, unterstützt dort finanziell Projekte und fungiert als Fürsprecher. Für die engagierten Unternehmen und Stiftungen entsteht als Pate ein Alleinstellungsmerkmal. Sie stimmen ihr Engagement eng mit der Stadt ab und nutzen dabei die Kenntnisse der Kommune über den Stadtteil. Das Patenschaftsmodell bedeutet gleichzeitig aber auch, dass das Engagement nur eines Unternehmens (oder einer Stiftung) in den Fokus gerückt wird. Die strategische und abgestimmte Einbindung von weiteren Engagierten ist zunächst im Modell nicht vorgesehen. Dadurch wird ggf. weiteres Engagementpotenzial nicht ausgeschöpft.

- Bilaterale Partnerschaften: Für einzelne Projekte oder das gesamte Quartier kann es mehrere Unterstützer geben. Im Rahmen von bilateralen Partnerschaften arbeiten diese jeweils mit der Kommune (bzw. direkt mit dem Projektträger) zusammen, jedoch weitestgehend unabhängig voneinander. Die Kommune übernimmt die Aufgabe, das Engagement so zu steuern, dass keine Parallelstrukturen entstehen. Im ExWoSt-Forschungsfeld hat sich diese Form der Zusammenarbeit nur gezeigt, wenn die Unternehmen und Stiftungen als finanzieller Förderer aktiv waren, jedoch inhaltlich wenig mitgestalteten. So wurden in den Hannoveraner Stadtteilen Sahlkamp und Vahrenheide Unterstützer für drei soziale Stradtteilprojekte gesucht. Ein Steuerungsteam unter Beteiligung des Quartiersmanagements baute Kontakte zu einer Vielzahl von Unternehmen auf und suchte mit diesen nach individuellen Engagement- bzw. Unterstützungsmöglichkeiten.
- Netzwerke: Bei einer intensiveren Mitgestaltung der Aktivitäten im Quartier durch mehrere Unternehmen (und Stiftungen) kann die Bildung eines Netzwerkes dazu beitragen, durch die unterschiedlichen Kompetenzen und Mittel der Akteure Synergien für das Quartier zu schaffen. Im Forschungsfeld wurde ein Unterstützungsnetzwerk für mehrere Stadtteile am Kieler Ostufer gegründet. Die beteiligten Unternehmen und Stiftungen stimmen ihr Engagement nicht nur untereinander ab, sondern bündeln ihre Kräfte. Im Vergleich zu einer bilateralen Partnerschaft bilden diese Bündelungseffekte einen Vorteil, da auch größere Projekte gestemmt werden können und die Wirkung in den Stadtteilen dadurch erhöht werden kann. Für die beteiligten Unternehmen hat sich jedoch ein nicht unerheblicher Aufwand durch die Abstimmung im Netzwerk gezeigt.

4.3 Ausgestaltung der Zusammenarbeit

Als zentral für eine gemeinsame Verantwortungsübernahme in den Quartieren hat sich herausgestellt, dass im Gespräch ein gemeinsames Verständnis für die Aufgabe entwickelt wird. Das bedeutet nicht, dass einzelne Probleme des Quartiers hinsichtlich ihrer Entstehung und ihrer Lösungschancen ausdiskutiert werden, sondern vielmehr, dass eine Grundvorstellung darüber entwickelt wird, wie ein Engagement in den Quartieren ausgestaltet werden kann. Dies hat tendenziell eine höhere Bedeutung, wenn es sich nicht nur um bilaterale Partnerschaften handelt, sondern mehrere Partner gemeinsam im Quartier aktiv werden wollen.

Im persönlichen Gespräch werden die Erwartungen und Bereitschaften der Beteiligten transparent gemacht, gegenseitiges Vertrauen aufgebaut und eine „gemeinsame Sprache" entwickelt. Dieser Prozess hat sich in den acht Modellvorhaben des ExWoSt-Forschungsfeldes zum Teil als langwierig, aber auch als lohnenswert herausgestellt. Insbesondere bei mehreren Akteuren müssen unterschiedliche Vorstellungen aber auch Organisationskulturen übereingebracht werden. So hat etwa der Prozess zur Entwicklung des Leitbildes im Kieler „Netzwerk Leben & Arbeiten Kieler Ostufer" und zur Ausgestaltung der Zusammenarbeit mehrere Treffen über fast zwei Jahre hinweg gedauert. Im Ergebnis ist eine durch einen Kooperationsvertrag institutionalisierte, durch gemeinsame Ziele gefestigte und durch eingespielte Arbeitsprozesse erprobte Zusammenarbeit für das Quartier entstanden.

Zu den Fragen der Ausgestaltung zählt auch, wie sich die Beteiligten im Quartier einbringen wollen. Geht es darum, Projekte und Initiativen im Quartier finanziell zu unterstützen oder operativ tätig zu werden und eigene Projekte zu initiieren? Werden Projekte durch fachliches Know-how begleitet und inwieweit positionieren sich die Akteure auch als Fürsprecher und Lobby für das Quartier? Während die Ausgestaltung je nach Interessen der Beteiligten und Situation im Quartier individuell sehr unterschiedlich erfolgen kann, haben die acht Modellvorhaben gezeigt, dass es einen Koordinator und Moderator des Engagements braucht, der die Treffen und Kommunikation zwischen den Akteuren organisiert, Projekte und Unterstützer zusammenbringt und ggf. Öffentlichkeitsarbeit leistet. In den Modellvorhaben wurde diese Rolle von den kommunalen Vertretern übernommen. Sicherlich sind – wie auch für die Initiierung der Zusammenarbeit – andere Träger denkbar. Des Weiteren werden angesichts der komplexen Problemsituation in den Quartieren Informationen über bestehende Bedarfe und Projekte benötigt. Als erfolgreich hat sich hierfür die Einbeziehung von vorhandenen Quartiers-/Stadtteilmanagements erwiesen. So bilden etwa die Stadtteilkoordinatoren in Nürnberg die wichtige Schnittstelle zwischen dem Quartier und den als Stadtteilpaten engagierten Unternehmen und Stiftungen. Aber auch Formate zur regelmäßigen Konsultation mit Akteuren aus dem Quartier können diese Rolle übernehmen. Im Projekt am Kieler Ostufer werden die Stadtteilakteure regelmäßig zur sogenannten Kommunikationsplattform eingeladen. Gemeinsam mit den kooperierenden Unternehmen und Stiftungen und der Kommune werden Bedarfe aus dem Quartier erörtert.

4.4 Das Ergebnis – mehr Wirkung bei gleichem Aufwand

Die Wirkungsmessung ist in der sozialen Quartiersentwicklung durch die komplexe Problemsituation und die zeitintensiven Entwicklungen – etwa um das Image eines Quartiers zu verbessern – nicht ohne weiteres möglich. In den Beispielen des Forschungsfeldes lassen sich die Wirkungen der Kooperationen zwischen Unternehmen und der Kommune für die Quartiere jedoch auf anderer Ebene feststellen. Durch die Unternehmen selbst wird das eigene Engagement strukturierter und als besser am Bedarf ausgerichtet wahrgenommen. Hierfür sind die Koordination und das Fachwissen über das Quartier durch die Kommune zentral. Dass sich durch die Bedarfsausrichtung auch der positive Effekt im Quartier verstärkt, ist anzunehmen. Gleichzeitig können bei der Bildung von Netzwerken auch größere Projekte mit entsprechend höherer Hebelwirkung umgesetzt werden.

Ebenso kann die räumliche Ausrichtung für Unternehmen, die bisher keine eigene Engagementstrategie verfolgen, eine Fokussierung und Orientierung in den vielfältigen Förder- und Sponsoringanfragen bilden. Von den beteiligten Unternehmen in den Modellvorhaben wurde die Kooperation insgesamt als Mehrwert beurteilt. Vor allem im bereits lange laufenden und dadurch gut strukturierten Modell der Nürnberger Stadtteilpaten konnten die beteiligten Unternehmen und Stiftungen durch die Kooperation mit gleichen Mitteln eine größere Wirksamkeit entfalten.

Für die Quartiere entsteht im Idealfall eine stabile und langfristige Unterstützungsstruktur. Da für viele Quartiere die Anstrengungen zur Stabilisierung eine Daueraufgabe sein werden, ist diese Langfristigkeit von zentraler Bedeutung. Nicht unbedingt muss dies bedeuten, dass die einzelnen Akteure unbefristet im Quartier aktiv sind. Die Herausforderung besteht darin, Strukturen aufzubauen, zu denen neue Unterstützer hinzukommen können und von denen sich Akteure auch zurückziehen können. Hierfür kommt es auch darauf an, Gesprächsplattformen zwischen Kommune und engagementbereiten Unternehmen und Stiftungen aufrecht zu erhalten und die Bedeutung einer gemeinsamen Verantwortungsübernahme für benachteiligte Stadtteile im Sinne einer Engagementkultur zu verankern.

5 Fazit und Ausblick

Im Forschungsfeld hat sich die konzeptionelle Anschlussfähigkeit von unternehmerischem Engagement und der sozialen Quartiersentwicklung auch empirisch gezeigt. Dies ist seitens der Unternehmen bisher aber eher von Zufällen geprägt und seitens der Kommunen wenig gesteuert und wenig nutzbar gemacht. Insofern sind noch große Potenziale für die weitere Engagementmobilisierung gegeben. Insbesondere bei kleinen und mittelständischen sowie eigentümergeführten Unternehmen zeigt sich eine Nähe zum sozialen Umfeld und eine Empfänglichkeit für Engagementthemen nahe dem eigenen Standort.

Von Unternehmen kann und braucht nicht erwartet zu werden, dass sie sozialräumliche Kompetenz mitbringen und gesellschaftliche Problemlösungen entwickeln. Vielmehr liegen ihre Stärken darin, auf kurzen Entscheidungswegen und mit pragmatischen Handlungsstrukturen zu unterstützen und Ressourcen bereitzustellen. Es ist eine wichtige, im lokalen Kontext zu verankernde Aufgabe, den Dialog zu suchen, um Unternehmen in diesem Engagement Geleit zu geben, d. h. sie über Bedarfe zu informieren, Unterstützung zu organisieren und bei der Vermittlung von Kontakten zu Sozialpartnern zu helfen. Es geht darum, für die Unternehmen die Komplexität herunterzubrechen, Handlungsmöglichkeiten aufzuzeigen und Materialien bereitzustellen, damit sie Entscheidungen treffen und ihr Handeln passend ausrichten können. Diese Aufgabe muss nicht zwingend allein von den Kommunen übernommen werden. Auch die vor Ort verankerten zivilgesellschaftlichen Akteure, wie z. B. Bürgerstiftungen, können sich in diesem Bereich in Abstimmung mit den Kommunen betätigen.

Die soziale Entwicklung benachteiligter Quartiere bleibt eine zentrale öffentliche Aufgabe. Hier entscheidet sich in hohem Maße, ob Integration und gesellschaftliche Teilhabe gelingen. Dies darüber hinaus auch als Gemeinschaftsaufgabe unterschiedlicher gesellschaftlicher Akteure zu praktizieren, ist dabei selbst schon ein Teil der zu leistenden Integration. Denn jedes Zusammenwirken verschafft Einblicke und empathiestiftende Kontakte und ist somit letztlich auch die Basis für die erforderliche Annäherung und Solidarität zwischen sich zunehmend entfremdenden gesellschaftlichen Milieus.

Literatur

BBSR – Bundesinstitut für Bau-, Stadt- und Raumforschung (2015) Unternehmen und Stiftungen für die soziale Quartiersentwicklung. BBSR-Online-Publikation 13/2015. http://www.bbsr.bund.de/BBSR/DE/Veroeffentlichungen/BBSROnline/2015/DL_ON132015.pdf?__blob=publicationFile&v=2. Zugegriffen: 14.11.2015

BMFSFJ – Bundesministerium für Familie, Senioren Frauen und Jugend (Hrsg) (2012) Erster Engagementbericht 2012. Für eine Kultur der Mitverantwortung. Zentrale Ergebnisse. Berlin. Online verfügbar unter: http://www.bmfsfj.de/RedaktionBMFSFJ/Broschuerenstelle/Pdf-Anlagen/Engagementmonitor-2012-Erster-Engagementbericht-2012,property=pdf,bereich=bmfsfj,sprache=de,rwb=true.pdf. Zugegriffen: 12.12.2016

Böckenförde EW (1976) Staat, Gesellschaft, Freiheit. Studien zur Staatstheorie und zum Verfassungsrecht. Suhrkamp Taschenbuch Wissenschaft, Frankfurt am Main

Braun S (2008) Gesellschaftliches Engagement von Unternehmen in Deutschland. Polit Zeitgesch 31:6–14

Braun S (2010) Zwischen nationalen Traditionen und globalen Herausforderungen. Gesellschaftliches Engagement von Unternehmen in der sozialen Marktwirtschaft der Bundesrepublik Deutschland. In: Braun S (Hrsg) Gesellschaftliches Engagement von Unternehmen. Der deutsche Weg im internationalen Kontext. VS Verlag für Sozialwissenschaft, Wiesbaden, S 85–105

CCCD – Center for Corporate Citizenship Deutschland (Hrsg) (2007) Corporate Citizenship: Gesellschaftliches Engagement von Unternehmen in Deutschland und im transatlantischen Vergleich mit den USA. Ergebnisse einer Unternehmensbefragung des CCCD. Berlin. http://www.cccdeutschland.org/sites/default/files/Corporate%20Citizenship.%20Gesellschaftliches%20Engagement%20von%20Unternehmen%20in%20Deutschland%20und%20im%20transatlantischen%20Vergleich%20mit%20den%20USA.CCCD_.%202007.pdf. Zugegriffen: 12.12.2016

DIHK – Deutscher Industrie- und Handelskammertag e. V. (Hrsg) (2012) Gesellschaft gewinnt durch unternehmerische Verantwortung. Ergebnisse des IHK-Unternehmensbarometers 2012. (Abschlussbericht)

Faller B, Wiegandt CC (2010) Die geschenkte Stadt. Mäzenatentum in der deutschen Stadtentwicklung. Forum Wohn Stadtentwickl 6:329–336

Fürst D (2012) Die Stadt – neue Herausforderungen und Chancen für den Staat. Dms – Lat Staat – Zeitschrift Für Public Policy Recht Manag 5(1):25–42

Heinz W (2015) (Ohn-)Mächtige Städte in Zeiten der neoliberalen Globalisierung. Verlag Westfälisches Dampfboot, Münster

Heinze RG, Klie T, Kruse A (2015) Subsidiarität revisited. Sozialer Fortschr 64(6):131–138

Hinte W (2009) Eigensinn und Lebensraum – zum Stand der Diskussion um das Fachkonzept „Sozialraumorientierung". Vierteljahresschr Für Heilpädagogik Ihre Nachbargebiete (vhn) 78(1):20–33

Hüther M, Braun S, Enste D, Neumann M, Schwalb L et al (2012) Für eine Kultur der Mitverantwortung. Erster Engagementbericht. Stellungnahme der Bundesregierung, Bericht der Sachverständigenkommission

Kleine-König C, Hohn U (2016) Auf gute Nachbarschaft! Verantwortungsübernahme von Unternehmen für die Stadtteilentwicklung – Haniel und Grillo in Duisburg. STANDORT 40:46–52. doi:10.1007/s00548-016-0412-6

Kleine-König C, Schmidpeter R (2010) Neuer Schub für die regionale Standortentwicklung durch Verantwortungspartnerschaften. Wie können Kommunen gesellschaftliches Engagement von Kommunen initiieren und steuern? Handb Kommunalpolit 1:1–24

Quaestio Forschung & Beratung (2015) Gesellschaftliches Engagement von Unternehmen und Stiftungen in der sozialen Quartiersentwicklung. Diskussions- und Positionspapier des Expertenbeirates im ExWoSt-Forschungsfeld „Unternehmen und Stiftungen für die soziale Quartiersentwicklung". http://www.quaestio-fb.de/files/gesellschaftliche_engagement_von_unternehmen_und_stiftungen_in_der_sozialen_quartiersentwicklung.pdf. Zugegriffen: 12.11.2015

Schnur O (2008) Quartiersforschung im Überblick: Konzepte, Definitionen und aktuelle Perspektiven. In: Schnur O (Hrsg) Quartiersforschung zwischen Theorie und Praxis. Springer VS, Wiesbaden, S 19–47

Schuppert GF (2008) Die neue Verantwortungsteilung zwischen Staat und Gesellschaft – oder: Wessen Wohl ist das Gemeinwohl? Forum Wohn Stadtentwickl 4:189–193

Selle K (2005) Planen, Steuern, Entwickeln. Über den Beitrag öffentlicher Akteure zur Entwicklung von Stadt und Land. Dortmunder Vertrieb für Bau- und Planungsliteratur, Dortmund

Dipl. Geogr. Bernhard Faller ist seit gut zwanzig Jahren forschend und beratend im Themenfeld Stadt- und Regionalentwicklung tätig. Im Jahr 2008 hat er Quaestio Forschung & Beratung gegründet und sich seither u. a. auf Fragen des zivilgesellschaftlichen Engagements in der Stadt- und Quartiersentwicklung spezialisiert.

Dipl. Geogr. Nora Wilmsmeier ist wissenschaftliche Mitarbeiterin bei Quaestio Forschung & Beratung. Hier begleitete sie zwischen 2012 und 2015 das ExWoSt-Forschungsfeld „Unternehmen und Stiftungen für die Soziale Quartiersentwicklung" im Auftrag des Bundesinstituts für Bau-, Stadt- und Raumforschung (BBSR) im Bundesministerium für Umwelt, Natur, Bau und Reaktorsicherheit (BMUB). Darüber hinaus beschäftigt sie sich in unterschiedlichen Projektzusammenhängen mit Fragen der sozialen Quartierentwicklung, insbesondere im Überschneidungsbereich zu Fragen zivilgesellschaftlichen Engagements.

Christiane Kleine-König, M.Sc.Geogr., promoviert zum Thema „Corporate Social Responsibility und Corporate Citizenship. Gesellschaftliche Verantwortung von Unternehmen in der Stadtentwicklung" am Geographischen Institut der Ruhr-Universität Bochum. Von 2012–2015 war sie als freie Mitarbeiterin bei Quaestio – Forschung & Beratung in die Forschungsassistenz zum ExWoSt-Forschungsfeld „Unternehmen und Stiftungen für die soziale Quartiersentwicklung" des Bundesinstituts für Bau-, Stadt- und Raumforschung (BBSR) im Bundesministerium für Umwelt, Natur, Bau und Reaktorsicherheit (BMUB) tätig. Darüber hinaus war sie von 2009–2014 als wissenschaftliche Mitarbeiterin am Lehrstuhl „Urban and Metropolitan Studies" des Geographischen Instituts der Ruhr-Universität Bochum in der Lehre und Forschung tätig. Zuvor war sie von 2009–2010 im Rahmen des Programms „Gesellschaftliche Verantwortung von Unternehmen" für die Bertelsmann Stiftung tätig.

Wolfsburg und VW: Strukturelle Abhängigkeit und dominantes Engagement am Unternehmensstandort

Annette Harth

1 Einleitung

In seiner ersten öffentlichen Stellungnahme wenige Tage nach Bekanntwerden der aktuellen tiefen Krise bei Volkswagen infolge der Manipulationen bei Abgasmessungen betonte der Oberbürgermeister der Stadt Wolfsburg:

> Ich setze großes Vertrauen in die Führung des Volkswagen-Konzerns. […] Volkswagen wird den Weg aus der Krise finden. […] Wir werden die Herausforderungen gemeinsam meistern und gestärkt aus diesen schwierigen Zeiten hervorgehen (Wolfsburg.de, 28.9.15).

Weder für den Konzern noch für die Stadt sind die Auswirkungen des Abgasskandals derzeit absehbar. Die Stadt Wolfsburg jedenfalls hat bereits als Sofortmaßnahmen eine Haushaltssperre und einen Einstellungsstopp verhängt. Geplante Projekte im Wohnungsbau oder im Bildungsbereich werden auf Eis gelegt. Die Aussagen des Oberbürgermeisters zeigen sehr deutlich die strukturelle Abhängigkeit der Stadt vom Volkswagenwerk und die Tatsache, dass man auf konzernseitige Lösungen vertraut bzw. vertrauen muss. Für die Stadt ist Volkswagen existenziell – umgekehrt gilt das aber schon längst nicht mehr.

Der Volkswagen Konzern hat knapp 120 Produktionsstandorte und knapp 600.000 Beschäftigte weltweit (Stand: 5/2015). Als Global Player bezieht der Konzern sein gesellschaftliches Engagement auf 200 Projekte rund um den Globus (vgl. VW AG 2014, S. 76). Es gibt ein internationales CSR-Management, das die diversen Aktivitäten in Themenfeldern wie Sport, Bildung oder Natur koordiniert. In einer Übersicht über Corporate-Social-Responsibility- und Corporate-Citizenship-Projekte taucht der Standort der Konzernzentrale, die Stadt Wolfsburg, nur am Rande auf; es heißt vielmehr „Verantwortung

A. Harth (✉)
HAWK-HHG Hochschule
Hildesheim/Holzminden/Göttingen, Deutschland
E-Mail: annette.harth@hawk-hhg.de

kennt keine Grenzen" (VW AG 2012). Und dennoch: Das Engagement von Volkswagen für die Stadt wie auch der Einfluss der VW AG auf die Stadt- und Regionalentwicklung sind umfangreich. Aber vieles von dem wird offenbar eher unter dem Label Standort- und Arbeitskräftepolitik rubriziert bzw. kommuniziert als unter der Bezeichnung CSR. Das mag daran liegen, dass es in Wolfsburg nicht um einzelne Projekte wie eine Bildungspartnerschaft hier oder ein Elektromobilitätskonzept dort geht – die gibt es natürlich auch in großer Zahl –, sondern um eine ganz besondere, viel weitreichendere Allianz. Nicht nur verdankt die Stadt ihre Gründung im Jahr 1938 ausschließlich dem VW-Werk, sie ist auch bis heute von ihr strukturell abhängig. Für den Volkswagen Konzern ist die Stadt Standort der Unternehmenszentrale sowie der Forschung und Entwicklung und eines der größten Automobilwerke. Sie soll attraktiv für qualifizierte Arbeitskräfte sein und auch internationalen Konzernbesuchern eine imposante Umgebung bieten.

Die Volkswagen AG Werk Wolfsburg ist mit gut 70.000 Arbeitsplätzen (12/2014) und mehr als doppelt so vielen Arbeitsplätzen in Zulieferbetrieben der beherrschende Arbeitgeber für die 125.000-Einwohner-Stadt (6/2015). Volkswagen Immobilien besitzt knapp 10.000 Wohnungen. Volkswagen hat sich im Kultur- und Freizeitbereich engagiert, hat den Fußballclub groß gemacht und den Namen der Stadt international verbreitet. Volkswagen ist strukturell und normativ prägend für die Stadt in nahezu jeder Hinsicht. Nachfolgend wird nachgezeichnet, wie sich das lokale Engagement von Volkswagen in der Stadt Wolfsburg im Laufe der Jahre entwickelt und verändert hat (Schwonke und Herlyn 1967; Herlyn et al. 1982; Harth et al. 2000; Harth et al. 2010; zusammenfassend: Herlyn et al. 2012)[1]. Es lassen sich verschiedene Phasen unterscheiden, in denen die Werk-Stadt-Beziehung jeweils unterschiedliche Formen annahm, wobei die wechselnde allgemeine Bedeutsamkeit sozialräumlicher Standortfaktoren im Zeitverlauf eine zentrale Rolle spielt.

2 Wirtschaftswunderstadt und der „König von Wolfsburg"

Trotz erheblicher Zerstörungen des Volkswagenwerks im Zweiten Weltkrieg, des „Abtauchens" der politisch belasteten Führungskräfte und der über mehrere Jahre drohenden Demontage begannen die Arbeiten im Werk sofort nach Kriegsende wieder. Zu Beginn des Jahres 1948 übernahm Heinrich Nordhoff als Geschäftsführer die Leitung des VW-Werks, die er für zwanzig Jahre behalten sollte, und im selben Jahr wurde der Sitz der Gesellschaft von Berlin nach Wolfsburg verlegt. Ein Jahr später wurde die Verfügungsgewalt über die Volkswagen GmbH von der alliierten Militärregierung auf die Bundesregierung

---

[1] Grundlage der Ausführungen ist eine in der europäischen Stadtsoziologie einmalige Langzeitbeobachtung der Stadt Wolfsburg seit den 1950er-Jahren. In den im Text genannten vier größeren Studien wurde nicht nur die objektive Seite der Stadtentwicklung nachgezeichnet, sondern, damit verbunden, insbesondere die subjektive Sicht der Menschen. In allen vier Untersuchungen wurde deswegen ein breites Spektrum an Methoden eingesetzt: Dokumentenanalyse, halbstandardisierte repräsentative Bewohnerbefragungen (auch als Panel oder Follow-up), qualitative Bewohnerinterviews (biografisch-narrativ und themenzentriert) sowie Expertengespräche.

übertragen, welche ihrerseits das Land Niedersachsen mit der Wahrnehmung ihrer Rechte beauftragte. Die Jahresproduktion stieg 1949 bereits auf über 45.000 Fahrzeuge, im Mai lief der 50.000ste Volkswagen, der seit Kriegsende gebaut wurde, vom Band. Anfang der 1950er-Jahre verlangsamte die Korea-Krise noch einmal kurzfristig das Tempo der Entwicklung, aber dann begann der Aufstieg von Volkswagen: 1955 lief der einmillionste Käfer vom Band, VW wurde zum größten Automobilhersteller Europas, die Beschäftigtenzahlen vervierfachten sich in nur gut zehn Jahren und Wolfsburg wurde zur Inkarnation des deutschen Wirtschaftswunders (vgl. Herlyn et al. 2012, S. 40 f.).

Damit verbunden war die erhebliche Herausforderung an die Stadt, für die rasant wachsende Bevölkerung Wohnraum und ein Lebensumfeld zu schaffen. Die Bevölkerungszahl vervierfachte sich innerhalb von 20 Jahren von gut 20.000 Einwohnern (1946) auf über 84.000 Einwohner (1966), was Folge der Belegschaftsentwicklung beim VW-Werk war, die von gut 8000 (1946) auf 47.000 (1966) anstieg. Die Stadt versuchte zwar, der durch den Arbeitskräftebedarf des VW-Werks ausgelösten Zuwanderung so gut es ging hinterherzubauen. Aber bereits 1953 gründete das VW-Werk (gegen die Position der Stadtverwaltung) eine eigene Wohnungsbaugesellschaft, erwarb Anfang der 1960er-Jahre noch Anteile an der städtischen Wohnungsbaugesellschaft und übernahm damit die Regie in diesem zentralen städtischen Bereich. Da nur diese beiden Gesellschaften Wohnungen in Wolfsburg erstellten, zudem das VW-Werk zum Beispiel über Baudarlehen und Mietzuschüsse den Wohnungsbau unterstützte und damit auch Belegungsrechte erwarb, hatte das VW-Werk bis in die 1960er-Jahre hinein eine zentrale Stellung im Wohnungswesen inne. Dieses Übergewicht des Volkswagenwerks konnte der damalige Leiter des Werkswohnungsbauwesens nutzen,

> indem er als Ratsmitglied, Verwaltungsausschussmitglied und zeitweiliger Bürgermeister eine Stellung einnahm, die ihn praktisch zum uneingeschränkten Herren über die Wohnungen in Wolfsburg machte. [...] Die Entscheidungen über Wohnungen fielen nicht im Wohnungsausschuss bzw. im Wohnungsamt der Stadt, sondern im Volkswagenwerk (Hilterscheid 1970, S. 199).

Auch wenn eine Untersuchung der persönlichen, direkten Einflussnahme der Werksleitung auf die Stadtentwicklung und Kommunalpolitik in dieser Phase zu dem zentralen Befund kommt, dass die zahlenmäßig weitaus meisten Entscheidungen der Stadt Wolfsburg nicht vom Volkswagenwerk beeinflusst waren, so zeigte sich doch eine deutliche Einflussnahme auf Entscheidungen, an denen das Unternehmen oder seine Angestellten Interesse hatten (Hilterscheid 1970, S. 308). Es gab nicht nur personelle Verflechtungen, sondern durchaus auch eklatante Beispiele, wo sich werksseitig in Dinge eingemischt wurde, die dem Werk an sich hätten ziemlich egal sein können (wie etwa die Architektur des Theaters oder der Baumbestand der Stadt).

Auch der Ausbau der städtischen Infrastruktur zeigte Züge von „Industriefeudalismus" als verfassungsrechtlich nicht legitimiertes, aber praktisch wirksames Patronat des VW-Werks (vgl. Schwonke und Herlyn 1967, S. 43). Für die Beschäftigten sollten optimale Reproduktionsmöglichkeiten geschaffen werden. Deswegen legte das Werk von Anfang

Abb. 1 Generaldirektor Heinrich Nordhoff und die Belegschaft des VW-Werks 1955. (Volkswagen AG)

an Wert auf den Kultur-, Sport- und Bildungsbereich und engagierte sich dabei auch stark. Wichtige Infrastruktureinrichtungen der Stadt wurden finanziell unterstützt oder ihr geschenkt (wie zum Beispiel Stadthalle, Theater, VW-Bad, Kulturzentrum). Es gab vielfältige Beispiele „modernen industriellen Mäzenatentums" (Hilterscheid 1970, S. 188), wie die vom Volkswagenwerk finanzierten großen Kunstausstellungen oder die Konzerte mit den Berliner Philharmonikern (Volksmund: „Karajans Wüstenritte"). Arbeitskraft und kulturelle Bildung sollten gefördert werden, nicht aber ein zu eigenständig-kritisches Denken. So nahm das VW-Werk in den 1950er-Jahren Einfluss auf das Kulturprogramm: Sozialkritische Bühnenstücke, zum Beispiel von Bertolt Brecht, lehnte die Werksleitung als für das Wolfsburger Publikum ungeeignet ab. Als Gegenleistung für die Spende von 1 Mio. DM zum Bau des Kulturzentrums erwartete man,

> dass in diesem Hause nichts Negatives über das Volkswagenwerk gesagt wurde und dass keine Vorträge oder Arbeitsgemeinschaften der Volkshochschule stattfanden, die sozialen und geistigen Unfrieden bringen könnten (Hilterscheid 1970, S. 187 f.).

Nicht ganz unrealistisch gab mehr als die Hälfte der 1960 befragten Wolfsburger an, dass Heinrich Nordhoff in Wolfsburg „etwas zu sagen" habe – und zwar deutlich mehr als Rat, Kirche oder Stadtverwaltung (vgl. Abb. 1). Nicht wenige bezeichneten ihn als „König von Wolfsburg" (Schwonke und Herlyn 1967, S. 44 f.). Und Nordhoff selbst äußerte:

> Es dürfte in Europa – vielleicht in der ganzen Welt – wenig Fälle geben, in denen die Symbiose zwischen einer Stadt und einem Industrieunternehmen so vollkommen ist wie in Wolfsburg mit dem Volkswagenwerk (zit. nach Hilterscheid 1970, S. 14).

Die weitgehend omnipotenten Möglichkeiten des Betriebes förderten bei der Bevölkerung eine eher passive Haltung, zumal auch die privaten Sozialkontakte durch die gemeinsame Werkszugehörigkeit gefärbt waren – auch hier bildeten sich berufliche Hierarchien ab (Schwonke und Herlyn 1967, S. 120). Für das Werk war die Stadt der zentrale Reproduktionsbereich für die Belegschaft – einschließlich der leitenden Angestellten. Insofern war das Interesse an steuernden Eingriffen in die Stadtentwicklung recht hoch, und diese wurden mit einer großen patriarchalischen Selbstverständlichkeit vorgenommen. Das alles mag dazu geführt haben, dass Wolfsburg in dieser Zeit als nichts weiter als eine „komfortable Werkssiedlung" bezeichnet wurde (Kuby 1957, S. 408).

3   Internationalisierung und kommunalpolitischer Rückzug

Bereits in den 1950er-Jahren war zu erkennen, dass das Werk in Wolfsburg nicht mehr in der Lage sein würde, die weiterhin steigende weltweite Nachfrage nach Volkswagen zu decken. Im Jahr 1960 wurde schon jeder zweite in Wolfsburg produzierte Volkswagen ins Ausland verkauft. Deshalb entstanden nach und nach VW-Produktionsstätten in anderen Städten Niedersachsens und Nordhessens: 1955 in Hannover, 1959 in Kassel, 1964 in Emden und 1970 in Salzgitter. Im Jahr 1969 erwarb VW dann die Aktienmehrheit an der Audi NSU Auto Union AG, und später wurden weitere Marken in den Konzernverbund übernommen (wie SEAT oder Škoda). Neben der Dezentralisierung der Produktion wurde die Gründung von in- und ausländischen Tochtergesellschaften vorangetrieben: Vertriebs- und später dann z. T. Produktionsgesellschaften entstanden z. B. in Brasilien (1953), Südafrika (1956), Mexiko (1963), Belgien (1971), Nigeria (1975), USA (1976). Dies war der Beginn einer Entwicklung von VW zu einem nationalen und internationalen, weltumspannenden Konzern (vgl. Herlyn et al. 2012, S. 42, 45).

Für die Stadt Wolfsburg stand zu befürchten, dass das Interesse der Konzernleitung sich womöglich immer mehr auf den Ausbau der Produktions- und Vertriebsstätten in anderen Städten verschieben und Wolfsburg für den Konzern zu einem Produktionsstandort unter anderen werden würde. Diese Befürchtungen fanden durch eine andere Entwicklung bei Volkswagen weitere Nahrung: 1960 beseitigten der Bund und das Land Niedersachsen den etwas unklaren juristischen Nachkriegszustand, indem sie einen Vertrag darüber schlossen, Volkswagen in eine Aktiengesellschaft umzuwandeln, deren Grundkapital zu je 20 % der Bund und das Land Niedersachsen erhielten. Die restlichen 60 % wurden in Form von Kleinaktien (z. T. an Werksangehörige) veräußert[2]. Sowohl werksseitig als auch städtischerseits war man strikt dagegen gewesen, weil befürchtet wurde, dass das VW-Werk zukünftig von anonymen, überlokalen Kapitaleignern kontrolliert würde und damit

---

[2] Aus dem Erlös wurde übrigens die Volkswagen-Stiftung gegründet. Später (1988) privatisierte auch der Bund seinen Anteil, sodass heute nur noch das Land Niedersachen seinen 20%igen Anteil am Grundkapital von Volkswagen hält. Weitere Großaktionäre sind die Familienholding Porsche SE und das Emirat Dubai. Der Aktienstreubesitz liegt bei unter 10 %.

auch die Stadt in deren ausschließlich profitorientierte Abhängigkeit geraten könnte (vgl. Herlyn et al. 1982, S. 61).

Sehr deutlich ist seit den 1970er-Jahren ein Rückgang der unmittelbaren kommunalpolitischen Einflussnahme der Führungsschicht von VW festzustellen. Im Zuge des Aufstiegs von Volkswagen zu einem Global Player passierte genau das, was auch amerikanische Studien festgestellt hatten (vgl. Warren 1963, S. 253): ein Rückzug der ökonomischen Eliten aus der Kommunalpolitik, wenn die Gesellschaften „absentee-owned" oder stark in den nationalen oder gar internationalen Markt integriert sind. Die Probleme von VW hatten sich globalisiert mit der Folge, dass die Stadt Wolfsburg an Bedeutung für den Konzern verloren hatte. Die Manager des VW-Werks waren überdies beruflich international viel zu eingespannt, als dass noch viel Zeit gewesen wäre für kommunalpolitisches Engagement, geschweige denn großes Interesse daran aufgekommen wäre. Die Mehrheit des Managements wohnte ohnehin mittlerweile außerhalb der als nicht besonders attraktiv empfundenen Stadt und konzentrierte auch das Freizeit- und Kulturleben anderenorts. Die auf die Arbeiterschaft zugeschnittenen Infrastruktur- und Einkaufsangebote, die Innenstadt ohne urbanes Flair und die fehlenden exklusiven Wohnmöglichkeiten im Eigentumsbereich machten die Stadt für die gehobenen Angestellten uninteressant.

Die Stadt Wolfsburg warf zudem nicht mehr so viele kommunalpolitisch zu lösende Standortprobleme auf wie noch in den 1950er- und 1960er-Jahren, als Wohnungsknappheit herrschte und kultureller Notstand. Weiterhin wurden aber durchaus Einzelprojekte unterstützt und geschenkt, wie z. B. das 1983 eröffnete Planetarium. Insgesamt hatten sich die Beziehungen zwischen Stadt und Werk entkrampft und versachlicht. Die Wolfsburger Verwaltung hatte sich professionalisiert, und wenn es etwas zu klären gab, dann wandte sich das VW-Werk an die Verwaltung der Stadt. Das Werk nahm weder Einfluss auf die Kandidatenaufstellung für den Gemeinderat noch auf das Wahlverhalten seiner Beschäftigten, und auch die personelle Verflechtung hatte sich gelockert (vgl. Herlyn et al. 1982, S. 113 ff.).

In dieser Phase findet eine vermehrte Ausrichtung auf die je eigenen Belange statt. Die Stadt richtet ihre Fußgängerzone ein, vergrößert sich in Folge der Gebietsreform und baut ihr Stadtzentrum weit weg von Volkswagen auf der „anderen" Seite des Mittellandkanals weiter aus, wendet sich symbolisch ab vom Werk. Die Bevölkerung war entsprechend auch, in der Befragung Anfang der 1980er-Jahre, überwiegend der Auffassung, dass der Einfluss des VW-Werks auf die Kommunalpolitik (im Vergleich zur Nordhoff-Ära) nachgelassen habe, und nur noch ein knappes Drittel bezeichnete Volkswagen als Machtfaktor in Wolfsburg (vgl. Herlyn et al. 1982, S. 112).

Der Blick auf die abnehmende persönliche Einflussnahme oder ganz konkrete Projekte der Zusammenarbeit verkennt aber die strukturelle Abhängigkeit der Stadt von Volkswagen, die (nahezu) alle Bereiche des städtischen Lebens durchdringt (vgl. ebd., S. 103 ff.). Von Anfang an bis heute setzt Volkswagen die zentralen Rahmenbedingungen für die Stadtentwicklung: Volkswagen produziert einen Großteil der Probleme, derer sich die Kommunalpolitik annehmen muss. Gleichzeitig bringt der Konzernsitz auch gewaltige

Vorteile für Stadt und Bewohnerschaft und eröffnet dadurch Problemlösungskapazitäten, über die andere Kommunen nicht verfügen.

Das VW-Werk ist nicht nur die einkommensmäßige Basis für einen großen Teil der Wolfsburger Beschäftigten, sondern macht die Stadt auch zu einer der reichsten Deutschlands. Zugleich aber hat diese gewerbesteuermäßige Abhängigkeit der Stadt vom VW-Werk die kommunale Haushaltslage auch immer abhängig gemacht von der Automobilkonjunktur. Das war bis in die 1960er-Jahre hinein jedoch kein reales Problem, insofern das VW-Werk fast ununterbrochen Wachstumsraten auswies. Die drei Krisen 1966/67, 1971/72 und 1974/75 machten, auch wenn sie jedes Mal schnell überwunden werden konnten, erstmals die gesamte Tragweite der gewerbesteuermäßigen Abhängigkeit der Stadt vom VW-Werk deutlich. Infolge des weit überdurchschnittlichen Lohnniveaus und der Sozialleistungen im VW-Werk konnte lange Zeit kein anderer Betrieb daneben existieren; selbst eine VW-bezogene Zulieferindustrie hatte sich bis Ende der 1990er-Jahre im Wolfsburger Raum nur ansatzweise entwickeln können. Der Dienstleistungsbereich war ebenfalls unterentwickelt; noch Mitte der 1990er-Jahre belief sich der Anteil der im Dienstleistungssektor Beschäftigten auf bloß 25 % (vgl. Harth et al. 2010, S. 70).

Damit zusammenhängend gibt es eine besondere sozialstrukturelle Prägung der Stadt. Noch im Jahr 2004 war Wolfsburg – statistisch betrachtet – eine Arbeiterstadt. In diesem Jahr waren noch 55 % der Erwerbstätigen in Wolfsburg „Arbeiter" bzw. „Arbeiterin" (vgl. Stadt Wolfsburg 2011). Dazu kommt der Schichtbetrieb, der bis zur Einführung der „atmenden Fabrik" den Rhythmus des Stadtlebens dominierte. Die Infrastrukturpolitik muss auf die speziellen Bedürfnisse, die sich aus der Sozialstruktur und auch aus dem Werksrhythmus der Stadt ergeben, eingehen. Bürgerschaftliches Engagement und Partizipation waren lange Zeit eher unterentwickelt. Zum einen ist das VW-Werk als großzügiger und perfekt organisierter Betrieb prägend für die – so ein Ratsmitglied – „enorm hohe Anspruchshaltung der Wolfsburger Bevölkerung auch gegenüber der Stadt", zum anderen fehlte es lange Zeit an einer politisch aufgeschlossenen Mittelschicht (vgl. Herlyn et al. 1982, S. 229).

Selbst in der Phase der Internationalisierung und des kommunalpolitischen Rückzugs aus den städtischen Alltagsbelangen wirkt der Volkswagen Konzern also tief in das städtische Leben hinein und bestimmt die Geschicke der Stadt Wolfsburg.

4 Krise und „Schulterschluss": Die Wolfsburg AG

Die ganze Tragweite der Abhängigkeit zeigte sich dann in der bis dahin schwersten Strukturkrise des VW-Konzerns. Anfang der 1990er-Jahre wurden bei VW in Wolfsburg innerhalb weniger Jahre rund 16.000 Arbeitsplätze abgebaut. Es stand sogar die Verlagerung des Konzernsitzes zur Debatte. Der Stellenabbau beim Volkswagen Konzern, der damals ca. 60 % aller Arbeitsplätze der Stadt stellte, konnte nicht in anderen Branchen aufgefangen werden. In einer Stadt, die jahrzehntelang an annähernde Vollbeschäftigung gewöhnt war, schnellte die Arbeitslosenquote 1996 auf 18 %, eine für Wolfsburg bisher unbekannte

Dimension. Die Gewerbesteuereinnahmen sanken auf ein historisches Rekordtief und die Stadt war gezwungen, Sparmaßnahmen zu ergreifen und Schulden zu machen.

Trotz der Schwere der Krise – Verantwortliche wie Bewohner sprachen damals von einer „depressiven Stimmung", einem „Schock" oder gar von „Weltuntergangsstimmung" – blieben doch die Folgen für das Alltagsleben der Menschen erstaunlich gering (vgl. Harth et al. 2000, S. 150 ff.). Dies hing damit zusammen, dass auf Seiten von Volkswagen sehr schnell mit Maßnahmen wie Einführung der Vier-Tage-Woche oder Flexibilisierung der Arbeitszeitmodelle („atmende Fabrik"), reagiert wurde, die zudem auch strategisch geschickt nahezu zeitgleich mit dem allgemeinen Bekanntwerden des Umfangs der Krise präsentiert wurden. Eine deutliche Mehrheit der Wolfsburger Befragten war denn auch 1998 der Meinung, dass der VW-Konzern auf die Absatz- und Beschäftigungskrise „in vorbildlicher Weise" reagiert habe, das Vertrauen in VW war ungebrochen (Harth et al. 2000, S. 143 ff.).

Wenn also die Krise das Alltagsleben der Menschen längst nicht in erwartetem Umfang umgekrempelt hatte, so warf sie doch ein grelles Schlaglicht auf jahrzehntelange Versäumnisse in der saturierten Stadt (Harth et al. 2000, S. 160 ff.): Die monostrukturelle Abhängigkeit von VW hatte man nie zu lockern versucht, und der gesamte Dienstleistungsbereich war unterentwickelt. Das Wohn-, Freizeit- und Kulturangebot war auf die VW-Arbeiterschaft zugeschnitten und passte nicht mehr zu der sich sozialstrukturell differenzierenden Bevölkerung, sozioökonomisch stärkere Gruppen suchten Wohnstandorte außerhalb der Stadt. Die eigene Bewohnerschaft hatte immer noch Identifikationsvorbehalte und für den immer wichtigeren Städtetourismus war Wolfsburg nicht attraktiv. Und nicht zuletzt besaß der zentrale Innenstadtbereich erhebliche bauliche, funktionale und vor allem atmosphärische Mängel, auch der Kaufkraftabfluss in benachbarte Städte war enorm. Eine Stadt, die jahrzehntelang an der Spitze des Fortschritts und Wohlstands gestanden hatte, musste sich eingestehen, dass sie gesellschaftlichen Trends hinterherhinkte, dass sie den Anschluss verpasst hatte und dass die Zukunft gefährdet war. Durch die Schärfe und Augenfälligkeit der Krise wurde weit über die unterschiedlichen politischen Lager und Tätigkeitsfelder hinweg ein Reflexionsprozess ausgelöst, der am Ende dazu führte, dass ein grundlegender Wandel der Stadtpolitik eingeleitet wurde.

Zunächst entfalteten sich auf allen Akteursebenen der Stadt Aktivitäten, die sehr stark auf den lokalen Kontext bezogen waren. Der Prozess, sich als Stadt eigenständig zu definieren und sich auf seine eigenen Stärken zu besinnen, fand seinen Niederschlag in einem partizipativen Leitbildprozess zusammen mit Bürgerschaft und Verantwortlichen der Stadt. Man habe sich, so betonten städtische Experten und Expertinnen, nicht mit dem Volkswagen-Werk in den Abgrund ziehen lassen wollen, sondern das Ziel verfolgt, sich aus der nahezu totalen Abhängigkeit von VW zu befreien und durch Schaffung von automobilunabhängigen Arbeitsplätzen neue Standbeine aufzubauen. Insofern blieb der wichtigste Wirtschaftsakteur der Stadt in diesem Zeitraum im Hintergrund, zumal man werksseitig damit ausgelastet war, die internen Probleme zu beseitigen und neue Konzepte zu entwickeln.

Diese kommunalen Aktivitäten wurden durch verschiedene Entwicklungen aber förmlich überrollt: Der wirtschaftliche Aufschwung bei VW setzte schneller als erwartet ein und die Steuereinnahmen sprudelten wieder. Nun entstanden wesentlich spektakulärere und im Hinblick auf ihre Lösungskapazitäten effektiver erscheinende Projekte. Für die Bevölkerung und für die Stadt zentral war aber, dass Volkswagen durch zwei große Projekte deutlich machte, dass man zu Wolfsburg steht.

Zum einen baute das VW-Werk auf seinem Gelände für über 500 Mio. DM die Autostadt, ein Neuwagen-Abholzentrum mit einer damals vollkommen neuartigen Markenpräsentation im Rahmen von Erlebnisangeboten, das um Einrichtungen wie Piazza, Konzern-Forum, MarkenPavillon und Deutschlands erstem Ritz-Carlton Hotel ergänzt wurde. Im Rahmen neuer Absatzstrategien der Automobilindustrie, die zunehmend auch eine emotionale Bindung der Kunden an das Produkt anstrebten, war bei VW Mitte der 1990er-Jahre die Idee entstanden, das Autoabholen zum Event zu machen. Standorte dafür suchte man bezeichnenderweise in der gesamten Region. Ein Experte der Stadtspitze berichtete damals:

> Dann ist der Oberstadtdirektor zu Piëch [dem damaligen Vorstandsvorsitzenden der VW AG] gerannt und hat gesagt: Leute – das könnt ihr nicht machen, ihr könnt nicht hier 20.000 Arbeitsplätze abbauen und dann noch mit interessanten neuen Geschäftsfeldern nach Gifhorn gehen (zit. in Harth et al. 2000, S. 168).

Der damalige Oberstadtdirektor (übrigens selbst ein Mann aus der Wirtschaft) habe alles daran gesetzt, Volkswagen davon überzeugen, bei der Weltausstellung im Jahr 2000 nicht nur in Hannover Aktivitäten zu entfalten, sondern auch am Standort Wolfsburg.

> Und irgendwann ist dann der Funke übergesprungen. Es gab dann so eine Art Wolfsburg-Bewusstsein, und dann brauchte man halt ein Projekt. Und plötzlich hat dann Volkswagen entschieden: Wir machen hier die neue Autostadt (zit. in Harth et al. 2000, S. 168).

Dieser allenthalben als „Schulterschluss" bezeichnete neue starke gemeinsame Gestaltungswille fand seinen Ausdruck im anderen wichtigen Projekt, dem sogenannten Konzept AutoVision, das Volkswagen der Stadt Wolfsburg im Jahr 1998 öffentlichkeitswirksam zum 60. Geburtstag schenkte. Sie gipfelte in der Wolfsburg AG, die Stadt und Volkswagen im Juli 1999 als gemeinsame Public Private Partnership gründeten – einer völlig neuen und weitreichenden Kooperationsform, die weit über das hinausging, was gemeinhin unter Public Private Partnership verstanden wird. Hier ging es nicht um die Realisierung irgendeines genau definierten Projektes, sondern um Stadtentwicklungspolitik schlechthin. Durch die Wolfsburg AG übernahm das Werk nicht nur ganz offiziell Verantwortung für die Stadt, sondern machte gleichzeitig seinen Anspruch auf einen Einfluss auf die zukünftige Stadterneuerung geltend (vgl. Tessin 2003, S. 140). Das hatte es in dieser Form noch nicht gegeben.

Hintergrund war der Wunsch von Volkswagen, die Ansiedelungs-, Wirtschaftsförderungs- und Arbeitsmarktstrukturen ebenso wie die Gestaltung der Stadt selbst den eigenen neuen Erfordernissen anzupassen. Das alles erfolgte mit der Zielsetzung, die harten und weichen Standortqualitäten der Stadt im kommunalen und globalen Wettbewerb aufzuwerten und damit den lokalen Arbeitsmarkt nachhaltig zu stärken. Wolfsburg sollte attraktiv werden für Städtetourismus und vor allem für hochqualifizierte Arbeitskräfte. Mehr und mehr hatte sich bei VW die Einsicht durchgesetzt, dass zur Sicherung des Angebots an qualifizierten Fachkräften die Wohn- und Lebensbedingungen in der Stadt von zentraler Bedeutung sind. Außerdem wurde klar, dass man – ohne selbst einen erheblichen Imageschaden zu erfahren – als Global Player kaum in einer Stadt würde residieren können, „der Armut, Niedergang und Provinzialität sofort anzumerken wären" (Tessin 2003, S. 139). Im Zusammenhang mit der Weltausstellung im Jahr 2000 in Hannover, in deren Rahmen sich die Volkswagen AG mit der Autostadt in Wolfsburg der Weltöffentlichkeit präsentierte, schien es im Firmeninteresse sinnvoll, auch die Stadt Wolfsburg etwas aufzumöbeln, deren eigene Mittel – nicht zuletzt auf Grund der VW-Krise (Gewerbesteuer, Soziallasten) – nicht ausreichten, das selbst zu bewerkstelligen. Eine VW-Expertin brachte es auf den Punkt: „Die Stadt darf nicht verkümmern, während auf dieser Seite des Kanals das Leben blüht" (zit. in Harth et al. 2000, S. 175).

Neben werksseitig interessanten Strategien, bestimmte Bereiche auszulagern bzw. dem Werk anzulagern („InnovationsCampus" als Unternehmensgründungszentrum, „MobilitätsWirtschaft" als Zuliefer-Attraktivierung und „PersonalServiceAgentur" als Arbeitskräftepuffer der „atmenden Fabrik" und „cash-cow" der Wolfsburg AG) und sich in aktuellen Themenfeldern zu profilieren („GesundheitsWirtschaft", „Netzwerk Nachhaltigkeit + Wirtschaft") trat das für die Stadtentwicklung folgenreiche Konzept der „Erlebniswelt" (vgl. Harth et al. 2010, S. 37 ff.). Die im AutoVision-Konzept enthaltene Idee, Wolfsburg zum Erlebnis zu machen, war weitreichend und spektakulär, denn in Wolfsburg war kein Freizeitpark der herkömmlichen Art auf der grünen Wiese geplant. Die gesamte Stadt sollte mit Erlebnisangeboten überzogen werden. Von Kultur über Sport bis hin zu Spaß und Unterhaltung – alle erdenklichen Erlebnisdimensionen sollten bedient werden. Durch „Ankerattraktionen" in den verschiedenen Distrikten sollte ein Besucherstrom durch die Stadt gezogen werden: Ganz Wolfsburg sollte zur Erlebnisstadt werden. Dies entsprach durchaus einem allgemeinen Trend zur „Festivalisierung der Stadtpolitik" (Häußermann und Siebel 1993) und „Disneyfizierung der Städte" (Roost 2000), wurde aber in kaum einer anderen Stadt so konsequent verfolgt wie in Wolfsburg. Die Pläne waren weitreichend und hochfliegend. Manches wirkt heute geradezu bizarr und etliche Projekte wurden auch nicht umgesetzt, etwa weil Investoren absprangen oder sich erst gar nicht einfanden. Und dennoch: Wolfsburg hatte in einem Zeitraum von gerade mal fünf Jahren (2000–2005) eine beachtliche Anzahl und Bandbreite von erlebnisorientierten Großprojekten entwickelt und realisiert. Die Autostadt wurde zu einer Initialzündung einer ganzen Reihe erlebnisorientierter Großprojekte, die sich vorwiegend auf den Bereich in der Nähe des Volkswagenwerks konzentrieren (vgl. Abb. 2).

Am Bereich um den Bahnhof (Nordkopf), südlich des Mittellandkanals in der Nähe der Autostadt entstanden diverse größere Einzelmaßnahmen im Rahmen eines Gesamtkonzepts, das den Bereich zu einem Stadt-Entree und zum Übergang in die Fußgängerzone

Wolfsburg und VW

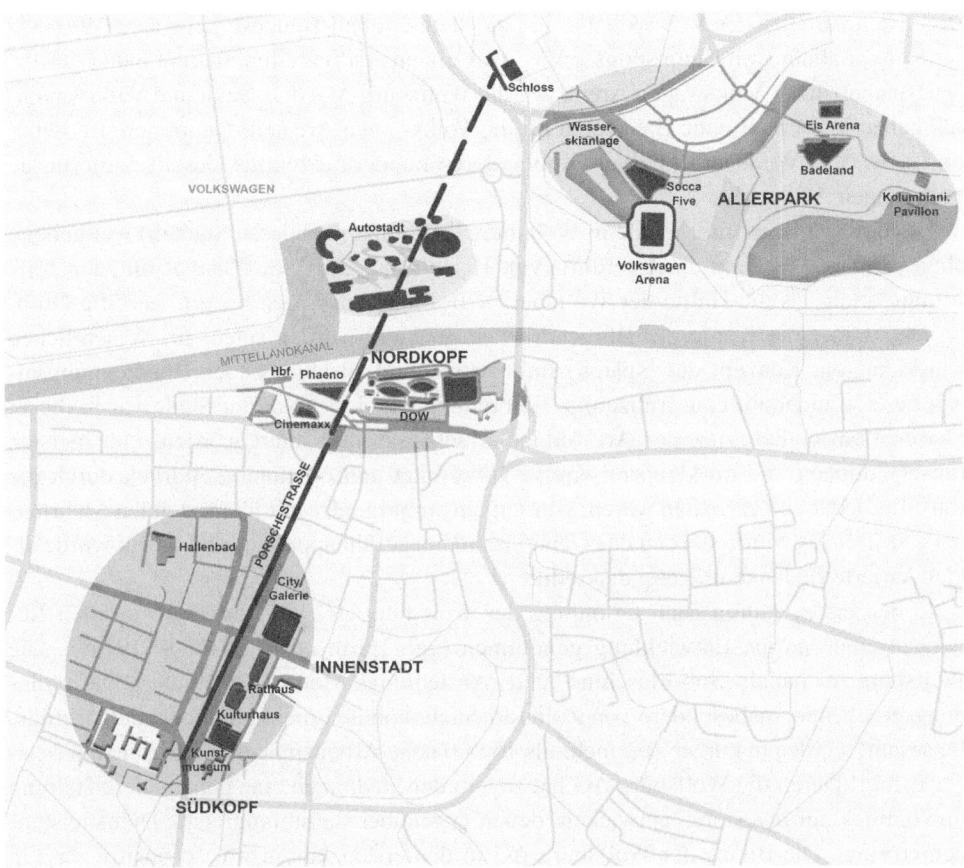

Abb. 2 Innenstadt und Lage der Großprojekte 2009. (Eigene Bearbeitung auf der Basis des Stadtplans der Wolfsburg Marketing GmbH, 11.2007)

entwickeln sollte: ein Multiplexkino, das Science Center Phaeno der Stararchitektin Zaha Hadid, die Designer Outlets Wolfsburg, wo Markenartikel im Sport- und Modebereich angeboten werden, sowie verschiedene Bürogebäude mit einem sogenannten urbanen Sockel, z. B. für Geschäfte oder gastronomische Angebote. Es handelt sich vorwiegend um Nutzungen, die von der Zentralität der Lage profitieren, z. B. die Agentur für Arbeit, eine Markthalle oder ein Kongresshotel. In der Fußgängerzone wurde die vom ECE-Konzern betriebene City-Galerie errichtet. Auch deren Umfeld hat deutlich profitiert: Neue Geschäfte, Restaurants oder Cafés haben sich angesiedelt, alte haben investiert. Die Stadt hat zudem erhebliche Mittel für Umgestaltungsmaßnahmen aufgewendet.

Der Allerparkbereich, nördlich des Mittellandkanals in der Nähe der Autostadt, wurde als Freizeitareal entwickelt: mit Erlebnisbad, Eislaufhalle, Hochseilgarten, mit Spazier- und Skaterwegen um den Allersee, einem weiteren See zum Wakeboarden sowie Gastronomie- und Kulturangeboten. Auch die Ende 2002 eröffnete Volkswagen Arena liegt dort.

Durch den Aufstieg des VfL Wolfsburg in die erste Fußball-Bundesliga im Jahr 1997 war der Ruf vor allem vom Hauptsponsor VW nach einem erstligareifen Stadion lauter geworden. Bauherrin der Volkswagen Arena war die Wolfsburg AG, d. h. Stadt und Volkswagen-AG haben je zur Hälfte die Baukosten für die Volkswagen Arena übernommen. Betreiberin ist die VfL Wolfsburg Fußball GmbH, deren hundertprozentige Gesellschafterin die Volkswagen AG ist.

Die Großprojektpolitik wurde in Wolfsburg (wie auch in anderen Städten) weitgehend ohne Bürgerbeteiligung durchgeführt (vgl. Harth et al. 2010, S. 208 ff.). Im Jahr 2007 stimmte mehr als die Hälfte der Wolfsburger Befragten der Aussage zu, dass die Großprojekte „über die Köpfe der Bürger hinweg geplant" worden seien. Im Wesentlichen wurde auf ein Konzept der (späten) Information und anschließender Überzeugungsarbeit gesetzt, nicht auf eine frühzeitige Einbindung. Auch der Rat der Stadt war in dieser Phase offensichtlich zu einer Art Akklamationsorgan degradiert worden. Die meisten Entscheidungen, die im kleinsten Kreise vorbereitet und oft unter Zeitdruck durch die Ratsmitglieder zu bearbeiten waren, wurden einstimmig oder mit überragenden Mehrheiten getroffen, es wurde stets an das Gemeinsamkeitsgefühl appelliert und Kritik wurde als kleinkarierte Bedenkenträgerei diskreditiert.

In den ersten Jahren nach Gründung der Wolfsburg AG hat Wolfsburg in allen Bereichen eine enorme Entwicklung genommen (vgl. Harth et al. 2010, S. 191 ff.). Die Wolfsburg AG hat als „Job-Maschine" und „Ansiedlungs-Motor" funktioniert. Das Gründungsgeschehen, insbesondere von Zulieferfirmen, konnte erheblich intensiviert werden. Insgesamt wurden in kurzer Zeit mehr als 15.000 neue Arbeitsplätze geschaffen, ein riesiger Erfolg! Durch die Wolfsburg AG hat sich in der Stadt auch eine ganz andere Haltung im Hinblick auf Investoren entwickelt, denen gegenüber sie umfangreiche Dienstleistungen erbringt. Die Bilanz der Wolfsburg AG in den ersten Jahren war so positiv, dass in der (Fach-)Öffentlichkeit Wolfsburg als die Stadt galt, die eine der schwersten Konjunkturkrisen mit innovativen Mitteln überwunden hat (vgl. Pohl 2005). Dies alles zeigt die Erfolge der Wolfsburg AG als Initiator, Motor und Beschleuniger von investiven Vorgängen, bei der Wirtschaftsförderung und auch als Marketinginstrument. Dagegen sind die eigentlichen stadtrelevanten Maßnahmen im Modul der Erlebniswelt eher im konzeptionellen Bereich zu sehen. Tatsächlich selbst initiiert und umgesetzt hat die Wolfsburg AG kaum ein Projekt, das waren entweder Volkswagen (Autostadt) oder die Stadt (phaeno, Badeland, City Galerie). Die stärkste Bedeutung kann wohl im „Commitment" von VW gesehen werden, das die Stadt ermutigte, in neuen Dimensionen zu denken und zu handeln.

5 Stadt und Region – Weltkonzern und „Kleinstaaterei"

Schon bald aber zeichnete sich ab, dass die Wolfsburg AG Gefahr lief, durch VW für eigene Interessen benutzt zu werden. Dies zeigt sich am Beispiel der als Prestigeprojekt des Volkswagen Konzerns geplanten AutoUni. Hier sollten sich Führungskräfte von VW und später dann auch von BMW oder anderen Unternehmen zusammen in einer Art privaten Corporate University nach amerikanischem Vorbild weiterqualifizieren und durch die Kooperation neues Wissen generieren. Geplant war die AutoUni als „richtige Universität" mit akkreditierten Studiengängen an drei Fakultäten (Technologie, Wirtschaftswissenschaften, Geistes- und Sozialwissenschaften) und einem eigenen Campus von fünf großen Gebäudekomplexen. Eigentlich wollte der Konzern selbst den zentralen Bereich des MobileLifeCampus samt AutoUni finanzieren und bauen. Angesichts enger gewordener finanzieller Spielräume des Konzerns, auch aufgrund personeller Veränderungen innerhalb der VW-Führungsspitze, wurde dann die Wolfsburg AG zwischenzeitlich Investor, Bauherr und Betreiber des MobileLifeCampus. Die Verantwortlichkeit wurde von VW auf die Wolfsburg AG und somit mittelbar auf die Stadt übertragen. Beide Partner mussten ihre Kapitaleinlage in der Wolfsburg AG aufstocken. „Die Stadt sprang Volkswagen zur Seite, um eine Investition zu finanzieren – ein für Wolfsburg aus historischer Sicht ungewöhnliches Ereignis" (Krebs 2004, S. 94). Es wird deutlich, wie schnell der öffentliche Akteur von finanziellen Zumutungen des privaten Partners überrollt wurde. Aufgrund veränderter wirtschaftlicher Rahmenbedingungen und neuer strategischer Prioritätensetzung scheute sich VW nicht davor, ein bis zur Umsetzungsreife gebrachtes Großprojekt quasi von heute auf morgen zu kippen. Die Stadt musste hier als „risk-minimizer" einspringen. Von den ambitionierten Plänen ist nur ein Gebäude übrig geblieben, das seit 2006 u. a. als Fortbildungsstätte des Volkswagenkonzerns und von der EDV-Abteilung genutzt wird.

Auch an anderen Stellen tauchten Dissonanzen auf: So stellte man etwa schon relativ kurze Zeit nach Gründung der Wolfsburg AG bei Volkswagen fest, dass manches, das für Wolfsburg im AutoVision-Konzept entwickelt worden war, auch für den gesamten Konzern und seine Restrukturierung genutzt werden konnte, insbesondere im Leiharbeits- und Outsourcing-Bereich als Instrument der internen Personalsteuerung. Die Wolfsburg AG ist aber in ihren Marktfeldern eingeschränkt, sie darf als halbstädtische Gesellschaft nur in Wolfsburg tätig werden. Weil der Konzern diese Personaldienstleistungen aber auch an anderen Standorten benötigte, wurde bereits 2001 die sogenannte „AutoVision GmbH" als hundertprozentige VW-Tochter gegründet. Als problematisch erwies sich nun in der Folgezeit, dass die Abtrennung von der (privatwirtschaftlichen, nicht ortsgebundenen) AutoVision GmbH und der (dem Gemeinwohl in Wolfsburg verpflichteten halbstädtischen) Wolfsburg AG nicht deutlich und klar vollzogen worden war. Schwierig waren nicht nur die inhaltlichen Überschneidungen, sondern auch, dass AutoVision GmbH und Wolfsburg AG zunächst in Personalunion geführt wurden.

Am Anfang war die Aufgabenstellung der Wolfsburg AG (die Reduzierung der Arbeitslosigkeit in Wolfsburg) ebenso wie die Arbeitsteilung zwischen städtischen Akteuren und VW in der Wolfsburg AG relativ klar gewesen: VW ist der Partner, der Ideen generiert und das internationale Know-how einbringt, der Investoren und Betreiber für die Großprojekte gewinnt und die Projektsteuerung übernimmt, während die Stadt das (planungs-)rechtliche Know-how einbringt, Kosten für notwendige Infrastrukturmaßnahmen trägt und die verwaltungsmäßige Bearbeitung, z. B. bei Unternehmensgründungen, (beschleunigt) abwickelt. Diese Klarheit verschwand aber im Lauf der Zeit immer mehr. Gerade die Erfolge im Hinblick auf die Unternehmensansiedlung und die Zeitarbeit führten dazu, dass die stadtentwicklungsrelevanten Aufgaben immer mehr ins Hintertreffen gerieten (vgl. Harth et al. 2010, S. 193 ff.). Auf massives Betreiben der Stadt fand im Jahr 2007 deswegen eine Entflechtung zwischen AutoVision GmbH und Wolfsburg AG statt.

Die Beziehung zwischen Stadt und VW, wie sie in der Wolfsburg AG verankert ist, unterlag dann im weiteren Verlauf einem „Re-Definitionsprozess" – und zwar von beiden Seiten. Jeder der beiden Partner wandte sich verstärkt wieder den eigenen Kernaufgaben zu. Volkswagen zog sich aus der Stadtentwicklung mehr oder weniger komplett zurück. Der Konzern kämpfte mit einer erneuten Absatzkrise und nachrückende Personen brachten nicht mehr in dem Maße wie ihre Vorgänger Interesse für den Standort auf. Die ursprünglichen Befürchtungen, der VW-Konzern bestimme fortan die Leitlinien der Stadtentwicklung, aber auch die visionären Hoffnungen sind längst nicht in erwartetem Umfang eingetroffen. Der Volkswagen Konzern hat sich im Rahmen der Wolfsburg AG vornehmlich für die ihn betreffenden Aspekte der Personalvermittlung und Lieferantenansiedlung stark gemacht. Als diese unternehmensbezogenen Dienstleistungen dann im Rahmen der konzerneigenen AutoVision GmbH ausgegliedert waren, ging das Interesse von VW an den stadtbezogenen Aufgaben der Wolfsburg AG merklich zurück.

Die Stadt wiederum wandte sich wieder vermehrt der genuin kommunalen Aufgabe der Daseinsvorsorge zu. Die Rückbesinnung auf die Bewohner und Bewohnerinnen schien auch dringend geboten. Ein Teil der Bürgerschaft war unzufrieden mit der Entwicklung und sah eine Vernachlässigung der kommunalen Alltagsbelange im Zuge der Großprojekt-Politik (vgl. Harth et al. 2010, S. 215 ff.). So wurden vielfältige Maßnahmen entwickelt, deren übergeordnetes Ziel darin bestand, vor dem Hintergrund des demografischen Wandels die Wolfsburger und Wolfsburgerinnen an ihre Stadt zu binden und auch für Neuzuziehende attraktiv zu werden. Schulen wurden saniert, die Kinderbetreuung verbessert, Bauförderung betrieben, ein Bündnis für Wohnen aus der Taufe gehoben, die Innenstadtgestaltung weitergetrieben usw. Zudem spielt auch bürgerschaftliche Partizipation wieder eine bedeutsamere Rolle.

Doch gab es schon bald neuen Dissens zwischen den beiden Kooperationspartnern. Von Seiten des VW-Konzerns wurde die Ausweitung der Wolfsburg AG auf die Region vorangetrieben. Hintergrund dafür ist, dass Volkswagen in der Region die qualifizierten Arbeitskräfte und hochkarätigen Manager vorfinden will, die VW zukünftig benötigt. Da sich der Personalbedarf längst nicht mehr nur am Standort Wolfsburg rekrutieren lässt, sollen in der gesamten „VW-Region" lebenswertere Bedingungen geschaffen werden, um gegenüber den Standorten der Konkurrenz attraktiver zu werden. Volkswagen, so ein hochrangiger VW-Experte, sei als Weltkonzern ausdrücklich gegen „Kleinstaaterei" (zit. in Herlyn et al. 2012, S. 140). Volkswagen denkt naturgemäß in erster Linie an „seine" Beschäftigten und es ist vor diesem Hintergrund nicht ganz einleuchtend, warum es seine „kulturellen Wohltaten" allein auf Wolfsburg beschränken sollte, leben doch die meisten seiner Beschäftigten längst nicht mehr in der Stadt.

Die Stadt Wolfsburg hatte gegenüber diesen Regionalisierungsanstrengungen durchaus gemischte Gefühle. Man legte allergrößten Wert darauf, dass an dem „Geschenk Wolfsburg AG von VW an die Stadt" festgehalten wird; es könne doch nicht sein, dass „man uns nach zehn Jahren erst das Geschenk wegnimmt und es uns dann noch einmal schenkt, gleichzeitig aber auch einem anderen" (zit. in Harth et al. 2010, S. 198). Die Stadt Wolfsburg fürchtete also um ihre privilegierte Stellung als „Hauptstadt des VW-Imperiums" und die damit verbundene Sonderstellung in Bezug auf das Kultur- und Sportsponsoring des Konzerns am Standort. Mittlerweile ist die Stadt dem Kurs von Volkswagen erwartungsgemäß gefolgt, weil man sich laut hochrangiger Expertenauskunft im Klaren darüber war, dass man nur als große Region langfristig zukunftsfähig sei. Man hat eigens ein städtisches Referat für Regionalentwicklung eingerichtet und engagiert sich in diversen regionalen Verbünden (Stadt Wolfsburg 2014). Im Jahr 2009 wurde die Metropolregion Hannover Braunschweig Göttingen Wolfsburg GmbH gegründet. Zusammen mit der Stadt Salzgitter, die ebenfalls dazu gehört, sind damit vier VW-Produktionsstädte (Braunschweig, Hannover, Salzgitter, Wolfsburg) in Südostniedersachsen in dieser Metropolregion zusammengefasst – aus Sicht von VW sicherlich eine einleuchtende Perspektive. Im Jahr 2013 haben dann nach längerer Vorbereitung die Städte Wolfsburg, Braunschweig und Salzgitter zusammen mit den Kreisen Goslar, Helmstedt, Wolfenbüttel, Gifhorn und Peine nach dem Muster der Wolfsburg AG mit 50 % öffentlichen und 50 % privaten Gesellschaftern die „Allianz für die Region" gegründet – mit den gleichen Handlungsfeldern wie die Wolfsburg AG.

6 Fazit

Die Nachzeichnung der verschiedenen Phasen der Werk-Stadt-Beziehung zeigt, dass die Frage nach dem sozialen und bürgerschaftlichen Engagement des Volkswagen Konzerns in Wolfsburg, sofern damit nur bestimmte Projekte der Standortpflege gemeint sind, konzeptionell zu kurz greift. Tatsächlich wirkt die Volkswagen AG nicht von außen auf die Wolfsburger Stadtentwicklung und Kommunalpolitik ein, sie ist vielmehr immer schon von vornherein deren integraler Bestandteil. In den sich entwickelnden materiellen und normativen Strukturen der Stadt ist das Konzerninteresse immer schon enthalten und aufgehoben und braucht nur von Fall zu Fall durch direkte, persönliche Intervention in die Kommunalpolitik eingebracht werden: „Was gut ist für das Werk, ist gut für die Stadt" – das ist ganz allgemeine Auffassung in Wolfsburg in der Politik wie in der Bevölkerung (vgl. Tessin 1997, S. 117). Umgekehrt verhält sich die Lage nicht ganz so eindeutig, denn die Stadt ist aus Konzernsicht mittlerweile ein Stakeholder von vielen, wenn auch ein wichtiger. Für Volkswagen ist Wolfsburg heute eben primär „Standort" und nicht „Stadt". Das war nicht immer so.

Bis in die 1960er-Jahre hinein kann man deutliche Züge von Industriefeudalismus erkennen. Im Wohnungs-, Infrastruktur- und Freizeitbereich übernahm das Volkswagenwerk Aufgaben und Funktionen, die gemeinhin durch öffentliche Institutionen erledigt werden. Auch direkte Eingriffe in die Kommunalpolitik durch das Volkswagenwerk oder einzelne Personen von dort waren nicht selten. In der Nordhoff-Ära gab es Corporate Social Responsibility, auch wenn das Konzept damals noch nicht existierte. Hier knüpfte man eher an die lange Tradition des verantwortlichen Unternehmertums in Deutschland an (Werner von Siemens, Alfred Krupp oder Ernst Abbe), die mit zunehmender Institutionalisierung mehr auf die Unternehmen als auf Einzelpersönlichkeiten übergegangen ist und schließlich im sogenannten „Modell Deutschland" ihren Ausdruck gefunden hat (vgl. Hiß 2009, S. 290).

In den 1970er- bis 1990er-Jahren zeigt sich ein mit der Internationalisierung des Volkswagen Konzerns einhergehendes schwindendes kommunalpolitisches Engagement. Das heißt aber weder, dass die strukturelle Abhängigkeit der Stadt von VW gemindert worden wäre, noch dass sich dessen gesellschaftliches und sozialpolitisches Engagement reduziert hätte. Es handelt sich eher um eine gesellschaftliche Unternehmensverantwortung im Rahmen eines vielfältig institutionalisierten Systems, etwa von umfangreicher Mitbestimmung oder hohen betrieblichen Sozialleistungen. Dies ist durchaus typisch für diese Zeit:

> Durch diese implizite Vereinnahmung der Unternehmen bestand für sie auch nur geringe Notwendigkeit, freiwillige CSR-Aktivitäten außerhalb dieses verpflichtenden Rahmens zu praktizieren (Hiß 2009, S. 292).

Dennoch: am Standort Wolfsburg ließ man nichts „anbrennen" und verfolgte die Werksinteressen eindeutig, wenn die Stadt diese nicht ohnehin schon von vornherein in ihre Politik einbezogen hatte.

Der „Schulterschluss" von Volkswagen und der Stadt Wolfsburg Ende der 1990er-Jahre, der in der Wolfsburg AG seine Institutionalisierung und in den erlebnisorientierten Großprojekten seinen baulichen Ausdruck fand, war eine kurze Phase nach der damals schwersten Krise bei Volkswagen. Selten zuvor hatte es bei Volkswagen ein so hohes Interesse am Unternehmensstandort gegeben. Dies stand im Einklang mit einer allgemein veränderten Sicht auf die Bedeutung regionaler Standortbedingungen von Unternehmen in dieser Zeit. Im Zuge des Erfolgs von Silicon Valley wurde deutlich, dass räumliche Nähe auch in der globalisierten Welt Wettbewerbsvorteile schaffen kann, durch soziale Beziehungen, durch Wissenstransfer und durch die Attraktivität der Region als Arbeitsplatz für hochqualifizierte Fachkräfte. Aus Sicht von Volkswagen ist CSR in Wolfsburg als Strategie der nachhaltigen Standortentwicklung im regionalen Kontext zu verstehen (vgl. Heblich und Gold 2010), die bei den Stadtgrenzen naturgemäß keinen Halt macht. Für die Stadt wiederum hatte sich mit der Entscheidung von VW, in Wolfsburg die Autostadt zu bauen, ein „window of opportunity" geöffnet, das man entschlossen genutzt hat, auch um eigene Interessen der Stadtentwicklung voranzutreiben (Innenstadtentwicklung, Infrastrukturverbesserung, Imagesteigerung). Win-win-Situationen sind in Planung und Politik eher selten; hier scheint eine vorzuliegen, denn auch die Bevölkerung trug diese Stadtentwicklungspolitik durchaus mehrheitlich mit (vgl. Harth et al. 2010, S. 221 ff.). Die Gemeinsamkeitseuphorie verblasste aber schnell wieder, und man wandte sich den je eigenen Problemlagen und Herausforderungen zu.

Nun wirft die aktuelle Krise erneut ein Schlaglicht auf die strukturelle Abhängigkeit der Stadt Wolfsburg vom Volkswagenwerk. Man ist zwar gegenüber der letzten tiefen Krise einige Schritte in Richtung Eigenständigkeit gegangen: das Kunstmuseum zieht Kunstinteressierte bundesweit an, das Phaeno ist attraktiv für Städtetourismus und Schulklassen. Fußball ist ein weiterer wichtiger Attraktor. Ebenso haben sich die Einkaufsmöglichkeiten, Cafés und Restaurants verbessert. Aber ohne Volkswagen ist die Stadt in ihrer heutigen Form kaum vorstellbar. Lange hieß es in Wolfsburg: Wenn Volkswagen hustet, kriegt Wolfsburg eine Grippe. Doch was ist, wenn Volkswagen eine schwere Grippe bekommt? Man darf gespannt sein, wie es weitergeht.

Literatur

Harth A, Herlyn U, Scheller G, Tessin W (2000) Stadt am Wendepunkt. Eine dritte soziologische Untersuchung. Leske + Budrich, Opladen

Harth A, Herlyn U, Scheller G, Tessin W (2010) Stadt als Erlebnis: Wolfsburg. Zur stadtkulturellen Bedeutung von Großprojekten. VS für Sozialwissenschaften, Wiesbaden

Häußermann H, Siebel W (1993) Die Politik der Festivalisierung und die Festivalisierung der Politik. Große Ereignisse in der Stadtpolitik. In: Häußermann H, Siebel W (Hrsg) Festivalisierung der Stadtpolitik. Stadtentwicklung durch große Projekte. Leviathan Sonderheft 13:7–31

Heblich S, Gold R (2010) Corporate Social Responsibility. Eine win-win Strategie für Unternehmen und Regionen. In: Pechlaner H, Bachinger M (Hrsg) Lebensqualität und Standortattraktivität. Kultur, Mobilität und regionale Marken als Erfolgsfaktoren. ESV, Berlin, S 333–358

Herlyn U, Schweitzer U, Tessin W, Lettko B (1982) Stadt im Wandel. Eine Wiederholungsuntersuchung der Stadt Wolfsburg nach 20 Jahren. Campus, Frankfurt a. M./New York

Herlyn U, Tessin W, Harth A, Scheller G (2012) Faszination Wolfsburg 1938–2012, 2. Aufl. Springer VS, Wiesbaden

Hilterscheid H (1970) Industrie und Gemeinde. Berlin-Verlag, Berlin

Hiß S (2009) Corporate Social Responsibility – Innovation oder Tradition? Zum Wandel der gesellschaftlichen Verantwortung von Unternehmen in Deutschland. Zeitschrift Für Wirtschafts-Unternehmensethik 10(3):287–303

Krebs C (2004) Partnership oder Pressureship. In Wolfsburg übernimmt VW immer mehr öffentliche Aufgaben. Vorgänge 165 Zeitschrift Für Bürgerrechte Gesellschaftspolitik 43(1):89–96

Kuby E (1957) Das ist des Deutschen Vaterland. Scherz & Goverts, Stuttgart

Pohl J (2005) Urban Governance à la Wolfsburg. Inf Raumentwickl 10(9):637–647

Roost F (2000) Die Disneyfizierung der Städte. Großprojekte der Entertainmentindustrie am Beispiel des New Yorker Times Square und der Siedlung Celebration in Florida. Leske + Budrich, Opladen

Schwonke M, Herlyn U (1967) Wolfsburg. Soziologische Analyse einer jungen Industriestadt. Ferdinand Enke, Stuttgart

Stadt Wolfsburg (Hrsg) (2011) Arbeitsmarktbericht 2011. Eigenverlag, Wolfsburg

Stadt Wolfsburg (Hrsg) (2014) Wolfsburg in der Region – Strukturen und Daten 2014. Eigenverlag, Wolfsburg

Tessin W (1997) „Was gut ist für das Werk, ist gut für die Stadt". Kommunalpolitik in der Volkswagenstadt. In: Beier R (Hrsg) aufbau west – aufbau ost. Die Planstädte Wolfsburg und Eisenhüttenstadt in der Nachkriegszeit. Buch zur Ausstellung des Deutschen Historischen Museums. Gerd Hatje, Ostfildern, S 111–119

Tessin W (2003) Kraft durch Freude? Wolfsburgs Weg aus der Arbeits- in die Freizeitgesellschaft. In: Altrock U, Güntner S, Huning S, Peters D (Hrsg) Mega-Projekte und Stadtentwicklung, Bd. 8. Verlag Uwe Altrock, Berlin, S 135–148

Volkswagen AG (2012) Verantwortung kennt keine Grenzen. Eigenverlag, Wolfsburg

Volkswagen AG (2014) Nachhaltigkeitsbericht 2014. Eigenverlag, Wolfsburg

Warren RL (1963) The Community in America. Rand McNally, Chicago

Dr. Annette Harth ist Verwaltungsprofessorin für sozialwissenschaftliche und soziologische Grundlagen Sozialer Arbeit an der Hochschule für Angewandte Wissenschaft und Kunst Hildesheim/Holzminden/Göttingen. Sie war langjährig an der Leibniz Universität Hannover im Bereich Planungsbezogene Soziologie tätig und war dort u. a. an zwei größeren Studien der soziologischen Langzeitbeobachtung der Stadt Wolfsburg beteiligt.

Bürgerstiftungen: Mit und oder ohne Unternehmen?

Elke Bojarra-Becker

Es mag sich im Kontext Unternehmen/Wirtschaft und Bürgerstiftung zunächst die Frage aufdrängen, ob und wenn was Wirtschaft und Unternehmen mit BÜRGER-Stiftungen verbindet – konnotiert doch der Begriff „Bürgerstiftung" zunächst einmal eine primär „bürgernahe" Institution. Nicht, dass sich ein Miteinander von Bürgerschaft und Wirtschaft ausschließen, sie folgen jedoch in der Regel unterschiedlichen Logiken und Interessen. Dies beruht nicht zuletzt auf der Wahrnehmung, dass „Wirtschaft" mit einem beruflichen Kontext assoziiert wird, wohingegen „Bürgerschaft" eher mit etwas Privatem verbunden wird. Die folgenden Ausführungen sollen zunächst erläutern, warum sich unterschiedliche Logiken in der Idee der Bürgerstiftung verbinden lassen – wahrscheinlich sogar voneinander profitieren. Zwar sind Unternehmen nicht per se Bestandteil einer Bürgerstiftung, ebenso ist davon auszugehen, dass unternehmerisches Engagement nicht bevorzugt, besser oder ausschließlich über eine Bürgerstiftung gut funktioniert. Gleichwohl schließen sie sich keineswegs aus. Hierzu gilt es, zunächst das „Konstrukt Bürgerstiftung" vorzustellen und zu verstehen: Auf den ersten Blick vielleicht kompliziert, auf den zweiten Blick aber simpel und flexibel.

1 Wurzeln und Genese von Bürgerstiftungen

Als „Ursprungsland" der Bürgerstiftungen gelten die USA. Nach der Gründung der ersten Bürgerstiftung, der Cleveland Foundation 1914 in Ohio, entstanden solche – oder zumindest sehr ähnliche – Einrichtungen in zahlreichen Ländern dieser Erde. Der „Community Foundation Global Status Report" geht für 2010 von etwa 1680 Bürgerstiftungen weltweit aus (vgl. www.wings-community-foundation-report.com/gsr_2010/gsr_home/

E. Bojarra-Becker (✉)
Deutsches Institut für Urbanistik (DIfU)
Berlin, Deutschland
E-Mail: bojarra@difu.de

© Springer-Verlag GmbH Deutschland 2017
H.-H. Albers und F. Hartenstein (Hrsg.), *CSR und Stadtentwicklung*,
Management-Reihe Corporate Social Responsibility, DOI 10.1007/978-3-662-50313-3_3

home.cfm). Institutionen, die zu diesem Stiftungstyp gehören, finden sich u. a. in Kanada, Mexiko und den USA, aber auch in Lateinamerika und der Karibik ebenso in Afrika, Asien und im Pazifikraum. Am meisten ist dieser Sektor in den letzten zehn Jahren jedoch in den USA sowie Europa – und dort insbesondere in Deutschland – gewachsen (vgl. www.wings-community-foundation-report.com/gsr_2010/gsr_home/home.cfm). Angesicht dieser Vielzahl von Institutionen in Ländern mit unterschiedlichen rechtlichen, sozialen, wirtschaftlichen, politischen und kulturellen Hintergründen und aufgrund der Zeit, in der die Entwicklung von Bürgerstiftungen jeweils einsetzte, ist es nahezu unmöglich eine einheitliche Begriffsbestimmung zu finden (vgl. Becker 2000, S. 40 f.).

Auch wenn es (global) keine einheitliche Definition gibt, kann man doch von einem „gemeinsamen Nenner" oder gemeinsamen Merkmalen sprechen. Beim European Foundation Center wurden über die „Community Philanthropy Initative" hierzu bereits vor vielen Jahren Merkmale ausgearbeitet, die länderübergreifend als kennzeichnend für Bürgerstiftungen gelten (vgl. Feurt 1999b, S. 141 f.):

- Unabhängigkeit: Eine Bürgerstiftung ist unabhängig von dem Einfluss und der Kontrolle anderer Organisationen, öffentlicher Stellen oder Geldgebern und dient als unabhängige juristische Person ausschließlich gemeinnützigen Zwecken.
- Geografischer Raum: Eine Bürgerstiftung agiert in einem abgegrenzten geografischen Raum, bei dem es sich zumeist um eine Stadt oder Region handelt.
- Informiert über die Struktur vor Ort: Bürgerstiftungen haben ein detailliertes Wissen über die Strukturen in ihrem Tätigkeitsgebiet. Dazu zählen Kenntnisse über die Bedürfnisse, Möglichkeiten, Menschen und Institutionen.
- Setzt auf Partizipation: Eine Bürgerstiftung ist sehr darauf bedacht, die Bürger und Bürgerinnen ebenso wie lokale Institutionen in ihre Arbeit einzubeziehen.
- Langfristigkeit: Das nicht angreifbare Stiftungskapital bietet optimale Voraussetzungen für vorausschauende Planung von Projekten mit nachhaltiger Wirkung in einer Gemeinde. Darüber hinaus wird durch die Form der Stiftung auch den Geldgebern die Möglichkeit gegeben, mit ihrem Geld über einen Zeitraum von vielen Jahren einen Beitrag zum Wohl der Gemeinschaft zu leisten.
- Innovativ: Aufgrund ihrer Unabhängigkeit sollte sie es wagen, neue Wege zu gehen. Sie ist mehr noch auf der Suche nach neuen Ideen, oft gemeinsam mit den Geldgebern, aber auch mit den gemeinnützigen Organisationen und Gemeinwesen vor Ort.
- Flexibel: Eine Bürgerstiftung hat die Möglichkeit, Geldzuwendungen unabhängig von politischen, religiösen, wirtschaftlichen und sonstigen Interessen anzunehmen und so auch eine breite Spanne an Interessen, Ideen und Bedürfnissen in ihre Arbeit für das Gemeinwesen einfließen zu lassen.
- Rechenschaftspflicht: Unabhängig von gesetzlichen Vorschriften arbeitet eine Bürgerstiftung offen und transparent, indem sie in regelmäßigen Abständen über ihre Tätigkeit, Zwecke und finanzielle Situation Bericht erstattet.

Dabei ist noch einmal zu erwähnen, dass es in jedem europäischen Land kulturelle, rechtliche oder steuerliche Rahmenbedingungen gibt, die die Genese und Entwicklung von Bürgerstiftungen prägen und beeinflussen.

2 Abgrenzungsschwierigkeiten?

Die Abgrenzungs- oder Definitionsschwierigkeiten fangen in Deutschland damit an, dass man den Begriff Community Foundation wörtlich mit Gemeinschaftsstiftung übersetzen würde. Tatsächlich lassen sich Bürgerstiftungen, die in Deutschland im Sinne der Community Foundations gegründet werden, nicht unmittelbar von Gemeinschaftsstiftungen differenzieren. Bereits 1997 hebt Kruse hier abgrenzend hervor (Kruse 1997, S. 34 f.), dass Bürgerstiftungen als Motivation eine „Stärkung der Bürgersolidarität und des Engagements" haben, wohingegen bei Gemeinschaftsstiftungen die „Interessensgemeinschaft zu bestimmten Themen" im Vordergrund steht (vgl. Kruse 1997, S. 34 f.). Ohne eine abschließende Trennlinie zwischen Bürger- und Gemeinschaftsstiftung ziehen zu wollen, sei an dieser Stelle festgehalten, dass es in den USA keine Differenzierung zwischen den beiden Stiftungstypen gibt.

Neben der Gemeinschaftsstiftung lässt auch die kommunale oder örtliche Stiftung eine enge Verwandtschaft mit der Bürgerstiftung vermuten. Allerdings verbirgt sich dahinter eine Institution, die sich von der Bürgerstiftung deutlich abhebt. Bei unterschiedlichen Definitionen und rechtlichen Rahmenbedingungen in den einzelnen Bundesländern ist ihnen gemein, dass der Gegenstand, also Zweck der Stiftung, zum „Aufgabenbereich einer kommunalen Gebietskörperschaft" gehört (vgl. Bundesverband deutscher Stiftungen 2013, S. 12 f.). Dabei kann es sich sowohl um freiwillige (z. B. Schwimmbad) wie auch pflichtige Aufgaben (z. B. Schule) einer Kommune handeln (vgl. Bundesverband deutscher Stiftungen 2013, S. 12). Entsprechend werden solche Stiftungen auch von der jeweiligen Kommune verwaltet (vgl. Bundesverband deutscher Stiftungen 2013, S. 13).

Dabei darf eine solche Stiftung, die einer Kommune gesteckten Aufgabenbereiche auch nicht überschreiten. Eine Ausnahme von dieser Regelung bilden die alten örtlichen Stiftungen, die nach heutiger Auffassung religiöse oder private Zwecke verfolgen, allerdings bereits in der Vergangenheit als örtliche Stiftungen anerkannt wurden. Die Geschichte einiger örtlicher Stiftungen reicht bis in das Mittelalter zurück. Dabei verfügen sie zumeist über ein geringes Stiftungskapital. Bei der Neugründung sind den Zwecken jedoch Grenzen gesetzt, weil sie mit der üblichen Tätigkeit der Gemeinde übereinstimmen müssen. Darüber hinaus bietet dieser Stiftungstyp kein Forum für Bürgerbeteiligung. Anerkennen muss man – und hier findet sich neben der räumlich begrenzten und definierten Tätigkeit eine Parallele zur Bürgerstiftung – dass durchaus altruistische Motive eine Rolle spielen, da so lokale Belange langfristig unterstützt werden können (vgl. Twehues 1997, S. 7 ff.).

Neben den inhaltlich verwandten Formen von Bürgerstiftungen gibt es ebenso namentlich Verwandte. So gibt es durchaus Bürgerstiftungen, die diesen Namen tragen, aber aufgrund ihrer Gründungsgeschichte und Akteurskonstellation der eigentlichen „Idee" einer Bürgerstiftung nicht entsprechen. Beispielhaft genannt sei hier die Ulmer Bürger Stiftung, die bei ihrer Gründung 1997 zunächst mit öffentlichem Geld ausgestattet wurde (6 Mio. DM) und gemäß Satzung aus dem Oberbürgermeister und je einem Vertreter der Gemeindefraktionen besteht. Ein anderes Beispiel ist die Bürgerstiftung Eisenhüttenstadt, die maßgeblich von der ArcelorMittal Eisenhüttenstadt GmbH ins Leben gerufen wurde. Gemäß Satzung ist die Zusammensetzung des Stiftungsrates vordefiniert durch Vertreter von Arbeitgebern und Arbeitnehmern. Solche Stiftungen widersprechen nicht gänzlich der Idee einer Bürgerstiftung, weisen aber abweichende Auffassungen, z. B. in Bezug auf die Transparenz und das Berichtswesen oder die Rollenverteilung, auf. Per Satzung „geborene" Mitglieder in einzelnen Gremien oder die Bereitstellung eines Geldbetrages gehen sehr oft mit der Einforderung privilegierter Mitsprachemöglichkeiten einher.

Zusammenfassend werden folgende Besonderheiten oder Vorteile einer Bürgerstiftung in der Relation zu vermeintlich ähnlichen Einrichtungen in Deutschland hervorgehoben:

1. Eine Bürgerstiftung bietet ein Forum für die heutige Engagementbereitschaft der Bevölkerung. Bürger können ohne einen langfristig bindenden Eintritt in eine Partei oder einen Verein projektbezogenen Einfluss auf die gemeinnützige Entwicklung vor Ort nehmen. Gleichzeitig kann man sich durch Gremienarbeit aber auch längerfristig engagieren.
2. Eine Bürgerstiftung ist neutral und damit von der Kommune bzw. Stadtverwaltung, Wirtschaft oder religiösen Zusammenschlüssen weitestgehend unabhängig, sowohl was die Bestimmung der Stiftungszwecke, die Bereitstellung des Stiftungsvermögens als auch die Besetzung der Gremien angeht.
3. Bürgerstiftungen verfolgen – anders als zum Beispiel Vereine, die meist sehr spezifische Zielsetzungen haben – eine Vielzahl von Förderzwecken und werden in der Regel fördernd und operativ tätig.
4. In Zusammenarbeit mit einer Bürgerstiftung können Aktive „Demokratie üben". Zum einen haben Bürgerinnen und Bürger bei Bürgerstiftungen in der Regel die Möglichkeit zur Mitsprache, zum anderen schafft die Transparenz über die Tätigkeit und finanzielle Situation der Stiftung eine Vertrauensbasis. Gerade auch für junge Leute ist es wichtig, dass ihnen ein Rahmen geboten wird, in dem sie lernen können Verantwortung für die Gemeinschaft zu übernehmen. Da die Schritte und Projekte bei Bürgerstiftungen zumeist übersichtlich sind, ist eher ein motivierender Erfolg zu sehen.
5. Eine Bürgerstiftung ist vergleichsweise begrenzt auf Image-Effekte angewiesen. Sie kann die Projekte fördern, die sie für notwendig oder bislang vernachlässigt hält, anstatt derjenigen, die bei den nächsten Wahlen die meisten Stimmen einbringen.
6. Von anderen Institutionen hebt sie sich ab, da jeder Bevölkerungsschicht eine Möglichkeit geboten wird, sich mit langfristigem Effekt auch finanziell einzubringen. Jeder Geldbetrag ist willkommen, da der Ansatz auf der Idee beruht, dass nicht eine Person viel gibt, sondern viele Personen etwas.

7. Entscheidend für Bürgerstiftungen ist das Engagement der Bürgerinnen und Bürger in und die Identifikation mit der Gemeinde, also die Verbindung von lokaler Betroffenheit mit der Bereitschaft zum Einsatz für die Gemeinschaft. Bürgerstiftungen verbinden das Stiften von Geld bzw. finanziellen Mitteln und das Stiften von Engagement.
8. Man verfügt über zusehends mehr Freizeit, sei es, durch kürzere Arbeitszeiten, Arbeitslosigkeit, die Zeit nach dem Berufsleben oder aus anderen Gründen. Eine Bürgerstiftung bietet für jede Alters- und für viele Interessengruppen Themen und Beteiligungsmöglichkeit.

3 Bürgerstiftungen in Deutschland

Die erste Bürgerstiftung, die in Deutschland nach dem Vorbild der amerikanischen Community Foundation entstand, ist die im November 1996 gegründete Stadt Stiftung Gütersloh. Zusammen mit der Bürgerstiftung Hannover, die etwa ein Jahr später, im Dezember 1997, von der zuständigen Behörde genehmigt wurde, gilt diese Bürgerstiftung als Vorbild einer Reihe seit dem ins Leben gerufener Einrichtungen. Dabei ist keine der Bürgerstiftungen wie die andere. Dies gilt nicht nur global, sondern auch für Deutschland. Letztendlich ist jede Initiative geprägt von ihren Gründern und den lokalen Gegebenheiten.

So entwickelte sich die Bürgerstiftung „Zukunftsfähiges München" aus einer lokalen Agenda 21 Initiative heraus. Im Landkreis Fürstenfeldbrück, überdies die erste für einen Landkreis zuständige Bürgerstiftung, hat eine Erststiftergruppe von 147 Personen das erforderliche Startkapital aufgebracht. Der Gründung der Bürgerstiftung Berlin war ein Verein „Freunde der Bürgerstiftung Berlin e. V." vorgeschaltet. Die Bürgerstiftungen Stormarn und Kassel verdanken ihre Existenz den dort ansässigen Sparkassen, wohingegen die erste Bürgerstiftung Ostdeutschlands, die Bürgerstiftung Dresden, in den ersten Jahren eine intensive Unterstützung durch die Körber-Stiftung aus Hamburg erfahren hat. Als kleinste Gemeinde, in der es zur Gründung einer Bürgerstiftung kam, gilt der 3000 Einwohner zählende Ort Steingaden in Bayern. Häufig haben bereits bestehende Institutionen, wie die lokale Agenda 21, Prozesse, Freiwilligenagenturen oder Tafelrunden auf der Suche nach einer neuen Organisationsform die Idee der Bürgerstiftung entdeckt, weil sie das Potenzial hat, die ursprüngliche Idee nachhaltig weiterzutragen. Denn – dies hat die Bürgerstiftung mit allen Stiftungen gemeinsam – sie ist zunächst einmal „auf ewig" angelegt (vgl. Becker 2000).

Ein Unterschied liegt, wie bereits dargestellt, im Vergleich zu anderen Stiftungen in dem hohen Stellenwert von Transparenz und der „basisdemokratischen" Mitspracheöglichkeit. Je nach Stiftungssatzung reicht pro Person eine Zustiftung von 300 oder 500 €, um die übergeordneten Gremien wählen zu können. Andere Bürgerstiftungen setzen diesen Betrag höher an, z. B. mit 1000 €. Unterschiede kann es bezüglich der Dauer geben, die man einer Stifterversammlung angehört. Auch das Einbringen von Ehrenamt und Zeit kann, je nach Satzung, zu Mitsprache- bzw. Wahlmöglichkeiten in einer Bürgerstiftung führen.

Exemplarisch wird in Abb. 1 der Aufbau bzw. die Struktur einer Bürgerstiftung dargestellt. Amtszeiten, Personenzahl, Begrifflichkeiten und/oder andere Details können von Fall zu Fall selbstverständlich variieren.

Um für Deutschland Begrifflichkeits-, Abgrenzungs- und Irritationsschwierigkeiten vorzubeugen, wurde von der Initiative Bürgerstiftung beim Bundesverband deutscher Stiftungen ein „Gütesiegel" eingeführt. Als Indikatoren wurden festgelegt (www.buergerstiftungen.org/de/ueber-buergerstiftungen/die-10-merkmale.html):

1. Eine Bürgerstiftung ist gemeinnützig und will das Gemeinwesen stärken. Sie versteht sich als Element einer selbstbestimmten Bürgergesellschaft.
2. Eine Bürgerstiftung wird in der Regel von mehreren Stiftern errichtet. Eine Initiative zu ihrer Errichtung kann auch von Einzelpersonen oder einzelnen Institutionen ausgehen.
3. Eine Bürgerstiftung ist wirtschaftlich und politisch unabhängig. Sie ist konfessionell und parteipolitisch nicht gebunden. Eine Dominanz einzelner Stifter, Parteien, Unternehmen wird abgelehnt. Politische Gremien und Verwaltungsspitzen dürfen keinen bestimmenden Einfluss auf Entscheidungen nehmen.
4. Das Aktionsgebiet einer Bürgerstiftung ist geografisch ausgerichtet: auf eine Stadt, einen Landkreis, eine Region.
5. Eine Bürgerstiftung baut kontinuierlich Stiftungskapital auf. Dabei gibt sie allen Bürgern, die sich einer bestimmten Stadt oder Region verbunden fühlen und die Stif-

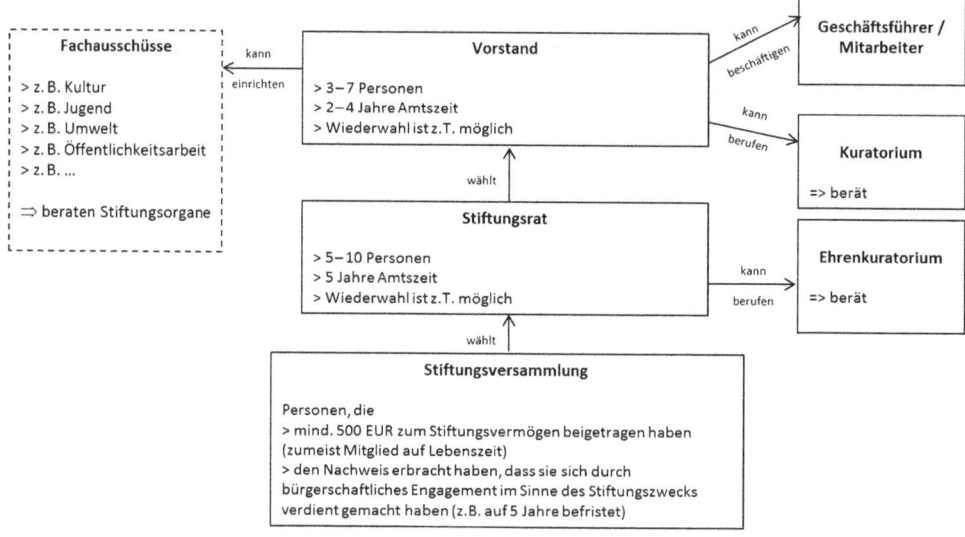

Abb. 1 Beispielhafter Aufbau einer Bürgerstiftung. (Eigene Darstellung)

tungsziele bejahen, die Möglichkeit einer Zustiftung. Sie sammelt darüber hinaus Projektspenden und kann Unterstiftungen und Fonds einrichten, die einzelne der in der Satzung aufgeführten Zwecke verfolgen oder auch regionale Teilgebiete fördern.
6. Eine Bürgerstiftung wirkt in einem breiten Spektrum des städtischen oder regionalen Lebens, dessen Förderung für sie im Vordergrund steht. Ihr Stiftungszweck ist daher breit. Er umfasst in der Regel den kulturellen Sektor, Jugend und Soziales, das Bildungswesen, Natur und Umwelt und den Denkmalschutz. Sie ist fördernd und/oder operativ tätig und sollte innovativ tätig sein.
7. Eine Bürgerstiftung fördert Projekte, die von bürgerschaftlichem Engagement getragen sind oder Hilfe zur Selbsthilfe leisten. Dabei bemüht sie sich um neue Formen des gesellschaftlichen Engagements.
8. Eine Bürgerstiftung macht ihre Projekte öffentlich und betreibt eine ausgeprägte Öffentlichkeitsarbeit, um allen Bürgern ihrer Region die Möglichkeit zu geben, sich an den Projekten zu beteiligen.
9. Eine Bürgerstiftung kann ein lokales Netzwerk innerhalb verschiedener gemeinnütziger Organisationen einer Stadt oder Region koordinieren.
10. Die interne Arbeit einer Bürgerstiftung ist durch Partizipation und Transparenz geprägt. Eine Bürgerstiftung hat mehrere Gremien (Vorstand und Kontrollorgan), in denen Bürger für Bürger ausführende und kontrollierende Funktionen innehaben.

4 Zahlen und Fakten für Deutschland

Neben der Initiative Bürgerstiftung beim Bundesverband deutscher Stiftungen, ist es die Aktive Bürgerschaft, die sich als „Kompetenzzentrum für Bürgerengagement der Genossenschaftlichen Finanz-Gruppe Volksbanken Raiffeisenbanken" bezeichnet, die regelmäßig die Entwicklung der deutschen Bürgerstiftungen erfasst (vgl. Tab. 1).

Die Gründungszahlen von Bürgerstiftungen weisen auf eine Erfolgsgeschichte hin. Nach Gütersloh und Hannover in 1996 und 1997 waren es bis zur Jahrtausendwende pro Jahr weniger als zehn Bürgerstiftungen, die gegründet wurden. Die erste ostdeutsche Bürgerstiftung war die bereits angesprochene 1999 gegründete Bürgerstiftung Dresden. Laut der Aktiven Bürgerschaft war 2006 mit 56 Neugründungen das gründungsstärkste Jahr. Seitdem gehen die Zahlen der Neugründungen wieder zurück. In 2014 wurden acht Bürgerstiftungen gegründet (vgl. www.aktive-buergerschaft.de/buergerstiftungen). Tendenziell finden sich in den ostdeutschen Bundesländern weniger Bürgerstiftungen. Die meisten Bürgerstiftungen mit Gütesiegel in Ostdeutschland hat Brandenburg mit sechs zu verzeichnen. Das einwohnerstärkste Bundesland, Nordrhein-Westfalen, weist 78 Bürgerstiftungen auf. Im Mittelfeld bewegen sich z. B. Hessen mit 23 und Bayern mit 26 Bürgerstiftungen. Das Saarland ist das einzige Bundesland, in dem es bislang nicht zu einer Bürgerstiftungsgründung gekommen ist (vgl. www.buergerstiftungen.org/fileadmin/ibs/de/8_Presse/2_Pressematerial/IBS_Faktenblatt_2015_01.pdf). Tatsächlich ist davon auszugehen, dass inzwischen eine gewisse Sättigung erreicht ist. So gibt es sicherlich Städte und Regionen, in denen es keine Bürgerstiftung gibt – sie wäre aber auch nicht überall überlebensfähig. In den USA gelten 5 Mio. Dollar Stiftungsvermögen als der Betrag, der eine Bürgerstiftung auch langfristig bestehen lässt.

Solange eine Bürgerstiftung noch nicht über ein größeres Stiftungsvermögen verfügt, ist sie verstärkt auf Öffentlichkeitsarbeit und eigene Projekte und damit auf operatives Agieren angewiesen, um auf sich und potenzielle Zustiftungen aufmerksam zu machen. Dies setzt viel Energie der Beteiligten voraus, denn eine hauptamtlich agierende Geschäftsstelle im Rücken ist in der Startphase nicht selbstverständlich, würde aber sicherlich die Arbeit vielfach erleichtern. Dies beginnt bei der Entwicklung, Abwicklung und Initiierung von Projekten sowie der Koordinierung des Engagements und geht weiter beim Einwerben und Verwalten von Geldern.

Damit handelt es sich bei dem Fördervolumen um Gelder, die aus dem Stiftungskapital erwirtschaftet wurden. Bei den zusätzlichen Spenden handelt es sich um Gelder, die der Stiftung für eine zeitnahe Verwendung zur Verfügung gestellt werden. Solche Gelder sind bei dem aktuellen Zinssatz für manche Stiftungen von besonderer Bedeutung, um operative Projekte durchführen zu können. Zum Teil gibt es innerhalb des Stiftungskapitals zweckgebundene Fonds – dem Geldgeber bleibt es selber überlassen, wieviel Geld er wofür geben will, ob es Teil des Stiftungskapitals wird oder zeitnah ausgegeben wird.

Die Breite der Stiftungszwecke spiegelt sich auch in den Förderschwerpunkten wider. Traditionell fließt ein Großteil der Stiftungserträge und Spenden in „Bildung und Erziehung", aber auch „Soziales" sowie „Kunst und Kultur" spielen eine große Rolle (vgl. www.buergerstiftungen.org/de/ueber-buergerstiftungen/statistik.html; www.aktive-buergerschaft.de/buergerstiftungen).

Die Idee und Struktur der Bürgerstiftung impliziert, dass die Wirtschaft keine dominierende Rolle im Kontext Bürgerstiftungen spielen kann. Gleichwohl sind sie als wichtiger Partner zu verstehen, schließlich sollen Akteure der Zivilgesellschaft auch die Breite der Stadtgesellschaft widerspiegeln. Die Aktive Bürgerschaft hat für 2014 erfasst, dass 12,8 % der Geldgeber an Bürgerstiftungen Unternehmen waren (vgl. www.aktive-buergerschaft.de/buergerstiftungen).

Tab. 1 Aktuelle Zahlen. (www.buergerstiftungen.org/de/ueber-buergerstiftungen/statistik.html sowie www.aktive-buergerschaft.de/buergerstiftungen, eigene Darstellung)

	Initiative Bürgerstiftung	Aktive Bürgerschaft
Anzahl	293 Bürgerstiftungen mit Gütesiegel	387 Bürgerstiftungen
Stiftungskapital	305 Mio. €	305 Mio. €
Fördervolumen	12,6 Mio. € (2013)	14,1 Mio. €
Zusätzliche Spenden	7 Mio. € (2013)	12 Mio. €
Bürgerstiftungen mit mehr als 1 Mio. € Vermögen	58	69

5 Bürgerstiftungen und Wirtschaft

Wie dargestellt, werden mit Bürgerstiftungen Begriffe und Handlungslogiken, wie Transparenz, Zivilgesellschaft, Toleranz, Neutralität, Soziales oder Gemeinwohl, in Verbindung gebracht. Das sind gemeinhin nicht Begriffe oder Sphären, die man mit Wirtschaft assoziiert. Es wird fast jeder (bewusst oder unbewusst) eine Unternehmensstiftung kennen. Diese sind z. T. auch als Familienstiftungen angelegt und suggerieren zunächst, dem Markt Geld zu entziehen. Zusätzlich sind die Stiftungszwecke oft enger gefasst und eine Stiftung ist nicht per se als gemeinnützig anerkannt. Aber die Ausführungen in diesem Sammelband dürften zweifelsfrei zeigen, dass es natürlich Unternehmen gibt, die sich engagieren. Vor dem Hintergrund, dass eine Bürgerstiftung zunächst einmal neutral und offen für alle ist, ist sie also auch eine Plattform für das Engagement von Unternehmen – solange mit einer Geldzuwendung, Projektidee oder Patenschaft nicht Bedingungen, wie ein fester Sitz in einem Gremium oder ähnliches, verknüpft werden.

6 Was kann ein Unternehmen für eine Bürgerstiftung tun?

Wirft man noch einmal den Blick ins Ausland, zeigt sich, dass in Großbritannien die ersten Versuche zur Etablierung der Bürgerstiftungsidee in den 1980er-Jahren durch Starthilfen verschiedener amerikanischer Stiftungen, wie der Charities Aid Foundation, und durch ein von der britischen Regierung gefördertes Pilotprojekt unterstützt wurden. Den ersten Bürgerstiftungen in Osteuropa, wie z. B. die „Snow and Mountain Community Foundation" in Südwest Polen, die mit Hilfe der „U. S. Agency for International Development" und lokalen Initiativen ins Leben gerufen wurde, leisteten erfahrene westliche Institutionen Hilfestellung (vgl. Charles Stewart Mott Foundation 1999, S. 4). In Italien wurde die Bürgerstiftung mit beratenden und finanziellen Unterstützung der Fondazione Cariplo – Cassa di Risparmio delle Provincie Lombarde, einer großen Sparkassenstiftung, auf den Weg gebracht (vgl. Becker 2000). Starthilfe ist also oft im Spiel.

Auch in Deutschland lassen sich solche erfahrenen Einrichtungen im Rücken finden. So ist die Gründung der ersten Bürgerstiftung in Deutschland – der Stadt Stiftung Gütersloh – maßgeblich auf die Initiative und finanzielle Grundausstattung von dem Unternehmer Reinhard Mohn zurück zu führen. Die Rolle der Körber-Stiftung für die Bürgerstiftung Dresden wurde bereits erwähnt. Letztlich ist auch die Aktive Bürgerschaft, die u. a. Bürgerstiftungs-Gründungsinitiativen berät, eine Institution die mit den Raiffeisen- und Genossenschaftsbanken zumindest von der Finanzwirtschaft finanziert wird.

Es würde der Wirtschaft nicht gerecht, ihr Engagement und ihre Bedeutung auf einen finanziellen Beitrag zu reduzieren. Angesprochen werden soll hier aber noch der Ansatz des Matching Funds. Durch diesen soll ein Anreiz für Dritte (z. B. Bürger) geschaffen werden, einer Bürgerstiftung auch geringe Beträge zu stiften. Solche Matching Funds werden in der Regel im sechsstelligen Bereich zur Verfügung gestellt. Wenn nun z. B. ein Bürger bereit ist, einer Bürgerstiftung 5000 € zu stiften, wird der Betrag aus dem Matching Fund verdoppelt, sodass sich das Stiftungskapital um 10.000 € erhöht. Sie werden häufig von der Wirtschaft ermöglicht, da weder die öffentliche Hand und selten Privatpersonen solche Summen zur Verfügung stellen.

Wirtschaft funktioniert anders als Zivilgesellschaft. Wenn sich die Akteure partnerschaftlich aufeinander einlassen, können sie sich gegenseitig bereichern. Gerade in der Startphase, bis eine gewisse Professionalisierung erreicht ist, ist das Know-how von Unternehmen und/oder Dienstleistern nicht zu unterschätzen. Nicht selten fungieren Juristen oder Steuerprüfer ehrenamtlich für eine Bürgerstiftung, z. T. werden auch Büroräume und die damit verbundene Infrastruktur zur Verfügung gestellt. Gerne gesehen sind Manager oder Unternehmenspersönlichkeiten als Mitglieder eines Kuratoriums.

7 Was kann eine Bürgerstiftung für Unternehmen tun?

Mit der Bindung an einen räumlichen Kontext, wie einer Stadt oder Region, sind Bürgerstiftungen in besonderer Weise für kleinere und mittlere Unternehmen mit lokalen oder regionalen Wurzeln interessant. Eine zusätzliche Bedeutung kann die Bürgerstiftung als Dienstleister für solche Unternehmen haben, da diese oftmals nicht über die Ressourcen und das Personal verfügen oder dieses zumindest an Grenzen stößt, wenn sie sich angemessen und wirksam vor Ort engagieren wollen. Klassisch erfolgt beispielsweise eine Spende an einen Sportverein, dem sich der Geschäftsführer verbunden fühlt. Mit der Beratung oder Unterstützung einer Bürgerstiftung, die idealerweise eine Art Dach- oder Regenschirmfunktion inne hat und sich mit den Bedarfen sowie Handlungsnotwendigkeiten vor Ort auskennen sollte, kann eine Förderung zielgerichteter erfolgen, indem z. B. ein ganz bestimmtes Projekt des Sportvereins unterstützt wird oder aber ein ganz anderer Verein, der z. B. gute Integrationsarbeit leistet oder indem statt einer Geldspende die Einrichtung von Patenschaften oder Praktikantenstellen nahe gelegt werden. Ein Zusammenwirken muss sich aber nicht auf die rein finanzielle Ebene reduzieren. So könnte eine Bürgerstiftung auch als eine Art Freiwilligenagentur fungieren und Patenschaften oder Corporate Volunteering vermitteln. Die Entwicklung der „Social Skills" spielt schließlich in manchen Unternehmen eine zunehmende Rolle. Bürgerstiftungen mögen als neutralere Instanz als z. B. Freiwilligen-Agenturen wahrgenommen werden. Hier kommt den Bürgerstiftungen wieder ihre „Vermittler-Rolle" zu Gute: Sie bewegt sich – so ist zumindest die Idee – im Spannungsfeld zwischen unterschiedlichen sozialen Schichten, jenseits religiöser oder parteipolitischer Gesinnungen sowie freier und flexibler als beispielsweise die öffentliche Verwaltung. Graf berichtet in der Zeitschrift Polis, dass das Engagement von Unternehmen und Stiftungen zumeist parallel zu den Aktivitäten der öffentlichen Hand stattfinden würde (vgl. Graf 2015, S. 29). Hier kann die Bürgerstiftung im Idealfall eine vermittelnde Rolle einnehmen und die Wirkung von Unternehmensengagement erhöhen.

Aus einem weiteren Grund kann die Bürgerstiftung für mittlere und kleinere Unternehmen interessant sein: Bürgerstiftungen verstehen sich auch als Dienstleister im finanziellen Bereich. So verwalten sie Fonds oder unselbständige Stiftungen unter dem Dach der Bürgerstiftung. Mit anderen Worten handelt es sich dabei um Geldbeträge für die sich keine eigene Stiftungsgründung lohnen würde oder deren Verwaltung für ungeübtes Personal in keinem Verhältnis zu den Erträgen stehen würde. Solche Fonds oder unselbständigen Stiftungen können in vielen Bürgerstiftungen ab einer gewissen Größenordnung mit einem Namen versehen werden. Ebenso wie für Privatpersonen mag es für ein Unternehmen interessant, wenn nicht gar als Marketing-Baustein sehr attraktiv sein, dass unter dessen Namen regelmäßig z. B. ein Stipendium vergeben wird oder ein soziales Projekt vor Ort gefördert wird.

In den USA ist die Kultur des Donor-Services – also des Stifter- oder Geber-Services und damit die Pflege dieses Personenkreises – deutlich ausgeprägter als in Deutschland. Zwar richtet sich ein Donor-Service nicht nur an Unternehmen, sondern an jeglichen Stifter oder Spender. Ein geschickter Donor-Service kann aber Unternehmen und Wirtschaft gezielt ansprechen und für Geld-, Zeitspenden und/oder Patenschaften gewinnen. Dies kann damit beginnen, dass Wirtschaftsunternehmen konkret in der Präambel einer Stiftungssatzung angesprochen werden. Dabei wird direkt Unternehmensverantwortung für das Gemeinwesen formuliert und engagierten Unternehmen ein Netzwerk zum Erfahrungsaustausch geboten. Auch exklusive Benefizveranstaltungen können – von Bürgerstiftungen getragen und initiiert – positive Impulse und finanzielle Kräfte freisetzen.

8 Bürgerstiftung und Wirtschaft konkret

Neben den bereits genannten Beispielen der finanziellen, infrastrukturellen oder personellen (Start-)Hilfe, gibt es eine Reihe guter Beispiele, wie das Miteinander und gemeinsame Projektarbeit im Interesse beider Akteurskreise gelingen kann. Beispielhaft werden hier einzelne aufgeführt:

Bürgerstiftung Braunschweig
Im Jahr 2007 hat die Bürgerstiftung Braunschweig erstmalig einen Unternehmensengagementtag durchgeführt. Unter der Überschrift „Brücken bauen" können sich (freigestellte) Mitarbeiter einen Tag in einem sozialen Projekt engagieren (vgl. www.upj. de/nachrichten). Damit hat die Bürgerstiftung eine Idee bzw. ein Konzept aufgegriffen, dass u. a. von der Bürgerstiftung Wiesbaden praktiziert wird. In einem Interview bei upj verweist die Projektkoordinatorin auf eine Vielzahl positiver Effekte durch diese Vermittlungstätigkeiten: Sowohl personell wie auch materiell und finanziell sei eine erhöhte Unterstützung durch Unternehmen spürbar. Außerdem sei die Bürgerstiftung in ihrer Funktion durch dieses Projekt im sozialen Bereich wie auch der Unternehmerschaft zusehends bekannt und anerkannt (vgl. www.upj.de/nachrichten).

Bürgerstiftung Chemnitz
Mit dem Marktplatz „Gute Geschäfte" bietet die Bürgerstiftung Chemnitz eine Plattform bei der sich Wirtschaft und soziale Projekte begegnen können, um über Projekte, Koope-

rationen und Erfahrungen zu reden. Geld soll dabei explizit keine Rolle spielen. Es geht vielmehr um Netzwerke, Kennenlernen, Patenschaften und die Möglichkeit einen Überblick über die Akteursvielfalt und Möglichkeiten zu erlangen.

Bürgerstiftung Hamburg
Die Bürgerstiftung Hamburg verfügt bundesweit über das höchste (Bürger-)Stiftungsvermögen. In der Broschüre „Informationen für Unternehmen" informiert die Bürgerstiftung über Selbstverständnis, stellt Projekte vor, für die sie sich eine Patenschaft wünscht und beschreibt ein Corporate-Citizenship-Leitbild. Als konkretes Angebot für Unternehmen formuliert die Bürgerstiftung Spenden (einmalig, als regelmäßiger Förderer oder aber anlassbezogen, z. B. Jubiläum), Projektpatenschaften sowie das Management sozialer Projekte durch die Bürgerstiftung.

9 Fazit

Die Ausführungen in diesem Beitrag bleiben sehr zuversichtlich und positiv. Dies ist maßgeblich der Tatsache geschuldet, dass Bürgerstiftungen durch ihr offenes und flexibles Konstrukt ein hohes Maß an Zukunftsperspektive zugeschrieben wird: Sie kann fördernd und/oder operativ tätig sein. Man kann in unterschiedlicher Größenordnung einmal oder mehrmals Zeit und/oder Geld zur Verfügung stellen. Für diese unterschiedlichen Formen von Engagement hat die Bürgerstiftung Instrumente und Strukturen, um damit umzugehen und sie im Sinne der lokalen oder regionalen Lebensqualität sinnvoll einzusetzen. Das ist die Idee und Theorie der Bürgerstiftung. Ob und wie ein Miteinander von Wirtschaft und Bürgerstiftungen lokal funktioniert, wird aber wie vieles andere auch, von den jeweils handelnden Köpfen geprägt.

Der Grad der Professionalität und der umfassenden lokalen Übersicht von Partnern und Projekten – im Idealfall aber auch der möglichen Defizite und Bedarfe vor Ort – ist sicherlich nicht einheitlich. Dem Anspruch einer Dach- oder Multiplikatorfunktion werden wohl nicht alle Bürgerstiftungen gerecht, zumindest gehen nur wenige eine Bestandsaufnahme und Ableitung lokaler Defizite und damit Handlungsbedarfe systematisch an. Dies würde auch eine nicht unerhebliche Bindung personeller und finanzieller Ressourcen bedeuten, zumal eine solche Bestandsaufnahme regelmäßig durchgeführt, weiterentwickelt und fortgeschrieben werden muss. Nicht selten entsteht der Eindruck, dass sich Projekte eher zufällig und/oder auf Basis persönlicher Kontakte entwickeln. Das soll an dieser Stelle nicht kritisiert werden: Es darf nicht vergessen werden, dass ein Gros der Arbeit auf ehrenamtlicher Basis erfolgt. Das führt in der Praxis selbstverständlich zu Engpässen und Grenzen. Aber oft entstehen die durchgeführten Projekte ohne einer Bedarfsanalyse oder dem reflektierten Ziel, zu Gunsten des Gemeinwohls zu handeln. Es gibt aber auch eine Reihe von Bürgerstiftungen, die äußerst professionell und umfassend die Dach- und Übersichtsfunktion einnehmen. Dabei handelt es sich tendenziell um (finanziell) größere Bürgerstiftungen, die auch auf hauptamtliches Personal zurückgreifen können.

Nichtsdestotrotz könnte dies ein neues und wichtiges Betätigungsfeld oder gemeinsames Projekt zwischen einer Bürgerstiftung und einem lokalen Unternehmen sein: Eine systematische Erfassung und Fortschreibung dessen, was an Engagementstrukturen und Projekten vor Ort bereits vorhanden ist und das Herausfiltern möglicher Lücken. So sind Projekte mit Kindern und Jugendlichen stets beliebt und zweifellos wichtig. Stimmt aber das Verhältnis zum Angebot für beispielsweise ältere Menschen oder Menschen mit Behinderung (vgl. Becker 2005, S. 211)?

Bürgerstiftungen werden gerne als Stiftung von Bürgern für Bürger bezeichnet. Damit wird Wirtschaft weder explizit ein- noch ausgeschlossen. Ein Grund mehr, den Weg gemeinsam zu gehen und das unterschiedliche Wissen und Know-how zu nutzen. Versteht sich Wirtschaft als Corporate Citizen, dürften Barrieren ohnehin überschaubar bleiben. Koppelt Wirtschaft an eine Unterstützung Erwartungen oder Ansprüche, sollte sie sich einen anderen Partner suchen – dies gilt aber in gleicher Weise für Einzelpersonen aus der Bürgerschaft sowie für Politik und Verwaltung.

Literatur

Becker E (2000) Das Modell einer Bürgerstiftung unter Einbeziehung der Sparkasse und ihrer kommunalen Verantwortung. Diplomarbeit an der Fakultät Raumplanung, der Universität Dortmund. Dortmund

Becker E (2005) Bürgerstiftungen in der Kommune. In: Nährlich S et al (Hrsg) Bürgerstiftungen in Deutschland. Bilanz und Perspektiven. VS Verlag für Sozialwissenschaften, Wiesbaden, S 195–212

Bundesverband deutscher Stiftungen (2013) Kommunale Stiftungen in Deutschland. Bestandsaufnahme, Chancen und Herausforderungen. Verlag Bundesverband deutscher Stiftungen e.V., Berlin

Charles Stewart Mott Foundation (Hrsg) (1999) Community Philanthropy in Central/Eastern Europe. Charles Stewart Mott Foundation, Minneapolis

Feurt S (1999) Vorbilder, Erfahrungen und Modelle – Bürgerstiftungen in internationaler Perspektive. In: Bertelsmann Stiftung (Hrsg) Community Foundations in Civil Society. Bertelsmann Foundation Publishers, Gütersloh, S 137–155

Graf N (2015) Lebenswerte Quartiere. Die Soziale Stadt als Gemeinschaftsaufgabe. Polis 4:27–29

Kruse K (1997) Gemeinschaftsstiftungen in Deutschland – eine Untersuchung der Aufgaben, Erscheinungsformen, Motive und gesellschaftliche Funktion. Diplomarbeit am Fachbereich Philosophie und Sozialwissenschaften der Universität Hamburg. Hamburg

Twehues M (1997) Örtliche Stiftungen in Nordrhein-Westfalen. Sonderdruck aus Praxis der Gemeindeverwaltung 22/1997

Internet-Seiten

http://www.aktive-buergerschaft.de/buergerstiftungen. Zugegriffen: 2.7.2015

http://www.aktive-buergerschaft.de/fp_files/ReportBuergerstiftungen2015.pdf. Zugegriffen: 2.7.2015 http://www.buergerstiftung-chemnitz.de/projekte/marktplatz-gute-geschaefte/informationen-fuer-unternehmen.html. Zugegriffen: 20.10.2015

http://www.buergerstiftung-hamburg.de/als_unternehmen_aktiv_werden/. Zugegriffen: 20.10.2015

http://www.buergerstiftungbraunschweig.de/index.php/projekt/wirtschaft-in-die-schule-und-bobs-824.html. Zugegriffen: 27.10.2015

http://www.buergerstiftungen.org/de/ueber-buergerstiftungen/die-10-merkmale.html. Zugegriffen: 2.7.2015

http://www.buergerstiftungen.org/de/ueber-buergerstiftungen/statistik.html. Zugegriffen: 2.7.2015

www.buergerstiftungen.org/fileadmin/ibs/de/8_Presse/2_Pressematerial/IBS_Faktenblatt_2015_01.pdf. Zugegriffen: 14.11.2016

http://www.upj.de/nachrichten_detail.81.0.html?&tx_ttnews[pointer]=40&tx_ttnews[tt_news]=2276&tx_ttnews[backPid]=20&cHash=af1f2eb80d. Zugegriffen: 20.10.2015

http://www.wings-community-foundation-report.com/gsr_2010/gsr_home/home.cfm. Zugegriffen: 2.7.2015

Dr. Elke Bojarra-Becker ist seit 2012 wissenschaftliche Mitarbeiterin am Deutschen Institut für Urbanistik (Difu), seit 2013 leitet sie dort den Arbeitsbereich Fortbildung. Ihre Arbeits- und Forschungsschwerpunkte liegen in der (integrierten) Stadtentwicklung und Stadtentwicklungspolitik; Bürgerbeteiligung und Zivilgesellschaft; Kommunikation; lokaler und regionaler Governance sowie Fort- und Weiterbildung. Von 2006 bis 2012 war sie Wissenschaftliche Mitarbeiterin am Institut für Stadt- und Regionalplanung, TU Berlin. Davor war sie in unterschiedlichen Planungs- und Beratungsbüros in Berlin, Potsdam, Düsseldorf und Dortmund tätig. Mit der Schnittstelle von Zivilgesellschaft/Bürgerstiftungen und Stadtentwicklung befasst sie sich in unterschiedlicher Intensität seit fast 20 Jahren.

Corporate Regional Responsibility (CRR)

Motive der kollektiven regionalen Verantwortungsübernahme von Unternehmen am Beispiel von zwei CRR-Kooperationen

Meike Schiek

1 Einführung

Die sich verändernden Rahmenbedingungen einer globalisierten Ökonomie, angespannte öffentliche Haushalte und die steigende Komplexität von zu erfüllenden Aufgaben engen die staatlichen Handlungsspielräume bei der Steuerung der Regionalentwicklung zunehmend ein. Vor dem Hintergrund des sich verschärfenden Standortwettbewerbs wird die Zukunftsfähigkeit von Städten und Regionen davon mitbestimmt, inwiefern es öffentlichen und nicht-öffentlichen Akteuren gemeinsam gelingt, sich den aktuellen und zukünftigen Herausforderungen zu stellen. Neben zivilgesellschaftlichen Initiativen und engagierten Privatpersonen bringen sich auch Akteure der Wirtschaft in Fragen der Regionalentwicklung ein und beteiligen sich an der Steuerung sowie der Gestaltung regionaler Entwicklungsprozesse. „Allgemein versteht man unter einer Region einen aufgrund bestimmter Merkmale abgrenzbaren, zusammenhängenden Teilraum mittlerer Größenordnung in einem Gesamtraum" (Sinz 2005, S. 919). Eine Region ist als gesellschaftliches Konstrukt zu verstehen, das sich auf unterschiedliche Wirklichkeiten anwenden lässt. Sie kann z. B. durch gesellschaftliche Konventionen oder geteilte Vorstellungen entstehen, als Wirtschaftsraum oder Bezugsraum der politischen Steuerung konstruiert werden. Hieraus ergibt sich, dass regionale Grenzen nicht immer als eindeutige Linien gezogen werden können (Benz und Fürst 2003, S. 15 ff.).

Indem sich Unternehmen über ihre wirtschaftliche Tätigkeit hinaus für ökonomische, ökologische, soziale und kulturelle Belange in der Region engagieren, können sie Mitverantwortung für die Entwicklung und Zukunftssicherung ihres regionalen Geschäftsumfeldes übernehmen. Diese freiwillige regionale Verantwortungsübernahme von Unternehmen wird in Anlehnung an das Konzept der Corporate Social Responsibility (CSR) als

M. Schiek (✉)
Bochum, Deutschland
E-Mail: meike.schiek@rub.de

© Springer-Verlag GmbH Deutschland 2017
H.-H. Albers und F. Hartenstein (Hrsg.), *CSR und Stadtentwicklung*,
Management-Reihe Corporate Social Responsibility, DOI 10.1007/978-3-662-50313-3_4

Corporate Regional Responsibility (CRR) bezeichnet. Bislang wird das Phänomen der CRR in der interdisziplinären Forschung kaum thematisiert. Erste Ansätze zur Förderung der unternehmerischen Verantwortung für die Regionalentwicklung lassen erkennen, dass das unternehmerische Engagement durch raumspezifische Merkmale materieller, sozialer, kultureller oder institutioneller Art geprägt und mitbestimmt wird, allerdings fehlen empirische Untersuchungen zu regional spezifischen Formen und Wirkungen von CRR. Ferner zeigen regionale Beispiele die Effektivität und Effizienz der Vernetzung privatwirtschaftlicher Akteure und der Bündelung unternehmerischer Ressourcen und Kompetenzen (vgl. Wieland und Schmiedeknecht 2010; Riess und Schmidpeter 2010). In Deutschland ist eine wachsende Anzahl an Unternehmenskooperationen zu verzeichnen, die in der Region handeln und sich in Fragen der regionalen Entwicklung einbringen. Exemplarisch genannt seien der Initiativkreis Ruhr (IR) und die Wirtschaftsinitiative FrankfurtRhein-Main (WIFRM). Angelehnt an den CRR-Begriff wird dieses „kollektive unternehmerische Engagement" (Gollnick 2013) als kollektive CRR bezeichnet und als ein Beispiel für die freiwillige Mitwirkung nicht-öffentlicher Akteure in regionalen Entwicklungsprozessen angeführt. Bislang mangelt es jedoch an konzeptionellen wissenschaftlichen Auseinandersetzungen und empirischen Studien zu kooperativen Ansätzen von CRR. Die unternehmerischen Motive für kollektive CRR sind bislang nicht geklärt, sodass entscheidende Kenntnisse fehlen, um das freiwillige regionale Engagement der Unternehmen in stärkerem Maße für Ziele der Regionalentwicklung zu aktivieren.

Dieser Beitrag versteht sich als eine erste konzeptionelle Auseinandersetzung mit dem Phänomen der CRR sowie der kollektiven Form(en) und präsentiert zudem erste empirische Einblicke in die Motive der regionalen Verantwortungsübernahme von Unternehmen am Beispiel der bereits genannten CRR-Kooperationen IR und WIFRM.

2 Grundlagen einer (wirtschafts-)geografischen CRR-Forschung

Corporate Social Responsibility (CSR)
Das Thema der regionalen Verantwortungsübernahme von Unternehmen knüpft an die Diskussion um CSR bzw. die gesellschaftliche Verantwortungsübernahme von Unternehmen an. Mit CSR wird ein ganzheitlicher Ansatz verantwortungsvoller Unternehmensführung bezeichnet, der freiwillige und nicht-freiwillige unternehmerische Verantwortungsübernahmen im ökonomischen, ökologischen und sozialen Bereich innerhalb wie außerhalb der Unternehmenstätigkeit umfasst (z. B. Hiss 2006; DIN 2011). Mit der Entfernung vom eigentlichen Wertschöpfungsprozess bewegt sich die gesellschaftliche Verantwortungsübernahme von Unternehmen in einen zunehmend freiwilligen Bereich hinein (Hiss 2006, S. 38). Dabei wird CSR an den Anspruch geknüpft, sowohl einen gesellschaftlichen wie unternehmerischen Mehrwert zu schaffen (Hansen und Schrader 2005, S. 374; Porter und Kramer 2007). Entsprechende CSR-Maßnahmen und -Aktivitäten lassen sich unter den Handlungsfeldern Markt, Umwelt, Soziales und Gemeinwesen subsummieren (vgl.

Nelius und Dresewski 2014), wobei die Auseinandersetzung mit den regionalen Verantwortungsübernahmen von Unternehmen den Bereich Gemeinwesen fokussiert.

Motive für CSR
Ob ein Unternehmen sich gesellschaftlich engagiert oder Mitverantwortung für die Regionalentwicklung übernimmt, liegt im Ermessen der Organisation oder genauer seiner Entscheidungsträger. Dies gilt ebenso für die konkrete Ausgestaltung der unternehmerischen Verantwortungsübernahme wie für die damit verfolgten Ziele (Aguilera et al. 2007, S. 405). In der Regel ist CSR „Chefsache" (TÜV Rheinland Impuls et al. 2008, S. 16) und liegt beim Top-Management (CCCD 2007, S. 26). Unternehmerische Entscheidungen, Motivationen und Restriktionen werden in der CSR-Literatur vielfach als Blackbox gehandhabt. „[L]ittle is known in a systematic and comparative way about the values and behaviours of those people who ultimately determine the CSR activities of firms" (Witt und Redding 2012, S. 110).

Kleinfeld und Henze (2010, S. 52 f.) unterscheiden zwischen einer wirtschaftlichen und einer ethischen Motivdimension des gesellschaftlichen Engagements. Eine unternehmensbezogene, wirtschaftliche Motivation folge marktstrategischen Überlegungen und sei wettbewerbsorientiert, eine moralisch begründete Motivation entspringe der persönlichen Überzeugung der Entscheidungsträger. Die gesellschaftliche Verantwortungsübernahme des Unternehmens kann somit wertegetrieben sein und auch von den soziodemografischen Merkmalen der Führungspersonen abhängen (Hurrelmann 2014, S. 48 ff.). Hieraus ist zu schließen, dass nicht selten die Persönlichkeit des Entscheidungsträgers einen sehr starken Einfluss auf die gesellschaftliche Verantwortungsübernahme eines Unternehmens hat.

Darüber hinaus werden für CSR Motive zur Verfolgung wettbewerbsorientierter, unternehmensbezogener Ziele und Motive zur Verfolgung gemeinwohlorientierter, gesellschaftlicher Ziele gegenübergestellt (Hüther et al. 2012, S. 572 ff.; vgl. Abb. 1).

Die regionale Dimension der gesellschaftlichen Verantwortungsübernahme von Unternehmen
In der CSR-Literatur werden räumliche Dimensionen einer unternehmerischen Verantwortung unterhalb der nationalen Ebene selten berücksichtigt, wobei zwischen räumlichen Bezugsebenen zu unterscheiden ist (Wieland und Schmiedeknecht 2010, S. 49):

> Im Rahmen eines auf gesellschaftliche Problemlösung ausgerichteten CSR Managements werden ökonomische, soziale und ökologische Ziele, unter dem Einsatz der Kompetenzen des Unternehmens auf lokaler, regionaler, nationaler oder globaler Ebene, verfolgt.

Insbesondere kleinen und mittleren Unternehmen (KMU), die traditionell eine intensive Bindung zu ihrem Unternehmensstandort aufweisen, wird eine regionale Verantwortungsübernahme nachgesagt (Meffert und Münstermann 2005; Vilain 2010). Trotz ihrer zunehmenden Integration in globale Wertschöpfungsketten treffen – nicht nur, aber vor allem – KMU zentrale Anspruchsgruppen, z. B. Angestellte, Kunden und Zulieferer oder auch

Motive zur Verfolgung wettbewerbsorientierter, unternehmerischer Ziele			Motive zur Verfolgung gesellschaftlicher Ziele
Wettbewerbsvorteile sicherndes gesellschaftliches Engagement	**Transaktionskosten senkendes** gesellschaftliches Engagement als Teil der Unternehmenskultur	**Stakeholderorientiertes** gesellschaftliches Engagement zur Befriedigung der Ansprüche des öffentlichen Raums: • Verbesserung des Ansehens in der Öffentlichkeit • Beteiligung an der staatlichen Regelfindung • Befriedigung der Ansprüche zivilgesellschaftlicher Organisationen • Verbesserung der Standortattraktivität • Beziehungsmanagement und Kontaktpflege • Motivation, Weiterbildung und Bindung der Beschäftigten • Gewinnung neuer Mitarbeiter und Sicherung des Fachkräftenachwuchses • Steigerung des Markenwertes • Kundenbindung und Gewinnung neuer Kunden	**Intrinsisch** motiviert (Unternehmen sieht sich als Teil der Gesellschaft): • Sicherung des gesellschaftlichen Zusammenhalts • Beitragen zur Erfüllung von Aufgaben des öffentlichen Interesses • Ausgleich von Defiziten

Abb. 1 Motive der Unternehmen zur Übernahme gesellschaftlicher Verantwortung. (Eigene Darstellung nach Hüther et al. 2012, S. 575)

Einrichtungen der kommunalen Verwaltung, in räumlicher Nähe an und können diese mit einem regional ausgerichteten Engagement direkt erreichen (Habisch 2003, S. 154).

Aus geografischer Perspektive ist zudem interessant, dass ungeachtet der steigenden internationalen Verflechtung wirtschaftlicher Aktivitäten fast 90 % der engagierten Unternehmen in Deutschland eine freiwillige Verantwortungsübernahme im regionalen Umfeld des Hauptsitzes und/oder ihrer Betriebsstandorte aufweisen. In einem nationalen oder internationalen Kontext geschieht dies eher selten (Hüther et al. 2012, S. 820 f.; vgl. Abb. 2).

Darüber hinaus zeigen diese Daten auf, dass die räumliche Reichweite der unternehmerischen Verantwortungsübernahme zwar tendenziell mit zunehmender Größe eines Unternehmens steigt, eine regionale Verantwortungsübernahme in Deutschland aber unabhängig von der Unternehmensgröße stattfindet (vgl. auch CCCD 2007, S. 20). Folglich weist

Räumliche Ausrichtung des Engagements, N=2.628, Mehrfachantworten möglich	gesamt	Anteil an allen engagierten Unternehmen nach Anzahl der Beschäftigten		
		<50	50–499	≥500
Regional am Unternehmensstandort	89,9 %	89,8 %	93,3 %	89,6 %
Regional am Unternehmensstandort international	2,1 %	1,9 %	3,3 %	22,5 %
Überregional	9,5 %	9,6 %	7,5 %	19,1 %
International unabhängig von eigenen Standorten	9,3 %	9,4 %	7,2 %	11,8 %

Abb. 2 Räumliche Reichweite von CSR-Aktivitäten. (Eigene Darstellung nach der Datengrundlage von Hüther et al. 2012, S. 821)

CSR eine spezifische räumliche Dimension auf, da Unternehmen hauptsächlich Verantwortung in ihrer oder für ihre Region übernehmen. Hieraus leitet sich die Begrifflichkeit der CRR ab.

Unternehmen und Region

Unternehmen und Region sind über vielfältige materielle wie ideelle Beziehungs- und Leistungsverflechtungen miteinander verbunden (Geisler 2002) und begegnen sich dabei in einem Spannungsfeld übereinstimmender und konfligierender Interessen (Prätorius 2003). Für das Gros der wirtschaftlichen Aktivitäten von Unternehmen stellt das regionale Umfeld des Unternehmensstandortes wichtige Produktions- bzw. Rahmenbedingungen. Diese werden nicht nur für den ökonomischen Erfolg der Unternehmen, sondern auch für die regionale Prosperität als bedeutsam eingestuft. Zu nennen sind u. a. die materielle Infrastruktur, der Pool an (hoch-)qualifizierten Arbeitskräften, der Zugang zu Forschungseinrichtungen und die Nähe zu Zulieferbetrieben. Darüber hinaus gelten die Produktionskosten und Produktionsweisen beeinflussende Merkmale, wie regionale Informations- und Kommunikationsbeziehungen sowie Identifikationsmöglichkeiten, in einem Raum als relevante regionale Standortfaktoren (Benz et al. 1999, S. 28 f.). Da die wachsende Bedeutung wissensintensiver Wirtschaftsprozesse zu einem erhöhten Bedarf an hochqualifizierten und kreativen Erwerbstätigen führt und diese gleichzeitig als „Engpassfaktor" (Helbrecht und Meister 2007) gelten, findet der sich verschärfende (internationale) Standortwettbewerb nicht nur als großes Wettrennen um mobile Unternehmen, sondern auch als Konkurrenzkampf um die besten und klügsten Köpfe statt (Schiek 2013, S. 55). In diesem Zusammenhang wird konstatiert, dass sich auch die Ansprüche von Unternehmen an ihren Standort verändern (Pechlaner et al. 2010, S. 17):

> Durch die Etablierung der Gesellschaft als eine Dienstleistungs- und Wissensgesellschaft, durch Agglomeration bzw. die Ballung von Unternehmen an einem Ort, durch die Entstehung kooperativer Netzwerke und durch die Wahrnehmung der Mitarbeiter als Innovations- und Wissensquelle werden weiche Standortfaktoren ausschlaggebend für den Erfolg und die Leistungsfähigkeit von Unternehmen an einem Standort.

Insbesondere für Unternehmen mit einem hohen Bedarf an (hoch-)qualifizierten Arbeitskräften gewinnen Regionen an Attraktivität, die nicht nur den Unternehmen ein förderliches Arbeitsumfeld bieten, sondern den als mobil geltenden Arbeitskräften ein attraktives Wohnumfeld.

Wenngleich in erster Linie das Regionalmanagement mit der Weiterentwicklung der regionalen Potenziale betraut ist (Pechlaner et al. 2010, S. 25 ff.), zeigen viele Unternehmen ein starkes Eigeninteresse, in Talente und die Qualität der regionalen Standortfaktoren zu investieren und das Image der Region zu verbessern. Im Kontext des demografischen Wandels und eines sich abzeichnenden Fachkräftemangels sowie unter dem Primat des lebenslangen Lernens werden nicht nur Investitionen in Kunst, Kultur und Freizeit, sondern auch in Bildung und Ausbildung als zielführend angesehen (Prätorius 2003). Im Zuge der gesteigerten Mobilität von Produktionsfaktoren (Arbeit, Kapital, Wissen) und

Unternehmungen gilt es, ein Umgebungsumfeld zu schaffen, welches Unternehmen und Arbeitskräfte im Sinne eines „Sticky Place" (Markusen 1996) in die Region zieht und dort hält.

3 Corporate Regional Responsibility (CRR)

Im Zuge des sich wandelnden Staatsverständnisses hin zum „kooperativen" (Ritter 1979) oder „aktivierenden" Staat (Jann und Wegrich 2010) ändern sich Zuständigkeiten und Machtverhältnisse in Fragen der Regionalentwicklung. Politik und Verwaltung reklamieren mehr Gesellschaft (Schuppert 2008, S. 8) und teilen sich die Erbringung öffentlicher Güter und Dienstleistungen nunmehr mit Akteuren der Privatwirtschaft und der Zivilgesellschaft, die ihrerseits mehr Teilhabe und Mitbestimmung einfordern (Gollnick 2013, S. 17 ff.). Von der Privatwirtschaft wird vielfach ein Beitrag in Form ihrer zeitlichen, kreativen und nicht zuletzt finanziellen Ressourcen erwartet, sodass ihr dabei auch eine stabilisierende und dienstleistende Funktion zugesprochen werden kann (Gollnick 2013, S. 24 f.). Längst werden Unternehmen als zunehmend relevante Akteure der Stadt- und Regionalentwicklung betrachtet, die nicht nur von Planungsprozessen betroffen sind, sondern sich an diesen beteiligen und auf Zielvorstellungen sowie baulich-räumliche wie auch sozio-ökonomische Prozesse strategisch Einfluss nehmen (Gollnick 2013, S. 22; Knieling et al. 2012). Damit füllen die Unternehmen eine Lücke, die der Rückzug staatlicher Instanzen hervorruft (Heblich und Gold 2010, S. 340).

Die Motive für die Übernahme einer freiwilligen Verantwortung in der Region werden sowohl in unternehmensbezogenem Eigeninteresse als auch gemeinwohlorientierter moralischer Verantwortung gesehen (Knieling et al. 2012; Hartenstein und Preising 2014). Seit jeher engagieren sich Unternehmen für ihr räumliches Umfeld, um dadurch auch langfristig die Entwicklungsperspektiven ihres Unternehmens zu verbessern (Heblich und Gold 2010, S. 335). Zudem verweisen viele Unternehmen in diesem Zusammenhang nicht selten auf ihr unternehmerisches Selbstverständnis als Teil der Gesellschaft.

Wofür steht CRR?
Der Begriff CRR soll für die freiwillige gesellschaftliche Verantwortungsübernahme von Unternehmen im regionalen Umfeld ihres Hauptsitzes und/oder ihrer Betriebsstandorte verwendet werden. Dabei stehen die externen Beziehungsrelationen des Unternehmens und die auf externe Stakeholder (z. B. Nachbarn, die lokale Gemeinde, Politik und Behörden, Schulen und Forschungseinrichtungen, öffentliche Interessengruppen, Vereine, Verbände und NGOs) gerichteten gesellschaftlichen Beiträge im Vordergrund. In einer wirtschaftsgeografischen Perspektive handelt es sich bei CRR-Aktivitäten um die Bereitstellung bzw. Sicherung öffentlicher Güter durch privatwirtschaftliche Unternehmen. Da der gesellschaftliche Nutzen dieser Aktivitäten den einzelwirtschaftlichen Nutzen übersteigt, generieren die Unternehmen positive externe Effekte für die Allgemeinheit (Fischer 2007, S. 42 f.). Der einzelwirtschaftliche Nutzen für die sich regional engagierenden Un-

ternehmen ist neben dem Imagegewinn oder einer erhöhten Mitarbeiterzufriedenheit insbesondere in der Verbesserung der Standortbedingungen bzw. des Geschäftsumfelds der Unternehmen zu sehen. Durch CRR-Aktivitäten lässt sich die Ausstattung eines Standortes mit harten und weichen Standortfaktoren wie Infrastruktur, Lebensqualität, Kultur oder Image verbessern und auch der Zugang zu lokalen und regionalen Netzwerken vereinfachen (Heblich und Gold 2010, S. 342 f.). Daraus können positive Rückkopplungen für die Wettbewerbsfähigkeit der Region und des Unternehmens resultieren, z. B. im Wettbewerb um hochqualifizierte Arbeitskräfte. In diesem Zusammenhang erkennt es Albers (2011, S. 41) als folgerichtig an,

> dass Unternehmen in die Produktion der Standortfaktoren und besonders der „weichen Standortfaktoren" [...] eingebunden werden, beziehungsweise sich selbst einschalten, um die erwünschten Potenziale mit hoher Unternehmensnutzbarkeit und Kompatibilität strategisch zu erschließen.[1]

Der Mehrwert von CRR liegt für die Unternehmen aber nicht nur in verbesserten Standortbedingungen, sondern darüber hinaus in Netzwerkeffekten, die eine Einbettung in die regionale Gemeinschaft mit sich bringt: Durch CRR kann ein Unternehmen mit seinen externen Stakeholdern in Kontakt treten, soziale Beziehungen vor Ort aufbauen und sukzessive in regionale Netzwerke einbezogen werden, was ihm einen erleichterten Zugang zu geschäftsrelevanten Informationen (z. B. Kampagnenrisiko, Wissen über Wettbewerber, Kundenansprüche und öffentliche Planungsvorhaben) verschafft. Über vielfältige Beziehungen zu unterschiedlichen Organisationen des lokalen Gemeinwesens, zu politischen Entscheidungsträgern wie auch zur Bevölkerung wird das Unternehmen in den regionalen Informationsfluss integriert, was die Kosten der Informationsbeschaffung mindere (Heblich und Gold 2010, S. 342 f.). Durch diese Interaktion mit dem Unternehmensumfeld entstehe ein „regionales Sozialkapital" (Gollnick 2013, S. 41), an dessen Produktion das Unternehmen beteiligt ist und welches es zugleich für sich nutzen kann.

Indem das Konzept der CRR die Ebene der Region integriert, ermöglicht es eine Perspektive, welche über die reine Unternehmenssicht (Buisness Case) und den enthaltenen gesellschaftlichen Mehrwert für die unterstützen Akteure (Social Case) hinausgeht. Diese „Win-win-win-Situation" wird in Abb. 3 verdeutlicht.[2]

Auch der Engagementbericht der Bundesregierung verweist darauf, dass viele Unternehmen mit ihrem gesellschaftlichen Engagement auf einer Verbesserung der Standortbedingungen „vor Ort" abzielen (Hüther et al. 2012, S. 582, 646). Gleichwohl bleibt offen, inwieweit ein strategisches Vorgehen hierbei von Bedeutung ist. Nach Heblich und Gold (2010, S. 341) setzt eine strategische Herangehensweise eigenständige Akzente für die regionale Entwicklung, was wiederum auch der unternehmerischen Integration in

---

[1] Für eine kritische Auseinandersetzung mit dem privatwirtschaftlichen Einfluss in der Regionalentwicklung siehe Knieling et al. (2012) und Hartenstein und Preising (2014).
[2] Gollnick (2013, S. 41) weist darauf hin, dass es sich hierbei aufgrund mangelnder empirischer Evidenz um theoretische Vorteile handelt und ihnen daher nur ein hypothetischer Wert zugewiesen werden kann.

	Effekte (Win) Unternehmen	Gesellschaft	Region
Konsumenten	Vermeidung von Lock-ins, Trends der Branche frühzeitig aufgreifen;	Hochwertigkeit, Qualität und Sicherheit der Produkte und Dienstleistungen; Umweltentlastung;	Wettbewerbsfähige Unternehmen, wirtschaftliche Prosperität; Umweltentlastung;
Image und Markenwert	Dialog mit Stakeholdern vermindert das Kampagnenrisiko, Boykott, Imageverlust;	Mitgestaltung und Einfluss auf Unternehmensprozesse und Ausrichtungen;	Verbesserung des Standortimages durch das Image der Firmen, Aufwertung des Raumes;
Human Ressources und Rekruiting	Zukunftssicherheit durch bessere Wertschöpfung, Humankapital und deren Bindung; Krankheitsstand mindern und Fluktuation senken;	Bessere(s) Arbeitsumgebung, Arbeitsklima und faire Entlohnung; Zufriedenheit und Anerkennung der Mitarbeiter;	Humankapitalausstattung der Region, Lebensqualität; regionales Sozialkapital als Standortvorteil;
Neue Verantwortung durch den „Rückzug des Staates"	Investitionen in kollektive und öffentliche Güter, um Wettbewerbsfähigkeit zu sichern; Zugang zu regionalen Informationsflüssen	Regionale Infrastruktur und Ausstattung mit Gemeingütern	Ausstattung mit öffentlichen/kollektiven Gütern, inkl. Kooperationsfähigkeit (regionales Sozialkapital), Vernetzung

Abb. 3 Win-win-win durch CRR. (Eigene Darstellung, verändert nach Gollnick 2013, S. 42, basierend auf der Grundlage von Fischer 2007)

das regionale Netzwerk diene. Integration könne als eine nachhaltige Verbundenheit mit dem Standort und als ein langfristiges Engagement charakterisiert werden, welches sich z. B. durch die Beteiligung an einem Regionalentwicklungsprojekt ausdrücke. Vor diesem Hintergrund wird CRR als eine Strategie der Ressourcensicherung und der aktiven Standortentwicklung von Unternehmen konzeptualisiert.

In diesem Sinne ermöglicht CRR eine neue Art der Mitwirkung von Unternehmen am Standort und wird damit auch eine wichtige Triebkraft für die Standortbindung von Unternehmen. Im Rahmen eines strategischen Gesamtkonzeptes können sie die Beziehungen zu den unterschiedlichen Akteuren in der Region begründen, aufbauen und gestalten (Taubken 2006, S. 153). Corporate Regional Resposibility im Dialog mit den politischen und zivilgesellschaftlichen Akteuren einer Region kann sodann regionale Steuerungsprozesse im Sinne von Regional Governance (Fürst 2010) tangieren.

Kollektive CRR und CRR-Kooperationen

CRR ist dadurch gekennzeichnet, dass Unternehmen sich mit vielfältigen Ressourcen und Kompetenzen (Finanzmittel; Dienstleistungen, Produkte und Logistik; Zeit, Know-how, Wissen der Mitarbeiter; Kontakte und Einfluss) im räumlichen Umfeld ihrer Standorte engagieren, wobei es sich in sehr unterschiedlichen Aktivitäten und Formaten ausdrücken kann. Die Bertelsmann Stiftung unterscheidet drei Formen von CRR, die nicht nur hinsichtlich strategischer, inhaltlicher und zeitlicher Merkmale, sondern überdies hinsichtlich ihres Mehrwerts für Unternehmen und Region gestuft werden (vgl. Abb. 4). Von Stufe zu Stufe vergrößert sich der Ressourceneinsatz der Unternehmen, werden Inhalte und Instru-

	Basisengagement	Strategisches Engagement	Vernetztes und gebündeltes Engagement
Ressourcen	Sachmittel Geld	Sachmittel Geld Know-how Personal Kontakte	Sachmittel Geld Know-how Personal Kontakte Netzwerke
Dauer	Einmalig Kurzfristig	Wiederkehrend Kurz- bis langfristig	Wiederkehrend Langfristig
Wirkung	Punktuell	Projektbezogen	Strukturell
Strategie	Kaum vorhanden	Stark ausgeprägt	Stark ausgeprägt
Kooperationspartner	Vertreter der Zivilgesellschaft	Vertreter der Zivilgesellschaft und Kommune, weitere Organisationen	Vertreter der Zivilgesellschaft und Kommune, weitere Organisationen, weitere Unternehmen

Abb. 4 Formen und Merkmale des regionalen Engagements. (Eigene Darstellung, verändert nach Bertelsmann Stiftung 2010, S. 16)

mente des Engagements komplexer, verlängern sich die zeitlichen Perspektiven, nimmt der Grad strategischer Ausrichtung zu und wächst der Kreis der in kooperative Problemlösungsprozesse eingebundenen Akteure (vgl. Bertelsmann Stiftung 2010, S. 14 f.). Weitere Möglichkeiten der Typisierung von unternehmerischem Engagement werden bei Lang und Dresewski (2010) angesprochen. Des Weiteren konzeptualisieren Heblich und Gold (2010) CRR als mehrstufige Investitionsstrategie in den Unternehmensstandort.

Kooperative Ansätze rücken die sektorenübergreifende Zusammenarbeit von Akteuren des privatwirtschaftlichen, öffentlichen und zivilgesellschaftlichen Sektors und die Schnittmenge ihrer Interessen bei der Gestaltung von Standortfaktoren im Rahmen regionaler Entwicklung ins Zentrum (Lang und Dresewski 2010, S. 402; Gollnick 2013, S. 24). Gleichzeitig bieten sie die Möglichkeit, flexibler an regionalen Herausforderungen zu arbeiten und die traditionellen Regelungsstrukturen zu entlasten. Vernetzte Systeme tendieren dazu, sich interne Regeln zu setzen sowie durch Kommunikation und Kooperation sowohl Verstehen und Vertrauen als auch Respekt und Akzeptanz untereinander zu generieren. Hiervon verspricht man sich eine Erweiterung des Handlungshorizontes der beteiligten Akteure, welcher nicht mehr allein auf die individuellen Bedürfnisse und Interessen ausgerichtet ist, sondern gemeinschaftsorientiertes Handeln in den Vordergrund rückt (Gollnick 2013, S. 24; Schubert 2004, S. 185 ff.).

Auf der Ebene regionalen Engagements ist eine wachsende Anzahl an Unternehmensverbünden zu verzeichnen, die in der Region handeln und sich in Fragen der regionalen Entwicklung einbringen. Im Gegensatz zu Wirtschaftsverbänden sind diese meist unabhängig von Produkt und Branche organisiert. Beispielhaft zu nennen sind die sogenannten Verantwortungspartner (http://www.verantwortungspartner.de/). In verschiedenen Regionen Deutschlands haben sich auf Initiative der Bertelsmann Stiftung Unternehmen zusammengeschlossen, um gemeinsam mit Vertretern aus Politik und Verwaltung, der Industrie- und Handelskammer, Vereinen und/oder Organisationen an regionalen Themen zu arbeiten (vgl. Riess und Schmidpeter 2010; Bertelsmann Stiftung 2010). Im Ruhrgebiet besteht seit über 30 Jahren der IR, in dem fast 70 Unternehmen Programme entwickeln und Innovations- und Bildungsprojekte initiieren, um den regionalen Strukturwandel zu gestalten und die Wettbewerbsposition des Ruhrgebiets zu verbessern. In der WIFRM setzen sich seit gut 20 Jahren fast 150 Unternehmen aktiv für die Zukunft der Metropolregion Frankfurt/Rhein-Main (FRM) ein (vgl. Abschn. 4).

Laut Gollnick (2013, S. 2) liegt das Charakteristikum dieses kollektiven unternehmerischen Engagements darin, dass die Vernetzung nicht primär darauf abzielt, die Standortzufriedenheit der Unternehmen und damit ihre Standorttreue zu steigern oder überbetriebliche Synergien zu ermöglichen, sondern sich gemeinschaftlich für den Standort und die ansässigen Stakeholder zu engagieren. Damit kann, neben den angesprochenen unternehmerischen Vorteilen, eine informelle Versicherungsfunktion für wirtschaftliche Interessen des Kollektivs einhergehen (Habisch 2003, S. 75; Gollnick 2013, S. 206). Dieser Nutzeneffekt ergibt sich, wenn kollektive regionale Verantwortungsübernahme von Unternehmen in der kollektiven Formulierung und Durchsetzung unternehmerischer Ansprüche in der Region resultiert.

Nachfolgend wird die gemeinschaftliche regionale Verantwortungsübernahme von Unternehmen als kollektive CRR bezeichnet. Kollektive CRR äußert sich in der Vernetzung von Unternehmen, die ihre Ressourcen und Kompetenzen in einer CRR-Kooperation bündeln, um Probleme am Standort anzugehen und so die Region zu stärken. Die Strategie umschließt dabei all jene Aktivitäten, die die wirtschaftliche Dynamik der Region unterstützen und dabei gleichzeitig einen gesellschaftlichen Beitrag enthalten. Eine CRR-Kooperation wird zudem als Ausdruck und Ergebnis der Selbstorganisationsfähigkeit privater Wirtschaftsakteure für regionale Belange verstanden. Zudem zeichnen sich CRR-Kooperationen zwischen Unternehmen und ggf. Akteuren aus dem bürgerschaftlichen Umfeld durch eine gemeinschaftliche Zielerreichung aus und erfolgen auf freiwilliger Basis. Darüber hinaus stellen sie sich als zeitlich und räumlich begrenzte Netzwerkarrangements privatwirtschaftlicher Akteure dar. Die Zugehörigkeit zum Netzwerksystem ergibt sich aus dem Kriterium der Lokalität, d. h. die Akteure sind mit ihrem Unternehmenssitz und/oder einem Betriebsstandort in der Region verortet oder sie sind zumindest über intensive wirtschaftliche Verflechtungen in die Region eingebunden. Eine CRR-Kooperation kann als informeller Zusammenschluss mit eher losen Beziehungsstrukturen, als vertragsgebundenes Bündnis sowie als formelle Organisation begründet werden (Maaß 2009, S. 16 f.).

Zur Kooperationslogik bei CRR
Bezug nehmend auf die Definition von CRR-Kooperationen ist davon auszugehen, dass es nicht nur einer gemeinsamen Zielstellung bedarf, um die Unternehmen zur Mitarbeit zu bewegen, sondern dass sie selbst einen Nutzen daraus ziehen können. Akteure streben „nach ökonomischen, sozialen, kulturellen und symbolischen Kapitalien zum Zwecke der

'Eroberung' und Sicherung individueller Positionen" (Federwisch 2010, S. 61), sodass auch für CRR-Kooperationen von einem rationalen Handlungsantrieb auszugehen ist.

Maaß (2009, S. 118 ff., 161) zeigt auf, dass Unternehmen aus einem Ressourcendefizit heraus Engagement-Kooperationen eingehen, mit dem Ziel, dieses durch Rückgriff auf die komplementäre Ausstattung der Partner auszugleichen. Eine Zusammenarbeit mit Partnern ermögliche die Erzielung von Effizienzvorteilen durch das Ausnutzen von Skalen- und Verbundeffekten. Zudem betont er, dass moralische Anliegen Unternehmen nicht zur Kooperation bewegen, „sondern stets ein Anliegen neben anderen, vor allem betriebswirtschaftlichen Motiven, darstellen" (Maaß 2009, S. 30). Auch Gollnick (2013, S. 202 ff.) begründet die Kooperationslogik von Unternehmen auf der lokalen Ebene zum einen mit der Erzielung von Wettbewerbsvorteilen. Für die von ihr befragten Akteure ist das lokale Unternehmensnetzwerk ein strategisches Instrument, mit dessen Hilfe sie die Reichweite ihres unternehmerischen Engagements vergrößern und den eigenen Aufwand minimieren können. Zum anderen fungiert der kooperative Zusammenschluss als Begegnungsplattform Gleichgesinnter mit einer motivierenden, unterstützenden und stabilisierenden Wirkung auf die unternehmerische Verantwortungsübernahme. In dieser Weise fungiert die Kooperation nicht als Instrument zur Erreichung eigener Vorteile und möglicher Spillover-Effekte ins Unternehmensumfeld, sondern als Verstärker einer unternehmerischen Verantwortungswahrnehmung für andere. Dabei gilt es, eine Balance zwischen den Interessen der eigenen Organisation und des übergreifenden Interessenverbunds zu finden (Schubert 2004, S. 180).

Für die Akteure in Politik und Verwaltung ist es bedeutsam, die handlungsleitenden Motive von Unternehmen für kollektive CRR zu verstehen, um daraus Aktivierungs- und Kooperationsstrategien ableiten zu können. Auf zwei Beispiele gestützt, werden nachstehend erste Erkenntnisse zu Zielen und Funktionsweisen von CRR-Kooperationen sowie den Motiven für kollektive CRR präsentiert.

4 Die Zukunft der Region im Blick – Unternehmerische Motive einer regionalen Verantwortungsübernahme

In einer explorativen Studie wurden zunächst Vertreter des IR und der WIFRM zu Zielen und Funktionsweisen der CRR-Kooperationen befragt. Für eine Übersicht über ausgewählte Merkmale und Kennzeichen der untersuchten CRR-Kooperationen und Regionen siehe Schiek (2016). Weitere 40 leitfadengestützte Interviews mit überwiegend hochrangigen Entscheidungsträgern von Mitgliedsunternehmen dienten dazu, Einblicke in die Motive für kollektive CRR zu gewinnen.

Der Initiativkreis Ruhr
Der IR (www.i-r.de) verfolgt seit über 25 Jahren das Ziel, den Strukturwandel an der Ruhr zu begleiten und die Wettbewerbfähigkeit der Region nachhaltig zu stärken. Der CRR-Kooperation haben sich 67 Organisationen angeschlossen (07/2014), wovon 63 als Unter-

nehmen zu klassifizieren sind. Es handelt sich hierbei hauptsächlich um Großunternehmen mit mindestens 500 Mitarbeitern. Der IR zeichnet sich durch eine Doppelstruktur aus, die sich aus dem nichtrechtsfähigen Idealverein IR und der IR GmbH ergibt. Der Verein ist zu 100 % Gesellschafter der IR GmbH und setzt sich aus 86 persönlichen Mitgliedern (01/2014) zusammen, welche gleichzeitig eine führende Position in einem Mitgliedsunternehmen besetzen. An der Spitze des Vereins stehen zwei Moderatoren, die sich alle zwei Jahre aus dem Kreis der persönlichen Vereinsmitglieder rekrutierten und die strategische und inhaltliche Ausrichtung des IR vorgeben sowie neue Impulse und Akzente setzen sollen. Die GmbH wird durch einen Geschäftsführer vertreten und ist für das operative Geschäft der CRR-Kooperation zuständig.

Der IR hat die vier Handlungsfelder Energie, Logistik, Bildung sowie Kultur definiert[3] und initiiert in allen Bereichen CRR-Projekte, setzt sie selbst um und überführt sie z. T. in selbstständige Organisationen. Zu den Projekten zählen neben Leuchtturmprojekten wie dem Klavier-Festival Ruhr, der InnovationCity Ruhr und der Talentmetropole Ruhr weitere Projekte, die sich häufig an die Bürgerschaft richten oder die regionale Wirtschaft fördern. Zudem veranstaltet der IR Kongresse, Wettbewerbe und politische Treffen, die für die regionale Wirtschaft interessant sind. Oftmals wird der IR von den Interviewpartnern als ein „Motor des Wandels" beschrieben, welcher auch bei der Organisation selbst zu beobachten ist. Während sich der IR früher nicht nur, aber in starkem Maße durch Investitionen in Kunst und Kultur auszeichnete, ist der Fokus heute diversifizierter und vor allem das zunehmende Engagement im Bereich Jugend und Bildung wird von den befragten Mitgliedsunternehmen als sehr positiv wahrgenommen und intensiv unterstützt. So soll nicht nur die Attraktivität der Region über Investitionen in harte und weiche Standortfaktoren gesteigert, sondern auch die „in der Region schlummernden" endogenen Potenziale aktiviert werden, um den strukturellen Wandel an der Ruhr weiter voranzutreiben.

Während die persönlichen Mitglieder des Vereins sich als Vertreter ihres Unternehmens ehrenamtlich in den IR einbringen, können die Unternehmen als verbundene Mitglieder verstanden werden, die einen „namhaften" Mitgliedsbeitrag zahlen. Somit leisten die Unternehmen zunächst einen finanziellen Beitrag zur kollektiven CRR und sind passiv engagiert. Darüber hinaus lässt sich innerhalb dieser CRR-Kooperation eine gewisse Erwartungshaltung gegenüber den Unternehmen ausmachen, denn es ist erwünscht, dass sich die Unternehmen als Partner in die CRR-Projekte einbringen und je nach Projekt zusätzliches Geld, betriebliche Mittel sowie Zeit und Know-how von Mitarbeitern etc. einbringen. Die Interviews haben gezeigt, dass sich die Mehrheit der befragten Unternehmen tatsächlich an verschiedenen Projekten des IR ergänzend beteiligt.

Die Wirtschaftsinitiative FrankfurtRheinMain
Die WIFRM (www.wifrm.de) weist sowohl strukturelle und inhaltliche Ähnlichkeiten als auch Unterschiede zum IR auf. Hervorgegangen ist die 2002 als e. V. gegründete CRR-Kooperation aus zwei Vorgängerorganisationen aus den Jahren 1996 und 2001. Mit 134 Mit-

---
[3] Seit November 2015 ist das Handlungsfeld Gründungen hinzugekommen.

gliedern, davon 125 Unternehmensmitgliedern (05/2014), besteht die WIFRM aus mehr als doppelt so vielen Unterstützern wie der IR, die zudem neben den Großunternehmen auch als mittlere und kleine Unternehmen zählt. Der Verein wird von einem Vorstandsgremium geleitet, wobei das operative Geschäft von zwei Geschäftsführern übernommen wird, welche sich um Prorammgestaltung und Projektmanagement sowie Mitgliederbetreuung etc. kümmern. Die Zielstellung der WIFRM fokussiert eine regionale Herausforderung, nämlich die Idee der Metropolregion FRM in der Region bzw. in den Köpfen zu verankern. In diesem Sinne versteht sich die CRR-Kooperation als ein „Lobbyverein für die Metropolregion FRM", der darauf abzielt, einen gemeinsam agierenden Wirtschaftsraum zu gestalten, die Rahmenbedingungen für die ansässigen Unternehmen zu verbessern und die regionale Identität stärker in der Region zu etablieren. Als Handlungsfelder sind die vier Themen Vernetzung und Austausch, Innovation und Kreativität, Lebensraum und regionale Identität sowie Wissen und Zukunft definiert. Ein Hauptaugenmerk der CRR-Kooperation liegt in der Vernetzung der Mitgliedsunternehmen und dem Austausch über regionale wie wirtschaftliche Themen. Zudem äußert sich kollektive CRR in der finanziellen Unterstützung von Veranstaltungen, Aktionen und Formaten, die von regionalem Interesse sind und den Zusammenhalt in der Region fördern sollen. So unterstützte die CRR-Kooperation z. B. die Bewerbung Frankfurts als Austragungsort für die Olympischen Spiele im Jahr 2012, die Eröffnung des Regionalparks oder auch die Herausgabe eines FRM-Magazins. Die WIFRM hat sich zudem an der Initiierung von drei regionalen Kompetenzzentren beteiligt und die Entwicklung von Zukunftsszenarien für die Region angestoßen. Während an der Ruhr auch ein aktives Engagement der Unternehmen in den CRR-Projekten zu beobachten ist, sind die Unternehmen der WIFRM überwiegend mittels eines finanziellen Mitgliedsbeitrags engagiert und treten eher passiv für die Förderung der Metropolregion FRM ein.

Die CRR-Kooperationen im Vergleich
Die CRR-Kooperationen und die darin zusammengeschlossenen Unternehmen haben die Zukunft „ihrer Region" im Blick. Dabei verfolgen sie Ziele der Regionalentwicklung, welche auf regionale Problemlagen oder Herausforderungen abgestimmt sind. Die CRR-Kooperationen treten jenseits politischer und administrativer Grenzen für eine Verbesserung der Rahmenbedingungen des Wirtschafts- und Lebensraumes ein. Gleichzeitig fungieren sie als Ideengeber und setzen Impulse und Akzente in Fragen der regionalen Entwicklung. Beide CRR-Kooperationen bündeln die Interessen der Mitgliedsunternehmen und geben der Wirtschaft so eine richtungsweisende Stimme in Fragen der Regionalentwicklung. Dabei verstehen sie sich als ein wichtiger, wenngleich demokratisch nichtlegitimierter Akteur unter anderen Akteuren der Regionalentwicklung. Eine CRR-Kooperation kann folglich als Triebfeder und Verstärker der unternehmerischen Interessen verstanden werden, die zudem Professionalität, Strukturen, Lösungen und Anknüpfungspunkte für das regionale Engagement der Unternehmen bietet. Im Detail zeigen sich jedoch Unterschiede: Während an der Ruhr eine aktive Begleitung des Strukturwandels und die sozio-ökonomischen Problemlagen im Vordergrund stehen, geht es in FRM um

Fragen des regionalen Zusammenhalts, aber auch um das Bewusstsein, die Region zukunftssicher aufstellen zu müssen, um weiterhin im internationalen Wettbewerb bestehen zu können. Die WIFRM unterstützt die Kommunikation zwischen Wirtschaft, Politik und anderen regionalen Akteuren, indem sie Rahmenbedingungen und Möglichkeiten für den Austausch zu regionalen Themen schafft und Agenda-Setting betreibt. Der IR bietet den Unternehmen über diese Funktion als Kommunikationsplattform hinaus zusätzliche Partizipationsmöglichkeiten an, indem er Programme und Projekte entwickelt und gemeinsam mit ausgewählten Partnerunternehmen umsetzt.

Motive für kollektive CRR
Aus den Interviews mit den Entscheidungsträgern von Mitgliedsunternehmen des IR und der WIFRM lassen sich erste Erkenntnisse über die Motive bzw. Motivgruppen für kollektive CRR gewinnen. Die Befunde sind dabei als Orientierungsrahmen zu verstehen und geben eine erste Antwort auf die Frage, was die Unternehmen motiviert, sich im Rahmen einer CRR-Kooperation an der Produktion von kollektiver CRR zu beteiligen. Zu beachten ist jedoch, dass sich die identifizierten Motive nicht immer eindeutig voneinander trennen lassen und überlagern können. Ein zentrales Ergebnis ist, dass kollektive CRR sowohl in die Region ausstrahlen als sich auch in der Wettbewerbsfähigkeit des engagierten Unternehmens bemerkbar machen soll. Zudem ergeben sich Motive, die auf die Persönlichkeit des Entscheidungsträgers ausgerichtet sind. Insgesamt wurden fünf Motivkategorien identifiziert (vgl. Abb. 5).

Eine erste Motivkategorie betrifft das Wohlergehen der Region, wobei damit die Wettbewerbsfähigkeit der Region gemeint ist. Aus den Daten ist herauszulesen, dass die Unternehmen an der Zukunftsfähigkeit der Region interessiert sind. Ein Motiv für ihr Handeln ist es, die Zukunftssicherheit der Region zu gewährleisten und mitzugestalten. Diese Motivkategorie ist zunächst losgelöst von den unternehmerischen Interessen zu betrachten, denn von einer zukunftsfähigen Region profitieren alle, d. h. neben den engagierten Unternehmen auch alle anderen Akteure der Region inklusive der nicht engagierten Unternehmen sowie die ansässige Bevölkerung. Gleichwohl liegt die Motivation vielfach in der Überzeugung oder Zuversicht begründet, dass es sich langfristig positiv auf den Unternehmenserfolg auswirken wird, wenn das regionale Umfeld stabil ist. Von einer zukunftsfähigen Region erwarten die Unternehmen positive Rückwirkungen auf die eigene Geschäftstätigkeit. Hierauf bezieht sich eine zweite Motivkategorie für kollektive CRR. Eine motivationsgebende Funktion liegt in dem Ansinnen, dass ein heutiges Eintreten für die Region sich später positiv auf das Erschließen von erfolgsrelevanten Ressourcen der Region für das Unternehmen auszahlen könnte. Zu diesen von den Unternehmen anvisierten Ressourcen einer wettbewerbsfähigen Region zählen neben vorhandenen und verfügbaren Fachkräften und anderen Unternehmen z. B. eine gut ausgebaute und nutzbare Infrastruktur sowie ein innovatives Umfeld. Insbesondere die Begegnung eines sowohl auf die Region als auch auf das Unternehmen bezogenen Fachkräfteengpasses oder -mangels scheint ein zentrales unternehmerisches Motiv zu sein, sich an Investitionen in die Wettbewerbsfähigkeit der Region im Rahmen kollektiver CRR zu beteiligen.

Die Zukunftsfähigkeit der Region sichern

- Fachkräftepotenzial in der Region sichern
- Strukturellen Wandel begleiten und gestalten
- Regionalen Dialog unterstützen
- Regionalen Zusammenhalt und regionale Identität fördern
- Imagewandel vorantreiben
- Interessen bündeln, Kirchturmdenken aufbrechen
- Kooperationen schaffen
- ...

Erfolgsrelevante Ressourcen für das Unternehmen erschließen

- Sicherung des eigenen Fachkräftebedarfs
- Ausweitung der Geschäftstätigkeit, Zugang zu neuen Geschäftspartnern
- Verbesserte Infrastruktur (materielle, soziale, kulturelle, Bildungsinfrastruktur)
- Zugang zu Wissen, Innovationen und Technik etc.
- ...

Vorteile durch die Mitgliedschaft und Mitarbeit in der CRR-Kooperation

- Der eigenen Stimme mehr Gewicht geben, sich Gehör verschaffen
- Die Wirksamkeit des Handelns erhöhen
- Austausch und Kommunikation
- Zugang zu exklusiven Unternehmerkreisen
- Zugang zu Informationen und regionalen Informationsflüssen, ...
- Beteiligung an regionalen Zukunftsprojekten
- ...

Selbstbezogene, unternehmerische Motive

- Reputationsaufbau und Imageverbesserung
- Erhöhung der Identifikation der Mitarbeiter mit dem Unternehmen
- Ausdruck und Weiterentwicklung der Unternehmenswerte, Ausdruck des unternehmerischen Selbstverständnisses als (Traditions-) Unternehmen der Region
- Guter Ton, Gruppenzwang
- Risikomanagement, Aufrechterhalten der gesellschaftlichen Akzeptanz (Licence to operate)
- Mitbestimmung und Einflussnahme, Durchsetzung unternehmerischer Interessen
- ...

Persönliche Motivation des Entscheidungsträgers

- Ausdruck regionaler, emotionaler Verbundenheit
- Wille, den eigenen Werten und Ansprüchen gerecht zu werden
- Spaß und Freude
- ...

Abb. 5 Motivkategorien und Motive für kollektive CRR. (Eigene Darstellung)

Eine dritte Motivkategorie ist in der Erwartung positiver Effekte der Mitgliedschaft und Mitarbeit in der CRR-Kooperation auf die Unternehmenstätigkeit zu sehen. Dieser Motivkategorie liegt das Verständnis zugrunde, dass die Bündelung der unternehmerischen Kräfte, Kompetenzen und Ressourcen sehr viel mehr bewirken kann, als wenn alle Mitgliedsunternehmen nach eigenen Vorstellungen ihr gesellschaftliches, wirtschaftliches, soziales, ökonomisches, ökologisches Umfeld organisieren und gestalten. Hierin liegt ein zusätzlicher Wert von kollektiver CRR. Gleichzeitig stellt das exklusive Netzwerk der CRR-Kooperation mit den persönlichen Kontaktmöglichkeiten einen wichtigen Attraktivitätsfaktor für viele Unternehmen dar.

Eine vierte Motivkategorie ist als selbstbezogene, unternehmerische Motivation zu kennzeichnen. Im Vordergrund steht die Frage, inwiefern sich das Unternehmen selbst mit kollektiver CRR dient. In diesem Zusammenhang lassen sich Motive identifizieren, die einen unmittelbaren „Return on Investment" fokussieren. Das Unternehmen zielt darauf ab, bestimmte, vor allem regionale Stakeholder (z. B. Mitarbeiter, Kunden, Politik, andere Unternehmen) mit der Übernahme regionaler Verantwortung zu erreichen und ihre Ansprüche zu befriedigen. Für seinen Beitrag zur kollektiven CRR erwartet es von diesen eine Wertschätzung oder Anerkennung.

In der persönlichen Motivation und Überzeugung des Entscheidungsträgers gründet eine fünfte Motivkategorie für kollektive CRR, welche in ihrer Bedeutsamkeit jedoch als vergleichsweise gering einzustufen ist und „nur" als ergänzend zu einem unternehmensindividuellen Motivsetting für kollektive CRR zu verstehen ist.

5 Ausblick

Dieser Beitrag hat die regionale Dimension der gesellschaftlichen Verantwortungsübernahme verdeutlicht und aufgezeigt, welche Chancen zur Ausbildung von Win-Situationen für Gesellschaft, Unternehmen und Region dadurch entstehen. Aus einer wirtschaftsgeografischen Sicht ist CRR als strategische Investition in die regionalen Standortbedingungen konzeptualisiert worden, welche positive Rückwirkungen auf die Wettbewerbsfähigkeit von Unternehmen und Region bedingen kann. Indem Unternehmen sich in Fragen der Regionalentwicklung einbringen, können sie einerseits Mitverantwortung für die Zukunftsfähigkeit der Region übernehmen und andererseits strategischen Einfluss auf Zielvorstellungen und Prozesse der regionalen Entwicklung nehmen. Dem kooperativen Handeln von Unternehmen in Form von kollektiver CRR kommt bei der Bewältigung regionaler Herausforderungen eine besondere Aufmerksamkeit zu, da die Bündelung unternehmerischer Kompetenzen und Ressourcen in CRR-Kooperationen besondere Nutzenpotenziale für Unternehmen und Region verspricht.

Einblick in die Vorstellung der beiden ausgewählten CRR-Kooperationen und der unternehmerischen Motive für ihre Teilhabe an kollektiver CRR liefern erste Erkenntnisse im bislang noch weitgehend unerforschten Feld der regionalen Verantwortungsübernahme von Unternehmen. Neben den Motiven, die sich auf das Wohl der Region beziehen, sind vor allem Motive zu identifizieren, die auf die Sicherung der unternehmerischen Wettbewerbsfähigkeit abzielen. Zumeist sind bei den Unternehmen mehrere Motive und Motivkategorien im Sinne eines Motivbündels gleichzeitig wirksam. Der Aspekt der Vernetzung und die daraus resultierenden Nutzeneffekte für Unternehmen und Region spielen dabei eine wichtige Rolle.

Bei der Suche engagierter Nachahmer gilt es, den Mehrwert, den Unternehmen mit kollektiver CRR assoziieren, zu betonen. Wie kollektive CRR in stärkerem Maße für Ziele der Regionalentwicklung aktiviert werden kann, lässt sich aus diesen Ergebnissen allerdings nur bedingt ableiten. Die Motivkategorien „Die Zukunftsfähigkeit der Region sichern" und „Vorteile durch die Mitgliedschaft und Mitarbeit in der CRR-Kooperation" verweisen darauf, dass die Beteiligung an CRR-Kooperationen Motiv- und Nutzendimensionen enthalten kann, die sich in nicht-kooperativen Formaten nicht ergeben würden. Daher empfiehlt es sich, in besonderer Weise mit diesen Motivkategorien für CRR-Kooperationen und kollektive CRR zu werben. Zudem legen Erkenntnisse aus der Studie nahe, dass es für den Aufbau und die Wirksamkeit von CRR-Kooperationen vor allem Persönlichkeiten bedarf, die gewillt sind, sich ehrenamtlich für die Region zu engagieren, ein entsprechendes zeitliches wie finanzielles Budget mitzubringen und sich nach vorne zu stellen, um „lautstark" für ihre Interessen bzw. die Belange der Region einzutreten.

Weiterhin zu fragen bleibt, inwiefern Unternehmen z. B. ihre regionale Verantwortungsübernahme strategisch planen und ausrichten, um an Prozessen der regionalen Entwicklung teilzuhaben oder um diese zu beeinflussen. Zudem benötigt die regionale Politik Kenntnisse über die Einflussfaktoren von CRR, wenn sie das (kollektive) unternehmerische Engagement in Zukunft gezielt mobilisieren und steuern möchte. Es ist davon auszugehen, dass neben Unternehmensmerkmalen wie der Größe, der Branche oder der Führungsstruktur darüber hinaus die Region selbst einen Einfluss auf die Aktivitäten und die Formate von CRR ausübt. Welche Bedeutung die Region bzw. regionale Strukturmerkmale bei der Übernahme kollektiver regionaler Verantwortung beigemessen werden kann, bleibt an dieser Stelle jedoch ungeklärt.

Literatur

Aguilera RV, Rupp DE, Williams CA, Ganapathi J (2007) Putting the S Back in Corporate Social Responsibility: A Multilevel Theory of Social Change in Organizations. Acad Manag Rev 32(3):836–863

Albers HH (2011) Corporate Urban Responsibility. Die gesellschaftliche Verantwortung von Unternehmen in der Stadtentwicklung. Campus, Frankfurt am Main

Benz A, Fürst D (2003) Region – „Regional Governance" – Regionalentwicklung. In: Adamaschek B, Pröhl M (Hrsg) Regionen erfolgreich steuern: Regional Governance – von der kommunalen zur regionalen Strategie. Bertelsmann Stiftung, Gütersloh, S 11–66

Benz A, Fürst D, Kilper H, Rehfeld D (1999) Regionalisierung. Theorie – Praxis –Perspektiven. Leske + Budrich, Opladen

Bertelsmann Stiftung (Hrsg) (2010) Verantwortungspartner. Unternehmen. Gestalten. Region. Ein Leitfaden zur Förderung und Vernetzung des gesellschaftlichen Engagements von Unternehmen in der Region. Bertelsmann Stiftung, Gütersloh

CCCD (Hrsg) (2007) Corporate Citizenship. Gesellschaftliches Engagement von Unternehmen in Deutschland und im transatlantischen Vergleich mit den USA. Ergebnisse einer Unternehmensbefragung des CCCD. CCCD, Berlin

DIN (Hrsg) (2011) DIN ISO 26000. Leitfaden zur gesellschaftlichen Verantwortung (ISO 26000:2010). Beuth, Berlin

Federwisch T (2010) Zivilgesellschaft, Governance und Raum. Ein Beitrag aus Sicht der Geografie. In: Becker E, Gualini E, Runkel C, Strachwitz R (Hrsg) Stadtentwicklung, Zivilgesellschaft und bürgerschaftliches Engagement. Maecenata-Schriften, Bd. 6. Lucius & Lucius, Stuttgart, S 51–67

Fischer R (2007) Regionales Corporate Citizenship. Gesellschaftlich engagierte Unternehmen in der Metropolregion Frankfurt-Rhein-Main. Rhein-Mainische Forschungen, Bd. 127. Selbstverl. des Inst. für Humangeografie der Johann-Wolfgang-Goethe-Univ., Frankfurt am Main

Fürst D (2010) Regional Governance. In: Benz A, Dose N (Hrsg) Governance – Regieren in komplexen Regelsystemen: Eine Einführung, 2. Aufl. VS, Wiesbaden, S 49–68

Geisler G (2002) Region und Konzern. Beziehungs- und Leistungsverflechtungen dargestellt am Beispiel der Salzgitter AG. Neues Arch Für Niedersachs 2002(1):31–45

Gollnick G (2013) Geben ohne Kalkül. Engagementmotivationen klein- und mittelständischer Unternehmen. Springer, Wiesbaden

Habisch A (2003) Corporate Citizenship. Gesellschaftliches Engagement von Unternehmen in Deutschland. Springer, Berlin

Hansen U, Schrader U (2005) Corporate Social Responsibility als aktuelles Thema der Betriebswirtschaftslehre. Die Betriebswirtschaft 65(4):373–395

Hartenstein F, Preising T (2014) Zwischen Markt und Moral: Unternehmerisches Engagement in der Raumentwicklung. In: Küpper P, Levin-Keitel M, Maus F et al (Hrsg) Raumentwicklung 3.0 – Gemeinsam die Zukunft der räumlichen Planung gestalten. Arbeitsberichte der ARL, Bd. 8. Verlag der ARL, Hannover, S 151–161

Heblich S, Gold R (2010) Corporate Social Responsibility. Eine Win-win Strategie für Unternehmen und Region. In: Pechlaner H, Bachinger M (Hrsg) Lebensqualität und Standortattraktivität: Kultur, Mobilität und regionale Marken als Erfolgsfaktoren. Erich Schmidt, Berlin, S 333–358

Helbrecht I, Meister V (2007) Engpassfaktor Humankapital. Strategien der Bremer Wirtschaftsförderung zur Attraktion von Hochqualifizierten als Standortvoraussetzung der High-Tech-Industrie. ForStaR Gutachten Nr. 4. https://www.geographie.hu-berlin.de/de/Members/helbrecht_ilse/downloadsenglish/engpassfaktor1/at_download/file

Hiss S (2006) Warum übernehmen Unternehmen gesellschaftliche Verantwortung? Ein soziologischer Erklärungsversuch. Campus, Frankfurt

Hurrelmann K (2014) Blackbox Unternehmensverantwortung. Herausforderung für den Mittelstand. Theorie der Unternehmung, Bd. 58. Metropolis, Marburg

Hüther M, Braun S, Enste D et al (2012) Für eine Kultur der Mitverantwortung. Erster Engagementbericht. Stellungnahme der Bundesregierung zum Bericht der Sachverständigenkommission. Bericht der Sachverständigenkommission. http://www.iwkoeln.de/_storage/asset/89423/storage/master/file/3803876/download/Erster_Engagementbericht_2012_Langfassung.pdf. Zugegriffen: 25.11.2014

Jann W, Wegrich K (2010) Governance und Verwaltungspolitik. Leitbilder und Reformkonzepte. In: Benz A, Dose N (Hrsg) Governance – Regieren in komplexen Regelsystemen: Eine Einführung, 2. Aufl. VS, Wiesbaden, S 175–200

Kleinfeld A, Henze B (2010) Wenn der Maßstab fehlt – oder wann ist CSR (unternehmens)ethisch vertretbar? In: Aßländer M, Löhr A (Hrsg) Corporate Social Responsibility in der Wirtschaftskrise: Reichweiten der Verantwortung. dnwe Schriftenreihe, Bd. 18. Hampp, München, Mering, S 49–71

Knieling J, Othengrafen F, Preising T (2012) Privatisierung von Stadt- und Regionalentwicklung: Gesellschaftlicher Nutzen oder Verwirklichung von Unternehmenszielen? „Corporate Spatial Responsibility" oder „Corporate Spatial Strategy"? Raumforsch Raumordn 70(5):451–464

Lang R, Dresewski F (2010) Zur Entwicklung des Social Case zwischen Unternehmen und Nonprofit-Organisationen. In: Backhaus-Maul H, Biedermann C, Nährlich S, Polterauer J (Hrsg) Corporate Citizenship in Deutschland. Gesellschaftliches Engagement von Unternehmen. Bilanz und Perspektiven, Bd. 2. VS, Wiesbaden, S 401–422

Maaß F (2009) Kooperative Ansätze im Corporate Citizenship. Erfolgsfaktoren gemeinschaftlichen Bürgerengagements von Unternehmen im deutschen Mittelstand. Organisationsökonomie humaner Dienstleistungen, Bd. 22. Hampp, München

Markusen A (1996) Sticky Places in Slippery Space. A Typology of Industrial Districts. Econ Geogr 72(3):293–313

Meffert H, Münstermann M (2005) Corporate Social Responsibility in Wissenschaft und Praxis – eine Bestandsaufnahme. Arbeitspapier, Bd. 186. Wiss. Ges. für Marketing und Unternehmensführung, Münster

Nelius C, Dresewski F (2014) Verantwortliche Unternehmensführung. Corporate Social Responsibility (CSR) im Mittelstand. UPJ, Berlin

Pechlaner H, Innerhofer E, Bachinger M (2010) Standortmanagement und Lebensqualität. In: Pechlaner H, Bachinger M (Hrsg) Lebensqualität und Standortattraktivität: Kultur, Mobilität und regionale Marken als Erfolgsfaktoren. Erich Schmidt, Berlin, S 13–34

Porter M, Kramer M (2007) Wohltaten mit System. Harv Bus Manag 1/2007:16–35

Prätorius G (2003) Die Region und das Unternehmen als Entwicklungspartnerschaft. In: Lompe K, Oberbeck H (Hrsg) Innovation – regional und global: Festschrift für Günter Geisler. Olms, Hildesheim, S 183–196

Riess B, Schmidpeter R (2010) Verantwortungspartnerschaften als Investition in die Region. In: Wieland J (Hrsg) Die Praxis gesellschaftlicher Verantwortung im Mittelstand: Regionale CSR-Strategien und Praxis der Vernetzung in KMU. Studien zur Governanceethik, Bd. 9. Metropolis, Marburg, S 27–44

Ritter EH (1979) Der kooperative Staat. Bemerkungen zum Verhältnis von Staat und Wirtschaft. Arch Des öffentlichen Rechts 140(3):389–413

Schiek M (2013) Was macht eine Stadt zum „Sticky Place" für Hochqualifizierte? Eine empirische Untersuchung am Beispiel der Gesundheitswirtschaft in Bochum. In: Kiese M (Hrsg) Wissenschaftsstandorte zwischen stadträumlicher Integration und translokaler Vernetzung. Rohn, Detmold, S 55–86

Schiek M (2016) Corporate Regional Responsibility – Warum engagieren sich Unternehmen für ihre Region? Standort – Zeitschr Für Angew Geografie 40(1):19–24

Schubert H (2004) Netzwerkmanagement – Planung und Steuerung von Vernetzung zur Erzeugung raumgebundenen Sozialkapitals. In: Müller B, Löb S, Zimmermann K (Hrsg) Steuerung und Planung im Wandel: Festschrift für Dietrich Fürst. VS, Wiesbaden, S 177–200

Schuppert G (2008) Von Ko-Produktion von Staatlichkeit zur Co-Performance of Governance. Eine Skizze zu kooperativen Governance-Strukturen von den Condottieri der Renaissance bis zu Public Private Partnerships. SFB-Governance Working Paper Series, Bd. 12. DFG Sonderforschungsbereich 700, Berlin

Sinz M (2005) Region. In: Akademie für Raumforschung und Landesplanung (Hrsg) Handwörterbuch der Raumordnung, 4. Aufl. Verlag der ARL, Hannover, S 919–923

Taubken N (2006) Corporate Social Responsibility und Regional Governance – Ein Zusammenhang? In: Kleinfeld R, Plamper H, Huber A (Hrsg) Steuerung, Koordination und Kommunikation in regionalen Netzwerken als neue Formen des Regierens. Regional Governance, Bd. 2. V&R, Göttingen, S 153–166

TÜV Rheinland Impuls, Bonne Nouvelle Unternehmenskommunikation, ZEM der Universität Bonn (2008) 1.TrendScan Wirtschaft Studie 2009. Vom guten Geschäft mit dem schlechten Gewissen. CSR und die deutsche Wirtschaft. http://www.bonne-nouvelle.de/sites/default/files/aktuelles/csr-studie-2009.pdf. Zugegriffen: 16.09.2015

Vilain M (2010) „Meine Firma, meine Mitarbeiter, meine Heimat". Merkmale unternehmerischen Engagements im deutschen Mittelstand. In: Braun S (Hrsg) Gesellschaftliches Engagement von Unternehmen: Der deutsche Weg im internationalen Kontext. VS, Wiesbaden, S 106–139

Wieland J, Schmiedeknecht M (2010) Corporate Social Responsibility (CSR), Stakeholder Management und Netzwerkgovernance. KIeM Working Paper, Bd. 31. Konstanz Institut für Wertemanagement, Konstanz

Witt M, Redding G (2012) The Spirits of Corporate Social Responsibility: Senior Executive Perceptions of the Role of the Firm in Society in Germany, Hong Kong, Japan, South Korea and the USA. Socioecon Rev 10(1):109–134

Meike Schiek promovierte 2016 am Geografischen Institut der Ruhr-Universität Bochum (RUB) über Corporate Regional Responsibility und untersuchte Formen, Motive und Hemmnisse sowie Einflussfaktoren der regionalen Verantwortungsübernahme von Unternehmen am Beispiel des Initiativkreises Ruhr und der Wirtschaftsinitiative FrankfurtRheinMain. Von Oktober 2011 bis September 2015 arbeitete sie in der Arbeitsgruppe Stadt- und Regionalökonomie an der RUB als wissenschaftliche Mitarbeiterin. Zuvor war sie dort von 2009 bis 2011 wissenschaftliche Mitarbeiterin am Lehrstuhl Kultur- und Siedlungsgeographie tätig. Ihr Masterstudium in Geografie mit der Vertiefung Stadt- und Regionalentwicklungsmanagement schloss Meike Schiek 2011 in Bochum ab. In ihrer Masterarbeit beschäftigte sie sich mit Wohnstandortentscheidungen und -bindungen von Hochqualifizierten und führte eine empirische Studie mit Hochqualifizierten der Gesundheitswirtschaft in Bochum durch.

Koproduktion und Corporate Social Responsibility: Soziale lokale Unternehmen als Kunden der Wirtschaftsförderung

Anna Butzin und Stefan Gärtner

1 Einleitung

In den angelsächsischen Ländern – in denen staatlich gelenkte oder angebotene Wohlfahrt geringer ausgeprägt ist – ist es Tradition, dass Unternehmen neben ihrer Gewinnorientierung einen gesellschaftlichen Mehrwert erbringen. Unter dem Stichwort Corporate Social Responsibility (z. B. Habisch 2003) wird diese Debatte seit einigen Jahren in andere Länder und auch nach Deutschland übertragen. Gründe liegen nicht nur darin, dass der Staat sein Engagement aufgrund angespannter Haushalte und einem sich veränderten Aufgabenverständnis zurückgefahren hat, sondern auch in zunehmenden und sich verändernden Herausforderungen (z. B. Klimawandel oder räumlich selektiv stattfindender demografischer Wandel), auf die im Rahmen einer Verantwortungsgemeinschaft, zu der auch Unternehmen gehören, Antworten gefunden werden müssen.

Ein sich durch den demografischen Wandel stark veränderndes und bisher vorwiegend staatlich wahrgenommenes Aufgabenfeld ist die kommunale Daseinsvorsorge. Sie beinhaltet die Bereitstellung wirtschaftlicher, sozialer und kultureller Dienstleistungen für die Bürger einer Kommune. Zwar sind Kommunen durch das im Grundgesetz verankerte Sozialstaatsprinzip zur Bereitstellung von Daseinsvorsorge verpflichtet. Allerdings ist die Vorstellung darüber, was konkret in den Bereich der Daseinsvorsorge fällt, Gegenstand gesellschaftlicher und politischer Auseinandersetzungen und unterliegt in der Konsequenz seit einigen Jahren einem stetigen Wandel (vgl. Difu Berichte 1-2012).

A. Butzin (✉) · S. Gärtner
Institut für Arbeit und Technik, Westfälische Hochschule in Kooperation mit der Ruhr-Universität Bochum
Bochum, Deutschland
E-Mail: butzin@iat.eu

S. Gärtner
E-Mail: gaertner@iat.eu

© Springer-Verlag GmbH Deutschland 2017
H.-H. Albers und F. Hartenstein (Hrsg.), *CSR und Stadtentwicklung*,
Management-Reihe Corporate Social Responsibility, DOI 10.1007/978-3-662-50313-3_5

In jüngerer Zeit wurden vielerorts bürgerschaftliche Unternehmungen mit dem Ziel gegründet, Daseinsvorsorge aufrecht zu erhalten. Unter bürgerschaftlichen Unternehmungen verstehen wir verschiedene, von Bürgern getragene Organisationsformen, die zwar eigenwirtschaftlich, nicht aber gewinnorientiert agieren und die Daseinsvorsorgefunktionen durch neue Akteurskonstellationen und Finanzierungsquellen übernehmen und neu ausgestalten. Die Hauptmotivation ist es, die lokale Lebensqualität trotz schrumpfender öffentlicher Haushalte und den oben genannten Herausforderungen durch Neugründungen von GmbHs, Vereinen, Stiftungen etc. aufrechtzuerhalten. Dabei erbringen diese Initiativen Wertschöpfungen im Bereich gesellschaftlich relevanter und notwendiger Angebote. Mit diesem Unternehmenszweck ist CSR ein inhärenter Bestandteil des Geschäftsmodells dieser Unternehmungen. Ein weiterer zentraler Bestandteil beruht auf Koproduktion, d. h. auf dem Schulterschluss zwischen kommunalen, zivilgesellschaftlichen und privatwirtschaftlichen Akteuren bei der Erbringung (vormals) öffentlicher Dienstleistungen.

Bislang galten das wissenschaftliche und das Interesse öffentlicher Entscheidungsträger den CSR-Aktivitäten von klassischen, gewinnmaximierenden Unternehmen. Die Beratung zur Einführung bzw. Steigerung unternehmerischer CSR-Aktivitäten gehört zum Aufgabenverständnis vieler Wirtschaftsförderungen und nicht zuletzt wird die Wertschätzung von CSR seitens der öffentlichen Entscheidungsträger durch die jüngst bewilligte EFRE[1]-Förderung zur Einrichtung „regionaler Kompetenzzentren für verantwortungsvolle Unternehmensführung in NRW" deutlich unterstrichen. Hier geht es jedoch darum, die unternehmerische Wettbewerbsfähigkeit zu erhöhen und einen Beitrag zur Regionalentwicklung zu leisten. Die Unterstützung von bürgerschaftlichen Unternehmungen oder auch sozialen Unternehmen[2] stand bislang weniger im Fokus.

An dieser Stelle möchte der vorliegende Beitrag mit der Forschungsfrage ansetzen, wie Wirtschaftsförderungen und andere Institutionen solche bürgerschaftliche Unternehmungen bei ihren Professionalisierungsstrategien unterstützen können. Es stellt sich also die Frage, ob Wirtschaftsförderungen sich nicht nur um die CSR-Aktivitäten ihrer klassischen Unternehmen kümmern sollten, sondern auch die Unternehmungen, deren Gründungszweck soziale Verantwortung ist, unterstützen sollten. Dies ist besonders dann relevant, wenn die Unternehmungen im Rahmen der Erbringung der kommunalen bzw. regionalen Daseinsvorsorge tätig werden und damit einen Beitrag zu Regionalentwicklung und Lebensqualität leisten, weil dies wieder die Standortqualität verbessert.

Um dies fundiert zu erörtern, gilt es allerdings zunächst, die Analyse der bürgerschaftlichen Unternehmungen zugrundeliegenden Struktur ihrer Treiber und Barrieren vorzuschalten. Vor diesem Hintergrund ist der Beitrag wie folgt strukturiert. Aus theoretischer

---

[1] EFRE – Europäischer Fonds für regionale Entwicklung.
[2] Zwar werden seit einigen Jahren staatliche Leistungen bzw. Leistungen der Wohlfahrtsträger nicht mehr nur als Kosten-, sondern auch als Wirtschaftsfaktor gesehen (vgl. dazu z. B. für die Kultur- und Kreativwirtschaft Söndermann et al. 2009; für die Gesundheitswirtschaft Bandemer et al. 2010; Goldschmidt und Hilbert 2009; Henke et al. 2011 oder für die Seniorenwirtschaft Fachinger 2008), und diese Sektoren stehen damit verstärkt auch im Fokus der Wirtschaftsförderung. Allerdings betrifft dies weniger von unten entstehende neue Akteure bzw. Social Entrepreneurs.

Perspektive werden die Spanne unternehmerischen Engagements zwischen Gewinnmaximierung und Gesellschaftsorientierung sowie Merkmale der Koproduktion von Daseinsvorsorge als Besonderheit bürgerschaftlicher Unternehmungen und entsprechender Unternehmenskonzepte diskutiert. Der empirische Teil des Beitrags fragt nach der Struktur bürgerschaftlicher Unternehmungen, d. h. nach dem Konzept und den Geschäftsfeldern, der Finanzierung und Organisation sowie nach den Akteuren und Ressourcen. Die Daten wurden im Rahmen des Forschungsprojekts „Neue Kooperationen und Finanzierungsmodelle sozialer Infrastruktur für kleine Städte und ländliche Gemeinden"[3] erhoben. In der anschließenden Diskussion wird erörtert, wie sich bürgerschaftliche Unternehmungen professionalisieren können und wie die klassische CSR-Unterstützung seitens der Wirtschaftsförderung erweitert werden kann, um den Anforderungen bürgerschaftlicher Unternehmungen gerecht zu werden.

2 Unternehmenskonzepte zwischen Gewinnmaximierung und Gesellschaftsorientierung

Motive unternehmerischen Engagements

Unternehmen sind aus verschiedenen Gründen bereit, sich sozial-ökologisch zu engagieren, wie in Abb. 1 dargestellt. Dies erfolgt auf der einen Seite ganz direkt, indem sie

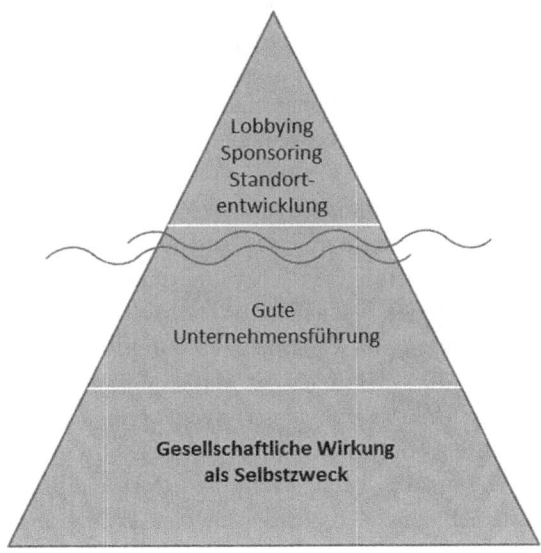

Abb. 1 Eisbergmodell: Vom Marketing zum Unternehmenszweck. (Eigene Darstellung)

---

[3] Ein Projekt des Forschungsprogramms „Experimenteller Wohnungs- und Städtebau (ExWoSt)" des Bundesministeriums für Umwelt, Naturschutz, Bau und Reaktorsicherheit (BMUB) betreut vom Bundesinstitut für Bau-, Stadt- und Raumforschung (BBSR) im Bundesamt für Bauwesen und Raumordnung (BBR).

sich Vorteile durch ihr kooperatives Verhalten versprechen, dergestalt dass z. B. Behörden Genehmigungen eher erteilen oder – und dies gilt vor allem für Großunternehmen – Regulierungen und Subventionsbestimmung zu ihren Gunsten verändert werden (*Lobbying*). Auf der anderen Seite geht es um die Steigerung des Unternehmensimages und damit handelt es sich sowohl um ein gewinnorientiertes als auch ein philanthropisches Motiv. Der Marketingeffekt gegenüber Kundinnen und Kunden aber auch der (potenziellen) Mitarbeiterschaft steht häufig im Vordergrund und den Vorteil erntet hierbei auch nur das Unternehmen, nicht aber eine Gemeinschaft. Häufig – und dies gilt vor allem für kleine und mittlere Unternehmen – lässt sich die Unternehmensidentität aber nicht von der Unternehmenspersönlichkeit trennen, und diese mag dann doch aus einer philanthropischen Orientierung heraus agieren. Dabei wird der Marketingeffekt selbstverständlich gerne billigend in Kauf genommen (Sponsoring). Ein weiteres Motiv ist die Gestaltung des Umfeldes für den geschäftlichen Erfolg. Dies kann sich sowohl auf das Branchenumfeld beziehen als auch auf das regionale Umfeld. Insbesondere um für Mitarbeitende attraktiv zu sein, sind Unternehmen bereit, etwas für Ihre Region zu tun (vgl. Prudhomme van Reine und Dankbaar 2011). Da davon auch andere Unternehmen profitieren, ist das Motiv weiter gefasst und bereits gemeinwohlorientierter (vgl. auch Gärtner und Rehfeld 2009). Diese Tätigkeiten sind die gut sichtbaren CSR-Aktivitäten. Dies ist aber nur die Spitze des Eisbergs und CSR ist weit mehr, als mit einem Teil der Gewinne einen gesellschaftlich-ökologischen Nutzen zu erzielen. Es geht vor allem darum, durch ein verantwortliches Agieren die Umwelt und die Gesundheit der Mitarbeiterschaft (bezieht sich auf die gesamte Wertschöpfungskette) zu schonen (gute Unternehmensführung), statt einen vorher angerichteten Schaden zu reparieren. Ziel muss es vielmehr sein, von Anfang an mit den Produktionsfaktoren bzw. Ressourcen so verantwortlich umzugehen, dass diese nachhaltig zur Verfügung stehen. Dies bezieht sich sowohl auf natürliche Ressourcen, z. B. im Bereich der Vorprodukte und eigenen Produktion, als auch auf den Umgang mit der Mitarbeiterschaft.

Folgt man Milton Friedman (1970), erbringen Unternehmen, die ausschließlich gewinnorientiert handeln und ihre Ressourcen dementsprechend einsetzen, aufgrund der von ihnen generierten Wertschöpfung und ihrer Wettbewerbsfunktion den größten sozialen Nutzen. Verlässt man diese orthodoxe, neoliberale Denkweise, kann sich der gesellschaftliche Nutzen von Unternehmen durch CSR-Aktivitäten erhöhen. Selbst wenn einzelne Projekte bzw. Aktionen zu Marketingzwecken durchgeführt werden oder aus Gründen des politischen Lobbying erfolgen, ergibt sich ein gesellschaftlicher Nutzen, der über die Schaffung von Arbeitsplätzen hinausgeht.

Wie in Abb. 1 dargestellt, ist jedoch ein noch größerer Effekt zu erwarten, wenn das Unternehmensziel nicht die Gewinnmaximierung selbst ist, sondern der soziale Nutzen im Vordergrund steht (gesellschaftliche Wirkung als Selbstzweck). So sind auch in marktwirtschaftlichen Systemen zahlreiche Organisationen bzw. (soziale) Unternehmungen primär als Antwort auf konkrete gesellschaftliche Herausforderung entstanden und folgen nicht (nur) dem Ideal der Gewinnmaximierung. In der Industrialisierung und Urbanisierung im 19. Jahrhundert entstand ein Großteil dieser Organisationen aus der Selbsthilfebewegung.

Viele dieser Initiativen existieren noch heute in Deutschland und sind wichtige Pfeiler unserer Wirtschaft und Gesellschaft, wie Caritas, Diakonie (z. B. Goldschmidt und Hilbert 2009) oder die Geschichte der Sparkassen und Kreditgenossenschaften in Deutschland zeigen (Völter 2000, S. 25).

Bürgerschaftliches Engagement durch Koproduktion
Bürgerschaftliches Engagement und die (Teil)übernahme von Verantwortung für die Bereitstellung lokaler Daseinsvorsorgeinfrastruktur sind seit einigen Jahren Thema einer wissenschaftlichen Debatte, die unter anderem unter dem Begriff „Ko-Produktion von Daseinsvorsorge" geführt wird. Koproduktion wurde ursprünglich (siehe Kasten) als ein hierarchieflaches, unternehmensinternes Innovationsmodell diskutiert, kann aber wesentlich breiter verstanden werden. Impulse kommen heute u. a. aus den Verwaltungswissenschaften (bspw. Bovaird 2007; Boyle und Harris 2009), der Stadt- und Regionalentwicklung (bspw. Petcou und Petrescu 2015; Munoz et al. 2014) sowie zunehmend auch aus der Diskussion um soziale Innovationen und Social Entrepreneurship (bspw. Voorberg et al. 2014).

Koproduktion
In seinen Ursprüngen bezeichnet das Konzept der Koproduktion „den Prozess, durch den der für die Produktion eines Gutes oder einer Dienstleistung benötigte Input von Akteuren geleistet wird, die nicht derselben Organisation angehören" (Ostrom 1996, S. 1073, eigene Übersetzung). Auch in der Innovationsforschung wird die Integration von Nutzern in Innovations-, Produktions- oder Dienstleistungsprozesse schon seit geraumer Zeit als gewinnbringend anerkannt (vgl. von Hippel 1988). Durch den zusätzlichen, nun aktiv partizipierenden Innovationsakteur können Unternehmen ihre Marktkonformität erhöhen und ihre Innovationen (und ebenfalls Produkte und Dienstleistungen) den Bedürfnissen der Endkunden entsprechend maßschneidern. Als eine aktuelle Weiterentwicklung der Kundenintegration kann das Konzept der „mass customization" (vgl. z. B. Fogliatto et al. 2012) bezeichnet werden, das zwar auf den Massenmarkt abzielt, es Kunden jedoch erlaubt, Produktionskomponenten individuell auszuwählen bzw. zu gestalten.

Für die Koproduktion von Staat und Gesellschaft haben Bovaird und Löffler (2012b, S. 1122, eigene Übersetzung) folgende Prinzipien formuliert:

- Bürger wissen viele Dinge, die Fachangestellte nicht wissen ... (Kunden als Innovatoren)
- ... und können eine Dienstleistung bei ihrer Inanspruchnahme kritisch hinterfragen und sie dadurch effektiver ausgestalten (Kunden als kritische Erfolgsfaktoren)

> - … und haben Zeit, Information und finanzielle Mittel, die sie in die Erhöhung ihrer eigenen Lebensqualität sowie in Hilfeleistungen für andere investieren (Kunden als Ressourcen)
> - … und haben vielfältige Fähigkeiten und Talente, die sie mit Fachangestellten und anderen Bürgern teilen (Kunden als „asset-holders")
> - … und engagieren sich in gemeinschaftlichen, statt in paternalistischen Beziehungen mit Fachangestellten, anderen Kunden und weiteren zivilgesellschaftlichen Akteuren (Kunden als „community-developer").

In dieser Debatte wird Koproduktion als deutlich über beteiligende Ansätze, z. B. Bürgerbeteiligung im Rahmen der Stadtplanung und der Ausgestaltung von Dienstleistungen, und auch ehrenamtliches Engagement, hinausgehend verstanden. Neben der aktiven Mitplanung und -ausführung öffentlicher Aufgaben kann Koproduktion ebenso die Finanzierung der erbrachten Leistungen, z. B. durch die Erschließung neuer Finanzierungsquellen (Spenden, Beiträge, Stiftungsgelder etc.), einschließen. Damit wird deutlich,

> dass Koproduktion kein einseitiges Übertragen von Aufgaben, beispielsweise von der Verwaltung auf die Bürger, darstellt, sondern eine sinnvolle Kopplung von Ressourcen, die für alle Beteiligten einen Mehrwert bedeutet (Löffler et al. 2015, S. 15).

Die Motive für die Koproduktion von Daseinsvorsorge sind vielfältig und umfassen den Wunsch, Daseinsvorsorge an die tatsächlich vorhandene Nachfrage anzupassen, Kosten einzusparen und differenziertere Dienste anzubieten (Bovaird und Löffler 2012a). Oftmals sind sie aber auch mittelbar mit dem Ziel verbunden, die örtliche Lebensqualität trotz demografischen Wandels aufrecht zu erhalten, ein attraktives Umfeld für Familien zu schaffen und damit dem Fortzug von Arbeitskräften und beginnenden Krisenkreisläufen entgegenzuwirken (Löffler et al. 2015; Engagementatlas 2009). Mit Koproduktion ist demnach nicht nur der direkte Mehrwert für die Nutzenden, sondern auch ein Mehrwert für die Gemeinde sowie ein sozialer, ökologischer und/oder politischer Mehrwert verbunden (Bovaird und Löffler 2012a).

Dabei geht es nicht nur darum, den Rückzug des Staates zu kompensieren. Vielmehr versuchen neue Akteure in neuen Konstellationen neue Formen und Lösungen umzusetzen, für die die „etablierten" Akteure anscheinend keine hinreichenden Angebote haben. Diese Herausforderungen finden sich häufig im ökologischen (Klimawandel etc.) oder im sozialen Bereich (Chancengleichheit, Kumulation der Problemlagen auf Quartiersebene, fehlende Aktivierung). Akteure, die sich – meist mit persönlichem Engagement und Risiko – für ihre Nachbarschaft bzw. Gruppen Benachteiligter oder ganz allgemein für eine sozialökologische Transformation engagieren, tun dies in ganz unterschiedlichen Rechts- und Organisationsformen. Im Kern lassen sich diese Gruppen dadurch definieren, dass sie gesellschaftlich relevante Wirkungen entfachen und überwiegend soziale und gemeinwohlorientierte Ziele verfolgen (z. B. Birkhölzer und Lorenz 1997; Birkhölzer 2005). In der Wissenschaft werden diesbezüglich unterschiedliche Definitionen sowie abweichende Konzepte und Verständnisse diskutiert. Yunus (2010) spricht z. B. von Social Business und adressiert damit vor allem das Engagement multinationaler Konzerne in eigenen ausgegliederten Rechtspersönlichkeiten und bildet damit eine Nähe zur Diskussion um Corporate Social Responsibility (vgl. etwa Habisch 2003).

Mit dem Begriff Social Entrepreneurship (z. B. Martin und Osberg 2007) bzw. Social Impact Business (Beckmann 2011) werden gemeinhin Verhaltensweisen betont, die auf soziale und ökologische Effekte gerichtet und dennoch als wirtschaftlich zu qualifizieren sind. Mit dem Begriff Social Enterprise (z. B. Galera und Borzaga 2009) ist hingegen die Gemeinwohlorientierung adressiert. Beide Konzepte zielen auf sozialökologische Wirkungen, wobei letzteres nicht zwingend „entrepreneurial" und eigenwirtschaftlich und ersteres nicht zwingend gemeinwohlorientiert sein muss (Luke und Chu 2013). Um dieses Dilemma aufzulösen, existiert seit 2005 im Vereinigten Königreich eine eigene Rechtspersönlichkeit für soziale Unternehmen (vgl. Nicholls 2010): Community Interest Companies dürfen einen Teil der Gewinne an die Gesellschafter ausschütten und sind im Hinblick auf bürokratische und fiskalische Auflagen entlastet.

3 Struktur bürgerschaftlicher Unternehmungen

Im folgenden Abschnitt wird die Struktur bürgerschaftlicher Unternehmungen anhand von Daten, die im Rahmen eines vom Bundesinstitut für Bau-, Stadt- und Raumforschung geförderten Projekts erhobenen worden sind, erörtert (siehe dazu und für die folgenden Ausführungen: Butzin et al. 2015). Der Fokus liegt auf bürgerschaftlichen Unternehmungen, die im Bereich der sozialen und kulturellen Daseinsvorsorgeinfrastruktur gegründet wurden. Die Analyse dieser Strukturmerkmale bildet den Ausgangspunkt für die Formulierung der Anforderungen an Unterstützungsstrukturen für diese Unternehmungen.

Die Datenerhebung fand im Rahmen einer umfassenden Bestandsaufnahme statt, der drei Selektionskriterien zugrunde lagen:

- Die Initiative hat ihr Geschäftsfeld im Bereich sozialer und kultureller Daseinsvorsorge (z. B. im Bereich Gesundheit, Bildung, Nahversorgung, kulturelle Einrichtungen etc.).
- Sie ist durch neue Kooperationsstrukturen gekennzeichnet, d. h. Akteure, die vormals nicht mit der Erbringung von Daseinsvorsorge betraut waren, spielen eine Schlüsselrolle und stehen in Austausch mit anderen Akteuren.
- Es handelt sich um neue Finanzierungsmodelle, bei der die öffentliche Hand eine geringere Rolle spielt, als dies traditionell üblich ist.

Zur Recherche der Strukturmerkmale bürgerschaftlicher Unternehmungen sind mehr als 40 unterschiedliche „Plattformen" wie Wettbewerbe (z. B. Menschen und Erfolge des BMBF), Programme (z. B. das Leader Programm) und zugängliche Datenbanken von Stiftungen (z. B. Wüstenrotstiftung) ausgewertet worden. Eine vollständige Liste dieser

Plattformen befindet sich im Anhang. Insgesamt sind dabei 170 bürgerschaftliche Unternehmungen ausgewählt und anhand eines Erhebungsrasters (siehe Anhang) im Hinblick auf ihre Strukturmerkmale analysiert worden. Die erhobenen Daten sind hauptsächlich über im Internet zugängliche Informationen (Homepages, Presseartikel, Projektberichte) gewonnen worden, ggf. wurden Ansprechpartner zur weiteren Klärung per Email oder per Telefon kontaktiert. Im Anschluss daran sind mit Beteiligten von zwölf Unternehmen (Fallstudien) vertiefende Interviews geführt worden, in denen der Entstehungsprozess der Unternehmung – angefangen von der ersten Idee über die Implementierung bis zum laufenden Betrieb – biografisch rekonstruiert wurde. Diese Nachverfolgung des Zeitverlaufs (vgl. dazu Butzin et al. 2012) geschah anhand der Treiber und Barrieren, der sich engagierenden Akteure und anhand der von ihnen eingebrachten Kompetenzen. Um der Frage nachzugehen, ob bürgerschaftliche Unternehmungen, deren Unternehmenszweck die Verbesserung der regionalen Lebensqualität ist, und die dafür gemeinsam mit kommunalen Akteuren Daseinsvorsorgeleistungen koproduzieren, auf hinreichende und adäquate Unterstützungsstrukturen stoßen, wurden sowohl die Ergebnisse aus der Erhebung als auch aus den Fallstudien nach den Gesichtspunkten Konzept und Geschäftsfelder, Finanzierung und Organisation sowie Akteure und Ressourcen eingeordnet.

Konzept und Geschäftsfelder
Ausgangspunkt für die Gründung der bürgerschaftlichen Unternehmungen war i. d. R. eine drohende oder bereits real vorhandene Lücke bzw. ein Missstand in der Erbringung sozialer oder kultureller Daseinsvorsorge seitens der öffentlichen Hand, häufig aufgrund fehlender finanzieller Mittel. Aus Verantwortungsgefühl und einer hohen Identifikation mit dem lokalen Umfeld heraus sind Bürgerinnen und Bürger aktiv geworden.

Die Unternehmungsgründung – als eigene Rechtspersönlichkeit – war dabei niemals Ziel, sondern Mittel zum Zweck. Sie ist entstanden, um Einnahmen und Ausgaben (siehe weiter unten) und Verantwortlichkeiten auf eine geregelte, anerkannte und daher vertrauensvolle Basis zu stellen. Das heißt, dass der Gründungszweck der Unternehmung eher gemeinwohlorientiert statt gewinnmaximierend ist. Letzteres ist nur in Teilen auf die augenscheinlich wenig profitträchtigen Geschäftsfelder (vgl. Abb. 2) zurückzuführen. Schließlich gibt es durchaus Beispiele, in denen soziale und kulturelle Infrastrukturen, auch in ländlichen Räumen, von privaten Anbietern ohne Verluste betrieben werden (z. B. im Bereich der Versorgung älterer Menschen, aber auch im Bereich traditioneller Formen der Daseinsvorsorgeerbringung, z. B. Sparkassen im peripheren Raum).

Abb. 2 stellt die gewählten Geschäftsfelder der bürgerschaftlichen Unternehmungen nach ihrer Relevanz dar. Demnach sind die Unternehmungen häufig in den Geschäftsfeldern (Infrastrukturbereichen) Kultur, Freizeit/Sport, Bildung sowie multifunktionale Einrichtungen gegründet worden, gefolgt von den Bereichen Gesundheit, Altenpflege und -sorge, weitere Betreuung und Pflege sowie weitere Nahversorgung. Diese Bereiche können als engerer Kern verstanden werden, mit denen in vielen Fällen außerdem zusätzlich die Schaffung von Begegnungsmöglichkeiten einhergeht.

Rund zwei Drittel der Unternehmungen bieten Dienstleistungen in zwei und mehr Geschäftsfeldern an (siehe Abb. 3), was für durchaus diversifizierte Geschäftsmodelle

Koproduktion und Corporate Social Responsibility 83

Abb. 2 Geschäftsfelder der bürgerschaftlichen Unternehmungen nach Relevanz. (Eigene Darstellung)

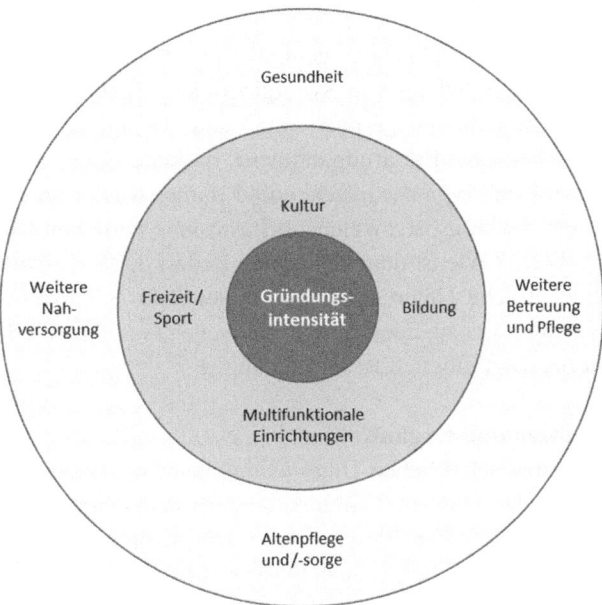

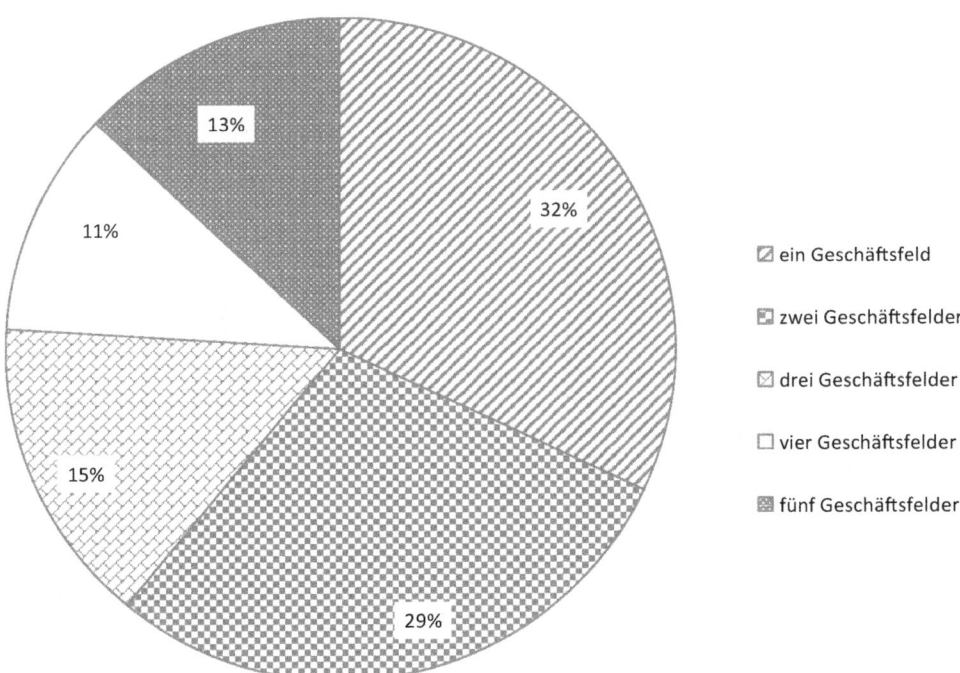

Abb. 3 Anzahl der Geschäftsfelder bürgerschaftlicher Unternehmungen

spricht. Noch 13 % der Unternehmungen sind in fünf und mehr Geschäftsfeldern tätig. Aus den erhobenen Daten geht allerdings nicht hervor, ob sich einige Geschäftsfelder im Sinne der Erzielung von Synergieeffekten besonders gut miteinander kombinieren lassen (z. B. „Altenpflege und -sorge" mit „Gesundheit"). Hier ist kein bestimmtes Muster erkennbar. Eine Erklärung dafür ist, dass die Frage, welche Kombinationsmöglichkeiten sinnvoll sind, von spezifischen und immer wieder unterschiedlichen örtlichen Gegebenheiten abhängig ist (Welche Infrastruktur wird vor Ort bereits von anderen Akteuren angeboten? Wie ist der tatsächliche Bedarf der Bevölkerung?). Als Konsequenz sind bürgerschaftliche Unternehmungen daher stark auf lokal-räumliche Anforderungen zugeschnitten, was zu einem sehr spezifischen Geschäftsmodell führt, dessen Übertragbarkeit nur begrenzt möglich zu sein scheint.

Finanzen und Organisation
Die bürgerschaftlichen Unternehmungen finanzieren sich aus einer Kombination unterschiedlicher Quellen. Um diese genauer beleuchten zu können, wurde bei der Datenerhebung zwischen der Startphase und dem daran anschließenden Betrieb der Unternehmungen unterschieden, u. a. auch um Verschiebungen zwischen einzelnen Töpfen über die Zeit abbilden zu können (siehe Abb. 4).

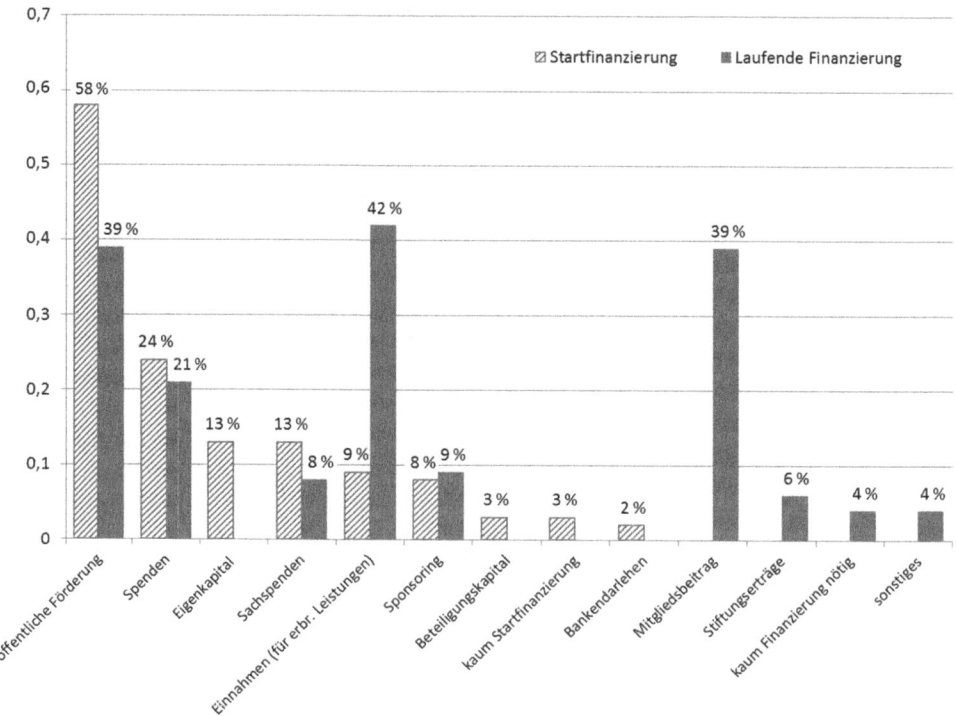

Abb. 4 Finanzierungsquellen in Start- und Betriebsphase

In der Entwicklungs- bzw. Startphase war bei 58 % der Unternehmungen eine anteilige Finanzierung durch öffentliche Fördergelder gegeben. Die nächstwichtige Finanzierungsquelle waren Spenden, die in 24 % der Unternehmungen anteilig zum Startkapital beigetragen haben. Weitere, in der Startphase vergleichsweise wichtige Finanzierungsquellen, waren Sachspenden (anteilig in 13 % der Unternehmungen) und Eigenkapital (anteilig in ebenfalls 13 % der Unternehmungen).

Die Finanzierung des Betriebs erfolgte bei 42 % der Unternehmungen anteilig aus Einnahmen aus erbrachten Leistungen. Gefolgt wird dies von Mitgliedsbeiträgen als weitere anteilige Finanzierung in 39 % Unternehmungen und in ebenfalls 39 % Unternehmungen wurde die anteilige Finanzierung des laufenden Betriebs durch öffentliche Förderung getätigt. Andere Finanzierungsquellen, z. B. Sponsoring, Sachspenden oder Stiftungserträge, fielen weit weniger ins Gewicht.

Die vergleichsweise geringere Abhängigkeit von öffentlicher Förderung in der Betriebsphase sowie der Bedeutungsgewinn der Finanzierungsquellen „Einnahmen" und „Mitgliedsbeiträge" erlaubt die Schlussfolgerung, dass bürgerschaftliche Unternehmungen über die Zeit wirtschaftlicher agieren.

Im Vergleich zur starken Rolle in der klassischen Unternehmensfinanzierung fällt die nahezu nichtige Beteiligung konventioneller Banken bei bürgerschaftlichen Unternehmungen auf. Bei nur 2 % der Unternehmungen konnte im Rahmen der oben genannten Recherchemethode diese Art finanzieller Unterstützung festgestellt werden. Hier bietet sich ein Anknüpfungspunkt für Wirtschaftsförderungen als Mittler zwischen Banken und bürgerschaftlichen Unternehmungen an.

Eine weitere Erklärung dafür, dass Banken sich mit der Finanzierung bürgerschaftlicher Unternehmungen schwertun, ist die Tatsache, dass kleine Summen nachgefragt werden und somit der Verwaltungsaufwand relativ hoch ist. Kleinere Beträge können in Form von Spenden o. Ä. in der Regel eingeworben werden. Wenn auch mit mehr Aufwand verbunden, ist es von den für die Initiativen verantwortlichen Akteuren im Rahmen der Interviews trotzdem als gut realisierbar bezeichnet worden, hohe Fördergelder im sechsstelligen Bereich, z. B. für die Sanierung eines Dorfgemeinschaftshauses, zu akquirieren. Akquisemöglichkeiten für dazwischenliegende Summen im niedrigen vier- bis fünfstelligen Bereich sind hingegen deutlich schwerer zu finden.

Auch bei der Wahl der Rechtsform unterscheiden sich bürgerschaftliche Unternehmungen deutlich von klassischen Unternehmen, da Verantwortlichkeiten auf mehrere Köpfe verteilt sind und demokratische Entscheidungsstrukturen eine große Rolle spielen. Konsequenterweise ist der Verein mit großem Abstand die am meisten gewählte Rechtsform, gefolgt von Genossenschaften und Bürgerstiftungen. Hier lassen sich analog zu den Finanzierungsquellen ebenfalls Kombinationen erkennen, da die Einnahme von Spenden beispielsweise am besten über einen Verein getätigt werden kann.

Von der Ausgestaltung der Rechtsformen gehen in Deutschland wenige Anreize aus, ein nicht primär auf Gewinnmaximierung ausgerichtetes Unternehmen zu gründen. Zwar besteht die Möglichkeit, gemeinnützige Kapitalgesellschaften oder Genossenschaften zu gründen, die dann steuerlich begünstigt werden, für die Gründer ist dies jedoch mit ei-

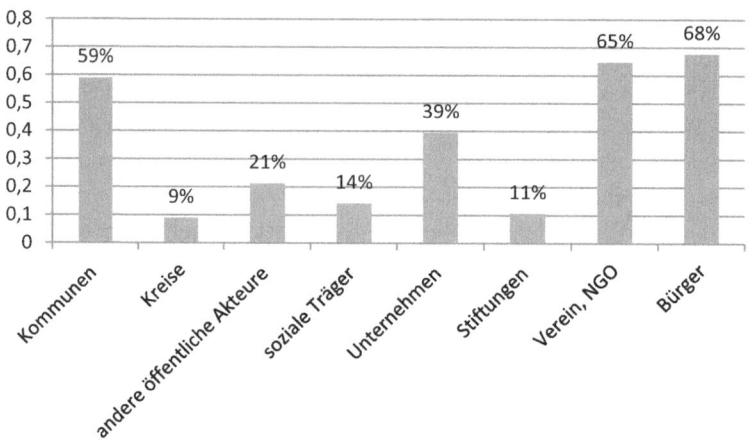

Abb. 5 Akteure (Mehrfachnennungen waren möglich)

nem hohen bürokratischen Aufwand verbunden, da auch auf gemeinnützige Kapitalgesellschaften die entsprechenden Vorschriften für GmbHs bzw. AGs sowie des HGB Anwendung finden. Zudem darf bei Gemeinnützigkeit keine Gewinnausschüttung erfolgen.

Ein deutlicher Ausdruck für Koproduktion als einen wesentlichen Faktor der bürgerschaftlichen Unternehmungen sind die ähnlich stark beteiligten Akteursgruppen Bürgerschaft und Kommunen (siehe Abb. 5). Zwischen Vereinen und Kommunen handelte es sich oft um formalisierte Beziehungen, beispielsweise durch Engagement im Vereinsvorstand seitens kommunaler Entscheidungsträger.

Auch unternehmerisches Engagement ist in 39 % der Unternehmungen vorzufinden und damit eine wichtige Komponente. In der Art des unternehmerischen Engagements lassen sich Unterschiede zwischen Handwerks- und Produktionsbetrieben erkennen. Das Handwerk hat häufig in Form von Sachspenden (Farbe, Maschinen o. Ä.) und Kompetenzen/Zeit (bei Umbauarbeiten) beigetragen, während große Unternehmen tendenziell Geld gespendet haben.

In geringerem Maße waren andere öffentliche Akteure (in 21 % der Unternehmungen), soziale Träger (14 %), Stiftungen (11 %) und Kreise (9 %) beteiligt. Kirchliches Engagement konnte in unserer Erhebung nicht festgestellt werden.

Bürgerschaftliche Unternehmungen sind nicht zuletzt aufgrund ihres aktivistischen Hintergrunds stark durch „learning on the job" gekennzeichnet, wodurch sich auch die benötigten Ressourcen erst im Verlauf der Gründungs- und Betriebsphase herauskristallisieren. Auch wenn jedes bürgerschaftliche Unternehmen individuell ist, lassen sich bezogen auf die eingebrachten Personalressourcen Gemeinsamkeiten feststellen. Ehrenamtliche Arbeit ist das Fundament der Unternehmungen und oftmals in bestimmte Funktionen gegliedert: Sie reicht von kontinuierlicher (z. B. Büroarbeiten) bis temporärer (z. B. bei Veranstaltungen) Arbeit und kann inhaltlich grob in drei Bereiche eingeteilt werden, die sich am treffendsten mit „Bauen", „Repräsentieren" und „Finanzieren" beschreiben lassen.

Eine wichtige Säule ist durch ein häufig aktiv eingebundenes Bürgermeisteramt gegeben. Diese aktive Einbindung geht über symbolischen Rückhalt, Anerkennung und Unterstützung hinaus und schließt ganz konkret die Einbringung von Arbeit und Kompetenzen in die bürgerschaftlichen Unternehmungen ein.

4 Unterstützungsstrukturen für bürgerschaftliche Unternehmungen

Corporate Social Responsibility-Aktivitäten kleiner und mittlerer Unternehmen sind naturgemäß häufiger auf die Region fokussiert, schon alleine weil diese im Gegensatz zu multinationalen Unternehmen kein globales Image haben, weil sie auf einen oder wenige Standorte konzentriert sind und weil sie auf ihre Heimatregion angewiesen sind (vgl. Abschn. 2). Da es für solche Unternehmen aus persönlichen, teilweise aber auch aufgrund von ökonomischen Gründen keine Option ist, die Region zu verlassen und sich in einer vermeintlich geeigneteren Region anzusiedeln, versuchen sie, ihr Umfeld zu gestalten.

Dass öffentliche Akteure, allen voran die lokale Wirtschaftsförderung, solche Aktivitäten fördern, ist folgerichtig. Sie fördert damit die Wettbewerbsfähigkeit der Unternehmen und die regionale Attraktivität. Allerdings stehen Unternehmungen, wie sie zuvor beschrieben wurden, nicht im Fokus. Zwar existieren einzelne Agenturen (z. B. Startklar, http://www.startklar-prokom.de/. Zugegriffen: 14.11.2016), die eine entsprechende Unterstützungsleistung erbringen, jedoch ist das örtliche ökonomische Unterstützungssystem – bestehend aus Wirtschaftsförderung, IHK, Arbeitsamt und lokalen Banken – kaum auf diese neuen Unternehmungen ausgerichtet, obwohl hier ein Effekt für die Region erwartet werden kann. Durch die Förderung von Initiativen kann eine Abwärtsspirale durchbrochen werden und im Erfolgsfall können sogar Arbeitsplätze entstehen. So können gerade strukturschwache, demografisch schrumpfende Regionen, in denen rein staatliche Daseinsvorsorge kaum noch zu finanzieren ist, Potenzialräume für (soziale) Wertschöpfungsfelder werden.

Es geht aber nicht darum, dies als Feld wirtschaftlicher Aktivität zu identifizieren und die klassischen Instrumente, die Gründerinnen und Gründer zu den traditionellen ökonomischen Primärtugenden erziehen sollen, und die häufig bereits bei „normalen" Gründungen versagen, den Initiativen überstülpen zu wollen. Diese Methoden und Instrumente greifen häufig zu kurz und sind zu wenig zielgruppenspezifisch. Akteure und Programme (IHK, Wirtschaftsförderung, Gründercoaching etc.) gehen dabei i. d. R. implizit von einer professionellen Gründung aus und knüpfen an ein klassisches ökonomisches, d. h. auf Gewinnmaximierung gerichtetes, Verständnis an (z. B. Geschäftsidee, Standortsuche, Businessplan, Finanzierung, Gründung, Break-even Point) (Gärtner und Flögel 2013). Solche linearen Gründungsverläufe sind jedoch meist nicht auf Sozialunternehmen übertragbar. Hier wäre beispielsweise eine biografische, an den Motiven ansetzende Begleitung notwendig. Dies fängt bei der Ideenentwicklung bzw. Geschäftsfeldausrichtung an, geht über die Ermutigung und endet beim Coaching bzw. bei der Moderation der Akteure.

Ausgangspunkt für die betrachteten Unternehmungen war i. d. R. ein Missstand, z. B. eine Versorgungslücke oder ein leergefallenes zentrales historisches Gebäude. Beides kann im Sinne einer wirtschaftlichen Entwicklung ein Potenzial darstellen. Wirtschaftsförderungen müssen sich vor diesem Hintergrund nicht darauf beschränken, eine an den Bedürfnissen und Motivlagen der bürgerschaftlichen Unternehmungen orientierte Beratungs- und Begleitungsleistung zu entwickeln, sondern denkbar ist beispielsweise auch die Versorgungslücken und Leerstände zu analysieren und gemeinsam mit interessierten Akteuren Lösungskonzepte zu entwickeln. Ferner können Wirtschaftsförderungen derartige Aktivitäten zum Beispiel durch Wettbewerbe und die Schaffung der notwendigen genehmigungsrechtlichen Freiräume unterstützen.

Deutschland verfügt zwar mit seinen rund 1500 Sparkassen und Kreditgenossenschaften über eine gute Finanzierungsinfrastruktur für kleine und mittlere Unternehmen, deren Angebote erweisen sich aber in der Regel für die Finanzierung solcher Unternehmungen als nur wenig geeignet. Und dies liegt nicht daran, dass solche Unternehmungen keine Einnahmen realisieren, sondern eher an der Tatsache, dass sie nicht auf Gewinnmaximierung fokussiert sind und von ihren Prozessen und Kulturen anders funktionieren als klassische Unternehmen. Sicherlich basieren solche Initiativen auch auf Spenden und Fördermitteln, jedoch könnte durch Bankkredite oder Beteiligungskapital eine verhältnismäßig geringe Finanzierungslücke in der Investitionsphase überbrückt werden. Um diesem Dilemma zu begegnen, hat beispielsweise die KfW-Bankengruppe – ebenso wie einige Landesförderbanken – entsprechende Kredit- bzw. Beteiligungskapitallinien aufgelegt. Dass diese nicht in hinreichender Weise von den Social Entrepreneurs eingesetzt werden liegt u. a. in der Vergabepraxis begründet. So werden die Finanzangebote meist über lokale Businessberater (z. B. IHK, Wirtschaftsförderung) oder über Hausbanken vermittelt bzw. die Information dazu zur Verfügung gestellt. Diesen Akteuren fehlt jedoch häufig eine Affinität zu dieser Art von Unternehmertum. Daneben lässt sich der begrenzte Mittelabruf mit den unzureichenden Fähigkeiten der Gründerinnen und Gründer, „bankfähige Geschichten" über ihr Vorhaben zu erzählen, begründen. Hier sollten vor allem die lokalen Banken und Sparkassen bezüglich einer Finanzierung angefragt werden, die auch etwaige Förderkredite, z. B. von der KfW-Bank, durchreichen können. Häufig ist dabei eine gemeinsame Ansprache der Banken mit der Kommune und den Initiativen hilfreich. Wichtig ist es, dabei auf der einen Seite die Projekte „bankfähig" zu kommunizieren und aufzuzeigen, wie die Rückzahlung erfolgen kann, und auf der anderen Seite, die Bedeutung für die Kommune herauszustellen. Auch kann angeregt werden, ähnlich wie dies bei der Finanzierung von Windenergieparks üblich ist, Bürgersparbriefe für bestimmte Projekte aufzulegen. Dies hat den Vorteil, dass Bürgerinnen und Bürger, die ihr Geld z. B. in einem Bürgerschwimmbad angelegt haben, dort dann auch schwimmen gehen und die Einrichtung nutzen.

5 Fazit und Ausblick

In diesem Beitrag wurde argumentiert, dass Wirtschaftsförderungen neben ihren Tätigkeiten zugunsten klassischer Unternehmen, wie etwa die Förderung von CSR, auch neue unternehmerische Organisationsformen in den Blickpunkt nehmen müssen, die durch ihr Kerngeschäft CSR betreiben und damit einen erheblichen Beitrag zur regionalen Entwicklung leisten.

Einen Schritt weitergedacht impliziert dies für Wirtschaftsförderungen, ihr Aufgabenspektrum um die mit einem neu verstandenen Innovationsbegriff einhergehenden Anforderungen zu erweitern. Dieser bedeutet, Innovationen nicht nur technisch ausgerichtet zu definieren und die Unterstützung dementsprechend auszurichten, sondern ebenso auf die nicht-technischen Innovationsaspekte abzuzielen, d. h. die damit verbundenen neuen Innovationsakteure, offenen Formen des Innovationsprozesses, gegebenenfalls eine Non-Profitorientierung sowie andere Finanzierungs- und Organisationsanforderungen.

Dieser Anpassungsbedarf ist teilweise bereits aufgegriffen. Beispielsweise vergibt das Bundesministerium für Wirtschaft und Energie derzeit einen Dienstleistungsauftrag, in dem die ökonomischen und verwaltungstechnischen Grundlagen einer möglichen öffentlichen Förderung von nichttechnischen Innovationen eruiert werden sollen. Für eine erfolgreiche Anpassung auf breiter Ebene an die diskutierten Anforderungen ist die Bundesebene zwar notwendig, jedoch nicht hinreichend. So muss dem auch auf Ebene der Städte und Regionen Rechnung getragen werden.

Abschließend ist darauf hinzuweisen, dass die neuen Lösungen auch bekannte Gefahren beinhalten können. So erleichtert das zivilgesellschaftliche Engagement den staatlichen Rückzug. Das private Engagement lässt Fragen der Legitimität aufkommen, da sich in der Regel die gutsituierten Redefähigen mit Partikularinteressen engagieren. Zu guter Letzt ist zu hinterfragen, was die tatsächlichen Motive und wer die tatsächlichen Gewinner sind.

Literatur

Bandemer S von, Salewski K, Schwanitz R (2010) Nutzung von Synergien zwischen der Gesundheits- und Kreativwirtschaft im Hinblick auf Wettbewerbsfähigkeit, Wirtschaftswachstum und Beschäftigung. Abschlussbericht des Forschungsprojekts Nr. 68/09. Im Auftrag des Bundesministerium für Wirtschaft. Bundesministerium für Wirtschaft, Berlin

Beckmann M (2011) Social Entrepreneurship – Altes Phänomen, neues Paradigma, moderner Gesellschaften oder Vorbote eines Kapitalismus 2.0? In: Hackenberg, H, Empter S (Hrsg) Social Entrepreneurship – Social Business: Für die Gesellschaft unternehmen. VS Verlag für Sozialwissenschaften, Wiesbaden, S 67–85

Birkhölzer K (2005) Drittes System und Soziale Ökonomie im europäischen Kontext. In: Birkhölzer K, Klein A, Priller E, Zimmer A (Hrsg) Dritter Sektor / Drittes System: Theorie, Funktionswandel und zivilgesellschaftliche Perspektiven. VS, Wiesbaden, S 71–92

Birkhölzer K, Lorenz G (1997) Der Beitrag sozialer Unternehmen zur Arbeitsbeschaffung in Deutschland. Der Bereich personenbezogener Dienstleistungen. Veröffentlichungsreihe des IFP/IFG Lokale Ökonomie, Bd. 28.

Bovaird T (2007) Beyond Engagement and Participation: User and Community Coproduction of Public Services. Public Adm Rev 67(5):846–860

Bovaird T, Löffler E (2012) From Engagement to Co-production: The Contribution of Users and Communities to Outcomes and Public Value. Voluntas 23:1119–1138

Bovaird T, Löffler E (2012a) We're all in this together: User and community co-production of public outcomes. A Discussion Paper. Institute of Local Government Studies, Third Sector Research Centre, University of Birmingham, Birmingham (14 Seiten)

Boyle D, Harris M (2009) The challenge of co-production. How equal partnerships between professionals and the public are crucial to improve public services. NESTA discussion paper. http://centerforborgerdialog.dk/sites/default/files/CFB_images/bannere/The_Challenge_of_Co-production.pdf. Zugegriffen: 20.08.2015

Butzin A, Rehfeld D, Widmaier B (2012) Innovationsbiografien. Räumliche und sektorale Dynamik. Nomos Verlag, Baden-Baden

Butzin A, Elbe S, Faller B, Gärtner S, Langguth F, Middelmann U, Weishaupt K, Wilsmeier N (2015) Neue Kooperationen und Finanzierungsmodelle für die Daseinsvorsorge – eine Analyse von 111 Initiativen. Internet-Dokument. Forschung Aktuell, Bd. 11/2015. Institut Arbeit und Technik, Gelsenkirchen

Difu-Berichte o. A. (2012) Was heißt eigentlich öffentliche Daseinsvorsorge? https://difu.de/node/8051. Zugegriffen: 16.11.2016

Engagementatlas (2009) Engagementatlas 09. Daten, Hintergründe, Volkswirtschaftlicher Nutzen. Prognos und Generali Deutschland. http://zukunftsfonds.generali-deutschland.de/online/portal/gdinternet/zukunftsfonds/content/314342/309588. Zugegriffen: 27.08.2015

Fachinger U (2008) Seniorenmärkte – Seniorenwirtschaft. Zu den Auswirkungen einer „alternden Gesellschaft" auf die Güternachfrage im Bereich der Freizeitgestaltung. In: Hagenah J, Meulemann H (Hrsg) Alte und neue Medien – Zum Wandel der Medienpublika in Deutschland seit den 1950er-Jahren. Schriften des Medienwissenschaftlichen Lehr- und Forschungszentrums Köln, Bd. 2. Münster-Hamburg, S 313–326

Fogliatto FS, Da Silveira GJC, Borenstein D (2012) The mass customization decade: an updated review of the literature. Int J Prod Econ 138(1):14–15

Friedman M (1970) The Social Responsibility of Business is to Increase its Profits. In: The New York Times Magazine, September 13

Galera G, Borzaga C (2009) Social enterprise: An international overview of its conceptual evolution and legal implementation. Social Enterprise Journal 5(3):210–228

Gärtner S, Flögel F (2013) Existenzgründungen und regionale Kulturen. In: George W (Hrsg) Existenzgründungen im ländlichen Raum. Regionales Zukunftsmanagement, Bd. 7. Lengerich, S 126–140

Gärtner S, Rehfeld D (2009) Unternehmenskulturen und Regionalkulturen. RaumPlanung (143):106–109

Goldschmidt AJW, Hilbert J (Hrsg) (2009) Gesundheitswirtschaft in Deutschland – Die Zukunftsbranche. Beispiele über alle wichtigen Bereiche des Gesundheitswesens in Deutschland zur Gesundheitswirtschaft. Gesundheitswirtschaft und Management, 1. Wegscheid: Wikom

Habisch A (2003) Corporate Citizenship – Gesellschaftliches Engagement von Unternehmen. Berlin

Henke K-D, Troppens S, Braeseke G, Dreher B, Merda M (2011) Volkswirtschaftliche Bedeutung der Gesundheitswirtschaft. Innovationen, Branchenverflechtung, Arbeitsmarkt. Auf der Grundlage eines Forschungsprojekts im Auftrag des Bundesministeriums für Wirtschaft und Technologie. Nomos, Baden-Baden

Hippel E von (1988) The Sources of Innovation. Oxford University Press

Löffler E, Timm-Arnold P, Bovaird T, Van Ryzin G (2015) Koproduktion in Deutschland. Studie zur aktuellen Lage und den Potenzialen einer partnerschaftlichen Zusammenarbeit zwischen Kommunen und Bürgerinnen und Bürgern. Bertelsmann Stiftung, 92 Seiten. https://www.bertelsmann-stiftung.de/fileadmin/files/user_upload/Studie_Koproduktion_in_Deutschland_Web.pdf. Zugegriffen: 23.08.2015

Luke B, Chu V (2013) Social enterprise versus social entrepreneurship: An examination of the „why" and „how" in pursuing social change. Int Small Bus J. doi:10.1177/0266242612462598

Martin RL, Osberg S (2007) Social Entrepreneurship: The case for Definition. Stanf Soc Innov Rev 5(7):29–39

Munoz S-A, Farmer J, Warburton J, Hall J (2014) Involving Rural Older People in Service Co-Production: is there an untapped pool of potential participants? J Rural Stud 34(4):212–222

Nicholls A (2010) Institutionalizing social entrepreneurship in regulatory space: Reporting and disclosure by community interest companies. Account Organ Soc 35(4):394–415. http://www.sciencedirect.com/science/article/pii/S0361368209000798. Zugegriffen: 16.12.2015

Ostrom E (1996) Crossing the Great Divide: Coproduction, Synergy, and Development. World Dev 24(6):1073–1087

Petcou C, Petrescu D (2015) R-URBAN or how to co-produce a resilient city. Ephemer Theory Polit Organ 15(1):249–261

Prudhomme van Reine P, Dankbaar B (2011) A Virtuous Circle? Co-evolution o Regional and Corporate Cultures. Eur Plan Stud 19(11):1865–1883

Söndermann M, Backes C, Arndt O, Brünink D (2009) Kultur- und Kreativwirtschaft: Ermittlung der gemeinsamen charakteristischen Definitionselemente der heterogenen Teilbereiche der „Kulturwirtschaft" zur Bestimmung ihrer Perspektiven aus volkswirtschaftlicher Sicht. Endbericht im Auftrag des Bundesministeriums für Wirtschaft und Technologie (BMWi). 19. Februar 2009. Bremen, Berlin: Büro für Kulturwirtschaftsforschung (KWF), Creative Business Consult (CBC), Prognos AG, Köln

Völter A (2000) Die Sparkassen und das Retailbanking. Deutscher Sparkassen-Verlag, Stuttgart

Voorberg WH, Bekkers VJJM, Tummers LG (2014) A Systematic Review of Co-Creation and Co-Production: Embarking on the social innovation journey. Public Manag Rev. doi:10.1080/14719037.2014.930505

Yunus M (2010) Social Business. Von der Vision zur Tat. Hanser, München

Dr. Anna Butzin ist wissenschaftliche Mitarbeiterin am Forschungsbereich Innovation, Raum & Kultur des Institut Arbeit und Technik. Aktuelle Forschungstätigkeiten befassen sich mit der Entstehung und Diffusion sozialer Innovationen, Wissensdynamiken in Innovationsprozessen und wissensbasierter Regionalentwicklung. In ihren derzeitigen anwendungsorientierten Projekten stehen die Vernetzung unterschiedlicher Innovationsakteure auf lokaler und regionaler Ebene und die Entwicklung von Innovationen unterstützenden Strukturen im Vordergrund.

Stefan Gärtner (Dr. rer. pol., Dipl.-Ing. Raumplanung) ist Direktor des Forschungsbereichs Raumkapital am Institut Arbeit und Technik. Aktuelle Arbeits-/Forschungsschwerpunkte sind städtische, regionale und lokale Ökonomien, Regionalentwicklung und regionale Strukturpolitik, Wirtschaftsförderung, Zivilgesellschaft, nachhaltiges Wirtschaften sowie Finanzgeographie.

Wie lebenswert sind unsere Städte?

CSR und die Maximen der Stadtentwicklung

Manfred Moldaschl und Matthias Wörlen

1 Die Grundfrage

Die Frage, was Corporate Social Responsibility bezogen auf die Stadt eigentlich bedeutet, ist eine abgeleitete und damit im wahrsten Sinne zweitrangige Frage. Erstrangig sind etwa die folgenden Fragen: Was ist eigentlich „Stadt", wem „gehört" sie, und was macht ihren „Lebenswert" aus – oder (mit Mitscherlich 1965) ihre „Unwirtlichkeit"? Das sind keine akademisch-abstrakten Fragen, denen Insassen akademischer Institutionen gerne eine gelehrte oder Gelehrsamkeit demonstrierende Definition folgen lassen. Wie so oft sind es praktische Veränderungen, hier die jüngsten Trends der Stadtentwicklung, welche gewohnte Verständnisse in Frage stellen und ebenso alte wie grundsätzliche Fragen neu aufwerfen.

Das Grundsätzliche, um das es hier geht, ist das C im CSR: Corporate. Im Englischen bedeutet es „irgendwas mit Unternehmen". Diese Bedeutung ist konnotiert mit dem Begriff „corporation", der wiederum für eine „Gesellschaft" steht, aber für eine „private" – in üblicher Konnotation ein Unternehmen (so wie in Deutschland etwa eine Aktiengesellschaft oder eine Gesellschaft mit beschränkter Haftung, AG bzw. GmbH). Der im Deutschen korrespondierende Begriff der „Körperschaft" stammt ebenso aus dem Lateinischen und bezeichnet als „corporatio" einen zweckgerichteten Zusammenschluss von Personen; dieser kann „privatrechtlich oder öffentlich" sein. In Deutschland wird er überwiegend im zweiten Sinne gebraucht, etwa wenn von einer „Körperschaft des öffentlichen Rechts" die Rede ist: einer Organisation bzw. einer juristischen Person, die – z. B. vom Gesetzgeber – mit der Wahrnehmung öffentlicher Aufgaben betraut ist. Und zwar auf der Grundlage öffentlichen Rechts.

M. Moldaschl (✉) · M. Wörlen
Socio-Economics and Entrepreneurial ResponsAbility, Zeppelin Universität
Friedrichshafen, Deutschland
E-Mail: moldaschl@reflexivity.de

Das im angelsächsischen Sprachraum stärker verankerte wirtschaftsliberalistische Denken setzt sich fort, wenn im Englischen von „corporate identity" die Rede ist. Dann ist unausgesprochen die „kulturelle Identität eines Unternehmens" gemeint, also die Gesamtheit der Merkmale, anhand derer es sich von anderen Unternehmen unterscheidet, sich im Wettbewerb von den Wettbewerbern abhebt. Man meint damit auch die „Unternehmenskultur", allerdings verstanden als intentionale Praxis: als Methode, mit der man die Mitarbeiter der gewünschten Firmenidentität anpassen möchte (um den Begriff „unterwerfen" zu vermeiden, der in kritischen Studien dazu verwendet wird, z. B. „governmentality studies"). Dem dienen dann auch andere Methoden wie das „corporate design", in der alle symbolischen Elemente des Erscheinungsbildes eines Unternehmens bewusst gestaltet werden: vom Firmen- und Markenlogo über das Briefpapier und die Telefonansage bis zum Dresscode und der Sprechweise der Mitarbeiter. Gegenstand der Bearbeitung ist bei beiden Methoden die Individualität der Firma, nicht die ihrer Beschäftigten. Nein, wir schweifen nicht ab, wir sind mitten im Thema. Unser Thema – die Grundfrage – ist das Verhältnis von Privatem und Öffentlichem.

Die Gemeinsamkeit beider Semantiken liegt allerdings darin, dass sie mit „corporatio" den absichtlichen, bewussten und zweckgerichteten Zusammenschluss von Personen zu „Gesellschaften" meinen. Ist eine Stadt sowas? Vermutlich würden das nicht einmal die Anhänger neoklassischen Denkens (z. B. die Public Choice-Theorie) unumwunden so formulieren, die alle Institutionen so beschreiben: als intentionale, also bewusst und zweckgerichtet angelegte Verträge oder Vertragskonstrukte.[1] Selbst die Gesellschaft, üblicherweise verstanden als Nationalstaat, wird als eine beschrieben, in der sich die einzelnen Individuen freiwillig auf einen Vertrag geeinigt haben.

Im Alltagsbewusstsein der Städter, der Ländler wohl ebenso, ist die Stadt hingegen etwas Gewordenes, was sich historisch ergeben hat (Emergenz) und von niemandem bewusst so hergestellt wurde, wie es sich zum jeweiligen Betrachtungszeitpunkt darstellt. Und das auch, wenn es gezielte und gut dokumentierte Gründungsakte gab.[2] Die Stadt ist aus dieser Sicht ein öffentlicher Raum, in dem sich Einwohner, Bürger und Residenten beggnen und einen kulturellen Raum teilen, ohne einen gemeinsamen Zweck zu verfolgen. Ein Raum, der dies zwar ermöglicht aber weder eine Assoziation erzwingt noch einen individuelle Lebensentwurf erschwert: „Stadtluft macht frei".

Diese Perspektive hat ein wissenschaftliches Pendant. In unserem Falle ist es die „Sozioökonomik". Auch sie ist „institutionalistisch", aber nicht rationalistisch im obigen Sinne, sondern „evolutorisch". Hier fragt man nicht: Wer hat etwas zu welchem Zweck gemacht, sondern: Wie ist aus dem Wechselspiel verschiedener Bestrebungen und weiterer kontingenter Bedingungen das Beobachtete hervorgegangen? Die evolutorische Sicht betont Triebkräfte „hinter" den bewussten Intentionen und Handlungen individueller oder korporativer Akteure, zum anderen den Strauß der unabsichtlichen Folgen ihrer Aktivi-

---

[1] Man kann die Stadt schon als Institution betrachten, aber eben nur in einer bestimmten, eben vertragstheoretisch-juristischen Sicht.
[2] Mit anderen – dialektischen – Worten: Eine Ausgangsbedingung ist keine Erklärungsgrundlage.

täten. Sie hebt Faktoren wie Macht und Herrschaft hervor sowie Verhältnisse und Mechanismen, die systematisch Ungleichheit produzieren oder perpetuieren und damit die Möglichkeiten von Einzelnen und Gruppen formatieren, auf Stadtgestaltung Einfluss zu nehmen.

Damit nochmals zur Grundfrage: Wer nimmt Einfluss auf die Stadtentwicklung, in welchem Umfang und welchem Interesse, zu welchem Zweck und mit welchem Ziel? Corporate Social Responsibility scheint dies zu thematisieren und transportiert die normative Idee, der Private solle seine Verantwortung gegenüber dem Sozialen bzw. dem Öffentlichen wahrnehmen, im doppelten Sinne: erkennen und annehmen, in Handeln umsetzen. Ist das nicht vergleichbar mit einem Kriegszustand, in dem man sagt: O.K., es ist Krieg: was soll jetzt der einzelne Kämpfer machen? Was ist legitim? In einem solchen Kontext fällt uns eher auf, was man eigentlich gerne zuvor geklärt haben möchte: Muss das sein? Warum ist Krieg? Kann man den nicht stoppen? Hat man das schon versucht? Und wenn ja, warum hat das nicht geklappt? Das wäre die erstrangige Frage.

2 Zwei Verständnisse von „Responsibility"

Das CSR-Dispositiv ist der Ruf nach dem Guten, und zwar fast immer in instrumenteller Fassung: Weil es dem Handelnden selbst nutzt, wenn er die Interessen anderer berücksichtigt. Es ist die utilitaristische Moral des opportunistischen Nutzenmaximierers: Tue Gutes und rede darüber; um darüber zu reden. Und falls Reden allein schon nützt, also „gekauft" wird, muss man es mit dem Tun dann nicht übertreiben. Wenn die Öffentlichkeit neuerdings (mehr) moralische Anforderungen an wirtschaftliches oder administratives Handeln stellt, muss man sich mit diesen konform zeigen, um Erfolg zu haben. So machten Unternehmen und öffentliche Einrichtungen vor drei Dekaden „Sozialbilanzen", vor einer Dekade „Wissensbilanzen" und heute CSR-Reports. Seit sich die Berater-, PR- und Werbeindustrie des Themas angenommen haben, ist es zur neuen Aufgabe von NGOs geworden, den Wahrheitsgehalt der Aussagen einzelner CSR-Reports wenigstens stichprobenartig zu prüfen.

Das prinzipielle Problem, um das es beim CSR geht, sind letztlich die berühmten Externalitäten oder externe Effekte, wie Ökonomen sie nennen: Handlungsfolgen, die nicht vom Handelnden intendiert sind bzw. in Kauf genommen werden, weil sie Andere betreffen – das Kosten-Nutzen-Kalkül des Handelnden jedenfalls nicht belasten. Dieses Bilanzierungsproblem beschrieb der deutsch-amerikanische Nationalökonom William Kapp 1950 in „The Social Cost of Private Enterprise". Vor Jahrzehnten kam aus den rauchenden Schloten der Industriegesellschaft der Profit des Einen, die schwarze Wäsche und Lunge des Anderen. Heute ist ein verbreitetes Sinnbild die Rendite des Windradbetreibers, dem der von der Landschaftsverspargelung ästhetisch Indignierte die behauptete Zahl enthaupteter Fledermäuse gegenrechnet.

Natürlich gibt es jeweils auch die positiven Seiten in der Bilanz des Ungewollten oder wie man es auch nennen könnte, den „Social Benefit of Private Enterprise". Dass eine Gemeinde etwa durch eine Fabrikansiedlung belebt wird – Menschen mit Kindern wandern zu, der Bäckerladen nicht ab – gehört nicht primär zum Kalkül des Investors. Sekundär natürlich schon, weil über die willkommenen Effekte privater Investitionsentscheidungen alle Akteure schon lange und viel besser Bescheid wissen als über die ungewollten, sodass sich die Kalküle auf das Rekursivste verschränken: die Gemeinde lockt mit öffentlicher Übernahme der Erschließungskosten, der Investor fordert mit Verweis auf die Steuererträge der Gemeinde (und die Ansiedelungsangebote anderer Gemeinden) weiteres Entgegenkommen bei Erschließungskosten, Emissionsauflagen und so fort.

Darum also geht es: man stellt sich wechselseitig Kosten und Nutzen in Rechnung. Meist sind Nutzen und Kosten sehr ungleich verteilt. Wer Macht hat, kann leichter Nutzen partikularisieren und Kosten besser sozialisieren. Insofern sind die Kriterien und Verfahren wichtig, nach denen man erhebt, zurechnet und bilanziert. Wichtig ist ferner die Macht, Freiwilligkeit oder Zwang (z. B. Gesetz) durchzusetzen. Im Falle von CSR geht es allerdings stets nur um Freiwilliges jenseits gesetzlicher Vorgaben.

Jenseits des utilitaristischen existiert noch ein anderes, grundlegenderes Verständnis von (sozialer) Verantwortung. Eines, das nicht auf Nutzen abstellt, auch nicht auf eine zweite Ordnung, eines um eine Ecke weiter gedachten instrumentellen Kalküls. Ja eines, das überhaupt nicht auf Handlungsfolgen, sondern auf ein anderes Prinzip des Entscheidens zielt, ein universalistisches: Ethik. Dieses hat Kant (1785) als kategorischen Imperativ in verschiedenen Fassungen formuliert.[3] Das Problem dieser universalistischen Konzeption ist, dass sie Reziprozität als Existenzbedingung voraussetzt, um real zu funktionieren und nicht nur eine Maxime, also ein Leitbild vorzugeben. Der Andere muss auch dieser Maxime folgen. Tut er es nicht, ja tut nur einer es nicht, kann von hier aus der wechselseitige Anspruch verfallen.

Das beschreibt Brecht als Parabel in seinem auch heute noch und wieder zeitgemäßen Stück *Der gute Mensch von Sezuan*. Hier verkörpert das leichte Mädchen Shen Te das Gute. Sie nimmt immer mehr Menschen in Not auf, gelangt damit aber schnell an ihre Grenzen, zumal einige sie ausnutzen. In ihrer Not schafft sie ihr Alter Ego, den Vetter Shui Ta, der mit rücksichtslosem Vorgehen das Prinzip des Eigennutzes durchsetzt. Der Mensch, so Brechts Botschaft, kann nicht gut sein, wenn die Verhältnisse nicht gut sind. Zwar gibt es stets Spielräume des Balancierens von Shen Te- und Shui Ta-Prinzipien, doch niemand kann durchgängig gegen „die Verhältnisse" anrennen. Es gibt ethisch orientierte Menschen und Personen, die dem Gemeinwohl aus eigenem Antrieb dienen (wollen) ohne dies wiederum vermarkten zu wollen und die daher aus utilitaristischer Sicht „irrational" handeln. Aber auch ein „kantianisches" Unternehmen kann nicht auf Dauer universalistisch handeln, wenn den Wettbewerbern ausbeuterische Shui Ta-Methoden erlaubt sind.

Natürlich ist das dialektisch zu verstehen, nicht als Verneinung der Möglichkeit von ethischem Verhalten und einer fortlaufenden Entwicklung normativer gesellschaftlicher

---

[3] Vor allem in seiner Grundlegung zur Metaphysik der Sitten: „nur nach derjenigen Maxime, durch die du zugleich wollen kannst, dass sie ein allgemeines Gesetz werde" (Kant 1785, BA 52 bzw. 1968, S. 412).

Standards oberhalb gesetzlicher Minima. In der Gesundheitspolitik und im Gesundheitsmanagement hat man sich in diesem Sinne angewöhnt, zwischen Verhaltens- und Verhältnisprävention zu unterscheiden. Am Verhalten des Einzelnen sollte man ansetzen, wenn zumindest gleichzeitig kranke und krankmachende Verhältnisse angegangen werden.

CSR als Werbung mit anderen Mitteln?
Vieles im CSR-Diskurs richtet sich an das Verhalten des einzelnen Unternehmens. Was also kann man von CSR als „Kommunikationsformat gesellschaftlicher Erwartungen und korrespondierender Selbstbeschreibung privater Akteure im Stadtkontext" erwarten? Mehr als Compliance sicherlich, also mehr als die bloße Erwartung, private Akteure mögen sich an geltende Gesetze und Verwaltungsvorschriften halten (wobei gegen manche durchaus auch ziviler Ungehorsam angebracht sein kann – legitime Noncompliance). Nun, die allgemeinste Erwartung an das Konzept – sei es utilitaristisch oder universalistisch – ist, dass damit eben die Berücksichtigung der Interessen jeweils anderer Stakeholder im städtischen Raum thematisiert wird, und zwar operational. Das heißt: Diese Interessen sollen und können in Form von Zielen und Kriterien expliziert und „messbar" gemacht werden.

Das wiederum bedeutet: Was wir von „Stadtpolitik" generell erwarten, nämlich dass die Interessen der Stadtbewohner formuliert und verhandelt werden, kann, wo das schlecht eingelöst wird, ggf. durch die Institutionalisierung eines CSR-Diskurses gefördert werden. Institutionalisierung heißt nur: Es wird üblich, in diesem Format zu kommunizieren. Allerdings würden nur notorische Naivlinge davon einen „herrschaftsfreien Diskurs" im Sinne von Habermas erwarten. Die Ungleichheit von Macht verschwindet in der Regel nicht durch Diskurs, sondern reproduziert sich darin. Wer etwa Macht in oder Einfluss auf die Medien hat, hat bessere Chancen, seine Interessendarstellung an die Adressaten zu bringen. Wer über hohe Werbemittel verfügt, hat kommunikativ bessere Möglichkeiten, das Wünschenswerte seines Handelns herauszustellen – unter Auslassung des Unerwünschten. Und wer mit großen Investitionssummen winken kann, wird es leichter haben, Einwände mittelloser Gruppen gegen seine Vorhaben als solche wachstums- und innovationsfeindlicher Bedenkenträger erscheinen zu lassen. Mit anderen Worten: Was die einen als Möglichkeit sehen, etwa Investoren und Administrationen an Gemeinwohlzielen zu messen, ist für andere die Fortsetzung von Werbung bzw. Public Relations mit (nicht viel) anderen Mitteln. Im Diskurs über CSR geht es entsprechend oft um die Kritik von Werbung.

Corporate Social Responsibility ist auch deshalb für verschiedene Interessengruppen in der Stadtpolitik ein – ob sie wollen oder nicht – unumgängliches Kommunikationsformat geworden, weil wirtschaftliche Interessen und Maximen hier einen immer größeren Raum einnehmen. Denn dies wirft zwangsläufig Fragen nach der „Balance der Ziele" und der „Bilanz der Effekte" stadtpolitischen Handelns auf. In den 1970er-Jahren sprach man noch von „Sozialbilanzen" (vgl. zum Anspruch etwa Pieroth 1978; zur Kritik Böhm 1979 und zum wissenschaftlichen Diskurs insgesamt Hoffmann-Nowotny 1981, 1982 und 1983), in der Hoffnung, mit entsprechenden Instrumenten die gesellschaftliche Entwicklung steuern zu können. Und dies in einer Mischung von öffentlicher Verpflichtung für korporative Akteure (private, aber auch öffentliche), solche Sozialbilanzen zu erstellen, und einem Wettbewerb um die inhaltliche Ausgestaltung der Kriterien. Im angelsächsischen Raum nannte man solche Aktivitäten „Social Reporting", und in dieser Tradition steht das heutige CSR im doppelten Sinne: für Anspruch und Form, Corporate Social Responsibility und *dessen Reporting*. Allerdings mit weit weniger Steuerungsanspruch seitens der institutionellen Politik (siehe oben).

Wenn CSR in einer Unternehmenspraxis tatsächlich eine Funktion als Bilanzierungsverfahren für die Umweltleistung des Unternehmens erhält und nicht einfach als weiteres Mittel der Selbstdarstellung dient (Marketing), dann kann man es der externen Rechenschaftslegung (engl. Accounting) zurechnen. Die funktionale Parallele dazu ist die interne Rechnungslegung, die in ihrer anspruchsvollsten modernen Form als „Strategisches Controlling" bezeichnet wird. Ein verbreitetes Verfahren, die Führungsleistung einer Unternehmensführung zu messen, ist die „Balanced Scorecard" (BSC). Auch in ihr werden verschiedene Wertdimensionen erhoben, etwa die Zufriedenheit verschiedener Stakeholder (z. B. Arbeitende, Zulieferer). Verbreitet ist diese Konzept, allerdings wird es in der Praxis kaum angewandt.

So oder so: Einem Corporate Social Reporting (der zweite Sinn der Abkürzung) kann sich kein größerer Privatakteur entziehen, denn es entsteht ein Systemzwang wie beim Doping im Radsport. Wer nicht systematisch über seine guten Taten berichtet, fällt hinter die anderen zurück. Er hat aber auf längere Sicht dennoch keinen relativen Vorteil davon, wie etwa am Beispiel der industriellen Qualitätszertifizierung nach DIN/ISO ersichtlich wird. Sie wurde einfach zu einem Standard, ohne den zu erfüllen man in einem Markt nicht mehr agieren und auch nicht mehr in ihn eintreten kann. Man kann nur hoffen, dass die von ihm geforderten Praktiken industrie- oder wirtschaftsweit Vorteile beinhalten. Was man in den 1970er-Jahren als Bildungsparadox bezeichnet hat, nämlich dass in dem Maß, in dem die Menschen höhere Bildungsabschlüsse anstreben, deren Verallgemeinerung die damit erhofften Vorteile nivelliert, dürfte mit größerer Sicherheit nationale Vorteile erbracht haben. Mit der weltweiten „Bildungsexplosion" tendieren sich auch deren relative Vorteile zu verflüchtigen. Dennoch können sich die Gesellschaften aus anderen Gründen über die Zunahme ihrer Humanvermögen freuen.

3 Privater Reichtum und öffentliche Armut

Zu dem von vielen Stakeholdern der Stadt und auch seitens der Wissenschaft diagnostizierten Ungleichgewicht[4] der ökonomischen zu Ungunsten anderer Maximen haben u. a. folgende Entwicklungen beigetragen: die des Finanzkapitalismus und seiner Spuren in den Kommunalfinanzen, ein damit einer gehender Politikwechsel, sowie Migrationsbe-

---

[4] „nachhaltig" im Sinne von hartnäckig insbes. Hartmut Häußermann, etwa in einem seiner letzten Bücher 2008.

wegungen und demografischer Wandel. Den ersten Punkt fassten Hartmut Häußermann und Kollegen in ihrer „Stadtpolitik" so zusammen:

> Die globalisierten Finanzmärkte machen die Finanzierungsbedingungen der lokalen Akteure unkalkulierbar, und die Investitionsstrategien der Global Players bestimmen über Arbeitsmarktentwicklung und Gewerbesteueraufkommen der Kommunen. Global agierende Investoren drängen auch auf den deutschen Immobilienmarkt. Die Kommunen verlieren mit zunehmender Privatisierung wichtige Partner ihrer Stadtentwicklungspolitik. Der Wettbewerb unter den Kommunen wird räumlich und inhaltlich erweitert: Städte und Stadtregionen konkurrieren in einem internationalen Rahmen um Investitionen und um Arbeitskräfte. Diese erweiterte Konkurrenz wird mit allen Mitteln der Stadtpolitik geführt. Dadurch werden bislang eigenständige Themen der Kommunalpolitik, wie die Wohnungs- und die Kulturpolitik, als sogenannte „weiche Standortfaktoren" in den Dienst der Wirtschaftsförderung gestellt (Häußermann et al. 2008, S. 8 f).

Hinzu kamen in Deutschland u. a. die sog. „Einheitslasten" und der mit dem West-Ost-Transfer verbundene Zwang zur „Haushaltdisziplin", die den ökonomischen Erfolg der Republik insgesamt auf der Ebene der Westkommunen kaum in Erscheinung treten ließen. Allerdings sind dies Detailbewegungen in einem globalen Muster, welches der große amerikanische Ökonom John Kenneth Galbraith schon 1958 in seiner Theorie der Überflussgesellschaft auf den Punkt gebracht hatte: „privater Reichtum – öffentliche Armut". Das Akkumulationsregime des westlichen Kapitalismus führe systematisch zu einer Überproduktion privater Güter – bei wachsender Ungleichheit – und einer Unterversorgung der Bevölkerung mit öffentlichen Dienstleistungen – bei unzureichendem Ausbau der Infrastruktur. Und dies verbunden mit wachsenden Umweltproblemen, auf die er lange vor dem Club of Rome (1972) und Schumachers „Small is beautiful" (Schumacher 1973) vehement hinwies. Wo Geld gewinnbringend investiert werden kann, würden systematisch zu wenig Kliniken, Schulen und Universitäten gebaut, Städteplanung und Umweltschutz vernachlässigt.[5] Freilich konnte sich Galbraith damals noch nicht vorstellen, wie erfolgreich Kapitalanleger und ihre politischen Vertreter bei der Privatisierung des ehemals Öffentlichen zukünftig sein würden und wie sehr Bildungseinrichtungen, Kliniken, Gefängnisse, Wasserwerke oder auch Sozialwohnungen und Umweltdienstleister zu Zielobjekten der Investition und der Gewinnerzielung werden würden (vgl. www.diw.de, letzter Zugriff am 19.11.2016).[6]

---

[5] Galbraiths Sorge galt generell der Frage, wie Öffentliches und Privates in einer auf private Gewinnerzielung gerichteten Wirtschaft vereinbart werden können und welche öffentlichen Institutionen ein Gegengewicht („countervailing power") bilden können zur organisierten Interessenverfolgung mächtiger Privatinteressen (Unternehmen, Konzerne, Verbände, Lobbys). Warum die öffentlichen Interessen zumindest in den USA immer weiter ins Hintertreffen gerieten (Galbraith 1967), auch über die Mechanismen der Parteienfinanzierung, analysierte er in seinem letzten Buch „The Economics of Innocent Fraud" (Galbraith 2004).

[6] Daten zum Verhältnis öffentlicher und privater Investitionen, von Staatsverschuldung und gesamtwirtschaftlicher Vermögensbilanz, zu Vermögenseffekten des Staatsbudgets sowie zur Armuts-/Reichtumsverteilung kann man den Vermögensbilanzen entnehmen, die das DIW jährlich veröffentlicht.

Der deutsche Ordoliberalismus hatte Galbraiths Diagnose bzw. deren Übertragbarkeit auf andere Länder noch in den 1970er-Jahren als USA-spezifisches Phänomen zurückgewiesen (z. B. Molitor 1973). Deutschland habe mit seiner „sozialen Marktwirtschaft", mit dessen Wohlfahrtsmodell und einer Staatsquote von über 40 % eine ganz andere Entwicklungsdynamik.[7] Spätestens aber seit den 1990er-Jahren haben wir eine Dauerkrise der Kommunalfinanzen, die sich jenseits aller konjunkturellen Schwankungen immer weiter verbreitet und verschärft und die vielen Kommunen bereits die finanzielle Souveränität nahm – und damit die politische. Wie so oft dauert es ein Weilchen, bis sich die Phänomene vom westlichen Drüben auch bei uns zeigen. Ein bedenkliches Signal sendet dabei deren Widerhall in der wissenschaftlichen Literatur. Im größten Teil derselben geht es nicht um eine tiefergehende Analyse der Gründe, sondern nur um „Haushaltskonsolidierung" (z. B. Bertelsmann-Stiftung 2011; Geißler 2011; Hansmann 2011; Weiß 2014; oder in den Jahrbüchern für öffentliche Finanzen der letzten Jahre, z. B. Junkernheinrich 2012, 2013, 2014). Und dies massiv verstärkt durch die „neoliberale Revolution" und den „Big Bang" auf den Finanzmärkten, die ihren Ausgang von der Deregulierung des britischen Investment-Banking-Sektors 1986 nahm. In den Folgedekaden übernahmen auch sozialdemokratische Parteien in Europa und weltweit Kernideen jener politisch-ökonomischen Programmatik, die Friedrich von Hayek und die Mont Pelerin-Society nach dem Zweiten Weltkrieg als Gegenprogramm zu einer politisch dominierten Gesellschaft ausgearbeitet und als „neo-liberal" bezeichnet hatten (vgl. z. B. Walpen 2004).[8] Die Wirtschaft soll frei sein, damit der Mensch frei sein kann – so die Forderung der Neoliberalen und ihr Versprechen als deren Begründung.

Zu den virulentesten Folgen gehören „Mietpreisexplosion" „Wohnungsnot" und Verdrängung bzw. „soziale Segregation" und „Gentrifizierung", die in großen Städten natürlich auch durch Zuzug und andere demografische Tendenzen (z. B. Vereinzelung, „Single-Haushalte") angetrieben werden. Auch wenn etwa in Deutschland der Prozess der Urbanisierung längst nicht die Dynamik anderer Weltregionen erreicht und „Verslumung" hier bislang und im doppelten Sinne ein Randphänomen blieb: Städte und die Bundesländer haben sich – eine der Folgen neoliberaler Steuerpolitik – immer weiter aus dem sozialen

---

[7] Wie eine Bestätigung liest sich auch der Rückblick von Häußermann et al. 2008, S. 20: „Bewohner einer Stadt zu sein hieß bis in die siebziger Jahre hinein für alle, teilzuhaben an einem Prozess des sozialen Aufstiegs und an der Zivilisierung und Verfeinerung des Lebens. Aus den Unterschichten sind Stadtbürger geworden, die Flüchtlinge und Vertriebenen aus der Zeit nach dem Zweiten Weltkrieg sind vollkommen integriert und ihre Fremdheit ist nur noch als folkloristischer Erinnerungsverband lebendig. Im Vergleich zur Stadt des 19. Jahrhunderts – und im Vergleich zur Stadtentwicklung in den USA – haben sich unter den sozialstaatlichen Bedingungen in der Bundesrepublik relativ homogene Stadtgesellschaften entwickelt." Verglichen mit der Ungleichheit in großen Städten der USA oder auch Frankreich kann man diese Integration auch als Bestand an sozialem Vermögen bzw. als „Sozialkapital" interpretieren.

[8] Später, nachdem das Adjektiv durch die sichtbar werdenden Folgen symbolisch „verbraucht" war, sah man sich nach anderen Selbstbeschreibungen um. In Deutschland scharten sich etliche Befürworter hinter dem Namen „Neue Soziale Marktwirtschaft". Die CSU brachte deren Programm auf die Formel: „Sozial ist, was Arbeit schafft".

Wohnungsbau zurückgezogen, der gewissermaßen als Erdung von Miet- und Immobilienpreisen fungierte. Manche bezeichnen ihn als „tot". Zumindest sind diese Phänomene Probleme für all jene, die nicht zu den „Yuppies" gehören, jenen Young Urban Professionals mit gutbezahlten Jobs, die den konkurrierenden Städten als Wunschbewohner vor Augen stehen. Studierende etwa, Kreative im nicht primär gewinnwirtschaftlichen Bereich, Kinderreiche und andere, die wesentlich zur Lebendigkeit einer Stadt beitragen und sie attraktiv machen für wirtschaftlich potente Zügler. Nicht zu vergessen die Alten sowie diejenigen, die den Wohlhabenden jene „niederen Dienstleistungen" erbringen, die ihren Wohlstand ausmachen: die Kassiererin, Friseurin, Kindergärtnerin, das Kindermädchen, der Portier, Paketauslieferer, Taxifahrer.

Natürlich sind damit nur sehr begrenzte Ausschnitte der Herausforderungen benannt, auf die Stadtentwicklung in Mitteleuropa Antworten geben muss. Aber bereits sie werfen grundsätzliche Fragen auf: Wie hat sich das Verhältnis von Wohnraum im städtischen und privaten Besitz verändert? Welchen Stellenwert hat soziale Stadtpolitik noch und welchen hat überhaupt öffentlicher Raum? Wem gehört er, was ist seine Funktion und Bedeutung und wie hat sich das in den letzten Dekaden verändert? Inwieweit hängt die Lebensqualität oder die „Liveability" von Städten vom öffentlichen Raum und seiner (partizipativen) Gestaltung ab und wie von anderen Faktoren? Kurz: Wessen Zielen und welchen Maximen folgt eigentlich Stadtentwicklung?

4 Der Geist städtischer Modernisierung – und sein Körper

Man kann mit Bezug auf unsere Grundfrage nach dem Verhältnis von Privatem und Öffentlichen auch so stellen: Kann man Stadtentwicklung „noch" als emergentes Resultat des Zusammenspiels aller gesellschaftlicher Gruppen der Stadt verstehen (falls diese Beschreibung denn je zutraf)? Oder folgt ihr Wandel immer mehr der Maßgabe, dass die Stadt ein Standort ist, der nach seiner wirtschaftlichen Attraktivität zu beurteilen ist wie andere Räume auch, etwa landwirtschaftlichen Produktionsflächen. Wo die Rendite von Investoren stimmen muss, eben weil der Anteil privater Investitionen den der öffentlichen immer weiter übersteigt? Und, siehe oben, als kleine Nebenfrage: Was können wir an Kompensationseffekten vom Appell an „CSR" erwarten?

Wir haben es noch mit einer weiteren Dimension zu tun: dem Verhältnis von Verfestigtem und Wandel. Wo kommen Potenziale der Erneuerung her? Nur mehr von Seiten der Wirtschaft und damit nach deren Maximen? Wenn wir hier von einer wissenschaftlich hinreichend belegten wachsenden Relevanz privatwirtschaftlicher Kalküle in der Stadtentwicklung ausgehen (z. B. Sager 2011; MacLeod 2011), so heißt das nicht, dass dadurch die ganze Stadtentwicklung festgelegt wäre. Was uns interessiert, ist das Zusammenspiel von sachlichen Verhältnissen und Triebkräften mit dem „Geist" städtischer Modernisierung. Und den bestimmen nicht allein die Kapitalanleger mit ihren Medien. Das Zusammenwirken beider Ebenen kann nur dann angemessen verstanden werden, wenn man ihnen relative Unabhängigkeit zumisst und nicht glaubt, dass Eine umstandslos mit dem Anderen erklären zu können. Entsprechende materialistische oder idealistische Determinismen („der Geist bestimmt den Gang der Dinge", so die Botschaft des letzteren) sind zu Recht desavouiert – auch wenn sie gleichwohl fröhlich weiterleben.

Doch zweifellos: Im politischen Diskus zur Stadtentwicklung der letzten beiden Dekaden war das Leitbild der unternehmerischen Stadt von großem Einfluss, und sei es im Format eines Public-Private-Partnership (PPP) als perspektivischer Problemlösung für die mehrheitlich chronisch gewordene kommunale Finanzkrise. Verstanden hat man sie als Paket von Einspar- und Vermarktungsmaßnahmen zur Positionierung der Stadt auf internationalen (oder gar globalen) Märkten um Investitionen und High-Potentials. Teil der Idee war auch die Beteiligung, wenn nicht das überwiegende Outsourcing von Funktionen der Stadtplanung und Stadtentwicklung an private Dienstleister, denen man mehr „Flexibilität" zutraute. Die anhaltende Krise der Stadtfinanzen nagte auch am Selbstbewusstsein ihrer Akteure.

Dieses Leitbild entwickelte sich auch als Antwort auf krisenhafte ökonomische Entwicklungen: Deindustrialisierung, Suburbanisierung, steigende Arbeitslosigkeit. Mit gezielter Positionierung auf nationalen oder internationalen Märkten neue Branchen und Arbeitskräfte anzulocken, liegt nahe. Statt sich auf das Verwalten städtischer Liegenschaften und das Umverteilen eines fordistisch produzierten Wohlstands zu konzentrieren, sollte die Stadt eben „unternehmerisch" werden und ihre Wettbewerbsfähigkeit entwickeln, eingebettet in einen Zeitgeist der Markt-Rationalität und der Privatisierung (Harvey 1989; Jessop 1997). Während diese Entwicklung sich im angelsächsischen Raum wohl ganz wesentlich auf Liberalisierungen im Zuge von Thatcherismus und Reaganomics zurückführen lässt, steht Neil Brenner (1999) folgend in weiten Teilen Europas eine Regionalentwicklungspolitik der Entnationalisierung hin zu einem EU-Europa der Regionen Pate. Infolge dessen stehen regionale Wirtschaftsräume im wechselseitigen Wettbewerb um Investitionen.

Der Niederschlag dieses – man könnte mit Blick auf die Bedeutung des Marketing sagen – neoliberalen Leitbildes städtischer Entwicklungspolitik lässt sich vor allem anhand der Privatisierung öffentlicher Infrastruktur und bislang öffentlich erbrachter Dienstleistungen beobachten. Begleitet wird dieser Privatisierungsprozess von einer Institutionalisierung von Stadtmarketing inklusiver einer Festvalisierung der Innenstädte und einer Verschlankung der Stadtverwaltung entlang der Prinzipien des New-Public Managements. Mit anderen Worten: Die Zukunft der Stadt wird in ihrer wirtschaftsaffinen Managerialisierung gesehen. Die Perspektive ist,

> Städte nicht länger nur zu verwalten, sondern selbst aktiv zu vermarkten und dafür die günstigsten Voraussetzungen zu schaffen. Sie folgen der Idee, Städte als Unternehmen zu betrachten, die das Produkt „Stadt" erfolgreich anzubieten und zu verkaufen haben (Kemper 2007, S. 1).

Die bislang weitestgehende Emanation dieses Leitbildes, das natürlich im angelsächsischen Raum entstand, ist dabei in Deutschland noch kaum verbreitet: der „Urban bzw. Business Improvement District" (BID) (z. B. Hounstoun 2003; Mitchell 2008), in

Deutschland auch „Innovationsbereich Immobilien- und Standortgemeinschaften" (ISG) genannt oder „Innerstädtische Geschäftsquartiere" (INGE) oder „Partnerschaften zur Attraktivierung von City-, Dienstleistungs- und Tourismusbereichen" (PACT, vgl. Hecker 2010). Vorreiter ist hierzulande eindeutig Hamburg (vgl. Neubert 2008; Schote 2013; vgl. dazu auch die Website http://www.urban-improvement-districts.de, letzter Zugriff am 19.11.2016, auf der die HafenCity-Universität Hamburg die dortigen Aktivitäten dokumentiert. Im ganzen Zugang der BID-Forschung ist eine Palallele zur Industrial District-Forschung zu erkennen – maßgeblich beruhend auf Piore und Sabel 1984 –, in der es um die Wettbewerbsfähigkeit von Regionen geht. Anfangs um industriell geprägte, später dann im Kontext der Wissensökonomie), auch aus Gießen liegen Erfahrungen vor (vgl. Neubert 2008; Mossig und Dorenkamp 2010).

In diesen Modellen übernehmen Private mehr oder weniger die Stadtentwicklung bestimmter Quartiere, allein oder zusammen mit städtischen Agenturen im PPP-Format, und dies nach den Kriterien „Ertrag" und „Sicherheit". Stadtareale, die von institutionellen Investoren erworben werden, werden systematisch anhand beider Ziele entwickelt (Coleman 2007).[9] Das gilt auch für immer mehr öffentliche Plätze. Bürgerrechte treten damit hinter Eigentumsrechte zurück, sofern die Eigentümer den Aufenthalt von Personen, die nicht Kunden oder Mitarbeiter sind, nicht wünschen; ebenso wenig politische Meinungsäußerungen (Versammlungsfreiheit) und beliebige andere Aktivitäten (z. B. Fotografieren). Diese Dinge können jederzeit von privaten Sicherheitsdiensten durchgesetzt werden, die ihrerseits öffentliche Polizeikräfte zu ihrer Unterstützung anfordern können. Im Grunde gibt es nur noch eine Steigerung dieses Privatisierungsmodells: Die ganze Stadt wird als Unternehmen im Wettbewerb verstanden und gemanagt. Stadtoberhäupter, die ihre Aufgabe so verstehen, sind keine Exoten mehr.

Kritiker dieses Leitbilds und der nach seiner Maßgabe optimierten und „bereinigten" Areale, die auch architektonisch nur Businesssprache sprechen, bezeichnen sie gerne als „Un-Orte", die kein öffentliches Leben mehr anziehen (z. B. Schaller und Modan 2005). Das Wort für einen Nicht-Ort war im Altgriechischen der „u-topos". In diesem Fall wird die Utopie real, die freilich der Mehrheit als negative gilt und nur einigen Wenigen als erstrebenswerte. Diese Wenigen werden Effekte wie die Konzentration benachteiligter Gruppen in bestimmten Quartieren, die Degradation ihrer Infrastruktur ebenso wie ihrer Reputation, auch nicht als nachteilig empfinden, sondern als Teil notwendiger Modernisierung darstellen.

---

[9] „Liverpool One" scheint hierfür ein herausragendes Beispiel zu sein. Hier wurde im größten innerstädtischen Entwicklungsprojekt der Nachkriegszeit auf einer Fläche von 170.000 m^2 das fünftgrößte Einkaufs- und Freizeit-Areal weltweit durch den privaten Investor „Grosvenor" gebaut. Damit handelt es sich nicht um das einzige, wohl aber um eines der größten Privatisierungsprojekte des innerstädtischen Raums in Europa. In 35 Straßen im Stadtzentrum Liverpools herrscht damit kein öffentliches Wegerecht. Im Zuge dessen werden z. B. polizeiliche Aufgaben der Sicherheit und Ordnung in weiten Teilen Liverpools durch private Sicherheitsdienste übernommen. Wir danken Hans-Hermann Albers für diesen weiterführenden Hinweis.

Mit Sicherheit aber sind diese unternehmerischen Kräfte Werterzeuger oder Wertvermehrer, in Schumpeters Sinne auch Innovatoren, kreative Zerstörer (Schumpeter 1980). Die Frage hierbei ist erstens, wer in der Stadt als ganzer von den geschaffenen finanziellen Werten profitiert (z. B. Arbeitsplätze, Steuern, und das auch in der Bilanz: was ist an initialen Anreizen und langfristigen fiskalischen Vergünstigungen in die Investition eingeflossen)? Wie wird der Reichtumszuwachs verteilt? Und zweitens, welche Effekte haben diese Privatisierungen des öffentlichen Raums auf all die anderen Werte, die das Leben in einer Stadt ausmachen? Kulturelle und soziale Vielfalt? Diversität und Lebendigkeit statt soziale Entmischung? (Wo) Finden Menschen mit Kindern bezahlbaren Wohnraum? Kann die Kassiererin in erreichbarer Nähe des Ortes wohnen, wo die Wohlhabenden einkaufen? Wird Wohnraum noch mehr zu einer Ware, die nur nach Maßgabe ihres Renditepotenzials designt und vermarktet wird? In einem unserer Interviews erklärte uns ein Vertreter der Immobilienwirtschaft, die Investoren sollten auch „Spaß haben an ihren Immobilien, damit sie weiter investieren". Und Wohnungen gäbe es viel mehr, wenn der Wohnungsmarkt in Deutschland nicht immer noch so reguliert wäre. Sicher: Wäre der Arbeitsmarkt nicht so reguliert, gäbe es sicher auch viel mehr Porsches bzw. Leute, die sich Porsches leisten können. Und mehr hochwertiges Biofood, gäbe es hierfür keine Regeln ...

5 Leitbilder nachhaltiger Stadtentwicklung: Wettbewerbsfähigkeit versus Wertpluralität?

Um es zusammenzufassen: Was sich im Konzept des städtischen Business Improvement andeutet, geht mit einer schleichenden Entdemokratisierung der Städte einher und mit einer Substitution von Lebenswert durch Verwertbarkeit. Das ist zwar nicht konsensfähig, doch Macht kann zumindest phasenweise auf Konsens verzichten. Stakeholder der Stadt, die nicht Business sind oder mit diesem allein sich nicht identifizieren können, brauchen etwas, was sie dem BID entgegensetzen können.

Wenn stadtpolitische Akteure den auszehrenden Rahmen, den ihnen die staatliche Politik vorgibt, auf obige Weise ausdeuten, ist das verständlich. Deuten allerdings bedeutet: es ginge auch anders. Die Vielfalt der Städte und der städtischen Entwicklungspfade verweist nicht nur auf ihre unterschiedlichen historischen und kontextuellen Bedingungen, sondern auch auf die Geschichte ihrer Entscheidungen, die sich in Stadtstrukturen im unmittelbaren Sinn „zementierte", sowie auf die jeweils aktuell gegebenen Sinnvorlagen der Interpretation von Gegebenheiten, Zwängen und Möglichkeiten. Dies ist der Raum der Strategiebildung. Das wissen wir auch aus der Unternehmens- und Strategieforschung. Der Großteil dieser Forschung hat in den letzten beiden Dekaden das „Zwangsdenken" aufgegeben (z. B. Moldaschl 2011). Man musste einsehen, dass sich aus bestimmten Umfeld- bzw. Marktbedingungen keine bestimmte Unternehmensstrategie „ableiten" lässt; schon gar keine Best Practice. Unternehmen können die „Markterfordernisse" auf verschiedene Weise (sic!) ausdeuten und in verschiedener, kreativer Weise in neues Handeln umsetzen, womit sie sich zugleich von anderen Unternehmen unterscheiden. Das für viele

Erschreckende ist: es braucht Phantasie und Initiative, d. h. man muss kreativ sein und etwas wagen. Man sollte also in diesem allgemeineren Sinn „unternehmerisch" handeln (können).

Wettbewerbsfähigkeit besteht dann darin, unter veränderten Bedingungen immer wieder neue, tragfähige Lösungen zu finden, divergierende Interessen einzubinden, neue Kombinationen von Stakeholdern zusammen und in Aktion zu bringen und widersprüchliche Ziele zu balancieren. Das ist in einem Satz natürlich zu allgemein, entspricht aber der Definition von Innovations- und Wettbewerbsfähigkeit, die in der Forschung zum strategischen Management heute am verbreitetsten ist. Die Vertreter dieses „Dynamic Capability View" (z. B. Teece et al. 1997; ein paar andere Namen für Varianten sind auch im Umlauf) bringen ihre Suche nach „Erfolgsfaktoren" der strategischen Unternehmensführung auf diesen allgemeinen Punkt, weil sie keine besten Praktiken finden konnten, die immer und überall einen „nachhaltigen Wettbewerbsvorteil" („sustained competitive advantage") begründen konnten. Das einzige wirklich generalisierbare Ergebnis war eben, dass sich Unternehmen in der Art und Weise, wie sie sich auf neue Bedingungen einstellen und ihre Fähigkeiten entwickeln, deutlich unterscheiden. Und auf die erfolgreichsten traf eben die oben genannte Beschreibung zu.

Nun ist es eben auch diese Wissenschaft, von der sich Stadtpolitiker strategisches Wissen erhoffen, und von einer Managerialisierung der ehemaligen Stadtverwaltung strategische Vorteile im Wettbewerb der Städte. Natürlich kann Wissenschaft nicht mit Definitionen forschen, sondern arbeitet mit entsprechenden Operationalisierungen: messbare Kriterien, Indikatoren für den Input (was wird wie gemacht), den Output (was wird damit bewirkt) und den Outcome (letztlich Geschäftserfolg in verschiedenen Dimensionen und Zeithorizonten). Und nun müsste man ins Detail gehen, was diese „Dynamic Capabilities" von Unternehmen ausmacht und was davon sinnvoll im kommunalpolitischen Kontext anwendbar sein könnte. Das ist allerdings hier nicht unser Thema.

Unser Thema ist die Idee der „unternehmerischen Stadt" und ihrer Corporate Social Responsibility – oder eben einer besseren Alternative, falls das Unternehmerische maßgeblich in der dürren Logik der BIDs gesehen wird. In dieser Logik wäre eine Strategie, die ein Quartier zentral nach Maßgabe der Ertragsstärke entwickelt, durchaus kompatibel mit CSR-Kriterien, wenn dafür an anderer Stelle ein Kindergarten oder eine Schule gesponsert würde. Eine Art moderner Ablasshandel. Mit anderen Worten: aus CSR ergibt sich erstens keine Vision, und zweitens keine Strategie. Beides muss man selbst machen. Man bekommt es nicht von fertigen Evaluierungssystemen – und nichts anderes sind die CSR-Kriterienkataloge von Haus aus. Wie es auch in der Qualitätskontrolle der Wirtschaft heißt: Man kann Qualität nicht nachträglich hineinprüfen, sondern muss zuvor entscheiden, wie man sie produzieren will.

Wovon man dabei ausgehen muss ist: Lebensqualität (klassisch: Wohlstandsindikatoren), Nachhaltigkeit (klassisch: ökologische Kriterien) und Resilienz (Robustheit gegenüber gravierenden Ereignissen) sind nicht deckungsgleich, ebenso wenig die Ziele der städtischen Interessengruppen. Die Herausforderung und Bewährungschance kreativer Stadtentwicklungskonzepte liegt darin, konfligierende Zieldimensionen intelligent zu vereinbaren. Ein paar Ideen, wie man entsprechende institutionelle Fähigkeiten der Stadt fördern kann, skizzieren wir im nächsten Punkt. Eine generelle Hypothese hierbei: Nachhaltige (nicht hoch konjunkturabhängige) Wettbewerbsfähigkeit wird man nicht versus Wertpluralität erreichen, sondern eher über sie.

6 Strategieherstellung, Strategiebewertung und Indikatorensysteme

Nun ist es gemäß unserer Institutionentheorie sinnlos, Städten als Kollektiven divergenter Akteure eine Vision oder eine „allgemeine Strategie" vorzuschlagen. Das wäre ein Widerspruch in sich. Gäbe es, siehe oben, eine allseits bewährte, „beste" Strategie, würde es genügen, sie überall zu kopieren, ihr quasi besinnungslos zu folgen. Dann freilich wäre sie eine Konvention. Eine Strategie hingegen ist etwas, was Besonderheit herstellt. Strategisches Handeln ist Besonderheitsproduktion. Das muss man nicht allein im Sinnfeld des Wettbewerbs interpretieren, wonach man sich vom Wettbewerber unterscheiden muss, wenn man Vorteile sucht. Es geht darum, aus den jeweils unterschiedlichen Kontextbedingungen etwas zu machen, etwas Sinnvolles; und die Kontexte sind fast nie dieselben.

In Multiakteurs-Systemen, und das sind Städte noch viel mehr als Unternehmen, darf man „Strategie" ferner nicht nur intentional und rationalistisch verstehen. In Theorien der Unternehmung und des strategischen Managements hat man sich von dieser Deutung in den 1980er-Jahren entfernt (vgl. etwa Mintzberg 1979, 1994; Bechtle 1980). Strategie erscheint hier als emergentes Resultat des Zusammenwirkens verschiedener, teils konfligierender Intentionen einzelner Interessengruppen, plus der Ein- und Auswirkungen ungeplanter Ereignisse, der Inkonsequenz der Handelnden, der Revision von Annahmen etc., also von Lernen. Strategie entsteht daher nicht als Plan, sondern als kollektiver Prozess der Aushandlung, in dem Kooperation ebenso vorkommt wie Konflikt und wechselseitige Blockade oder das unerwartete Auftreten Dritter (oder Siebter).

Versteht man Stadtentwicklung demnach nicht als Stadtplanung, sondern als zu organisierenden Strategieprozess, dann kommt es vorrangig darauf an, die unterschiedlichen Interessen und Bedürfnisse im wahrsten Sinne des Wortes „ins Spiel" zu bringen.[10] Für die Aushandlung können Sie durchaus Kriterienkataloge benutzen, wie sie etwa im Format des CSR vorgelegt werden, wobei diese aber in der Regel nur mit Bezug auf Unternehmen formuliert sind.

Man kann auch Indikatoren nehmen, wie sie von mehr oder weniger unabhängigen Dritten vorgelegt werden, etwa City Rankings, wie sie von Verlagen, Forschungseinrichtungen oder von NGOs erarbeitet wurden. Im nachstehenden Kasten haben wir eine Auswahl mehr oder weniger gebräuchlicher Indizes für unterschiedliche Adressaten auf-

---

[10] Jeder Akteur kann natürlich auch versuchen, die jeweils anderen aus dem Spiel zu halten oder zu drängen – das ist Politik. In der Regel hat das Folgen, meist ungeplante. Oder wie es Jean-Paul Sartre formulierte: „Beim Fußball verkompliziert sich alles durch die Anwesenheit des Gegners".

gelistet. Manche, wie etwa jene zu den Costs of Living, sind nur für Expatriates gemacht: eindimensionale Rankings für von Unternehmen ins Ausland entsandte Führungs- und Fachkräfte, die danach ihre erwartbaren Lebenshaltungskosten beurteilen können. Andere nehmen auch Kriterien auf wie die Verfügbarkeit von Bildungseinrichtungen für die eigenen Kinder, den Grünanteil der Stadtflächen. Die „Grünstadt"-Indikatoren erweitern dies um ökologische Dimensionen. Wir wollen diese hier aber nicht weiter kommentieren.

Indikatorensysteme für städtische Lebensqualität, Lebenshaltungskosten und Nachhaltigkeit (Auswahl)

Liveability Indicators

- Monocle's „Most Liveable Cities Index"
  http://monocle.com/film/affairs/quality-of-life-survey-2014/, letzter Zugriff am 19.11.2016
- The Economist Intelligence Unit's „Liveability Ranking and Overview"
  http://www.eiu.com/public/topical_report.aspx?campaignid=Liveability2013, letzter Zugriff am 19.11.2016
- Mercer Company, „Mercer Quality of Living Survey"
  http://www.imercer.com/products/2014/quality-of-living.aspx, letzter Zugriff am 19.11.2016
- Greater Paris Investment Agency „Global Cities Attractiveness Survey"
  http://greater-paris-investment-agency.com/benchmark-en.htm, letzter Zugriff am 10.9.2016

Cost of Living-Indices

- Economist, Economic Intelligence Unit (EIU), private
  www.eiu.com, letzter Zugriff am 19.11.2016
- ECA International Survey: The most expensive cities in the world
  http://ec.europa.eu/environment/europeangreencapital/winning-cities/, letzter Zugriff am 19.11.2016
- Economist Intelligence Survey Top 10 Cities Worldwide Cost of Living
  www.eca-international.com/news/press_releases, letzter Zugriff am 19.11.2016

Green Cities Indices

- European Green Cities Network (EGCN), public-private network*
  http://europeangreencities.com, letzter Zugriff am 19.11.2016
- Siemens City „Infrastructure & Cities" Unit
  http://www.siemens.com/entry/cc/features/greencityindex_international/all/de/pdf/gci_report_summary.pdf, letzter Zugriff am 19.11.2016

- „Morgenstadt" Fraunhofer-Society, 50 institutes, private Partners
  http://www.morgenstadt.de, letzter Zugriff am 19.11.2016
- C40 – Cities – „Climate Leadership Group", city network
  www.c40.org, letzter Zugriff am 19.11.2016
- City Mayors Foundation
  http://www.citymayors.com/sections/rankings_content.html, letzter Zugriff am 19.11.2016

Dies sind also vorliegende ein- oder mehrdimensionale Bewertungssysteme zur Beantwortung jener Frage, welche die Überschrift unseres Beitrags bildet: Wie lebenswert sind unsere Städte? Es handelt sich freilich erstens um teils sehr interessenspezifische Bewertungen, zweitens um weitgehend am Outcome orientierte und drittens beantworten sie nicht die Demokratiefrage, mit der wir im Verlauf dieses Textes die erste Frage „eingebettet" hatten: Wer hat welche Chancen, nach seinen Bedürfnissen darauf Einfluss zu nehmen?

7 Zwei sozioökonomische Ansätze zur Analyse von Stadtpolitik

Im Rahmen unserer Unternehmens-, Stadt- und Regionalforschung haben wir zwei eigene Ansätze entwickelt, die wir stadtpolitischen Akteuren anbieten können, etwa wenn sie ihre Ziele formulieren, Strategien entwickeln und Ergebnisse bewerten wollen. Es sind Ansätze, die wir nicht für partikulare, sondern für pluralistische Zwecke entwickelt haben, also für alle Beteiligten nachhaltigere Lösungen wahrscheinlicher machen sollen. Und sie richten sich sehr viel weniger als die obigen Indikatorensysteme auf die Messung des Outcome, sondern auf den Input bzw. die nötigen Ressourcen und Fähigkeiten der Stadt, in Innovation und Nachhaltigkeit voranzukommen. Sie basieren auf einer sozioökonomischen Theorie der Innovationsfähigkeit und der Nachhaltigkeit (Moldaschl 2006, 2007), welche auch die in Abschn. 5 geforderte Wertpluralität begründet. Beide miteinander verbundenen Ansätze können wir auf den verbleibenden Seiten nur grob skizzieren.

Polychrome Nachhaltigkeit
Der Ansatz der polychromen Nachhaltigkeit (Moldaschl 2007) fasst den Begriff Nachhaltigkeit weit, aber mit einer sehr klaren Definition: Diese bezieht sich auf die Art des Umgangs mit allen Ressourcen, die von Menschen bzw. Gesellschaften in Gebrauch genommen werden. „Polychrom", weil es nicht allein oder vorrangig um die natürlichen Ressourcen wie im „grünen" Nachhaltigkeitsdiskurs geht, sondern auch um Lebensqualität, Gerechtigkeit, Arbeitsbedingungen u. Ä. Prinzipiell wird dabei erst einmal jeder Gebrauch einer Ressource als nachhaltig bezeichnet, der diese Ressource nicht vernutzt, sondern erhält, sie in ihrer Qualität und Menge zumindest nicht verringert. Nachhaltiger (bzw. „erweitert nachhaltig") ist dann eine Gebrauchsweise, welche die Ressource entwickelt, verbessert, vermehrt. Die biodynamische Bodenbewirtschaftung etwa hat ten-

denziell diesen Anspruch. Ob und wo sie ihn halten kann, ist eine empirische Frage. Selbstverständlich können auch Städte ihre Ressourcen entwickeln und verbessern.

Mit dieser Definition ist auch klar: Es macht wenig Sinn, diesen Begriff auf etwas anderes anzuwenden als auf Praktiken und Gebrauchsweisen. Ein Objekt oder ein System „nachhaltig" zu nennen, ist selten sinnvoll. Kann eine Jacke, ein Auto oder eine Straße nachhaltig sein? Nun, diese Dinge können mehr oder weniger haltbar sein – vergleichsweise, also verglichen mit anderen. Aber dafür haben wir ja ein passendes, nämlich eben dieses Wort. Haltbarkeit ist nicht Nachhaltigkeit. Was uns interessiert ist, ob es etwas nachhaltig hergestellt wurde oder wird. Ferner interessiert, wie das Ding gebraucht wird, was mit seinem „Betrieb" verbunden ist. Ist etwa ein Auto, das vier statt acht Liter Sprit verbraucht, nachhaltig? Niemals, weil es endliche Brennstoffe endgültig verbraucht? Nein, es kommt etwa darauf an, wie der Brennstoff hergestellt wurde. Eine der heute weit entwickelten „Nachhaltigkeitstechnologien" ist die Methanisierung von Wasserstoff, der mittels Strom durch Elektrolyse von Wasser hergestellt wurde. Nachhaltig nur dann, wenn dieser Strom aus erneuerbaren Quellen stammt und die Ökobilanz auch bezogen auf andere Stoffkreisläufe stimmt. Ist das Vier-Liter-Auto mit Öko- statt Biosprit nun endlich nachhaltig? Nein, das Label „nachhaltig" kann man nicht sinnvoll auf Dinge kleben, weil es auf so vieles weitere ankommt, insbesondere, wie und wozu es gebraucht wird.

Nun zu den anderen Werten und zur Wertpluralität. Dass die Natur einen Wert hat, und nicht nur einen ökonomischen (Boden, Wald etc.) und auch nicht nur einen instrumentellen (für menschliche Zwecke, z. B. „Erholungswert"), wird kaum bestritten. In unserem Ansatz wird die Stadt als ein sozialökologischer Raum interpretiert, der seinen Bewohnern und weiteren Interessierten vielfältige Ressourcen bietet – mit denen sie so oder so umgehen können. Natürliche, wie etwa eine verkehrsgünstige Lage, die Lage an einem Gewässer bzw. die Nähe einer attraktiven Natur, gute Wasserversorgung, unbebauter Raum etc., solche Ressourcen sind ein „Kapital" bzw. ein Vermögen, mit dem eine Stadt „wuchern" kann oder – um im Bild zu bleiben – mit dem sie es vermag, Arbeitskräfte, Unternehmen und Touristen anzuziehen. Mehrere solche Ressourcen fassen wir unter dem Oberbegriff „Kapital" zusammen, die natürlichen unter Naturkapital.

Mit dem Kapitalbegriff wollen wir nicht dem ökonomistischen Denken Vorschub leisten, sondern ihm begegnen, indem wir auch andere als ökonomische Werte in Wert setzen, ihnen also Wert zuschreiben, eben im Sinne von Vermögen für die verschiedensten humanen und sozialen Bedürfnisse, die ihre Grenzen allerdings am Vermögen der Natur finden, sich von der menschlichen Instrumentalisierung zu erholen, zu regenerieren. Weitere Grundbegriffe in unserem Ansatz sind daher „Sozialkapital", „Humankapital" und „Symbolkapital". Hier nur eine Bemerkung zu Letzterem: Es fasst Ressourcenarten zusammen wie den Ruf einer Stadt (etwa als kreativ oder behäbig, mondän oder provinziell zu gelten), die Reputation ihrer Kultureinrichtungen und/oder jene ihrer Gastronomie und Hotellerie, die Attraktivität ihrer Wohnlagen etc. Natürlich haben all diese Vermögen auch ökonomische Relevanzen (etwa die durchschnittlichen Boden- und Mietpreise, die Attraktivität für Touristen, Künstler, Fachkräfte), auf die sie aber nicht reduziert werden können.

Die Grundintention des Ansatzes ist es, die Abschätzung der sozialen, ökologischen und ökonomischen Wirkungen von Projekten städtischer Modernisierung zu unterstützen. Für jede stadtpolitische Intervention sollen Nutzen und Nebenfolgen für die jeweils vorhandenen Vermögen bewertbar sein. Speziell jene Vermögen, die sonst weniger beachtet werden, gilt es, explizit bewusst und bezifferbar zu machen. Dies ist von großer Bedeutung im sozioökonomischen Wandel, in dem sich die Basis des Wirtschaftens auch für die Städte und Kommunen wandeln, wie dies Studien zur „Tertiarisierung" und „Kulturalisierung" der Ökonomie (z. B. Florida 2005; Cattacin 2011; Peet et al. 2011; Baier et al. 2013; Klaus 2006), zur „Wissensökonomie und zur Wissensgesellschaft" (Longworth 2006; Wolfe 2010) und zur Digitalisierung der Stadt beschreiben (Publikationen und Rankings dazu u. a. auf http://www.smart-cities.eu/, letzter Zugriff am 19.11.2016).

Dazu sind die einzelnen Ressourcen so zu operationalisieren, dass sie bilanziert werden können. Soll etwa im Rahmen üblicher Gentrifizierungsprozesse ein bisheriges Künstler- und Studentenviertel in ein BID umgewandelt werden, so lassen sich die erwartbaren (oder schon manifesten) Effekte auf die jeweils in die Bilanz genommenen Ressourcenarten zurechnen. Das wird sicher nicht der BID-Investor machen. Aber alle anderen Stakeholder werden wissen und belegen wollen: Was wird einer Investition geopfert? Wer gewinnt, wer verliert? Natürlich finden solche Diskussionen in jedem städtischen Modernisierungsprozess statt. Nur eben oft mit jeweils partikularen Argumenten, Kriterien, Indikatoren, nicht zusammengefasst in einer Bilanz.

Hier setzt der zweite Teil der sozioökonomischen, „polychromen" Bilanzierung an. Damit lassen sich die „externen Effekte" jeder städtebaulichen oder sonstigen politischen, ökonomischen, kulturellen Intervention sichtbar machen. Mit externen Effekten bezeichnet man in den Wirtschaftswissenschaften jene Kosten- und Nutzeneffekte, die allen anderen als den initiativen Akteuren entstehen. Wenn etwa ein Kaufhauskonzern in einer Randlage investiert, hat er die Intention, Kaufkraft abzuschöpfen und zugleich seine Kosten gering zu halten. Er intendiert weder, damit zur Verödung der Innenstadt beizutragen, noch dazu in dieser Randlage die Immobilienpreise zu steigern oder zu verringern, noch die Vermehrung, Verringerung oder Verlagerung von Verkehrsströmen zu betreiben. Dennoch muss er sich, das ist hier der Punkt, den entsprechenden Stakeholdern der Stadt und ggf. auch der Region stellen, die von diesen externen Effekten betroffen sind. Es handelt sich daher auch um ein Ebenenmodell (vgl. Abb. 1).

Mit diesem Ansatz der polychromen Nachhaltigkeit bewerten wir aktuell Projekte urbaner Modernisierung, u. a. in folgenden Themenbereichen (Veröffentlichung in Vorbereitung):

- Infrastruktur für den Klimawandel: blau-grüne vs. graue Infrastruktur
- Smart City: Beteiligungskonzepte
- Wirtschaftliche Entwicklung: Zukunftstechnologien anwerben oder kreative Milieus pflegen

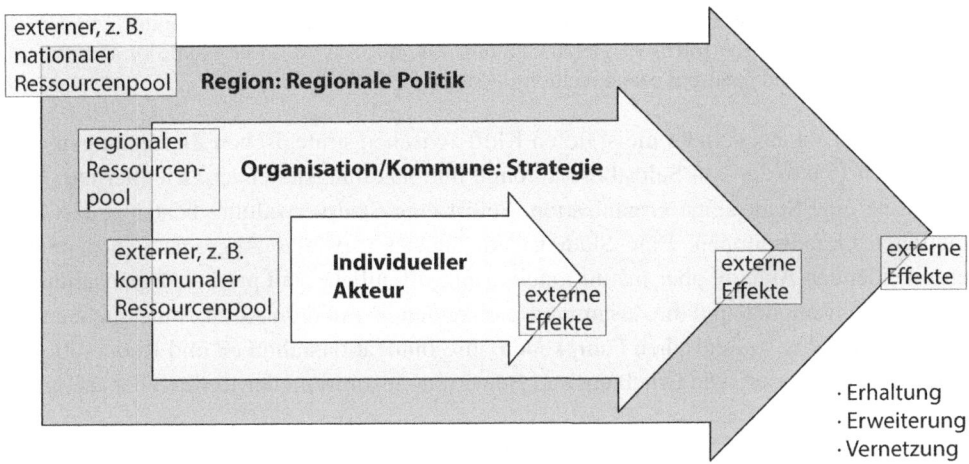

Abb. 1 Ebenen- und Konfliktmodell der Nachhaltigkeit

Institutionelle Lernfähigkeit

Während sich der Ansatz polychromer Nachhaltigkeitsbewertung auf den Umgang mit materiellen und immateriellen Ressourcen richtet, geht es bei unserem zweiten sozio-ökonomischen Bewertungsansatz um Fähigkeiten von Organisationen, speziell um deren Innovationsfähigkeit. Sie wiederum beschreiben wir maßgeblich anhand ihrer Lernbereitschaft und -fähigkeit. Kann man diese überhaupt feststellen? Kann man sie messen oder wenigstens qualitativ bewerten, auch um sie gezielt zu fördern? Diese Hypothese vertreten wir, und dies nicht alleine. In der Forschung zum strategischen Management, in Unternehmens- und Innovationstheorien, hat sich, wie bereits schon angesprochen, diese Annahme ebenso verbreitet wie in der Forschung zum Organisationslernen und jener zur Regionalentwicklung (z. B. Storper 2013). Hier wurden auch verschiedene Instrumente zur „Messung" vorgelegt („dynamic capabilities", „strategic change capability", „absorptive capacity", u. a.).

Unseren eigenen Ansatz dazu nennen wir „Analytik institutioneller Reflexivität" (z. B. Moldaschl 2006). Gemeint ist die Bereitschaft und Fähigkeit von Organisationen, ihre jeweils etablierten Regeln und Routinen für Revisionen offen zu halten, sie also „regelmäßig" zu überprüfen, zu evaluieren und ggf. zu modifizieren, neues Wissen von außen und von innen (Erfahrung) aufzunehmen. Hier geht es ferner um die Frage der Anerkennung, Einbeziehung und Nutzung des Wissens und der Ansprüche anderer Stakeholder, externer und interner. Insofern wird hier auch das erhoben, was wir oben als demokratische Frage bezeichneten: Wie pluralistisch und partizipativ ist das (strategische) Vorgehen der maßgeblichen Akteure? Die innovative Stadt, eine „unternehmerische" im erweiterten Sinne, gewinnt erst durch die Einbringung örtlicher Potenziale – „specific forms of reflexivity which reside there" (Storper 1997, S. 5) im globalen Wettbewerb an Bedeutung, weil

> ... the nature of the contemporary city is as a local or regional „socio-economy", whose very usefulness to the forces of global capitalism is precisely as an ensemble of specific, differentiated, and localized social relations (Storper 1997, S. 3).

Der Ansatz geht aus von der meist tiefen Kluft zwischen strategischen Zielsetzungen und operativen Praktiken, von Selbstbeschreibung und handlungsleitender Orientierung. Natürlich ist eine Stadt keine Organisation. Selbst eine Stadtverwaltung besteht meist aus mehreren Organisationen. Eine Stadt ist ein eigenes „soziales Aggregat", in dem die entscheidenden Akteure aber institutionelle sind: öffentliche und private Organisationen. Diese Organisationen und ihr Zusammenspiel kann man mit dem Ansatz untersuchen und mit Blick auf ihre strategischen Fähigkeiten, ihre Innovationsfähigkeit und Kooperationsbereitschaft bewerten. Die Erhebung und Bewertung institutioneller Reflexivität erfolgt in drei Schritten.

(1) Im ersten werden Verfahren der Unternehmenspraxis identifiziert, die man anhand einiger formaler Kriterien wie „Rückgriff auf Fremdbeobachtung" (z. B. regelmäßige Imageanalysen, externe Beiräte) vorab „unter Reflexivitätsverdacht" stellen kann (vgl. Tab. 1).
(2) Im zweiten Schritt werden diese Regeln und Praktiken anhand weiterer Kriterien daraufhin konkret untersucht, inwieweit Möglichkeiten zu ihrer Revision vorgesehen oder

Tab. 1 Innovationsfähigkeit: Kriterien zur Erfassung reflexiver Regeln und Praktiken

Dimension	Exemplarische Verfahren
Institutionalisierung von Selbstbeobachtung und Selbstkritik	▪ Schaffung von Funktionen/Abteilungen wie Strategy, Organisationsentwicklung, Social Affairs ▪ Strategisches Monitoring (z.B. via Balanced Scorecard) ▪ Benchmarking, Auswertung von Rankings ▪ KVP, Dienstleistungsqualitäts- und Fehleranalysen
Systematischer Rückgriff auf Fremdbeobachtung	▪ Einsatz externer Berater, Einrichtung von Beiräten ▪ Auswertung von Bürgerbeschwerden, Reklamationen ▪ Kooperation mit Kritikern, roundtables ▪ wechselseitige Hospitationen
Kommunikativer Bezug auf Fremdreferenz	▪ Berichtspraktiken (Reporting, z.B. CSR) ▪ Reputationsstudien
Offene Evaluierung von Handlungsfolgen	▪ Maßnahmen-Evaluierung ▪ Bürger-, Kunden-, Mitarbeiterbefragungen
Entwurf alternativer Gegenwarten und Zukünfte	▪ Aufgaben-, Abteilungs-, Betriebswechsel ▪ Erstellung von Szenarien ▪ Anwendung von Kreativitätstechniken ▪ Think Tanks

zulässig und inwieweit in den betrieblichen (ggf. auch lokalen) Kulturen solche Revisionen willkommen sind.
(3) Im dritten Schritt schließlich wird die realexistierende Reflexivität dieser Regeln und Praktiken ins Verhältnis gesetzt zu Anforderungen des jeweiligen Kontexts. Denn ebenso wenig wie im Falle der Ressourcen gelten kann: je mehr, desto besser, gilt auch für die Reflexivität. Ein Maximierungsprinzip führt zu nichts, außer zum Untergang.

8 Fazit

Die kommunale Finanzkrise hat den meisten Kommunen in Deutschland schwer zugesetzt. Sie hat ihre Handlungsspielräume beschnitten oder beseitigt und damit ihre Strategiefähigkeit reduziert oder klein gehalten. Insofern ist es verständlich, wenn sich viele mehr oder weniger auf den neoliberalen Primat der Akquise von Investoren, Steuermitteln und des Private-Public-Partnership gezwungen sehen. Doch das verstärkt die Galbraith-Spirale der Ungleichheit und die Unterwerfung des Öffentlichen unter private Investoreninteressen. Insofern ist es keine Frage, dass die Verhältnisse einer Reform des nationalen Steuersystems und der Kommunalfinanzen verlangen. Der Ruf nach freiwilliger privater Kompensation von Fehlentwicklungen im Strukturwandel kann und darf diese nicht ersetzen.

Dennoch gibt es allenthalben Versuche, etwas Autonomie zurückzugewinnen, sei es seitens der Kommunen selbst oder von Seiten der Zivilgesellschaft. So gibt es offensichtlich einen Trend zur Rekommunalisierung ehemals privatisierter Versorger. Der Glaube, dass eine Vergabe öffentlicher Aufgaben in private Hände für Wettbewerb sorgt und damit automatisch für Effizienz, ist durch die Erfahrungen der vergangenen Jahrzehnte erschüttert. Ferner entstanden in dieser Zeit neue Bedingungen für die Organisation der Allmende:

- Auf nationalstaatlicher und internationaler Ebene wurden Rahmenbedingungen geschaffen, die ein Zurück zur Monopolisierung öffentlicher Dienstleistungen verhindern oder zumindest erschweren (Ausschreibungsrichtlinien, Dienstleistungsfreiheit).
- Im Bereich der öffentlichen Steuerung (NPM etc.) wurden Instrumente entwickelt, die ein anderes Niveau des strategischen Managements öffentlicher Dienstleistungen ermöglichen.
- Das Bildungsniveau und – zumindest bei einzelnen Bevölkerungsgruppen – der Besitzstand haben zugenommen, was das Potenzial demokratischer und finanzieller Beteiligungmodelle erweitert, etwa im Sektor zwischen Staat und Markt (z. B. Genossenschaftsmodelle) und dies verstärkt in Zeiten mangelnder Alternativen für langfristig-stabile Geldanlagen.
- In vielen Städten sprechen Bürger sich offen gegen Privatisierungsmodelle aus, weisen einen bloßen Kundenstatus zurück und fordern Anerkennung in ihrem Bürgerstatus.

Gerade die Frage der Mieten führt – gerade in einem Land mit vergleichsweise geringer Wohneigentumsquote, zu einer Repolitisierung der Allmendefrage. Das „Recht auf Stadt" – von Henri Lefebvre in den 1968er-Jahren als Aufruf zur Forderung von Mitsprache angesichts patriarchaler und autokratischer Eliten formuliert (Lefebvre 1996), wird zunehmend unter dem Motto der „Stadt-Für-Alle" (Beispiele Potsdam: https://stadtfueralle.de/ueber-uns/, letzter Zugriff am 12.1.2016 – inzwischen nicht mehr abrufbar; Berlin: https://mietenvolksentscheidberlin.de/, letzter Zugriff am 19.11.2016; Frankfurt und Rhein-Main: http://www.stadt-fuer-alle.net/, letzter Zugriff am 19.11.2016; München: http://mietpreisspirale.de/initiative, letzter Zugriff am 19.11.2016; Hamburg: http://mietenwahnsinn.rechtaufstadt.net/, letzter Zugriff am 19.11.2016) auf die Frage bezahlbaren Wohnraums diskutiert (Holm 2009). Was auch immer an neuen Instrumenten für die Stadtpolitik vorgeschlagen wird, CSR oder Ansätze zur Förderung von Nachhaltigkeit und Innovationsfähigkeit, macht aus unserer Sicht nur dann Sinn, wenn es im Horizont dieser Repolitisierung eingesetzt wird – nicht als technokratische Alternative dazu.

Es gibt die Idee, die moderne Stadt mehr als Labor zu betrachten, als Experimentierfeld für nachhaltigere Transformationspfade in die Zukunft, als Ort der Aushandlung soziokultureller und sozioökonomischer Zukunftsentwürfe, die sich nicht auf die Stadt als „Standort im Wettbewerb" reduzieren lassen. Daran sollen sich alle gesellschaftlichen Gruppen beteiligen, nicht nur die wirtschaftlich Vermögendsten.

Literatur

Baier A, Müller C, Werner K (2013) Stadt der Commonisten. Neue urbane Räume des Do it yourself. transcript, Berlin

Bechtle G (1980) Betrieb als Strategie. Campus, Frankfurt/New York

Bertelsmann Stiftung (Hrsg) (2011) Städte in Not: Wege aus der Schuldenfalle? Bertelsmann Stiftung, Bielefeld

Böhm H (1979) Gesellschaftlich verantwortliche Unternehmensführung. Verbale Bekenntnisse, Verhaltenskodizes, Sozialbilanzen, Kritische Analyse eines Legitimationskonzepts. Bräuer, Weilheim

Brenner N (1999) Globalisation as reterritorialisation: the re-scaling of urban governance in the European Union. Urban Stud 36(3):431–451

Cattacin S (2011) Urbane Vielfalt und Innovation. In: Schweizerische Akademie der Geistes und Sozialwissenschaften (Hrsg) Von der Deklaration zur Umsetzung – Schutz und Förderung der kulturellen Vielfalt in der Schweiz. Schweizerische Akademie der Sozialwissenschaften, Bern, S 47–52

Coleman R (2007) Liverpool – eine post-soziale Stadt? Neoliberale Kriminalitätskontrolle und sozialräumliche Ungleichheit. In: Eick J, Sambale J, Töpfer E (Hrsg) Kontrollierte Urbanität. Zur Neoliberalisierung städtischer Sicherheitspolitik. transcript, Bielefeld, S 139–164

Florida R (2005) Cities and the Creative Class. Routledge, London

Galbraith JK (1967) The New Industrial State. Hamish Hamilton, London

Galbraith JK (2004) The Economics of Innocent Fraud (Die Ökonomie des unschuldigen Betruges. Vom Realitätsverlust der heutigen Wirtschaft). Siedler, München

Geißler R (2011) Kommunale Haushaltskonsolidierung: Einflussfaktoren lokaler Konsolidierungspolitik. VS, Wiesbaden

Hansmann M (Hrsg) (2011) Kommunalfinanzen in der Krise: Problemlagen und Handlungsansätze. BWV, Berlin

Harvey D (1989) From managerialism to entrepreneurialism: the transformation in urban governance in late capitalism. Geografiska Ann Ser B Hum Geogr 71(1):3–17

Häußermann H, Läpple D, Siebel W (2008) Stadtpolitik. Suhrkamp, Frankfurt a.M.

Hecker M (2010) Business Improvement Districts in Deutschland. Duncker & Humblot, Berlin

Hoffmann-Nowotny H-J (Hrsg) (1981) Sozialbilanzierung. Soziale Indikatoren, Bd. VIII. Campus, Frankfurt a.M./New York

Hoffmann-Nowotny H-J (Hrsg) (1982) Unbeabsichtigte Folgen sozialen Handelns. Soziale Indikatoren, Bd. IX. Campus, Frankfurt a.M./New York

Hoffmann-Nowotny H-J (Hrsg) (1983) Gesellschaftliche Berichterstattung zwischen Theorie und Praxis. Soziale Indikatoren, Bd. X. Campus, Frankfurt a.M., New York

Holm A (2009) Recht auf Stadt-Soziale Kämpfe in der neoliberalen Stadt Rosa-Luxemburg-Stiftung Thüringen e. V. (Hrsg) Die Stadt im Neoliberalismus, RLS/Gesellschaftsanalye, Erfurt, S 27–37

Houstoun LO Jr. (2003) BIDs: Business Improvement Districts, 2. Aufl. ULI – the Urban Land Institute in cooperation with the International Downtown Association, Washington, D.C

Jessop B (1997) The entrepreneurial city: re-imaging localities, redesigning economic governance, or restructuring capital. Transform Cities: Contested Gov New Spatial Div 46:28–41

Junkernheinrich M (2014) Jahrbuch für öffentliche Finanzen 2014. BWV – Berliner Wissenschafts-Verlag, Berlin

Kant I (1785) Kategorischer Imperativ, Grundlegung zur Metaphysik der Sitten, Akademie-Ausgabe Kant Werke IV, Berlin: de Gruyter 1968

Kapp KW (1950) The Social Costs of Private Enterprise, Cambridge/Mass. (Volkswirtschaftliche Kosten der Privatwirtschaft). J.C.B. Mohr, Tübingen

Kemper J (2007) Die Privatisierung öffentlichen Wohneigentums – Hoffnungen, Befürchtungen, Befunde. Bundeszentrale für politische Bildung (Hrsg) Stadt und Gesellschaft. Dossier. http://www.bpb.de/themen/0N0HRl.html. Zugegriffen: 24.01.2016

Klaus P (2006) Stadt, Kultur, Innovation. Kulturwirtschaft und kreative innovative Kleinstunternehmen in der Stadt Zürich. Seismo, Zürich

Lefebvre H (1996) The right to the city. In: Lefebvre H et al (Hrsg) Writings on cities. Blackwell, Oxford, S 63–181

Longworth N (2006) Learning Cities, Learning Regions, Learning Communities. Taylor & Francis, London

MacLeod G (2011) Urban Politics Reconsidered Growth Machine to Post-democratic City? Urban Stud 48(12):2629–2660

Mintzberg H (1979) The Structuring of Organizations. Prentice-Hall, Englewood Cliffs

Mintzberg H (1994) The Rise and Fall of Strategic Planning. Free Press, New York

Mitchell J (2008) Business Improvement Districts and the Shape of American Cities. SUNY Press, Albany

Mitscherlich A (1965) Die Unwirtlichkeit der Städte. Fischer, Frankfurt/M.

Moldaschl M (2006) Innovationsfähigkeit, Zukunftsfähigkeit, Dynamic Capabilities. Moderne Fähigkeitsmystik und eine Alternative. In: Conrad P, Schreyögg G (Hrsg) Managementforschung, Bd. 16. Gabler, Wiesbaden, S 1–36

Moldaschl M (Hrsg) (2007) Immaterielle Ressourcen. Nachhaltige Unternehmensführung und Arbeit I, 2. Aufl. Hampp, München

Moldaschl M (2011) Warum Gazellen nachts nicht leuchten. Evolutorische Theorie der Unternehmung statt normativer Modelle des Kompetenzmanagements. In: Barthel E u. a. (Hrsg) Integriertes Kompetenzmanagement. Waxmann Verlag, Münster, S. 15–51

Molitor B (1973) Öffentliche Armut – Privater Reichtum. ORDO, Jahrbuch für die Ordnung von Wirtschaft und Gesellschaft, Bd. 24., S 141–156

Mossig I, Dorenkamp A (2010) Shopping-Malls und Business Improvement Districts als Instrumente zur Belebung innerstädtischer Geschäftszentren? Das Beispiel der Stadt Gießen, Beiträge zur Wirtschaftsgeografie und Regionalentwicklung, No. 2-2010. http://nbn-resolving.de/urn:nbn:de:gbv:46-00102045-16. Zugegriffen: 19.11.2016

Neubert A (2008) Business Improvement Districts – ein Modell für Deutschland? Ein Vergleich zwischen der Umsetzung des Modells in Hamburg und in Nordrhein-Westfalen. VDM, Saarbrücken

Peet R, Robbins P, Watts M (Hrsg) (2011) Global Political Ecology. Routledge, London

Pieroth E (1978) Sozialbilanzen in der Bundesrepublik Deutschland : Ansätze, Entwicklungen, Beispiele. In: Pieroth E (Hrsg) Mensch und Kapital, Bd. 1. Econ, Düsseldorf, Wien

Piore MJ, Sabel C (1984) The Second Industrial Divide. Possibilities for Prosperity. Basic Books, New York

Sager T (2011) Neo-liberal urban planning policies: A literature survey 1990–2010. Prog Plann 76(4):147–199

Schaller S, Modan G (2005) Contesting Public Space and Citizenship: Implications for Neighborhood Business Improvement Districts. J Plan Educ Res 24(4):394–407

Schote H (2013) Business Improvement Districts – Private Investitionen in gewachsene Einzelhandelslagen: Überblick über BIDs in Deutschland und Erfahrungen aus Hamburg. In: Klein K (Hrsg) Handelsimmobilien. Theoretische Ansätze, empirische Ergebnisse. MetaGIS, Mannheim, S 249–285

Schumacher EF (1973) Small is Beautiful – Economics as if People Mattered. Blond & Briggs, London (new ed.: Washington, Vancouver, Hartley & Marks 1999; German: Die Rückkehr zum menschlichen Maß. Small is beautiful. Alternativen für Wirtschaft und Technik. Reinbek, Rowohlt)

Schumpeter JA (1980) Kapitalismus, Sozialismus und Demokratie, 6. Aufl. Francke, Tübingen ((eng. Orig 1942) 3. dt. Aufl. 1972)

Storper M (1997) The city: centre of economic reflexivity. Serv Ind J 17.1:1–27

Storper M (2013) Keys to the city: how economics, institutions, social interaction, and politics shape development. Princeton University Press, Princeton

Teece DJ, Pisano G, Shuen A (1997) Dynamic capabilities and strategic management. Strateg Manag J 18.7:509–533

Walpen B (2004). Die offenen Feinde und ihre Gesellschaft: Eine hegemonietheoretische Studie zur Mont Pèlerin Society. VSA-Verlag, Hamburg

Weiß J (Hrsg) (2014) Strategische Haushaltskonsolidierung in Kommunen. Springer, Berlin

Wolfe DA (2010) The Strategic Management of Core Cities: Path Dependence and Economic Adjustment in Resilient Regions. Camb J Reg Econ Soc 3(1):139–152

Prof. Dr. rer. pol., Dr. phil. habil. Manfred Moldaschl ist Inhaber des Lehrstuhls für Socio-Economics & Entrepreneurial SustainAbilit an der Zeppelin Universität Friedrichshafen und Direktor des European Center for Sustainability Research (ECS). Er befasst sich u. a. mit Sozialkapital, Lernen und Kompetenzentwicklung, mit nachhaltigem Wirtschaften sowie mit sozialen Innovationen und deren Barrieren. Seine Forschung versteht er dabei als grundlegend transdisziplinär.

Matthias Wörlen, Magister Artium ist wissenschaftlicher Mitarbeiter am European Center for Sustainability Research an der Zeppelin Universität in Friedrichshafen. Ihn interessiert v. a. das Verhältnis von institutionellen Settings und sozialem Wandel und die sozio-ökonomischen Bewertung von Nachhaltigkeit und Innovation. In seinem aktuellen Forschungsprojekt am ECS „Enhancing Blue-Green and Social Performance in dense urban environments" (mit MIT, Harvard, NUS Singapore) für die Rambøll-Stiftung übernimmt er die Verbund-Koordination und die erweiterte Wirtschaftlichkeitsbewertung städtischer Infrastruktur.

Unternehmerisches Engagement in der Clusterentwicklung – Konzeptionelle Überlegungen und Fallbeispiele aus Wolfsburg und Mitteldeutschland

Matthias Kiese

1 Einleitung

Trotz voranschreitender Globalisierung gewinnt die Qualität von Standorten an Bedeutung und wird zunehmend als Determinante des Unternehmenserfolgs wahrgenommen. Je mobiler Unternehmen und hochqualifizierte Arbeitskräfte werden, desto mehr entscheiden Standortfaktoren und das regionale Unternehmensumfeld über die Einkommens- und Beschäftigungsmöglichkeiten in Städten und Regionen. Die öffentliche Hand allein ist aber immer seltener in der Lage, die Standortbedingungen von Städten und Regionen attraktiv zu gestalten. Neben der zunehmenden Staatsverschuldung auf verschiedenen Ebenen lässt sich die Vernachlässigung langfristiger öffentlicher Investitionen in Bildung und Infrastruktur zugunsten kurzfristig (wähler)wirksamer konsumtiver Staatsausgaben als Ursache hierfür anführen. Einen Lösungsansatz bietet die Mobilisierung von privatwirtschaftlichem und zivilgesellschaftlichem Engagement in kooperativen Steuerungsformen der Regional Governance (vgl. Frey 2003; Fürst 2004, 2007). Wie und unter welchen Voraussetzungen Unternehmen sich jedoch freiwillig und strategisch für die Entwicklung ihrer Standorte und Regionen engagieren, ist bislang weitgehend unbekannt. Während sie sich in einigen Regionen zu regionalen Wirtschafts- oder Clusterinitiativen zusammenschließen, versuchen öffentliche Akteure anderswo vergeblich, unternehmerisches Engagement zu mobilisieren.

Vor diesem Hintergrund untersucht der vorliegende Beitrag die Rolle des unternehmerischen Engagements in der Clusterentwicklung zunächst allgemein und dann anhand von zwei Fallbeispielen. Dafür wurden mit Wolfsburg eine Stadt mit einem dominierenden Großunternehmen und mit Mitteldeutschland eine drei Bundesländer umfassende Region mit dem vernetzten Engagement vieler strukturbestimmender Unternehmen ausgewählt.

M. Kiese (✉)
Bochum, Deutschland
E-Mail: matthias.kiese@rub.de

Diese Beispiele sollen zeigen, *warum* und *wie* sich Unternehmen freiwillig und strategisch für die Entwicklung ihrer Standorte engagieren und wie dieses Engagement zu bewerten ist. Im folgenden Abschnitt werden zunächst die zentralen Begriffe Cluster und regionale Verantwortungsübernahme von Unternehmen (Corporate Regional Responsibility) erläutert und miteinander verknüpft. Im dritten und vierten Abschnitt werden die Leitfragen anhand der Fallbeispiele Wolfsburg und Mitteldeutschland untersucht, bevor das abschließende Kapitel die Diskussion zusammenfasst und Herausforderungen für Unternehmen, Politik und weitere Forschung ableitet.

2 Clusterentwicklung und Corporate Regional Responsibility

Der Begriff des Clusters (engl. für Traube, Klumpen, Haufen oder Schwarm) wird in den unterschiedlichsten Zusammenhängen für Anhäufungen oder Gruppierungen relativ ähnlicher Elemente verwendet, wie das Beispiel der Clusteranalyse in der Statistik verdeutlicht. In den Raumwissenschaften, wie der Wirtschaftsgeografie und der Regionalökonomik, wird unter Clustern die räumliche Ballung von Unternehmen aus gleichen oder verwandten Tätigkeitsbereichen (Branchen, Technologiefeldern) verstanden. In der meistverwendeten Definition beschreibt Porter (1998, S. 197 f.) Cluster als geografische Konzentration von miteinander verbundenen Unternehmen, spezialisierten Zulieferern und Dienstleistern, Unternehmen in verwandten Branchen und weiteren Organisationen, wie z. B. Universitäten, Standardagenturen oder Industrieverbänden, in einem bestimmten Bereich, die miteinander im Wettbewerb stehen und gleichzeitig kooperieren. Bekannte Beispiele sind das Silicon Valley südlich von San Francisco, Hollywood als Cluster der Filmindustrie oder verschiedene Ballungen der Biotechnologiebranche im Großraum Boston, im englischen Cambridge oder im Raum München. Cluster können auf einzelne Straßenzüge begrenzt sein, sich über größere Räume erstrecken oder sogar Ländergrenzen überschreiten. Ihre territoriale Ausdehnung wird nicht von Verwaltungsgrenzen bestimmt, sondern ergibt sich funktional aus der räumlichen Dichte von Akteuren und deren Interaktionen (vgl. Kiese 2012b, S. 37). Eine Auswertung von 705 in der Literatur dokumentierten Clustern durch Linde (2002, S. 10) hat gezeigt, dass sich rund 60 % der Cluster innerhalb einer Stadt oder Metropolregion abgrenzen lassen.

Innerhalb eines Clusters bilden durch Input-Output-Beziehungen in Wertschöpfungsketten miteinander verbundene Unternehmen die vertikale Dimension. Unternehmen der gleichen Wertschöpfungsstufe stehen dagegen miteinander im Wettbewerb, der eine wesentliche Quelle der Innovationsdynamik in der horizontalen Clusterdimension darstellt. In der lateralen bzw. diagonalen Dimension tauschen Unternehmen Leistungen und Wissen mit Dienstleistern, Universitäten, Forschungseinrichtungen und anderen unterstützenden Einrichtungen aus. Insgesamt lassen sich Cluster damit als lokalisierter Teil eines unternehmensübergreifenden Wertschöpfungssystems mit vertikalen, horizontalen und diagonalen Interdependenzen verstehen (Abb. 1). Das Handeln und der Austausch der Akteure werden durch formelle und informelle „Spielregeln" (vgl. North 1990) gesteuert.

Abb. 1 Cluster als lokalisiertes Wertschöpfungssystem. (Kiese 2012b, S. 39)

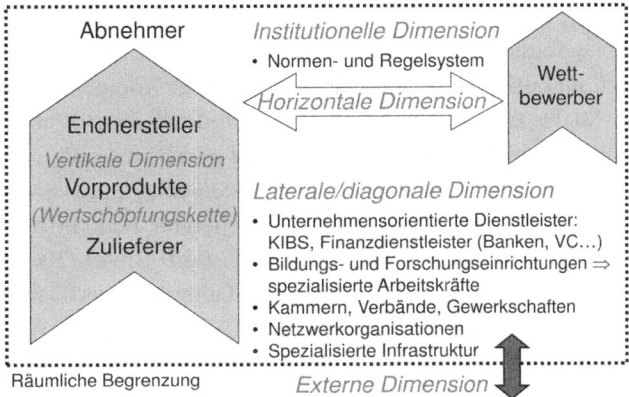

Neben dieser institutionellen Dimension verfügen Cluster auch über eine externe Dimension, die aus der Einbindung der produkt- oder branchenbezogenen Wertschöpfungskette eines Clusters in internationale Verflechtungen resultiert (vgl. Bathelt und Glückler 2012, S. 260 ff.).

Von Clustern können positive Effekte auf Produktivität, Innovation, Wertschöpfung und Beschäftigung auf der betrieblichen wie auf der regionalwirtschaftlichen Ebene ausgehen. Unternehmen profitieren in Clustern von spezialisierten Arbeitskräften, Zulieferern und Wissensaustausch. Besonders der Austausch von implizitem Wissen wird durch die räumliche Nähe der Akteure in Clustern befördert. Ein intensiver Wettbewerb in Clustern fördert Produktivität und Innovationen und somit die Wettbewerbsfähigkeit des Clusters insgesamt. Diese Externalitäten, von denen Unternehmen in Clustern profitieren können, bilden das Unternehmensumfeld („business environment"), dessen Einflussfaktoren Porter (1990) in seinem Diamant-Modell systematisiert hat (Abb. 2).

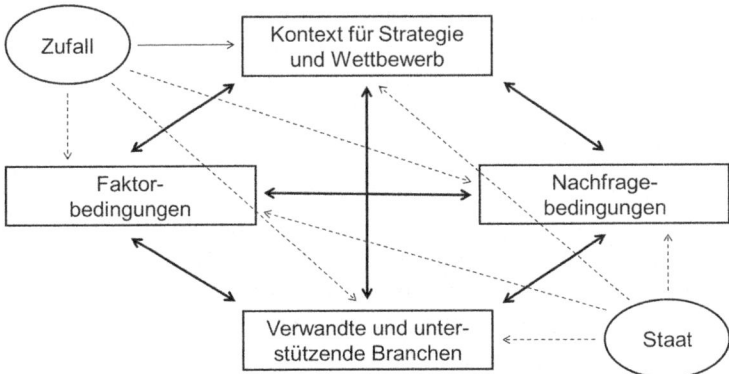

Abb. 2 Unternehmensumfeld als Wettbewerbsfaktor: Porters Diamant. (Eigene Darstellung nach Porter 1990, S. 78)

In Clustern wirken Externalitäten auf Unternehmen ein, also Auswirkungen auf ihre Kosten- und Nutzenfunktionen, die von den Unternehmen nicht beeinflusst werden können und die keine Rechte auf Entgelt oder Kompensation begründen (vgl. Fritsch 2014, S. 80 ff.). Clustereffekte erfüllen auch die beiden Definitionsmerkmale von öffentlichen Gütern: Nichtrivalität im Konsum und Versagen des Preisausschlussprinzips. Akteure können nicht bzw. nur zu sehr hohen Kosten von den ökonomischen Vorteilen eines Clusters, wie spezialisierte Arbeitsmärkte, Zulieferer oder Infrastruktur, Wissensaustausch oder Imageeffekte, ausgeschlossen werden (vgl. Brandt 2008, S. 117). Unter den Clustereffekten nimmt das in Netzwerken zirkulierende und damit nur für vernetzte Akteure erschließbare Wissen als Klubgut (vgl. Buchanan 1965; Arrow 1994) eine Sonderrolle ein.

Während Externalitäten aus ökonomischer Sicht die Förderung von Clustern durch den Staat rechtfertigen, erfordert die Aufwertung des im Diamant-Modell dargestellten Unternehmensumfelds als Schlüssel zur wirtschaftlichen Entwicklung von Standorten, Regionen und Ländern nach Porter (1998) sowohl staatliches Handeln als auch privatwirtschaftliche Initiative. Unternehmen können davon profitieren, wenn sie einzeln in die Verbesserung ihrer Standortbedingungen bzw. ihres Unternehmensumfelds investieren. Die gemeinschaftliche Bereitstellung von Kollektivgütern, z. B. in Form einer Clusterinitiative, kann jedoch größere Wirkung erzielen und die Kosten für das einzelne Unternehmen reduzieren.

Beispiele erfolgreicher Cluster, wie das Silicon Valley, haben dazu geführt, dass die Politik weltweit und auf allen Maßstabsebenen seit den 1990er-Jahren die Entwicklung von Clustern gezielt unterstützt. In der deutschen Clusterpolitik hat sich dabei eine Arbeitsteilung zwischen vier Maßstabsebenen herausgebildet, die durch vertikale Interdependenzen und Lerneffekte im Sinne einer Multilevel Governance (vgl. Benz 2007) miteinander verbunden sind. Die Europäische Union fördert vorrangig die Identifizierung und Vernetzung von Clustern sowie den Wissensaustausch von Clusterpolitikern und Clustermanagern, unterstützt aber auch regionale Clusterpolitiken durch ihre Strukturfonds. Die Bundesregierung hat sich auf wettbewerbliche Verfahren wie BioRegio (1996–2005) und den Spitzencluster-Wettbewerb (2007–2017) spezialisiert, um regionale Clusterpotenziale zur Förderung der nationalen technologischen Leistungsfähigkeit zu stimulieren (vgl. Kiese 2012b, S. 126 ff.). In den neuen Bundesländern setzt sie seit InnoRegio (1999–2006) Cluster- und Netzwerkprogramme zur Förderung des Aufholprozesses ein, die heute in der Programmfamilie „Unternehmen Region" zusammengefasst sind (vgl. Burkhardt und Hillmann 2009). Alle deutschen Bundesländer betreiben auf unterschiedliche Weise Clusterpolitik, zumeist im Rahmen ihrer Technologie- und Innovationspolitik (vgl. Burkhardt und Hillmann 2009, S. 136 ff.). Auch auf der Ebene der Regionen und Kommunen ist Clusterpolitik weit verbreitet. In einer Befragung von Hollbach-Grömig und Floeting (2008) gaben 63 % der deutschen Städte mit mehr als 50.000 Einwohnern an, eine kohärente Strategie zur Entwicklung von Clustern, Netzwerken, Technologie- und Kompetenzfeldern zu haben.

Unternehmen können von einer Stärkung ihres Clusterumfelds profitieren und engagieren sich in manchen Regionen in unternehmensgetriebenen Clusterinitiativen. Angesichts zunehmend begrenzter Handlungsspielräume des Staates gewinnt die Mobilisierung der Expertise, Effizienz und Effektivität von Unternehmen für politische Aufgabenstellungen, insbesondere in der Stadt- und Regionalentwicklung, zunehmend an Bedeutung und kann sich auf das Eigeninteresse der Unternehmen stützen, die von einer Aufwertung ihres Unternehmensumfelds profitieren (vgl. Wieland 2002). Unternehmen werden damit immer mehr zu Akteuren in regionalen Governance-Strukturen. Allerdings haben Politik und Verwaltung oft Probleme, unternehmerisches Engagement für die Clusterentwicklung zu mobilisieren, wie Kiese (2008) am Beispiel der Region Hannover zeigt. Dieses Mobilisierungsparadox zu verstehen und zu überwinden ist eine zentrale Voraussetzung für eine erfolgreiche clusterbasierte Stadt- und Regionalentwicklung.

Investitionen in das Umfeld des Unternehmens können als freiwillige gesellschaftliche Verantwortung von Unternehmen interpretiert werden. Meffert und Münstermann (2005, S. 22) definieren Corporate Social Responsibility (CSR) als „Gesamtheit aller sozialen, ökologischen und ökonomischen Beiträge eines Unternehmens zur freiwilligen Übernahme gesellschaftlicher Verantwortung, die über die Einhaltung gesetzlicher Bestimmungen hinausgehen". Für Deutschland hat die Unternehmensbefragung durch CCCD (2007) herausgefunden, dass sich 96 % der Unternehmen gesellschaftlich engagieren, wobei Geld- und Sachspenden dominieren. Die meisten Unternehmen betreiben dieses Engagement jedoch reaktiv, während nur 40 % aktiv nach eigenen Handlungsfeldern und Einsatzmöglichkeiten suchen. Die Mehrzahl der Unternehmen betrachtet diese Aktivitäten als Philanthropie und Wohltätigkeit und verfolgt keinen integrierten strategischen Ansatz. Während in den USA 63 % der Unternehmen einen positiven wirtschaftlichen Effekt ihres Engagements erwarten, sind dies in Deutschland lediglich 40 %. Nur 24,1 % der Unternehmen streben durch CSR eine Verbesserung der eigenen Wettbewerbsposition an. Das zweite wichtige Ergebnis dieser Befragung ist die ausgeprägte räumliche Dimension des gesellschaftlichen Engagements: 73,8 % engagieren sich lokal bzw. regional im Umfeld des Unternehmenssitzes sowie 24,5 % im Umfeld ihrer Zweigbetriebsstandorte (CCCD 2007, S. 20). Zusammengenommen zeigen diese Ergebnisse, dass in Deutschland noch großes Potenzial für eine strategische Nutzung von CSR insbesondere für die Stadt- und Regionalentwicklung zum beiderseitigen Nutzen von Unternehmen und Umfeld besteht.

Der ausgeprägt räumliche Charakter von CSR rechtfertigt die Klassifizierung der meisten Aktivitäten als Corporate Regional Responsibility (CRR). Dabei ist jedoch zu unterscheiden zwischen allgemeinem gesellschaftlichem Engagement im Umfeld der Unternehmenssitze und Betriebsstandorte auf der einen und dem gezielten (strategischen) Einsatz zur Verbesserung der Standortbedingungen bzw. des Unternehmensumfelds. Diese CRR im engeren Sinne, das im Fokus dieses Beitrags steht, hat Prätorius (2003) als Entwicklungspartnerschaften zwischen Unternehmen und Regionen bezeichnet. Herausforderungen wie die Intensivierung des (Standort-)Wettbewerbs, der demografische Wandel oder die Knappheit öffentlicher Finanzen haben die Interessenkonvergenz zwischen Unternehmen und regionalen Gebietskörperschaften befördert. Als Handlungsfelder mit gemeinsamen Interessen identifiziert Prätorius (2003):

- die Steigerung der regionalen Attraktivität über weiche Standortfaktoren, die die Anziehung oder Retention mobiler hochqualifizierter Arbeitskräfte erleichtert;
- die Qualität der materiellen, institutionellen und personellen Infrastruktur;
- die Qualität der intraregionalen Austauschbeziehungen (Netzwerke);
- das Image bzw. Profil von Standorten und Regionen.

Beispiele für CRR umfassen Sponsoring im Bildungs- und Kulturbereich, öffentlich-private Partnerschaften zum (beschleunigten) Ausbau von Verkehrswegen im ländlichen Raum (z. B. A31 im Emsland, vgl. Bröring 2007) sowie kommunale und regionale Wirtschaftsförderung (vgl. Brandt et al. 2007), zu der auch Clusterpolitik zählt.

3 Fallbeispiel Wolfsburg[1]

> Man kann den Eindruck gewinnen, dass es in der gesamten Stadt eine gewisse Haltung gibt, sich darauf zu verlassen, dass VW es schon richten wird (Felix Magath[2], zitiert in Heike 2007, S. 17).

Die Stadt Wolfsburg wurde 1938 mit dem späteren Volkswagen-Werk gegründet und wuchs bis Ende 1980 auf 131.225 Einwohner an. Bis 2007 ging die Einwohnerzahl dann aber um 8,6 % bis auf 119.991 zurück, um bis Ende 2015 dann wieder um 4,6 % auf 125.550 anzusteigen (vgl. Stadt Wolfsburg 2015b, S. 5; 2016; vgl. Herlyn et al. 2012). Die dominierende Stellung des Automobilwerks, das in den 1980er-Jahren seinen höchsten Beschäftigungsstand von knapp 70.000 erreichte, führte zur Herausbildung einer krisenanfälligen Monostruktur. In den 1990er-Jahren geriet VW in eine Branchenkrise und reduzierte seine Belegschaft zwischen 1990 und 1996 von rund 60.000 auf 45.000 Beschäftigte, was die Arbeitslosenquote in der Stadt von 7,5 auf 17,9 % ansteigen ließ (vgl. Peitsch 2005, S. 222). Das Statistische Landesamt prognostizierte Wolfsburg den Verlust von mehr als einem Drittel seiner Bevölkerung (vgl. Krause 2008, S. 145). Als die Arbeitslosenquote 1998 mit 19,3 % ihren Höchststand erreichte und VW intern die Headquarter-Fähigkeit des Standorts in Frage stellte[3], erarbeitete ein Projektteam der Volkswagen AG und der Stadt Wolfsburg unter Leitung von McKinsey & Co. zunächst eine Bestandsauf-

---

[1] Dieser Abschnitt ist eine gekürzte und aktualisierte Version von Kiese (2012b, S. 276 ff.).
[2] Trainer und Geschäftsführer Sport des Fußball-Bundesligisten VfL Wolfsburg von 2007 bis 2009 sowie von 2011 bis 2012. Die Lizenzspielerabteilung ist als VfL Wolfsburg Fußball GmbH eine hundertprozentige Tochter der Volkswagen AG.
[3] Die Konzernleitung gelangte zu der Erkenntnis, „dass man – ohne selbst einen erheblichen Imageschaden zu erfahren – die Stadt nicht einfach würde ‚hängen lassen' können und als ‚Global Player' kaum in einer Stadt, der Armut, Niedergang und Provinzialität sofort anzumerken wäre, würde residieren können" (Herlyn et al. 2012, S. 62). Dabei stellt die Rekrutierung von Fachkräften ein entscheidendes Motiv dar: Nach einer internen Berechnung, von der ein Gesprächspartner berichtete, musste VW einem Ingenieur im Vergleich mit Freiburg im Breisgau eine Gehaltsprämie von rund 500 € pro Monat zahlen, um die geringe Attraktivität des Standorts Wolfsburg zu kompensieren.

nahme (Volkswagen AG 1998). Dieser zufolge war die wirtschaftliche Situation der Stadt Wolfsburg 1997 gekennzeichnet durch:

- eine überdurchschnittliche Arbeitslosenquote;
- die Dominanz von VW: Etwa 60 % aller Arbeitsplätze waren direkt und weitere 35 % indirekt von VW abhängig;
- eine geringe Zulieferdichte, die um 75 % hinter den Hauptstandorten anderer Automobilhersteller zurückblieb;[4]
- eine geringe Dienstleistungsquote: Der Beschäftigtenanteil im Dienstleistungssektor lag mit 22 % weit unter dem Bundesdurchschnitt;
- eine geringe Gründungsdynamik: In Wolfsburg lag die Gründungsquote um 30 % unter dem Bundesdurchschnitt bei negativer Netto-Neugründungsbilanz;
- eine geringe Kaufkraftabschöpfung: Aufgrund der geringen Attraktivität des Einzelhandelsangebots flossen jährlich 100 bis 200 Mio. € in das Umland ab.

Ansätze zur Steigerung der Wirtschaftskraft waren zwar vorhanden, reichten jedoch nicht zur Korrektur der Standortdefizite aus. Hierfür entwickelte das Projektteam das *Konzept AutoVision*, das VW der Stadt Wolfsburg im Juli 1998 als Geschenk zu deren 60. Geburtstag überreichte. Mithilfe dieses Konzepts sollten binnen fünf Jahren die Arbeitslosigkeit in Wolfsburg durch 10.000 neue Arbeitsplätze halbiert und die Werksstadt in drei Zeithorizonten zu einem Automobilcluster entwickelt werden. Das Konzept sah vor, die Clusterentwicklung auf den vier Modulen „InnovationsCampus", „LieferantenAnsiedlung", „ErlebnisWelt" und „PersonalServiceAgentur" (PSA) aufzubauen (Abb. 3).[5] In den ersten fünf Jahren sollte der Aufbau der vier Einzelmodule im Vordergrund stehen, bevor diese im zweiten Zeithorizont durch weitere Module ergänzt werden sollten. Dabei sollten insbesondere die Bereiche IT und Gesundheitswirtschaft im Sinne einer Diversifizierung der lokalen Branchenstruktur in den Vordergrund rücken, bevor nach acht bis zwölf Jahren die Vernetzung und Koordination der einzelnen Module eine selbstverstärkende Clusterdynamik auslösen sollten. Um eine Clusterentwicklung auf Basis der gewählten Branchen Mobilität, Freizeit, IT und Gesundheit auszulösen, hielt die Wolfsburg AG drei Elemente für notwendig: einen Kristallisationskern (VW), eine ausgeprägte Branchenkompetenz, die Wolfsburg als international anerkanntes Zentrum der Automobilentwicklung und -produktion besitzt, sowie die noch zu verbessernden Ansiedlungsbedingungen für Unternehmen und Arbeitskräfte in der Region (vgl. Wolfsburg AG 2003).

Als zentraler Akteur verfolgte VW mit dem Konzept „AutoVision" verschiedene Ziele (vgl. Peitsch 2005, S. 223 f.): Neben der Schaffung neuer Arbeitsplätze und der Flexibi-

---

[4] Um Konkurrenz um Fachkräfte und damit zusätzlichen Lohndruck zu vermeiden, hielt VW seine Zulieferer lange Zeit auf Distanz, bis sich Just-in-time-Konzepte in der Automobilindustrie durchzusetzen begannen.
[5] Als Geschäftsbereiche der Wolfsburg AG wurden die Module „LieferantenAnsiedlung" und „ErlebnisWelt" später in „MobilitätsWirtschaft" und „FreizeitWirtschaft" umbenannt (vgl. Krause 2008, S. 146 ff.).

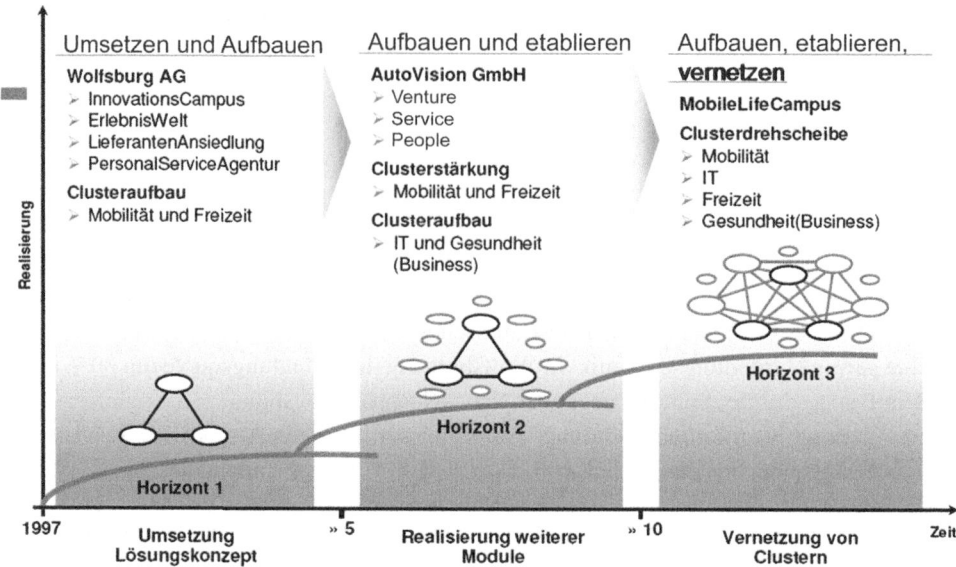

Abb. 3 Horizonte der Clusterentwicklung im Modell „AutoVision". (Wolfsburg AG 2005, S. 16)

lisierung von Beschäftigungsverhältnissen zum Ausgleich von Nachfrageschwankungen im Sinne einer „atmenden Fabrik" (vgl. Jürgens 2000) strebte VW auch einen Imagegewinn durch die Positionierung als innovativer Konzern mit neuen Beschäftigungslösungen an. Die Personalabteilung war zudem an einer Steigerung der Lebensqualität am Standort interessiert, um leichter qualifizierte Arbeitskräfte gewinnen zu können. Das Gewicht dieses Motivs wird durch die zentrale Rolle des damaligen VW-Personalvorstands Peter Hartz als Initiator unterstrichen. Peter Hartz schildert die Entstehung und Entwicklung des Konzepts „AutoVision" und der Wolfsburg AG aus seiner Sicht in Hartz und Kloepfer (2007, S. 131 ff.). Eine wichtige Vorreiter- und Identifikationsrolle nahmen auch der VW-Betriebsrat bzw. die IG Metall ein, die Wolfsburg als Modellregion für neue Arbeitsmarktkonzepte sah. Die aufgeschlossene Einstellung des Wolfsburger Oberbürgermeisters komplettierte schließlich den tripartistischen Schulterschluss, der hinter dem Konzept „AutoVision" stand, auch wenn ein kleiner Teil der recht überschaubaren lokalen Stakeholder-Landschaft dem Projekt skeptisch gegenüberstand (vgl. Peitsch 2005, S. 225 ff.).

Zur Umsetzung der „AutoVision" gründeten die Stadt Wolfsburg und VW im Juli 1999 die Wolfsburg AG als Public-private-Partnership, deren Gründungskapital von 10,1 Mio. € sie zu gleichen Teilen aufbrachten. Die Projektgesellschaft wuchs von 99 Mitarbeitern 1999 auf 217 Mitarbeiter 2005 an und investierte bis einschließlich 2006 gut 160 Mio. €. Im Jahr 2014 beschäftigte die Wolfsburg AG 152 Mitarbeiter (vgl. Wolfsburg AG 2008, 2015). Bis Ende 2014 schrieb die Wolfsburg AG (2015) ihren Aktivitäten die Entstehung von rund 16.000 neuen Arbeitsplätzen in Wolfsburg zu, was dazu beitrug, dass das Ziel der Halbierung der Arbeitslosigkeit 2001 mit einer Quote von nur noch 8,8 % bereits vorzeitig erreicht werden konnte. Ein Teil dieses Rückgangs ist jedoch statistisches Artefakt, da mit den etwa 3000 VW-Vorruheständlern ein gutes Viertel der 1997 noch arbeitslos Gemeldeten allein durch Erreichen des Rentenalters aus der Statistik ausschied (vgl. Voges 2002). Mit der Gründung der Auto 5000 GmbH schuf Volkswagen zudem unabhängig von der Wolfsburg AG 3800 neue Arbeitsplätze, womit das auf 6779 Arbeitsplätze berechnete Projektziel der „AutoVision" bereits mehr als zur Hälfte realisiert war (vgl. Hartz und Kloepfer 2007, S. 131, 141). Bis 2006 stieg die Arbeitslosenquote dann aber wieder leicht bis auf 10,4 % an, sank dann jedoch unterstützt durch die Arbeitsmarktreformen auf Bundesebene bis 2008 zunächst stark auf 6,7 % ab, um bis Ende 2014 weiter auf 4,5 % zurückzugehen (vgl. Stadt Wolfsburg 2015a, S. 18). Aufgrund dieser spektakulären Entwicklung erreichte die Stadt im Zukunftsatlas der Prognos AG 2004 die Spitzenposition und 2007 immer noch den zweiten Platz aller 439 Landkreise und kreisfreien Städte im Dynamikranking. Im Zukunftsatlas 2013 gehörte Wolfsburg mit dem neunten Platz im Gesamtranking und dem vierten Rang im Dynamikranking noch immer zu den Standorten mit „TOP-Zukunftschancen", auch wenn schlechtere Rangplätze in den Bereichen Demografie (82) sowie Wohlstand und soziale Lage (121 von 402) auf weiterhin bestehende Herausforderungen verweisen (vgl. Prognos AG 2013).

Eine Bewertung des kausalen Beitrags der Wolfsburg AG zu dieser Entwicklung erfordert zunächst eine differenzierte Betrachtung der einzelnen Module:

- Der „InnovationsCampus" fördert als Technologie- und Gründerzentrum (vgl. Sternberg et al. 1996) Start-ups in allen Phasen des Gründungsprozesses, indem Geschäftsideen mit Kapitalgebern und unternehmerischem Know-how zusammengeführt werden. Um einen kontinuierlichen Austausch zu ermöglichen, errichtete die Wolfsburg AG mit dem Forum „AutoVision" für 59,8 Mio. € eine „Gründerstadt" mit umfassender Infrastruktur für bis zu 1500 Mitarbeiter nahe des VW-Werks. Im Frühjahr 2013 waren hier gut 60 junge Unternehmen angesiedelt (vgl. Wolfsburg AG 2013). Aus den ersten vier bundesweiten Gründungswettbewerben „Promotion" gingen 25 Gründungen hervor (vgl. Krause 2008, S. 148). Bis 2010 schrieb die Wolfsburg AG dem „InnovationsCampus" einen Beschäftigungseffekt von über 2700 Arbeitsplätzen in 440 gegründeten Unternehmen zu (vgl. Wolfsburg AG 2010, S. 5).
- „MobilitätsWirtschaft": Die Wertschöpfungskette des Automobilherstellers VW soll durch die Ansiedlung von Zulieferern und Dienstleistungsunternehmen im Bereich der Fahrzeugentwicklung und -produktion stärker am Standort Wolfsburg konzentriert werden. Der stärkeren Verzahnung von VW und seinen Zulieferern in Forschung und Entwicklung diente die Eröffnung des Simultaneous-Engineering-Zentrums im Sommer 2000 (vgl. Dierkes 2002, S. 49 f.), in dem rund 700 Mitarbeiter von VW und Lieferanten gemeinsam an der Neu- und Weiterentwicklung von Fahrzeugsystemen arbeiten (vgl. Wolfsburg AG 2013). Montage- und Fertigungsunternehmen der Zulieferbranche werden dagegen in dezentralen Lieferantenparks angesiedelt, während die 2014 zum achten Mal durchgeführte Internationale Zulieferbörse (http://www.izb-online.com/die-izb.html) als Plattform für neueste Entwicklungen und Trends in der Auto-

mobilindustrie dient. Bis März 2010 konnte die „MobilitätsWirtschaft" rund 140 Zulieferer mit mehr als 4500 Beschäftigten ansiedeln (vgl. Wolfsburg AG 2010, S. 5).
- „FreizeitWirtschaft": Die Bestrebungen der Wolfsburg AG zum Aufbau eines Freizeitclusters knüpfen an die rund 435 Mio. € teure Autostadt an, die als automobile Erlebniswelt und Kommunikationsplattform des VW-Konzerns seit ihrer Eröffnung im Juni 2000 nach eigenen Angaben in jedem Jahr rund 2 Mio. Besucher nach Wolfsburg lockt (vgl. Harth et al. 2010, S. 45 ff.). Um Wolfsburg als Kurzurlaubsdestination zu etablieren, wurden im östlich an VW-Werk und Autostadt angrenzenden Allerpark eine neue Fußballarena und ein Erlebnisbad errichtet. Im Jahr 2005 eröffnete das Phaeno Science Center, das die Stadt Wolfsburg für knapp 90 Mio. € von der Stararchitektin Zaha Hadid erbauen ließ (vgl. WAZ Online 2010). Darauf folgten weitere induzierte Investitionen in erlebnisorientierte Freizeitangebote, zu denen auch das Designer Outlet Center zählt (vgl. Herlyn et al. 2012, S. 100 ff.). Für weitere im Allerpark geplante touristische Attraktionen, darunter eine Indoor-Skiarena, ein Multi-Funktions-Dome und ein Ferienresort mit 1000 Betten konnten jedoch keine Investoren gefunden werden. Zum Abbau der Arbeitslosigkeit sollte dieses Modul als „Staubsauger für die sogenannten geringqualifizierten Arbeitslosen" (Hartmann und Geppert 2008, S. 159) beitragen. Obwohl nicht alle Planungen realisiert werden konnten und sich das Phaeno Science Center für die Stadt als unerwartet teuer erwies[6], konnten die weichen Standortfaktoren und die Attraktivität Wolfsburgs deutlich verbessert werden. Dies schlug sich u. a. in einer jahresdurchschnittlichen Zunahme der Gästeankünfte um 3,6 % und der Übernachtungen um 4,7 % zwischen 1999 und 2013 nieder, wenngleich darin auch viele geschäftliche VW-Besucher enthalten sind (Stadt Wolfsburg 2009, S. 83; 2014, S. 98; eigene Berechnungen). Die Steigerung der Attraktivität und die Verbesserung des Images von Wolfsburg dürften dazu beigetragen haben, dass der Bevölkerungsrückgang umgekehrt werden konnte und VW auch die Rekrutierung von Fach- und Führungskräften erleichtern.
- „PersonalServiceAgentur" (PSA): Um Arbeitssuchende in unbefristete Beschäftigungsverhältnisse zu vermitteln, überlässt die PSA nicht nur Arbeitskräfte auf Zeit, sondern bietet darüber hinaus umfassende Personaldienstleistungen, wie Personalberatung, Personal- und Bewerbungsmanagement, Outplacement und Outsourcing sowie Qualifizierungs- und Trainingsmaßnahmen, an (vgl. Dierkes 2002, 52 f.). Mit Abstand wichtigster Kunde der PSA ist die Volkswagen AG. Indem sie Zeitarbeitskräfte unter dem VW-Haustarif an Volkswagen vermittelt, generierte die PSA als „cash cow" der Clusterentwicklung Einnahmen, aus denen die anderen Module finanziert werden konnten (vgl. Hartmann und Geppert 2008, S. 165; Hartz und Kloepfer 2007, S. 135 f.). Dieses Finanzierungsmodell funktionierte, solange VW ausreichenden Bedarf an Zeitarbeitskräften hatte. Zwischen 1999 und 2004 hatte die PSA im Quartalsdurchschnitt über 2000 Zeitarbeitskräfte in Vermittlung, im Rekordjahr 2000

---

[6] Wie so häufig bei öffentlichen Großprojekten, war anfangs nur die Hälfte der späteren Kosten kalkuliert worden (vgl. WAZ Online 2010).

waren es sogar rund 3200. Im Jahr 2005 brach die Nachfrage durch VW dann aber ein; im Mittel konnten nur noch gut 700 Arbeitskräfte vermittelt werden, 2006 waren es nur noch knapp 600 (vgl. Tab. 1). Da der Nachfragerückgang bei VW nicht durch andere Kunden kompensiert werden konnte, büßte die Wolfsburg AG vorübergehend die zentrale Säule ihrer Finanzierung ein. Als alternative Finanzierungsquelle übernahm sie die Abwicklung der Auslandskrankenversicherung im VW-Konzern als Teil ihres neuen Geschäftsbereichs „GesundheitsWirtschaft". Durch den „Klebeeffekt" der vermittelten Zeitarbeitskräfte konnte die PSA bis September 2007 rund 2900 dauerhafte Arbeitsplätze schaffen. Ab 2007 konnte die Vermittlung von Zeitarbeitskräften dann wieder deutlich ausgebaut werden, wodurch auch der Umsatz der Wolfsburg AG neue Rekordwerte erreichte. Dies hängt möglicherweise mit der Auflösung der Auto 5000 GmbH im November 2008 und der Überführung ihrer Mitarbeiter in den höheren VW-Haustarif zusammen (vgl. Blöcker et al. 2009, S. 73). Anfang 2014 wurde das Zeitarbeitsgeschäft in ein gemeinsam mit der AutoVision GmbH betriebenes Joint Venture übertragen (Wolfsburg AG 2015, S. 2).

Seit der erste Horizont des „AutoVisions"-Konzepts mit dem Aufbau dieser vier Geschäftsbereiche abgeschlossen ist, bemüht sich die Wolfsburg AG verstärkt um den Aufbau weiterer Module. Einen Beitrag zum Aufbrechen der Monostruktur am Standort soll die „GesundheitsWirtschaft" leisten, mit der für Wolfsburg einer der weltweit am schnellsten wachsenden Märkte mit hohen Beschäftigungschancen erschlossen werden soll (vgl. Krause 2008, S. 108). Zeitgleich wurde mit dem Aufbau des „MobileLifeCampus" als Plattform für die Vernetzung der Module im dritten Entwicklungshorizont begonnen (vgl. Abb. 3). Nach Fertigstellung des ersten Bauabschnitts für 50 Mio. € wurden die Planungen für vier weitere Bauabschnitte jedoch eingefroren, da große IT-Unternehmen nicht das erhoffte Interesse an größeren Ansiedlungen im Umfeld ihres Kunden VW zeigten. Außerdem gab VW seine ursprüngliche Absicht auf, die im „MobileLifeCampus" untergebrachte Auto-Uni von einem internen Schulungszentrum zu einer privaten Hochschule auszubauen. In ihrer CSR-Berichterstattung stellt die Volkswagen AG (2006, S. 13 ff.) ihr „AutoVisions"-Konzept als Best Practice-Beispiel dar, das inzwischen auch auf die Standorte Kassel, Emden und São Paulo sowie mit der Uitenhage Despatch Development Initiative nach Südafrika übertragen wurde. Das 2005 ebenfalls unter maßgeblicher Beteiligung von VW gegründete Projekt REGION BRAUNSCHWEIG GMBH wurde 2013 organisatorisch mit der Wolfsburg AG zur „Allianz für die Region" (http://www.allianz-fuer-die-region.de) verbunden (vgl. Kiese 2012b, S. 294 ff.).

Die Wolfsburg AG und McKinsey & Co. haben den raschen Rückgang der Arbeitslosigkeit als spektakulären Erfolg des Konzepts „AutoVision" vermarktet, das dadurch auch über Fachkreise hinaus einen hohen nationalen und internationalen Bekanntheitsgrad erreichte. Dabei darf aber nicht übersehen werden, dass der stärkste Rückgang der Arbeitslosigkeit zu einer Zeit erfolgte, als die Wolfsburg AG noch mit dem Aufbau ihrer Organisation und Geschäftsbereiche beschäftigt war, und damit eher mit der allgemei-

Tab. 1 Kennzahlen der Wolfsburg AG, 1999–2014. (Daten: Wolfsburg AG 2011, 2015, S. 2)

	1999	2000	2001	2002	2003	2004	2005	2006	2007	2008	2009	2010	2011	2012	2013	2014
Umsatz (Mio. €)	25,6	92,7	88,4	51,4	84,5	63,0	28,8	26,3	70,2	194,9	180,7	200,9	339,2	453,0	507,0	15,6
Ergebnis (Mio. €)	−5,6	−1,4	−2,4	−1,0	0,8	−0,0	−2,6	2,7	0,5	8,4	10,0	11,5	3,5	1,0	0,8	0,2
Beschäftigte[a]	99	113	141	171	190	241	217	200	74	73	75	89	104	121	126	152
Zeitarbeitnehmer[a]	1041	3209	2293	1614	2581	1693	727	587	1798	5416	3965	4241	7681	9576	8659	0

[a]Jahresdurchschnitt

nen bzw. branchen- und unternehmensspezifischen konjunkturellen Entwicklung erklärt werden kann. Da die berechneten Beschäftigungswirkungen überwiegend auf die Lieferantenansiedlung zurückzuführen sind, hängen die Arbeitsmarkteffekte laut Blöcker et al. (2009, S. 94) maßgeblich von VW-Modellentscheidungen ab. Resultat sei ein regionales Just-in-Time-Cluster „mit geringen Innovationspotenzialen und hohen VW-abhängigen Beschäftigungsschwankungen" (Blöcker et al. 2009, S. 94), wenngleich die regionalen Ingenieursgesellschaften besser in regionale Netzwerke integriert seien. Zudem muss auf die redistributiven Effekte des „Unterlaufens" des VW-Haustarifvertrags durch das Zeitarbeitsmodell der PSA verwiesen werden.

Kritiker verweisen außerdem darauf, dass die Mehrzahl der von der Wolfsburg AG umgesetzten Konzepte ohnehin zur Konzernstrategie gehörte und durch die „AutoVision" lediglich eine neue „Verpackung" erhielt, insbesondere die PSA sowie die werksnahe Ansiedlung von Zulieferern im Zuge von Just-in-time-Logistikkonzepten (vgl. Sternberg et al. 2004, S. 173). Letztere wird von Selenz (2005, S. 127 ff.) kritisch beurteilt, da sie im Sinne einer „beggar-my-neighbour"-Politik Zulieferer von anderen Standorten abwerbe oder gar zur Verlagerung zwinge und so auch die Abhängigkeit der Zulieferer von VW erhöhe. Innerhalb Südostniedersachsens habe die Wolfsburger Dynamik laut Hartmann und Geppert (2008, S. 165) außerdem zu einer „erheblichen intraregionalen Polarisierung" geführt: Während der Landkreis Gifhorn durch Suburbanisierung aus Wolfsburg sowie die Städte Braunschweig und Peine als Dienstleistungszentren von Ausstrahlungseffekten profitieren konnten, seien „Schrumpfungsgebiete" wie Salzgitter, Helmstedt oder Goslar „fast vollständig von der Entwicklung abgekoppelt und erheblichen Abwertungsprozessen ausgesetzt" (Hartmann und Geppert 2008, S. 166). Diese Aussage wird von der Bevölkerungs- und Beschäftigtenentwicklung der Landkreise und kreisfreien Städte zwischen 1999 und 2008 untermauert, die vor allem den Landkreis Gifhorn als Gewinner ausweist (vgl. Jung et al. 2010, S. 19 ff.).

Das Wolfsburger Clusterkonzept „AutoVision" ist im interregionalen Vergleich durch seinen ganzheitlichen, in die Stadtentwicklung hineinreichenden Ansatz sowie die hohen Investitionen von VW und Stadt im Umfeld des Moduls „FreizeitWirtschaft" gekennzeichnet. Es wird daher von Pohl (2005) als Fallbeispiel von Urban Governance und von Albers (2011) als Element der Corporate Urban Responsibility von VW am Standort Wolfsburg diskutiert. Die konzeptionelle Ausrichtung der „AutoVision" fördert die Entwicklung einer Werksstadt zu einem vernetzten Automobilcluster, trägt aber zumindest kurz- und mittelfristig dazu bei, die dominierende Position von VW und damit die Anfälligkeit der regionalen Wirtschaft gegenüber zyklischen und strukturellen Einbrüchen zu stärken. Da auch die neu aufzubauenden Wachstumsbranchen IT und Gesundheitswirtschaft langfristig mit den vorhanden Clustern vernetzt werden sollen, ist ungeachtet der stabilisierenden Wirkung dieser Diversifikationsbemühungen nicht zu erwarten, dass sich die Abhängigkeit des Standorts von VW verringert.

Seit dem Start der Wolfsburg AG konnte die Stadt vom überwiegend stabilen Umsatzwachstum und den Gewinnen des Volkswagen-Konzerns profitieren, steht aber durch den aktuellen Abgas-Skandal nun erstmals wieder vor einer Bewährungsprobe, deren Konsequenzen gegenwärtig noch nicht absehbar sind. Nach einer Gewinnwarnung von VW hat die Stadt Wolfsburg im September 2015 in Erwartung deutlicher Gewerbesteuereinbußen bereits eine Haushaltssperre und einen Einstellungsstopp verhängt (vgl. FAZ.net 2015). Trotz einzelner gescheiterter Projekte und verbleibender demografischer und sozialer Probleme hat das direkte Engagement des VW-Konzerns über eigene Projekte und die der Wolfsburg AG sowie indirekt durch Gewerbesteuerzahlungen für „seine" Stadt erkennbare Früchte getragen.

4 Fallbeispiel Mitteldeutschland[7]

Nach der Wiedervereinigung Deutschlands formierten sich schnell erste grenzüberschreitende Initiativen zwischen den neuen Bundesländern Sachsen, Sachsen-Anhalt und Thüringen (Tab. 2). Große Industrieunternehmen, die in den 1990er-Jahren in Mitteldeutschland investiert hatten, gerieten in der zweiten Hälfte des Jahrzehnts zunehmend in Sorge über den seit 1995 stagnierenden Aufholprozess gegenüber Westdeutschland und die anhaltende Abwanderung gut ausgebildeter junger Arbeitskräfte („brain drain"). Im Gegenzug erwies sich das negative Image der Region als Hemmnis bei der Gewinnung qualifizierter Arbeitskräfte und die Grenzen der Bundesländer verhinderten eine kohärente Förderpolitik für Ansiedlungen, Gründungen, Forschung und Innovation. Unter der zersplitterten Förderlandschaft litten besonders die Unternehmen, die sich im mitteldeutschen Chemiedreieck niedergelassen hatten, wie die Dow Olefinverbund GmbH.

Durch seine internationale Präsenz und Standorte in vielen Entwicklungsländern verfügte der US-amerikanische Konzern Dow Chemical Company über Erfahrungen mit der Übernahme regionaler Verantwortung als dominierendes Unternehmen in entwicklungsschwachen Regionen. Der Zusammenhang von Regionalentwicklung und Unternehmenserfolg war auch dem niederländischen Geschäftsführer der Dow Olefinverbund GmbH, Bart Groot, bewusst, der zuvor für Dow Chemical in Brasilien gearbeitet hatte. Groots persönlicher Einsatz führte im Jahr 2000 zur Gründung der Initiative „Regionenmarketing für Mitteldeutschland" (vgl. Fear und Ketels 2006), der nach einem Jahr bereits 40 Mitgliedsorganisationen angehörten, darunter strukturbestimmende Unternehmen, Industrie- und Handelskammern sowie größere Städte der Region. Die Initiative betrachtete die länderübergreifenden Wirtschaftsstrukturen als zentrales Potenzial Mitteldeutschlands, dessen Realisierung aber durch eine Reihe negativer Strukturmerkmale und Entwicklungen bedroht war (Wurpts 2010, S. 2):

---

[7] Dieser Abschnitt ist eine gekürzte und aktualisierte Version von Kiese 2012a.

Tab. 2 Wirtschaftsinitiative Mitteldeutschland: Vorläufer, Anfänge und verwandte Initiativen. (Ergänzt nach Fear und Ketels 2006, S. 17 und www.mitteldeutschland.com; siehe auch Kranepuhl 2009, S. 38)

Jahr	Initiative/Ereignis
1992	Aktion Mitteldeutschland e. V. (IHK Halle-Dessau)
1993	Länderübergreifende Raumordnungskommission Halle-Leipzig
1997	Regionalforum Mitteldeutschland
1999	Erste Mitteldeutschland-Konferenz: „Konzept, Konstruktion und historische Realität" Zukunftskonferenz Mitteldeutschland
2000	Regionenmarketing für Mitteldeutschland
2001	Mitgliederbefragung: Stärken und Schwächen von Mitteldeutschland Vision „Mitteldeutschland 2010" Regionalmarketing entwickelt Leitbild Regionalmarketing als GmbH gegründet; 40 Mitglieder 1. Konferenz (Leipzig, „Ausbildung")
2002	Ministerpräsidenten verkünden Initiative Mitteldeutschland 2. Konferenz (Schkopau, „Dynamische Wachstumsregionen in Europa")
2003	Marketingkampagne „Here it works"
2004	3. Konferenz (Halle, „Clusterentwicklung über Landesgrenzen") Strategie zur Clusterentwicklung in Mitteldeutschland
Ab 2005	Umbenennung zur Wirtschaftsinitiative für Mitteldeutschland (WIM) (2006) Ausdehnung auf Bundesländer
2013	Verantwortungsinitiative „V Faktor" gestartet
2014	Fusion der Wirtschaftsinitiative für Mitteldeutschland mit der Metropolregion Mitteldeutschland zur Europäischen Metropolregion Mitteldeutschland e. V.

- anhaltende Abwanderung und demografischer Wandel;
- geringe industrielle Dichte und eine nachteilige Funktionsstruktur mit vielen Zweigbetrieben („verlängerten Werkbänken") und fehlenden Hauptsitzen großer Unternehmen;
- gegensätzliche Stadt-Land-Entwicklung;
- zunehmend schwächere öffentliche Finanzausstattung;
- nur schwach ausgeprägte Kooperation zwischen Wirtschaft und Wissenschaft;
- schlechtes Image und eine uneinheitliche Vermarktung trotz gemeinsamer Themen, z. B. Luther, Bauhaus usw. (Frank 2009, S. 11);
- unkoordinierte und z. T. konkurrierende Regional- und Landespolitiken.

Nachdem die Initiative 2000 ursprünglich für das Marketing der Region Mitteldeutschland gegründet wurde, wurde den Initiatoren und treibenden Kräften schnell bewusst, dass das zu vermarktende „Produkt" Mitteldeutschland als Wirtschaftsraum weiterentwickelt werden musste. Das Aktivitätsspektrum wurde daher sukzessiv um den Auf- und Ausbau institutionalisierter Clusterstrukturen ab 2004, die Förderung von Innovationen durch den IQ Innovationspreis Mitteldeutschland ab 2006 sowie das Handlungsfeld Fachkräfte ab 2009 erweitert. Die Umbenennung von Regionenmarketing in Wirtschaftsinitiative (WIM) 2006 reflektierte schließlich diese Erschließung neuer Handlungsfelder.

In der Clusterförderung verfolgt die WIM seit 2004 das Ziel, neue Clusterinitiativen zu institutionalisieren und bestehende regionale Initiativen unter einem gemeinsamen Dach mit der Marke Mitteldeutschland zu vermarkten. Dabei werden Cluster als „flexible Netzwerke einander ergänzender kleiner und großer Unternehmen sowie Forschungs-, Entwicklungs- und Qualifizierungseinrichtungen" verstanden, die „aufgrund enger Lieferverflechtungen und Kooperationsbeziehungen eine hohe Wettbewerbsfähigkeit entfalten" (WIM 2008, S. 1). In ihrer Clusterstrategie unterscheidet die Initiative Mikro-Cluster, die wie die Optoelektronik in Jena oder die Mikroelektronik im Raum Dresden auf einzelne Städte und ihr Umland beschränkt sind, und Makro-Cluster, die erst länderübergreifend eine kritische Masse erreichen (vgl. WIM 2008). Solche Makro-Cluster lassen sich nicht effektiv durch ein einzelnes Bundesland steuern, da die funktionale Region des Clusters die administrative Region überschreitet und zu einem „underbounding" der Clusterpolitik führen würde (vgl. Kiese 2012b, S. 325). Unter dem Dach der WIM sind gegenwärtig neun Clusterinitiativen vereint (Tab. 3).

Das Portfolio der mitteldeutschen Clusterinitiativen ist hinsichtlich Organisationsgrad und institutioneller Dichte relativ heterogen. Während in den stark institutionalisierten Bereichen Automotive, Biotechnologie/Life Sciences und Chemie/Kunststoffe versucht wird, unverbundene Landesinitiativen zu vernetzen, ist der Organisationsgrad in der Informationstechnologie noch sehr gering. Als länderübergreifende Initiative ist die WIM besonders bestrebt, die „zumeist nur schwach ausgeprägten Kooperationsbeziehungen und Lieferverflechtungen in den länderübergreifenden Makro-Clustern" (WIM 2008, S. 2) zu verbessern.

Zehn Jahre nach der Gründung als Regionenmarketing zog der damalige WIM-Geschäftsführer Wurpts (2010, S. 5) eine positive Zwischenbilanz. Als Belege führt er das Wachstum der Mitgliederzahl und den Aufbau neuer bzw. die Unterstützung vorhandener länderübergreifender Clusterinitiativen an, von denen Solarvalley sogar von der Bundesregierung als Spitzencluster ausgezeichnet und gefördert wurde. Für die Bereiche Biotechnologie/Life Sciences sowie Chemie/Kunststoffe konnte Komar (2006) einen signifikant positiven Einfluss von Kooperationsneigung und Vernetzung auf die Produktivität mitteldeutscher Unternehmen nachweisen. Nur in den „regionalen Stärkefeldern" Energie- und Umweltwirtschaft sowie Ernährungswirtschaft ist die angestrebte Institutionalisierung von Netzwerken bislang nicht gelungen (WIM 2010, S. 11). Auch den jüngeren Handlungsfeldern Innovation und Fachkräfteentwicklung konnten mit der Bündelung von zuvor fünf Wettbewerben zum IQ Innovationspreis Mitteldeutschland sowie der Etablierung der Absolventenmesse Mitteldeutschland erste Projekte realisiert werden. Die WIM sieht sich außerdem als Impulsgeber zur Begründung weiterer länderübergreifender Vereine und Organisationen in Mitteldeutschland bis hin zur Bildung der Metropolregion Mitteldeutschland (vgl. Knieling et al. 2007; Franz und Hornych 2009).

Unabhängige Beobachter attestieren der WIM die führende Rolle im mitteldeutschen Regionalisierungsprozess, sie stellt für Kranepuhl (2009, S. 82) die erfolgreichste länder-

Tab. 3 Clusterinitiativen unter dem Dach der Wirtschaftsinitiative Mitteldeutschland. (MRMD 2015, siehe auch Kiese 2012a, S. 18 ff.)

Clusterinitiative	Kurzbeschreibung
Automotive Cluster Ostdeutschland (ACOD, *2004)	Von den in Ostdeutschland aktiven Automobilherstellern (OEMs) gegründet Umfasst alle neuen Bundesländer Reaktion auf isolierte Clusterinitiativen einzelner Bundesländer 1999/2000
Cluster Biotechnologie – Life Sciences (*2004)	BioInstrumente Jena e. V. (*1995), mobilisiert durch BioRegio-Wettbewerb des BMBF (vgl. Stegemann 2003, Dohse 2007) Bioregion Halle-Leipzig Management GmbH (*1996) ⇒ BIO Mitteldeutschland GmbH (2002) BioSaxony e. V. (*2009)
BioEconomy Cluster (*2012)	Sieger in der dritten Runde des BMBF-Spitzenclusterwettbewerbs (vgl. Kiese 2012b, S. 131) Verbindet chemische Industrie, Papier- und Zellstoffindustrie, Land- und Forstwirtschaft, Energiewirtschaft sowie Maschinen- und Anlagenbau in einer Innovations- und Wertschöpfungskette
Cluster Chemie/Kunststoffe (*2004)	Zentraler Ausgangspunkt der WIM Koordinierende Aufgaben (Vernetzung der Landesinitiativen), Kommunikations- und Lobbyarbeit Kunststoff: Verbindung der Landesinitiativen Polykum e. V. in Sachsen-Anhalt (*2002) (Polykum baute auf dem Netzwerk „Mitteldeutsche Kunststofftechnik" auf, das 1997 aus der Regionalen Innovationsstrategie Halle-Leipzig-Dessau hervorging; vgl. Henckel et al. 2007, S. 93), PolymerMat e. V. in Thüringen (*2002) und Netzwerk Automobilzulieferer Kunststofftechnik Sachsen (AMZ-K, *2001) Chemie: Netzwerk Chemiestandorte Mitteldeutschlands (CeChemNet, *2002), Netzwerk europäischer Chemieregionen (ECNR, *2003)
Cluster Informationstechnologie (*2009)	Nur 38 Mitglieder (07/2015, vgl. http://www.it-mitteldeutschland.de/der-verein/kurzportraet) obwohl zur IT-Wirtschaft in Mitteldeutschland 650 Unternehmen mit 30.000 Mitarbeitern gezählt werden (vgl. Hillmann 2009, S. 9)
Cluster Solarvalley Mitteldeutschland (*2009)	Im Jahr 2009 Sieger in der ersten Runde des BMBF-Spitzenclusterwettbewerbs (vgl. Kiese 2012b, S. 131)
Cluster Optonet (*1999)	Insgesamt 101 Mitglieder, darunter 73 Industrieunternehmen, zwölf Forschungs- und Bildungseinrichtungen, sieben Beratungsunternehmen und Personaldienstleister, vier Banken und Beteiligungsgesellschaften, fünf Netzwerke und öffentliche Einrichtungen Insgesamt 175 Photonik-Unternehmen in Thüringen (http://www.optonet-jena.de) Konzentration auf Thüringen mit Jena als Kristallisationskern ⇒ Mikro-Cluster ohne länderübergreifende Strukturen
Netzwerk Logistik Leipzig-Halle e. V. (*2008)	Insgesamt 144 Mitglieder (Logistik-Dienstleister, -Zulieferer und Verlader, öffentliche Verwaltung, Kammern, Verbände, Forschungs- und Bildungseinrichtungen) (http://www.logistik-leipzig-halle.net)
Silicon Saxony (*2000)	Über 300 Hersteller, Zulieferer, Dienstleister, Hochschulen, Forschungsinstitute und öffentliche Einrichtungen im Raum Dresden

übergreifende Kooperation in Mitteldeutschland dar. Die Initiative hat den Dialog zwischen privaten und öffentlichen Akteuren der Regionalentwicklung stimuliert und konstanten Druck auf die Politik zur Überwindung territorialer Egoismen erzeugt. Die WIM bietet zudem Anschauungsmaterial für die Motivation von Unternehmen zu regionalem Engagement zwecks Verbesserung ihrer Standortbedingungen sowie die Rolle von Schlüsselpersonen und Führungskraft („leadership") in der Regionalentwicklung, wie die WIM-Fallstudie der Harvard Business School von Fear und Ketels (2006) zeigt.

Zu kritisieren ist allerdings, dass die Agenda der WIM entscheidend von Großunternehmen, wie Dow Chemical und BMW, bestimmt wird, und dass der privaten Initiative als Akteurin der Regionalentwicklung jede demokratische Legitimation und Kontrolle fehlt. Trotz dauerhafter Lobbyarbeit ist nach wie vor wenig Koordination oder gar Kooperation zwischen den Landespolitiken in Mitteldeutschland zu beobachten (vgl. Kranepuhl 2009, S. 67 ff.)[8], und auch die WIM weist nur wenige Verknüpfungen mit den Landesregierungen auf. In der Clusterpolitik kann die Konkurrenz öffentlicher und privater Initiativen außerdem leicht zu einer Überinstitutionalisierung führen („congested state", Burfitt und MacNeill 2008). In diesem Zusammenhang kann neben der Bündelung konkurrierender Clusterinitiativen der Zusammenschluss der WIM mit der Metropolregion Mitteldeutschland im März 2014 als eine institutionelle Bereinigung angesehen werden, die die regionale Organisationskapazität stärkt (vgl. Kiese 2012b, S. 113). Dem dadurch entstandenen Metropolregion Mitteldeutschland e. V. gehörten zum Start 54 Unternehmen, drei Industrie- und Handelskammern sowie die Städte Leipzig, Halle (Saale), Dessau-Roßlau, Jena, Gera, Chemnitz und Zwickau an (vgl. MRMD 2014).

5 Schlussfolgerungen

Der vorliegende Beitrag untersuchte die Rolle des unternehmerischen Engagements in der Clusterentwicklung zunächst allgemein und dann anhand von zwei Fallbeispielen. Die allgemeine Diskussion hat die Interdependenz von Unternehmens- und Stadt- bzw. Regionalentwicklung hervorgehoben und gezeigt, dass Unternehmen von einem strategischen Engagement durch die Verbesserung ihrer Standortbedingungen bzw. ihres Unternehmensumfelds profitieren können. Als Fallbeispiele wurden das Engagement des dominanten Großunternehmens an seinem Standort Wolfsburg sowie das vernetzte Engagement vieler strukturbestimmender Unternehmen in der Region Mitteldeutschland ausgewählt. Trotz dieser Unterschiede sind beide Beispiele durch die Motive der Clusterentwicklung und der Steigerung der regionalen Attraktivität zwecks Rekrutierung und Retention hochquali-

---

[8] Die 2002 von den Ministerpräsidenten verkündete politische Initiative Mitteldeutschland führte zwar zu einzelnen Projekten wie der Fusion der Landesversicherungsanstalten, dem Ausbau des Flughafens Leipzig/Halle zum Mitteldeutschen Logistikzentrum oder gemeinsamen Gesetzesinitiativen. Dennoch bestehen Fördermittelkonkurrenz und Doppelstrukturen unvermindert fort, nicht zuletzt weil die mangelnde Kompatibilität der drei Landesverwaltungen eine weitergehende Kooperation erschwert.

fizierter Arbeitskräfte verbunden. Corporate-Regional-Responsibility-Aktivitäten wurden jeweils ausgelöst durch Standortdefizite, die als Bedrohung der Wettbewerbsfähigkeit des Unternehmenssitzes (VW) bzw. der Betriebsstandorte wahrgenommen wurden.

Unternehmen können von strategischen Investitionen in die Verbesserung ihrer Standortbedingungen und des regionalen Unternehmensumfelds profitieren. Dominiert ein einzelnes Unternehmen die lokale Wirtschaft, z. B. VW in Wolfsburg, ist die Interdependenz von Unternehmens- und Standortentwicklung offensichtlich. In anderen Fällen muss zunächst die strategische Nutzung von CRR über ein rein philanthropisches Engagement hinaus mobilisiert werden. Wie das Fallbeispiel Mitteldeutschland zeigt, kann das persönliche Engagement einzelner Führungskräfte dazu beitragen, Mobilisierungshemmnisse, z. B. das Trittbrettfahrerverhalten, zu überwinden und CRR-Aktivitäten in ausgewählten Handlungsfelder zu initiieren und zu organisieren.

Öffentliche Akteure stehen häufig vor der Herausforderung, angesichts beschränkter eigener Handlungsspielräume privatwirtschaftliche Akteure für Ziele der Standort- und Regionalentwicklung zu mobilisieren. Dafür müssen sie Unternehmen das Bewusstsein vermitteln, dass diese von verbesserten Standortbedingungen profitieren und ihr Engagement strategisch ausrichten, statt lediglich mit der freiwilligen Übernahme gesellschaftlicher Verantwortung ihr Image zu verbessern. Als modellhaft erprobte Instrumente können hierfür Pilotprojekte wie die Verantwortungspartner-Methode der Bertelsmann Stiftung dienen (vgl. Schmidpeter und Kleine-König 2010). Auch Wettbewerbe wie das 2004 vom damaligen Bundesministerium für Arbeit initiierte Forschungsprojekt „Strategische Partnerschaften zwischen Unternehmen und Kommunen", aus der z. B. die Strategische Partnerschaft Sensorik in Regensburg hervorgegangen ist (vgl. Kiese 2012b, S. 268–275), erscheinen dafür geeignet.

Mit seinem explorativen Fallstudiendesign konnte der vorliegende Beitrag die gestellten Leitfragen nach dem wie, warum und mit welchem Erfolg weder systematisch noch abschließend beantworten. Dafür sollte zukünftige Forschung der Frage nach den Determinanten von CRR-Aktivitäten in einer Mehrebenenperspektive nachgehen: Welchen Einfluss haben die nationalen, regionalen und lokalen institutionellen Rahmenbedingungen? In welchem Umfang können dagegen Unternehmensmerkmale wie Größe, Branche, Rechtsform oder Kontrollstruktur („corporate governance") oder sogar persönliche Eigenschaften und Motive von Entscheidungsträgern Art und Umfang von CRR-Aktivitäten erklären? Neben den Motiven gilt es aber auch die Hemmnisse zu erforschen, die einem (stärkeren) CRR-Engagement auf den genannten Ebenen entgegen stehen – nur so lassen sich Erkenntnisse gewinnen, die für eine effektivere Mobilisierung dieser Ressource für die Stadt- und Regionalentwicklung genutzt werden können. Forschungsbedarf besteht weiterhin in der Einbettung von CRR in regionale Governance-Strukturen, was eine Analyse der Akteurskonstellationen und der (Macht-)Beziehungen zwischen den Stakeholdern erfordert (vgl. Peitsch 2005). Last but not least, stellt die Operationalisierung und Messung der Effekte von Clusterpolitik und CRR gleichermaßen weiterhin eine Herausforderung für die Forschung dar.

Literatur

Albers H-H (2011) Corporate Urban Responsibility: Die gesellschaftliche Verantwortung von Unternehmen in der Stadtentwicklung. Campus, Frankfurt a.M.

http://www.allianz-fuer-die-region.de. Zugegriffen: 16.11.2016

Arrow KJ (1994) Methodological Individualism and Social Knowledge. Am Econ Assoc Pap Proc 84(2):1–9

Bathelt H, Glückler J (2012) Wirtschaftsgeographie: Ökonomische Beziehungen in räumlicher Perspektive, 3. Aufl. Ulmer, Stuttgart

Benz A (2007) Multilevel Governance. In: Benz A, Lütz S, Schimank U, Simonis G (Hrsg) Handbuch Governance: Theoretische Grundlagen und empirische Anwendungsfelder. VS, Wiesbaden, S 297–310

Blöcker A, Jürgens U, Meißner H-R (2009) Innovationsnetzwerke und Clusterpolitik in europäischen Automobilregionen: Impulse für Beschäftigung. LIT, Münster

Brandt A (2008) Sind Cluster machbar? Zur ökonomischen Begründung von Clusterpolitik und zur politischen Gestaltbarkeit von Clusterkonzepten. In: Kiese M, Schätzl L (Hrsg) Cluster und Regionalentwicklung: Theorie, Beratung und praktische Umsetzung. Rohn, Dortmund, S 111–126

Brandt A, Bredemeier S, Jung H-U, Lange J (Hrsg) (2007) Public Private Partnership in der Wirtschaftsförderung: Herausforderungen, Chancen und Grenzen. Dt. Sparkassenverl, Stuttgart

Bröring H (2007) Gemeinsam geht es besser! PPP beim Lückenschluss der A 31. In: Brandt A, Bredemeier S, Lange J, Jung H-U (Hrsg) 2007: Public Private Partnership in der Wirtschaftsförderung: Herausforderungen, Chancen und Grenzen. Dt. Sparkassenverl, Stuttgart, S 69–74

Buchanan JM (1965) An Economic Theory of Clubs. Economica 32:1–14

Burfitt A, MacNeill S (2008) The Challenges of Pursuing Cluster Policy in the Congested State. Int J Urban Reg Res 32(2):492–505

Burkhardt N, Hillmann G (2009) Unternehmen Region: Die Innovationsinitiative des BMBF für die neuen Länder. Inf Raumentwickl 36(5):305–315

CCCD (2007) Corporate Citizenship – Gesellschaftliches Engagement von Unternehmen in Deutschland und im transatlantischen Vergleich mit den USA: Ergebnisse einer Unternehmensbefragung des CCCD. Berlin: Centrum für Corporate Citizenship Deutschland e. V. http://www.cccdeutschland.org. Zugegriffen: 19.09.2011

Dierkes K (2002) AutoVision – eine Herausforderung für die Wolfsburg AG und die ganze Region. Neues Arch Für Niedersachs (1):47–54

Dohse D (2007) Cluster-based Technology Policy: The German Experience. Ind Innov 14(1):69–94

FAZ.net (2015) Stadt Wolfsburg verhängt Haushaltssperre, 28.09.2015. http://www.faz.net/aktuell/wirtschaft/nach-abgas-skandal-stadt-wolfsburg-verhaengt-haushaltssperre-13828821.html. Zugegriffen: 03.02.2016

Fear J, Ketels CHM (2006) Cluster Mobilization in Mitteldeutschland. (= HBS Case N9-706-045). Harvard Business School, Boston, MA.

Frank G (2009) Vorhandene Kräfte bündeln und stärken – Problemskizze zu Chancen und Grenzen bestehender Förderinstrumentarien in Mitteldeutschland. Vortrag auf dem Forum Mitteldeutscher Oberbürgermeister, Halle/Saale, 30.10.2009

Franz P, Hornych C (2009) Political Institutionalisation and Economic Specialisation in Polycentric Metropolitan Regions – The Case of the East-German „Saxony Triangle". (= IWH-Diskussionspapiere, 6/2009). Halle: Institut für Wirtschaftsforschung Halle. http://www.iwh-halle.de/d/publik/disc/6-09.pdf. Zugegrifen: 25.10.2015

Frey RL (2003) Regional Governance zur Selbststeuerung territorialer Subsysteme. Inf Raumentwickl 30(8/9):451–462

Fritsch M (2014) Marktversagen und Wirtschaftspolitik: Mikroökonomische Grundlagen staatlichen Handelns, 9. Aufl. Vahlen, München

Fürst D (2004) Regional Governance. In: Benz A (Hrsg) Governance – Regieren in komplexen Regelsystemen: Eine Einführung. Governance, Bd. 1. VS, Wiesbaden, S 45–64

Fürst D (2007) Regional Governance. In: Benz A, Lütz S, Schmank U, Simonis G (Hrsg) Handbuch Governance: Theoretische Grundlagen und empirische Anwendungsfelder. VS, Wiesbaden, S 353–365

Harth A, Herlyn U, Scheller G, Tessin W (2010) Stadt als Erlebnis: Wolfsburg. Zur stadtkulturellen Bedeutung von Großprojekten. VS, Wiesbaden

Hartmann D, Geppert G (2008) Cluster: Die neue Etappe des Kapitalismus. Materialien für einen neuen Antiimperialismus, Bd. 8. Assoziation A, Berlin, Hamburg

Hartz P, Kloepfer I (2007) Macht und Ohnmacht: Ein Gespräch mit Inge Kloepfer. Hoffmann und Campe, Hamburg

Heike F (2007) „Meine Arbeit wird manchmal diskreditiert" – Alleinherrscher in Wolfsburg: Felix Magath über Kritiker, Rausschmisse und den Komplex des VfL. Frank Allg Sonntagszeitung (32) 12.08.2007, S. 17

Henckel D, Pätzold R, Wukovitsch F, Besecke A, Wagner A, Spars G, Heinze M, Busch R, Naismith I-C, Küpper UI (2007) Möglichkeiten und Grenzen einer länderübergreifenden Förderpolitik zur „Stärkung von wirtschaftlichen Stärken" (Cluster) in Ostdeutschland. Endbericht im Auftrag des Bundesministeriums für Verkehr, Bau und Stadtentwicklung. BMVBS, Berlin

Herlyn U, Tessin W, Harth A, Scheller G (2012) Faszination Wolfsburg 1938–2012, 2. Aufl. Springer VS, Wiesbaden

Hillmann C (2009) Eine Branche bekommt Gesicht: Mitteldeutsches IT-Cluster steht aVerein nun auf eigenen Füßen. Wirtschaftsjournal Special 2009, S 9. http://www.it-mitteldeutschland.de/fileadmin/user_upload/it-mitteldeutschland.de/Eine_Branche_bekommt_ein_Gesicht_Wirtschaftsjournal_l_Special_Dez_2009.pdf. Zugegriffen: 21.06.2011

Hollbach-Grömig B, Floeting H (2008) Kommunale Wirtschaftsförderung 2008: Strukturen, Handlungsfelder, Perspektiven. Difu-Papers, Bd. 2/2008. Deutsches Institut für Urbanistik, Berlin

http://www.izb-online.com/die-izb.html. Zugegriffen: 16.11.2016

Jung H-U, Böttcher F, Hardt U, Skubowikus A (2010) Regionalmonitoring Niedersachsen – Regionalreport 2009: Positionierung und Entwicklungstrends ländlicher und städtischer Räume. Niedersächsisches Institut für Wirtschaftsforschung e. V., Hannover

Jürgens K (2000) Das Modell Volkswagen. Beschäftigte auf dem Weg in die atmende Fabrik. Z Arbeitswiss 54(2):89–96

Kiese M (2008) Vom Hannover-Projekt zu hannoverimpuls: Clusterorientierte Wirtschaftsförderung in der Region Hannover. In: Kiese M, Schätzl L (Hrsg) Cluster und Regionalentwicklung: Theorie, Beratung und praktische Umsetzung. Rohn, Dortmund, S 199–230

Kiese M (2012a) Clusterpolitik und föderale Vielfalt: Mitteldeutschland als typisches Beispiel oder Ausnahmeerscheinung? In: Brachert M, Henn S (Hrsg) Cluster in Mitteldeutschland – Strukturen, Potenziale, Förderung. IWH-Sonderheft, Bd. 5/2012. Institut für Wirtschaftsforschung Halle, Halle (Saale), S 7–28

Kiese M (2012b) Regionale Clusterpolitik in Deutschland: Bestandsaufnahme und interregionaler Vergleich im Spannungsfeld von Theorie und Praxis. Metropolis, Marburg

Knieling J, Rahlf S, Rosenfeld MTW, Franz P, Frahm T, Hanebeck K, Wiechmann T, Egermann M (2007) Metropolregionen – Chancen der Raumentwicklung durch Polyzentralität und regionale Kooperation: Voraussetzungen für erfolgreiche Kooperationen in den großen Wirtschaftsräumen der neuen Länder am Beispiel der Metropolregion Sachsendreieck. Werkstatt: Praxis, Bd. 54. Bundesamt für Bauwesen und Raumordnung, Bonn

Komar W (2006) Kooperationsverhalten, Vernetzung und einzelwirtschaftliche Effekte von Unternehmen der Kunststoff- und Biotechnologiebranche in Mitteldeutschland. Eine Analyse am Beispiel der Clusterinitiativen „ChemieKunststoffe" und „BiotechnologieLife Sciences". IWH-Sonderheft, Bd. 2006-2. Institut für Wirtschaftsforschung Halle, Halle

Kranepuhl S (2009) Möglichkeiten und Grenzen länderübergreifender Kooperationen im Raum Halle-Leipzig. Schriftenreihe des Forschungsverbundes KoReMi, Bd. 3. Univ. Leipzig, Leipzig

Krause T (2008) Der clusterbasierte Ansatz der Wolfsburg AG zur Wirtschafts- und Beschäftigungsentwicklung. In: Kiese M, Schätzl L (Hrsg) Cluster und Regionalentwicklung: Theorie, Beratung und praktische Umsetzung. Rohn, Dortmund, S 145–149

Linde CM van der (2002) Findings from the Cluster Meta-Study. Harvard Business School. http://www.paca-online.org/cop/docs/Claes_vd_Linde__Results_from_the_cluster_meta-study.pdf. Zugegriffen: 01.08.2014

Meffert H, Münstermann M (2005) Corporate Social Responsibility in Wissenschaft und Praxis: Eine Bestandsaufnahme. Arbeitspapier, Bd. 186. Wiss. Ges. für Marketing und Unternehmensführung, Münster

MRMD (Metropolregion Mitteldeutschland) (2014) Unternehmen und Kommunen fusionieren zur „Europäischen Metropolregion Mitteldeutschland". Pressemitteilung. http://www.mitteldeutschland.com/de/leistungen/presse/single-ansicht/datum/2014/03/18/unternehmen-und-kommunen-fusionieren-zur-europaeischen-metropolregion-mitteldeutschland.html. Zugegriffen: 25.10.2015

MRMD (2015) Cluster in Mitteldeutschland. http://www.mitteldeutschland.com/leistungen/cluster.html. Zugegriffen: 25.10.2015

North DC (1990) Institutions, Institutional Change and Economic Performance. Cambridge Univ. Press., Cambridge

Peitsch AL (2005) Strategisches Management in Regionen: Eine Analyse anhand des Stakeholder-Ansatzes. Schriften des Center for Controlling & Management, Bd. 19. Dt. Univ.-Verl., Wiesbaden

Pohl J (2005) Urban Governance à la Wolfsburg. Inf Raumentwickl 32(9/10):637–647

Porter ME (1990) The Competitive Advantage of Nations. Harv Bus Rev 68(2):73–93

Porter ME (1998) On Competition. The Harvard Business Review Book Series. The Harvard Business School Publishing, Boston

Prätorius G (2003) Die Region und das Unternehmen als Entwicklungspartnerschaft. In: Lompe K, Oberbeck H (Hrsg) Innovation – regional und global: Festschrift für Günter Geisler. Olms, Hildesheim u. a., S 183–196

Prognos AG (2013) Prognos Zukunftsatlas 2013: Ergebnisübersicht Gesamtranking. http://www.prognos.com/fileadmin/images/publikationen/zukunftsatlas2013/Gesamtranking_Zukunftsatlas_2013_Regionen.pdf. Zugegriffen: 25.10.2015

Schmidpeter R, Kleine-König C (2010) Neuer Schub für die regionale Standortentwicklung durch Verantwortungspartnerschaften: Wie können Kommunen gesellschaftliches Engagement von Unternehmen initiieren und steuern? Handb Kommunalpolit 4(1):1–24

Selenz H-J (2005) Schwarzbuch VW: Wie Manager, Politiker und Gewerkschafter den Konzern ausplündern. Eichborn, Frankfurt am Main

Stadt Wolfsburg (2009) Statistisches Jahrbuch 2007/2008. Wolfsburg: Stadt Wolfsburg: Referat Strategische Planung, Stadtentwicklung, Statistik. http://www.wolfsburg.de/rathaus/bekanntmachungen/daten-und-fakten. Zugegriffen: 04.02.2016

Stadt Wolfsburg (2014) Statistisches Jahrbuch 2014. Wolfsburg: Stadt Wolfsburg: Referat Strategische Planung, Stadtentwicklung, Statistik. http://www.wolfsburg.de/rathaus/bekanntmachungen/daten-und-fakten. Zugegriffen: 04.02.2016

Stadt Wolfsburg (2015a) Arbeitsmarktbericht 2015. Wolfsburg: Stadt Wolfsburg: Referat Strategische Planung, Stadtentwicklung, Statistik. http://www.wolfsburg.de/rathaus/bekanntmachungen/daten-und-fakten. Zugegriffen: 25.10.2015

Stadt Wolfsburg (2015b) Bevölkerungsbericht 2015. Wolfsburg: Stadt Wolfsburg: Referat Strategische Planung, Stadtentwicklung, Statistik. http://www.wolfsburg.de/rathaus/bekanntmachungen/daten-und-fakten. Zugegriffen: 25.10.2015

Stadt Wolfsburg (2016) Einwohner/innen der Stadt Wolfsburg am 31.12.2015. Wolfsburg: Stadt Wolfsburg: Referat Strategische Planung, Stadtentwicklung, Statistik. http://www.wolfsburg.de/rathaus/bekanntmachungen/daten-und-fakten. Zugegriffen: 25.10.2015

Stegemann E-M (2003) Die Entstehung eines Biotech-Clusters im Innovationssystem Jena. In: Cantner U, Helm R, Meckl R (Hrsg) Strukturen und Strategien in einem Innovationssystem: Das Beispiel Jena. Wissenschaft & Praxis, Sternenfels, S 292–320

Sternberg R, Behrendt H, Seeger H, Tamásy C (1996) Bilanz eines Booms: Wirkungsanalyse von Technologie- und Gründerzentren in Deutschland. Dortmunder Vertrieb für Bau- und Planungsliteratur, Dortmund

Sternberg R, Kiese M, Schätzl L (2004) Clusteransätze in der regionalen Wirtschaftsförderung: Theoretische Überlegungen und empirische Beispiele aus Wolfsburg und Hannover. Z Wirtschgeogr 48(3–4):159–176

Voges J (2002) Hartz Jobwunder gibt es schon. taz, 16.08.2002, S 6

Volkswagen AG (1998) Halbierung der Arbeitslosigkeit in Wolfsburg. Unveröffentlichter Bericht. Volkswagen AG, Wolfsburg

Volkswagen AG (2006) Eins plus eins gleich drei: Corporate Social Responsibility bei Volkswagen – Wie man Wert und Werte zusammenbringt. Volkswagen AG, Wolfsburg

WAZ Online (2010) Acht Millionen für das Phaeno. http://www.waz-online.de/Wolfsburg/Stadt-Wolfsburg/Acht-Millionen-fuer-das-Phaeno. Zugegriffen: 03.02.2016

Wieland J (2002) Corporate Citzenship-Management: Eine Zukunftsaufgabe für die Unternehmen?! In: Wieland J, Conradi W (Hrsg) 2002: Corporate Citizenship: Gesellschaftliches Engagement – unternehmerischer Nutzen. Metropolis, Marburg, S 9–22

WIM (Wirtschaftsinitiative für Mitteldeutschland) (2008) Clusterstrategie der Wirtschaftsinitiative für Mitteldeutschland. http://www.mitteldeutschland.com/fileadmin/bilder/Ziele/WiM_080228_Clusterstrategie.pdf

WIM (2010) 10 Jahre Wirtschaftsinitiative – Ein Rückblick für die Zukunft. Projekte, Ergebnisse und Herausforderungen für den Standort Mitteldeutschland. (=Mittelpunkt Nr. 6/2010). http://www.mitteldeutschland.com/fileadmin/media/downloads/Publikationen/WIM_mittelpkt_10Jahre_web.pdf

Wolfsburg AG (2003) Stichwort „Cluster". http://www.wolfsburg-ag.de/01_wag/autovision/index.shtml

Wolfsburg AG (2005) AutoVision – Konzept zur Halbierung der Arbeitslosigkeit und Steigerung der wirtschaftlichen Leistungsfähigkeit. Unveröffentlichter Vortrag, Wolfsburg, 17./18. Januar 2005

Wolfsburg AG (2010) Hintergrundinformationen zur Wolfsburg AG. Abruf 15. Sept. 2011

Wolfsburg AG (2013) Hintergrundinformation Forum AutoVision der Wolfsburg AG. http://www.wolfsburg-ag.com/uploads/media/Presseinfo_ForumAutoVision_Hintergrund_2013.pdf. Zugegriffen: 25.10.2015

Wolfsburg AG (2015) Daten und Fakten zur Wolfsburg AG. http://www.wolfsburg-ag.com/wolfsburg-ag/ueber-uns/daten-fakten.html. Zugegriffen: 25.10.2015

Wurpts K (2010) 2000–2010: 10 Jahre erfolgreiche Unternehmen für eine erfolgreiche Region. Leipzig: Wirtschaftsinitiative für Mitteldeutschland. http://www.mitteldeutschland.com/uploads/media/Praesentation_10_Jahre_WiM_100423_01.pdf. Zugegriffen: 26.10.2015

Prof. Dr. Matthias Kiese studierte Geografie sowie Betriebs- und Volkswirtschafslehre an der Universität Hannover und an der London School of Economics and Political Science. Nach seiner Promotion über regionale Innovationspotenziale in Südostasien an der Leibniz Universität Hannover (2002) habilitierte er sich ebenda 2008 mit einer Arbeit über regionale Clusterpolitik in Deutschland. Nach Vertretung einer Professur für Wirtschaftsgeografie an der Ludwig-Maximilians-Universität München wechselte er 2009 an die Hochschule für Wirtschaft an der Fachhochschule Nordwestschweiz in Olten. Im Jahr 2011 folgte er einem Ruf auf eine Professur für Humangeografie mit dem Arbeitsgebiet Stadt- und Regionalökonomie an der Ruhr-Universität Bochum. Seine Forschungsschwerpunkte liegen in der wissens- und innovationsbasierten Stadt- und Regionalentwicklung sowie in der Cluster- und Clusterpolitikforschung. Professor Kiese ist Mitglied des Microeconomics of Competitiveness Affiliate Networks von Prof. Michael E. Porter an der Harvard Business School.

CSR und Ortsentwicklung

Zur Rolle von kleinen und mittleren Unternehmen in ländlichen Räumen Niedersachsens

Rainer Danielzyk, Isabelle Klein, Linda Lange, Pia Steffenhagen-Koch, Winrich Voß und Alexandra Weitkamp

1 Herausforderungen für ländliche Räume

Ländliche Räume sind zunehmend durch den landwirtschaftlichen Strukturwandel und die Auswirkungen des demografischen Wandels geprägt und werden mit großen Herausforderungen konfrontiert. Eine Folge dieser Entwicklungen ist eine Zunahme leerstehender Gebäude, die ihrerseits das Bild der Ortskerne und deren Funktion nachhaltig beeinträchtigen. Derart strukturelle, dauerhafte Leerstände betreffen sowohl Wohn- und Gewerbegebäude als auch landwirtschaftliche Gebäude und bieten gleichzeitig enormes Potenzial für unterschiedlichste Projekte im Bereich der Um- bzw. Nachnutzung. Gebäudeleerstand und -verfall können – neben einer Attraktivitätsminderung des Orts- und Landschaftsbilds – Arbeitsplatz- und Bevölkerungsverluste sowie weitere Infrastrukturverluste mit

R. Danielzyk · L. Lange · P. Steffenhagen-Koch (✉) · W. Voß
Gottfried Wilhelm Leibniz Universität Hannover
Hannover, Deutschland
E-Mail: danielzyk@umwelt.uni-hannover.de

L. Lange
E-Mail: lange@umwelt.uni-hannover.de

P. Steffenhagen-Koch
E-Mail: steffenhagen@umwelt.uni-hannover.de

W. Voß
E-Mail: voss@gih.uni-hannover.de

I. Klein · A. Weitkamp
Technische Universität Dresden
Dresden, Deutschland
E-Mail: isabelle.klein@tu-dresden.de

A. Weitkamp
E-Mail: alexandra.weitkamp@tu-dresden.de

Tab. 1 Schwellenwerte zur Unternehmensgröße nach KMU-Definition. (EU-Kommission 2003, S. 36 ff.)

Unternehmensgröße	Beschäftigtenanzahl		Jahresumsatz in Mio. €		Jahresbilanzsumme in Mio. €
Kleinstunternehmen	<10	und	≤2	oder	≤2
Kleines Unternehmen	<50	und	≤10	oder	≤10
Mittleres Unternehmen	<250	und	≤50	oder	≤43

sich bringen. Immer mehr Dörfer sehen sich mit diesen Aufgaben konfrontiert und benötigen tragfähige Ideen, um den Ort lebenswert zu erhalten.

Schon heute profitieren viele kleine Gemeinden und Dörfer von einem aktiven sozialen Miteinander und einem hohen bürgerschaftlichen Engagement. Im Kontext abnehmender Fördermittel wird daneben das Engagement der Wirtschaft zunehmend bedeutsamer. Die Wirtschaftskraft und mögliche Entwicklungsimpulse sowie regionale Disparitäten spielen eine große Rolle bei Standortentscheidungen von Unternehmen. In Deutschland sind 95 % der Unternehmen in Familienbesitz, eigentümergeführt und gehören dem Mittelstand an (BMFSFJ 2012, S. 19). Für die Wirtschaft in Niedersachsen sind insbesondere kleine und mittlere Unternehmen (KMU, s. Tab. 1) von großer Bedeutung: 99 % der niedersächsischen Unternehmen gehören zum Mittelstand und beschäftigen mit etwa 1,7 Mio. Menschen rund 72 % der in Unternehmen beschäftigten Personen (NLT 2012). Viele dieser KMU sind bewusst in ländlichen Räumen ansässig, da sie – oft aufgrund familiärer Bindungen – mit der Region verwurzelt sind. Dessen ungeachtet sind sie in ländlichen Räumen durch die Lage, die Erreichbarkeit und die etablierten Strukturen den Städten gegenüber zum Teil benachteiligt (BMFSFJ 2012, S. 24). Ungünstige wirtschaftliche oder andere Rahmenbedingungen spielen insbesondere für die Landflucht von KMU eine große Rolle.

Vor dem Hintergrund der skizzierten Entwicklungen, ausgelöst durch den demografischen und landwirtschaftlichen Strukturwandel, gewinnen KMU in ländlichen Räumen an Bedeutung, da sie vielfach ein erweitertes Verantwortungsgefühl gegenüber dem Unternehmensstandort haben. Der Erste Engagementbericht der Bundesregierung mit dem Schwerpunktthema „Unternehmerische Mitverantwortung in der Gesellschaft" (BMFSFJ 2012) kommt zu dem Ergebnis, dass gerade KMU ein stärkeres Engagement – prozentual zum Umsatz – im Vergleich zu Großunternehmen vorweisen. Größere Unternehmen stellen in peripheren Regionen ohnehin eher die Ausnahme dar. Ein verantwortungsbewusstes Unternehmertum wird vor allem im Handwerk gelebt, was einzelnen Betrieben häufig gar nicht bewusst ist. Insbesondere auf regionaler Ebene ist die Mitwirkung von Unternehmen wichtig, um die regionale Gesellschaft zu stärken, Netzwerke zu bilden und auszubauen und damit die Basis für ein funktionierendes Gemeinwesen zu verbessern.

Schon lange bevor Corporate Social Responsibility (CSR) in die öffentlichen Debatten Einzug gehalten hat, haben sich Handwerksbetriebe und -organisationen auf vielfältige Weise und in unterschiedlichen Formaten für die Gesellschaft engagiert.[1] Mit einem solchen Engagement können KMU ergänzend zum bürgerschaftlichen Engagement einen wichtigen Beitrag zur Sicherung der Daseinsvorsorge leisten. Vor allem in peripher gelegenen, ländlichen Regionen können sie diese, bereits von Infrastrukturverlusten geprägten, ländlichen Räume dabei unterstützen, die Nahversorgungs-, Kultur-, Freizeit- und Sportangebote vorzuhalten bzw. langfristig aufrechtzuerhalten (Becker und Runkel 2010).

Im Hinblick auf die Motivation und Initiierung des unternehmerischen Engagements sowie hinsichtlich der Sicherstellung der notwendigen Rahmenbedingungen kommt vor allem den Kommunen eine wichtige Rolle zu. Es müssen innovative, regional spezifische Lösungen gefunden werden, die gemeinsam von Staat, Wirtschaft und Zivilgesellschaft zu tragen sind (Wandel von Gouvernement zu Governance). Ziel dieser Entwicklung muss sein, das bürgerschaftliche und auch unternehmerische Engagement vor Ort langfristig zu stärken und vorhandene Kräfte zu aktivieren. Vor diesem Hintergrund werden auf die ländlichen Kommunen zukünftig neue Aufgabenfelder zukommen. Die Koordinierung und Vernetzung der verschiedenen Akteure durch Moderation und Organisation werden immer bedeutender, um das „gesellschaftliche Kapital" besser einzubinden und nutzbar machen zu können, z. B. im Hinblick auf Probleme der Daseinsvorsorge.

2 Engagement vor Ort

Als Folge des Wandels der Staatlichkeit zu neuen Akteurskonstellationen und Steuerungsmustern (Governance) übernehmen Unternehmen als Unternehmensbürger (Corporate Citizen) und als Reaktion auf Defizite sowie als Ergänzung der staatlichen Steuerung seit einigen Jahren verstärkt öffentliche bzw. zivilgesellschaftliche Aufgaben. Dabei können Unternehmen als Mitgestalter von baulich-räumlichen Entwicklungen – z. B. über Standortentscheidungen (Erweiterung der Produktionsflächen), Entwicklung eigener planerischer oder städtebaulicher Konzepte oder die Koproduktion von Stadt bzw. städtischen Strukturen (u. a. Autostadt Wolfsburg) – einen erheblichen Einfluss auf kommunale Planungs- und Entscheidungsprozesse ausüben.

Diese Einflussnahme auf kommunale Prozesse und Entscheidungen ist nicht neu. Themen wie Corporate Social Responsibility (CSR), Public Private Partnership (PPP) etc. werden seit längerem vor dem Hintergrund des ökonomischen und gesellschaftlichen Strukturwandels, damit verbundenen knappen Haushaltskassen sowie veränderten demografischen Bedingungen öffentlich diskutiert und stehen im Fokus von Wissenschaft und

---

[1] Exemplarisch kann in diesem Zusammenhang die Unterstützung örtlicher Vereine, der Einsatz in der Freiwilligen Feuerwehr, die unentgeltliche Hilfestellung bei der Renovierung örtlicher Schulen, Kirchen oder sozialen Einrichtungen genannt werden.

Forschung. Abgesehen vom Nutzen, den die Unternehmen selbst von einem solchen Engagement generieren können, wurden die Auswirkungen auf Stadt- und Regionalentwicklung (räumliche Strukturen, Planungsprozesse etc.) in Deutschland bislang wenig konzeptionell beachtet (Kleine-König und Schmidpeter 2012, S. 681 f.; Knieling et al. 2012).

In ländlichen Räumen ist das gelebte Engagement – sei es von der Zivilgesellschaft oder von unternehmerischer Seite – als Teil des endogenen Entwicklungspotenzials mehr oder weniger stark ausgeprägt. Es kann allerdings einen wichtigen Beitrag für die Entwicklung solcher Räume leisten. In der Regel ist die dörfliche Zivilgesellschaft durch Nähe und Transparenz gekennzeichnet (Borstel 2010); es gibt häufig funktionierende, nachbarschaftliche Dorfgemeinschaften, die sich aufgrund direkter Betroffenheit und eines starken Verantwortungsgefühls für attraktive Lebensbedingungen vor Ort einsetzen. Dieses Potenzial gilt es, zukünftig auf die Bedürfnisse der Dörfer und deren Entwicklung zu richten. Organisiertes bürgerschaftliches Engagement findet vielfach in Vereinen, Verbänden oder anderen Organisationen statt. Insbesondere diese formellen und zum Teil informellen Zusammenschlüsse stellen die Bereiche des organisierten bürgerschaftlichen Engagements dar und tragen schon heute zur Übernahme von Verantwortung für die Gestaltung und Entwicklung des Gemeinwesens bei.

Auch bei Unternehmen, die grundsätzlich marktorientiert wirtschaften, gewinnen gesellschaftliche Verantwortung und gemeinnütziges Engagement zunehmend an Bedeutung. Gerade vor Ort ist die Mitwirkung und Teilhabe von Unternehmen an der Gesellschaft wichtig, um die Basis für ein funktionierendes Gemeinwesen zu stärken. Corporate Social Responsibility beschreibt die freiwillige soziale, ökologische und ökonomische Verantwortung von Unternehmen und umfasst Arbeitsbedingungen und betriebliche Prozesse, Strukturen, Produkte und Dienstleistungen, Geschäfts- und Handlungsfelder sowie die Standortwahl (vgl. Abb. 1). Im Fokus steht dabei, dass soziale Belange und Umweltaspekte in Unternehmenstätigkeiten und in Wechselbeziehungen mit den Stakeholdern integriert werden (Dresewski 2007; Fuchs-Gamböck und Langmeier 2006; Sigle 2010). Dies kann sowohl intern im Unternehmen als auch extern durch die Unterstützung von beispielsweise sozialen oder ökologischen Projekten umgesetzt werden. Ergänzend stellt Dresewski (2007) CSR als Förderung einer positiven gesellschaftlichen Entwicklung und gleichzeitigen Stärkung der Wettbewerbsfähigkeit des Unternehmens dar. Zu den indirekten, weichen Wirkungen zählen z. B. Motivationsaspekte für Mitarbeiter und Mitarbeiterinnen, Imageverbesserungen sowie ein erhöhter Bekanntheitsgrad.

Sich als Unternehmen für das Allgemeinwohl zu engagieren, wird als innovativ und leistungsstark empfunden (Ahlert et al. 2006, S. 354). Insbesondere mittelständische Unternehmen sind zumeist mit der Region verbunden und übernehmen bewusst im Rahmen ihrer gesellschaftlichen Funktion regionale Verantwortung (Rieth 2003, S. 372). Dies erfolgt noch selten im Rahmen einer CSR-Strategie, wobei im wechselseitigen Miteinander positive Nebeneffekte, z. B. der Aufbau von Kontakten und andere wirtschaftliche Vorteile (Imagegewinn, Produktbekanntheit etc.), entstehen können. Bei der Ausgestaltung von CSR durch KMU zeigen sich häufig große Unterschiede gegenüber Großunternehmen.

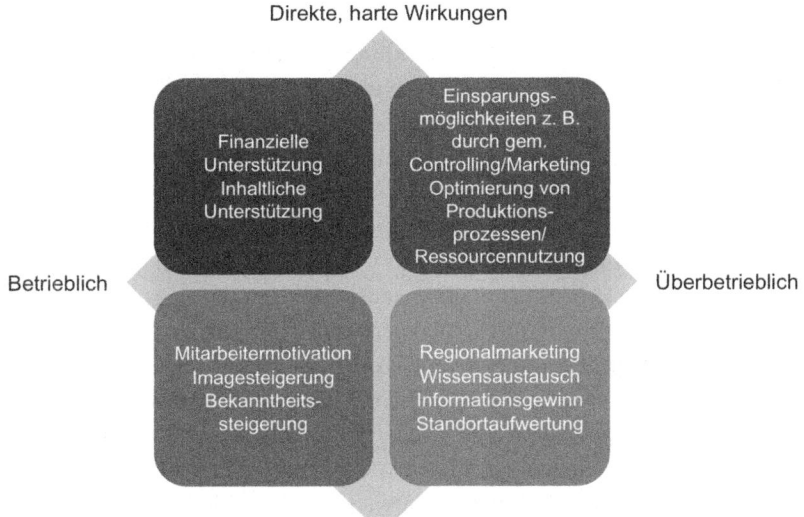

Abb. 1 Nutzen von Engagement für Unternehmen. (Eigene Darstellung basierend auf: Bietergemeinschaft SPRINTconsult und nova-Institut 2011, S. 20)

Insbesondere werden Differenzen bei der Professionalisierung und der infrastrukturellen Ausstattung deutlich. Viele KMU wissen oft noch gar nicht, was Corporate Citizenship bedeutet: Obwohl sie den Begriff nicht kennen, engagieren sie sich aber dennoch schon in diesem Sinne (Steffenhagen 2010, S. 296 ff.). Großunternehmen gehen gesellschaftliches Engagement meist mit sehr viel mehr finanziellen, zeitlichen und personellen Ressourcen an. Das bedeutet beispielsweise, dass sie einen CSR-Beauftragten oder auch eine eigene CSR- oder Kommunikationsabteilung haben, die sich explizit und ausschließlich mit der Thematik auseinandersetzt. Viele entwickeln ein strategisches Engagement, welches in die Unternehmensphilosophie eingebettet wird und sowohl dem Unternehmen selbst als auch der Region nützt. Zusätzlich wird zumeist geprüft, wie ein Engagement in der Gesellschaft wahrgenommen wird und welcher Mehrwert für das Unternehmen daraus resultiert. Große Unternehmen mit nationaler und internationaler Ausrichtung zeigen mit einer regionalen Verantwortung, dass sie sich durch Standort, Mitarbeiter etc. an die Region gebunden fühlen und dort Verpflichtungen haben, denen sie nachgehen. In den Bereichen Sport, Soziales, Kunst und Kultur existiert unternehmerisches Engagement bereits seit langer Zeit, auch wenn es sich in der Regel durch Anfragen und nicht auf Eigeninitiative des Unternehmers manifestiert (Polterauer und Nährlich 2010, S. 563; Steffenhagen 2010).

Das Engagement mit dem Fokus auf Umnutzungen wird bislang eher selten als Themenfeld engagierten Wirkens wahrgenommen und stellt somit eine Ausnahme dar. Unternehmen können aber durchaus in der regionalen Entwicklung ihres Unternehmensstandorts eine Schlüsselfunktion übernehmen: Sie sind in der Lage, durch technische und finanzielle Unterstützung die Ortsentwicklung unmittelbar zu beeinflussen (Langguth 2008, S. 38 f.). Dennoch sind die Effekte, die unternehmerisches Engagement vor allem in ländlichen Räumen hat, bislang unzureichend erforscht.

Neben dem unternehmerischen Engagement ist für die Dorfentwicklung das bürgerschaftliche Engagement von besonderer Bedeutung: Das bürgerliche Engagement entsteht aus persönlichen Motiven und situationsbedingten Umständen. Es entwickelt sich zumeist in jungen Jahren und wird in der Regel in Form von Zeit und Arbeitskraft eingebracht, was sich als Hindernis für viele Nicht-Engagierte auswirkt, die Zeitmangel aufgrund von Arbeit, Arbeitswegen etc. als Hinderungsgrund nennen. In Gemeinden mit höherem Leidensdruck ist ein tendenziell größeres Engagement erkennbar. Obwohl es in einem defizitären Umfeld schwierig ist, ist entscheidend, dass Erfolg kenntlich gemacht wird, Fortschritte aufgezeigt und das Engagement wertgeschätzt werden – hierzu sind einerseits die Gemeinde selbst als auch andererseits das Umfeld der Engagierten aufgefordert. Gelingt dies nicht, so wird das Engagement für die Dorfentwicklung unterbleiben (Weitkamp und Steffenhagen 2014; Steffenhagen und Weitkamp 2014).

Vielfach wird Engagement durch einen „Kümmerer" befördert: Dieser Key Actor, Organisator, Kümmerer für die Dorfentwicklung sollte sich durch eine charismatische Autorität auszeichnen, die im Sinne der moralischen Autorität Werte in hervorragender Weise vertritt, sodass die Person freiwillig von den weiteren Engagierten anerkannt wird. Ist sie vor Ort vorhanden, wird sie in der Regel von selbst sichtbar, indem sie sich engagiert. Fehlt die klare Führungspersönlichkeit, so kann die Funktion durch kleine autonome Gruppen genutzt werden, die die Führungsfunktionen übernehmen und in der Gruppe aufteilen. Solche Gruppen (Key Groups) können allerdings nur gut funktionieren, wenn ihre Mitgliederanzahl überschaubar (drei bis sieben Personen) und das Innenverhältnis der Gruppe stabil ist. In verschiedenen Gute-Praxis-Beispielen kann der Erfolg eines solchen Vorgehens belegt werden (vgl. Danielzyk et al. 2014). Nur durch strukturiertes Handeln und die Übernahme von Verantwortung ist Engagement systematisiert einsetzbar (Weitkamp 2014; Weitkamp et al. 2015).

In Dörfern ist das bürgerschaftliche Engagement stark mit dem unternehmerischen Engagement verknüpft und vielfach von diesem nicht trennbar (s. unten).

3 Forschungsansatz und empirische Ergebnisse

Um sich dieser in der Forschung bisher unterrepräsentierten Thematik des unternehmerischen Engagements in ländlichen Räumen zu nähern, wurden im Rahmen des Forschungsprojektes „Engagement für Umnutzungen als Impulsgeber in ländlichen Räumen Niedersachsens", das von November 2011 bis Februar 2014 mit Mitteln des Europäischen Fonds für die regionale Entwicklung (EFRE) gefördert wurde, Rahmenbedingungen, Motivationen sowie Hemmnisse für bürgerschaftliches und auch unternehmerisches Engagement im Bereich der Umnutzung von Gebäuden in ländlichen Räumen untersucht. Das Forschungsprojekt wurde an der Leibniz Universität Hannover gemeinsam vom Geodätischen Institut und dem Institut für Umweltplanung bearbeitet und verlief in Kooperation mit sechs exemplarisch ausgewählten niedersächsischen Kommunen. Die Untersuchung erfolgte in den Gemeinden Bunde, Weener, Ovelgönne sowie Löningen, Eisdorf und Leiferde. Gemäß der Demografie-Typen der Bertelsmann Stiftung (Bertelsmann-Stiftung 2014) können die Gemeinden wie folgt charakterisiert werden: Die Samtgemeinde Meinersen mit ihrer Mitgliedsgemeinde Leiferde ist eine „stabile Kommune im weiteren Umland größerer Zentren" (hier Braunschweig). Die Stadt Löningen gehört zur Kategorie „kleinere stabile ländliche Städte und Gemeinden". Während Ovelgönne im Kreis Wesermarsch sowie Bunde und Weener im Kreis Leer als „Städte und Gemeinden in strukturschwachen ländlichen Räumen" typisiert werden können, fällt die Samtgemeinde Bad Grund mit ihrer Mitgliedsgemeinde Eisdorf in die Kategorie „alternde kleinere Kommune mit Anpassungsdruck".

Im Rahmen der Fallstudienuntersuchungen wurden verschiedene empirische Erhebungen durchgeführt: Neben einer umfangreichen Haushaltsbefragung in den sechs Kommunen, Schlüsselinterviews mit Vertretern von beispielhaften Umnutzungsprojekten und Befragungen von Freiwilligenagenturen wurden zudem Telefoninterviews mit kleinen und mittelständischen Unternehmen durchgeführt, um die Rolle von KMU in ländlichen Räumen empirisch zu untersuchen. Die Ergebnisse der Unternehmensinterviews sowie die daraus resultierenden Erkenntnisse werden im Folgenden näher erläutert.

Die Telefoninterviews mit den kleinen und mittleren Unternehmen wurden anhand eines eigens entwickelten Leitfadens durchgeführt. Für die Recherche nach möglichen Interviewpartnern wurden zunächst die kommunalen Ansprechpartner und Kontaktpersonen in den ausgewählten Orten angefragt. Zusätzlich wurde im Internet recherchiert. Mithilfe der entsprechenden Fachbereiche in den sechs Kooperationsgemeinden (z. B. Wirtschaftsförderung) wurde eine Auswahl an potenziell zu befragenden kleinen und mittleren Unternehmen getroffen, die dann telefonisch und/oder per E-Mail angefragt wurden.

Folgende fünf Themenbereiche wurden im Rahmen der Unternehmensinterviews behandelt:

- Allgemeine Angaben zum Unternehmen und Verbundenheit mit dem Standort (Lage, Mitarbeiterzahl, Einzugsbereich, allgemeine Standortvor- bzw. -nachteile),
- Bisheriges Engagement (Bereich, Dauer, Form, Motivation, Rolle der Gemeinde),
- Hemmnisse für Engagement (Hinderungsgründe, nicht förderliche Faktoren),
- Informationen zu Engagementmöglichkeiten vor Ort,
- Weiterentwicklung des Ortes (Rolle in der Gesellschaft, Leerstandsentwicklung, Zufriedenheit mit dem Standort generell).

Die Telefoninterviews mit den Unternehmen wurden, in Abstimmung mit den Interviewpartnern, elektronisch mitgeschnitten und anschließend transkribiert. Im folgenden Arbeitsschritt wurden die Aussagen in einer Excel-Datenbank nach Kategorien sortiert abgelegt und im Hinblick auf allgemeingültige Erkenntnisse ausgewertet. Daraufhin erfolgte die Verdichtung der gewonnenen Ergebnisse durch einen Abgleich mit den Resultaten aus den anderen empirischen Bausteinen des Forschungsprojektes (Haushaltsbefragung und Schlüsselinterviews). Es wurde geprüft, ob es Übereinstimmungen hinsichtlich bestimmter Kernaussagen gibt. Diese Erkenntnisse stellen die Basis für die abschließend entwickelten Handlungsempfehlungen dar (Steffenhagen und Weitkamp 2015b).

3.1 Ergebnisse der Unternehmensbefragung

Es liegen Ergebnisse aus 19 Telefoninterviews (13 Kleinst-, 4 Klein- und 2 mittelständische Unternehmen) vor, die den Branchen Handwerk, gefolgt von Handel, Dienstleistung und Landwirtschaft, zuzuordnen sind.

Engagement vor Ort
Die vermutete Verbundenheit der Unternehmen mit dem Standort wird dadurch bestätigt, dass die überwiegend inhabergeführten Unternehmen vielfach Familienbetriebe sind und ihren Hauptsitz in den untersuchten Fallstudienkommunen haben. Insgesamt 18 der 19 befragten Unternehmen engagieren sich auf lokaler bzw. regionaler Ebene in den klassischen Engagementbereichen Sport, Freizeit und Geselligkeit, Kinder und Jugend sowie Soziales. Seltener wurde hingegen die Unterstützung von Projekten zur Ortsentwicklung genannt. Dieses vorhandene unternehmerische Potenzial sollten Kommunen und potenzielle Partner – z. B. Vereine, Bürgerinitiativen etc. – nutzen und weiter ausschöpfen. Eine Kooperation entsteht häufig als Folge einer direkten Anfrage; seltener ist es der Fall, dass Unternehmen eigens aktiv werden und sich auf die Suche nach einer Engagementmöglichkeit begeben.

In der Regel engagieren sich KMU seit ihrem Bestehen mit Geldspenden, gefolgt von Sachleistungen und Material, Sponsoring sowie Zeit und Ideen. Dies tun die Befragten aus eigener Überzeugung und ethischen Aspekten. Selten ist bei ihren Entscheidungen eine klare Trennung zwischen Inhaber und Privatperson erkennbar: Bürgerschaftliches und unternehmerisches Engagement sind somit untrennbar vereint. Die Person engagiert sich, ohne zwischen ihrer Rolle als Privater und Unternehmer zu differenzieren.

Weitere Beweggründe für Engagement sind die Kundenbindung und -zufriedenheit. Obwohl CSR bei KMU oft nicht strategisch eingesetzt wird, geben die Interviewpartner an, dass es als Teil der Unternehmenskultur gesehen wird und gesellschaftliches Engagement als eine zentrale Aufgabe verankert ist. Aus Sicht der befragten Unternehmen haben die Kommunen bisher eine untergeordnete Rolle im Bereich der Förderung von Engagement gespielt. Ob dies zukünftig verstärkt gewünscht ist, wird von den KMU unterschiedlich beantwortet. Einerseits besteht der Wunsch nach mehr Beratung und Information, andererseits sehen die Befragten keinen Bedarf, da sie mit ihren bestehenden Kooperationen zufrieden sind. Die zukünftige Entwicklung des eigenen unternehmerischen Engagements wird mehrheitlich als gleichbleibend mit einem leichten Trend zu einer Zunahme der zukünftigen Engagementtätigkeiten eingeschätzt. In welchem Umfang

KMU gesellschaftliche Verantwortung übernehmen, wird laut Aussage der Interviewpartner maßgeblich durch finanzielle und personelle Ressourcen beeinflusst und lässt sich dementsprechend gerade bei kleineren Unternehmen aufgrund der Abhängigkeit von der jeweiligen Auftragslage nur schwer bzw. unzureichend abschätzen.

Ortsentwicklung
In den Kooperationskommunen, die allesamt, wenn auch in unterschiedlicher Stärke, bereits von den Herausforderungen des demografischen Wandels betroffen sind, schätzen die befragten Unternehmen die Weiterentwicklung des Ortes eher als stagnierend oder schlecht ein. In den bisher vom demografischen Wandel schwächer betroffenen Kommunen fällt auf, dass die dortige zukünftige Entwicklung überwiegend positiv beurteilt wird. Diese Einschätzung wird auch dort getroffen, wo eine gewisse „Aufbruchsstimmung" dank Vorantreiben von Maßnahmen durch „Leitwölfe", wie z. B. Bürgermeister oder besonders engagierte Privatpersonen, herrscht. Generell schätzen die befragten Unternehmer ihre Einflussmöglichkeiten auf die Ortsentwicklung eher gering ein. Nach Angabe der Befragten nimmt diese mit steigender Unternehmensgröße zu.

Leerstand
Von den befragten Personen in den Unternehmen werden Leerstände in den Kooperationskommunen meist erst wahrgenommen, wenn es sich um öffentliche Gebäude oder Gewerbeimmobilien handelt. Hinsichtlich der Entwicklung von Leerstand wird von Seiten der KMU eher von einer Zunahme ausgegangen. Der Erhalt von leerstehenden Gebäuden ist den Unternehmern wichtig; viele ziehen die Wiederbelebung einem Abriss vor und wünschen sich eine neue Nutzung für die Gebäude. Bezüglich der Umnutzung für einen gemeinschaftlichen Zweck wären die befragten Unternehmer ebenfalls bereit, Unterstützung in Form von Arbeitskraft sowie materieller oder finanzieller Hilfe zu leisten.

3.2 Empfehlungen zur Förderung des unternehmerischen Engagements

Basierend auf den Ergebnissen aus den sechs niedersächsischen Fallstudien und unter Hinzuziehung weiterer Fachliteratur können konkret ausgestaltete Handlungsmöglichkeiten für die kommunale Förderung von unternehmerischem Engagement für die dörfliche Entwicklung am Beispiel von Umnutzungen aufgezeigt werden. Die praxisnahen Empfehlungen sind auf andere Kommunen und Städte übertragbar und leisten einen Beitrag zur Engagementförderung.

Die Unternehmensinterviews mit kleinen und mittleren Unternehmen, die im Rahmen des Forschungsprojekts durchgeführt wurden, haben gezeigt, dass sich das unternehmerische Engagement nur schwer vom Engagement des Unternehmers als Privatperson trennen lässt. Um unternehmerisches Engagement für die Ortsentwicklung zu nutzen und zu verstetigen, sind vor allem Informationsaustausche und Kooperationen zwischen den ortsansässigen Firmen sowie der Gemeinde und anderen engagierten Partnern (Verein,

Abb. 2 Übersicht über die Themenfelder zur Förderung unternehmerischen Engagements. (Eigene Darstellung)

Institutionen) erforderlich. Eine weitere wichtige Rolle spielen die Aktivierung der Unternehmerschaft sowie das Herstellen von Anreizen für Engagement. Ebenso wichtig ist die Anerkennung von freiwilligen Tätigkeiten. Abb. 2 stellt die übergeordneten Themenfelder zur Förderung des unternehmischen Engagements schematisch dar.

Ausbildung und Aktivierung von Engagement Grundvoraussetzung für eine nachhaltige Förderung des Engagements auf kommunaler Ebene ist, dass Politik und Verwaltung als aktivierende und ermöglichende Partner auftreten, die die Aktivitäten von Freiwilligen, seien es z. B. Bürger, Initiativen oder Unternehmen, unterstützen und nicht bremsen. Durch den Ausbau der Kooperation von Verwaltung, Lokalpolitik, zivilgesellschaftlichen Akteuren und Unternehmen vor Ort können lokales Wissen und lokale Fähigkeiten genutzt werden und dem Gemeinwohl zu Gute kommen (Lübking 2011, S. 11 f.).

Durch die Unterstützung des Engagements ortsansässiger Unternehmen sollten vor allem ländliche Gemeinden die Möglichkeit nutzen, das unternehmerische Engagement für die Ortsentwicklung zu fördern und zu verstetigen. Vor allem im Bereich der Bereitstellung und Weitergabe von Informationen kann die Gemeinde eine wichtige Schlüsselfunktion einnehmen, indem sie als Informationsplattform sowie Vermittler zwischen Engagementnachfrage und -angebot agiert. KMU sind aufgrund ihrer knappen finanziellen und personellen Ausstattung oft nicht ausreichend über ihre Möglichkeiten, sich als Unternehmen vor Ort zu engagieren, informiert. Die Gemeinde sollte gezielt Unternehmen ansprechen und sie für die Unterstützung bestimmter Projekte oder Maßnahmen anfragen.

In diesem Zusammenhang ist zudem die Managementausbildung nicht zu vernachlässigen, in der die Grundsteine für ein verantwortungsvolles Unternehmertum gelegt werden sollten. Um die gesellschaftliche Mitverantwortung zu leben, müssen wirtschaftsethische Grundsätze von Beginn an einen wichtigen Baustein in der Ausbildung von Jungunternehmern darstellen (BMFSJF 2012, S. 35).

Information und Kommunikation Des Weiteren empfiehlt es sich, die Kooperationen zwischen Unternehmen und relevanten Akteuren der Ortsentwicklung (z. B. Vereine oder Verbände) zu fördern. Für ein Zustandekommen einer solchen Kooperation sind Kontakte zwischen den Partnern erforderlich und von entscheidender Bedeutung. In diesem Falle können Koordinierungsstellen bspw. in der Gemeinde eine gute Anlaufstelle darstellen, um Kontakte zu vermitteln und Informationen bereitzustellen. Eine weitere große Herausforderung für eine funktionierende Zusammenarbeit von Unternehmen und Vereinen/Verbänden besteht darin, die der Kooperation zu Grunde liegenden Ziele zu definieren und zusammenzubringen (credibility.wegewerk und Medienfabrik Gütersloh 2010). Auch hier können zentrale Anlaufstellen helfen, um die Anliegen und Interessen abzugleichen. Ebenfalls können Informationsmessen dazu beitragen, dass Kontakte zwischen potenziellen Partnern entstehen und ggf. sogar langfristige Kooperationen daraus resultieren.

Anreize und Anerkennung für Engagement Neben der Informationsvermittlung und -bereitstellung ist die Wertschätzung von Engagement von zentraler Bedeutung dafür, dass sich eine freiwillige Aktivität verstetigt. Irrelevant ist dabei, ob es sich um bürgerschaftliches oder unternehmerisches Engagement handelt. Dementsprechend ist es wichtig, dass sich eine Art Anerkennungskultur entwickelt, durch die engagierte Unternehmen und deren Tätigkeiten wertgeschätzt werden. Ein altruistisches Handeln von Unternehmen kann nicht vorausgesetzt werden; vielmehr erwarten Unternehmer einen Mehrwert (wie z. B. größere Bekanntheit, Ansehen, Image), der sich aus der zusätzlichen Aktivität ergibt. Dementsprechend wichtig ist es, den Unternehmen die Möglichkeiten von Win-Win-Situationen aufzuzeigen. In diesem Zusammenhang können beispielsweise öffentlichkeitswirksame Ehrungen oder die Darstellung auf kommunalen Webseiten dazu beitragen, dass sich das Unternehmen positiv positionieren kann.

4 Fazit und Schlussfolgerungen

Die Mitwirkung von Unternehmen an Prozessen und Aktivitäten vor Ort ist wichtig, um die Basis für ein funktionierendes Gemeinwesen zu stärken. Die Bereitstellung von Sachmitteln, die Freistellung von Mitarbeitern oder die Zurverfügungstellung von Räumlichkeiten sind hierbei übliche Formen unternehmerischen Engagements. Neben Spenden und Sponsoring nutzen KMU diese Arten der gesellschaftlichen Unterstützung und Verantwortung.

Engagement ist unumstritten oft mit Aufwand verbunden und der Mehrwert nicht sofort ersichtlich. Unternehmerisches Engagement, das sich auf die Ortsentwicklung im Allgemeinen und auf Umnutzungen im Besonderen richtet, erweist sich als positiv für die Wirtschaftlichkeit der ortsansässigen Firmen. Allerdings ist es an dieser Stelle wichtig anzuführen, dass Engagement (unabhängig, ob von der Bürgerschaft oder von Unternehmen erbracht) stets nur als Zusatz gesehen werden kann und nicht als Option, um öffentliche Leistungen zu ersetzen. Ziel muss sein, das Engagement vor Ort langfristig zu stärken und vorhandene Kräfte zu aktivieren. Damit diese Qualität erhalten und weiterentwickelt werden kann, bedarf es infrastruktureller Voraussetzungen für Netzwerke, Kommunikation und Informationsaustausch.

Eine Imageverbesserung der Kommune macht den Standort für weitere Unternehmer und auch mögliche Kunden attraktiver. Unter dem Motto „Engagiere dich für dein Unternehmensumfeld und profitiere davon" (Helbig und Gold o.J., S. 7) können Unternehmen das regionale Wirtschaftswachstum fördern, die Wettbewerbsfähigkeit erhöhen und darüber hinaus sozial verantwortlich handeln (Kommission der Europäischen Gemeinschaften 2001, S. 29). Diese Entwicklungen gehen mit einem Wandel der Anforderungen an die räumlichen Strukturen einher und lassen die „weichen Standortfaktoren" vermehrt in den Fokus der Unternehmen rücken. Durch das gesellschaftliche Engagement erfahren Unternehmen eine neue Wertschätzung in den Augen der Öffentlichkeit, sodass auch auf Seiten der KMU die bewusste und gelebte gesellschaftliche Verantwortung sowie das gemeinnützige Engagement zunehmend an Bedeutung gewinnen. Im Unterschied zu großen Unternehmen nutzen viele KMU das Engagement bisher nicht strategisch, sondern „intuitiv". Dies mag damit zusammenhängen, dass Unternehmer oft als Privatperson agieren. Die konkrete Systematisierung in privates/bürgerschaftliches und unternehmerisches Engagement ist daher mitunter schwierig bzw. kaum zu leisten.

Literatur

Ahlert, Vogel V, Woisetschläger D et al. (Hrsg) (2006) Exzellentes Sponsoring. Innovative Ansätze und Best Practices für das Markenmanagement, 2. Aufl. Deutscher Universitätsverlag, Wiesbaden

Becker E, Runkel C (2010) Zivilgesellschaft in räumlichen Arenen. In: Becker E, Gualini E, Runkel C, Graf Strachwitz R (Hrsg) Stadtentwicklung, Zivilgesellschaft und bürgerschaftliches Engagement. Maecenata-Schriften, Bd. 6. Lucius & Lucius, Stuttgart

Bertelsmann-Stiftung (2014) wegweiser-kommune.de. www.wegweiser-kommune.de. Zugegriffen: 14.01.2014

Bietergemeinschaft SPRINTconsult, nova-Institut (Hrsg) (2011) Unternehmen in der integrierten ländlichen Entwicklung. Ein Leitfaden zur aktiven Gestaltung der Beteiligung. Darmstadt, Bonn. http://www.sprintconsult.de/de/bilder/Leitfaden_Unternehmensbeteiligung.pdf

BMFSFJ – Bundesministerium für Familie, Senioren, Frauen und Jugend (2012) Erster Engagementbericht 2012 – Für eine Kultur der Mitverantwortung – Zentrale Ergebnisse – Engagementmonitor 2012. Berlin. https://www.bmfsfj.de/blob/95974/83e466a03c73974e64af753f7b4de507/engagementmonitor-2012-erster-engagementbericht-2012-data.pdf. Zugegriffen: 13.12.2016

Borstel D (2010) Zivilgesellschaft in dörflichen Kontexten: eine ostdeutsche Perspektive. In: Becker E et al. (Hrsg) Stadtentwicklung, Zivilgesellschaft und bürgerschaftliches Engagement. Lucius & Lucius, Stuttgart, 85–98

Credibility.wegewerk, Medienfabrik Gütersloh (2010) Mut zur Wirksamkeit. Studie zur Situation und Perspektiven zwischen Unternehmen und NGOs. medienfabrik Gütersloh GmbH, Bonn

Danielzyk R, Voß W, Steffenhagen P, Weitkamp A, Funke L, Klein IM (2014) Engagement für Umnutzungen als Impulsgeber für ländliche Räume in Niedersachsen – Handlungsempfehlungen zur Förderung des bürgerschaftlichen Engagements für Umnutzungen. Hannover. http://www.umwelt.uni-hannover.de/fileadmin/institut/Forschungsprojekte/EFRE-Forschungsprojekt_Handlumgsempfehlungen_Engagement.pdf

Dresewski F (2007) Verantwortliche Unternehmensführung. Corporate Social Responsibility (SCR) im Mittelstand. UPJ-Bundesinitiative, Berlin

Europäische Kommission (2003) Empfehlung der Kommission vom 06. Mai 2003 betreffend die Definition der Kleinstunternehmen sowie der kleinen und mittleren Unternehmen (2003/361/EG). In: Amtsblatt der Europäischen Union, Nr. L124, S 36–41. http://eur-lex.europa.eu/LexUriServ/LexUriServ.do?uri=OJ:L:2003:124:0036:0041:DE:PDF. Zugegriffen: 26.11.2013

Fuchs-Gamböck K, Langmeier S (2006) Corporate Social Responsibility im Mittelstand. Wie Ihr Unternehmen durch gesellschaftliches Engagement gewinnt. Economica-Verl., Heidelberg

Helbig S, Gold R (o. J.) Corporate Social Responsibility. Eine Win-win Strategie für Unternehmen und Regionen. Max-Planck-Institut für Ökonomie (Hrsg.), Jena. http://www.upj.de/fileadmin/user_upload/MAIN-dateien/Infopool/Forschung/maxplanck_csr_regionen08.pdf

Kleine-König C, Schmidpeter R (2012) Gesellschaftliches Engagement von Unternehmen als Beitrag zur Regionalentwicklung. In: Schneider A, Schmidpeter R (Hrsg) Corporate Social Responsibility. Verantwortungsvolle Unternehmensführung in Theorie und Praxis. Springer Gabler, Berlin/Heidelberg, S 681–700

Knieling J, Othengrafen F, Preising T (2012) Privatisierung von Stadt- und Regionalentwicklung: Gesellschaftlicher Nutzen (Corporate Spatial Responsibility) oder Verwirklichung von Unternehmenszielen (Corporate Spatial Strategy). Raumforsch Raumordn 70:451–464

Kommission der Europäischen Gemeinschaften (2001) GRÜNBUCH. Europäische Rahmenbedingungen für die soziale Verantwortung der Unternehmen. Amt für amtliche Veröffentlichungen der Europäischen Gemeinschaften, Brüssel

Langguth F (2008) Privatwirtschaftliche Unternehmen in der integrierten ländlichen Entwicklung. Eine Analyse am Beispiel des Förderprogramms Regionen Aktiv. Diplomarbeit, TU Dortmund. http://www.regionenaktiv.de/bilder/Diplomarbeit%20Florian%20Langguth.pdf

Lübking U (2011) Die Notwendigkeit kommunaler Engagementförderung. In: Klein A, Fuchs P, Flohé A (Hrsg) Handbuch Kommunale Engagementförderung im sozialen Bereich. Dt. Verein für Öffentliche und Private Fürsorge, Berlin

NLT – Niedersächsischer Landtag (Hrsg) (2012) Wirtschaftsmotor Mittelstand – effiziente und wettbewerbsfördernde Strukturen für die Herausforderungen durch die Energiewende und den Klimaschutz schaffen. Drucksache 16/5384, 2012

Polterauer J, Nährlich S (2010) Corporate Citizenship: Funktion und gesellschaftliche Anerkennung von Unternehmensengagement in der Bürgergesellschaft. In: Backhaus-Maul H, Biedermann C, Nährlich S, Polterauer J (Hrsg) Corporate Citizenship in Deutschland. Gesellschaftliches Engagement von Unternehmen. Bilanz und Perspektiven. Bürgergesellschaft und Demokratie, Bd. 27. Verlag für Sozialwissenschaften, Wiesbaden, S 561–587

Rieth L (2003) Deutsche Unternehmen. Soziale Verantwortung und der Global Compact – Ein empirischer Überblick. Zeitschrift Für Wirtschafts- Unternehmensethik 4(3):372–391

Sigle S (2010) Corporate Social Responsibility. Eine Analyse der Wahrnehmung sozialer Werbekampagnen und deren Wirkung auf das Kaufverhalten; theoretische Diskussion und empirische Befunde. Strategisches Marketingmanagement, Bd. 18. Lang, Frankfurt am Main

Steffenhagen P (2010) Vergleichende Untersuchung des Umfangs und der Organisation des regionalen Fundraisings für Umwelt- und Naturschutzprojekte in ländlichen Regionen Deutschlands sowie des gesellschaftlichen Engagements von Unternehmen in Deutschland und Großbritannien. Univ., Oldenburg. http://oops.uni-oldenburg.de/926/1/stever10.pdf

Steffenhagen P, Weitkamp A (2015b) Perspektive „Leerstand" im Dorf – Möglichkeiten zum Einsatz zivilgesellschaftlichen Engagements. In: Neues Archiv für Niedersachsen 01/2015. Zivilgesellschaft und bürgerliches Engagement. Wachholtz, Kiel/Hamburg, S 70–81

Weitkamp A (2014) Warum engagieren sich BürgerInnen in ländlichen Räumen? Motive, Aktivierungspotential und Hinderungsgründe. Flächenmanagement Bodenordn 76(04):166–176

Weitkamp A, Steffenhagen P (2014) Civil Engagement – a new self-understanding of villages? In: FIG (Hrsg) Proceedings of the XXV international FIG Congress, Kuala Lumpur, 16.–21.06.2014. (s. www.fig.net)

Weitkamp A, Steffenhagen P, Funke L, Klein IM (2015) Key Actor, Organisator, Führungspersönlichkeit: Wer ist die Person hinter dem dörflichen Engagement? Zeitschrift Für Geodäsie Geoinformation Landmanagement 140(01):44–51. doi:10.12902/zfv-0049-2014

Weiterführende Literatur

Steffenhagen P, Weitkamp A (2015a) Dynamic Villages: Corporate Engagement in Rural Regions. In: Hepperle E, Dixon-Gough RW, Mansberger R, Paulsson J, Reuter F, Yilmaz M (Hrsg) Challenges for Governance Structures in Urban and Regional Development/Fragen zur Steuerung von Stadt- und Regionalentwicklung. vdf Hochschulverlag, Zürich, S 263–276

Weitkamp A, Steffenhagen P (2015) Civic Engagement in Rural Regions: Activation Potential and Motivation for Village Development. In: Hepperle E, Dixon-Gough RW, Mansberger R, Paulsson J, Reuter F, Yilmaz M (Hrsg) Challenges for Governance Structures in Urban and Regional Development/Fragen zur Steuerung von Stadt- und Regionalentwicklung. vdf Hochschulverlag, Zürich, S 277–290

Prof. Dr. Rainer Danielzyk ist seit 2010 Professor für Landesplanung und Raumforschung im Institut für Umweltplanung der Leibniz Universität Hannover und seit 2013 Generalsekretär der Akademie für Raumforschung und Landesplanung (ARL) – Leibniz-Forum für Raumwissenschaften. Davor war er seit 2001 wissenschaftlicher Direktor des Instituts für Landes- und Stadtentwicklungsforschung in Dortmund. Er studierte Geografie, Raumplanung/Verwaltung, Volkswirtschaftslehre und Psychologie an der Westfälischen Wilhelms-Universität Münster, promovierte und habilitierte an der Carl von Ossietzky-Universität Oldenburg. Seine Arbeitsschwerpunkte sind Theorie und Empirie der Stadt- und Regionalentwicklung, Raumordnung, Regionale Kooperation und Planungskultur. Zu seinen aktuellen Publikationen gehört ein gemeinsam mit Thorsten Wiechmann und Angelika Münter herausgegebener Sammelband über polyzentrale Metropolregionen.

Isabelle Klein, M.Sc. ist seit Januar 2015 wissenschaftliche Mitarbeiterin und Promovendin an der Professur für Landmanagement der Technischen Universität Dresden. Von Oktober 2014 bis Dezember 2015 war sie wissenschaftliche Mitarbeiterin an der Leibniz Universität Hannover, an der sie ihren Bachelor- und Masterabschluss im Bereich Umweltplanung machte. In Forschung und Lehre beschäftigt sie sich mit Wohnungsmärkten und den damit verbundenen Akteuren. Zu den letzten Veröffentlichungen gehört der Beitrag mit A. Weitkamp, P. Steffenhagen und L. Lange zum Thema „Key Actor, Organisator, Führungspersönlichkeit: Wer ist die Person hinter dem dörflichen Engagement?".

Linda Lange, M.Sc. ist wissenschaftliche Mitarbeiterin und Promovendin an der Leibniz Universität Hannover, wo sie auch ihren Bachelor und Master im Bereich der Umweltplanung absolvierte. In Forschung und Lehre ist sie in der Abteilung für Raumordnung und Regionalentwicklung am Institut für Umweltplanung tätig und setzt sich insbesondere mit der Entwicklung ländlicher Räume, gesellschaftlichem sowie unternehmerischem Engagement in der Ortsentwicklung sowie der Erforschung von multilokalen Lebensweisen auseinander. Zu den letzten Veröffentlichungen gehört der Beitrag mit A. Weitkamp, P. Steffenhagen und I. Klein zum Thema „Key Actor, Organisator, Führungspersönlichkeit: Wer ist die Person hinter dem dörflichen Engagement?".

Dr. Pia Steffenhagen-Koch ist seit Mitte 2010 wissenschaftliche Mitarbeiterin am Institut für Umweltplanung der Leibniz Universität Hannover. Ihr Diplomstudium der Umweltwissenschaften absolvierte sie an der Hochschule Vechta. An der Carl von Ossietzky Universität Oldenburg promovierte sie zum gesellschaftlichen Engagement von Unternehmen vor dem Hintergrund der Problematik staatlich reduzierter Förderung für Umwelt- und Naturschutzverbände. In Forschung und Lehre beschäftigt sie sich mit der Entwicklung ländlicher Räume, dem gesellschaftlichen und unternehmerischem Engagement sowie urbanen Gärten. Zu den letzten Veröffentlichungen gehört der Beitrag mit A. Weitkamp zu dem Thema „Dynamic villages – Corporate engagement in rural regions".

Prof. Dr. Ing. Winrich Voß ist Professor für Flächen- und Immobilienmanagement an der Leibniz Universität Hannover. Bis 2006 war er als leitender Angestellter der DSK Deutsche Stadt- und Grundstücksentwicklungs GmbH, Wiesbaden, für Projekte der Stadterneuerung und Stadtentwicklung verantwortlich. Er promovierte an der Fakultät Raumplanung der Universität Dortmund und studierte Geodäsie an der RWTH Aachen und der Universität Bonn. In Forschung und Lehre beschäftigt er sich insbesondere mit den Wechselwirkungen der Immobilienmärkte und der Eigentumsrechte bei der Umstrukturierung von Ortskernen und Stadtquartieren. Zu seinen Veröffentlichungen gehört das Themenfeld der Dörfer im Schrumpfungsprozess mit Handlungsempfehlungen für die Dorfentwicklung und den Umgang mit Gebäudeleerständen (z. B. Voß W, Güldenberg E, Kirsch-Stracke R, Streibel N (2011) In: Flächenmanagement und Bodenordnung 4/2011, S. 165–171).

Prof. Dr.-Ing. Alexandra Weitkamp ist Professorin für Landmanagement an der Technischen Universität in Dresden. Bis Oktober 2014 war sie wissenschaftliche Mitarbeiterin an der Leibniz Universität Hannover, im Flächen- und Immobilienmanagement. Ihr Studium (Diplomstudium des Vermessungswesens) absolvierte sie an der Universität Hannover. An der Rheinischen Friedrich-Wilhelms-Universität Bonn wurde sie zur Dr.-Ing. promoviert. In Forschung und Lehre beschäftigt sie sich mit Landmanagement und Raumordnung, Immobilienbewertung sowie Moderations- und Kommunikationsmethoden. Zu den letzten Veröffentlichungen gehört der Beitrag mit A. Jeschke und T. Köhler „Akteure im Landmanagement – Ein Ansatz zur spieltheoretischen Modellierung".

Corporate Social Responsibility in der Immobilienwirtschaft als Ressource für Stadtentwicklung und Unternehmen nutzen

Regina Zeitner, Marion Peyinghaus und Anna Stratmann

1 Einleitung

Die Immobilienbranche gehört zu den größten und kapitalstärksten Wirtschaftszweigen in Deutschland. Mit einer Bruttowertschöpfung von 434 Mrd. € (Deutscher Verband für Wohnungswesen, Städtebau und Raumordnung e. V. und Gesellschaft für Immobilienwirtschaftliche Forschung e. V., Wirtschaftsfaktor Immobilien 2013. Gesamtwirtschaftliche Bedeutung der Immobilienwirtschaft, S. 13 f.) liegt der Anteil der Immobilienwirtschaft an der Gesamtwirtschaft bei 19 %. Das Immobilienvermögen inklusive Grund und Boden beträgt 10,1 Bio. € (ZIA, www.zia-deutschland.de/daten-und-fakten/daten-der-immobilienwirtschaft). Neben Kapital verfügt die deutsche Immobilienwirtschaft über weitere wichtige Ressourcen und Kompetenzen: Grundstücke und Immobilien, flächendeckende Präsenz, Know-how und enge Kontakte zu Politik, Wirtschaft und Verbänden. Die Vielschichtigkeit der Akteure reicht von Architekten und Baufirmen bis hin zu Maklern, Investoren und öffentlichen/kommunalen Unternehmen. Diese Ressourcen und Kompetenzen sind zentrale Bestandteile des Konzepts der Corporate Citizenship, bei dem es um mehr geht als die Bereitstellung von finanziellen Mitteln in Form von Spenden und Sponsoring. Im Leitfaden zur Übernahme von gesellschaftlicher Verantwortung des Bundesministeriums für Umwelt, Naturschutz, Bau und Reaktorsicherheit (BMUB) heißt es:

R. Zeitner (✉)
HTW Berlin
Berlin, Deutschland
E-Mail: regina.zeitner@htw-berlin.de

M. Peyinghaus
CCPMRE GmbH
Berlin, Deutschland

A. Stratmann
Bundesvereinigung der Landes- und Stadtentwicklungsgesellschaften e.V.
Berlin, Deutschland

Die Wahrnehmung gesellschaftlicher Verantwortung ist für Unternehmen ein anspruchsvolles Unterfangen, weil das komplexe Konzept stets an den jeweiligen Unternehmenskontext angepasst werden muss (BMUB, Gesellschaftliche Verantwortung von Unternehmen 2014, S. 107).

In den folgenden Auszügen der im Frühjahr 2015 durchgeführten Marktstudie „Die Immobilienwirtschaft übernimmt Verantwortung", wurde u. a. untersucht, welche Möglichkeiten des gesellschaftlichen Engagements für Unternehmen der Immobilienbranche existieren und wie sich eine aktive, soziale Verantwortung mit immobilienwirtschaftlichen Prozessen verknüpfen lässt.

Immobilienwirtschaft und Stadtentwicklung sind nicht voneinander zu trennen, denn letztlich werden Konzepte und Maßnahmen der Stadtentwicklung durch die Investitionen der Immobilienwirtschaft wie z. B. der Wohnungsbaugesellschaften oder der Projektentwickler umgesetzt. Der Verantwortung der Immobilienwirtschaft als Ressource für nachhaltige Quartiers- und Stadtentwicklung kommt vor dem Hintergrund klammer kommunaler Kassen eine besondere Bedeutung zu. So stellt sich die Frage, ob und wie die CSR-Aktivitäten der Immobilienwirtschaft Stadtentwicklungsprozesse unterstützen können. Bereits heute zeigen erfolgreiche Beispiele, dass die Immobilienwirtschaft mit ihren CSR-Aktivitäten einen wichtigen Beitrag zur Stabilisierung und Weiterentwicklung der Quartiere leisten kann.

2 Ergebnisse der Marktanalyse: Branchentrends zur gesellschaftlichen Verantwortung in der Immobilienwirtschaft

Im Zentrum des Forschungsmodells zur Untersuchung von Corporate Citizenship in der Immobilienbranche stehen die Handlungsansätze und Maßnahmen im Rahmen der immobilienwirtschaftlichen Kernprozesse. Zur Einbettung dieser Maßnahmen in den unternehmerischen Kontext wurden im Vorfeld die Erfahrungen der Unternehmen mit der Übernahme gesellschaftlicher Verantwortung diskutiert sowie deren Zielgruppen und Zielsetzungen betrachtet. In der Marktstudie wurden Interviews mit 33 Experten aus der Immobilienwirtschaft durchgeführt und eine Online-Umfrage zur Erfassung durchgeführt, an der sich weitere 15 Unternehmen beteiligten. Die im Folgenden dargestellten Auswertungen und Grafiken basieren daher auf einer Stichprobe von insgesamt 48 Teilnehmern. Die dargestellten Zitate sind Ergebnisse aus den persönlichen Interviews. Zur Gewährleistung des vereinbarten Datenschutzes wird auf die Angabe der Quellen der Zitate verzichtet.

2.1 Erfahrungen mit der Übernahme von gesellschaftlicher Verantwortung

Insgesamt 100 % der befragten Unternehmen haben bereits Erfahrungen mit der Übernahme von gesellschaftlicher Verantwortung gesammelt. Mehrheitlich gehört ein gesellschaftlicher Einsatz zu den Grundprinzipien des Unternehmens oder man hat sich satzungsgemäß dem Gemeinwohl verpflichtet (z. B. öffentliche Wohnungsbaugesellschaften). Aktivitäten zeigen sich auch ganz ohne strukturelle Vorgaben.

Gesellschaften, die Teil einer Unternehmensgruppe sind, nehmen überwiegend an zentral gebündelten Aktivitäten auf Ebene des Konzerns teil. Diese Aktivitäten werden unter Federführung des Konzerns initiiert, umgesetzt und evaluiert. Die Gruppengesellschaften beteiligen sich mit finanziellen Mitteln und eigenen Mitarbeiterressourcen.

Hier deutet sich eine interessante Entwicklung an: Gruppengesellschaften werden durch die Konzerninitiativen animiert und beginnen zunehmend eigene Aktivitäten zu entwickeln. Ein weiterer Trend zeigt sich beim Blick auf die Marktausrichtung der Unternehmen. Firmen, deren Aktivitäten sich auch auf den angelsächsischen Markt erstrecken, sind oftmals bereits mit „Charity-Veranstaltungen" oder „CSR-Beauftragten im Advisory-Board" vertraut. Eine mögliche Erklärung für diese tiefere Verwurzelung liegt in der Wirtschaftsstruktur: „Die Angelsachsen sind zwar marktwirtschaftlich geprägt, verfügen aber über keine soziale Marktwirtschaft. Daher lastet eine höhere Verantwortung auf den Schultern der Unternehmen."

Diese Selbstverpflichtung überträgt sich auf die deutschen Unternehmensteile. Doch auch hierzulande ist der Gedanke, zum Gemeinwohl beizutragen, den meisten Unternehmen nicht neu. Teilweise reicht das Engagement der Unternehmen bis in die letzten 100 Jahre zurück. Dennoch ist im letzten Jahrzehnt eine zunehmende Professionalisierung festzustellen. Unternehmen rufen vermehrt Programme ins Leben, verankern ihre gesellschaftlichen Leitprinzipien und schaffen extra dafür vorgesehene Organisationseinheiten. Diese organisatorischen Stellen identifizieren Ansatzpunkte des gesellschaftlichen Wirkens – überprüfen aber auch deren Wirksamkeit. Denn die gesellschaftlichen Bedürfnisse sind nicht statisch. „Es ist wichtig für uns zu wissen, wie die Bedürfnisse sich entwickeln und welchen Beitrag der Staat aktuell leistet. Nur so schaffen wir zielgerichtet Abhilfe." Gesellschaftliches Engagement muss jedoch vor dem Hintergrund des Geschäftsmodells betrachtet werden. Aus Unternehmen der öffentlichen Hand wird berichtet: „Wir dürfen Flächen [z. B. für NGOs, Ausstellungsräume für Künstler, Begegnungszentren für Benachteiligte] nicht dauerhaft zur Verfügung stellen, weil das zu Wettbewerbsverzerrung führt." Das Corporate Real Estate Management dient primär zur Unterstützung des Kerngeschäftes des Konzerns: „Wir können keine eigenen Konzepte realisieren, denn das ist Hoheitsaufgabe des Konzerns". Mehr Freiraum scheinen Unternehmen aus dem Real Estate Investment Management zu besitzen. Doch auch hier darf bei allen Entscheidungen das Interesse der Anleger nicht außer Acht gelassen werden. Ist mit einem Einnahmeverlust zu rechnen – wie bspw. durch die kostenlose Bereitstellung von Flächen für kulturelle Veranstaltungen – kann das ein Ausschlusskriterium sein.

2.2 Akteure der Stadtentwicklung

Die Immobilienwirtschaft ist aufgrund ihrer Investitionen Schlüsselakteur in der Stadtentwicklung. Sie hat bereits in ihrem Kerngeschäft eine Mitverantwortung für die Entwicklung einer lebenswerten nachhaltigen Stadt. In einer komplexer werdenden Stadtgesellschaft, die durch demografischen Wandel, Urbanisierung, Gentrifizierung und sozialer Polarisierung bei räumlichen Entmischungen geprägt ist, können Unternehmen der Immobilienwirtschaft ihre Ziele nur in enger Kooperation mit anderen Akteuren der Stadtentwicklung erreichen. Stadtentwicklungsprojekte brauchen Unterstützer und lassen sich praktisch nur mitmilfe intensiver Bürgerbeteiligungen umsetzen. Dabei spielen alle Beteiligten der Stadtentwicklung eine Rolle. Generell lässt sich Stadtentwicklung auch unabhängig von CSR-Aktivitäten der Immobilienwirtschaft als Gemeinschaftsaufgabe aller Beteiligter vor Ort definieren. Die Stadt kann sich nur in Aushandlungsprozessen zwischen kommunaler Politik, planender Verwaltung, örtlicher Wirtschaft, der Immobilienwirtschaft und der Zivilgesellschaft respektive den Bürgerinnen und Bürgern weiterentwickeln. In diesen Prozess gilt es, die CSR-Aktivitäten einzubinden.

Neben den öffentlichen und privaten Wohnungsunternehmen und den Vertretern der sozialen Infrastruktur, wie Kitas, Schulen und Sportvereinen, spielen die zivilgesellschaftlichen Akteure, wie sonstige Vereine, Verbände, Stiftungen und Initiativen, eine zunehmend wichtige Rolle in den Stadtentwicklungsprozessen. Dazwischen stehen die professionellen intermediären Akteure, die als Vermittler und Koordinatoren in der Stadtentwicklung agieren: die Stadtentwicklungsgesellschaften und Sanierungsträger.

Letztere können das gesellschaftliche Engagement der Beteiligten – namentlich der Immobilienwirtschaft – zugunsten einer nachhaltigen Quartiers- und Stadtentwicklung unterstützen. Prozesssteuerung, Projektmanagement und die Durchführung von zielorientierten Bürgerdialogen gehören zu ihrem Kerngeschäft. Sie sind damit nicht nur die idealen Partner der Kommunen, sondern auch geeignete Ansprechpartner einer CSR-orientierten Immobilienwirtschaft.

Stadtentwicklungsgesellschaften sind der Wirtschaftlichkeit und dem Gemeinwohl gleichermaßen verpflichtet. Die Rolle als Vermittler von Interessen und Koordinator der Aktivitäten aller Beteiligten in der Stadtentwicklung können sie als „Neutrale" in Teilen besser übernehmen als die öffentliche Hand oder die Privatwirtschaft selbst. Die Stadtentwickler sind Kommunikatoren an der Nahtstelle zwischen öffentlichen und privaten Akteuren und organisieren den Austausch zwischen den Beteiligten. Wenn ein Stadtentwickler z. B. eine „Zukunftswerkstatt" für einen Konversionsstandort moderiert, können Kommune und Grundeigentümer jeweils Beteiligte in der Diskussion sein. Die Moderation dieses Prozesses liegt in der Hand eines neutralen Akteurs. Die jeweiligen Beiträge der Beteiligten können im Rahmen integrierter Konzepte der Quartiers- und Stadtentwicklung deutlich wirkungsvoller zur Geltung kommen. Dies gilt auch für CSR-Aktivitäten der Immobilienwirtschaft. Ob die Integration in die Gesamtstrategie besser in den Händen der kommunalen Stadtplanung oder privater Akteure liegt, hängt jeweils von der konkreten Situation vor Ort ab.

Corporate Social Responsibility in der Immobilienwirtschaft

2.3 Zielgruppen des gesellschaftlichen Engagements

Um den Schwerpunkt des gesellschaftlichen Engagements zu ermitteln, wurden den Teilnehmern verschiedene Zielgruppen zur Auswahl vorgestellt. Die Zielgruppen rangieren von Non-Profit-Organisationen über Personen mit Benachteiligungen bis zu Städten und Gemeinden (Abb. 1).

Im Fokus des gesellschaftlichen Engagements stehen hauptsächlich Kinder, Jugendliche und junge Erwachsene. Die Unterstützung reicht von Ausbildungsprogrammen und Ausbildungsstätten, der Finanzierung von studentischen Preisen und Awards bis hin zur persönlichen Hilfestellung bei Bewerbungsverfahren oder der Weiterbildung. Für die ganz Kleinen werden Kindertagesstätten gefördert oder gebaut und Weihnachtsaktionen konzipiert. Non-Profit-Organisationen, gemeinnützige Verbände oder Vereine stehen auf Platz zwei der Zielgruppen. Hier kommt es oftmals zu einer kombinierten Förderung mit der ersten Gruppe Kinder/Jugendliche, Beispiele finden sich bei der Nachwuchsförderung im Sport oder dem Sponsoring von Jugendmannschaften.

Bei der Zielgruppe von Hilfsbedürftigen oder Personen mit sozialer Benachteiligung wird insbesondere die Zielgruppe Senioren genannt. Dieses Engagement gilt den Menschen im dritten Lebensabschnitt und der älter werdenden Gesellschaft. Mit diesem Fokus auf den demografischen Wandel wird auch der „Nerv der eigenen Belegschaft" getroffen. Andere Unternehmen bieten spezielle Unterstützung für Senioren an, wie die Vermittlung von Betreuungsleistungen.

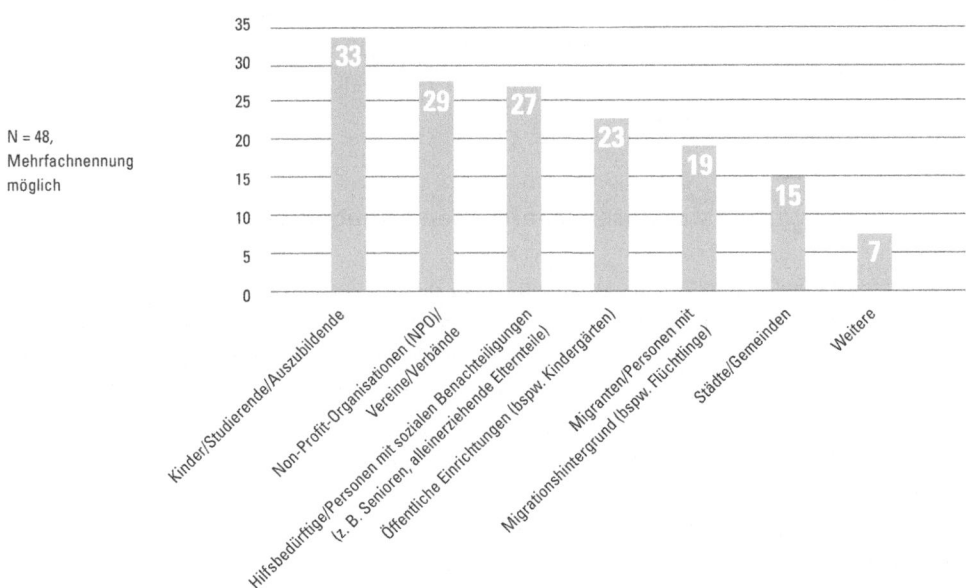

Abb. 1 Zielgruppen des gesellschaftlichen Engagements

Weniger im Fokus der Aufmerksamkeit steht bisher laut Aussagen der Teilnehmer ein direktes Engagement für Städte und Gemeinden. Dennoch engagieren sich viele Unternehmen in der Quartiersentwicklung:

> Wir sehen unsere Quartiersarbeit als wichtigen Beitrag zur Quartiersstabilisierung an. In der Immobilienwirtschaft heißt es Lage, Lage, Lage. Diese Lage können wir aktiv gestalten und somit sowohl für die Gesellschaft als auch für den Erfolg unserer Immobilien etwas tun.

Insbesondere der Integrationsaspekt spielt hier eine große Rolle. „Flüchtlinge als neue Nachbarn begreifen" ist die Zielsetzung. Um diese Ziele zu realisieren, werden neue Wohnformen geschaffen, bauliche Maßnahmen umgesetzt und eine „Willkommenskultur" unterstützt. Die Aktionen beziehen sich jedoch nicht nur auf die Betroffenen vor Ort, auch hinter den Kulissen wird gearbeitet: „Auf dem Weg zur sozialen Stadt ist die Zusammenarbeit mit den Kommunen essenziell."

Unter der Kategorie „Weitere" wurden Ergänzungen zu den aufgeführten Zielgruppen aufgenommen. Als zusätzliche Kategorie wurde in erster Linie die Förderung von Kunst und Kultur genannt. Mit der Unterstützung kultureller Aktionen und Veranstaltungen werden nicht nur die Künstler unterstützt, sondern vor allem weiteren Teilen der Gesellschaft der Zugang zur Kultur ermöglicht. Dieser Beitrag eröffnet Potenziale für Win-win-Effekte: Ein Unternehmen kann beispielsweise die geförderte Kulturveranstaltung als Kommunikationsplattform mit seinen Kunden zur Steigerung der Attraktivität einzelner Objektstandorte nutzen. Zukünftig wollen mehrere Interview-Teilnehmer ihre gesellschaftlichen Aktivitäten systematisieren. Heute würde man eher „ad-hoc" auf aktuelle Fragestellungen eingehen. „In Zukunft möchten wir unsere Zielgruppe systematischer angehen." Vor dem Hintergrund der Immobilienwirtschaft soll an dieser Stelle aber noch eine Ausrichtung speziell genannt werden: „Im Fokus stehen für uns die Mieter, denn diese vereinen alle Zielgruppen."

2.4 Zielsetzungen des gesellschaftlichen Engagements

Gesellschaftliches Engagement wird zum Wohl der Allgemeinheit erbracht, erfüllt aber auch unternehmensinterne Ziele (Abb. 2). Die Marktstudie zeigt, dass der Hauptzweck des gesellschaftlichen Engagements bei den beteiligten Unternehmen in der Förderung der Unternehmenskultur und der Erfüllung des Leitbilds bzw. der Grundwerte des Unternehmens liegt. Die Feststellung „Es gehört zu den absoluten Unternehmenswerten", zeigt, wie sehr sich die Unternehmen aus einem inneren Grundverständnis heraus verpflichtet fühlen.

Eine weitere wesentliche Zielsetzung ist die Verbesserung des Unternehmensimages. Gesellschaftliches Engagement stiftet einen hohen Nutzen zur Erfüllung öffentlichkeitsbezogener Ziele und verbessert das Unternehmensimage. Marketing und Medienpräsenz sind dabei nur eine Seite der Medaille. „Uns geht es um Glaubwürdigkeit, um die Nähe zum Kunden."

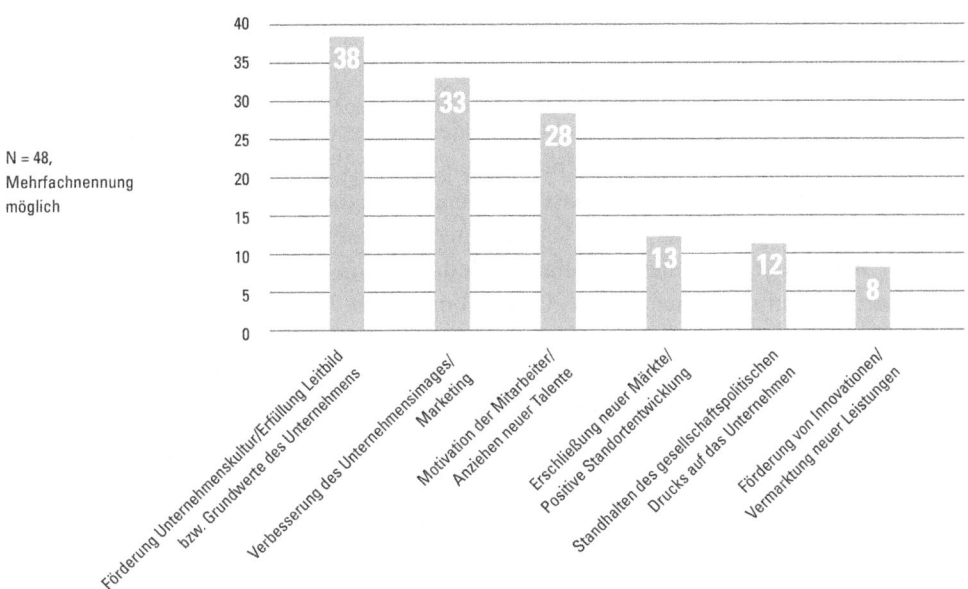

Abb. 2 Zielsetzung des gesellschaftlichen Engagements

„Aus Studenten werden Praktikanten, aus Praktikanten werden Angestellte", mit dieser einfachen Formel beschreibt ein Teilnehmer den Nutzen aus dem Engagement gegenüber Auszubildenden. Bei der Suche nach neuen Talenten geht es heute um mehr als um einen Arbeitsvertrag und Dienstwagen. Die unter dem Stichwort „Generation Y" geführten Arbeitnehmer suchen gezielt nach „sinnvollen" Tätigkeiten. „Der inhaltliche Sinn des zukünftigen Aufgabenfelds ist entscheidend." Mit dem Engagement sollen nicht nur zukünftige, sondern auch die gegenwärtigen Mitarbeiter angesprochen werden. Die Teilnehmer dieser Studie erhoffen sich positive Auswirkungen auf die Arbeitsmotivation und die Bindung an das Unternehmen. Diese Zielsetzungen können einige Unternehmen bereits bestätigen: „Für unsere Mitarbeiter war es eine große Bereicherung, der Teamgedanke wurde ungemein gestärkt – auch standortübergreifend." Die Mitarbeiter werden durch solche Aktivitäten intrinsisch motiviert, wie ein Teilnehmer berichtet: „Es braucht unheimliches Engagement von jedem Einzelnen, aber das Ergebnis erfüllt unsere Mitarbeiter mit Stolz."

Weniger im Fokus stehen die Zielsetzungen zur Erschließung neuer Märkte und der Förderung von Innovationen bzw. Vermarktung neuer Leistungen. Eine aktive Standortentwicklung kann sich aber sehr wohl positiv auszahlen, gerade in Problemquartieren, in denen ein Engagement für die Sicherheit der Mieter und der Steigerung der Sauberkeit zu einer besseren Vermarktung des gesamten Areals beiträgt (vgl. Abschn. 2.3). Auch wird berichtet, dass durch die Auseinandersetzung mit den gesellschaftlichen Themenstellungen Daten für die Unternehmensstrategie gewonnen werden. Dies erleichtert die Positionierung der Objekte im Markt.

Nicht zuletzt wird gesellschaftliches Engagement auch durch gesellschaftlichen Druck erzeugt. Gerade Unternehmen der öffentlichen Hand spüren diesen Druck stärker. Plakativ hat es ein Unternehmen auf den Punkt gebracht: „Alle denken, dass wir etwas zu verschenken haben." Aber in dieser Auseinandersetzung werden auch Probleme gelöst, wie in einem positiven Beispiel berichtet wird. „Vorteile entstehen im Zusammenwirken und im Umgang mit Parteien, Mandatsträgern und Kommunen – wir arbeiten gemeinsam an aktuellen Problemen." Bei all den Zielsetzungen ist eines jedoch wichtig, die Überprüfung der Wirksamkeit. Welches Resultat erzielt das Engagement in der Gesellschaft (z. B. Verbesserung des Images) und für das Unternehmen (z. B. Mitarbeiterbindung)?

2.5 Handlungsansätze des gesellschaftlichen Engagements

Das Spektrum der Handlungsansätze in der Immobilienbranche ist breit: von der finanziellen Unterstützung von Initiativen bis zu der Vermittlung von Wissen als Mentoren oder der Bereitstellung von Flächen und Räumen für die Öffentlichkeit. Die Liste der Aktivitäten reicht weiter von der Förderung von Vereinen oder gemeinnützigen Verbänden über tatkräftige Modernisierungsarbeiten in Ausbildungszentren und Wohnstätten hilfsbedürftiger Familien bis hin zu Koordinationsleistungen im Rahmen einer Krisenintervention. Um diesen Handlungsansätzen eine Struktur zu geben, wurden die Aktivitäten gegliedert und hinsichtlich der Kategorien Spenden, Sponsoring, Stiftungen und Ressourcenbereitstellung untersucht.

Der Einsatz der drei CSR-Instrumente bzw. Handlungsansätze Spenden, Sponsoring und Ressourcenbereitstellung ist nahezu ausgeglichen (Abb. 3). Leicht im Vordergrund steht die Bereitstellung von Mitarbeiterressourcen – im Fachjargon auch als Corporate

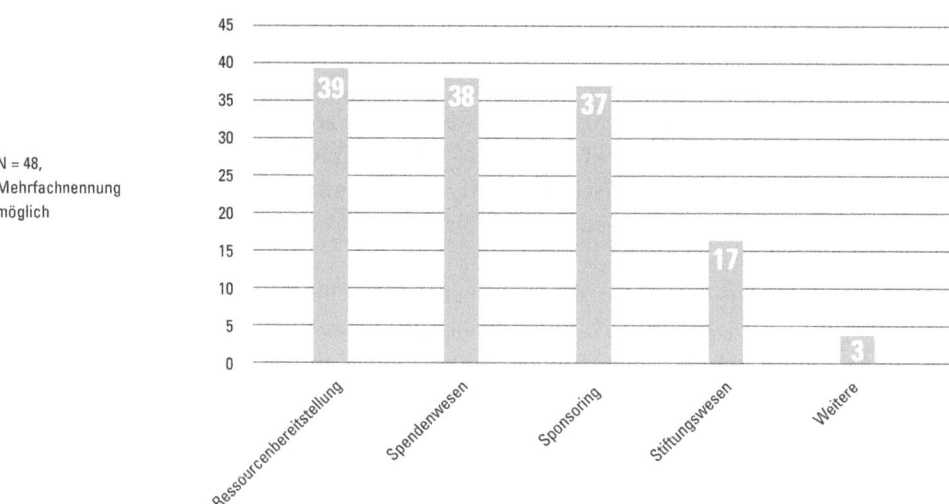

Abb. 3 Handlungsansätze des gesellschaftlichen Engagements

Volunteering bekannt (39 Nennungen). Die Wahl der Handlungsansätze hat neben gesellschaftlichen auch unternehmensinterne Gründe: Der Ansatz der gesellschaftlichen Verantwortung soll von der strategischen Leitung bis zur Ebene jedes einzelnen Mitarbeiters verankert werden. Oder anders ausgedrückt: „Kein Ausschlusskriterium, aber wichtig bei der Auswahl weiterer Förderungsprojekte, ist die Möglichkeit, Mitarbeiterinnen und Mitarbeitern die Option eines persönlichen Engagements zu geben." Die Integration der Mitarbeiter „(...) ermöglicht die persönliche Involvierung jedes Einzelnen im Gegensatz zu einer anonymen Spende. Wir sehen hier einen viel größeren Wirkungsgrad und einen Multiplikator-Effekt." Darüber hinaus stellt ein Unternehmen fest: „Diese ehrenamtliche Tätigkeit ist eine wesentliche Zusatzqualifikation für unsere Führungskräfte." Ziel der Spenden und des Sponsorings sind insbesondere Themen wie Bildung, soziale Gleichstellung, Kultur und Sport. Im Bereich der Bildung und der sozialen Gleichstellung können federführend Ausbildungsprogramme, Stipendien oder Stiftungslehrstühle genannt werden. Die finanzielle Unterstützung im Bereich Kunst und Sport widmet sich spezifischen Vereinen, ausgewählten Anlässen wie Public Viewing, Ausstellungen, der Restauration denkmalgeschützter Projekte oder dem Erhalt kultureller Güter.

Auf die institutionalisierte Form einer Stiftung wird in der Immobilienwirtschaft eher weniger zurückgegriffen (17 Nennungen). Bei den genannten Stiftungen handelt es sich häufig um gebündelte Förderungen auf Konzernebene. Die Auswahl der Aktivitäten wird nicht nur durch die Art der Handlungsfelder bestimmt. Auch der regionale Fokus der Unternehmen spielt häufig eine Rolle. Zur Förderung des direkten Umfelds wird von einer großen Bandbreite an Aktivitäten „(...) im Bereich Quartiersentwicklung" berichtet, dazu zählen: „Integrationsprojekte, die Förderung des nachbarschaftlichen Miteinanders sowie die aktive Unterstützung von Kindern, Jugendlichen, Familien und Senioren". Die zur Diskussion gestellten Handlungsansätze wurden von den Experten aus der Praxis ergänzt. Ein erstes Stichwort dazu ist das Thema Compliance. In diesem Zusammenhang wird geraten, Partnerunternehmen oder Standorte auf die Einhaltung von Arbeitsbedingungen zu prüfen und im Zweifelsfall auf eine Geschäftsbeziehung zu verzichten. Gerade im Reinigungsbereich steht das Thema Mindestlohn oftmals zur Diskussion. Auch vor der gesetzlichen Grundlage, ist ein klares Bekennen zu einer fairen Lohnstruktur Zeichen von gesellschaftlichem Engagement. In einem anderen Fall wurde als weitere Option eine Kapitalbeteiligung angesprochen, wodurch sich bei einer positiven Geschäftsentwicklung Win-win-Effekte für beide Parteien einstellen. Die Kapitalbeteiligung in Form von Mikro-Krediten ist ein Konstrukt, das insbesondere in Afrika zum Erfolg kam. Neben diesen Mikro-Krediten sind auch Finanzierungsmodelle für Non-Profit-Organisationen oder gesellschaftsorientierte Projekte, bspw. Kindertagesstätten, möglich. Letztendlich wird klar herausgestellt, dass „(...) die Suche nach Multiplikatoren" – also von Folgeeffekten – zentral ist.

Bergen CSR-Aktivitäten in der Stadtentwicklung die Chance, die Wirksamkeit auch für die immobilienwirtschaftlichen Unternehmen zu erhöhen? Die These: Ein koordiniertes und zielgerichtetes Engagement in der Stadtentwicklung erzeugt mehr und sichtbarere Effekte in den Quartieren. Dies führt zu einer höheren Glaubwürdigkeit des Engagements und wirkt sich im Endeffekt positiv auf das Unternehmensimage aus. Darüber hinaus können wirkungsvollere Strategien des sozialen Engagements im Quartier auch zu einer nachhaltigeren Stabilisierung von Quartieren beitragen. Dies kann sich letztlich positiv auf Mieten, Immobilienwerte und das Image von Quartieren und der dort aktiven Immobilienunternehmen auswirken. Viele Projekte der Sozialen Stadt[1], die mittels staatlicher Förderprogramme ähnliche Handlungsansätze wie manches Wohnungsunternehmen im Rahmen seiner CSR-Aktivitäten verfolgt, bestätigen dies (z. B. „Das soziale Management im Quartier" der GBG Mannheim). Das soziale Engagement von Immobilienunternehmen kann die Quartiersentwicklung unterstützen und die gewünschten Effekte erzielen.

2.6 Corporate Citizenship im Rahmen immobilienwirtschaftlicher Prozesse

Die Übernahme von gesellschaftlicher Verantwortung ist keine branchenspezifische Angelegenheit. Doch im Kontext der Immobilienwirtschaft stellt sich insbesondere die Frage, wie Unternehmen dieser Branche in ihrem Kerngeschäft gesellschaftlich wirken können. Prozess für Prozess wurden aktuelle Aktivitäten eruiert und potenzielle Ansatzpunkte abgefragt (Abb. 4). Mit besonders hohen Potenzialen sind die Prozesse Projektentwicklung

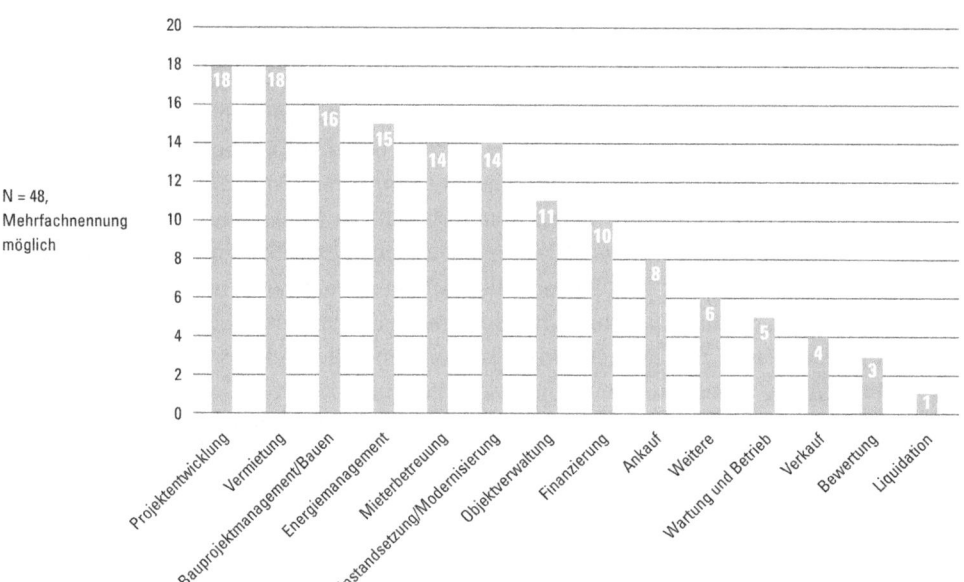

Abb. 4 Immobilienwirtschaftliche Prozesse

---

[1] Die Soziale Stadt ist ein Städtebauförderprogramm des Bundes, das der Stabilisierung und Aufwertung städtebaulich, wirtschaftlich und sozial benachteiligter und strukturschwacher Quartiere dient.

und Vermietung bewertet (je 18 Nennungen). Mannigfaltige Ansatzpunkte werden zudem im Bauprojektmanagement, im Energiemanagement, in der Instandsetzung bzw. Modernisierung sowie in der Mieterbetreuung gesehen. Aus Sicht der Teilnehmer scheinen sich die Prozesse Bewertung, Verkauf und Liquidation weniger zu eignen. Im Detail zeigen sich für die aufgeführten Prozesse beispielhaft folgende Potenziale:

Projektentwicklung

- Zielgruppenorientierte Strategieentwicklung, um zukunftsfähige Produkte zu entwickeln,
- Baurechtschaffung in Zusammenarbeit mit Kommunen und Gestaltung sozial ausgewogener Areale,
- Steuerung der Nutzungsstrukturen als Gegenwirkung zur Gentrifizierung,
- Nachhaltige Stadtentwicklung, mehr Grünflächen und günstiges Wohnen.

Bauprojektmanagement/Bauen

- Errichtung und kostenfreie/vergünstigte Bereitstellung von Kindertagesstätten,
- Kostenlose Bereitstellung von Fassadenflächen im Bau/Umbau für Werbebanner von Non-Profitorganisationen,
- Nutzung von Bauzäunen als Projektionsfläche für Studentenwettbewerbe,
- Anpflanzung neuer Bäume als Gegenleistung für versiegelte Flächen,
- Kostenfreie oder vergünstigte Planungsleistungen bei gesellschaftlich relevanten Projekten.

Finanzierung

- Kapitalbeteiligung oder Bereitstellung einer Finanzierung zu einem geringerem Zinsniveau.

Bewertung

- Spendenanteil bei Immobilienaufwertungen.

Ankauf

- Ankauf von Immobilien zur sozial verträglichen Mietentwicklung im Quartier und Sicherheit für die Mieter,
- Prüfung der Ankaufsobjekte auf nachhaltige und/oder energetische Aspekte.

Verkauf

- Spendenanteil im Falle eines Verkaufspreises über Business-Plan-Wert.

Vermietung

- Aktive Entwicklung einer sozial durchmischten Mieterstruktur,
- Kostenlose Bereitstellung von Leerstandsflächen sowie Mietnachlass für Sozialpartner,
- Temporäre Bereitstellung von Flächen als Atelier- bzw. Ausstellungs-/Veranstaltungsflächen,
- Setzen von Mindestanteilen zur Neuvermietung an WBS-Empfänger.

Objektverwaltung

- Durchführung von Events oder Kinderspiel-Aktionen im Rahmen des Center Management,
- Areal für Bürger attraktiv halten, bspw. durch die Gestaltung von Parkanlagen.

Mieterbetreuung

- Soziale Gestaltung der Indexierung/Mietanpassung Serviceleistungen für Senioren.

Wartung und Betrieb

- Sozialverträglichkeit als Kriterium bei der Auswahl von Dienstleistern.

Energiemanagement

- Nachhaltige Errichtung und Bewirtschaftung der Gebäude zur Verringerung des Energieverbrauchs,
- Energieberatung für Mieter,
- Quartiersstrom zur dezentralen Stromversorgung.

Instandsetzung/Modernisierung

- Gestaltung sozial verträglicher Modernisierungs-Umlagen,
- Berücksichtigung von nachhaltigen und/oder energetischen Aspekten.

Liquidation

- Bereitstellung von Möbeln für gemeinnützige Organisationen,
- Bereitstellung der Immobilie zur temporären Zwischennutzung,
- Bereitstellung der Grundstücksflächen für Veranstaltungszwecke oder Schulgärten.

Als Ergänzung zu den genannten Prozessen wurde von den Experten der Aspekt Wissenstransfer hervorgehoben. Die Immobilienwirtschaft – als dienstleistungsorientierte Branche – verfügt über ein enormes Know-how, das in vielfältiger Hinsicht zur Verfügung gestellt werden kann: von der Aufklärung von Jugendlichen hinsichtlich finanzwirtschaftlicher Mechanismen, der Ausbildung von Studenten im Rahmen von Hochschulprojekten über die Unterstützung caritativer Bauprojekte bis hin zur Beratung von gemeinnützigen Organisationen. Dieser Wissenstransfer ist für alle Teilnehmer von Nutzen: Durch die Diskussion entstehen zukunftsweisende Konzepte und zukünftige Mitarbeiter können akquiriert werden. Darüber hinaus werden die beteiligten Mitarbeiter aus den Unternehmen für soziale und kulturelle Themen sensibilisiert.

Ein weiterer Aspekt, der bei der Diskussion der immobilienwirtschaftlichen Prozesse in den Vordergrund gestellt wurde, ist die Nachhaltigkeit. Dabei handelt es sich nicht um einen einzelnen Prozess, sondern die Verankerung des nachhaltigen Gedankenguts in allen immobilienwirtschaftlichen Belangen. Ein Teilnehmer der Studie formuliert dies so: „Im Hinblick auf nachhaltiges Wirtschaften, welches neben ökonomischen auch soziale und ökologische Aspekte berücksichtigt, kann in allen Prozessen gesellschaftliche Verantwortung übernommen werden". Nur beispielhaft sind Nachhaltigkeits-Checks im Ankauf, der Einsatz von „Green Leases" (Freshfields 2012, S. 6)[2] in der Vermietung oder die Potenzialprüfung durch Nachhaltigkeitskriterien im Immobilienbestand zu nennen.

Hinter jedem immobilienwirtschaftlichen Prozess steht ein Mensch, ob in der Reinigung, der Verwaltung oder dem Handwerk. Ein Unternehmer berichtet: „Spitzensportler haben ein stark eingeschränktes Zeitpensum. Wir ermöglichen ihnen eine Ausbildung, um ihnen eine Karriere neben dem Sport zu sichern."

3 Die Rolle von CSR der Immobilienwirtschaft in der Stadtentwicklung

Die Immobilienwirtschaft spielt durch ihre Investitionen vor Ort eine Schlüsselrolle in der Stadtentwicklung. Das Schlagwort der neuen urbanen Komplexität (Bundesverband für Wohnen und Stadtentwicklung 2015) umfasst eine Vielzahl an Entwicklungen, die die Stadtentwicklung beeinflussen. Der demografische und gesellschaftliche Wandel, Urbanisierung und Gentrifizierung, eine zunehmend disperse räumliche Entwicklung zwischen wachsenden und schrumpfenden Regionen sowie eine sozialräumliche Polarisierung in den Städten sind nur einige dieser Trends, die die Stadtentwicklung bestimmen.

---

[2] „Ein Green Lease ist ein auf Nachhaltigkeit gerichteter Mietvertrag, der durch seine besondere Ausgestaltung gegebenenfalls flankiert durch die Anforderungen einer etwa vorhandenen Zertifizierung der Immobilien den Mieter zu einer möglichst nachhaltigen Nutzung und den Vermieter zu einer möglichst nachhaltigen Bewirtschaftung der Immobilie veranlassen soll."

Insbesondere der gesellschaftspolitische Wandel in den Städten führt dazu, dass sich kaum ein Bau- und Stadtentwicklungsprojekt ohne Partner und Bürgerdialog umsetzen lässt.

Die Integration von Stadtentwicklungsthemen in die CSR-Strategien der Immobilienwirtschaft bietet hier die Chance, Win-win-Effekte für Städte, Stadtgesellschaft und Unternehmen zu erzielen. CSR-Aktivitäten der Immobilienwirtschaft werden dann zur Ressource für die Stadtentwicklung, wenn sie nicht nur mit Blick auf unternehmensinterne Ziele lanciert werden, sondern auch die Optimierung des Stadtentwicklungsprozesses zum Ziel haben. Voraussetzung für erfolgreiche Win-win-Effekte ist, dass sich die Immobilienunternehmen mit anderen Akteuren der Stadtentwicklung vernetzen, ihre Aktivitäten in eine Gesamtstrategie für das Quartier oder die Stadt integrieren oder diese gemeinsam entwickeln. Dafür müssen mögliche Kooperationspartner und geeignete Handlungsfelder identifiziert werden, die zum eigenen Unternehmen, seinen Zielen und zur Situation im Quartier passen. Dies ist zunächst deutlich aufwendiger, erhöht aber die Wirksamkeit der Maßnahmen und die Glaubwürdigkeit der beteiligten Unternehmen.

Ein mögliches Handlungsfeld ist zweifellos das aktuelle Thema „Integration im Quartier". Mögliche Maßnahmen können sich auf den Prozess des Zusammenlebens, die Unterbringung von Flüchtlingen, die Bildung durch z. B. Sprach- und Kulturvermittlung, die Unterstützung bei der Integration in den Arbeitsmarkt durch Praktika und Ausbildung und die Unterstützung des Integrationsmanagements beziehen. Auch hier kann das Spektrum der Handlungsansätze von der finanziellen Unterstützung über personelle Ressourcen bis zu der Bereitstellung von Flächen und Räumen reichen. Diese Handlungsansätze decken sich mit dem klassischen Handlungskonzept für soziales Engagement im Quartier respektive in der Stadtentwicklung.

Neben den konkreten CSR-Aktivitäten vor Ort, kann die Immobilienwirtschaft ihre Verantwortung auch durch die Unterstützung von Institutionen wahrnehmen, die sich für besondere Aspekte in der Stadtentwicklung einsetzen, wie z. B. die Bundesstiftung Baukultur oder die Stiftung Denkmalschutz. Aber auch die Förderung des Bürgerdialogs bietet Anknüpfungspunkte für CSR-Aktivitäten, beispielsweise durch die Finanzierung von Bürgergutachten. Zentral für den Erfolg dieses Engagements ist allerdings die Einbindung in integrierte Stadtentwicklungsprozesse.

Folgende Beispiele stehen exemplarisch für das klassische Handlungsfeld des sozialen Engagements der Immobilienwirtschaft im Quartier.

3.1 Familie Marxheim, Hofheimer Wohnungsbau GmbH[3]

Aufgrund der demografischen Entwicklung mit einer Zunahme der älteren Bevölkerung, der Pluralisierung der Lebensmodelle, der steigenden Zahl alleinlebender Menschen und

---

[3] Diehl N (2015) Förderung von Selbst- und Nachbarschaftshilfe im Stadtteil – Projekte Familie Nord/Familie Marxheim.

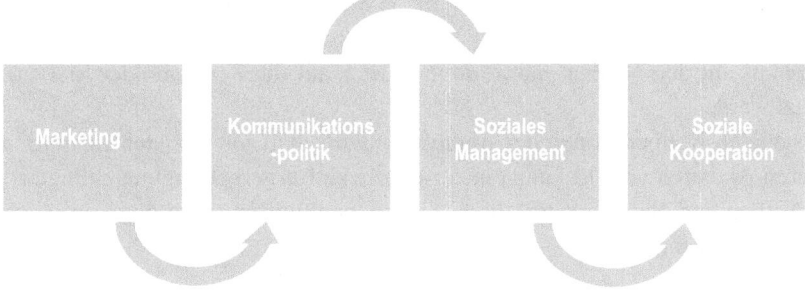

Abb. 5 Vom Marketing zum sozialen Management. (Diehl 2015)

der Auflösung traditioneller familiärer Strukturen, gewinnen am Gemeinwesen orientierte Quartierskonzepte an Bedeutung. Die Hofheimer Wohnungsbau GmbH (HWB) ist ein kommunales Wohnungsunternehmen und versteht sich als Bestandteil der aktiven Stadtentwicklungsplanung Hofheims.

Die HWB engagiert sich im Bereich des „sozialen Managements", das ein wesentlicher Baustein ihres Marketings ist (vgl. Abb. 5). Hier rückt die jeweilige Zielgruppe und zielgruppenkonforme Kommunikation in den Vordergrund. Diese professionell zu gestalten, ist für die HWB ein klassischer betriebswirtschaftlicher Aspekt und nicht, wie teilweise vermutet wird, eine rein zusätzliche soziale Maßnahme. Abgeleitet aus dem Marketing-Mix ist eine Teilaufgabe des sozialen Managements die Gestaltung von sozialen Kooperationen mit den sozialen Partnern. Dies führt zu einer verbesserten Kommunikation mit den Zielgruppen, beispielsweise durch die Arbeit mit Senioren, Jugendlichen oder auch aktuell mit Flüchtlingen.

Nach dem 2010 begonnenen und mittlerweile etablierten Projekt „Familie Nord" im Fördergebiet der Sozialen Stadt Hofheim Nord, gründete sich mit Unterstützung der Stadt Hofheim am Taunus, des Caritas Verbandes Main-Taunus und der Hofheimer Wohnungsbau GmbH die „Familie Marxheim". Mitglieder der Familie sind derzeit neun Bürger des Hofheimer Stadtteils Marxheim, unterschiedlichen Alters und Nationalität. Die Ziele sind insbesondere die Annäherung aller Generationen und Kulturen und die Bildung tragfähiger sozialer Netzwerke, die im Bedarfsfall Unterstützung leisten und einen Rahmen für lebenslanges Wohnen im Stadtteil geben.

Diese aktivierende Gemeinwesenarbeit nutzt die Kompetenzen der Menschen im Stadtteil, vermittelt Kontakte, moderiert Konflikte, unterstützt Gemeinschaftsaktivitäten und fördert über Begegnungen Selbst- und Nachbarschaftshilfe. Aktivitäten und Aktionen der Familie Marxheim sind u. a. Servicezeiten im Stadtteilbüro, Einkaufsfahrten, Winterferien- bzw. Osterferien-Freizeiten und das Wander-Café. Diese lebendige Nachbarschaft und die soziale Infrastruktur steigern die Attraktivität des Stadtteils und tragen nachhaltig zur Entlastung sozialer Sicherungssysteme bei.

Aus ihren bisherigen Aktivitäten zieht die HWB folgendes Fazit:

- Der Fokus auf den Neubau muss um den Blick auf die Zeit nach der Erstvermietung ergänzt werden.
- Aus sozialen Kooperationen der Immobilienwirtschaft mit sozialen Institutionen und weiteren Akteuren vor Ort kann eine erfolgreiche Bürgerbeteiligung gelingen.
- Der Aufbau von Netzwerkstrukturen mit Kooperationspartnern muss an strategischer Bedeutung gewinnen.

3.2 Netzwerk Märkisches Viertel, Gesobau AG[4]

Das Märkische Viertel in Berlin wurde in den 1960er-Jahren als Vorzeigeprojekt des zeitgenössischen Städtebaus für 40.000 Einwohner konzipiert und innerhalb von zwölf Jahren errichtet. Die Großsiedlungsbestände umfassen ca. 16.000 Wohnungen mit Wohnungsgrößen von 40 bis 110 m^2. Im Stadtteil leben rund 37.000 Einwohner (Stand 2015). Sozialstrukturelle Daten deuten auf eine ökonomisch eher schwache Bevölkerung und die räumliche Zunahme sozial benachteiligter Gruppen. Die subjektive Seite dieser objektiven Entwicklungen kann in wachsender sozialer Verunsicherung und individuellen Ängsten Ausdruck finden.

Der Anteil der Einwohner über 65 beträgt rund 22 %. Darunter sind viele Erstmieter, die ab 1964 eingezogen und im Stadtteil alt geworden sind. Das erklärte Ziel des Netzwerkes Märkisches Viertel (NWMV) besteht darin, den Bewohnerinnen und Bewohnern so lange wie möglich ein selbstständiges Leben in der eigenen Wohnung zu ermöglichen. Die GESOBAU – mit über 15.000 Wohnungen Haupteigentümerin im Stadtteil Märkisches Viertel – reagiert damit auf den demografischen Wandel und eine damit verbundene sich ändernde Mieterschaft.

Initiiert wurde das NWMV im Jahr 2003 von der GESOBAU AG, Albatros e. V. und dem Bezirksamt Reinickendorf. Es hat ein Netz verschiedenster Dienstleistungsanbieter für das Quartier Märkisches Viertel in Berlin geschaffen, das aufgrund des breit gefächerten Angebots in der Lage ist, der demografischen Entwicklung adäquat Rechnung zu tragen. Das Netzwerk verbindet unterschiedliche Akteursebenen: die politische Ebene (Stadträte als Schirmherren), die Verwaltungsebene (Bezirksamt Reinickendorf einschl. Beiräte) sowie lokale Akteure. Die Vorgehensweise des NWMV lässt sich, wie in Abb. 6 aufgeführt, zu einem linearen Prozess zusammenfassen.

Das Netzwerk steigert die Lebensqualität aller Generationen, da sich damit infrastrukturelle Versorgungslücken schließen, der Zugang zu lokalen Angeboten (z. B. Mietersprechstunden, Ärztelisten, Übersicht von Sportangeboten) verbessert sowie eine gewisse Markttransparenz und Kooperationskultur schaffen lässt. Durch zahlreiche Aktivitäten und den Einbezug der Bewohnerschaft lassen sich positive Effekte für Letztere selbst und für den Stadtteil ableiten.

---

[4] Böhm (2013) Hier will ich bleiben! Netzwerk Märkisches Viertel e. V.

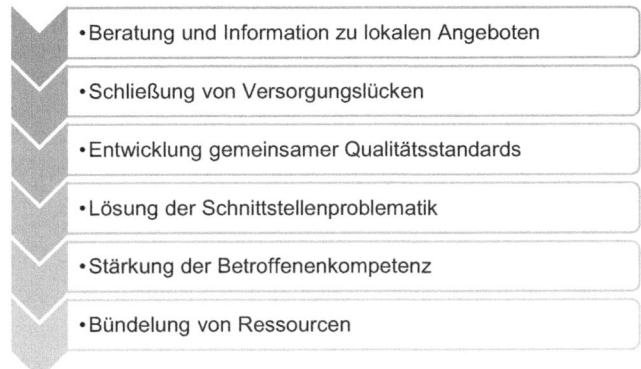

Abb. 6 Ziele des NWMV. (Böhm 2013)

Das Netzwerk besteht aus 25 Netzwerkpartnern, die gemeinsam die sozialen Strukturen im Stadtteil stärken und entwickeln sowie fehlende Bedarfe aufspüren und Versorgungslücken abbauen wollen. Durch niedrigschwellige Beratungs-, Bildungs- und Präventionsangebote, soziale Dienste und kulturelle Aktivitäten unterstützen die Netzwerkpartner Senioren in ihrer Alltagsbewältigung. Zu den Angeboten des Netzwerks zählen u. a.:

- die Senioren-Infothek MV (persönliche, elektronische und telefonische Anlaufstation, die informationelle und administrative Aufgaben übernimmt),
- Diskussionsrunden und Bedarfsanalysen,
- Vorträge, Vermittlung und Beratung,
- Aktivierung und Bewohnerbeteiligung,
- Stadtteilarbeit,
- gemeinschaftlich entwickelte Netzwerk-Projekte und
- Netzwerkfeste.

Im Zeitraum von 2006 bis 2009 wurde das NWMV durch das Bundesministerium für Bildung und Forschung hinsichtlich seiner primärpräventiven Wirkung in der Arbeit der Gesundheitsfürsorge untersucht. Die Untersuchung ging den Fragen nach der Entstehung des NWMV nach, analysierte die Aktivitäten und den Grad der Zielerreichung des NWMV in Bezug auf die Bedürfnisse des Stadtteils und entwarf Qualitätsaspekte zur zukünftigen Entwicklung. Primäre Effekte der Netzwerkarbeit ließen sich in den Bereichen Strategie, Wirtschaft, Technik, Soziales und Innovationen nachweisen.

Strukturelle Vorteile ergeben sich aus der lokalen Verankerung, einer aktive Kerngruppe und vielen aktiven Mitgliedern sowie u. a. durch klare Ziele und Handlungsfelder. Die Übertragbarkeit des kooperativen Ansatzes auf ähnliche Quartiere oder Stadträume wird in der Fachöffentlichkeit fortlaufend diskutiert. Als Novum und Chance zur Entwicklung ganzheitlicher Quartiersansätze wird die Heterogenität der Netzwerkmitglieder herausgestellt, die Klarheit der Ziele und die Bereitschaft, sich in einem gemeinsamen Lernprozess systematisch Fähigkeiten anzueignen, um strukturbezogene soziale Dienstleistungen für die Bewohner des Stadtteils zu entwickeln, die den Gesamtkontext organisationsspezifischer und gesellschaftlicher Bedingungen beachten.

3.3 Siemens AG, Siemens Real Estate[5]

Gesellschaftliches Engagement gehört zu den zentralen Elementen der Unternehmensphilosophie von Siemens. Im Rahmen der aktuellen Flüchtlingsproblematik sind Siemens und seine Mitarbeiter aktiv geworden, um die erste Not der ankommenden Menschen zu lindern. So stellte Siemens Real Estate (SRE), das Immobilienunternehmen von Siemens, den Kommunen bisher (Stand 01/2016) bereits an 19 Standorten im gesamten Bundesgebiet Flächen für die Unterbringung von Flüchtlingen zur Verfügung. Darüber hinaus spendete Siemens im Zusammenhang mit der Siemens-Stiftung 1,25 Mio. € unter anderem für Sprachunterricht sowie Integrationshilfe und bietet Praktikumsplätze für Flüchtlinge an.

Bereits im Herbst 2014 wurde SRE auf Initiative des Siemens-Betriebsrats aktiv. Das leerstehende Gebäude in der ehemaligen Siemens Niederlassung in der Richard-Strauss-Straße in München Bogenhausen wurde der Stadt München zur Unterbringung von Flüchtlingen angeboten. In den inzwischen von der Stadt München angemieteten und teilweise umgebauten Gebäuden konnte so eine Dependance der Erstaufnahmeeinrichtung Bayernkaserne eingerichtet werden. Wenn andere Einrichtungen zur Erstaufnahmen voll sind, können hier seit Sommer 2015 bis zu 500 Flüchtlinge, kurzzeitig sogar bis zu 800 Flüchtlinge, untergebracht werden. Das Engagement von Siemens wurde auch vom Sozialreferat der Stadt München als beispielhaft erwähnt.

Als weiteres Großprojekt hat Siemens in Wien drei leere Bürogebäude sowie einen Aufenthaltsraum mit Duschen und Sanitärräumen zur Nutzung an die Stadt und den Fond „Soziales Wien" übergeben. Bei den Räumen, in denen schrittweise bis zu 600 Flüchtlinge untergebracht werden können, handelt es sich um eine der größten Flüchtlingsunterkünfte in der österreichischen Hauptstadt.

Gleichzeitig unterstützt Siemens die große Hilfsbereitschaft und das Engagement seiner Mitarbeiter unter anderem durch die bezahlte Freistellung von medizinischem Personal wie Betriebsärzten an bis zu fünf Arbeitstagen im laufenden Geschäftsjahr. In Erlangen, wo ebenfalls Flüchtlinge in leer stehenden Siemens Gebäuden untergebracht sind, engagieren sich Siemens-Mitarbeiter seit einiger Zeit als Kommunikationsbotschafter. Sie werden von der Stadt Erlangen darin geschult, den Flüchtlingen die Ankunft in der Fremde zu erleichtern und zugleich Verständnis für die Situation der Flüchtlinge bei den Bürgern zu schaffen.

---

[5] Jagusch (2015) Siemens Real Estate.

4 Handlungsempfehlungen: Faktoren für erfolgreiches CSR der Immobilienwirtschaft in der Stadtentwicklung

Corporate Social Responsibility in der Stadtentwicklung ist dann erfolgreich, wenn sie neben den klassischen unternehmensinternen Zielen (wie z. B. Prozessoptimierung und Imageverbesserung) auch auf die Stadtentwicklung ausgerichtete Ziele verfolgt. Dazu zählt die Verbesserung von Stadtentwicklungsprozessen und des Zusammenlebens im Quartier. Auch der Expertenbeirat im ExWoSt-Forschungsfeld „Unternehmen und Stiftungen für die soziale Quartiersentwicklung" stellt fest,

> (...) dass die Entwicklung neuer Nachbarschaften und die Stärkung sozialer Bindungen auf der Quartiersebene zur Bewältigung wichtiger gesellschaftlicher Herausforderungen von zentraler Bedeutung sind (Quaestio 2015, S. 4).

Der Expertenbeirat betont weiter, dass das Engagement der Unternehmen stärker mit der Quartiersebene zu verbinden sei und hebt die Bedeutung der systematischen Zusammenarbeit hervor (Quaestio 2015, S. 4).

Die CSR-Aktivitäten sollten in eine Gesamtstrategie eingebunden sein und in Kooperation mit anderen Akteuren der Stadtentwicklung entwickelt und umgesetzt werden. Diese integrierte Gesamtstrategie wird in der Regel von den kommunalen Planungsämtern oder den beauftragten Stadtentwicklungsgesellschaften entwickelt, koordiniert und zielt auf eine nachhaltige Quartiersentwicklung. Integrierte Strategien können aber auch auf Initiative der Immobilienwirtschaft entwickelt werden. Von zentraler Bedeutung ist die Koordinierung und Kooperation aller relevanten Akteure der Stadtentwicklung. Die Integration der CSR-Aktivitäten in eine auf das Quartier bezogene Gesamtstrategie ist zweifellos mühsam, aber für die Stadtentwicklung und die Unternehmensziele erfolgversprechender als singuläre Aktivitäten im Quartier. So können Engagements vermieden werden, die vor Ort wenig zweckmäßig sind oder bereits von anderer Stelle erfüllt werden. Insgesamt erhöht dies die Wirksamkeit und Effektivität der CSR-Maßnahmen. So stellt auch der Expertenbeirat „Unternehmen und Stiftungen in der sozialen Quartiersentwicklung" fest, dass es für Unternehmen, die auf strategische Wirksamkeit ihrer Maßnahmen Wert legen, sinnvoll sei, „(...) aus kurzfristig gedachten Einmalaktionen gemeinsam längerfristige Partnerschaften mit zunehmend systematischem Engagement zu entwickeln" (Quaestio 2015, S. 5).

Ihre Grenze finden diese Ansätze dann, wenn Stadtentwicklung etwa durch politische Patt-Situationen blockiert ist. Im Einzelfall lässt sich der angestrebte Interessenausgleich nicht immer erfolgreich herbeiführen, sodass CSR-Aktivitäten angepasst werden. Hier sind Vermittler gefordert – seien es die professionellen intermediären oder sogar eher Akteure der Zivilgesellschaft, z. B. Stiftungen, Vereine oder ähnliche.

In jedem Fall bedarf es qualifizierter Ansprechpartner in den kommunalen Verwaltungen und in den Immobilienunternehmen. Die Integration von CSR-Aktivitäten von Immobilienunternehmen in kommunale Gesamtstrategien sollte auf beiden Seiten Chefsache sein.

Grundsätzlich gilt, dass die beteiligten Unternehmen für ihre CSR-Aktivitäten neben Kooperationspartnern vor allem geeignete Handlungsfelder identifizieren sollten, die zum Unternehmen, seinen Zielen und der Situation im Quartier passen. Ein mögliches Handlungsfeld ist aktuell zweifellos das Thema „Integration im Quartier".

5 Fazit/Ausblick

Corporate Social Responsibility in der Stadtentwicklung ist ein vielversprechendes aber empirisch noch wenig erforschtes Feld. Das mögliche Engagement der Immobilienwirtschaft in der Stadtentwicklung birgt großes Potenzial für die Städte, die Bürger und die Immobilienwirtschaft. Die gemeinsamen Handlungsoptionen der Immobilienwirtschaft und der Stadtentwicklung sollten weiterentwickelt und hinsichtlich ihrer Wirksamkeit erforscht werden.

Eine erfolgreiche Implementierung von CSR in der Immobilienwirtschaft als Ressource für Stadtentwicklung steht dabei vor einer doppelten Herausforderung. Zunächst muss CSR explizit in der Unternehmensstrategie etabliert werden. Dabei gilt es geeignete Handlungsfelder mit Bezug zur Stadtentwicklung zu definieren, die auch zum Unternehmen und seinen Zielen passen. Die hier dargestellten Beispiele zeigen bereits Aktivitäten, die in diese Richtung gehen und im Quartier integriert sind.

Darüber hinaus sind CSR-Aktivitäten der Immobilienwirtschaft noch systematischer mit den kommunalen Gesamtstrategien und den örtlichen Akteuren zu vernetzen, um nachhaltige Ergebnisse für die Unternehmen, die Quartiere und ihre Bewohner zu erzielen.

Gerade vor dem Hintergrund der aktuell überforderten Kommunen, eine große Zahl von Flüchtlingen und auch einkommensschwache Haushalte mit günstigem Wohnraum zu versorgen, kommt der Immobilienbranche eine besondere Verantwortung zu, ihren Beitrag zur Problemlösung zu leisten.[6] Benötigt wird aber auch jede Unterstützung, den Integrationsprozess der „neuen Nachbarn" zu fördern. Wohnen, Bildung, Arbeit, Gesundheit, Sprache und Kultur sind in integrierten Konzepten zusammenzuführen. Auch hier können die Immobilienunternehmen vor Ort an unterschiedlicher Stelle ihren Beitrag leisten – aktuell sicher primär in ihrem Kerngeschäft: Wohnraum schaffen und zur Verfügung stellen.

Literatur

Böhm H (2013) Hier will ich bleiben! Netzwerk Märkisches Viertel e. V. Berlin

Bundesministerium für Umwelt, Naturschutz, Bau und Reaktorsicherheit (2014) Gesellschaftliche Verantwortung von Unternehmen. Berlin

---

[6] Unter anderem ist diese Frage auch Gegenstand des Bündnisses für bezahlbares Wohnen und Bauen, das 2015 als gemeinsame Initiative zwischen dem Bundesbauministerium und den Verbänden der Immobilienwirtschaft entsprechende Maßnahmen und Handlungsstrategien entwickelt hat.

Bundesverband für Wohnen und Stadtentwicklung (2015) (Hrsg Mittler – Macher – Protestierer. Berlin, Entwurfsfassung 12. Nov. 2015

CC PMRE (Hrsg) (2015) PMRE Monitor Spezial 2015: Die Immobilienwirtschaft übernimmt Verantwortung. Berlin

Deutscher Verband für Wohnungswesen, Städtebau und Raumordnung e. V., Gesellschaft für Immobilienwirtschaftliche Forschung e. V. (Hrsg) (2013) Wirtschaftsfaktor Immobilien 2013. Gesamtwirtschaftliche Bedeutung der Immobilienwirtschaft. Berlin

Diehl N (2015) Förderung von Selbst- und Nachbarschaftshilfe im Stadtteil – Projekte Familie Nord/Familie Marxheim. Vortragsunterlagen. Berlin, 14. Aug. 2015

Freshfields Bruchhaus Deringer LLP (2012) Conradi J, Binkowski S, Spenke C, greenLease Der grüne Mietvertrag für Deutschland. Hamburg

Jagusch G (2015) Siemens Real Estate, Communications and Government Affairs. München

Quaestio Forschung & Beratung (2015) Gesellschaftliches Engagement von Unternehmen und Stiftungen in der sozialen Quartiersentwicklung. Bonn

Zentraler Immobilien Ausschuss (2015) www.zia-deutschland.de/daten-und-fakten/daten-der-immobilienwirtschaft. Zugegriffen: 13.12.2015

Prof. Dr.-Ing. Regina Zeitner studierte an der FH Coburg und der TU Berlin Architektur. Nach mehrjähriger Berufstätigkeit wurde sie 2000 wissenschaftliche Mitarbeiterin im Fachgebiet Planungs- und Bauökonomie an der TU Berlin. Von 2003 bis 2005 hatte sie eine Verwaltungs-Professur im Fachgebiet Bau- u. Immobilienwirtschaft an der FH NON inne und promovierte 2005 an der TU Berlin. Seit 2005 ist sie Professorin für Facility Management an der HTW Berlin. Im Jahr 2009 gründete sie in Kooperation mit der pom+International GmbH das Competence Center Process Management Real Estate.

Prof. Dr. Marion Peyinghaus studierte an der TU Berlin, der EAPB Paris und an der ETH Zürich Architektur. Im Anschluss wechselte sie 2001 an die Universität St. Gallen, um ihre Dissertation zu verfassen, die sie im Rahmen eines SNF-Stipendiums 2004 am INSEAD, Fontainebleau, abschloss. Im Herbst 2004 trat sie bei der pom+Consulting AG ein und ist seit 2007 Geschäftsführerin der pom+International GmbH. Zu ihren Beratungsschwerpunkten zählen die Prozessoptimierung und die Einführung von IT-Systemen. Im Jahr 2009 gründete sie in Kooperation mit der HTW Berlin das Competence Center Process Management Real Estate. Seit 2015 ist Marion Peyinghaus Geschäftsführerin der Forschungs- und Beratungsplattform CC PMRE GmbH. Darüber hinaus lehrt sie als Professorin für Portfoliomanagement und Projektentwicklung an der hochschule 21.

Anna Stratmann ist Geschäftsführerin der Bundesvereinigung der Landes- und Stadtentwicklungsgesellschaften e. V. (BVLEG) und vertritt die Interessen der Unternehmen auf Bundesebene. Nach ihrem Studium der Politikwissenschaft an der Universität Hamburg und Stadtplanung an der TU Harburg, war sie als wissenschaftliche Mitarbeiterin im Stadtplanungsamt Bern, Schweiz tätig. Von 1996 bis 1998 war sie Amtsleiterin in der Stadtplanung Norderstedt. Anschließend war sie im Wirtschaftsministerium NRW als Projektleiterin für die Mittelstandsoffensive NRW verantwortlich bevor sie nach einigen Jahren der selbstständigen Tätigkeit 2011 Geschäftsführerin der BVLEG wurde. Die BVLEG übernimmt mit dem LEG-Preis, einem Studierendenwettbewerb, ihre Verantwortung für die Nachwuchsförderung wahr.

Corporate Urban Responsibility – Hintergründe, Motive und Rahmenbedingungen für nachhaltiges Engagement von multinationalen Unternehmen in der Stadtentwicklung

Kerstin Falk

1 Einleitung

Die Bedeutung sozialen Engagements für eine nachhaltige Stadtentwicklung außerhalb bzw. in Ergänzung von wohlfahrtsstaatlichen Strukturen ist nicht zuletzt durch die Flüchtlingskrise offensichtlich geworden. Auch der Klimawandel, der demografische Wandel, das Städtewachstum sowie Finanz- und Wirtschaftskrisen sind keine abstrakten globalen Probleme, die allein durch staatliches Handeln zu bewältigen wären. Sie manifestieren sich auf lokaler Ebene mit direktem Einfluss auf Wirtschaft und Zivilgesellschaft.

Vor dem Hintergrund des rapiden Städtewachstums sind nicht nur die Kommunalverwaltungen in Entwicklungsländern damit überfordert, die steigenden Anforderungen, wie die Sicherung von Infrastruktur und Serviceeinrichtungen, bereit zu stellen. Aufgrund von Sparmaßnahmen in der öffentlichen Verwaltung zeigt aktuell die Flüchtlingskrise, wie der Zuzug einiger tausend Menschen auch deutsche Verwaltungen zunehmend an ihre Grenzen bringen kann.

Der Mangel an finanziellen Ressourcen und Humankapital innerhalb der Verwaltung und gleichzeitig steigende Anforderungen nach mehr und besseren Dienstleistungen erfordern neue Formen des Regierungshandelns, um ökonomische, ökologische und soziale Herausforderungen in den Griff zu bekommen und letztlich den sozialen Frieden in den Städten zu sichern.

Als Konsequenz eines globalen Liberalisierungsprozesses und knapper öffentlicher Haushalte werden Aufgaben der staatlichen Daseinsvorsorge zunehmend der Privatwirtschaft überlassen. Viele Wirtschaftskonzerne sind sich bewusst, dass Infrastrukturinvestitionen und technische Innovationen, wie die Entwicklung und der Einsatz erneuerba-

K. Falk (✉)
WIR GESTALTEN e.V.
Berlin, Deutschland
E-Mail: kerstin.falk@wirgestaltenev.de

rer Energien und ressourcenschonende Produktion, nicht nur ihr Image verbessern, sondern auch Grundbedingungen für ihren eigenen ökonomischen Erfolg darstellen. Umweltfreundliche Nahverkehrssysteme, effiziente Transportsysteme für Zulieferer oder moderne Informations- und Kommunikationstechnologie stellen die Basis für wirtschaftliches Handeln, Wirtschaftswachstum und Neuinvestitionen dar. Neben diesen baulichen Investitionen erachten private als auch öffentliche Investoren Investitionen in die soziale Infrastruktur, wie Gesundheits- und Bildungs- und Freizeiteinrichtungen, als zentrale Aufgaben in der Stadtentwicklung an.

Soziale Verantwortung für die Stadtentwicklung ist damit sowohl eine unternehmerische als auch eine politische Strategie (vgl. Sandberg 2001). Dies wird sowohl an der wachsenden Zahl von Unternehmensstiftungen als auch an öffentlichen Förderprogrammen zur Stimulierung unternehmerischen Engagements sichtbar (vgl. BMUB 2015).[1] Zudem wurden Wirtschaftsförderprogramme, wie „developPPP" des Bundesministeriums für wirtschaftliche Zusammenarbeit und Entwicklung (BMZ), aufgesetzt, um Unternehmen anzuregen, innovative Projekte und Produkte für und mit der marginalisierten Bevölkerung in Entwicklungs- und Schwellenländern durchzuführen (vgl. GIZ 2015; http://www.developpp.de/de/project/zertifizierte-karite-butter-aus-mali; letzter Zugriff: 20.11.2016).[2]

Zur Entwicklung einer strategischen Partnerschaft zwischen Unternehmen und Nichtregierungsorganisationen bzw. Politik und Verwaltung in der Stadtentwicklung etablieren sich immer mehr Beratungseinrichtungen. Im Rahmen öffentlicher Förderpolitik werden sie als Impulsgeber für netzwerkbasierte Stadtentwicklungsprozesse eingesetzt. So hat beispielsweise die Bertelsmann-Stiftung als Projektleitung zusammen mit der Beratungsfirma „respons" mittelständische Unternehmen motiviert, soziale Verantwortung zu übernehmen und themenbezogene Netzwerke für von ihnen definierte Problemfelder vor Ort aufzubauen.[3]

Bei direkten Kooperationen zwischen Unternehmen und sozialen Initiativen ist es oft ein politisches Ziel, NGOs unternehmerische Expertise zur Seite zu stellen. Im Rahmen des Bundesprogramms „startsocial" unter Schirmherrschaft von Angela Merkel geben Un-

---

[1] Vgl. z. B. das Forschungsvorhaben „Unternehmen und Stiftungen für die soziale Quartiersentwicklung" des Bundesministeriums für Umwelt, Naturschutz, Bau und Reaktorsicherheit mit dem Ziel, gesellschaftliches Engagement von Unternehmen mit Anliegen der Stadtverwaltung, sozialer Initiativen und Bürger im Hinblick auf eine soziale Quartiersentwicklung im Rahmen von Modellvorhaben zu erproben.
[2] Beispielsweise schult ein Naturkosmetikhersteller Kleinbauern in Mali in Anbau, Ernte, Verarbeitung und Vertrieb von Karité-Nüssen für die Kosmetikherstellung, um die Qualität für die Zertifizierung der Karité-Butter nach Biostandards zu erreichen. Schulungen zu Themen wie HIV/AIDS und Hygiene sowie eine Alphabetisierungsmaßnahme ergänzten das Vorhaben.
[3] So gibt es z. B. ein Netzwerk zur Förderung von Ausbildung und Beschäftigung in den Naturwissenschaften im Projekt „Verantwortungspartner Ingolstadt". Ein anderes Beispiel ist „Gemeinsam aktiv. Unternehmen Schelmengraben", das von der „Bundesinitiative Unternehmen: Partner der Jugend (UPJ) e. V." im Zusammenhang mit dem Bundesprogramm „Soziale Stadt" durchgeführt wird. Das Projekt zielt darauf ab, dauerhafte Unternehmensnetzwerke aufzubauen und soziales Engagement in benachteiligten Stadtteilen zu fördern.

ternehmen ihr strategisches Managementwissen an NGOs in einer Coachingphase weiter. Nicht mehr ausschließlich aus Image- oder steuerrechtlichen Gründen leisten Unternehmen mehr und mehr aktiv Hilfe für eine nachhaltige Stadtentwicklung. Das Bewusstsein dafür, durch gezieltes Engagement am Standort einen gesellschaftlichen Beitrag für mehr Chancengerechtigkeit oder verbesserte Umweltbedingungen leisten zu können und letztlich von den verbesserten Standortbedingungen sowie dem damit verbundenen Imagegewinn selbst zu profitieren, ist in der Wirtschaft stark gestiegen. Darüber hinaus werden als Argumente für privates Engagement in der Stadtentwicklung besseres Management und höhere Effizienz angeführt (vgl. die von der Siemens AG 2007 in Auftrag gegebene Studie über Megacitites und ihre Herausforderungen).[4]

Unternehmen eröffnen neue Märkte für die arme Stadtbevölkerung, versuchen mit Ressourcen ökonomisch zu haushalten sowie Menschenrechte und Gesundheitsrichtlinien entlang der Wertschöpfungskette einzuhalten. Dabei richten sie ihr freiwilliges und gleichzeitig strategisches Engagements immer mehr an den Kernkompetenzen und dem Kerngeschäft aus. Gleichzeitig versuchen sie ihr ökonomisches Handeln an gesellschaftliche Erwartungen anzupassen, indem sie Kommunikationsprozesse mit Beschäftigten, Politikern, politischen Interessensgruppen, Nichtregierungsorganisationen, Zulieferern und Kunden anstoßen. Hinzu kommt, dass soziale Initiativen selbst mehr und mehr Unterstützung durch die Privatwirtschaft einfordern, um das eigene Überleben vor dem Hintergrund einer unsicheren Förderpolitik zu sichern.

Um die nachfolgenden Fallbeispiele in ihre entsprechenden ökonomischen und politischen Handlungsrahmen einordnen zu können, wird im Folgenden die gängige Interpretation des Begriffs „Corporate Social Responsibility" im Kontext von Industrie- und Entwicklungsländern dargelegt.

2 „Corporate Social Responsibility" in unterschiedlichen räumlichen Kontexten

Gemäß der Definition der Europäischen Kommission betrifft CSR Unternehmenshandeln, das über rechtsverbindliche Verpflichtungen hinausgeht. Dies ist in den Industrieländern auch meist der Fall. Unternehmen investieren hier freiwillig in soziale Projekte und sind bereit, soziale Verantwortung über den gesetzlichen Rahmen hinaus zu übernehmen. In Entwicklungsländern und weniger regulierten Ländern wird CSR im Gegensatz hierzu vielmehr als Richtlinie gesehen, um ökologische und soziale Minimumstandards einzuhalten. Es werden zunächst Maßnahmen entwickelt, die zu Gesetzes- und Standardeinhaltung hinführen sollen („CSR towards compliance") (vgl. GIZ 2011, S. 6). Dies bedeutet, dass der Staat häufig noch keine verbindliche Gesetzgebung in Bezug auf die Wahrung gesun-

---

[4] Die Ergebnisse der Siemensstudie basieren auf Interviews mit mehr als 500 Stakeholdern von Megastädten, wie Vertreter der Stadtverwaltung, des privaten und öffentlichen Sektors, der Wissenschaft, des Mediensektors und von Nichtregierungsorganisationen.

der Arbeits- und Umweltbedingungen vorgegeben bzw. durchgesetzt hat. Vielmehr geben multinationale Konzerne im Rahmen internationaler Debatten um Standardisierung und Zertifizierung hierzu häufig die ersten entscheidenden Impulse. Während der letzten Jahre sind zahlreiche international anerkannte Richtlinien erschienen, die die Basis für das gegenwärtige CSR-Verständnis bilden[5].

In dem Positionspapier „Unternehmerische Verantwortung aus entwicklungspolitischer Perspektive" diskutiert das BMZ die deutsche Entwicklungspolitik im Hinblick auf CSR (BMZ 2009, S. 5). Die Autoren heben unterschiedliche Handlungsfelder hervor und unterscheiden zwischen CSR in internen Unternehmensprozessen und CSR entlang der Wertschöpfungskette, CSR am Unternehmensstandort und CSR im weiteren Umfeld eines Unternehmens (GIZ 2011, S. 8). Während die interne CSR-Dimension darauf abzielt, die Anziehungskraft eines Unternehmens durch die Verbesserung der Arbeitsbedingungen zu erhöhen, beinhaltet die externe Dimension die Chance, einen Beitrag zur nachhaltigen Entwicklung von Nachbarschaften, Städten und Metropolregionen zu leisten. Damit bezieht sich Corporate Urban Responsibility auf die externe Dimension eines Unternehmens, d. h. ihre Teilhabe an Gesellschaftsdebatten und die Übernahme ordnungspolitische Mitverantwortung im Rahmen von Sozialsponsoring, Lobbying oder einem Beitrag zur Selbstregulierung (vgl. Sandberg 2011, S. 15).

Unternehmen haben schon immer öffentlichen Raum entwickelt, aber heutzutage wirken ihre Maßnahmen nicht mehr nur auf ihr unmittelbares Umfeld, sondern in einem weitaus größeren Radius (die ganze Stadt oder Region) (Knieling et al. 2012, S. 451). Die Raumproduktion („place making") ist eine „strategische Komponente von Prozessen der raum- bzw. ortsgebundenen Identitätsbildung" in Stadtentwicklungsprozessen (Bürkner 2005, S. 5 zitiert nach Schürmann 2006, S. 6).

Im Sinne des Corporate-Urban-Responsibility-Ansatzes fokussiert dieser Beitrag auf den Aspekt „Unternehmensengagement für die lokale Gemeinschaft" als eine der sieben Kernbereiche der ISO 26 000. Die Europäische Kommission hebt als soziales unternehmerisches Engagement außerhalb des Kerngeschäfts die Bereiche „Erziehung und Kultur", „Entwicklung von Beschäftigung und professioneller Weiterbildung", „Technologische Entwicklung und die Erleichterung des Zugangs dazu", „Ermöglichung von Wohlstand und Einkommen", „Gesundheit", „Investitionen in öffentliche Gemeinschaftsgüter" als Bereiche privaten sozialen Engagements hervor.

Nachfolgende Fallbeispiele zeigen, dass Unternehmen städtische Planungsprozesse auf regionaler Ebene mitbestimmen und explizit in politischen Netzwerken Macht ausüben, um bewusst Entscheidungsprozesse zu beeinflussen und letztlich die Legitimität ihres Wirtschaftens am Standort aufrechtzuerhalten. Dabei ist hervorzuheben, dass es bei der Erforschung sozialen Engagements von Unternehmen in der Stadtentwicklung nicht im-

---

[5] Dies sind insbesondere die OECD Richtlinien für Multinationale Konzerne, UN Global Compact, Norm-Vorhaben ISO 26000 über Leitlinien für die soziale Verantwortung von Unternehmen, die Grundsatzerklärung der Internationalen Arbeitsorganisation (ILO) über multinationale Unternehmen und Sozialpolitik und die Leitgrundsätze der Vereinten Nationen für die Wirtschaft und zur Beachtung von Menschenrechten.

mer leicht ist, zwischen formalisierten, verbindlichen Verträge, die im Rahmen von Public Private Partnerships getroffen werden und durch öffentliche Förderpolitik und Steuererleichterungen angeregtem Engagement sowie „freiwilligen" Unternehmensleistungen zu unterscheiden. Gleichwohl macht es durchaus einen Unterschied, ob ein Unternehmen zum Ausgleich für Risikoinvestitionen Steuererleichterungen oder Gewerbeflächen angeboten bekommt oder ob ein Unternehmen freiwillig einen Mehrwert für die soziale Gemeinschaft vor Ort leistet und indirekt über den Imagegewinn und die Anziehungskraft von qualifizierten Arbeitskräften von diesen Investitionen profitiert.

Im folgenden Teil dieses Beitrags werden Corporate-Urban-Responsibility-Strategien zweier multinationaler Konzerne in einem Entwicklungsland bzw. einem Industrieland kontrastierend gegenübergestellt. Anhand dieser Fallbeispiele soll exemplarisch gezeigt werden, unter welchen räumlichen und politischen Kontextbedingungen Unternehmen Verantwortung für ihren Standort und ihr Unternehmensumfeld übernehmen. In der Gegenüberstellung von CUR unter unterschiedlichen Rahmenbedingungen werden die verschiedenen Motive unternehmerischen Handelns am Standort und gleichzeitig auch allgemeine Trends sichtbar. Dabei werden die möglichen Folgen unternehmerischen Handelns in der Stadtentwicklung einer kritischen Perspektive unterzogen.

3 Fallbeispiele

3.1 Barrick Gold Corporation

3.1.1 Unternehmensbeschreibung

Das Unternehmen Barrick Gold wurde 1983 gegründet und ist das größte Goldabbauunternehmen der Welt. Es erschließt Minen, fördert und verkauft Gold und eine nicht unerhebliche Menge an Kupfer. Seit dem Jahr 2013 ist der Barrick Konzern in zehn operativen Einheiten organisiert. Das Headquarter des Unternehmens sitzt in Toronto, die AGB Konzernzentrale in London. Am Ende des Jahres 2013 hatte Barrick mehr als 23.000 Beschäftigte, 17 eigene Minen, sechs Joint Venture Minen, vier Entwicklungsprojekte, eine große Anzahl an Schließungs- und Erschließungsprojekten sowie Immobilien in über 11 verschiedenen Ländern weltweit (Barrick Gold Corporation 2013, S. 3; Die Fallstudie geht auf die Gutachtertätigkeit von Falk für die GIZ zurück, vgl. GIZ und Falk 2015. Link zur Fallstudie: http://barrickbeyondborders.com/mining/2012/12/managing-in-migration-at-lumwana/#.VOnGGS5WSt2).

3.1.2 Hintergrund und Herausforderungen

Manyama ist eine Kleinstadt in der Nähe der Lumwana-Mine des Unternehmens Barrick Gold im Nordwesten von Sambia. Im Zeitraum 2006 bis 2012 hat sich die Bevölkerung von Manyama von 5000 auf 25.000 verfünffacht und wird voraussichtlich in ähnlichem Maße in den nächsten fünf bis zehn Jahren wachsen. Grund hierfür ist, dass die Lumwana-

Mine Arbeitsuchende, Vertragspartner und Unternehmer anzieht, die darauf hoffen, von der Mine zu profitieren.

Bis zur Eröffnung der Mine in 2006 war die Kommunikation zwischen Barrick Gold und der Stadtverwaltung von Solwezi unregelmäßig. Die Stadtverwaltung verhielt sich mehr oder weniger passiv gegenüber den Herausforderungen des massiven Bevölkerungswachstums. So sind zahlreiche unkontrollierte Behelfssiedlungen in Solwezi Stadt und in der Region Lumwana entstanden. Um das Problem zu lösen, sollen nun die Geschäftsführung des Unternehmens und die Stadtverwaltung als die „demokratischen" Schlüsselakteure etabliert werden. Ihre Aufgabe wird es sein, die Stadtentwicklung auf Distriktebene systematisch in Einklang mit ihrem rechtlichen Mandat zu koordinieren und zu steuern.

Wohnraum ist in Lumwana begrenzt und teuer, weshalb sich als zentrales Problem die Bereitstellung von finanzierbarem Wohnraum stellt. Das rasche Bevölkerungs- und industrielle Wachstum mit der dazugehörigen Zulieferindustrie und die zunehmende Dichte in der Stadt Manyama hat zu erhöhtem Verkehrsaufkommen und Staus mit gravierenden Folgen für die Sicherheit der Bevölkerung geführt. So hat sich der öffentliche Markt inzwischen bis zum Schulgebäude ausgedehnt. Durch den Lieferbetrieb kommt es insbesondere hier zu zahlreichen Verkehrsunfällen. Gleichzeitig kämpft die Schule mit zu großen Klassen und Lehrermangel. Unterricht muss aufgrund der räumlichen Begrenztheit häufig im Freien stattfinden.

Zudem bringt die Einwanderung gravierende soziale Probleme und Umweltprobleme mit sich: Starke Abholzung, Luftverschmutzung und ein Mangel an Wasserver- und -entsorgung sind typische Umwelteinwirkungen in Gebieten mit hohen Migrationsraten. Regelverstöße, Kriminalität und steigende Raten an sexuell übertragbaren Krankheiten, wie z. B. HIV/AIDS, sind vielfach beobachtete Auswirkungen. Weiterhin hat das niedrige Ausbildungsniveau der Bevölkerung dazu geführt, dass viele durch die Minenunternehmen geschaffene Jobs an außerhalb des Distrikts wohnende Personen vergeben wurden. Unter den Frauen ist die Alphabetisierungsrate besonders gering und ihre ökonomischen Perspektiven entsprechend schwach. Aus diesen Gründen fordert die lokale Bevölkerung mehr persönlichen Nutzen vom Unternehmen ein.

3.1.3 CUR-Maßnahmen und Ziele

Barrick folgt dem internationalen Standard eines integrierten CSR-Konzepts. Hierzu gehört die Erfüllung interner CSR-Standards (u. a. UN Global Compact), wobei verantwortungsvolle Minenführung gemäß des Unternehmensreports (Barrick Gold Corporation 2013, S. 8) durch einen robusten Regulierungsrahmen bestimmt und durch weitere Führungsebenen überwacht wird. Was die externe Ebene betrifft, bemüht sich das Unternehmen soziale und umweltbezogene Auswirkungen seines Unternehmenshandelns zu minimieren und setzt besonders auf starke lokale Partner. Mit den CSR-Investitionen überschreiten die Minenunternehmen ihre Steuerverpflichtungen bei Weitem (z. B. zahlt die Kansanshi-Mine rund KW 3,9 Mio. für Liegenschaften gegenüber einem CSR-Budget von 107 Mio.) (GIZ 2014, S. 9) (vgl. http://www.afrika-travel.de/sambia/waehrung.html; letzter Zugriff: 20.11.2016).[6]

Planungsinstrumente
In der Lumwana-Region bemüht sich Barrick Gold insbesondere, die Folgen der durch seine Unternehmensaktivitäten verursachten ungehemmten Immigration abzuschwächen und den durch die Geschäftstätigkeit entstehenden Nutzen für die Region zu stärken. Hierfür hat das Unternehmen zusammen mit den offiziellen Behörden einen Aktionsplan zum Management des massenhaften Zustroms an Arbeitssuchenden (Influx Management Plan) aufgesetzt.

Dieser Entwicklungsplan repräsentiert die Perspektive der Mine und will mögliche Szenarien und planungsorientierte Lösungen in Bezug auf die Einwanderung und deren Risiken für die Stadt- und Unternehmensentwicklung aufzeigen. Auf diese Art und Weise soll die spontane und scheinbar schicksalhafte Entwicklung der Stadt mit der Zeit in inkrementelles Wachstum überführt werden. Um dieses Ziel zu erreichen, wurde ein breites Stakeholderforum etabliert, das Vertreter der lokalen Stadtverwaltung, Dienstleistungsunternehmen, lokale Betriebe, Vertragspartner und die Bürgerschaft von Manyama zusammenbringt. Das Forum hat zum Ziel, die Stadtentwicklung in die Hand zu nehmen, wobei eine geordnete Stadtplanung stark im Interesse des Unternehmens ist. Denn der Regional- und CSR-Manager geht davon aus, dass die Probleme außerhalb des Unternehmens nicht ohne Folgen für die interne Unternehmensentwicklung bleiben: „to look beyond their fence lines to help manage that immigration footprint, because what happens outside the fence will eventually affect what happens inside" (http://barrickbeyondborders.com/mining/2012/12/managing-immigration-at-lumwana/#.VMtlli5WSt1; letzter Zugriff: 20.11.2016). Um einen koordinierten Planungsprozess mit der Stadtverwaltung zu gewährleisten, hat Barrick Gold einen Vertreter der Planungsbehörde zunächst in der Entwicklungsabteilung des Unternehmens in Lumwana untergebracht und in dieser Zeit ein neues Büro für die Stadtverwaltung außerhalb des Minengebietes errichtet. Weitere Stadtentwicklungsprojekte des Stakeholder Forums sind z. B. der Bau von außerhalb des zentralen Marktes gelegenen Bushaltestellen und die Verlegung des Schuleingangs weg von der Hauptstraße. Der Plan verspricht eine systematischere Herangehensweise an Stadtentwicklungsprozesse, u. a. durch die Verbesserung der Verkehrsinfrastruktur und Vermeidung von Stauzonen (http://barrickbeyondborders.com/mining/2012/12/managing-immigration-at-lumwana/#.VMtriy5WSt1).

Bildung
Barrick investiert jährlich $ 150.000 in das „Nsabo Yetu Programm" der Lumwana Nachhaltigkeitsabteilung in Kooperation mit der lokalen Nichtregierungsorganisation „Children with Future in Zambia". Mehr als 2000 Teilnehmerinnen in den drei Stammesfürs-

---

[6] Die sambische Währung ist Kwacha (KW). Der Wechselkurs zwischen sambischen Kwacha und dem Euro beträgt ungefähr 6000 zu 1. Damit entsprechen 1000 Kwacha etwa 0,15 €.

tentümern, die das Gebiet im Einflussbereich der Lumwana-Mine umfassen, werden nicht nur im Lesen und Schreiben, sondern auch in finanzieller Allgemeinbildung und Unternehmertum ausgebildet. Das Unternehmen gibt insbesondere Geld für Schulungsmaterialien, für Administration und Beratungsleistungen aus. Jede Gruppe zahlt wöchentlich eine kleine Geldsumme ein, die als Startkapital für ein Mikrobusiness der Teilnehmerinnen dient. Manche Frauen haben bereits Nsabo-Yetu-Gehälter in erfolgreiche Unternehmen investiert, wie z. B. Lebensmittelgeschäfte, und finanzieren mit diesem Einkommen die Schulgebühren der Kinder. Die Treffen der Mitglieder dienen ebenso als Austausch über andere Themen, wie z. B HIV/AIDS, Gewalt gegen Frauen, Kindererziehung, Wasser- und Abwasserversorgung (http://barrickbeyondborders.com/people/2014/10/nsabo-yetu-program-empowering-women-in-rural-zambia/#.VMtsiy5WSt0).

3.1.4 Kooperationspartner

Die Minenunternehmen der Lumwana-Region kooperieren mit traditionellen Autoritäten als anerkannte Vertreter der Gemeinden. Sie sind Schlüsselpersonen für Regionalentwicklungsvorhaben, da sie ein Vetorecht bei der Entwicklung von Landnutzungsplänen haben. Zudem arbeiten sie mit der Zentralregierung und den dezentralisierten Fachbehörden zusammen.

Die Stadtverwaltung von Solwezi will ein formalisiertes Multi-Stakeholder-Forum, die sogenannten „Management Boards", etablieren, das durch das Sambische Kommunalgesetz autorisiert wird. Vertreter der Lenkungsgruppen sind die Stadtverwaltungen, die entsprechenden Stammesfürstentümer, das Minenunternehmen und die Zentralregierung, wobei es keine Vertretung aus der Zivilgesellschaft gibt. Im Auftrag der Stadtverwaltung unterstützt die GIZ die Einrichtung der Lenkungsgruppen und kommuniziert mit der Zivilgesellschaft, der Mine, sowie den Stammesfürsten und begleitet den Prozess. Die Lenkungsgruppe hat das Mandat im Auftrag der Stadtverwaltung spezifische Funktionen, wie die Budgetverwaltung für die Region und das Monitoring auszuführen (GIZ 2014, S. 13).

Zudem ist Barrick im formalisierten Governanceforum „Lumwana Land Use and Development Committee (LLUDC)" vertreten, das gegenwärtig die Aktivitäten des Minenunternehmens in der Lumwana-Region koordiniert. Dieses wurde in Folge der Initiative der Mine etabliert und umfasst Vertreter der Stadtverwaltung, der Mine, der Regionalverwaltung und traditioneller Autoritäten. Das LLUDC ist insbesondere ein Forum für die Stammeshäuptlinge, die hier ihre Prioritätensetzung in Bezug auf CSR Investitionen der Mine kommunizieren (GIZ 2014, S. 22).

3.1.5 Auswirkung auf dem Standort

Eine massive Einwanderung bedeutet enorme Herausforderungen für die Stadtplanung, kann jedoch zeitgleich einen positiven Impuls für das Wirtschaftswachstum der Region mit sich bringen. Private Investitionen des Unternehmens in Infrastrukturmaßnahmen, wie Straßen- und Wohnungsbau, Bau von Schulen sowie in Bildungsprogramme, Gesundheitserziehung oder Sicherheitsschulungen kommen der Region insgesamt zu Gute, wenngleich diese Maßnahmen nur schwer mit den durch das Bevölkerungswachstum und die Umweltauswirkungen der Mine einhergehenden wachsenden Bedarfe Schritt halten können. Zwar bringen insbesondere hochqualifizierte Arbeitskräften von außerhalb neue Ideen, Fähigkeiten, Technologien und Ressourcen mit und die Bereitschaft, in neue Gelegenheiten zu investieren. Die gering qualifizierte Landbevölkerung mit einer hohen Analphabetisierungsrate profitiert vom Minenunternehmen jedoch kaum. Insbesondere die massiven Umwelteinwirkungen eines Minenunternehmens können zu Konflikten mit den traditionellen Lebens- und Arbeitsgewohnheiten der Landbevölkerung führen. Die Enteignung von Land führt dazu, dass sich sie sich auf eine gänzlich neue Lebensweise einstellen müssen. Nicht selten bedeutet dies für die in Stammesgesellschaften organisierte Landbevölkerung einen radikalen Bruch mit Traditionen. Von Alphabetisierungsprogrammen und Mikrokrediten des Unternehmens profitiert letztlich nur ein geringer Bevölkerungsanteil. Für viele Menschen bedeutet Wirtschaftswachstum in der Region dann letztlich der Verlust von Arbeit und gesellschaftliche Ausgrenzung, was schlussendlich auch in Perspektivlosigkeit, Armut, und Kriminalität münden kann.

Somit ist das Unternehmen herausgefordert, insbesondere die Bevölkerung vor Ort in Entscheidungsprozesse einzubeziehen und behutsam Ausgleichsmöglichkeiten und alternative Beschäftigungsmöglichkeiten zu finden.

Durch die massive Immigration ist der Bedarf an wohlfahrtsstaatlichen Einrichtungen offensichtlich geworden und hat alle betroffenen Parteien dazu herausgefordert, schnelle Entscheidungen im Hinblick auf eine koordinierte Planung zu treffen. Der Impuls von Barrick Gold hierfür hat insgesamt mehr Regierungsverantwortung nach sich gezogen. Zudem wird die Etablierung der Lenkungsgruppen und der Wissensaustausch im Multi-Stakholder-Forum, begleitet durch die Beratung der GIZ, als wichtige zukunftsgerichtete Maßnahme für eine geordnete Stadt- und Regionalplanung gesehen. Mit diesem Forum will die Kommunalregierung, die sich bis zu diesem Punkt eher passiv verhalten hatte, eine gemeinsame Vision entwickeln und private und öffentliche Interessen wahren.

Auf der anderen Seite verdeutlichen die Investitionen des Unternehmens im Bereich der Stadt- und Regionalplanung die politische Einflussnahme und Übermacht des Konzerns und die Abhängigkeit der Stadtverwaltung in finanzieller Hinsicht: Dies sind Investitionen des Unternehmens in ein Planungsbüro in direkter Nachbarschaft zur Mine und die Etablierung der Geschäftsführung des Unternehmens als „demokratischer Schlüsselakteur" in der Stadtverwaltung sowie die Tatsache, dass das Unternehmen in Absprache mit der Kommunalregierung die Steuern im Rahmen der CSR-Investitionen für das Planungsbüro gesenkt hat, um den Planungsprozess zu beschleunigen. Neben wissensbasierten CSR-Instrumenten, mit denen ein Partizipations- und Kommunikationsprozess in der Stadtplanung angestoßen wurde, spielen für die Einflussnahme in planerischen Entscheidungsprozessen finanzielle Instrumente, wie die Finanzierung öffentlicher Aufgaben, als auch soziale Instrumente, wie die Integration von Randgruppen durch Bildungs- und Beschäftigungsprogramme, eine große Rolle, mit denen sich das Unternehmen seinen Handlungsspielraum erkauft. Die Notwendigkeit und letztlich der Erfolg der CUR-Vorhaben des Unternehmens waren in diesem Fall dem massiven Handlungsdruck geschuldet, dem sich das Unternehmen angesichts der starken Zuwanderung ausgesetzt sah. Problematisch sind hierbei insbesondere die Rolle der Geschäftsführung in der Stadtverwaltung sowie eine unzureichende Beteiligung der Zivilgesellschaft an Beteiligungsprozessen.

3.2 SIEMENS AG

3.2.1 Unternehmensbeschreibung

Im Jahr 1847 als Telegrafenanstalt Siemens & Halske in Berlin gegründet, ist die Siemens AG inzwischen ein weltweit tätiges Unternehmen mit dem Fokus auf Elektrifizierung, Automatisierung und Digitalisierung. Als einer der größten Anbieter energieeffizienter, ressourcenschonender Technologien ist Siemens führend bei Systemen für die Energieerzeugung und -übertragung sowie die medizinische Diagnose. Bei Lösungen für Infrastruktur und Industrie nimmt das Unternehmen eine Vorreiterrolle ein. In mehr als 200 Ländern waren zum 30. September 2015 rund 348.000 Mitarbeiter beschäftigt. Sie erwirtschafteten im Geschäftsjahr 2015 Umsatzerlöse von 75,6 Mrd. € (http://www.siemens.com/about/de/; https://www.siemens.com/about/sustainability/en/sustainability-at-siemens/index.php; letzter Zugriff: 5.1.2016). Das Unternehmen betreibt weltweit 289 Produktions- und Fertigungsstätten und verfügt über Bürogebäude, Lagerhäuser, Forschungseinrichtungen und Vertriebsstellen in nahezu allen Ländern der Erde.

Erlangen ist der zweitgrößte Firmensitz der Siemens AG und folglich der Schwerpunkt der weltweiten Aktivitäten des globalen Konzerns. Ein Drittel der weltweit generierten Einnahmen werden durch die Mitarbeiter der Geschäftsbereiche in Erlangen erwirtschaftet.

3.2.2 Hintergrund und Herausforderungen

Erlangen ist eine Großstadt mit rund 100.000 Einwohnern und gehört zum Städtedreieck Nürnberg, Fürth, Erlangen. Der Siemens-Geschäftsbereich „Medical Solutions" bildet das Rückgrat für mehr als hundert kleine und mittlere Unternehmen, Wissenschaftseinrichtungen und Forschungsinstitute in Erlangen und seiner Umgebung, die zusammen ein produktives Cluster für Medizintechnik bilden. Jeder vierte Einwohner Erlangens, das als Hightech-Zentrum Nordbayerns angesehen wird, arbeitet im Sektor Medizintechnik und Gesundheit. Siemens hat hier eine lange Standorttradition. Im Jahr 1877 wurde die Werkstatt für elektromedizinische, physikalische und elektrotechnische Apparate des Universitätsmechanikers Erwin Moritz Reiniger als Grundbaustein der späteren Siemens Medizintechnik gegründet. Mit 21.600 Angestellten ist Siemens der größte Arbeitgeber in der Stadt, gefolgt von der Universität mit 11.000 und der Stadtverwaltung mit 2000 Beschäftigten.

Die größten Herausforderungen für Siemens waren in den vergangenen Jahren, eine Einigung mit der Stadtverwaltung für Expansionsflächen und entsprechende Zufahrtsstraßen zu finden und die Vereinbarkeit von Beruf und Familie für seine hochmobilen und flexiblen Arbeitskräfte zu garantieren. Seit der Ära „Pierer" (1992–2005 Vorstandsvorsitzender der Siemens AG und 2005–2007 Vorsitzender des Aufsichtsrates) sind Internationalität und Innovation die wichtigsten Aspekte der neuen Siemens Kultur. Mit dem Leitbild „Diversity", den Anforderungen an berufliche Flexibilität und Vollzeiteinsatz der Mitarbeiter vollzieht sich ein Wandel der Arbeitsbedingungen mit neuen Ansprüchen an die Gestaltung des beruflichen Umfeldes. Zur Integration von Mitarbeitern mit unterschiedlichem kulturellen Hintergrund und deren Familien für eine befristete Zeit müssen entgegen dem bayerischen Standard Kindergärten mit Vollzeitbetreuung, internationale Schulen und Weiterbildungsangebote geschaffen werden.

Zudem sah sich die Stadt Erlangen Anfang der 1990er-Jahre mit einer erheblichen Abwanderung, vor allem junger Familien, ins Umland konfrontiert. Nach der Ankündigung des US-Militärs im Jahr 1993 die sogenannten „Ferris-Barracks" in Erlangen aufzulösen, begann man mit der Planung eines urbanen, innenstadtnahen Quartiers. Im Jahre 1997 kaufte die Stadt Erlangen dem Bundesfinanzministerium die Konversionsfläche ab. Siemens Medical Solutions war Vorreiter der Entwicklung des urbanen Röthelheimparks und baute auf dem Gelände eine Fabrik für 2000 Mitarbeiter, ein Betriebscasino und ein Trainingscenter. Außerdem wurden Gebäude für den Gemeindebedarf, wie Kinderbetreuungseinrichtungen, mehrere Schulen und eine Sporthalle, gebaut (http://www.werkstattstadt.de/de/projekte/85; letzter Zugriff: 20.11.2016).

3.2.3 CUR Maßnahmen und Ziele

Für Siemens bedeutet Nachhaltigkeit im Interesse der kommenden Generationen mit Respekt vor Wirtschaft, Umwelt und Gesellschaft zu agieren (http://www.siemens.com/about/sustainability/en/index.php; letzter Zugriff: 5.1.2016) und wird interpretiert als aktives Engagement für Stadtentwicklung.

Die Nachhaltigkeitsbemühungen des Unternehmens basieren auf den Unternehmensrichtlinien, die den ethischen und gesetzlichen Rahmen vorgeben, indem das Unternehmen seine Geschäfte vollzieht. Diese Richtlinien beinhalten die Regeln für internes und externes Wirtschaften und sind für alle Unternehmen, die von Siemens kontrolliert werden, verpflichtend (u. a. UN Global Compact). Siemens verfolgt ein am Kerngeschäft orientiertes Konzept für nachhaltige Entwicklung. Im Bereich Umweltschutz sieht der Konzern innovative Produkte und Lösungen vor, um seine eigene Ökobilanz und die seiner Kunden und Zulieferer zu verbessern. Hierfür fördert das Unternehmen den konstruktiven Dialog mit allen Interessensgruppen.

Um sich strategisch zu fokussieren, Maßnahmen und Initiativen zu starten, hat Siemens einen Nachhaltigkeitsrat etabliert, der von Repräsentanten aller Geschäftseinheiten und aller relevanten spezialisierten Funktionen gebildet wird. Zudem gibt es das „Sustainability Advisory Board"[7], das eine Außenperspektive auf die Nachhaltigkeitsherausforderungen und Bemühungen gewährleisten soll.

---

[7] Dieses Gremium besteht aus acht unabhängigen Personen aus Wissenschaft und Industrie unterschiedlicher Disziplinen und Herkunftsländer.

Die Aufstellung von Zielen und Umsetzung von Initiativen liegt in der Verantwortung der operativen Einheiten von Siemens, den Geschäftsgebieten der federführenden Länder und Regionen. Siemens will ein „guter Nachbar" an all seinen Standorten sein und fokussiert seine Corporate-Citizenship-Aktivitäten auf Gebiete, wo die Unternehmenskompetenzen, -ressourcen und das freiwillige Engagement von Angestellten besonders hoch sind. Für die Implementierung und den Dialog mit allen lokalen Interessensgruppen (Stadtverwaltung, Unternehmensnetzwerke, Wissenschaftsinstitutionen, Bürger und Nichtregierungsorganisationen) spielt der Standortmanager eine wichtige Rolle.

Die Corporate-Citizenship-Aktivitäten können vielfältiger Natur sein, angefangen mit Projekten für Katastrophenschutz, eingeschlossen finanzielle und technische Hilfe, bis zu eher strategischer Wertschöpfung oder „inclusive Business-Ansätzen"[8].

Bauliche und soziale Infrastruktur

Da die Stadtverwaltung nicht allen Ansprüchen der hochflexiblen Arbeitskräfte nachkommen konnte, hat Siemens zahlreiche Maßnahmen ergriffen, um die Ansprüche an die Vereinbarkeit von Beruf und Familie einer zunehmend multikulturellen Belegschaft weitestgehend zu erfüllen. Im Jahr 2010 hat Siemens deshalb zwei Kindergärten für 150 Kinder von Siemensangestellten direkt im innerstädtischen Röthelheimpark eröffnet. Mit Öffnungszeiten von 7.00 bis 18.00 Uhr will Siemens die Vereinbarkeit von Beruf und Familie fördern (http://www.erlangen.de/desktopdefault.aspx/tabid-1173; letzter Zugriff: 20.11.2016). Darüber hinaus hat das Unternehmen ein „Incoming House" für ausländische und am Standort kurzfristig beschäftigte Angestellte aufgebaut.

Bildung und Beschäftigung

Im Bereich Bildung und Wissenschaft ist es das Ziel von Siemens, einen kontinuierlichen Dialog mit jungen Menschen aufrecht zu erhalten und frühzeitig Talente zu identifizieren und zu fördern. Siemens sieht Bildung als Schlüssel für eine nachhaltige Unternehmensentwicklung an. So war Siemens in Erlangen bei der Gründung der privaten „Franconian International School" beteiligt. Die akkreditierte Schule hat einen hohen Bildungsstandard und will aktive und engagierte Weltbürger qualifizieren. Die FIS bietet ein integriertes Schulsystem von der Grundschule über die Sekundarschule bis zum Abitur „International Baccalaureate" (IB) bzw. „FIS High School Diploma" (http://www.the-fis.de/; letzter Zugriff: 20.11.2016).

Der Konzern pflegt weltweit enge Kooperationen mit Schulen, entwickelt Lehrpläne für Naturwissenschaften und sponsert technische Ausstattung. Auch den Bundeswettbewerb „startsocial" für soziale Initiativen unterstützt Siemens finanziell und motiviert seine Mitarbeiter, als Coaches für die Beratungsphase aktiv zu werden.

---

[8] Inclusive Business ist ein Wirtschaftsförderprogramm für Entwicklungsländer, dessen Förderziel es ist, Geschäftsmodelle und Produkte für eine marginalisierte Bevölkerung zu schaffen, z. B. einfache mobile Wasserfiltersysteme, mobile Kliniken oder Bezahlung von Kleinbeträgen über Handy.

Im Jahr 2015 hat Siemens Flüchtlingen erstmals am Standort Erlangen und anschließend an weiteren Standorten Praktikumsplätze angeboten, um ihre Integration zu erleichtern. In den Ausbildungszentren Berlin, Erlangen/Nürnberg, Krefeld/Düsseldorf und Karlsruhe wurden Förderklassen für ein sechsmonatiges berufsbegleitendes Training eingerichtet. Außerdem sollen Mitarbeiter, die sich freiwillig an Spenden- und Hilfsaktionen für Flüchtlinge engagieren, durch bezahlte Freistellung unterstützt werden (http://www.welt.de/regionales/bayern/article147005973/Siemens-heuert-Fluechtlinge-als-Praktikanten-an.html; letzter Zugriff: 20.11.2016).

Zudem will Siemens das Bewusstsein für Umweltschutz bei den jüngeren Generationen stärken. Mit dem „Earth Day" führen seit 2014 Siemens-Mitarbeiter weltweilt eine große Bandbreite an Aktivitäten, wie Umweltbildung und Trainings, Workshops, Konferenzen, Baumpflanzungen, Wettbewerbe und Ausstellungen für sich und eine breite Öffentlichkeit durch.

Kultur- und Sportsponsoring
Im Bereich Kunst und Kultur sponsert Siemens unterschiedliche kulturelle Veranstaltungen und Festivals, wie z. B. den internationalen Comic Salon oder das internationale Figurentheaterfestival, da der Konzern das kulturelle Erbe als einen Schlüsselaspekt seiner Identität ansieht. Auch Sportvereine (u. a. Schwimmsport in Erlangen) werden durch Siemens gefördert.

3.2.4 Kooperationspartner
Das Bekenntnis des Siemenskonzerns zum Standort Erlangen und das Engagement der Firma für die Stadtentwicklung gehen auf die engen Beziehungen der Konzernführung zur Stadtverwaltung Erlangen zurück. Den Grundbaustein hierfür legten Heinrich von Pierer und der damalige Standortmanager Manfred Hopfengärtner, der sogenannte „heimliche Bürgermeister von Erlangen" (Gehrmann 2007). Letzterer verkörperte lange Zeit den Machteinfluss des Siemenskonzerns in politischen Entscheidungsprozessen: Als Mitglied des Erlanger Stadtrats und der CSU hat er es im Sinne seiner Selbstbeschreibung „Ich bin die Stadt" (Interview Büttner 2004) meist ermöglicht, die Interessen des Siemenskonzerns geschickt zu lancieren und durchzusetzen.

3.2.5 Auswirkungen auf den Standort
Die Abhängigkeit der Stadt Erlangen von Siemens wird auf mehreren Ebenen deutlich: Nachdem Siemens aufgrund ungenügender Expansionsmöglichkeiten damit gedroht hatte, seinen Standort in die USA zu verlagern, hat der neue Bürgermeister, Herr Balleis, im Jahr 1996 klare Prioritäten in Bezug auf Arbeitsplatzsicherung gesetzt und das Leitbild „Erlangen – Hauptstadt für Medizintechnik und Gesundheit" vorangetrieben. Die Basis für die erfolgreiche Entwicklung eines Clusters für Medizintechnik und Gesundheit war die aktive Bodenpolitik der Stadt Erlangen, die 1997 die militärische Konversionsfläche dem Finanzministerium abkaufte. Siemens überzeugte die Stadt, dieses innerstädtische Areal als Wohn- und Gewerbegebiet zu entwickeln und baute im Röthelheimpark eine

moderne Produktions- und Forschungsanlage. Als in den frühen 1990ern-Jahren viele Familien an den Stadtrand zogen, war die Entwicklung eines innerstädtischen Quartiers eine Möglichkeit, Bürger an die Stadt Erlangen zu binden.

Mit dieser Maßnahme wurde ein Grundbaustein für die Stärkung der Medizintechnik vor Ort gelegt. Zur Entwicklung des Medizintechnikclusters trug zudem der Bau des „Innovationszentrums für Medizintechnik und Pharma" (IZMP) bei, das vom Staat Bayern und der Kreissparkasse Erlangen gefördert wurde und in direkter Nähe zu Siemens und der Universität Erlangen entstand.

Um bestehende Kooperationsbeziehungen zu festigen, wurde im Jahr 2005 durch maßgebliche Initiative des Standortleiters die „Erlangen AG", nach dem Vorbild der „Wolfsburg AG" gegründet. Die Erlangen AG, in der die Friedrich-Alexander Universität Erlangen, der Bürgermeister und die Siemens AG vertreten sind, hat das Ziel, Erlangen als internationalen Standort für Medizintechnik voranzutreiben (http://www.erlangen.de/desktopdefault. aspx/tabid-1347/61_read-10987/; letzter Zugriff: 20.11.2016). Diese engen Kooperationen zwischen Wirtschaft und Politik auf lokaler sowie auf regionaler Ebene und die Unterstützung des Freistaates Bayern in Bezug auf Campusentwicklungen haben deutlich positive Effekte auf die Wirtschaftsentwicklung des Standortes Erlangen und der Umgebung gehabt. Erlangen hatte im Jahr 2015 beim Städteranking der Wirtschaftswoche und von Immobilienscout erneut nach München und Ingolstadt den dritten Platz von 69 bewerteten Städten belegt (ebd.). Dem „Akademiker-Zentrum Deutschlands" (http://www.wiwo.de/ politik/deutschland/staedteranking-2015-niveau-die-zehn-besten-staedte-deutschlands/ 12615102.html?p=8&a=false&slp=false#image; letzter Zugriff: 20.11.2016) wird eine hohe Innovationskraft bei der niedrigsten Rate an ALG II Empfängern unter allen bewerteten Städten bescheinigt. In Bezug auf Wohlstand und Arbeitsmarkt hat die Stadt am besten abgeschnitten und wird weiterhin eine dynamische Entwicklung vorausgesagt.

Durch die guten Arbeits- und Lebensbedingungen werden hochqualifizierte Arbeitskräfte angezogen. Gleichzeitig hängt die Wirtschaftsentwicklung der Stadt stark an der Unternehmensentwicklung von Siemens. Dies sind insbesondere Zulieferbetriebe, Startups im Bereich Forschung & Entwicklung, Investitionen in die Universitätsklinik[9] sowie letztlich die rund 25.000 Arbeitsplätze beim Unternehmen am Standort. Weiche Standortfaktoren, wie ein hochwertiges Kultur- und Sportangebot sind weiterhin von den CUR-Investitionen des Unternehmens abhängig. So wird beispielsweise das internationale Figurentheaterfestival in Erlangen zum Großteil durch das Kultursponsoring von Siemens getragen. Siemens in Erlangen verfolgt eine effektive Lobbying-Strategie, um politische Entscheidungsprozesse im Bereich Stadtentwicklung zu beeinflussen. Neben Sponsoring spielen hierbei wissensbasierte CSR-Instrumente und Kommunikation in politischen Netzwerken und Wirtschaftsverbänden eine große Rolle. Das Ergebnis dieses Prozesses ist, dass Siemens Medical Solutions als eines der wichtigsten Geschäftsbereiche in Erlangen heute direkt mit dem Image „Medizin- und Gesundheitsstadt" verbunden ist. Seit 2008 wirbt die Stadt Erlangen mit dem Slogan „Medical Valley" (vgl. Bütt-

---

[9] Häufig werden Prototypen von Siemens in der Universitätsklinik getestet.

ner 2009; Knieling et al. 2012, S. 455). Im Jahr 2015 ist das Unternehmen weitere Schritte zur Realisierung dieser Vision gegangen: Siemens hat seinen Siegerentwurf für ein „fränkisches Silicon Valley" mit dem Standort in Erlangen präsentiert. Mit dem Campuskonzept sucht Siemens die Nähe zur Stadt Erlangen, zur Universität und zur Gründerszene. Es sollen Büroräume für 12.000 Arbeitsplätze und viel Freiräume zur kreativen Entfaltung der „kreativsten Köpfe der Welt" entstehen (vgl. http://www.infranken.de/regional/erlangenhoechstadt/Siemens-will-in-Erlangen-ein-fraenkisches-Silicon-Valley-erschaffen;art215,923976; letzter Zugriff: 20.11.2016).

Dass politische Entscheidungen fast immer mit den Interessen des Unternehmens in Einklang gebracht werden, ist in Erlangen jedem bewusst. Aufgrund der insgesamt sehr hohen Beschäftigungsquote und hohen Lebensqualität in der Stadt, stößt diese Tatsache jedoch nur selten auf Gegenwehr.

4 Zusammenfassung der Ergebnisse

Die Gegenüberstellung der beiden Fallbeispiele zeigt exemplarisch, dass multinationale Konzerne – unabhängig vom Standort – ihr soziales Engagement vor Ort zunehmend strategisch ausrichten, um einen Mehrwert für ihr eigenes ökonomisches Handeln und die Umwelt bzw. Gesellschaft als Ganzes zu schaffen.

Auch wenn ökonomische, ökologische und soziale Bedingungen sich von Land zu Land und Region zu Region sehr stark unterscheiden, so lässt sich dennoch verallgemeinern, dass Unternehmen in Entwicklungsländern häufig damit konfrontiert sind, ihre eigene infrastrukturelle Basis aufzubauen, um handlungsfähig zu werden, wobei sie in Industrieländern meist darum geht, die Standortbedingungen qualitativ zu verbessern. Verschiedene Unternehmen sind mit ähnlichen Herausforderungen konfrontiert, wenn auch auf einem unterschiedlichen Ausgangsniveau. Während Barrick Gold in Sambia aufgrund des massiven Zuzugs von potenziellen Arbeitskräften Schulen für die Kinder und Ausbildung für die Frauen aufbauen muss, ist Siemens damit befasst, internationale Schulen für eine hoch mobile Belegschaft zu bauen. Die privatwirtschaftliche Beteiligung an Aus- und Weiterbildung mit Auftritten der Sponsoren zu Einweihungsfeiern und Jubiläen verhilft den Unternehmen zu ihren positiven Images als „guter Bürger in der Stadt".

Die Standortbedingungen von beispielsweise einem Minenunternehmen, wie Barrick Gold an einem ländlichen Standort im Entwicklungsland Sambia und einem High-Tech-Konzern, wie Siemens an einer der reichsten Standorte der Welt in der Stadt Erlangen, sind natürlich schwer vergleichbar. Die finanziellen und personellen Grundbedingungen des Handelns sind insbesondere auf Seiten der Stadt- und Regionalverwaltung sehr unterschiedlich. Dennoch zeigen die Beispiele, dass Unternehmen unabhängig von den Rahmenbedingungen zunehmend in Bereichen der Stadtentwicklung investieren bzw. Stadtentwicklungsprozesse lenken, die eigentlich in den Bereich der kommunalen Planungshoheit fallen.

In Entwicklungsländern werden Unternehmen häufig mit dem Problem von Staatsversagen in Bezug auf eine koordinierte Planung konfrontiert. Häufig fehlt es an ineinandergreifender Fachplanung, Planungswissen und Planungsinstrumenten sowie dem Bewusstsein, die unterschiedlichen Interessensgruppen, wie Wirtschaft, Zivilgesellschaft und NGOs in einen Kommunikationsprozess zu integrieren. In Industrieländern sind zwar die institutionellen Rahmenbedingungen formal gegeben, trotzdem lockt die Aussicht auf private Großinvestitionen und entsprechende Risikominimierung die öffentliche Hand, manche Projekte der Privatwirtschaft zu überlassen, zumal auch der kommunale Haushalt stark von Gewerbesteuereinnahmen und den Beschäftigtenzahlen abhängig ist. Privates Engagement in der Stadtentwicklung bedeutet damit auch, dass Städte häufig bewusst ihre Planungsautonomie aufgeben, weil sie selbst nicht über ausreichend finanzielle Mittel verfügen. Der drohende Verlust von Arbeitsplätzen bzw. die Androhung, andernfalls an anderen Standorten zu investieren, führen hier wie dort zu ungleichen Machtbalancen und zunehmenden Handlungsspielräumen der „Global Players".

5 Die Bedeutung von CUR für eine nachhaltige Stadtentwicklung

Die Frage, ob ein strategisches und am Kerngeschäft ausgerichtetes Engagement von Unternehmen auch einen Beitrag für eine nachhaltige Stadtentwicklung leisten kann, muss kritisch betrachtet werden. Zunächst lässt sich allgemein festhalten, dass Corporate Urban Responsibility als Stadtentwicklungsstrategie von Unternehmen verstanden werden kann, die unter Einsatz unterschiedlicher CSR-Instrumenten und unter Berücksichtigung aktueller Nachhaltigkeitsstandards versuchen, eine nachhaltige strukturbildende Wirkung an ihrem Standort zu entfalten, wobei sie Allianzen mit unterschiedlichen Akteuren schmieden. Corporate-Urban-Responsibility-Aktivitäten gehen über einen philanthropischen Beitrag und das Ziel, kurzfristige Image-Effekte zu erzielen, hinaus. Vielmehr handelt es sich hierbei um eine strategische Investition von Wissen, Man-Power und Geld in relevante Strukturmaßnahmen am Standort eines Unternehmens mit dem Ziel, diese Standortbedingungen als Basis für ökonomisches Wachstum zu verbessern. Die Entwicklung und die Unterstützung von sozialen oder ökologischen Projekten und die Auswahl dafür passender CSR-Instrumente folgt einer spezifischen CUR-Strategie, die im Einklang mit den Zielen des Kerngeschäftes steht und von Fall zu Fall mit unterschiedlichen Interessensgruppen abgestimmt und koordiniert wird (vgl. hierzu auch GIZ und Falk 2015).

Zwar hat die Ausrichtung der CUR-Aktivitäten am Kerngeschäft oft eine insgesamt positivere Wirtschaftsentwicklung zur Folge. Dies kann – wie im Fall von Siemens in Erlangen – eine stärkere Konzentration auf einzelne Branchen bedeuten. Es kommt für Unternehmen nicht mehr darauf an, „irgendetwas Soziales" zu tun, sondern dort zu investieren, wo der Nutzen für die eigene ökonomische Entwicklung, als auch für seine direkte Umwelt, am größten ist. So sind sich Unternehmer sicher, dass Markenbildung oder „Placebranding" stattfindet und Vertrauen zu den Stakeholdern am Standort durch langfristiges und kontinuierliches Engagement aufgebaut wird.

Mit der Konzentration von CUR entlang des Kerngeschäfts fällt vielerorts für soziale Initiativen, Kultur- oder Sportvereine eine sichere Einnahmequelle weg – entweder weil sie andere Themen bedienen oder weil sich ein Aspekt nicht mit entsprechenden Marketingkampagnen verknüpfen lässt. Unternehmen ergreifen gezielte Maßnahmen, die eine klare Identifikation mit ihrem Kerngeschäft hervorrufen. Investitionen in die soziale und kulturelle Infrastruktur der Stadt haben zwar keinen unmittelbaren Bezug zum Kerngeschäft des Unternehmens, verhelfen dem Unternehmen jedoch durch die Anziehung von Arbeitskräften indirekt zu einer erfolgreichen ökonomischen Entwicklung. Der privatwirtschaftliche Ausbau an Kinderbetreuung und internationalen Schulen hat letztlich eine größere Flexibilität der Mitarbeiter zum Ziel; Kultursponsoring bringt Wohlfühleffekte bei einer hochqualifizierten und hoch mobilen Belegschaft.

Die meisten Unternehmen erachten Bildung als wichtigste Aufgabe unternehmerischen Engagements in der Stadtentwicklung. In diesem Bereich der öffentlichen Daseinsvorsorge beanstanden zahlreiche Unternehmen massive Defizite, weshalb sie es im eigenen ökonomischen Interesse als ihre Aufgabe ansehen, sich hierfür zu engagieren. Unweigerlich wird durch die Bereitstellung von Lehrmaterialien, Experimentierlabors, durch Stipendienvergabe und Hochschulkooperationen in Lehre und wissenschaftlicher Forschung auch das Imagebuilding der Unternehmen selbst stark vorangetrieben. Große Investitionen werden beispielsweise in Technologieparks und Campusentwicklungen getätigt. Multinationale Konzerne tragen zur Entwicklung und Stabilisierung von Wirtschaftsregionen bei, indem sie im Zuge ihres eigenen Wachstums Start-ups exzellente Gründungsbedingungen, wie Beratungen, Förderungen, Vernetzung und Büroräume, bieten. Häufig ergeben sich größere Netzwerke mit Universitäten für praxisorientierte Forschung. Letztlich erkaufen sich Unternehmen mit allen Investitionen wiederum Wirtschaftswachstum und große Handlungsspielräume in „vormals" der öffentlichen Hand vorbehaltenen Entscheidungsprozessen.

Der weltweite Trend zur Zertifizierung und Standardisierung zieht eine stärkere Kontrolle durch Konsumenten nach. Gleichzeitig lernen Unternehmen in Beratungsprozessen zum „Global Compact", wie eine erfolgreiche Nachhaltigkeitsberichterstattung auch wiederum zu ökonomischen Erfolg führen kann.

Doch um auf lokaler Ebene durchsetzungsfähig zu sein, müssen neben Netzwerken auf globaler Ebene zuallererst die lokalen Netzwerke bedient werden. Lokale und regionale CUR-Netzwerke sind bedeutsam, wenn es darum geht, kontextspezifische und lösungsorientierte Themen zu entwickeln. Die lokale Einbettung von Akteuren mit ähnlichen Interessen in Bezug auf die zukünftige Entwicklung einer Wirtschaftsregion ist ein wichtiger Faktor, um soziales Kapital und gegenseitige Kontrolle im Sinne der Erfüllung von Gemeinschaftsaufgaben aufzubauen. Wie im Fall der Siemens AG lassen sich auch bei Großkonzernen noch gewachsene persönliche Bindungen zu einem Standort beobachten und als Begründung für die Ursprünge lokalen Engagements anführen. Siemens ist schon lange kein „Familienunternehmen" mehr und das Führungspersonal auch in Erlangen nicht mehr familiär am Standort verwurzelt. Dennoch entscheiden nach wie vor verlässliche Netzwerke und gute Kommunikationsstrukturen vor Ort über ökonomische

Erfolge. Dabei ist die Machtbeziehung nicht immer mit der offiziellen Position einer Person gleichzusetzen, sondern hat sehr häufig etwas mit Kommunikationsgeschick zu tun, d. h. mit Überzeugungskraft und der Fähigkeit visionär zu denken. Beim Agenda Setting kommt es also oft darauf an, wer öffentliche Diskussionen anregt, wer von außen beteiligt wird und wer letztlich die Themen und Aufgaben festlegt (vgl. van Tatenhove et al. 2000 zitiert in: Knieling et al. 2012, S. 458). Durch vielfältige Kommunikationsprozesse in formellen (z. B. Erlangen AG, Stadtrat) oder informellen Netzwerken (Gespräche auf der Erlanger Bergkirchweih und in der „Kulturszene") beeinflussen Unternehmen staatliches Handeln in Bezug auf Stadt- und Regionalentwicklung direkt. Sie lancieren strategisch soziale und räumliche Entwicklungsprozesse im Sinne einer „disziplinierten Anstrengung zur Herbeiführung fundamentaler Entscheidungen" (Bryson 1995, S. 4f zitiert in: Knieling et al. 2012, S. 452). Die Möglichkeit, persönlich Einfluss nehmen zu können, darf hierbei nicht unterschätzt werden.

Um bürokratische Hürden zu überwinden und Stadtentwicklungsprojekte zu realisieren, sind private Kontakte unablässig. Sie helfen, unkonventionelle und schnelle Lösungen zu finden. Doch gerade dann, wenn Planungsentscheidungen unkonventionell und schnell herbeigeführt werden sollen, ist – wie beide Beispiele gezeigt haben – die Machtbalance von politischen Entscheidungsträgern sowie der öffentlichen Verwaltung und wirtschaftsmächtigen Großkonzernen nicht immer ausgewogen. Zur Wahrung von Gemeinwohlinteressen muss einer Übermacht privater Interessen im Zweifelsfall rechtzeitig entgegen gesteuert werden.

Viele wissenschaftliche Studien stellen die Frage in den Mittelpunkt, ob diese unterschiedlichen Formen sozialen Engagements von Unternehmen freiwillige Beiträge zu einer nachhaltigen Entwicklung von Gesellschaft und Umwelt sind (vgl. u. a. Knieling et al. 2012). In diesem Zusammenhang bleibt die Frage offen, ob Unternehmen nicht erst dann soziales Engagement zeigen, wenn Planungslücken geschlossen werden müssen, um ökonomisches Handeln zu garantieren.

Insbesondere im Bereich CUR zeigt sich die Problematik, dass es aufgrund der meist starken Kooperation zwischen Unternehmen und Stadtverwaltung nicht immer eindeutig auszumachen ist, welche Investitionen rein „freiwilliger" Natur und welche vertragsrechtlich abgesichert und primär mit ökonomischem Profit verbunden sind. So steckt auch in öffentlichen Förderprogrammen im Bereich CSR zunächst viel Geld, um Unternehmen zum Mitmachen zu bewegen. Private Investitionen in bauliche oder soziale Infrastruktur werden häufig durch Steuererleichterungen ausgeglichen.

Festhalten lässt sich, dass Corporate Urban Responsibility aus der Sicht des Unternehmens immer dann gut gelingt, wenn ihre eigenen CUR- oder Standortmanager einen großen Handlungsspielraum genießen und dazu in der Lage sind, Stadtentwicklung mit Unternehmensentwicklung in Beziehung zu setzen. Aus diesem Grund gewinnen stadtentwicklungsbezogene Imagekampagnen oder Leitbildprozesse immer stärker an Bedeutung, die Raumnutzungen und Wahrnehmungsprozesse von Raum verändern. Diese Leitbildprozesse haben wiederum nicht unerhebliche Effekte auf Städterankings, wovon dann letztlich auch wieder „die Stadt" profitiert.

Damit nachhaltige Stadtentwicklung im Sinne der Wahrung von Gemeinwohlinteressen gelingen kann, ist es im Bereich CUR letztlich von besonders großer Bedeutung, alle Interessensgruppen in Planungsprozesse mit einzubeziehen. Gute Erfolge zeigt zum Beispiel das Modellvorhaben „Unternehmen und Stiftungen für eine nachhaltige Quartiersentwicklung", bei dem konkrete Probleme vor Ort von der Zivilgesellschaft und sozialen Vereinen identifiziert werden und Unternehmen gemeinsam mit den lokalen Akteuren Handlungsmöglichkeiten im Sinne des Leitbildprozesses „Soziale Stadt" erörtern und anknüpfen. Hier arbeiten Bürger, Politik, Verwaltung und Wirtschaft auf Augenhöhe an Lösungen für konkrete raum- und zeitlich begrenzte Probleme. Jede Partei versucht ihre Kompetenzen dort einzusetzen, wo sie am nachhaltigsten wirken kann. Damit es nicht zur Verschiebung von Machtbalancen kommt, werden derlei Prozesse durch unabhängige Beratungsunternehmen moderiert, die zudem dafür sorgen, dass ein regelmäßiger Austausch aller Vertreter gewährleistet wird.

Literatur

Barrick Gold Corporation (2013) Responsibility Report 2013. http://www.barrick.com/responsibility/reporting/2013/default.aspx

Bryson JM (1995) Strategic Planning for Public and Nonprofit Organizations. San Francisco. In: Knieling J, Othengrafen F, Preising T (2012) Privatisierung von Stadt- und Regionalentwicklung: Gesellschaftlicher Nutzen (Corporate Spatial Responsibility) oder Verwirklichung von Unternehmenszielen (Corporate Spatial Strategy). Raumforschung und Raumordnung 70:451–464

Bundesministerium für Umwelt, Naturschutz, Bau und Reaktorsicherheit (BMUB) Referat SW14 (2015) Benachteiligte Quartiere gemeinsam unterstützen. Selbstverlag, Berlin

Bundesministerium für Zusammenarbeit (BMZ) (2009) Positionspapier Unternehmerische Verantwortung aus entwicklungspolitischer Perspektive. www.bmz.de/de/mediathek/publikationen/archiv/reihen/strategiepapiere/spezial167pdf.pdf. Zugegriffen: 20.11.2016

Bürkner H-J (2005) Placemaking und Mileuentwicklungen. IRS-aktuell (46):5

Büttner K (2004) Interview mit dem Standortleiter von Siemens, Manfred Hopfengärtner (unveröffentlicht)

Büttner K (2009) Stadtentwicklung durch Großkonzerne – zur Koevolution von Raum und Wissen am Fallbeispiel Siemens und Erlangen. In: Matthiesen U, Mahnken G (Hrsg) Das Wissen der Städte. VS, Wiesbaden, S 133–146

Deutsche Gesellschaft für Internationale Zusammenarbeit (GIZ) GmbH (Hrsg) (2011) Corporate Social Responsibility und Internationale Zusammenarbeit, Der Beitrag der GIZ. Selbstverlag, Eschborn

Deutsche Gesellschaft für Internationale Zusammenarbeit (GIZ) GmbH (Hrsg) (2014) Management Boards in Solwezi, Unveröffentlichter Vortrag

Deutsche Gesellschaft für Internationale Zusammenarbeit (GIZ) GmbH, Falk K (2015) Corporate Urban Responsibility (CUR) in German Development Cooperation. Internes Beratungspapier des GIZ Beratungsprojektes „Nachhaltige Entwicklung von Metropolregionen"

Deutsche Gesellschaft für Internationale Zusammenarbeit (GIZ) GmbH, SV Zusammenarbeit mit der Wirtschaft / Unternehmerische Verantwortung für Entwicklung (Hrsg) (2015) develoPPP.de I Booklet: Entwicklungspartnerschaften mit der Wirtschaft. Selbstverlag, Bonn und Eschborn

Gehrmann W (2007) Siemens. Besuch in Pierer City. Die Zeit 18. http://www.zeit.de/2007/18/Siemens

Knieling J, Othengrafen F, Preising T (2012) Privatisierung von Stadt- und Regionalentwicklung: Gesellschaftlicher Nutzen (Corporate Spatial Responsibility) oder Verwirklichung von Unternehmenszielen (Corporate Spatial Strategy). Raumforsch Raumordn 70:451–464

Sandberg B (2001) Einführung – Corporate Social Responsibility (CSR) als Gegenstand der öffentlichen Betriebswirtschaftslehre. In: Sandberg B, Lederer K (Hrsg) Corporate Social Responsibility in kommunalen Unternehmen. VS, Wiesbaden, S 11–29

Sandberg B, Lederer K (Hrsg) (2011) Corporate Social Responsibility in kommunalen Unternehmen. VS, Wiesbaden

Schürmann T, Institut für Landes- und Stadtentwicklungsforschung und Bauwesen des Landes Nordrhein-Westfalen (ILS NRW) (Hrsg) (2006) Placemaking als Konzept ökonomisch effizienter Standortaufwertung. Eine Analyse englischsprachiger Literatur. Dortmund

Siemens AG (Hrsg) (2007) Megacities und ihre Herausforderungen – Die Perspektive der Städte. www.siemens.com/entry/cc/features/urbanization_development/de/de/pdf/study_megacities_de.pdf. Zugegriffen: 20.11.2016

Tatenhove J van, Arts B, Leroy P (2000) 59. In: Knieling J, Othengrafen F, Preising, T (2012) Privatisierung von Stadt- und Regionalentwicklung: Gesellschaftlicher Nutzen (Corporate Spatial Responsibility) oder Verwirklichung von Unternehmenszielen (Corporate Spatial Strategy). Raumforschung und Raumordnung 70:451–464

http://www.the-fis.de. Zugegriffen: 20.11.2016

Dr. Kerstin Falk ist Projektleiterin des Vereins WIR GESTALTEN e. V. Sie ist zuständig für das Management des Vereins sowie Projektakquise und Öffentlichkeitsarbeit. Als Gutachterin für die GIZ sowie wissenschaftliche Mitarbeiterin am Leibniz-Institut für Regionalentwicklung und Strukturplanung (IRS) in Erkner beschäftigte sie sich mit dem Thema CSR und nachhaltige Stadtentwicklung. Zu ihren Arbeitsschwerpunkten gehörten weiterhin die Wissensmilieuforschung und die Erforschung von Kommunikationsprozessen in Bürgerinitiativen sowie deren Impulse für Stadtentwicklungsprozesse. In ihrer Promotion erforschte sie die Raumbezüge von Wissensaustausch in einem Innovationsbereich eines transnationalen Unternehmens.

# Teil II
Anwendung & Best Practice

Initialkapital für den Stadtteil – die Urbane Nachbarschaft Samtweberei

Oliver Brügge, Frauke Burgdorff und Dirk E. Haas

1 Stadtviertel mit schwierigen Perspektiven – Anlass für das Stiftungsprogramm „Initialkapital für eine chancengerechte Stadtteilentwicklung"

Es gibt sie in nahezu jeder Kommune: Siedlungsbereiche oder Stadtviertel, die unter schwierigen sozialen, ökonomischen oder räumlichen Bedingungen leiden und denen eine Abwärtsspirale aus Armut, Ausgrenzung und Apathie droht, wenn es nicht gelingt, neue Entwicklungschancen zu eröffnen (Siebel 2013; Schnur 2014). Die Montag Stiftung Urbane Räume gAG sucht für solche Quartiere nach neuen Wegen für eine gerechtere, gemeinwohlorientierte Stadtentwicklung, sodass sich die Lebenschancen der Menschen vor Ort und ihre Möglichkeiten, selbstbestimmt zu handeln, verbessern lassen. Dafür hat sie in den vergangenen Jahren den Programmbereich „Neue Nachbarschaft – Immobilien für viele" (Burgdorff 2014) aufgebaut. Er umfasst verschiedene Projekte und Initiativen, die auf der Ebene von Nachbarschaften und Stadtvierteln angesiedelt sind. Aktive Nachbarschaften, die sich für ihr unmittelbares Lebensumfeld und das Gemeinwohl einsetzen, spielen bei der Schaffung lebenswerter, inklusiver Stadtviertel für breite Bevölkerungsgruppen eine tragende Rolle. Das gilt gerade dort, wo Kommunen mit ihrem bisherigen Instrumentarium aus Stadterneuerung und sozialer Stadtteilentwicklung nur teilweise erfolgreich waren.

O. Brügge (✉) · D. E. Haas
Montag Stiftung Urbane Räume
Bonn, Deutschland
E-Mail: O.Bruegge@montag-stiftungen.de

F. Burgdorff
Agentur für kooperative Stadtentwicklung, BURGDORFF STADT
Bochum, Deutschland

© Springer-Verlag GmbH Deutschland 2017
H.-H. Albers und F. Hartenstein (Hrsg.), *CSR und Stadtentwicklung*,
Management-Reihe Corporate Social Responsibility, DOI 10.1007/978-3-662-50313-3_11

Vor allem die Erfahrungen aus einem mehrjährigen Stiftungsprojekt zur Stadtteilentwicklung im Kölner Stadtteil Kalk (Montag Stiftung Urbane Räume 2013) und die bisherigen Erkenntnisse im Programm „Neue Nachbarschaft – Immobilien für viele" haben die Stiftung bewogen, mit dem Programm „Initialkapital für eine chancengerechte Stadtteilentwicklung" einen neuen Schritt zu gehen. Sie möchte nicht mehr nur als Ideengeberin, Beraterin und Unterstützerin für bestehende oder neue Projektinitiativen agieren, sondern als zivilgesellschaftliche Kraft selbst praktisch tätig werden und in Kooperation mit Kommunen, Wirtschaftsunternehmen und der Bevölkerung vor Ort größere, über mehrere Jahre angelegte Projekte realisieren, die zu einer chancengerechten Stadtteilentwicklung beitragen. Den erforderlichen Mut zum Risiko und zum finanziellen Engagement, der für die meisten zivilgesellschaftlich getragenen Nachbarschaftsprojekte unverzichtbar ist, nun konkret in die eigene Stiftungsarbeit übertragen zu können, war ein wichtiges Motiv für den Start dieses Programms.

Eine Schlüsselrolle bei der Entwicklung des Programms kommt dem Stifter Carl Richard Montag zu, der aus dem Handwerksbetrieb des Vaters letztlich ein bundesweit tätiges Bauunternehmen machen konnte, das seit den 1950er-Jahren viele große, private und öffentliche Bauvorhaben umgesetzt hat. Das größte dieser Vorhaben ist der 2003 fertiggestellte T-Mobile-Campus in Bonn. Für dieses Projekt zeichnete Carl Richard Montag als Bauunternehmer und Investor verantwortlich. Der T-Mobile-Campus bildet heute die Basis des Stiftungskapitals der Montag Stiftungen: Die Mieteinnahmen aus der Immobilie werden über die Carl Richard Montag Förderstiftung den drei gemeinnützigen Montag Stiftungen (Montag Stiftung Jugend und Gesellschaft, Montag Stiftung Urbane Räume sowie Montag Stiftung Kunst und Gesellschaft) für ihre Arbeit zur Verfügung gestellt.

Dieses Modell, Überschüsse aus der Bewirtschaftung von Immobilien für gemeinnützige Aktivitäten zu verwenden, ist nun auch ein wesentliches Grundprinzip im neuen Stiftungsprogramm „Initialkapital für eine chancengerechte Stadtteilentwicklung" (Montag Stiftung Urbane Räume 2015). Mit Investitionen in geeignete Immobilien sollen dauerhafte Renditen erwirtschaftet werden, die dem jeweiligen Stadtviertel in zweifacher Hinsicht zugutekommen: Erstens über die sozialen Effekte, die von den Nutzern der Immobilien selbst ausgehen. Zweitens über Gewinne aus dieser Immobilienbewirtschaftung, die regelmäßig und dauerhaft für gemeinnützige Projekte im Viertel verwendet werden. Das Programm ist daher an den Schnittstellen von Immobilienentwicklung, Gemeinwesenarbeit und zivilgesellschaftlich getragener Stadtteilentwicklung angesiedelt.

Die Erfahrungen in vielen Nachbarschaftsprojekten und Stadterneuerungsprogrammen zeigen, dass die Umnutzung bereits vorhandener Gebäude ein guter Hebel sein kann, um nachhaltige Impulse für ein Stadtviertel auszulösen: Ehemalige Bahnhofsgebäude, leer stehende Schulen, geschlossene Hallenbäder, aufgegebene Fabriken oder verwaiste Kaufhäuser besitzen meist einen hohen Identifikationswert für Nachbarschaften und bieten mit ihrer Reaktivierung gute Chancen, im Viertel neue und bislang fehlende Einrichtungen zu schaffen. Mit klugen, an den lokalen Gegebenheiten orientierten Investitionen in solche Schlüsselimmobilien können dem Stadtteil neue Entwicklungsperspektiven eröffnet

Initialkapital für den Stadtteil – die Urbane Nachbarschaft Samtweberei 205

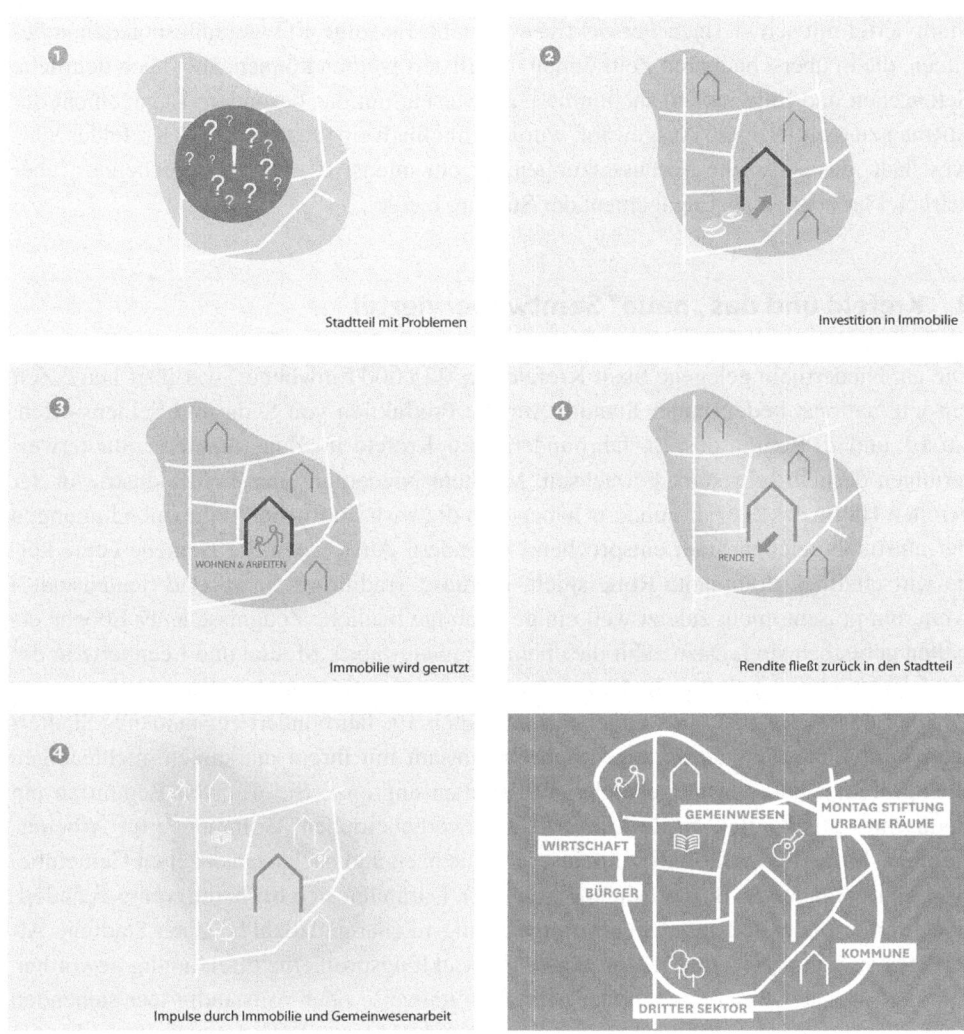

Abb. 1 Das Programm „Initialkapital für eine chancengerechte Stadtteilentwicklung" in fünf Entwicklungsschritten

werden. Die Gewinne, die mit der Bewirtschaftung solcher Immobilien erzielt werden, können wiederum als „soziale Renditen" in das Viertel zurückfließen (Abb. 1).

Mit dem Initialkapital, das die Stiftung bereits jetzt in ein erstes Pilotvorhaben investiert und dem weitere folgen sollen, verbinden sich demnach zwei konkrete Anliegen: erstens die Immobilien und ihre künftigen Nutzungen mit Partnern vor Ort selbst zu entwickeln und dieses zweitens auf eine Weise zu tun, von der die Nachbarschaft und das Gemeinwesen des Viertels bestmöglich profitieren. Für dieses Pilotvorhaben wurde zunächst ein

Stadtviertel mit schwierigen Perspektiven gesucht. Es sollte Entwicklungspotenziale besitzen, die in überschaubaren Zeiträumen mobilisiert werden können, aber auch deutliche Schwächen und Entwicklungshemmnisse aufweisen, um das besondere Engagement der Stiftung zu rechtfertigen. Ausgewählt wurde schließlich ein Quartier in der Krefelder Südweststadt, das sehr gute Voraussetzungen für ein intensives, viel versprechendes, aber zeitlich klar begrenztes Engagement der Stiftung bietet.

2 Krefeld und das „neue" Samtweberviertel

Die am Niederrhein gelegene Stadt Krefeld (ca. 225.000 Einwohner) war über lange Zeit ein international bedeutsamer Standort für die Produktion von Samt und Seidenstoffen. Im 19. und zu Beginn des 20. Jahrhunderts war Krefeld im Zuge mehrerer Stadterweiterungen deshalb sehr stark gewachsen. Mit dem Niedergang der Textilindustrie in der zweiten Hälfte des 20. Jahrhunderts haben sich die wirtschaftlichen Rahmenbedingungen der einstmals reichen Stadt entsprechend verändert. Auch wenn die Branche heute keine wirtschaftlich dominante Rolle spielt, ist diese Tradition („Samt- und Seidenstadt") weiterhin präsent, nicht zuletzt weil einige wichtige bauliche Zeugnisse jener Epoche erhalten geblieben sind. Dazu zählt die ehemalige Samtfabrik Mottau und Leendertz in der Krefelder Südweststadt. Sie ist die Schlüsselimmobilie im Krefelder Pilotvorhaben.

Die Südweststadt ist ein weitgehend im späten 19. Jahrhundert entstandenes Stadterweiterungsgebiet, das an die eigentliche Innenstadt mit ihrem markanten, rechteckigen Stadtgrundriss und den umgebenden Wallstraßen angrenzt. Sie war von Beginn an ein gemischtes Stadtviertel, mit Industrie- und Gewerbebetrieben, Wohnungen für Arbeiterfamilien, bürgerlichen Gründerzeithäusern sowie nach und nach angesiedelten Gemeinbedarfseinrichtungen (z. B. Kirchen und Schulen). Daran hat sich bis heute wenig geändert, noch immer ist die Südweststadt ein abwechslungsreicher und dicht bebauter Stadtteil. Allerdings sind in den letzten Jahren ernste Entwicklungsprobleme offenkundig geworden. Die Südweststadt weist einen hohen Anteil an teilweise oder vollständig leer stehenden Gebäuden auf. Auch zahlreiche andere, noch genutzte Gebäude sind sanierungsbedürftig. Die erforderlichen Erhaltungsinvestitionen bleiben in vielen Fällen aus, zumal das Mietniveau vergleichsweise niedrig und der Anteil von Empfängern sozialer Transferleistungen an der Stadtteilbevölkerung überdurchschnittlich hoch ist. Armut und De-Investition sind an vielen Stellen sichtbar, dennoch wäre es verfehlt, die Südweststadt nur als Armutsquartier bezeichnen zu wollen. Die Nähe zur Hochschule Niederrhein, zur Innenstadt und zum Hauptbahnhof, das bürgerliche Wohnviertel rund um den Alexanderplatz oder die kleinen Läden, Cafés, Plätze und sozialen Einrichtungen im Umfeld der Josefkirche sind positive Qualitätsmerkmale, die das Entwicklungspotenzial des Viertels anzeigen.

In Krefeld gilt der Stadtteil als klassisches Ankunftsquartier für internationale Zuwanderungen. Entsprechend hoch sind die Anteile migrantischer Bevölkerung und jener Dienstleistungs- und Einzelhandelsunternehmen, die dem Begriff „ethnische Ökonomien" zugeordnet werden. Auch die Fluktuationsrate liegt über dem städtischen Durchschnitt.

Initialkapital für den Stadtteil – die Urbane Nachbarschaft Samtweberei 207

Abb. 2 Die Lewerentzstraße, an der auch die Alte Samtweberei steht, ist eine belebte Hauptstraße im Samtweberviertel

Dass die Südweststadt wichtige Funktionen eines transnationalen Brückenkopfs zwischen alter und neuer Heimat wahrnimmt, gilt als wichtige Rahmenbedingung für etwaige planerische Konzepte zur Stabilisierung des Viertels. Vor einigen Jahren wurde die Südweststadt als Teilbereich der Innenstadt in das Programm „Stadtumbau West" aufgenommen. Das in diesem Zusammenhang erarbeitete städtebauliche Entwicklungskonzept sieht unter anderem eine stärkere Profilierung des Viertels als Standort für kreative Wohn- und Arbeitsformen vor. Eine Schlüsselrolle wird dabei dem Areal der Samtweberei an der Lewerentzstraße (Abb. 2) zugesprochen.

Den kommunalen Planungen zur Stadtteilerneuerung sind Bestandsaufnahmen und Analysen vorausgegangen, die jedoch als Entscheidungsgrundlage für das Pilotvorhaben noch nicht ausreichend waren. Daher entschloss sich die Stiftung, eine gesonderte Bewohnerbefragung im Viertel durchzuführen und dabei bereits die Zusammenarbeit mit vor Ort tätigen Initiativen zu suchen (Montag Stiftung Urbane Räume 2014). Diese erste Konsultation der Stadtteilbevölkerung lieferte wichtige Erkenntnisse darüber, wie die Stärken und Schwächen des Viertels eingeschätzt werden, welche Maßnahmen zur Verbesserung des Zusammenlebens als wünschenswert gelten und in welchen Handlungsbereichen sich die Bewohner des Stadtteils selbst stärker engagieren möchten. Gleichzeitig wurde für das Viertel rund um die Samtweberei eine neue Bezeichnung gefunden, die sich möglicherweise als identitätsbildende Marke für den angestrebten Veränderungsprozess etablieren könnte: Der Name „Samtweberviertel" steht für eine neue Etappe in der Entwicklung, die sich ausdrücklich auf die stadtgeschichtlichen Anfänge des Viertels gründet.

3 Ziele und Bausteine des Pilotvorhabens im Samtweberviertel

Die ehemalige Samtweberei besteht aus mehreren Gebäuden mit einer Gesamtnutzfläche von ca. 4800 m^2 und eine Shedhalle mit etwa 3000 m^2. Die Reaktivierung dieses Gebäudebestands und seine am Gemeinwohl orientierte Nutzung sind der zentrale Hebel des Pilotvorhabens. Von ihr soll die Initialzündung zur weiteren Entwicklung des Viertels ausgehen. Dafür wurde von der Stiftung, der Stadt Krefeld und weiteren Partnern ein gemeinsames Handlungsprogramm erarbeitet, das die wesentlichen Leitziele der Stadtteilentwicklung formuliert und zugleich als Auftragsbeschreibung für die Immobilienentwicklung der Alten Samtweberei zu verstehen ist. Die vereinbarten Leitziele umfassen das Erhalten bzw. Entwickeln eines sozial, kulturell und ökonomisch vielfältigen Stadtviertels, die Schaffung von Wohngelegenheiten für unterschiedliche Lebensstile und Lebenslagen, ein Sichtbarmachen der vorhandenen städtebaulichen und architektonischen Werte, das Fördern friedlicher und produktiver Nachbarschaften sowie die Unterstützung von Selbstorganisation und Selbstverantwortung in der Stadtteilbevölkerung.

Ein solcher Mix aus baulichen, sozialen und ökonomischen Zielen und daraus abgeleiteten Maßnahmen ist kennzeichnend für viele integrierte Handlungsprogramme zur Erneuerung von Quartieren. Insofern ist es zunächst nicht neu, wenn auch mit dem Stiftungsprogramm „Initialkapital für eine chancengerechte Stadtteilentwicklung" sowohl „in Menschen" als auch „in Steine" investiert werden soll. Stärker als sonst üblich sollen jedoch die verschiedenen Zieldimensionen und Bausteine möglichst eng und unmittelbar miteinander verwoben werden – und zwar dauerhaft und von Beginn an. Das Pilotvorhaben hat drei Säulen, wobei „Säulen" womöglich eine missverständliche Bezeichnung ist, denn die drei Bereiche stehen nicht neben- oder übereinander, sondern greifen auf vielfältige Weise ineinander:

1. Entwickeln und Verstetigen eines *lebendigen Gemeinwesens* im Viertel mit viel Raum für ehrenamtliches Engagement, mit Netzwerkarbeit zwischen den vorhandenen und möglichen neuen Institutionen und mit eigenen Projekten der Gemeinwesenarbeit;
2. Reaktivieren und gemeinwohlorientiertes Entwickeln der *Alten Samtweberei* für verschiedene Funktionen und Nutzergruppen;
3. Stärken der *Nachbarschaft in und mit der Samtweberei* durch gemeinsames und gemeinnütziges Engagement für die Entwicklung des Areals und des Viertels.

Für die Umsetzung des Vorhabens wurde eigens eine gemeinnützige Projektgesellschaft gegründet: die Urbane Nachbarschaft Samtweberei gGmbH (UNS). Sie arbeitet mit Kapital der Carl Richard Montag Förderstiftung für die Immobilienentwicklung und erhält darüber hinaus in den ersten Jahren bis zu 200.000 € jährlich von der Montag Stiftung Urbane Räume gAG zur Finanzierung des projektbezogenen Fachpersonals und der Gemeinwesenarbeit einschließlich kleinerer Stadtteilprojekte lokaler Initiativen und Einzelpersonen. Die drei Geschäftsbereiche – Gemeinwesenarbeit, Immobilienentwicklung/-bewirtschaftung sowie die eigentliche Geschäftsführung – sind jeweils mit mehreren Teilzeitstellen bzw. entsprechenden Teilzeitkontingenten ausgestattet.

Der Gründung der Projektgesellschaft vorausgegangen war ein einstimmiger Beschluss des Krefelder Stadtrats, auf dessen Grundlage das Grundstück der Alten Samtweberei im Erbbaurecht in die Projektgesellschaft übertragen werden konnte. Das Areal bleibt demnach in städtischem Besitz. Im Erbbaurechtsvertrag ist beispielsweise geregelt, dass innerhalb von vier Jahren mindestens 70 % der Alten Samtweberei saniert und entwickelt werden müssen. Wichtigste inhaltliche Grundlage des Erbbaurechtsvertrags ist ansonsten das gemeinsame Handlungsprogramm, das auch die Zuständigkeiten der Partner und die wesentlichen Umsetzungsschritte bzw. Projektphasen definiert. Die Stiftung übernimmt Gründung, Betrieb und Finanzierung der Projektgesellschaft; die Stadt sorgt je nach Bedarf für Möglichkeiten der Förderung bestimmter Einzelmaßnahmen bzw. unterstützt das Projekt mit Investitionen im öffentlichen Raum. Die Stadt verzichtet zudem auf den Erbbauzins, so lange die Stiftung bzw. die UNS gGmbH gemeinnützig für das Quartier tätig ist.

Über alle wesentlichen Entwicklungsschritte wird gemeinsam entschieden. Der vereinbarte Fahrplan zur Realisierung sieht mehrere Phasen vor. Die erste sogenannte „Bindungsphase" begann bereits vor der finalen Entscheidung zur Durchführung des Vorhabens und umfasste die Bewohnerbefragung, die notwendigen Beschlussfassungen, die Übertragung von Grundstück und Immobilien an die Projektgesellschaft, die Entwicklung von ersten Konzepten zur Gemeinwesenarbeit sowie die Wiederinbetriebnahme des ersten Gebäudes der Samtweberei. Diese Bindungsphase konnte bereits 2014 beendet werden. Seither läuft die zweite Phase des Projekts mit der Umsetzung der weiteren Maßnahmen zur Immobilienentwicklung und Gemeinwesenarbeit. Sie soll Ende 2017 soweit abgeschlossen sein, dass sich die Stiftung schrittweise aus der aktiven Rolle in der Projektgesellschaft zurückziehen kann.

Die Arbeit der Projektgesellschaft und die inhaltliche Konkretisierung der Leitziele werden regelmäßig im Stadtviertel beraten. Zu diesem Zweck findet jährlich ein großer „Viertelsratschlag" statt, in dessen Rahmen konkrete Anforderungen und Aufträge für die weitere Arbeit der Projektgesellschaft formuliert werden. Einen ebenfalls eingerichteten Projektbeirat, in dem Menschen aus dem Viertel vertreten sind, konsultiert die Projektgesellschaft im ca. sechswöchigen Turnus, sodass auch sehr zeitnah Ratschläge und Hinweise aufgenommen und ggf. erforderliche Korrekturen in der Projektarbeit vorgenommen werden können.

3.1 Entwickeln eines lebendigen Gemeinwesens im Viertel

Lebenswerte Stadtquartiere brauchen – neben allen Einrichtungen, Angeboten und Qualitäten, die seit jeher Gegenstand von Stadtplanung und Stadtentwicklung sind – ein lebendiges Gemeinwesen, das die Basis für eine sozial und ggf. politisch aktive Nachbarschaft ist. Die Lebensbedingungen in einem Viertel und die Lebenschancen seiner Bewohnerschaft lassen sich nur verbessern, wenn sich auch die Möglichkeiten des eigenen, selbstverantwortlichen Handelns – im Viertel und für das Viertel – erhöhen. Schon vor dem Start des Projekts waren viele Institutionen und Initiativen in der Südweststadt aktiv. Bildungseinrichtungen, konfessionelle Einrichtungen und Vereine kümmern sich zum Teil seit Jahrzehnten erfolgreich um die Belange des Viertels und seiner Bewohnerschaft. Dennoch zählen Armut, Erwerbslosigkeit, Bildungsdefizite, prekäre Lebensverhältnisse und nachbarschaftliche Konflikte genauso zur Alltagswirklichkeit wie die zahlreichen gelungenen Gemeinwesenprojekte. Die Bewohnerbefragung hat 2013 nicht nur wichtige Handlungsbedarfe bezüglich der Wohnsituation, des Wohnumfelds und des soziokulturellen Miteinanders aufgezeigt, sondern deutlich werden lassen, in welchen Bereichen sich die Bewohner selbst gerne stärker engagieren möchten. Die Befragung war der Anfang einer ganzen Reihe von öffentlichen und offenen Dialogen zu Ideen und Wünschen für die gemeinsame Entwicklung des Viertels. Es finden sowohl große Veranstaltungen und Werkstätten als auch kleinere, themenbezogene Beratungsrunden statt. Formen und Inhalte dieses Dialogs entwickeln sich ständig weiter: Es bilden sich andere Gremien mit anderen Aufgaben und die Themen für Gemeinwesenarbeit und Nachbarschaftsprojekte werden stetig fortgeschrieben.

Das bislang wichtigste Instrument zur Intensivierung der Gemeinwesenarbeit ist der seit 2014 im jährlichen Turnus stattfindende Projektaufruf für kleinere, gemeinnützige Projekte, die von allen Bewohnern und Akteuren des Viertels eingereicht werden können. Für deren Realisierung stehen jährlich 5000 € zur Verfügung. Über die Vergabe entscheidet eine Jury, die mit Personen aus dem Stadtviertel besetzt ist. Die Verfahrensregeln des Aufrufs wurden von einer Arbeitsgruppe entwickelt, die ebenfalls mit Personen aus dem Stadtviertel besetzt ist. Diese Gruppe ist mittlerweile der Projektbeirat des gesamten Vorhabens. Mit den jährlichen Projektaufrufen und den ersten, bereits realisierten Nachbarschaftsprojekten gelingt es, dass Bewohner schnell zu aktiven Gestaltern ihres Viertels werden. Mit ihren Projekten machen sie genau das, was ihnen für die Entwicklung des Viertels wichtig erscheint und was sie auch selbst umsetzen können, zum Beispiel Verschönerungsaktionen im Viertel (Anstreichen, Gärtnern), Geschichtsprojekte, Aktionen zu interkulturellen Begegnungen oder Projekte, die auf eine bessere Information und Kommunikation innerhalb des Viertels zielen (Stadtteilzeitung, Stadtteilradio, Plakatkampagnen). Begleitend finden regelmäßige Projektstammtische statt, in denen neue Projektideen vorgestellt bzw. längerfristige Projekte weiter entwickelt werden. Die Förderung des nachbarschaftlichen und interkulturellen Zusammenlebens über eine Vielzahl kleiner Projekte wird auch in Zukunft ein zentraler Bestandteil der Arbeit im Stadtteil sein.

Von Anfang an war jedoch klar, dass nicht alle Herausforderungen für die Gemeinwesenarbeit im Viertel über einzelne, bürgerschaftliche Projekte angegangen werden können. Mit den verschiedenen professionellen Partnern der Gemeinwesenarbeit, die im Samtweberviertel tätig sind, wurden bereits Maßnahmen in mehreren Handlungsfeldern vereinbart, bei deren Umsetzung verschiedene Träger künftig stärker zusammenarbeiten. Schwerpunkte bilden die Jugend- und Bildungsarbeit im Viertel, die Sprachförderung für Zuwanderer und generell eine stärkere Auseinandersetzung mit Armut und ihren Folgen für das nachbarschaftliche Zusammenleben. Allen Projekten, Kooperationen und Formaten der Gemeinwesenarbeit ist gemeinsam, dass sie mehr Mitbestimmung der Stadtteilbevölkerung ermöglichen und zu einer aktiven Teilhabe an Entscheidungsprozessen und Projektrealisierungen im Viertel ermutigen.

3.2 Entwickeln der Alten Samtweberei

Das Gebäudeensemble der Samtweberei umfasst Bauten aus verschiedenen Epochen. Das Kernstück der Anlage und zugleich ihr ältester Teil ist die denkmalgeschützte Textilfabrik aus den 1880er-Jahren. Das jüngste Bauwerk ist ein Bürogebäude aus den 1960er-Jahren. Noch in den 1970er-Jahren hinein wurden sämtliche Gebäude gemäß ihrer ursprünglichen Funktion genutzt. Bis 2008 waren dann diverse Dienststellen der Krefelder Stadtverwaltung in einigen Teilbereichen des Ensembles untergebracht und bis 2012 fungierte die große Halle im Blockinnenbereich als Quartiersgarage. Ebenfalls 2012 wurde ein erstes Nutzungs- und Sanierungskonzept für die Alte Samtweberei erarbeitet, da mittlerweile sämtliche Gebäude – ob genutzt oder nicht – sanierungsbedürftig waren und das Areal seitens der Stadtplanung als Schlüsselprojekt für die Erneuerung des Viertels eingestuft wurde. Die am Gemeinwohl orientierte Entwicklung und Bewirtschaftung der verschiedenen Gebäude soll einerseits „neues Leben" (mit neuen Funktionen und neuen Nutzergruppen) in das Stadtviertel bringen, andererseits Überschüsse aus der Bewirtschaftung erzielen, die unmittelbar in die Gemeinwesenarbeit des Viertels investiert werden. Für die einzelnen Gebäude bzw. Teilbereiche der Alten Samtweberei sind mittlerweile unterschiedliche Entwicklungsperspektiven erarbeitet worden, die nun Schritt für Schritt umgesetzt werden (Abb. 3).

Im ehemaligen Verwaltungsgebäude haben Freiberufler, kleine Unternehmen, Initiativen und Studierende einen Ort für ihre Aktivitäten gefunden („Pionierhaus"); hier hat auch die Projektgesellschaft ihren Sitz. Das Torhaus wird für soziale Betriebe, Kreativunternehmen und für verschiedene Stadtteilaktivitäten entwickelt. Im denkmalgeschützten Teil der Samtweberei sollen gemeinschaftliche Wohngruppen realisiert werden und im

Abb. 3 Die Alte Samtweberei in der Krefelder Südweststadt ist das Herzstück des Projektes

„Krefelder Haus" war bislang die Schaffung preisgebundenen, kostengünstigen Wohnraums geplant. Die Shedhalle im Innenhof ist zum überwiegenden Teil als überdachter, öffentlicher Freiraum für die Bewohner des Viertels vorgesehen.

Verwaltungsgebäude („Pionierhaus")
Das in den 1960er-Jahren entstandene Verwaltungsgebäude umfasst ca. 1000 m^2 Nutzfläche. Weil eine Sanierung des (nicht denkmalgeschützten) Gebäudes zu aufwendig erschien, war zunächst sein Abriss vorgesehen. Seine Wiederinbetriebnahme in 2014 wurde möglich, weil sich die Herrichtung des Gebäudes mit einer Investition von 200.000 € auf ein Mindestmaß beschränken ließ und die künftigen Mieter ihre Räumlichkeiten nach eigenen Vorstellungen und Möglichkeiten weitgehend selbst ausbauten. Diese Form der Reaktivierung des Gebäudes ist vor allem aus baurechtlichen Gründen zunächst auf sechs Jahre beschränkt. Im „Pionierhaus" ist auf fünf Etagen mit 25 Mieteinheiten und 60 Arbeitsplätzen eine produktive Mischung aus kleinen Unternehmen und Initiativen, Gestaltern und Kulturschaffenden entstanden. Die räumliche Nähe zueinander hat innerhalb kurzer Zeit zu ersten Kooperationen und gemeinsamen Aktivitäten geführt. Die „Pioniere" zahlen eine monatliche Miete von 3,00 €/m^2 (zuzüglich Nebenkosten von zurzeit ca. 4,50 €/m^2). Gleichzeitig verpflichten sie sich, am Projekt „Halbe Miete für das Viertel" teilzunehmen und für jeden angemieteten Quadratmeter eine Stunde im Jahr für das Samtweberviertel tätig zu werden.

Torhaus
Die Entwicklung des 1950 entstandenen Torhauses mit dem Durchgang zum Innenhof ist der zweite Baustein der Immobilienentwicklung. In den drei Obergeschossen stehen mehr als 600 m^2 Nutzfläche für weitere „Pioniere" im Samtweberviertel zur Verfügung. Die Raummieten liegen hier bei ca. 6,00 €/m^2 zuzüglich der Nebenkosten, also deutlich über den Mietpreisen im Pionierhaus. Dafür wurde aufwendiger saniert und die Nebenkosten fallen geringer aus.

Im Erdgeschoss ist ein Nachbarschaftscafé mit Terrasse geplant, um der Samtweberei und dem Viertel einen neuen Treffpunkt zu bieten. Ebenfalls im Erdgeschoss und im Übergang zum denkmalgeschützten Teil der Samtweberei entstehen ein großes Nachbarschaftszimmer (ca. 150 m^2) und weitere Räume, die für nachbarschaftliche Aktivitäten und soziale Initiativen genutzt werden sollen. Café und Nachbarschaftszimmer sollen bis 2017 realisiert werden.

Gemeinschaftliches Wohnen im Denkmal
Im ältesten Abschnitt des Ensembles entstehen im Zuge einer denkmalgerechten Sanierung 36 Wohnungen unterschiedlicher Größe für verschiedene Wohn- und Haushaltsformen. Vorgesehen ist ein Mix aus freifinanzierten (2/3) und öffentlich geförderten (1/3) Wohnungen. Das Teilprojekt ist als gemeinschaftliches Wohnprojekt angelegt, bei dem die künftigen Mieter frühzeitig mitplanen und mitentscheiden, aber auch später bei der Pflege und Bewirtschaftung der Gemeinschaftsbereiche selbst Verantwortung übernehmen. Da-

zu finden in regelmäßigen Abständen Planungsgespräche statt. Ähnlich wie die Mieter des Pionierhauses werden die Bewohner des Denkmals einen regelmäßigen Beitrag zur Gemeinwesenarbeit leisten („Viertelstunden").

„Krefelder Haus"
Die Carl Richard Montag Förderstiftung hat 2014 in unmittelbarer Nachbarschaft zur Alten Samtweberei ein altes, stadtviertelypisches Wohngebäude aus einer Zwangsversteigerung erworben, um seine weitere Verwahrlosung zu verhindern und stattdessen ein Stadthaus mit preisgünstigem Wohnraum zu schaffen. Dies sollte zur Stabilisierung der Nachbarschaft beitragen. Mittlerweile sind verschiedene Modelle zur Finanzierung und Umsetzung untersucht und wieder verworfen worden, sodass dieser Baustein des Projekts aus wirtschaftlichen Gründen nicht mehr weiterverfolgt wird.

Shedhalle
Im Blockinnenbereich befindet sich die 3000 m² große Halle, die künftig zum überdachten Freiraum des Viertels werden wird. Erste Überlegungen, die Halle zugunsten eines grünen Innenhofs abzureißen, wurden nach einer Planungswerkstatt mit eingeladenen Büros wieder verworfen, weil deutlich geworden ist, über welchen funktionalen und ästhetischen Mehrwert die bestehende Halle verfügt. Für deren Umbau sind Fördermittel aus dem Programm „Stadtumbau West" in Höhe von 1 Mio. € bewilligt.

Die geplanten Gesamtinvestitionen in die Immobilienentwicklung betragen ca. 7,5 Mio. €. Auf die Projektgesellschaft entfallen ca. 6,5 Mio. €, während die öffentliche Hand ca. 1 Mio. € in den Umbau der Shedhalle investiert. Die darüber hinaus von der Montag Stiftung Urbane Räume gAG eingebrachten Aufwendungen werden für den geplanten Zeitraum von sieben Jahren auf insgesamt ca. 1,4 Mio. € beziffert. Nach Fertigstellung aller Gebäude soll die Bewirtschaftung der Immobilien bei geplanten Mieten zwischen 3,00 und 6,80 €/m² einen jährlichen Überschuss von 60.000 € erbringen, der in die Gemeinwesenarbeit für das Stadtviertel eingebracht wird. Ein solcher Überschuss lässt sich angesichts der immobilienwirtschaftlichen Situation des Viertels allerdings nur mittels wirksamer Kostenreduzierungen erzielen, wie etwa durch die nicht anfallenden Kosten für Grundstückserwerb und den Erlass des jährlichen Erbbauzinses durch die Grundstückseigentümerin (Stadt Krefeld).

3.3 Nachbarschaft in und mit der Samtweberei

Die Gemeinschaft aller Nutzer aller Gebäude der Alten Samtweberei soll zu einer wirklichen „Nachbarschaft Samtweberei" entwickelt werden, einer Nachbarschaft, die mit ihren Aktivitäten das Zusammenleben im Viertel spürbar bereichert. Die Shedhalle, das Nachbarschaftscafé und das Nachbarschaftszimmer werden wichtige sozialräumliche Schnittstellen zwischen Samtweberei und Samtweberviertel sein. Nicht weniger wichtig sind gemeinsame Veranstaltungen und Nachbarschaftsfeste oder die eingesetzten Instrumen-

Abb. 4 Nachbarn und Nutzer bei der Eröffnung des Pionierhauses der Alten Samtweberei im September 2014

te, mit denen sich die Nutzer der Samtweberei verpflichten, regelmäßig gemeinnützige Arbeit zum Wohle des Viertels zu leisten (Abb. 4).

4 Zusammenspiel bewährter und besonderer Instrumente

Das Programm „Initialkapital für eine chancengerechte Stadtteilentwicklung" und das Pilotvorhaben im Samtweberviertel dienen der Erprobung neuer Ansätze in der Stadtteilentwicklung. Dies bedeutet jedoch nicht, dass nicht auch etablierte, nach wie vor unverzichtbare Instrumente der Immobilienentwicklung und der Stadtteilarbeit zum Einsatz kommen. Vielmehr gilt es herauszufinden, wie eine sinnvolle Kombination aus einschlägigen und experimentellen Instrumenten aussieht, damit das jeweilige Projekt die bestmögliche Wirkung entfalten kann.

Bürgerplattform und Projektfonds

In der sozialen Stadtteilarbeit bewährte Instrumente sind zum Beispiel begleitende Bürgergremien, in denen über Ziele und Maßnahmen von Stadtteilprojekten beraten wird, oder sogenannte Projekt- bzw. Bürgerfonds zur Finanzierung zivilgesellschaftlich getragener Einzelmaßnahmen. Dort sind lokale Initiativen, Verbände und Privatpersonen eingeladen, für relevante Themen eines Viertels gemeinsame Strategien und Handlungsvorschläge zu erarbeiten, ihr individuelles Handeln aufeinander abzustimmen und konkrete Maßnahmen und Einzelprojekte umzusetzen. Die notwendigen Etats werden üblicherweise aus öffentlichen Mitteln finanziert, zum Beispiel mit dem Förderprogramm Soziale Stadt. Im Samtweberviertel sollen derartige Projektfonds mittelfristig aus den erwirtschafteten Überschüssen der Samtweberei finanziert werden. Die Projektgesellschaft kalkuliert mit ca. 60.000 € pro Jahr für die Gemeinwesenarbeit im Viertel, sobald alle Bausteine der Immobilienentwicklung umgesetzt sind. Bis dahin werden notwendige Mittel für Teilhabe und kleinere zivilgesellschaftliche Projekte von der Montag Stiftung Urbane Räume gAG bereitgestellt. Über Prioritäten und Spielregeln zur Vergabe der Projektmittel entscheidet nicht die Stiftung, sondern der örtliche Projektbeirat. Die Stiftung investiert demnach bereits in die lokale Gemeinwesenarbeit, bevor die geplanten Gewinne aus der Immobilienbewirtschaftung erzielt werden. Für die Vertrauensbildung im Viertel ist das von großem Wert und es hilft, von Anfang an Erfahrungen zu sammeln, wie die Gemeinwesenarbeit und die zu erwirtschaftende soziale Rendite möglichst wirksam verbunden werden können.

Schritt für Schritt – Offenheit in allen Phasen der Projektentwicklung
Mit dem frühzeitigen Schaffen verlässlicher Strukturen für Teilhabe und Zusammenarbeit ist es zudem wesentlich einfacher, das im Viertel vorhandene Wissen für den Umbau der Samtweberei zu nutzen und das gesamte Immobilienprojekt Schritt für Schritt gemeinsam mit der Nachbarschaft zu entwickeln. Das künftige Nutzungsspektrum der Samtweberei wird so zum Ergebnis eines intensiven Konsultationsprozesses, in dem die Bewohnerschaft des Viertels als Ratgeber für die Immobilienentwicklung agiert: Funktionen und Einrichtungen, die vor Ort fehlen oder mit bereits vorhandenen Angeboten auf neue Weise kombiniert werden sollen, können in allen weiteren Planungsüberlegungen und Realisierungsphasen berücksichtigt werden.

Pionierhaus und „halbe Miete"
Immobilienentwicklung, die Schritt für Schritt vonstattengeht, bedeutet nicht, dass der erste Schritt lange auf sich warten lassen sollte. Ganz im Gegenteil: Anders als in vielen formellen Stadterneuerungsprozessen, in denen erst nach langen Phasen der Bestandsaufnahme, Bewertung und Konzeptentwicklung die ersten Bausteine realisiert werden, wurde in der Samtweberei mit der Eröffnung des Pionierhauses bereits im ersten Jahr ein elementarer und zugleich paradigmatischer Baustein des gesamten Vorhabens umgesetzt. Die Nutzer des Pionierhauses verpflichten sich in ihren Mietverträgen, einen Teil ihrer Tätigkeit als „halbe Miete" der Nachbarschaft bzw. dem Viertel zugutekommen zu lassen. Pro Quadratmeter gemieteter Fläche leisten sie jedes Jahr eine Stunde Gemeinwohlarbeit. Für ein 60 m^2 großes Atelier müssen beispielsweise jährlich 60 h in zivilgesellschaftlich getragene Stadtteilprojekte eingebracht werden. Entweder unterstützen die Mieter des Pionierhauses laufende Projekte durch fachliche Leistungen (Konzeption von Internetauftritten, Design von Plakaten und Broschüren, Schreiben von Texten, o. ä.) oder sie setzen eigene Gemeinwohlprojekte (Bepflanzen und Pflegen von Baumscheiben, Herausgabe einer Stadtteilzeitung, usw.) um. Die geleisteten Stunden werden von der Projektgesellschaft genauso gewissenhaft erfasst und abgerechnet wie Raummiete und Nebenkosten. Für die

Mieter ist dies ein leicht zu handhabendes, gut verständliches Modell. Die „halbe Miete" für das Viertel empfinden sie weniger als Belastung, sondern als willkommene Möglichkeit, mit eigenem Know-how zur Entwicklung des Viertels beitragen zu können. Für das Samtweberviertel sind Pionierhaus und „halbe Miete" wichtig, weil bereits mit diesem ersten Projektbaustein ein Instrument eingeführt ist, das die Grundintention des gesamten Vorhabens klar macht: Immobilienbewirtschaftung und Gemeinwesenarbeit gehen im Samtweberviertel Hand in Hand.

Möglichst niedrige Anfangsinvestitionen
Darüber hinaus symbolisiert das Pionierhaus eine bislang noch eher ungewöhnliche Kultur der Immobilienentwicklung, denn das ehemalige Verwaltungsgebäude wäre nach gängigen Maßstäben als wirtschaftliche „Schrottimmobilie" einzustufen gewesen. Bei seiner Wiederinbetriebnahme wurden die Ausbaustandards jedoch bewusst niedrig gehalten; nur das Allernotwendigste wurde angegangen. Im Gegenzug hatten die Mieter große Gestaltungsspielräume bei der Herrichtung der Büroräume für ihre individuellen Bedürfnisse. Die 1960er-Jahre-Aura des Gebäudes, die von den meisten Mietern wertgeschätzt wird, konnte auf diesem Weg weitgehend erhalten werden.

Sehr hilfreich war es, dass die Wiederinbetriebnahme des Gebäudes baurechtlich nicht als Nutzungsänderung behandelt werden musste: Auch als Pionierhaus für junge Unternehmen bleibt es ein Bürogebäude. So haben sich kostenintensive Ein- und Umbauten zumindest für die Pilotphase vermeiden lassen. Denn häufig ist dies das Kernproblem bei der Reaktivierung oder Umnutzung von historischen Gebäuden: Die erforderlichen Anfangsinvestitionen, die sich zu einem großen Teil aus baurechtlichen Auflagen ergeben, können von den meisten Interessenten nicht finanziert werden, gerade wenn formelle Nutzungsänderungen erforderlich werden und keine oder nicht genügend öffentliche Mittel zur Unterstützung des Vorhabens zur Verfügung stehen. Das beim Pionierhaus angewandte Prinzip, Gebäude bzw. Räume mit niedrigen Ausbaustandards auf dem Immobilienmarkt anzubieten und den Nutzern den weiteren Ausbau selbst zu überlassen, findet seit einigen Jahren in bestimmten Immobilienteilmärkten (z. B. Lofts, sogenannte Gründerhäuser oder vermeintliche Problemimmobilien) zunehmend Beachtung. Insofern ist das Pionierhaus zwar kein absolutes Ausnahmebeispiel, aber ein lokal bedeutsames und zudem für das Stiftungsprogramm „Initialkapital" wichtiges Referenzobjekt, dessen Erfahrungen sich auf andere Vorhaben in anderen Vierteln mit ähnlichen immobilienwirtschaftlichen Rahmenbedingungen übertragen lassen sollten.

Gemeinwohlorientierung und kommunales Erbbaurecht
Die verschiedenen Immobilien des Areals sollen auf der Basis möglichst günstiger Mieten so bewirtschaftet werden, dass sich dennoch Überschüsse in einer relevanten Größenordnung erzielen lassen, um sie in die Gemeinwesenarbeit des Viertels zu investieren. Grundstück und Gebäude sollten daher möglichst preiswert an die Urbane Nachbarschaft Samtweberei gGmbH übertragen werden können. Nach der Prüfung verschiedener Optionen entschieden sich Stiftung und Stadt für das Modell des Erbbaurechts. Das Modell

ermöglicht es, die Stadt Krefeld als Grundeigentümerin eng und dauerhaft mit dem Projekt zu verbinden; zudem verbleibt der Boden in öffentlicher Hand. Die verschiedenen Gebäude des Areals sind hingegen zum Marktwert erworben worden. Unter Berücksichtigung der notwendigen Sanierungskosten wurde der Marktwert auf den Betrag von 1,00 € festgelegt.

Der mit der Stadt Krefeld als Grundeigentümerin geschlossene Erbbaurechtsvertrag hat eine Laufzeit von sechzig Jahren und enthält einige Besonderheiten, die vorrangig auf die gemeinsam vereinbarten Projektziele zurückzuführen sind. Der zu zahlende Erbbauzins ist auf jährlich 34.000 € fixiert. Dieser Betrag wird allerdings von der Grundstückseigentümerin so lange nicht erhoben, wie die Projektgesellschaft nachweislich gemeinnützige Ziele verfolgt und aus den durch die Immobilienbewirtschaftung erzielten Überschüssen jährlich mindestens einen Betrag in Höhe des erlassenen Erbbauzinses in die Gemeinwesen- und Stadtteilarbeit investiert. Das im Vorfeld erarbeitete Handlungsprogramm ist die inhaltliche Grundlage des geschlossenen Vertrags. Alle wesentlichen Etappen sowie die zeitlichen Abläufe und Fristen sind detailliert geregelt. Ab 2018 wird sich die Stiftung aus der Projektgesellschaft zurückziehen; bereits investiertes Kapital in Höhe von 1 Mio. € verbleibt jedoch im Projekt.

Dieser Erbbaurechtvertrag mit seinen Regularien und seiner engen Kopplung an die Ziele der Stadtteilerneuerung stellt in der Arbeit der Stiftung und im Handeln der Kommune eine wichtige Neuerung dar. Die damit einhergehenden Erfahrungen in der Anwendung und Umsetzung des Instruments sollen künftig auch anderen Kommunen und Projekten zur Verfügung stehen.

5 Bislang ungelöste Fragen und erste Erkenntnisse für Folgeprojekte

Der Auftakt und die ersten Bausteine des Pilotvorhabens waren bislang ausgesprochen erfolgreich. Dennoch sind einige, für den weiteren Projektfortschritt relevante Fragen nach wie vor ungelöst. Sie betreffen sowohl die Immobilienentwicklung als auch die stadtteilbezogene Gemeinwesenarbeit. Die bisherige Arbeit hat zudem erste Schwierigkeiten oder mögliche Stolpersteine des Projekts erkennbar werden lassen, für die im weiteren Verlauf Lösungen gefunden werden müssen.

Verstetigung

Offen ist beispielsweise die essenzielle Frage, an welche Institution(en) die Immobilien der Urbanen Nachbarschaft Samtweberei gGmbH nach dem Rückzug der Stiftung aus der Projektgesellschaft übereignet werden können. Bislang werden unterschiedliche Modelle auch für die verschiedenen Bausteine diskutiert. Schon jetzt ist deutlich, dass eine selbstverantwortliche Immobilienentwicklung und -bewirtschaftung beträchtliche personelle und zeitliche Ressourcen bindet, die an anderer Stelle, etwa in der ehrenamtlichen Gemeinwesenarbeit im Viertel, fehlen könnten.

Grenzen des Engagements und unterschiedliche Geschwindigkeiten

Die Anfangsphasen des Projekts haben nicht nur der Stiftung, der Stadtverwaltung und der Projektgesellschaft ein hohes zeitliches Engagement abverlangt, sondern auch den meisten ehrenamtlich tätigen Kooperationspartnern im Viertel. Teilhabe braucht ausreichend Zeit; das gilt umso mehr beim Aufbau einer vertrauensvollen Zusammenarbeit mit neuen Partnern. In Projekten, die über mehrere Jahre angelegt sind, gibt es schlicht Grenzen der Belastbarkeit. Möglicherweise wird sich das zeitliche Engagement aller Partner nicht über die gesamte Projektlaufzeit auf dem hohen Niveau der ersten Jahre bewegen können, sodass es neben intensiven künftig auch eher extensive Phasen des Engagements geben wird. Die Formen und Formate der Zusammenarbeit müssen ohnehin so weiterentwickelt werden, dass mehr Ressourcen für die eigentliche Umsetzung der gemeinsam erarbeiteten Projektziele bleiben.

Weiterentwicklung von Instrumenten

Es zeigen sich erste, in dieser Form nicht erwartete Schwierigkeiten bei der Anwendung von neuen Instrumenten. Das Modell der „halben Miete" im Pionierhaus zum Beispiel wird von allen Projektbeteiligten als sehr positiv erachtet; allerdings unterliegen die im Rahmen der halben Miete erbrachten Leistungen unter Umständen der Umsatzsteuerpflicht. Für die jungen Unternehmen im Pionierhaus hätte es nicht unerhebliche finanzielle Auswirkungen, falls sie derartige Leistungen als steuerpflichtige Umsätze bilanzieren müssten.

Reversibilität von Projektbausteinen

Besondere Schwierigkeiten sind mit dem Baustein „Krefelder Haus" verbunden. Das 2014 erworbene Gebäude sollte zunächst für die Bereitstellung preiswerten Wohnraums in einem für die Geschichte des Viertels typischen Stadthaus dienen. Allerdings ist das Gebäude nur unter hohem Aufwand zu sanieren. Gleichzeitig sind wichtige Kriterien der staatlichen Wohnungsbauförderung – etwa zur Barrierefreiheit oder zur Energieeinsparung – auf diesen Gebäudetyp und als einzelnes Gebäude kaum sinnvoll anwendbar. Eine Sanierung ohne Fördermittel würde jedoch zu Wohnungsmieten führen, die weder als preiswert einzustufen sind noch dem Mietniveau des örtlichen Wohnungsmarkts entsprechen. Letztlich lässt sich die bisherige Zielsetzung zur künftigen Nutzung des Gebäudes in dieser Form nicht aufrechterhalten, sodass eine Wiederveräußerung an Dritte geplant ist. Die neuen Eigentümer werden das Gebäude in Eigenregie sanieren, es anschließend selbst nutzen und auf diese Weise zur behutsamen Aufwertung des Samtweberviertels beitragen können.

Das Pilotvorhaben im Krefelder Samtweberviertel befindet sich mitten in der Umsetzungsphase. Ob bzw. in welchem Umfang die Projektziele tatsächlich erreicht werden, wird frühestens in einigen Jahren beantwortet werden können. Aber bereits jetzt lassen sich wichtige Erkenntnisse und mögliche Erfolgsfaktoren benennen, die für die weiteren Projekte im Stiftungsprogramm „Initialkapital" von Bedeutung sind:

- Das Pilotvorhaben hat gerade in den ersten Jahren sehr von seiner großen Offenheit profitiert: Offenheit bei der schrittweisen Festlegung des Nutzungsprogramms, Offenheit gegenüber den Ratschlägen aus dem Viertel, Offenheit aber auch bei der Entwicklung von Teilhabe und deren Spielregeln.
- Es braucht ein Klima der Wertschätzung, Transparenz und positiver Imagebildung, um selbstverantwortliches Handeln in einem Stadtviertel zu stärken. Ein allzu forscher Versprechungsoptimismus kann jedoch gegenteilige Effekte auslösen, gerade wenn in der Vergangenheit negative Erfahrungen mit unrealistischen Leitbildern und partizipativen Planungsprozessen gemacht wurden.
- Ein schneller Start in die praktische Umsetzung ist wichtig, auch wenn längst nicht alle Fragen geklärt und alle Unwägbarkeiten ausgeräumt sind. Dies schließt die Möglichkeit ein, dass ggf. einige wichtige Ideen im weiteren Verlauf nicht umgesetzt werden können.
- Der inhaltliche Kern muss in allen Phasen des Projekts erkennbar sein: Ein Projekt, das Immobilienentwicklung mit sozialer Stadtteilarbeit auf neue Weise verknüpfen möchte, sollte dieses Ziel bereits im ersten Projektbaustein einlösen.
- Gerade in Stadtvierteln mit schwachen Immobilienmärkten müssen häufig neue, unorthodoxe Formen der Immobilienentwicklung und -bewirtschaftung zur Anwendung kommen, damit Immobilien überhaupt für die Stadtteilentwicklung mobilisiert werden können.
- Die Erfolgschancen steigen und fallen mit den jeweiligen Partnern des Projekts. Die beteiligten Kommunen und zivilgesellschaftlichen Initiativen müssen ein solches Vorhaben ernsthaft wollen und für dessen Umsetzung über einen längeren Zeitraum beträchtliche personelle und zeitliche Ressourcen bereitstellen. Entsprechend sorgfältig sollten die Verfahren zur Auswahl künftige Projektstandorte und Projektpartner angelegt sein.

Die bisherigen Überlegungen zum Stiftungsprogramm sehen vor, dass bis voraussichtlich 2020 alle zwei bis drei Jahre ein neues Vorhaben durch die Stiftung initiiert wird. 2015 wurde daher bereits ein zweites Auswahlverfahren für den nächsten Projektstandort durchgeführt. Bei der bundesweiten Ausschreibung waren mehr als 60 Projektvorschläge eingereicht worden, aus denen nach intensiven Prüfungen und Beratungen mittlerweile das zweite Projekt für das Stiftungsprogramm ausgewählt worden ist. Der Projektstart ist für 2016 vorgesehen.

Literatur

Burgdorff F (2014) Immovielien für Neue Nachbarschaften. Bürgergetragene Stadtteilarbeit in Krefeld. Forum Wohnen und Stadtentwicklung (6):307

Montag Stiftung Urbane Räume (Hrsg) (2013) Neue Partner für die Quartiersentwicklung. Die KALKschmiede* in Köln. transcript, Bielefeld

Montag Stiftung Urbane Räume (Hrsg) (2014) Wie lebt es sich in der Südweststadt? Auswertung der Bewohnerbefragung im Oktober 2013. Selbstverlag, Bonn

Montag Stiftung Urbane Räume (Hrsg) (2015) Initialkapital für eine chancengerechte Stadtteilentwicklung – Investition in das Gemeinwesen. (1. Jahresbericht). Selbstverlag, Bonn

Schnur O (Hrsg) (2014) Quartiersforschung. Zwischen Theorie und Praxis, 2. Aufl. Springer, Wiesbaden

Siebel W (2013) Was ist los in unseren Nachbarschaften? Forum Wohnen und Stadtentwicklung (7):180

Weitere Informationen zum Projekt
http://samtweberviertel.de
http://www.montag-stiftungen.de/urbane-raeume/initialkapital.html

Oliver Brügge (*1968) ist seit 2014 Vorstand der Montag Stiftung Urbane Räume, die sich vor allem in Themen der Quartiersentwicklung und des bürgerschaftlichen Engagements engagiert. Er hat Geographie in Münster, Stadt- und Regionalplanung in Dortmund und berufsbegleitend Wirtschaftsförderung in Bielefeld studiert. Oliver Brügge arbeitete in den Arbeitsfeldern Zukunftsstrategien, Standort-, Quartiers- und Immobilienentwicklung in Münster, Bochum, Dortmund, Schwerte und Monheim am Rhein als Wirtschaftsförderer, Stadtplaner und Standortentwickler in verschiedenen Planungsbüros, bei privaten Unternehmen und der öffentlichen Hand. Mitgliedschaften/Engagement: Beiratsmitglied der Transferagenturen für Großstädte „Kommunale Bildungslandschaften entwickeln" der Deutschen Kinder- und Jugendstiftung (DKJS), Mitglied Nutzerbeirat ILS NRW.

Frauke Burgdorff (*1970) war von 2006 bis 2016 Vorständin der Montag Stiftung Urbane Räume, die sich vor allem in Themen der Quartiersentwicklung und des bürgerschaftlichen Engagements engagiert. Sie hat Raumplanung in Kaiserslautern und Dortmund studiert, anschließend in Antwerpen, Gelsenkirchen und Aachen als Stadtplanerin und Stadtforscherin sowie als Geschäftsführerin der Initiative StadtBauKultur NRW gearbeitet. Seit 2017 ist sie freiberuflich mit ihrer Agentur für kooperative Stadtentwicklung BURGDORFF STADT tätig. Sie hat zahlreiche Schriften zu Themen der Quartiers- und Stadtentwicklung verfasst und Bücher herausgegeben. Mitgliedschaften/Engagement: Mitglied des Verbandsrates des Deutschen Verbandes für Wohnungswesen, Städtebau und Raumordnung, Mitglied des Kuratoriums des vhw, Mitglied im Beirat des NRW-Programms „Initiative ergreifen – Bürger machen Stadt", Mitbegründerin des REALLABOR for future urban planners in Tiflis, Georgien.

Dirk E. Haas (*1961) ist Geograf, Stadtplaner und geschäftsführender Partner im Büro REFLEX architects_urbanists mit Sitz in Essen. Gegenwärtig beschäftigt sich das deutsch-finnische Büro überwiegend mit Projekten an den Schnittstellen von Bildung,

Architektur und Stadt sowie neuen Formen und Formaten von Stadterneuerung und Regionalentwicklung. Dirk E. Haas war Research Fellow und Lehrbeauftragter an der TU Dortmund und ist Fachberater der Montag Stiftungen in Bonn. Er veröffentlicht regelmäßig zu Schularchitektur, Baukultur und aktuellen Fragen von Stadt- und Raumentwicklung.

„Stadtteilpatenschaften" in Nürnberg

Alexander Brochier, Uli Glaser und Heike Wolff

1 Die (kommunalen) Voraussetzungen für die Stadtteilpatenschaften in strukturschwachen Stadtteilen: „Stadtteilkoordination" und „Regiestelle Sozialraumkoordination"

In Nürnberg wurden im Rahmen des „Sozialraummonitoring" mehrere Stadtteile identifiziert, die in besonderem Maße Entwicklungsbedarf haben und die vom Referat für Jugend, Familie und Soziales im Rahmen der „Regiestelle Sozialraumentwicklung" mit Stadtteilkoordinatoren ausgestattet wurden. Diese koordinieren im Rahmen einer Teilzeitstelle Prozesse und Maßnahmen zugunsten verbesserter „Bedingungen des Aufwachsens". Zentral für das Funktionieren der Stadtteilpatenschaft auf städtischer Seite ist das inhaltliche Know-how auf Stadtteilebene, das durch die Stadtteilkoordinatoren vor Ort im Stadtteil gegeben ist. Das Aufgabenspektrum umfasst: Kommunikation im Stadtteil, Projektakquise, Betreuung der Stadtteilarbeitskreise, Erledigung von Informations- und Kontaktbedürfnissen von Seiten des Stadtteilpaten, Beteiligung an der allgemeinen Entwicklungskonzeption der konkreten Stadtteilpatenschaft usw. Die Stadtteilkoordination wird durch deren Overheadstelle bei der „Regiestelle Sozialraumentwicklung" (im Sozialrefe-

A. Brochier (✉)
Brochier Stiftung
München, Deutschland
E-Mail: ab@a-brochier.de

U. Glaser
Referat für Jugend, Familie und Soziales, Stabsstelle Bürgerschaftliches Engagement und Corporate Citizenship, Stadt Nürnberg
Nürnberg, Deutschland
E-Mail: Uli.Glaser@stadt.nuernberg.de

H. Wolff
Referat für Jugend, Familie und Soziales, Stadt Nürnberg
Nürnberg, Deutschland

© Springer-Verlag GmbH Deutschland 2017
H.-H. Albers und F. Hartenstein (Hrsg.), *CSR und Stadtentwicklung*,
Management-Reihe Corporate Social Responsibility, DOI 10.1007/978-3-662-50313-3_12

rat) unterstützt. Das Aufgabenspektrum umfasst u. a. die Entlastung und Unterstützung der Arbeit der Stadtteilkoordination für die Stadtteilpatenschaft, Stadtteilmonitoring, das Einbringen von Projekttransfers aus anderen Stadtteilen oder strategische Abstimmungen mit den Paten zur Projektförderung. Gerade zu Beginn einer neuen Stadtteilpatenschaft besteht zwischen Stadtteileinrichtungen und Paten oft eine weite Distanz, denn Funktionsweisen oder Organisationsstrukturen sind meist unbekannt, auch Vertrauen muss erst aufgebaut werden. Deshalb muss der Prozess der Weiterentwicklung von einem „Bittsteller-Verhältnis" der einzelnen gemeinnützigen Einrichtungen im Stadtteil zu einer wirklichen Partnerschaft längerfristig gesehen werden. Diese Aufgabe konnte durch die Arbeit der Stadtteilkoordinatoren und der Regiestelle Sozialraumentwicklung erfolgreich übernommen werden. Zusätzlich ist die Stabsstelle „Bürgerschaftliches Engagement und Corporate Citizenship" im Sozialreferat beteiligt: Grundsätzliche Unternehmenszusammenarbeit, Ansprache und Akquise neuer Stadtteilpaten, Presse- und Öffentlichkeitsarbeit, Außendarstellung oder die Mitarbeit im ExWoSt-Forschungsfeld sind hier angesiedelt.

Insgesamt gründet die Arbeit der Stadt Nürnberg auf dem „Orientierungsrahmen für eine nachhaltige Jugend-, Familien-, Bildungs- und Sozialpolitik", der in seinen 11 Leitlinien die Stadtteilorientierung, die Gestaltung der Bedingungen des Aufwachsens und das bürgerschaftliche Engagement (inkl. Unternehmens- und Stiftungsengagement) in den Mittelpunkt rückt (http://www.nuernberg.de/internet/sozialreferat/orientierungsrahmen.html). Daraus resultiert in der langfristig angelegten Arbeit der Stadtteilkoordinatoren ein Gerüst an Rahmenhandlungen, die auch für die Zusammenarbeit mit dem Stadtteilpaten sehr konkret einbezogen sind (z. B. aus stadtteilspezifischen „Bildungstagen"). Zudem werden stadtteilspezifische Rahmensetzungen in die Arbeit einbezogen (z. B. Förderprogramm „Soziale Stadt"; Abb. 1).

Abb. 1 Stadtteilpaten Nürnberg

2 Entwicklung der Stadtteilpatenschaften

Im Rahmen der Gewinnung von Unternehmen und Stiftungen wurden in den Jahren 2010 bis 2012 für drei strukturschwache Stadtteile die ersten Stadtteilpaten gewonnen. Diese fungieren als Ansprechpartner für die Belange des Stadtteils, (Mit-)Konzeptentwickler für den Stadtteil, Multiplikator gegenüber Medien und Öffentlichkeit, aktiver Partner bei einzelnen Projekten und als finanzieller Förderer von Programmen für Stadtteil/Projekte und Mikroprojekte.

Von 2012 bis 2014 konnten drei weitere Stadtteilpaten – auch unterstützt von dem ExWoSt-Projekt Unternehmen und Stiftungen in der sozialen Quartiersentwicklung[1] – gewonnen werden. Nachdem im Herbst 2014 alle sechs als besonders strukturschwach identifizierte Stadtteile mit Stadtteilpaten versehen sind, ist eine weitere Ausdehnung aufgrund der begrenzten Anzahl an Stadtteilkoordinatoren nicht möglich. Die Gemeinschaft der Stadtteilpaten wurde als „Spender- und Stifterverbund Stadtteilpatenschaft" konstituiert.

Ausgehend von der ersten Patenschaft, die der Unternehmer und Stifter Alexander Brochier und die Stadt Nürnberg gemeinsam entwickelten (für Gostenhof), wurden das Siemens Regionalreferat (Gibitzenhof) und das Unternehmen Schwan-STABILO-Cosmetics (St. Leonhard-Schweinau) auf der Basis von Direktgesprächen und vorhandenen Kontakten gewonnen. Im Januar 2013 erhielt das Modell Stadtteilpatenschaft den „Preis Soziale Stadt 2012" (www.preis-soziale-stadt.de), was ebenso wie die Berichterstattung in der Süddeutschen Zeitung vom 27.2.2013 einen neuen Schub für das Modell bedeutete. Aus Informationen zu vorhandenen Fundraising-Bemühungen und zusätzlichen Recherchen wurde eine Sammlung von möglichen Unternehmen und Stiftungen erstellt, die hinsichtlich ihrer Größenordnung und ihres potenziellen Engagements für Nürnberger Aktivitäten ausgewählt wurden. Aus dieser Sammlung wurde ein „Short List" mit direkt und persönlich anzusprechenden potenziellen Partnern erstellt. Wichtiger Punkt in der Ansprache der „Short List" war ein „Stiftergespräch" im Sommer 2013 (Basis dafür war die 2010 gegründete Stifterinitiative Nürnberg). Bei Veröffentlichungen der Nürnberger Reihe „Arbeitspapiere zu sozialer Teilhabe, bürgerschaftlichem Engagement und Good Governance" und in Nürnberger Medien und bei Veranstaltungen (Newsletter, Stiftertag, CSR-Netzwerke) wurde das Modell Stadtteilpatenschaft vorgestellt. Für mögliche Stadtteilpaten-Stadtteile wurden Stadtteilführungen, Spaziergänge und Informationsveranstaltungen konzipiert.

---

[1] Im Rahmen des [ExWoSt-]Modellvorhabens sollen drei Ziele verfolgt werden: 1) Der Ausbau des Modells im Sinne einer Gewinnung weiterer Stadtteilpaten für weitere Stadtteile. 2) Die Einbeziehung der bisherigen Stadtteilpaten in die Akquise neuer Stadtteilpatenschaften. 3) Die Evaluation und Weiterentwicklung des bisherigen Modells der Stadtteilpatenschaft mit den vorhandenen und den neuen Stadtteilpaten.

3 Eckpunkte der Stadtteilpatenschaft

Das „Eckpunktepapier" der Stadtteilpatenschaften, das mit den vorhandenen Paten erarbeitet wurde (und bei den jährlichen Treffen immer wieder diskutiert und ggf. verändert wird), definiert präzise und kurz, auf einer Seite, den Kern der Patenschaft, sodass diese für potenzielle Interessenten kompakt präsentierbar ist:

- Die Stadtteilpatenschaft ist konstituiert durch die **Zusammenarbeit** zwischen dem **Stadtteilpaten** und der **Stadt Nürnberg** (Referat für Jugend, Familie und Soziales/Regiestelle Sozialraumentwicklung/Stadtteilkoordinatoren).
- Letztere stehen wiederum in engem **Kontakt mit der stadtteilspezifischen Landschaft an gemeinnützigen Trägern und Initiativen.**
- Grundsätzliches gemeinsames Anliegen ist die Unterstützung von zielgerichteten Maßnahmen für einzelne **strukturschwache Stadtteile** in Nürnberg.
- Besonderes Gewicht hat – im Rahmen der Arbeit der städtischen Regiestelle für Sozialraumentwicklung und der Stadtteilkoordinatoren – die Verbesserung der **Bedingungen des Aufwachsens.**
- Mit der Stadtteilpatenschaft engagiert sich ein Unternehmen, eine Stiftung oder eine natürliche Person **mehrjährig** für einen Nürnberger Stadtteil (es wird vom Stadtteilpaten keine Verpflichtung für eine fixierte Zahl an Jahren eingegangen, aber die Intention der Mehrjährigkeit wird von allen Partnern geteilt).
- Für jeden Stadtteil gibt es **nur einen Stadtteilpaten**.
- Der Stadtteilpate bringt eine **jährliche finanzielle Beteiligung** an Stadtteilprojekten in Höhe von **mindestens 20.000 bis 25.000 €** ein.
- Der Stadtteilpate engagiert sich – in einer für ihn angemessenen und leistbaren Form – auch **über die Finanzmittel hinaus ideell** für den Stadtteil.
- Für Unternehmen, die primär eine Plattform zur Bewerbung ihrer Produkte suchen, ist die Stadtteilpatenschaft kein geeignetes Modell.
- Für die Kooperation zwischen Stadtteilpate und Stadt Nürnberg gibt es – auf der Basis der Erfahrungen der drei ersten Patenschaften – folgende **Verfahrensvorschläge**:
  - Die städtischen Akteure – insbesondere die Stadtteilkoordinatoren – sind in **kontinuierlichem Austausch** mit dem Stadtteilpaten.
  - Einmal im Jahr findet je Stadtteilpatenschaft ein **Planungsgespräch** mit der Festlegung der Förderungsaktivitäten statt.
  - Die Stadtteilpaten sind gebeten, an sie direkt herangetragene **Förderungsanfragen** mit den Stadtteilkoordinatoren abzustimmen. Die Stadt macht ihrerseits Vorschläge für einzelne förderungswürdige Projekte.
  - Zweimal im Jahr (Frühjahr/Herbst) treffen sich alle Stadtteilpaten und die städtischen Akteure zu einem **Austauschgespräch**.
  - In Absprache und nach Möglichkeit beteiligen sich die Stadtteilpaten an Aktionen zur allgemeinen **Information** über das Modell Stadtteilpatenschaft und zur **Akquise** neuer Stadtteilpaten.

- Grundsätzlich ist eine kooperative, konsensorientierte **Zusammenarbeit auf Augenhöhe** die wichtigste Voraussetzung für eine gelingende Stadtteilpatenschaft. Die Partnerschaft ist geprägt von gegenseitigem Lernen zugunsten der unterstützten Stadtteile.
- Im Gesamtrahmen der Stadtteilpatenschaften haben die jeweils vorhandenen, bisherigen Stadtteilpaten ein **Mitspracherecht** bei der Gewinnung neuer Stadtteilpaten.

Eckpunktpapier: Abgestimmt zwischen den Stadtteilpaten Brochier, Siemens, Schwan STABILO Cosmetics und Referat für Jugend, Familie und Soziales der Stadt Nürnberg (April 2013), überarbeitet mit Hofmann Personal GmbH, Rotary Club Nürnberg-Fürth, Rotary Club Nürnberg-Kaiserburg (November 2014), bestätigt November 2015.

4 Umsetzung der Stadtteilpatenschaft

Aus den praktischen Erfahrungen der ersten Stadtteilpatenschaften hat sich inzwischen ein organisatorischer Handlungsrahmen entwickelt, der für die nachfolgenden Patenschaften eine wichtige Grundlage darstellt. Heute erfolgt die Umsetzung nach folgenden übergeordneten Punkten, innerhalb der Stadtteilpatenschaften gibt es aufgrund der unterschiedlichen Paten (Einzelunternehmer, Konzern, Serviceclub) einzelne individuelle Ausgestaltungen:

- Die städtischen Akteure – insbesondere die Stadtteilkoordinatoren – sind in kontinuierlichem Austausch mit dem Stadtteilpaten.
- Sie betreiben auch kontinuierliches Stadtteilmonitoring, ergänzt durch z. T. vorhandene wissenschaftliche Studien, Stadtplanungsprozesse und insbesondere im Austausch mit den Stadtteileinrichtungen in Stadtteilarbeitskreisen und anderen Arbeitskreisen.
- Die Stadtteilkoordinatoren akquirieren Projektvorschläge aus dem Stadtteil (Bottom-up): Ausschreibung und Sammlung von möglichen Förderprojekten über die breiten Verteiler der Stadtteilarbeitskreise (z. T. über 100 Einrichtungen und Organisationen), mit offener Ausschreibung für thematisch geeignete Projekte, in der Regel im Mikroprojektbereich bis 2500 €. Größere Projekte sind die Ausnahme, um die Mittel des Stadtteilpaten nicht auf zu wenige Projekte zu konzentrieren, sondern die Vielfalt der Ansätze im Stadtteil zu würdigen. Damit kann auch einem denkbaren Konkurrenzdenken im Stadtteil besser entgegengewirkt werden.
- Gegebenenfalls Entwicklung eigener Projekte durch Stadtteilkoordination und Overhead-Stelle (Regiestelle Sozialraumkoordination).
- Priorisierung der Mikroprojektvorschläge durch Stadtteilkoordination und Regiestelle.
- Vorinformationen über mögliche Projekte in einem einheitlichen Beschreibungsraster: Konkrete zu fördernde Mikroprojekte in den Stadtteilen (fünf bis zehn pro Kalenderjahr) werden dadurch vorbereitet.
- Die Stadtteilpaten sind gebeten, an sie direkt herangetragene Förderungsanfragen mit den Stadtteilkoordinatoren abzustimmen.

- Einmal im Jahr findet je Stadtteilpatenschaft ein Planungsgespräch mit der Festlegung der Förderungsaktivitäten statt (Bei Rotary Clubs zweimal p. a.).
- Geldfluss für die Projektförderung an die Stadt Nürnberg mit Weiterleitung an die städtischen und nichtstädtischen Projektträger.
- Information der Träger von Projekten über die (Nicht-)Förderung durch die Stadtteilkoordination.
- Umsetzung der einzelnen geförderten Projekte (mit Information und ggf. Teilnahme des Stadtteilpaten) mit kontinuierlicher Begleitung des Trägers und des Projekts durch die Stadtteilkoordination.
- Bewertung des Einzelprojekts und Vorbereitung neuer Planungsgespräche: Pragmatische Evaluation der Mikroprojekte insbesondere im Kontext der Verstetigung eines Projekts. Aufwändige Evaluationsinstrumente sind bei den oft kleinen Maßnahmen nicht zu realisieren, weshalb auf Dokumentation, Auswertungsgespräche, dauerhafte Beobachtung (durch Stadtteilkoordination) und Inaugenscheinnahme durch den Stadtteilpaten besonderer Wert gelegt wird.
- Einmal im Jahr (Herbst) treffen sich alle Stadtteilpaten und die städtischen Akteure zu einem Austauschgespräch.
- Dieses Austauschgespräch wird auch für einen Pressetermin zu Stand und Entwicklung der Stadtteilpatenschaften genutzt.

Eine einseitige Fixierung der Stadtteilpatenschaft auf die finanziellen Aspekte wird dabei von allen Stadtteilpaten abgelehnt: Identifikation, ideelle Unterstützung und konkrete Mitwirkungen in den Stadtteilen werden betont.

Für den Stadtteil St. Leonhard-Schweinau (2014 und 2015) und den Stadtteil 2016 (Gibitzenhof) wird zudem das Instrument eines stadtteilspezifischen „Corporate-Volunteering"-Tages genützt. Basis ist hier das 2011 geschaffene Corporate-Volunteering-Netzwerk Nürnberg „Unternehmen Ehrensache" und die Beteiligung der Stadtteilpaten in den jeweiligen Stadtteilen. Bei den CV-Tagen sind darüber hinaus aber auch zahlreiche weitere Unternehmen beteiligt: 2014 nahmen 12 Unternehmen mit rund 130 Unternehmens-Mitarbeitern teil, 2015: 15 Unternehmen mit 130 Mitarbeitern, 2016: voraussichtlich 16 Unternehmen mit 170 Mitarbeitern. Das „Corporate Volunteering" hat sich bewährt, denn es stärkt die Identifikation der Unternehmen (inkl. Belegschaft) mit den geförderten Maßnahmen im Allgemeinen und dem jeweils geförderten Stadtteil im Besonderen.

5 Die Stadtteilpatenschaften im Einzelnen

Die derzeitigen Paten sind eine Unternehmensstiftung, drei große Unternehmen (zwei davon mit unternehmensnahen Stiftungen) und zwei Rotary Clubs, deren Mitglieder gemeinschaftlich Patenschaften übernommen haben. Mit der Stadtteilpatenschaft gehen die

Unternehmen und Stiftungen eine hohe finanzielle und langfristige Verpflichtung sowie die Bereitschaft zu ideellem Engagement ein.

Brochier-Stiftung Seit 2010 ist die Stiftung von Alexander Brochier für den Stadtteil Gostenhof (mit ca. 20.000 Einwohnern) aktiv. Der Stifter wählte seinen „Lieblings"-Stadtteil aufgrund seiner langjährigen Bindung an den Ort (biografische Verbindung, früheres Hauptprojekt der Fördertätigkeit der Brochier-Stiftung im Stadtteil). Hohe persönliche Identifikation wird von der Lebendigkeit und interkulturellen Vielfalt getragen. Die Stadtteilpatenschaft wird intensiv durch die persönliche Beteiligung und häufige Rednerrolle A. Brochiers bei Veranstaltungen gelebt sowie durch die Akquisearbeit gegenüber weiteren potenziellen Förderern des Stadtteils belebt. Neben seiner Rolle als Stadtteilpate hat der Stifter von Anfang an seine Rolle als Gewinner und Motivator weiterer Stadtteilpaten gesehen und hat dies auch erfolgreich umgesetzt.

Siemens AG Seit 2012 ist die Siemens AG für den Stadtteil Gibitzenhof (ca. 15.000 Einwohner) aktiv. Der Stadtteil ist als Produktionsstandort bei der Entscheidung für das Quartier in der Südstadt von sehr großem Gewicht. Angesichts der Komplexität der Siemensstruktur, ist die Patenschaft allerdings keine Andockung auf Konzernebene, sondern an das „Siemens-Regionalreferat" (als „Community Relations Center" im Städte-Ballungsraum Nürnberg-Fürth-Erlangen mit Sitz in Erlangen). Das Siemens Regionalreferat begleitet die geförderten Veranstaltungen und Projekte engagiert, ist aber aufgrund der Vielzahl seiner weiteren Förderungen in der Region primär ein strategisch-finanzieller Partner, der aber in seiner Stadtteilpatenschaft auch ein gesellschaftspolitische Signal sieht.

Schwan-STABILO-Cosmetics Seit 2012 ist das Traditionsunternehmen für den Stadtteil St. Leonhard-Schweinau (ca. 18.000 Einwohner) aktiv. Das Unternehmen hat seinen Sitz nicht in Nürnberg, sondern im benachbarten Heroldsberg (das Unternehmen hatte sich vor etwa 25 Jahren im Streit um Gewerbeflächen in einer großen kommunalpolitischen Kontroverse als Nürnberger Traditionsunternehmen aus der Stadt verabschiedet). Bei der Entscheidung für das Quartier wurde von Unternehmensseite eine Postleitzahlenanalyse durchgeführt, wie viele Mitarbeiter dort wohnen (mit einem für Schwan-STABILO befriedigendem Ergebnis). Außerdem wurde der hohe Anteil an jungen Frauen im Stadtteil und deren vermuteter Affinität zum Thema Kosmetik als Motiv benannt. Die Entscheidung für die Stadtteilpatenschaft fiel aber aus grundsätzlichen Erwägungen – die Wahl des konkreten Stadtteils wurde damit nur unterfüttert. Schwan-STABILO-Cosmetics „lebt" die Partnerschaft mit dem Stadtteil in mehreren Aspekten:

- Alle Mitglieder der Geschäftsführung übernehmen jeweils Einzelpatenschaften für ein gefördertes Mikroprojekt.
- Nach einigen Erfahrungen hat das Unternehmen eine eigene Projektschiene mit Schulen zum Thema Berufsorientierung entwickelt, bei der einmal im Jahr alle Kinder eines

Grundschuljahrgangs und alle Kinder eines Mittelschuljahrgangs zu einer Tagesveranstaltung mit informierendem und unterhaltendem Programm eingeladen werden.
- Durch seine Produkte (die normalerweise ausschließlich im Business-to-Business-Bereich vermarktet werden) kann Schwan-STABILO-Cosmetics auch vor Ort Präsenz zeigen: Der große „Schmink-Bus" war bereits bei mehreren Stadtteilfesten im Einsatz.
- Erstmals in seiner Unternehmensgeschichte hat Schwan-STABILO-Cosmetics sich 2014 und 2015 einen Corporate-Volunteering-Einsatz im Stadtteil durchgeführt.

Hofmann Personal Seit 2014 ist das Unternehmen für den Stadtteil Langwasser (ca. 34.000 Einwohner) aktiv. Der Stadtteil Langwasser spielte für Hofmann Personal die entscheidende Rolle bei der Entscheidung sowohl für die Stadtteilpatenschaft im Allgemeinen wie für den konkreten Stadtteil: Das Zeitarbeitsunternehmen hat seinen zentralen Verwaltungssitz in Langwasser. Auch der Wohnort der Gründerin und geschäftsführenden Gesellschafterin Ingrid Hofmann und ihrer Familie war für lange Jahre in Langwasser. In der Philosophie der Stadtteilpatenschaft von Hofmann Personal spielt die aktive Mitwirkung der rund 160 Mitarbeiter in der Zentralverwaltung eine ausschlaggebende Rolle: Es sollen ausschließlich Projekte gefördert werden, bei denen die Angestellten in irgendeiner Rolle – individuell oder auch in größeren Gruppen – mitwirken können. Diese spezifische Kombination von CSR und CV in der Philosophie des Unternehmens kam auch bereits bei der Stadtrundfahrt zu Beginn der Stadtteilpatenschaft zum Ausdruck: Unternehmensleitung und insgesamt 16 Führungskräfte aus allen Bereichen nahmen daran teil. Im Jahr 2016 will der Stadtteilpate im Rahmen der Patenschaft eine eigene Stelle im Unternehmen schaffen, die den Helferkreis für die großen Flüchtlingseinrichtungen unterstützt.

Rotary Club Nürnberg-Fürth Seit 2014 ist der Serviceclub für den Stadtteil Muggenhof-Eberhardshof (ca. 11.000 Einwohner) aktiv. Bei dem Rotary Club bestand am Anfang allgemein-grundsätzliches Interesse an dem Modell Stadtteilpatenschaft. Dieses Interesse konnte verdichtet werden, weil der westlichste Stadtteil Nürnbergs (angrenzend an Fürth) noch nicht an einen anderen Paten vergeben war: Aufgrund der Mitgliedschaft des Rotary Clubs aus Nürnberger und Fürther Mitgliedern (Fürth ist die unmittelbar angrenzende westliche Nachbarstadt) war dies ein sehr wichtiges Argument für die Entscheidung.

Die Realisierung der Kombination von finanziellem und ideellem Engagement durch die Stadtteilpatenschaft der Rotary Clubs war eine neue Herausforderung für das Format. Die Serviceclubs sind ehrenamtliche Konstellationen, die stark nach dem „Hands-on"-Prinzip arbeiten, sich also direkt in geförderte Projekte einbringen wollen. Dieser Ansatz, von ehrenamtlicher Struktur, oft wechselnden Leitungspersonen sowie der (ursprüngliche) Wunsch nach sehr häufigen Planungsgesprächen mit fast permanenter Projektauswahl auf Seiten der Rotarier war für das Format neu. Die Kooperation mit der Stadtteilkoordination und Projektträgern im Stadtteil schien zunächst herausfordernd, hat sich allerdings in den ersten beiden Jahren der Zusammenarbeit für beide Seiten zu einer sehr gut funktionierenden Arbeitsstruktur entwickelt.

Rotary Club Nürnberg-Kaiserburg Seit 2014 ist der Club für den Stadtteil Galgenhof-Steinbühl (ca. 30.000 Einwohner) aktiv. Hier war es das Modell der Stadtteilpatenschaft, für das sich der Partner entschied. Da zum damaligen Zeitpunkt nur noch ein Stadtteil zur Verfügung stand, gab es auch keine Auswahlmöglichkeit. Auf der darstellenden Ebene hat der Rotary Club eine Verbindungslinie im wörtlichen Sinne geschaffen: In einer Grafik führt ein direkter Pfeil von der namensgebenden Nürnberger Kaiserburg über den Treffpunkt der regelmäßigen Clubtreffen direkt zum benannten Stadtteil. Zur Vereinfachung der Kooperation hat der Rotary Club Nürnberg-Kaiserburg für jedes geförderte Einzelprojekt einen „Mentor" aus seiner Mitgliedschaft eingesetzt.

Die Problemlagen im Stadtteil sind besonders wichtige Gegenstände des regelmäßigen Austauschs zwischen Stadtteilpaten und Stadtteilkoordinatoren: Die Paten, die primär Akteure im Wirtschaftsleben sind, erfahren vielfach Neues über ihre eigene Stadt (typisches Beispiel: Über 60 % der Kinder in Nürnberg haben einen Migrationshintergrund, in den Stadtteilen der Patenschaft zum Teil über 80 %). Und sie würdigen verstärkt das Engagement, die Effektivität und die Wirkung von (sozial-)pädagogischen Maßnahmen in den Stadtteilen. Die Bereitschaft zur Verantwortungsübernahme, die durch die Übernahme der Stadtteilpatenschaft bereits stark zum Ausdruck kommt, wird durch die kontinuierliche Zusammenarbeit und das Kennenlernen des Stadtteils stark befördert. Wichtig ist hier insbesondere die mehrjährig vereinbarte, unbefristete Zusammenarbeit, die diese Prozesse ermöglicht. Die Kooperationskultur und das wechselseitige Wissen über Handlungsmöglichkeiten und -spielräume, das durch diese Mehrjährigkeit entsteht, ist einer der wichtigsten Gewinne, die durch das Modell Stadtteilpatenschaft – jenseits der finanziellen Förderung – entstanden sind.

Die Kommune – in diesem Fall das Referat für Jugend, Familie und Soziales – wird in diesem Vorgehen als Experte für und Sachverwalter der sozialen Anliegen wahr- und ernstgenommen. Dies ist im Zusammenhang mit den schon lange betriebenen Maßnahmen und der Zusammenarbeit mit Unternehmen oder Stiftungen zu sehen. Der diesbezügliche Aufbau von Vertrauens- und Kooperationsstrukturen ist enorm. Die Möglichkeit zur Mitsprache und Mitgestaltung spielt eine Rolle – allerdings verstehen sich alle Stadtteilpaten dezidiert nicht als sozialpolitische Entscheider, sondern als Kooperationspartner. Wichtigere Motive als Mitsprache (die im Einzelnen bei der Projektauswahl dennoch vorhanden ist) sind das Kennenlernen sozialer Brennpunkte, der Beitrag zur positiven Gestaltung des Umfelds der wirtschaftlichen Aktivitäten und die Einbindung der Mitarbeiter des Unternehmens.

6 Themen und Projekte, die sich als besonders geeignet für Kooperationen herausgestellt haben

Insgesamt ist das Konzept der Patenschaft eine gute Voraussetzung für Unternehmens-, Stiftungs- und Serviceclubkooperationen, weil das spezifische „Format" als Handlungsrahmen gut nachvollziehbar ist und den Partnerinteressen – auch für die Darstellung gegenüber Mitarbeitern und Öffentlichkeit – entspricht. Gleichzeitig ist das Format Stadtteilpatenschaft hinreichend offen, um für jeden Partner ein geeignetes Vorgehen individuell gestalten zu können: Die Rolle der Stadtteilpaten ist unterschiedlich ausgeprägt, der gemeinsame Rahmen Stadtteilpatenschaft bietet genügend Spielraum für die unterschiedlichen Wünsche der konkreten Handhabung durch die einzelnen Stadtteilpaten. Der Fokus auf einen konkreten, identifizierbaren Stadtteil ist eine Erfolgsbedingung für den Ausbau der Stadtteilpatenschaften. Dies gilt auch für den Fokus auf die Thematik „Bedingungen des Aufwachsens" mit der vorrangigen Zielgruppe Kinder, Jugendliche und deren Familien. Durch die Stadtteilstatistiken hinsichtlich Arbeitslosigkeit, Altersarmut, Bildungsbenachteiligung, Migrationsproblemen sowie durch den Kontakt mit den Einrichtungen gewinnt die sozialpolitische Themenstellung an Konkretisierung. Projekte von Kindertageseinrichtungen, Schulen, Kirchengemeinden und Vereinen, Stadtteilfeste und -publikationen werden gefördert.

In der Kombination von geografischer und inhaltlicher Fokussierung in einem attraktiven Format mit entsprechender Titulatur konnten die sechs Partner gewonnen werden. Nicht zu gewinnen waren dagegen Partner, für die eine Konzentration auf einem Stadtteil, z. B. aufgrund ihrer Kundenstruktur, nicht geeignet ist (z. B. Banken oder andere Finanzdienstleister), Unternehmen deren Budget zu klein ist (unabhängig von der Unternehmensgröße) oder die bereits größere Förderungsschienen langfristig definiert haben und die Förderungsschwerpunkte haben, die Stadtteilpatenschaft ausschließen.

7 (Zwischen-)Bilanz

Mit einem finanziellen Input von mehr als 150.000 € pro Jahr für die soziale Arbeit innerhalb der strukturschwachen Stadtteile sowie dem ideellen Engagement und der Fürsprache durch die Stadtteilpaten kann das Programm als sehr erfolgreich bewertet werden. Die Stadtteilpatenschaften sind in Nürnberg – auch wegen der intensiven Presseresonanz – ein Referenzprojekt für eine gelungene Zusammenarbeit zwischen der Stadt und ihren Partnern sowie den Stadtteileinrichtungen, die außerdem positive Auswirkungen auf die Kooperationslandschaft in der gesamten Stadtgesellschaft bewirkt. Die Stadtteilpatenschaften ergänzen mit einem positiv besetzten, im Stadtteil effektiven und öffentlich gewürdigten Format die anderen Kooperationsnetzwerke „Stifterinitiative Nürnberg", CSR-Netzwerk „Nürnberger Unternehmen in sozialer Verantwortung" und das CV-Netzwerk „Unternehmen Ehrensache" im Sinne einer gelingenden trilateralen Kooperationslandschaft von Wirtschaft, Zivilgesellschaft und Kommune.

Weiterführende Literatur

Prölß R, Glaser U (Hrsg) Veröffentlichungen im Rahmen der „Nürnberger Arbeitspapiere zu sozialer Teilhabe, bürgerschaftlichem Engagement und Good Governance". http://www.nuernberg.de/internet/sozialreferat/arbeitspapiere.html

Arbeitspapiere zu den Stadtteilpatenschaften

Brenner H, Brochier A, Glaser U, Prölß R (2012) Die Stadtteilpatenschaft: Ein Modell öffentlich-zivilgesellschaftlicher-privater Partnerschaft. Nr. 1/Mai 2012

Glaser U, Sauer B, Weiß S (2013) Stadtteilpatenschaften in Nürnberg: Voraussetzungen und Erfahrungen. Nr. 18/Juli

Roggenkamp J (2013) Corporate Urban Responsibility – Unternehmerisches Engagement in der Stadtteilentwicklung am Beispiel der Stadtteilpatenschaften in Nürnberg. Nr. 20/September

Arbeitspapiere zum erweiterten Kontext der Stadtteilpatenschaften

Glaser U, Kares J (2014) „Nürnberger Unternehmen in sozialer Verantwortung" – Beratungsprojekt für KMU und Aufbau des CSR-Netzwerks Nürnberg. Nr. 28/Mai

Glaser U, Smolka M (2012) Unternehmen Ehrensache: Das Corporate-Volunteering-Netzwerk in Nürnberg (Elisabeth Fuchsloch). Nr. 7/Juli

Glaser U, Smolka M (2013a) Bürgerschaftliches Engagement und sozialstaatliche Daseinsvorsorge. Bemerkungen zu einer verwickelten Beziehung (Dr. Thomas Röbke). Nr. 17/Juni

Glaser U, Smolka M (2013b) Die Keimzelle der Demokratie: Chancen und Grenzen kommunaler Bürgerbeteiligung (Dr. Ulrich Maly). Nr. 13/März

Glaser U, Smolka M (2013c) Drei Jahre Stifterinitiative Nürnberg – Artikel und Veröffentlichungen. Nr. 23/Oktober

Kretz B, Löffler R, Schiemann A (2014) Die Nürnberger „Corporate-Volunteering"-Tage in den Jahren 2013 und 2014. Nr. 31/Oktober

Riedel H (2014) Vier Jahre Stifterinitiative Nürnberg: Eine Zwischenbilanz. Nr. 30/September

Alexander Brochier ist Unternehmer in Nürnberg und hat die Stiftungen „Brochier-Stiftung" und „Stifter für Stifter" gegründet. Im Jahr 2006 erhielt er den Deutschen Stifterpreis des Bundesverbands Deutscher Stiftungen. Im Jahr 2001 gründete er die Bürgerstiftung Nürnberg und 2010 die Stifterinitiative Nürnberg mit und war im Jahr 2010 der erste Stadtteilpate (für Gibitzenhof).

Dr. Uli Glaser ist wissenschaftlicher Mitarbeiter im Referat für Jugend, Familie und Soziales der Stadt Nürnberg mit dem Schwerpunktthema „Bürgerschaftliches Engagement und Corporate Citizenship" und hat gemeinsam mit der „Regiestelle Sozialraumentwicklung" die Stadtteilpatenschaften konzeptionell entwickelt. Er betreut konzeptionell und organisatorisch das „Netzwerk Engagementförderung", die „Stifterinitiative Nürnberg" sowie die CSR- und CV-Netzwerke in Nürnberg.

Heike Wolff ist stellvertretende Leiterin der „Regiestelle Sozialraumentwicklung" bei der Stadt Nürnberg/Referat für Jugend, Familie und Soziales und dort für die Stadtteilpatenschaften zuständige Koordinatorin von Stadtteilaktivitäten und der Arbeit der Stadtteilkoordinatoren.

Private Initiativen in der Stadtentwicklung am Beispiel von Business Improvement Districts (BIDs)

Tine Fuchs

1 Einleitung – Was ist die Ausgangslage?

„Bis zu 50.000 Innenstadtläden droht das Aus" alarmiert der Deutsche Städte- und Gemeindebund in seiner Pressemeldung vom 30.09.2015. Der Siegeszug des Online-Handels droht die traditionellen Marktplätze in den Städten und Gemeinden zu gefährden (Vitale Städte 2014/2015).[1] Nach dem Kaufhaussterben in den 1990er-Jahren des letzten Jahrhunderts, angefangen von Woolworth, Hertie und Horten, erschüttert jetzt die nächste Welle der sich ständig ändernden Angebote, aber auch Konsumgewohnheiten die Stadtzentren. Dabei muss sich der innerstädtische Einzelhandel nicht nur den Herausforderungen der Digitalisierung stellen. Es werden weiterhin in vielen Städten Shopping-Malls und mancherorts auch Factory-Outlet-Center eröffnet, die auf großen Flächen ein neues Einkaufserlebnis bieten. Beide setzen – neben dem Online-Handel – die gewachsene Einkaufsstraßen und Ortszentren unter Druck. Denn die Kunden fahren dafür gern in die nächste, größere Stadt.

Aber bedeutet das zwangsläufig die Pleite für den inhabergeführten, innerstädtischen Einzelhändler? Drohen die gewohnten europäische Stadtstrukturen zu verschwinden? Und sind die Läden, nicht nur das Oberbekleidungsgeschäft, auch der Friseur oder der Bäcker, dem ganz schutzlos ausgeliefert?

---

[1] Nach der Studie „Vitale Innenstädte" des Instituts für Handelsforschung in Köln von 2014/2015 geben 20 % der Befragten an, und zwar unabhängig von der Stadtgröße, dass sie wegen des Online-Handels weniger in die nächste Stadt fahren. An der Umfrage waren 33.000 Verbraucherinnen und Verbraucher in 60 Städten unterschiedlicher Größenklassen beteiligt.

T. Fuchs (✉)
Dienstleistungen, Infrastruktur, Regionalpolitik, Deutscher Industrie- und Handelskammertag
Berlin, Deutschland
E-Mail: fuchs.tine@dihk.de

In einigen großen und mittleren Städten von Flensburg bis Saarbrücken ist Gegenteiliges zu beobachten. Die Ladenlokale in diesen Städten nehmen sogar zu. So gibt es in Flensburg nach erfolgreicher Neugestaltung im Rahmen des ersten Business Improvement Districts, kurz BID, mehr Passanten und Kunden in der Flensburger Innenstadt, sodass der Einzelhandelsumsatz steigt. Sie kommen aus Flensburg selbst, aber auch aus dem benachbarten Dänemark und es gibt nur noch wenige leerstehende Ladenlokale.

Auch in Hamburgs Innenstadt mit 8 BIDs, steigt die Anzahl der Läden und Einkaufsflächen seit Jahren kontinuierlich. Der Citymonitor der Handelskammer Hamburg (Citymonitor Hamburg 2013), der für die Jahre 2010 und 2013 im Vergleich erstellt wurde, belegt dies eindrücklich:

- Die Zahl der Einzelhandelsgeschäfte in der Innenstadt (einschl. der Hafencity) stieg innerhalb von drei Jahren (2010 bis 2013) von 973 auf 1037.
- Die Zahl der Bekleidungsgeschäfte stieg im gleichen Zeitraum von 295 auf 316.
- Die Verkaufsfläche nahm von 2010 bis 2013 von 305.000 auf 321.000 m^2 zu.
- Die Grundeigentümer investieren in den Business Improvement Districts (BIDs) in der Hamburger Innenstadt insgesamt mehr als 18 Mio. €.

Diese Entwicklung findet nicht nur in wachsenden Großstädten statt, auch im Stadtteilzentrum von Barmen in Wuppertal, einer Stadt die im Dunstkreis von Düsseldorf und den Städten des Ruhrgebiets eigentlich kein begnadeter Einkaufsstandort ist, tut sich einiges.

1.1 Was ist das Erfolgsrezept dieser Städte und Stadtteilzentren?

„Unsere Geschäftsstraße soll schöner werden" titelt die FAZ am 8. Mai 2015 und beschreibt damit die Zielsetzung der Business Improvement Districts. Sie gehen auf die Initiative der Unternehmen, der Eigentümer und Gewerbetreibenden zurück, die eigene Ideen entwickeln und Mittel bereitstellen, um die eigene Einkaufsstraße attraktiver zu gestalten. Dies passiert beispielsweise durch Umbaumaßnahmen, wie neue Bürgersteige oder barrierefreie Fußgängerzonen, sodass die Kunden stufenlos in die Läden eintreten können. Bäume werden gepflanzt und neue Bänke laden zum Verweilen ein. Außerdem informieren die BIDs auch digital über eine Website, App oder Social Media Tools über die Angebote in der Geschäftsstraße, über Weihnachtsmärkte oder Sommerfeste.

2 Business Improvement Districts (BIDs)

2.1 BIDs – die Definition

Business Improvement Districts sind ein städtebauliches Instrument zur Revitalisierung und Attraktivierung von Innenstädten, Stadtteil- und Ortszentren. Sie entstehen aus der

Eigeninitiative von Unternehmern vor Ort, Einzelhändlern, Grundeigentümern, Gastronomen und Dienstleistern, die sich in einer besonderen Form von Public Private Partnerships (PPP) neu organisieren. Es sind Investitionen von Privaten in den Standort.

2.2 BIDs – wie sind sie entstanden?

Die Idee stammt von Alex Lingh, Einzelhändler und Eigentümer aus der Bloor West Village in Toronto/Kanada. Er sah sich 1970 mit der Ansiedlung einer Shopping-Mall vor den Toren der Stadt konfrontiert und ergriff die Initiative. Gemeinsam mit den anderen Eigentümern und Händlern in seiner Straße schloss er sich zusammen, beteiligte die Stadt und gründete die erste Business Improvement Area (BIA heißen die BIDs in Kanada), um die eigene Einkaufsstraße weiterhin attraktiv zu halten.

2.3 BIDs – wie ist der rechtliche Rahmen?

Dem nordamerikanischen Beispiel folgend, sind BIDs landes- und kommunalrechtlich geregelt. Die folgende Aufstellung gibt einen Überblick zu den in Deutschland bestehenden gesetzlichen Regelungen auf Landesebene:

- Baden-Württembergisches Gesetz zur Stärkung der Quartiersentwicklung durch Privatinitiative (GQP), in Kraft getreten: 01.01.2015
- Berliner Immobilien- und Standortgemeinschafts-Gesetz (kurz: BIG), in Kraft getreten: 07.11.2014
- Bremisches Gesetz zur Stärkung von Einzelhandels- und Dienstleistungszentren vom 18. Juli 2006, geändert durch Art. 1 ÄndG vom 9.6.2009 (Brem. GBl. S. 181) und durch zweites Gesetz zur Änderung des Bremischen Gesetzes zur Stärkung von Einzelhandels- und Dienstleistungszentren vom 27. Mai 2014, in Kraft getreten am 3.6.2014
- Hamburger Gesetz zur Stärkung der Einzelhandels-, Dienstleistungs- und Gewerbezentren (GSED) vom 28. Dezember 2004, zuletzt geändert am 1. Oktober 2013.
- Hessisches Gesetz zur Stärkung von innerstädtischen Geschäftsquartieren (INGE) vom 21. Dezember 2005
- Nordrhein-Westfälisches Gesetz über Immobilien- und Standortgemeinschaften (ISGG NRW) vom 10.06.2010
- Rheinland-Pfalz Landesgesetz über lokale Entwicklungs- und Aufwertungsprojekte (LEAPG) vom 18.08.2015
- Saarländisches Gesetz Nr. 1630 zur Schaffung von Bündnissen für Investition und Dienstleistung (BIDG), vom 26. September 2007
- Sächsisches Gesetz zur Belebung innerstädtischer Einzelhandels- und Dienstleistungszentren (Sächsisches BIDs-Gesetz – SächsBIDG), vom 12. Juli 2012

- Schleswig-Holsteinisches Gesetz über die Einrichtung von Partnerschaften zur Attraktivierung von City-, Dienstleistungs- und Tourismusbereichen (PACT-Gesetz), vom 13. Juli 2006.

Grundvoraussetzung für die Gründung eines BIDs ist ein gesetzlich klar definierter Meinungs- und Abstimmungsprozess. Nach der Initiative der örtlichen Wirtschaft gibt es in den meisten deutschen Landesgesetzen – genau wie in Kanada und den USA – zwei Abstimmungen für die Einrichtung eines BIDs. Zunächst müssen mehr als 10 %–15 % der Eigentümer für die Gründung eines BIDs stimmen (ein sogenanntes Positivquorum).[2] Nach erfolgreicher Abstimmung wird ein BIDs-Projektantrag bei der Stadt oder Gemeinde gestellt.[3] Sie prüft den Vorschlag für die Aufwertungsmaßnahmen in der Geschäftsstraße oder dem Einkaufsviertel, der in einem Maßnahmen- und Finanzierungskonzept skizziert wird.[4] Im Anschluss legt sie den BIDs-Projektantrag für einen Monat öffentlich aus und beteiligt ihrerseits nochmal alle Eigentümer im BIDs-Quartier. Votieren dann nicht mehr als 30 % der Eigentümer im zukünftigen BIDs-Quartier gegen ein BIDs (sogenanntes Negativquorum), wird das BIDs formell beschlossen und verkündet.[5] Je nach Landesrecht erfolgt dies als Satzung oder Rechtsverordnung.[6] Sodann erhebt die Stadt von den Eigentümern innerhalb des BIDs-Quartiers eine BIDs-Abgabe. Es ist eine Sonderabgabe eigener Art, die nach der förmlichen Einziehung durch die Stadt dem BIDs selbst zur Umsetzung der Maßnahmen, nach dem Maßnahmen- und Finanzierungskonzept zur Verfügung gestellt wird. In den meisten Bundesländern übt die Kommune im Anschluss eine Aufsichtsfunktion aus; in Hamburg hat die Aufsicht die Handelskammer Hamburg übernommen.[7]

---

[2] Im Folgenden wird auf das Hamburger BIDs-Gesetz verwiesen, da es das erste in Deutschland war und die meisten Landesgesetze ähnliche Regelungen enthalten.

[3] Statt aller: §§ 3 (Einrichtung), 4 (Aufgabenträger), 5 (Antragsstellung) Hamburger Gesetz zur Stärkung der Einzelhandels-, Dienstleistungs- und Gewerbezentren vom 28.12.2004, zuletzt geändert am 01.10.2013, HambGVBl. S. 424.

[4] § 5 (Antragsstellung) Hamburger Gesetz zur Stärkung der Einzelhandels-, Dienstleistungs- und Gewerbezentren vom 28.12.2004, zuletzt geändert am 01.10.2013, HambGVBl. S. 424.

[5] In: § 5 Absatz 8 (Antragsstellung) Hamburger Gesetz zur Stärkung der Einzelhandels-, Dienstleistungs- und Gewerbezentren. Vom 28.12.2004, zuletzt geändert am 01.10.2013, HambGVBl. S. 424.

[6] Beispiel für einen Beschluss als Rechtsverordnung: § 4 Absatz 1 Hamburger Gesetz zur Stärkung der Einzelhandels-, Dienstleistungs- und Gewerbezentren vom 28.12.2004, zuletzt geändert am 01.10.2013; Beispiel für einen Satzungsbeschluss: § 3 Absatz 1 Hessisches Gesetz zur Stärkung von innerstädtischen Geschäftsquartieren (INGE) vom 21. Dezember 2005.

[7] In: § 6 Absatz 3 Satz 1 (Umsetzung und Überwachung) Hamburger Gesetz zur Stärkung der Einzelhandels-, Dienstleistungs- und Gewerbezentren vom 28.12.2004, zuletzt geändert am 01.10.2013, HambGVBl. S. 424.

2.4 BIDs – wie ist die Organisationsstruktur?

Business Improvement Districts existieren in unterschiedlichen Rechtsformen, meistens als eingetragene Vereine, manchmal als Genossenschaften. Sie beauftragen zur Umsetzung der BID-Maßnahmen häufig einen professionellen Aufgabenträger, beispielsweise ein Bauunternehmen oder ein Planungsbüro. Einige BIDs setzen das Maßnahmen- und Finanzierungskonzept auch in Eigenregie um. Für die Umsetzung der BID-Aufgaben durch einen Aufgabenträger ist der Abschluss eines öffentlich-rechtlichen Vertrags der Stadt mit dem Aufgabenträger erforderlich.[8] An die Eignung des Aufgabenträgers werden unterschiedliche Voraussetzungen nach den jeweiligen Landesgesetzen formuliert (HambGVBl. S. 424).[9]

Die Eigentümer und Gewerbetreibenden arbeiten gemeinsam mit der Stadt in einem Lenkungsgremium zusammen, bei der BID-Gründung, zur Begleitung des BIDs, aber auch bei der Auswahl des Aufgabenträgers. Das Lenkungsgremium ist nicht in allen Landesgesetzen erwähnt, existiert aber überall und wird in manchen Landesgesetzen auch als BID-Standortausschuss bezeichnet.[10] Im Lenkungsgremium sind Vertreter der Eigentümer, der Gewerbetreibenden, aus der Stadt, beispielsweise aus dem Stadtplanungsamt oder der Finanzbehörde, und andere engagierte, örtliche Akteure aus der Geschäftsstraße oder dem Stadtviertel neben der IHK vertreten. Sie entwickeln gemeinsam das jeweilige Maßnahmen- und Finanzierungskonzept für das BID und üben auch eine Kontrollfunktion bei der Umsetzung aus. Die Treffen finden regelmäßig wöchentlich oder monatlich statt. Dort werden jeweils die nächsten Projektschritte für das BID besprochen, beispielsweise die Umsetzung einer Maßnahme für eine Veranstaltung, die Weihnachtsbeleuchtung oder die Gestaltung einer App.

2.5 BIDs – welche Maßnahmen werden ergriffen?

Die BID-Maßnahmen sind sehr individuell und werden deshalb nur stichpunktartig in den jeweiligen landesgesetzlichen Grundlagen beschrieben, wie Sicherheit und Sauberkeit, Grundstücksbewirtschaftung oder Förderung des Branchenmixes (HambGVBl. S. 424).[11]

---

[8] In: § 4 (Aufgabenträger) Hamburger Gesetz zur Stärkung der Einzelhandels-, Dienstleistungs- und Gewerbezentren vom 28.12.2004, zuletzt geändert am 01.10.2013.

[9] In: § 4 (Aufgabenträger) Hamburger Gesetz zur Stärkung der Einzelhandels-, Dienstleistungs- und Gewerbezentren. vom 28.12.2004, zuletzt geändert am 01.10.2013.

[10] Beispiele für Regelungen über ein Lenkungsgremium bzw. Standortausschuss: § 7 Absatz 1 Rheinland-Pfalz Landesgesetz über lokale Entwicklungs- und Aufwertungsprojekte (LEAPG) vom 18.08.2015, § 6 Absatz 2 Saarländisches Gesetz Nr. 1630 zur Schaffung von Bündnissen für Investition und Dienstleistung (BIDG), vom 26. September 2007, § 2 Absatz 4 Sächsisches Gesetz zur Belebung innerstädtischer Einzelhandels- und Dienstleistungszentren (Sächsisches BIDs-Gesetz – SächsBIDG).

[11] Statt aller: § 2 Absatz 1 (Ziele und Aufgaben) Hamburger Gesetz zur Stärkung der Einzelhandels-, Dienstleistungs- und Gewerbezentren vom 28.12.2004, zuletzt geändert am 01.10.2013, § 2 Absatz

Es geht den Eigentümern und Gewerbetreibenden gerade darum, die Einzigartigkeit ihrer Einkaufsstraße oder ihres Stadtviertels hervorzuheben. Deshalb gibt es nicht in allen BIDs einen Standardkatalog an Maßnahmen, wie ein neues Beleuchtungskonzept oder einen Weihnachtsmarkt. Häufig ergreifen BIDs Maßnahmen, um die Stadtgeschichte hervorzuheben und für Bürger und Besucher erlebbar zu machen. In vielen BIDs wird für saubere Straßen und Bürgersteige oder Bänke gesorgt.

Wichtig für die Bürger, Eigentümer und Gewerbetreibenden ist es, dass keine Maßnahmen der öffentlichen Daseinsvorsorge, beispielsweise Infrastrukturfinanzierung im Straßenbau oder zur Beseitigung von Gehwegschäden vorgenommen werden. Hierfür ist – nach wie vor – die Stadt zuständig und hat ihre Einnahmequellen, wie beispielsweise Erschließungsbeiträge. Vielmehr werden sogenannte „On-top-Maßnahmen" zur Attraktivitätssteigerung ergriffen, wie beispielsweise neue Bodenplatten verlegt, um barrierefrei die Läden betreten zu können.

2.6 BIDs – sie grenzen nicht aus, sondern sind ein Instrument zur Inklusion

Zuletzt im Film „Wem gehören unsere Städte" am 16.09.2015 im Fernsehen bei ARTE dargestellt, wurde behauptet, dass Business Improvement Districts zu einer Privatisierung des öffentlichen Raums führen würden. Dem ist zu widersprechen: Beim Blick in die landesrechtlichen Grundlagen wird deutlich, dass sie keine Möglichkeit der Privatisierung von öffentlichen Räumen schaffen. Die Einkaufsstraße oder das Geschäftsquartier sind nicht nur von jedermann betretbar, sondern auch gestaltbar. Niemand darf – anders als in einer Shopping-Mall, wo der Eigentümer das Hausrecht genießt – eines Stadtplatzes innerhalb eines BIDs verwiesen werden, aber er darf zur Entwicklung von lebendigen und lebenswerten Stadtquartieren beitragen.

Denn BIDs sind weltweit, ob in den USA, in Großbritannien oder Südafrika darum bemüht, nicht nur die Bürger als Eigentümer und Gewerbetreibende einzubeziehen, sondern auch diejenigen, die auf der Straße leben und arbeiten. Manchmal gelingt es darüber auch Schritt für Schritt Menschen zurück in die Gesellschaft zu integrieren, beispielgebend für die Einbeziehung von allen Stadtbewohnern sind das „Laundromat Project" von Kemi Ilesanmi in New York (www.laundromatproject.org), das Community Building des BIDs Better Bankside in London (www.betterbankside.co.uk/community) oder das Cape Town Partnership (www.capetownpartnership.co.za/about/; letzter Zugriff: 11.11.2016).

---

1 Hessisches Gesetz zur Stärkung von innerstädtischen Geschäftsquartieren (INGE) vom 21. Dezember 2005.

2.7 BIDs und CSR

Verantwortung und gesellschaftliches Engagement im Sinne von Corporate Social Responsibility (= CSR) von Unternehmen hat viele Gesichter. Corporate-Social-Responsibility-Initiativen entspringen dem Engagement des jeweiligen Unternehmens und beruhen auf Eigeninitiative und Eigenverantwortung (www.csrgermany.de/www/csr_cms_relaunch.nsf/id/praxisbeispiele-de). Wie ein Unternehmen seine gesellschaftliche Verantwortung wahrnimmt, ist abhängig von der Branche, der Größe und den Märkten, in denen das Unternehmen operiert. Die von einem Unternehmen gesetzten Schwerpunkte auf bestimmte ökologische und soziale Aktivitäten sind abhängig von den Bedürfnissen der jeweiligen Stakeholder.

Bei den BIDs ergreifen die Unternehmen – die Eigentümer und Gewerbetreibenden – die Initiative und übernehmen Verantwortung für ihren Stadtraum. Sie entwickeln gemeinsam mit der Stadt Ideen für die Neugestaltung von pulsierenden Geschäftsstraßen und Stadtquartieren. Dafür begeben sie sich in den BID-Prozess und finanzieren ihn auch allein über die BID-Abgabe. Über ihren eigenen Laden und ihr Haus hinaus, engagieren sie sich gemeinsam mit der Stadt, sorgen für die Aufwertung des Stadtquartiers und gestalten damit das Umfeld für die Stadtgesellschaft mit. Damit wird eine neue Aufenthaltsqualität in dem BIDs-Quartier erzeugt, die sich nachweislich positiv für die Gewerbetreibenden und Eigentümer auswirkt, das heißt die Kundenfrequenzen in BIDs-Quartieren steigen (www.bid-neuerwall.de/neuer-wall/erfolgskennzahlen.html). Business Improvement Districts sind im Wettbewerb der Standorte ein Vorteil; für viele ist es besonders attraktiv, ein Ladenlokal innerhalb eines BID-Quartiers zu eröffnen und die Besucher profitieren von der angenehmen Aufenthaltsqualität – auch im Wettbewerb mit dem Online-Handel ein Vorteil. Business Improvement Districts führen aber auch dazu, dass es neben den BID-Aktivitäten weiteres Engagement für den Standort, beispielsweise in Form von Sponsoring gibt. So haben etwa die Eigentümer im BID Opernboulevard in Hamburg zusätzlich für Baumpflanzungen gesorgt (www.bid-opernboulevard.de/galerie/).

2.8 BIDs und das Engagement der Industrie- und Handelskammern (IHKs)

Viele IHKs befördern die Entstehung von BIDs, begleiten diese und setzen sich für die Schaffung von landesrechtlichen Grundlagen ein (www.dihk.de/ressourcen/downloads/bid_positionspapier.pdf/at_download/file?mdate=1291825566659). Sie begreifen BIDs als ein vielversprechendes Stadtentwicklungsinstrument zur Attraktivitätssteigerung, Stärkung und Revitalisierung von Innenstädten, Stadtteilzentren, Wohnquartieren und Gewerbezentren – also nicht nur für Innenstädte oder Ortszentren. Sie informieren in öffentlichen Veranstaltungen und Handels- oder Regionalausschüssen über das Instrument. Über die IHK-Homepages sind grundlegende Informationen über BIDs je nach der landesgesetzlichen Diskussionslage und rechtlichen Ausgestaltung abrufbar.[12] Sie beteiligen sich an der Initial- und Konkretisierungsphase zur Gründung von BIDs und sind ständige Teilnehmer im Lenkungsgremium bzw. dem Standortausschuss (BIG 2014).[13] Dabei sind sie häufig bei der jährlichen Prüfung des Maßnahmen- und Finanzierungskonzepts gefragte Ratgeber. Die Handelskammer Hamburg übt die Aufsichtsfunktion über die Hamburger BIDs aus (HambGVBl 2004, S. 424).[14]

3 Darstellung von BIDs in Deutschland

Wie das CSR-Engagement von Unternehmen bei BIDs in Deutschland gelingen kann, verdeutlichen die nachfolgenden Beispiele aus Flensburg, Hamburg und Barmen-Werth in Wuppertal.

3.1 PACT Flensburg

Das nördlichste BIDs in Deutschland liegt in Flensburg und heißt „**Partnerschaft zur Attraktivierung von City- und Tourismusbereichen Flensburg (PACT Flensburg)**". Die Stadt im Norden Deutschlands ist geprägt vom Hafen, der seine Bedeutung für den Handel bis Anfang des 19. Jahrhunderts hatte und jetzt zunehmend als Freizeithafen genutzt wird. Es ist eine Stadt der zwei Kulturen, die 400 Jahre unter dänischer Krone gelebt hat, was nicht nur in vielen Bereichen erkennbar, sondern auch für den innerstädtischen Einzelhandel bedeutsam ist. So kommen 25 % der Kunden aus Dänemark. Das Einkaufserlebnis in der Innenstadt findet in der Fußgängerzone entlang der Straßen Holm und Große Straße statt. Die Innenstadt war 2006/2007 in die Jahre gekommen. Die Fußgängerzone war 30 Jahre alt und die feudal verzierten Fassaden, die Kaufmannshöfe und die historische Bausubstanz waren durch tristes Pflaster und Mobiliar nicht mehr wahrnehmbar. Außerdem waren die innerstädtischen Unternehmen mit der Eröffnung einer innerstädtischen Einkaufspassage, der Flensburg Galerie mit ca. 18.000 qm Verkaufsfläche am Rande der Innenstadt, konfrontiert. Aus Sicht der Gewerbetreibenden und Eigentümer in der Innenstadt, aber auch der IHK Flensburg waren die bislang ergriffenen Maßnah-

---

[12] Beispielhaft: Bremen: www.handelskammer-bremen.de/branchen/handel/Einzelhandel/Einzelhandel_Bremen/BID_Verpflichtende_Standortgemeinschaften_als_Rettungsanker_in/1306478; Handelskammer Hamburg: www.hk24.de/servicemarken/branchen/handelsplatz_hamburg/bid; Rheinland-Pfalz: www.ihk-arbeitsgemeinschaft-rlp.de/servicemarken/presse/Aktuelle_Pressemitteilungen/BIDs---IHKs-begruessen-Grundlagengesetz/2688766.

[13] In Berlin sogar gesetzlich geregelt: § 5 Absatz 2 (Koordinierungsausschuss) Berliner Gesetz zur Einführung von Immobilien- und Standortgemeinschaften (Berliner Immobilien- und Standortgemeinschaften Gesetz, kurz: BIG), vom 06.11.2014.

[14] In: § 6 Absatz 3 Satz 1 Hamburger Gesetz zur Stärkung der Einzelhandels-, Dienstleistungs- und Gewerbezentren vom 28.12.2004, zuletzt geändert am 01.10.2013.

men der Unternehmen nicht nachhaltig genug, um Kunden für die Flensburger Innenstadt zu begeistern. Außerdem beteiligten sich nicht alle Unternehmen gleichermaßen daran. Allerdings profitierten alle von den Aktivitäten Einzelner, die dafür viel Zeit, Mühe und Kosten aufwendeten (sog. Trittbrettfahrerproblematik). Insofern stieg 2006 die Motivation einer Gruppe von 20 Unternehmern, ein Business Improvement District für die Flensburger Innenstadt zu gründen.

3.1.1 PACT Flensburg – Struktur und Prozess

Die IHK Flensburg informierte die örtlichen Akteure: die Eigentümer und Gewerbetreibenden und die Stadt über das kooperative Stadtentwicklungsinstrument, die BIDs. In 30 Lenkungsgruppensitzungen, die von der IHK initiiert und moderiert wurden, haben die Eigentümer und Gewerbetreibenden ein Maßnahmen- und Finanzierungskonzept für das Flensburger BID entwickelt. Die Stadt Flensburg war stets aktiv beteiligt mit dem Oberbürgermeister, aber auch der Fachbereichsleiter aus der Stadtplanung und Infrastruktur, des Kämmerers und der Justiziarin. Wichtige Themen waren die Finanzierung und Entwicklung einer Berechnungsgrundlage zur gerechten Verteilung der BID-Abgabe auf die Eigentümer im BID-Quartier sowie die genaue räumliche Abgrenzung des BID-Quartiers, die Beschreibung der Maßnahmen und die Bestimmung des Aufgabenträgers. Im Rahmen der Öffentlichkeitsbeteiligung 2007 waren fast 90 % der Eigentümer für die Einrichtung, knapp über 10 % haben aktiv widersprochen. Das BID hat mit einer Investitionssumme von 4 Mio. Euro die Fußgängerzone entlang des Holms und der Große Straße komplett neu gestaltet, mit neuen Pflastersteinen, einem Blindenleitsystem, barrierefreien Zugängen zu den Läden, neuen Straßenlaternen, Pflanzen, Mülleimern, Bänken sowie Marketingmaßnahmen durchgeführt. Die Stadt hat begleitend die Infrastruktur unterhalb der Straße erneuert, beispielsweise die Sanierung der Regen- und Schmutzwasserkanalisation, der Fernwärmehausanschlüsse und der Elektrizitätsversorgung und dafür 12 Mio. Euro aufgewandt. Beteiligt waren neben dem Oberbürgermeister und der Justiziarin auch das Tiefbauamt. Das PACT-Flensburg hatte weitere BID-Partner, neben der IHK Flensburg, waren der Schleswig-Holsteinische Zeitungsverlag und die Flensburg City Marketing GmbH aktiv. Der Aufgabenträger für die PACT-Maßnahmen war die Bauplan-Nord GmbH, die auch von der Stadt zur Durchführung der Tiefbauarbeiten ausgewählt worden war, sodass beide Baumaßnahmen aus einer Hand durchgeführt werden konnten. Das hat sich als sehr erfolgreich erwiesen.

3.1.2 PACT Flensburg – Kommunikation ist für die Nachhaltigkeit wichtig

Das erste BID in Flensburg wurde am 31.05.2012 abgeschlossen. Es war so erfolgreich für die Eigentümer, dass ein Folgeprojekt entwickelt wurde, das am 27.03.2014 gestartet ist. Dabei hat sich auch gezeigt, dass für die nachhaltige Aufwertung der Flensburger Innenstadt auch die Kommunikation des erfolgreichen Projekts ganz wichtig ist. Deshalb sind für die nächsten 5 Jahre vor allem Stadtmarketingaktivitäten vorgesehen, so wurde als erstes eine Flensburg-App entwickelt, abrufbar unter: www.flensburg-shopping.de/ (Abb. 1).

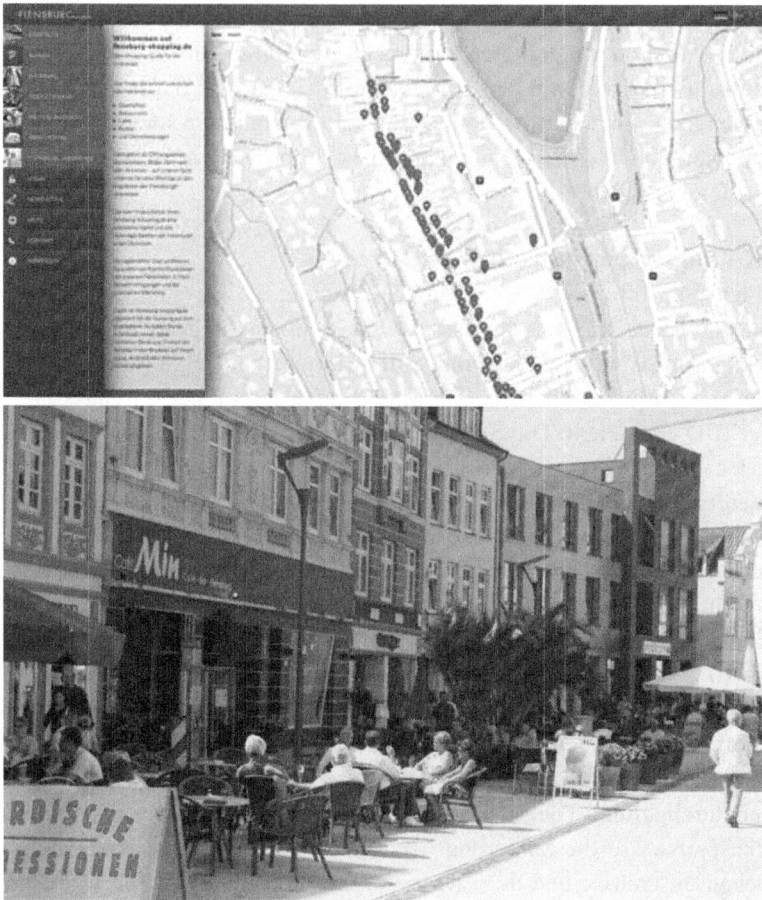

Abb. 1 PACT Flensburg

3.2 BID Neuer Wall in Hamburg

Das BID Neuer Wall liegt in der Innenstadt von Hamburg in der Straße Neuer Wall, einer sehr hochwertigen 1-A-Lage, und war im Oktober 2005 Deutschlands erstes innerstädtisches Business Improvement District. Mit dem BID-Projekt haben die Eigentümer und Gewerbetreibenden den öffentlichen Raum, die Straße, Bürgersteige und Plätze komplett neu gestaltet, zusätzliche Reinigungs- und Serviceleistungen erbracht sowie die jährliche Weihnachtsbeleuchtung neu angeschafft. Dafür haben die einzelnen Eigentümer insgesamt 6 Mio. € investiert.

3.2.1 BID Neuer Wall – Struktur und Prozess

Das BID Neuer Wall wird von einem Lenkungsausschuss initiiert und beraten, der aus Grundeigentümern und Gewerbetreibenden besteht und durch die Handelskammer Hamburg und Vertreter der Freien und Hansestadt Hamburg begleitet wird. Der Lenkungsausschuss tagt alle zwei Monate, die Mitglieder werden vom Grundeigentümerverein Neuer Wall aus dem Kreis der Mitglieder gewählt. Im Grundeigentümerverein Neuer Wall sind rund 60 % der Eigentümer organisiert. Die Gewerbetreibenden werden durch den Vorstand der Interessengemeinschaft Neuer Wall (hier sind rund 50 % der Geschäfte im Neuen Wall organisiert) vertreten. Mit Gründung des BIDs wurde ein Aufgabenträger, ein Hamburger Bauunternehmen, die Otto Wulff GmbH, eingesetzt. Es wurde für die Aufgabenerfüllung die Otto Wulff BIDs Gesellschaft mbH gegründet. Das BID Neuer Wall arbeitet eng mit dem Verein Citymanagement e. V. zusammen. Die Handelskammer Hamburg übt die Projektaufsicht aus (HambGVBl 2004, S. 424).[15]

3.2.2 BID Neuer Wall – Stadtmarketing und Services für die Standortpositionierung unerlässlich

Das BID Neuer Wall steuert jetzt auf die 3. Projektlaufzeit zu. Es gilt, die hohe städtebauliche Qualität und Attraktivität des Einzelhandelsstandorts zu vermarkten und sich im Standortwettbewerb mit anderen 1-A-Lagen, aber auch in der Konkurrenz mit dem Online-Handel zu behaupten. Durch besondere Services und temporäre Highlights sollen Kunden aufmerksam gemacht werden, etwa mit Weihnachtsveranstaltungen. Das BID Neuer Wall hat von Anfang an durch Kunden- und Mieterbefragungen die Maßnahmen evaluiert. Dabei wurde sehr deutlich, dass Stadtmarketing und Serviceleistungen, kontinuierliche Reinigungsleistungen, aber auch besondere Lieferservices für Kunden, Bewohner und Geschäftsinhaber zur Entwicklung des Quartiers sehr bedeutsam sind (Abb. 2).

3.3 BIDs am Beispiel der ISG Barmen-Werth in Wuppertal

Wuppertal ist als Einkaufsstandort im Einzugsgebiet von Düsseldorf und den Städten des Ruhrgebiets einer besonderen Konkurrenzsituation ausgesetzt. Um die Innenstadt für Bewohner und Besucher wieder attraktiv zu machen, wurde das BID – in Nordrhein-Westfalen heißt es „**I**mmobilien- und **S**tandort**g**emeinschaft" – in **Barmen-Werth** (kurz: ISG Barmen-Werth) gegründet und per Satzungsbeschluss am 17.12.2012 verabschiedet.

3.3.1 Imagewandel durch die ISG Barmen-Werth

Die ISG Barmen-Werth hat das Ziel, dem Standort ein positives Image zurückzugeben und das Quartier als Einkaufsstandort für die Bewohner und Besucher wieder erlebbar zu machen. Um die Identität mit dem Standort zu stärken, besann sich Barmen auf seine Ge-

---

[15] In: § 6 Absatz 3 Satz 1 Hamburger Gesetz zur Stärkung der Einzelhandels-, Dienstleistungs- und Gewerbezentren vom 28.12.2004, zuletzt geändert am 01.10.2013.

Abb. 2 BID Neuer Wall und II, Otto-Wulff-BID Gesellschaft mbH

schichte. In Anknüpfung an die traditionelle Textilindustrie, ist hier das „Barmer Band" entwickelt worden. Ein buntes Band schafft eine textile Verbindung durch die Innenstadt. Es gab weitere Aktionen, darunter neue Sitzbänke für über hundert Besucher in der Fußgängerzone, mit Sternen ausgestattete Fahnenmasten im Advent oder einen im neuen Glanz erstrahlenden Brunnen. Veranstaltungen mit Hochseilartisten „Gebrüder Weisheit" lockten Besucher und mithilfe von digitaler Technik erzählten bedeutende Barmer Persönlichkeiten, wie Carl Duisburg oder Friedrich Engels, ihre Barmener Geschichte.

3.3.2 ISG Barmen-Werth – Struktur und Prozesse

Die ISG Barmen-Werth wurde von Eigentümern im Quartier Barmen-Werth als Verein gegründet. Es gibt eine hauptamtlichen ISG-Geschäftsleitung und einen ehrenamtlichen Vorstand, der alle 14 Tage zusammenkommt. Das Lenkungsgremium ist eng vernetzt mit der Stadtpolitik und -verwaltung, dem Stadtmarketing und der IHK Wuppertal-Solingen-Remscheid. Die Veranstaltungen werden mit den Kultureinrichtungen abgestimmt. Es gibt ein großes Interesse aus der Bürgerschaft an der Entwicklung.

3.3.3 Regelmäßiges Marketing und Berichterstattung auch über die sozialen Medien

Um den „Turn-around" der Revitalisierung des Standorts auch nachhaltig zu schaffen, wird regelmäßig in den örtlichen Medien, im Internet und über die sozialen Medien, wie Facebook berichtet (Abb. 3 und 4).

Abb. 3 ISG Barmen-Werth, Wuppertal

Abb. 4 ISG Barmen-Werth, Wuppertal

4 Fazit

Gerade am Beispiel Wuppertals, das einerseits vom industriellen Strukturwandel, aber auch dem digitalen Wandel, mit einer höheren Mobilität und veränderten Einkaufsgewohnheiten, in besonderem Maß betroffen ist, wird deutlich, dass bürgerschaftliches Engagement und die Vernetzung zwischen Eigentümern, Gewerbetreibenden, Stadtverwaltung und -politik wieder Lust auf Stadt machen können. Der Marktplatz Innenstadt und die Freude am gemeinsamen Treffen, Austausch, Kultur und Einkaufen haben weiterhin eine Zukunft.

Auch Flensburg und Hamburg haben die Möglichkeiten der Digitalisierung als Chance für den Standort genutzt, um den Bürgern, den Kunden und Touristen besondere Services zu bieten und so zur Lebendigkeit des Standorts beizutragen. Sie schaffen eine besondere Attraktivität in der City, die auch im Wettbewerb mit dem Online-Handel wichtig ist.

Getragen werden diese Projekte von einer neuen Form von „Urban Governance", der privat-öffentlichen Kooperation von Bürgern, Wirtschaft, Verwaltung und Politik zur nachhaltigen Gestaltung und Aufwertung von öffentlichen Räumen.

Literatur

BIG (2014) BIG § 5 Absatz 2 (Koordinierungsausschuss) Berliner Gesetz zur Einführung von Immobilien- und Standortgemeinschaften (Berliner Immobilien- und Standortgemeinschaften Gesetz, kurz: BIG), vom 6. Nov. 2014

Citymonitor Hamburg (2013) Citymonitor der Handelskammer Hamburg. www.hk24.de/servicemarken/branchen/handelsplatz_hamburg/studien_statistiken/eh_standorte/Einzelhandelsstandorte_in_Hamburg/Hamburger_Innenstadt_Citymonitor/1169296

HambGVBl (2004) HambGVBI § 5 Absatz 1 Satz 1 Hamburger Gesetz zur Stärkung der Einzelhandels-, Dienstleistungs- und Gewerbezentren vom 28.12.2004, zuletzt geändert am 01.10.2013, S. 424

Vitale Städte (2014/2015) www.ifhkoeln.de/nc/blog/details/frequenzverluste-betreffen-innenstaedte-aller-groessen

Tine Fuchs, Ass. jur., ist seit 2003 Referatsleiterin für Stadtentwicklung, Planungsrecht, Bauleitplanung und nationale Verbraucherpolitik beim Deutschen Industrie- und Handelskammertag e. V., Ex Officio Director der International Downtown Association (IDA). Mitgliedschaften in: Netzwerken zu Business Improvement Districts (BIDs), Smart Cities, Stadtentwicklung und Kreativwirtschaft, IHK Gründungsinitiative für Innenstädte und mehreren Expertenkreisen des Bundesministeriums für Umwelt, Naturschutz, Bau und Reaktorsicherheit u.a. zur Evaluierung von Städtebauförderprogrammen, beispielsweise zum Stadtumbau Ost und West, Aktive Stadt- und Ortsteilzentren, Auswirkungen des Online-Handels auf die Nahversorgung und dem Kuratorium der Nationalen Stadtentwicklungspolitik.

Prozess- und Strukturförderung ersetzt Projektförderung in der lokalen CSR- und Engagementpolitik

Loring Sittler

1 Soziale Quartiersentwicklung als Gemeinschaftsaufgabe[1]

Gerade angesichts der demografischen Herausforderungen dämmert es immer mehr Akteuren der Stadtentwicklung, dass gesellschaftliche Ziele nicht allein durch Delegation an die Politik und die politisch-administrativen Akteure erreicht werden können. Natürlich bleibt die öffentliche Hand besonders für den Abbau sozialräumlicher Benachteiligung verantwortlich. Es geht aber um mehr: Es geht um die Stärkung der Selbstorganisation in überschaubaren Lebensräumen und darum, wie man sie in funktionierende Nachbarschaften verwandelt. Das ist weit mehr und komplizierter als Verwaltung und Planung – damit wird soziale Quartiersentwicklung zu einer Gemeinschaftsaufgabe aller drei Sektoren: Alle Ressourcen aus der Verwaltung/Politik, der Wirtschaft und der Zivilgesellschaft müssen besser als bisher identifiziert, zu einem gemeinsamen Handeln ermutigt und dauerhaft dabei unterstützt werden, gemeinsame Ziele zu erreichen. Davon sind wir auf Gemeindeebene weit entfernt:

> In den meisten Kommunen ist die Förderung des bürgerschaftlichen Engagements gut gemeintes Stückwerk. Es gibt zwar Anlauf- und Beratungsstellen für Engagierte, aber viel zu selten eine Engagementstrategie aus einem Guss, die alle Kräfte vor Ort bündelt (Amrhein 2015).

---

[1] Der erste Teil dieses Beitrags (Abschn. 1–6) ist sinngemäß, aber leicht verändert übernommen aus dem trisektoral erarbeiteten Diskussions- und Positionspapier des Expertenbeirates im ExWoSt-Forschungsfeld „Unternehmen und Stiftungen für die soziale Quartiersentwicklung", veröffentlicht bei QUAESTIO, April 2015. Einzelne Passagen wurden zur Verdeutlichung des hier zu behandelnden Thema etwas zugespitzt und vereinfacht.

L. Sittler (✉)
Generali Zukunftsfonds, Generali Deutschland AG
Köln, Deutschland
E-Mail: loring.sittler@web.de

Wer die soziale und nachhaltige Stadtentwicklung verstetigen und wirksamer machen will, muss alle lokalen Akteure in die Entwicklung einer Engagementpolitik vor Ort einbinden und dauerhaft beteiligen. In diesem Zusammenhang kommt der auch auf die Bedürfnisse ihres Standortes ausgerichteten CSR, insbesondere der lokalen Unternehmen im wohlverstandenen Eigeninteresse, eine neue und wichtige Funktion zu. Eine solche Engagementpolitik kann nur in einem langen Willensbildungsprozess entstehen, der in eine strategisch ausgerichtete, ganzheitliche lokale Engagementstrategie münden sollte. Innerhalb dieser Strategie der kommunalen Stadtentwicklung kann jeder Akteur eine ihm gemäße eigenständige, aber eben zielgerichtete Rolle finden. „Gemeinsam handeln" lautet die Devise. Und diese Devise löst das segmentierte, projektgebundene, kurzfristige Handeln einzelner Akteure in einzelnen Modellen endgültig ab.

Zwei große Herausforderungen sind bei der Entwicklung einer gemeinsamen Engagementstrategie zu meistern: Alle gesellschaftlichen Akteure müssen davon überzeugt werden (oder sein), dass sie sich erstens in ihren jeweiligen Wirkungsbezügen über das unmittelbare Eigeninteresse hinaus nachhaltig für gesellschaftliche Belange einsetzen, und dass sie zweitens womöglich gemeinsame gesellschaftspolitische Prioritäten mit anderen Akteuren finden und dann in Abstimmung (und nicht als Einzelkämpfer!) auch entsprechende Problemlösungen gemeinsam und schrittweise herbeiführen wollen.

Damit das gelingen kann, müssen sich das bisherige gesellschaftliche, mehr oder weniger selbstherrliche Engagement und die Haltung von Unternehmen (CC/CSR) und Stiftungen allerdings neu ausrichten und die eigene, segmentierte, alleine gesteuerte lokale Aktivität im sozialen oder kulturellen Bereich in eine strategisch ausgerichtete gesellschaftliche Kooperation einbringen. Mindestens müssen Ergänzungen in das eigene Förderprogramm aufgenommen werden. Eine grundsätzliche Neudefinition der gesellschaftlichen Rolle von Unternehmen am Standort ist notwendig. Das Hauptargument dafür lautet: Wir erreichen damit eine ganz andere Qualität der Wirkung und der damit verbundenen Reputation als mit der herkömmlichen Einzelförderung von Lieblingsprojekten. Einige Unternehmen und Stiftungen gehen schon jetzt mit gutem Beispiel voran.[2] Solange Unternehmen und Stiftungen kein wirkliches Verständnis von den Aufgaben der sozialen Quartiersentwicklung haben und diese mit ihrem Eigeninteresse an einem gesunden Standort verbinden, droht ihr Engagement als Lückenbüßer oder Alibi missverstanden und unterbewertet zu werden – und beraubt sich auch des möglichen Erfolges, der nur gemeinsam mit anderen zu erzielen ist.

---

[2] Siehe Beispiel Stadtteilpaten Nürnberg, aber auch Montag-Stiftung „Urbane Räume" mit dem Initialkapitalprojekt Samtweberei in Krefeld oder Heidelberg Village mit Software-AG-Stiftung.

2 Selbstbewusste, gleichberechtigte Partnerschaft von Unternehmen und Stiftungen mit den Kommunen und den zivilgesellschaftlichen Akteuren

Eine fruchtbare Zusammenarbeit setzt eine gleichberechtigte Partnerschaft voraus. Dies gilt auch für das Verhältnis von Kommunen zu Unternehmen und zu Stiftungen, aber auch im Hinblick auf die Beteiligung der Akteure der Zivilgesellschaft. Eine oft anzutreffende Fehlhaltung der Zivilgesellschaft als bloßer Bittsteller sollte überwunden und durch eine kooperative und selbstbewusste Grundhaltung und einen entsprechenden strategischen Anspruch an die Partner in Politik und Unternehmen ersetzt werden.

Zur notwendigen Klarheit über die Aufgabenverteilung in einer solchen Partnerschaft gehört auch eine klare Abgrenzung, welche Aufgaben für die einzelnen Akteure nicht in Frage kommen. So ist es z. B. nicht Aufgabe von (kleinen) Unternehmen und Stiftungen, sich in die soziale Problematik des Stadtteils oder in die möglichen Engagementfelder einzuarbeiten. Erst recht können sie unmöglich die Sinnhaftigkeit und die Wirksamkeit von Projekten beurteilen – es fehlt ihnen dazu an Kompetenz. Mit hoher Wahrscheinlichkeit behindert diese Komplexität nicht nur ein zielgerichtetes Engagement, sondern auch die durchaus vorhandene Engagementbereitschaft. Wenn die Unternehmen und Stiftungen aber vor Ort von den anderen Akteuren aus Politik und Zivilgesellschaft daran beteiligt werden, konkrete örtliche Bedarfe gemeinsam mit anderen kompetenten zivilgesellschaftlichen Partnern partizipativ zu artikulieren und dann gemeinsam festzustellen, welche davon besonders wichtig sind, können Unternehmen und Stiftungen beurteilen, welches Engagement und welche Ressourcen in welcher Weise wirklich gebraucht werden. Das kann nur gelingen, wenn ein verlässliches Netzwerk der lokalen Akteure, eine wirksame Kommunikation und eine gezielte, ergebnisoffene Willensbildung ermöglicht werden. Das sind alles keine kurzfristig möglichen Prozesse und sie sind besonders schwierig, weil in den Sektoren jeweils eine eigene Handlungslogik (Strachwitz 2014) und eine eigene Sprache vorherrschen. Man kann grundsätzlich davon ausgehen, dass gute Ergebnisse bei solchen komplexen Willensbildungsprozessen (und in einer absehbaren Zeit!) nur mithilfe einer professionellen Unterstützung und Steuerung erzielt werden können. Bei allen Beteiligten fehlen für diese mittelfristige, systematische Erarbeitung von Entwicklungszielen im Quartier nicht nur die personellen Ressourcen, sondern auch die finanziellen Mittel, die für diesen Zweck benötigt werden. Bisher jedenfalls passt eine derartige Förderung von mittelbaren Prozessen nicht in die herkömmliche, auf kurzfristige Kleinziele zweckgerichtete Projektförderungssystematik fast aller privaten und öffentlichen Geldgeber.

3 Mögliche Leitbilder: Bürgerschaftliche Selbstverantwortung und praktizierte Solidarität

Unternehmen und Stiftungen sind auf funktionierende Standorte angewiesen und daher „natürliche" Verbündete einer aktiven und an Selbstverantwortung interessierten Bürgerschaft. Oft werden sie aber nicht als solche wahrgenommen, sondern im Gegenteil als Vertreter der Wirtschaft mit Vorurteilen wie Profitmaximierer u. Ä. konfrontiert. Es wäre daher gut und notwendig, wenn Unternehmen und Stiftungen die Stärkung der Selbstorganisation ihrer jeweiligen Quartiersgesellschaft zum ausdrücklichen (Teil-)Leitziel ihres Engagements erklären würden. Hier muss von allen Seiten, aber insbesondere innerhalb von Unternehmen, noch viel Überzeugungsarbeit geleistet werden.

Gerade in den sozial benachteiligten Quartieren gilt es, aus einem Teufelskreis auszubrechen: Die für Selbstbestimmung und bürgerschaftliches Engagement mobilisierbaren Potenziale erscheinen dort zunächst gering und genau das ist die Ursache dafür, dass sie nicht ausreichend gehoben werden. Dies macht ein Potenziale weckendes, Kooperation stiftendes und prozessunterstützendes Engagement von Unternehmen und Stiftungen aber umso dringlicher. Wenn sie als unabhängige (und hoffentlich „von Natur aus" weitsichtigere!) Akteure nicht die Initiative ergreifen und die Federführung übernehmen, wer soll es dann tun? Es wäre wünschenswert, wenn in diesem Fall die Politik gegenüber den Unternehmen noch deutlicher formuliert, dass es dabei um den Kern der gesellschaftlichen Verantwortung von Unternehmen geht, vor allem, wenn diese mehr sein soll als ein schönes Feigenblatt.

4 Kommunale Engagementstrategien als Ausgangspunkt für das Zusammenwirken

Aber auch viele kommunale Protagonisten sehen sich häufig am Rande eines bereits intensiv bestellten und schwer zu durchdringenden Feldes. Dieses Dickicht kann nur erfolgreich zu einer „neuen Kultur der Mitverantwortung" (vgl. Erster Engagementbericht der Bundesregierung 2012) heranwachsen, wenn alle Akteure sich einig sind, in welche Richtung die Quartiers- und Stadtentwicklung gehen soll. Nur wenn der oben beschriebene offene und partnerschaftliche Willensbildungsprozess gründlich durchlaufen wird, kann die Kommune abschließend eine kooperative Engagement- und/oder Demografiestrategie verabschieden und die arbeitsteilige Rollenzuständigkeit auch für Unternehmen und Stiftungen, aber auch für andere Akteure aus der Zivilgesellschaft damit legitimieren. Auch wenn nicht alle Unternehmen aktiv mitmachen – ein Angebot zur Mitwirkung sollten sie erhalten – oft ist auch eine rein finanzielle Zuwendung eine große Hilfe. Es wäre ein Investment in das Humanvermögen am Standort. Das partizipative Verfahren erhöht die Mitwirkungs- und Erfolgswahrscheinlichkeit. Es ist Aufgabe der Politik, bestehende persönliche Beziehungen dann auch für die Zusage einer (späteren) finanziellen Mitwirkung zu nutzen. Das gleicht bestehende öffentliche Engpässe aus und könnte längerfristig eine Stetigkeit erreichen helfen, von der heute keine Rede sein kann: „Die seit Jahrzehnten praktizierten Modellprogramme sind viel zu unflexibel. Sie hinterlassen allzu häufig Projektruinen und keine nachhaltigen Lösungen. Dies lief immer nach dem gleichen Muster: Man setzte drei Jahre lang auf einen bestimmten Einrichtungstyp oder eine Organisationsform, danach wurde die ‚nächste Sau' durchs Dorf getrieben. So ist ein Flickenteppich aus chronisch unterfinanzierten, sich teilweise sogar gegenseitig konkurrierenden Einrichtungen entstanden" (Amrhein 2015, S. 9).

5 Organisation und Moderation (quartiersbezogener) Plattformen für Engagemententwicklung

Kommunen sind zurzeit mit der Vielfalt der an sie delegierten Aufgaben strukturell überfordert und vielfach auch finanziell kaum mehr handlungsfähig, vor allem nicht bei den sog. „freiwilligen" Aufgaben. Es muss in ihrem eigenen Interesse liegen, zusätzliche private Ideen und Mittel der Bürger, Stifter und Unternehmer zu gewinnen. Dabei muss das gemeinsame Interesse an einer Gestaltung von gesellschaftlich dringlichen Themen und der darauf bezogenen Möglichkeiten des Mitwirkens im Quartier auch die Kommunikation prägen und zu einer Grundlage für eine dauerhafte und vertrauensvolle Zusammenarbeit weiterentwickelt werden.

Einige Kommunen müssen sich von den eingeübten obrigkeitsstaatlichen Allmachtsphantasien verabschieden und eher in der Rolle des Koordinators/Moderators auftreten. Wer letztlich die Aufgabe übernimmt, eine Plattform für derartige Diskussionen für die Bürgerschaft, die Unternehmen und die Stiftungen zu organisieren, kann jeweils vor Ort entschieden werden und wird auch nicht einheitlich geschehen. Es kommt darauf an, wer der am besten geeignete und von möglichst vielen anerkannte „Treiber" ist. Es reicht nicht, Unternehmen und Stiftungen zum Beispiel zu einer Stadtteilkonferenz einzuladen. Wichtig ist ein geschützter, erwartungsarmer Rahmen, in dem offen über die eigenen Interessen und die notwendigerweise begrenzte Bereitschaft zum Engagement gesprochen werden kann. Aus Erfahrung kann schon jetzt gesagt werden, dass eine gelingende Kommunikation sehr schnell zum Abbau von Vorurteilen und in ein produktives Miteinander führt. Das bedeutet nicht, dass der erste Schritt einfach ist und dass alle Hürden einer gelingenden Kooperation durch einfaches Aufeinanderzugehen zu beseitigen sind.

Ideen und Konzeptionen zum Engagement der beteiligten Unternehmen und Stiftungen sowie zur Mobilisierung und Einbindung weiteren Engagements müssen vorsichtig entwickelt werden. Die Aufgabe der Akteure aus Politik und Zivilgesellschaft besteht vor allem darin, die interessierten Unternehmen und Stiftungen aktiv in diesen Prozess einzubinden, sie für die Menschen und die Bedürfnisse im Quartier zu sensibilisieren und so konkrete Engagementmöglichkeiten in der sozialen Quartiersentwicklung aufzuzeigen. Wenn aus relativ unverbindlicher Kommunikation tatsächlich Kooperation im Sinne gemeinsamen bzw. aufeinander abgestimmten Handelns werden soll, muss dies von der Spitze der Kommune gewollt werden und darf nicht als isoliertes Experimentierfeld angelegt sein. Auch bei den anderen Akteuren muss das Thema Chefsache sein (Bürgermeister in der Kommune, CEO bei den Unternehmen, Vorstand bei Stiftungen). Eine lokale Engagement- oder Demografiestrategie bildet dann einen unterstützenden ideellen Rahmen, innerhalb dessen auf Zuständigkeiten und erwartete Aktivitäten aller Akteure zurückgegriffen werden kann.

In der Praxis zeigt sich, dass der dafür notwendige Paradigmenwechsel nicht ganz so einfach ist:

> Prozessdenken und das Management ergebnisoffener Prozesse sind bisher im Engagementbereich wenig geübt. Wie ein Projektantrag aussehen muss, weiß die Szene, aber wie legt man Ziele und einen Arbeitsplan für einen Prozess fest? Und wie kann man Erfolg messen, wenn gar kein Projektergebnis angestrebt wird, sondern die Prozessqualität analysiert werden muss, also etwa die Zusammenarbeit zwischen allen Partnern in der beteiligten Kommune? (Haist 2015).

6 Ein „Scharnier" zum Quartier ist unabdingbar

Die Möglichkeit zur Beurteilung der Sinnhaftigkeit und Wirksamkeit eines Engagements ist zentral für die Engagementmobilisierung und -lenkung. Gerade in der Quartiersentwicklung ergeben sich diesbezüglich besondere Herausforderungen. Denn hier ist eine Einzelmaßnahme jeweils auch in ihrer sozialräumlichen Wirkung als Beitrag zur Quartiersentwicklung zu sehen. Vor diesem Hintergrund besteht eine Aufgabe der Kommune darin, engagierte Stiftungen und Unternehmen den Zugang zu den Stadtteilakteuren zu ebnen. Dies bedeutet u. a., sich von städtischer Seite mit den explizit formulierten oder auch latent vorhandenen Engagementzielen der einzelnen Unternehmen und Stiftungen auseinanderzusetzen und letztlich dafür passende Partner bzw. Projekte vorzuschlagen. Wenn Kommunen das Engagement sinnvoll in die Aktivitäten im Stadtteil einbinden wollen, ist ein dementsprechend aufgestelltes kommunales Quartiersmanagement unerlässlich.

7 Flankierende Aufgaben und Initiativen auf Bundesebene

Das Zusammenwachsen von gesellschaftlichem Engagement und sozialer Quartiersentwicklung weiter thematisieren

Die Aufgaben der sozialen Quartiersentwicklung und das sich ausdifferenzierende gesellschaftliche Engagement von Unternehmen und Stiftungen haben bislang viel zu wenige und noch weniger systematische Berührungspunkte. Das Ziel, die soziale Quartiersentwicklung als gesellschaftlichen Aufgabenbereich auch in der Wahrnehmung wirtschaftlicher und zivilgesellschaftlicher Akteure breiter zu verankern, ist bei weitem noch nicht erreicht.

Kommunale Spitzenverbände (und andere Träger) gewinnen

Die oben beschriebenen Aufgaben einer auch auf Unternehmen, Stiftungen und zivilgesellschaftlichen Akteure zielenden lokalen Engagementpolitik sind bislang zu wenig im Grundverständnis des kommunalen Handelns verankert. Dementsprechend mangelt es an praktischem Erfahrungswissen, an organisatorischen Lösungen und schließlich auch an der Bereitschaft, die entsprechenden personellen und finanziellen Ressourcen bereitzustellen. Die kommunalen Spitzenverbände und andere auf die kommunale Ebene ausgerichtete Bildungsträger sollten den erforderlichen Diskurs in die kommunale Landschaft hineintragen und mit entsprechenden Fortbildungsangeboten verbinden.

Soziale Quartiersentwicklung als zivilgesellschaftliches Engagementfeld verankern
Das gezielte Engagement in sozial benachteiligten Stadtteilen (im Sinne der sozialen Quartiersentwicklung) findet bislang in den Engagementdiskursen (CC, CSR, Stiftungswesen) zu wenig Berücksichtigung. Zwar kann man ein implizites Grundverständnis für die Bedeutung der sozialräumlichen Benachteiligung unterstellen. Es bleibt notwendig (aber nicht hinreichend), sowohl in den bestehenden Stiftungs- als auch in den CSR-Foren programmatische Debatten mit Blick auf die Aufgaben der sozialen Quartiersentwicklung zu führen. Diese Diskurse können es den vor Ort agierenden Unternehmen und Stiftungen erleichtern, ihr Engagement konzeptionell zumindest teilweise auch auf die soziale Quartiersentwicklung auszurichten und in diesem Sinne aktiv zu werden. Eine stärkere Ausrichtung des Programms „Soziale Stadt" auf die Finanzierung solcher initiativen Prozesse ist dringend geboten. Das Bundesministerium für Familie, Senioren, Frauen und Jugend (BMFSFJ) gibt mit dem Konsortialprogramm „Engagierte Stadt" aus Unternehmen und Stiftungen schon mal ein leuchtendes Beispiel ab.

8 Das Konsortialprogramm „Engagierte Stadt"

Vorbemerkung
Die folgende Darstellung des Konsortialprogramms „Engagierte Stadt" ist keine offizielle Darstellung der Förderer. Vielmehr bemüht sich der Autor, der bei der Entwicklung der Konzeption innerhalb des Konsortiums wesentlich beteiligt war, vorwiegend mit wörtlichen Zitaten aus dem offiziellen Aufsatz von Karin Haist, der Leiterin des Bereichs Gesellschaft bei der Körber-Stiftung, die federführend für das Programm verantwortlich ist, als auch aus eigener Erfahrung und mit eigenen Meinungen und Wertungen, die im Hinblick auf die hier zu erörternde Thematik wichtig erscheinen, das Programm als möglichen Teil einer lokalen CSR-Strategie für Unternehmen verständlich zu erläutern.

Wesentliche Merkmale des Programms „Engagierte Stadt"
„Unter dem Titel ‚Engagierte Stadt' haben fünf Stiftungen, ein Unternehmen und ein Ministerium 2015 gemeinsam ein innovatives Netzwerkprogramm gestartet: die Bertelsmann-Stiftung, die BMW-Stiftung, die Herbert-Quandt-Stiftung, die Körber-Stiftung, die Robert-Bosch-Stiftung, der Generali-Zukunftsfonds und das Bundesministerium für Familie, Senioren, Frauen und Jugend. Die ‚Engagierte Stadt' setzt auf lokale Zentren für Engagement und deren Potenzial, systematisch Engagement vor Ort zu entwickeln und zu fördern" (Haist 2015).

Warum ist es nötig, das vorhandene Potenzial der lokalen Akteure besser zu vernetzen und strategisch auszurichten?
Wie schon in den vorhergehenden Kapiteln beschrieben, haben wir vor Ort eine unübersichtliche und uneinheitliche Lage in Sachen Engagement. Einzelne ortsunabhängige wesentliche Krisensymptome lassen sich aber erkennen und wie folgt beschreiben:

- Die Akteure der einzelnen Sektoren folgen ihren jeweiligen Handlungslogik (s. o.) und arbeiten zumeist kaum über die Sektorgrenzen hinaus zusammen.
- Auch innerhalb der Politik/Verwaltung, innerhalb der Wirtschaft und innerhalb der zivilgesellschaftlichen Organisationen (Wohlfahrtverbände, Stiftungen, Initiativen und Vereine) gibt es eine weitgehend segmentierte, von Einzelakteuren punktuell gesteuerte und zeitlich befristete sowie zumeist thematisch vorgegebene Projektförderung im jeweils eigenen Organisationsinteresse, wenn auch mit Gemeinwohlbezug.
- Eine der Ursachen für die mangelhafte Vernetzung und Kooperation ist klar zu erkennen: Es fehlen dafür die personellen und finanziellen Ressourcen, die zur erfolgreichen Bewältigung dieser wichtigen, aber bisher eben keineswegs selbstverständlichen eigenständigen Aufgabe nötig wären.
- Es gibt nur ganz wenige Kommunen mit einer offiziellen Engagementstrategie. Die Engagementförderung gilt nach den Kommunalverfassungen als „freiwillige Aufgabe" und ist daher selten nachhaltig ausgerichtet. Dasselbe gilt für die CSR von Unternehmen, die sowohl wirtschaftlichen Verwerfungen als auch subjektiven Entscheidungen von Führungskräften ausgesetzt ist und daher meist nicht die Konstanz aufweist, die für eine nachhaltige Wirkung erforderlich wäre.

Wenn bei „Engagierter Stadt" vom „Potenzial" der lokalen Zentren für Engagement gesprochen wird, sind damit also vorwiegend prekär finanzierte Einrichtungen gemeint, die oft in Parallelstrukturen konkurrierend nebeneinander her agieren und sich untereinander nur unzureichend abstimmen. Der Generali-Engagementatlas 2015 hat die engagementfördernden Einrichtungen empirisch erfasst und qualitativ befragt und kommt zum Schluss, dass von „Wildwuchs" gesprochen werden muss (vgl. Generali-Monitor 06)

Engagierte Stadt will

> genau hier Organisationsentwicklung leisten: Das Programm will die Engagement unterstützenden lokalen Einrichtungen beraten, begleiten und auch finanziell in die Lage versetzen, vor Ort lokales Engagement und Engagementstrukturen zu stärken (Haist 2015).

Das Programm verfolgt eine ehrgeizige Vision:

> Das Leitbild der Engagierten Stadt ist ein Gemeinwesen, in dem Engagement und Beteiligung für alle möglich sind und in dem stabile Strukturen für Engagement vorhanden sind: Anlaufstellen für Engagierte, koordinierte Aktivitäten und eine lokale Engagementstrategie gehören ebenso dazu wie breite Bündnisse und sektorenübergreifende Förderung.[...] Das Programm

Prozess- und Strukturförderung ersetzt Projektförderung

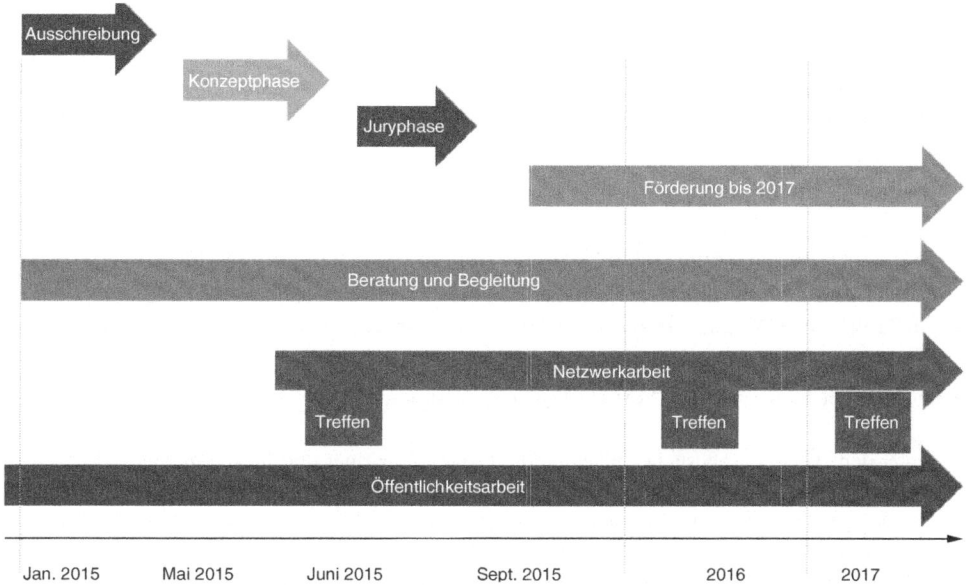

Abb. 1 Projektphasen. (Engagierte Stadt)

will die Engagement unterstützenden lokalen Einrichtungen beraten, begleiten und auch finanziell in die Lage versetzen, vor Ort lokales Engagement und Engagementstrukturen zu stärken (Haist 2015).

Schilderung des bisherigen Programmverlaufs
„Die ‚Engagierte Stadt' wurde Anfang 2015 ausgeschrieben; 272 gemeinnützige Einrichtungen aus Städten und Gemeinden zwischen 10.000 und 100.000 Einwohnern haben sich beworben" (Haist 2015) (Abb. 1).

Inhaltlich erstrecken sich die vorgeschlagenen Vorhaben von der Vernetzung verschiedener Aktivitäten für die Integration von Flüchtlingen bis zur gemeinsamen Quartiersentwicklung oder der Sicherung von Strukturen in besonders vom demografischen Wandel betroffenen Regionen. Die Jury bewertete besonders solche Vorhaben hoch, die der Grundidee der Engagierten Stadt Rechnung tragen: nämlich lokale Kooperationen unterschiedlicher Akteurinnen und Akteure so zu entwickeln, dass das konkrete gemeinsame Tun auch in nachhaltige Engagementstrategien und Netzwerkstrukturen mündet. ... 55 der 272 Bewerber wurden insgesamt von den Juroren für die Konzeptphase der „Engagierten Stadt" ausgewählt. Das heißt: Sie haben bis Ende August 2015 Zeit, ihre Konzepte weiter auszuarbeiten. Dafür erhalten sie nicht nur bis zu 2000 € Förderung – z. B. für moderierte Planungsrunden vor Ort –, sondern auch die fachliche Partnerschaft eines Programmpartners und unterschiedliche Möglichkeiten zum kollegialen Austausch mit anderen Bewerbern. Erst im Herbst 2015 startet dann die eigentliche Förderphase, in der 50 Einrichtungen mit je maximal 50.000 € Förderung bis Ende 2017 ihre Vorhaben verwirklichen können (Haist 2015).

Das Programm Engagierte Stadt zeichnet sich durch ganz neue Elemente aus, die weit über das Bereitstellen von finanziellen Mitteln hinausgehen – und auch als neue Form einer strategisch ausgerichteten CSR für Unternehmen interessant sind: Der eigene Einsatz wird durch die Kombination der Mittel **und** Kompetenzen in seiner Wirkung praktisch vervielfacht.

Alle Programmpartner haben sich verpflichtet,

- ihre jeweiligen „Patenprojekte" kostenlos intensiv zu beraten und zu begleiten, schon bei der Antragsstellung aber auch im weiteren Verlauf,
- für kollegialen Austausch zwischen den Projekten aber auch untereinander durch Bereitstellen von Räumlichkeiten zu sorgen,
- sich an der bundesweiten Vernetzung zu beteiligen.

Unter dem Titel „Lernbesuche" machten die Programmpartner und Jurymitglieder individuelle Vor-Ort-Besuche bei allen Geförderten, um gemeinsam mit der antragstellenden Einrichtungen sowie möglichst vielen lokalen Partnern und politischen Repräsentanten über die ins Auge gefasste Zielsetzung und Wirkungserwartung, den geplanten Prozess und die Schritte zur Operationalisierung zu sprechen. Lernen ist hier nicht einseitig gedacht: Nicht nur die Bewerber sollen Feedback, Antworten und Impulse erhalten, sondern auch die Träger der „Engagierten Stadt" profitieren davon, dass sie mit der kommunalen Realität konfrontiert werden: mit finanzpolitischen Engpässen oder demografischen Herausforderungen ebenso wie mit innovativer Engagementkultur oder originellen Stadtentwicklungsmaßnahmen (Haist 2015).

Aktuelle und zukünftige Weiterentwicklung des Programms

Regelmäßig kommen zudem alle Programmteilnehmer und Förderer bei mehrtägigen Netzwerktreffen zusammen. Themenworkshops, kollegialer Austausch, Expertenimpulse und Methodenseminare stehen hier auf der Agenda. Mindestens so wichtig wie die fachliche Debatte ist auch der Vernetzungsgedanke. ... Auf der Programmwebsite der „Engagierten Stadt" (www.engagiertestadt.de) finden die Teilnehmer thematische und methodische Informationen, jedem Bewerber bietet sich hier die Chance, die eigene Kommune und das individuelle Engagementvorhaben zu präsentieren. Material, strategische und handwerkliche Tipps für ihre Kommunikation erhalten die Bewerber ebenfalls aus dem Programmbüro. ... Die „Engagierte Stadt" verfolgt eine klare Wirkungsabsicht: Bürgerschaftliches Engagement wird gestärkt, um Lebensqualität, Teilhabe und gesellschaftlichen Zusammenhalt zu erhöhen. In einer Wirkungstreppe, angelehnt an das „Kursbuch Wirken" (https://www.phineo.org/fuer-organisationen/kursbuch-wirkung) der Phineo gAG, haben die Netzwerkpartner festgelegt, was sie sich vom Programm „Engagierte Stadt" kurz-, mittel- und langfristig erhoffen. Das Programm wird umfassend evaluiert werden. Auch die geförderten lokalen Engagementeinrichtungen sind gehalten, ihre Aktivitäten auf die angestrebte Wirkung abzustimmen. Sie werden dabei begleitet, eine eigene Wirkungstreppe zu erstellen (Haist 2015).

Worin besteht der grundsätzliche Paradigmenwechsel bei der Förderung bürgerschaftlichen Engagements?

Prozess- statt Projektdenken

Wer bei der Engagierten Stadt gefördert wird, muss Abschied nehmen vom allzu vertrauten Projektdenken: Denn gefragt ist nicht mehr das Aufsetzen eines zeitlich befristeten Modells im Rahmen einer Ausschreibung, die Thema und Maßnahmen vorgibt, sondern es geht jetzt darum, in der eigenen Kommune Prozesse zu starten, die auf Partizipation, Vernetzung und Nachhaltigkeit ausgerichtet sind und die darauf abzielen, möglichst viele der zehn Merkmale einer Engagierten Stadt zu erreichen. Die Wahl der Mittel und der Weg, den die lokale Engagementorganisation im Prozess beschreiten will, obliegt ihr dabei selbst. Denn im Verständnis der Engagierten Stadt sind die Geförderten vor Ort die Experten für die Situation in ihrem Gemeinwesen; sie wissen, was gebraucht wird: Strategien, Fundraising, Themendebatten, Beteiligungsprozesse. In der Praxis zeigt sich, dass der Paradigmenwechsel nicht ganz so einfach ist: Prozessdenken und das Management ergebnisoffener Prozesse sind bisher im Engagementbereich wenig geübt. Wie ein Projektantrag aussehen muss, weiß die Szene, aber wie legt man Ziele und einen Arbeitsplan für einen Prozess fest? Und wie kann man Erfolg messen, wenn gar kein Projektergebnis angestrebt wird, sondern die Prozessqualität analysiert werden muss, also etwa die Zusammenarbeit zwischen allen Partnern in der beteiligten Kommune? ... Auch die Förderer betreten Neuland. Sie müssen sich davon verabschieden, für die kommunale Engagementlandschaft selbst gesellschaftliche Probleme zu identifizieren und Lösungen zu propagieren – stattdessen überlassen sie die Bedarfsdefinition den Geförderten und müssen in der Zusammenarbeit mit ihnen eine neue Balance von Kontrolle durch Zielvorgaben und Ergebnisoffenheit im Prozess entwickeln. Für dieses neue Rollenverständnis – quasi vom Mittelzuweiser zum Organisationsentwickler – haben die Initiatoren der Engagierten Stadt in der Engagementszene viel Anerkennung erfahren, zuletzt bei der Präsentation des Programms auf dem 6. Forum Engagementförderung im Hamburger Körber Forum 2015. Dem hoch gesteckten Anspruch müssen sie im weiteren Programmverlauf freilich auch gerecht werden. Sie sind sich dessen bewusst (Haist 2015).

Collective Impact und Überwindung von Sektoren- und Typengrenzen

Ohne übertreiben zu wollen, kann man sagen, dass das Programm Engagierte Stadt ein bisher einmaliger Vorgang ist: Sowohl auf der Seite der Förderer arbeiten mehrere Stiftungen, ein Unternehmen und die öffentliche Hand eng und strategisch ausgerichtet zusammen. Auch bei den Geförderten ist eine transsektorale Kooperation Bedingung für die Förderung.

Es ist übrigens auch nicht einfach. Der Kooperationsvertrag zur Engagierten Stadt regelt nicht nur die operative Durchführung und die Gremien des Programms, sondern muss auch die unterschiedliche Förder- und Organisationskultur vieler Partner unter einen Hut bringen. Alle Partner – und auch das ist so innovativ wie anspruchsvoll – bringen nicht nur finanzielle Mittel in die Kooperation ein, sondern sind bei der Engagierten Stadt seit der Planungsphase konzeptionell und operativ eingebunden: Alle sieben Häuser sind in der Steuerungsgruppe und Jury vertreten, sie betreuen und beraten als „Paten" ihren Anteil der Bewerber, manche stellen Personal für das Programmbüro – und alle übernehmen zusätzliche Arbeitsmodule, für die ihre Häuser Expertise und Erfahrung mitbringen. Egal, ob es dabei um die Ausrichtung von Treffen, die Gestaltung der Homepage, die Außendarstellung oder das Design der

Wirkungsanalyse geht: Der Koordinationsaufwand für die Arbeitsteilung ist hoch, aber das Programmbüro wird so wesentlich gestärkt – und auch die geförderten Einrichtungen gewinnen neben den Finanzmitteln und Lernangeboten des Netzwerkprogramms noch sieben starke, sichtbare und ansprechbare Partner (Haist 2015).

„Engagierte Stadt" ist ein konsequenter Schritt, um den bisherigen, kaum vernetzten „Wildwuchs" (Generali-Zukunftsfonds 2014) an Zuständigkeiten und Institutionen nicht noch weiter zu fördern, sondern die vorhandenen Ressourcen besser zusammenzubringen und strategisch auszurichten und dadurch die knappen Mittel effektiver einzusetzen (Patscheke 2014).

Leitend für die trisektorale Zusammenarbeit der Förderer ist das Konzept des „Collective Impact" der amerikanischen Social-Impact-Beratung FSG. In der Annahme, dass komplexe gesellschaftliche Herausforderungen sich nicht mehr von einzelnen Akteuren lösen lassen, findet Collective Impact statt, „wenn sich die wichtigsten Akteure aus allen betroffenen Sektoren auf das Erreichen eines gemeinsamen und messbaren Ziels verpflichten und dieses dann mit Überzeugung und Disziplin langfristig verfolgen". Collective Impact erfordert vor allem eine gemeinsame Zielsetzung, gemeinsame Erfolgsindikatoren und Messsysteme, sich gegenseitig verstärkende Aktivitäten, eine kontinuierliche Kommunikation und eine gute ausgestattete Geschäftsstelle. Die ist bei der Engagierten Stadt in der Körber-Stiftung angesiedelt worden. ... Die Idee des Collective Impact soll im Rahmen der Engagierten Stadt auch das Denken und Handeln auf der lokalen Ebene bestimmen. Das heißt, auch den Geförderten wird mit auf den Weg gegeben, dass sich die antragstellende Organisation als Prozessmoderator verstehen möge und für eine möglichst starke und ausreichend ausgestattete Geschäftsstelle sorgen muss, dass aber lokales Engagement erst als Netzwerk vieler guter Partner wirklich nachhaltig gestärkt werden kann. Das heißt dann zum einen, dass aus dem lokalen Nebeneinander vieler Engagementträger ein Miteinander werden soll, sodass sich z. B. Diakonie, Bürgerstiftung, Seniorenbüro und Vereine nicht weiter um denselben Kuchen, dieselben Projekte oder dieselben Förderer streiten, sondern zusammenarbeiten. Und auch vor Ort gilt es natürlich, trisektoral zu wirken und die meist schon vorhandene Kooperation der Zivilgesellschaft mit Politik und Verwaltung möglichst auch auf die Wirtschaft auszuweiten. Denn am Ende sind alle in die Verantwortung zu nehmen und es braucht auch alle Kräfte, um das gemeinsame Ziel zu erreichen: die Engagierte Stadt (Haist 2015).

9 Fazit

Eine wirklich nachhaltige Quartiers- und Stadtentwicklung muss ganz anders aufgesetzt werden als bisher: Nicht als Verwaltungsakt aufsetzen und durchziehen, sondern in einem alle Akteure aus den Sektoren Politik, Verwaltung, Wirtschaft und Zivilgesellschaft umfassenden ergebnisoffenen Aushandlungsprozess ein Konzept erstellen für Gemeinwesenarbeit, in der jeder seine Rolle einnehmen, ausfüllen und daran reifen kann. Gesellschaftlich verantwortliche Unternehmen könnten hier eine wesentliche Rolle in Sinne von Corporate Citizenship übernehmen und damit die Lebensqualität an ihrem Standort entscheidend und gemeinsam mit anderen Akteuren mitgestalten. Das erfordert allerdings mehr als ein einmaliges Engagement – wer wirklich wirksam werden will, muss eine gewisse Bereitschaft zur Kontinuität mitbringen. Eine bessere Chance, glaubwürdig als Unternehmen sichtbar zu werden, dürfte sich allerdings nicht so schnell bieten.

Literatur

Amrhein U (2015) (Generali-Zukunftsfonds) Interview. Behördenspiegel Jan. 2015, S. 9

Erster Engagementbericht der Bundesregierung, Berlin 2012

Generali-Zukunftsfonds (2014) Generali-Monitor 06: Engagementatlas 2015. Vom Wildwuchs zu Engagementlandschaften. Köln

Haist K (2015) Das Netzwerkprogramm „Engagierte Stadt". Perspektivwechsel in der Engagementförderung. In: Klein A, Sprengel R, Neuling J (Hrsg) Jahrbuch Engagementpolitik 2016. Engagement – und demokratiepolitische Perspektiven. Wochenschau Verlag, Schwalbach/Ts., S 53–59

Patscheke S (2014) (FSG) Vortrag im Forum Engagementförderung auf dem deutschen Stiftungstag. Hamburg

Graf Strachwitz R (2014) Achtung vor dem Bürger. Freiburg

Loring Sittler war von 2008 bis 2016 einer der Leiter des Generali Zukunftsfonds. Nach seinem Studium der Anglistik, Geschichtswissenschaft und Politik in Freiburg und Gießen war er von 1979 bis 1992 als Geschäftsführer beim Fortbildungswerk für Studenten und Schüler e. V., Bonn. Von 1995 bis 2006 wirkte er als Projektleiter und Vertriebsleiter im Bereich Finanzdienstleistungen und übernahm von 2006 bis 2008 Tätigkeiten in PR-Agenturen sowie freiberuflich. Im Jahr 1992 war er Gründungsmitglied des Vereins zur Förderung politischen Handelns e. V., von 1991 bis 2005 war er Gründungsvorsitzender des Vereins „Jugend streitet". Zudem ist er Initiator des Bundeswettbewerbs „Jugend debattiert".

Neue Kooperationen initiieren: Unternehmensengagement für die soziale Stadtentwicklung

Reinhard Lang

1 Einleitung

Wer an das Engagement von Unternehmen in sozialen Feldern denkt, denkt erstmal an Geld und an die Milliarden, die die großen Sponsoren aus der Wirtschaft für Sport und Kultur jedes Jahr einsetzen. In der Tat: Am umfangreichsten ist das Unternehmensengagement mit finanziellen Mitteln – laut Erstem Engagementbericht der Bundesregierung 8,5 Mrd. € pro Jahr (Sachspenden: 1,5 Mrd.). Doch die Ressourcen und Kompetenzen, die Unternehmen bei ihrem Engagement im Gemeinwesen einsetzen, sind wesentlich vielfältiger und nicht nur unter dem Gesichtspunkt gesellschaftlicher Wirkung, sondern auch unter quantitativen Gesichtspunkten oft sehr viel bedeutsamer: Neben Finanzmitteln, Dienstleistungen, Produkten und Logistik, Kontakten und Einfluss werden derzeit vor allem Zeit, Know-how und Wissen von Mitarbeitern (Corporate Volunteering/Mitarbeiterengagement) als wertvolle Ressourcen für wirksame Engagementprojekte entdeckt, die insbesondere die fachlichen und organisationsbezogenen Ziele der gemeinnützigen Partner sinnvoll unterstützen können. Auch das Spektrum möglicher Instrumente hat sich ausdifferenziert[1]: Neben Spenden, Sponsoring, Unternehmensstiftungen und dem Mitarbeiterengagement sind das zweckgebundene Marketing, die Auftragsvergabe an gemeinnützige Organisationen, Gemeinwesen Joint Ventures, Lobbying für gemeinnützige Anliegen und soziales Risiko-Kapital.

Die Fixierung auf die eher passive Spende finanzieller Mittel verstellt noch viel zu oft den Blick auf das, was an neuen Allianzen, zusätzlichen Ressourcen und gemeinsamen

---

[1] Eine grundlegende Systematik von Ressourcen, Instrumenten, Nutzenerwartungen und Kooperationszielen mit vielen Praxisbeispielen siehe in Dresewski 2004; Lang und Sturm 2015.

R. Lang (✉)
UPJ Netzwerk für Corporate Citizenship und CSR
Berlin, Deutschland
E-Mail: reinhard.lang@upj.de

Interessen vor Ort schon vorhanden – und was noch möglich ist. Sozialer Zusammenhalt, Integration, Bildung, Fachkräftemangel, eine intakte Umwelt, eine funktionierende soziale und kulturelle Infrastruktur, aktive Nachbarschaften, Engagement und Eigeninitiative – es gibt kaum ein Thema, das den Akteuren aus Wirtschaft, Gemeinwesen und Verwaltung vor Ort nicht gleichermaßen unter den Nägeln brennen würde. Gemeinnützige Organisationen, Initiativen, Projekte und Einrichtungen und die öffentliche Verwaltung sind die zuständigen Experten für diese Themen, die gemeinsame Stadt ist der Ort, an dem diese Themen vorrangig bearbeitet werden und den Alltag bestimmen. Unternehmen jeder Größe erkennen zunehmend die Bedeutung, die die mit diesen Themen verbundenen Entwicklungen in ihrem Umfeld für eine positive Unternehmensentwicklung haben, und wissen, dass sie nur in einem funktionierenden Gemeinwesen auch gute Geschäfte machen können. Die sogenannten weichen Standortfaktoren erweisen sich zunehmend als relevant für eine positive Unternehmensentwicklung auch in den harten Bereichen. Auf diese Faktoren können Unternehmen mit ihrem gesellschaftlichen Engagement gezielt Einfluss nehmen.

Corporate Citizenship – die verantwortliche Unternehmensführung im CSR-Handlungsfeld Gemeinwesen – ist der Oberbegriff für das Engagement von Unternehmen, die ihre gesellschaftsbezogenen Aktivitäten bündeln und strategisch auf übergeordnete Unternehmensziele ausrichten. Dabei kooperieren sie in der Regel mit gemeinnützigen Organisationen vor Ort, um eine in ihrem Sinne wünschenswerte Entwicklung in ihrem Umfeld mitzugestalten. Praktisch bedeutet das, dass nicht nur große, sondern auch kleine und mittelständische Unternehmen von ihrem Engagement im Gemeinwesen zunehmend einen gewissen Nutzen erwarten – für die Unternehmensentwicklung und die Steigerung ihrer Wettbewerbsfähigkeit ebenso wie für die Erweiterung der Funktions- bzw. Problemlösungsfähigkeit im Gemeinwesen. Diesen Zusammenhang stellt auch der Engagementbericht fest: 96 % der Unternehmen mit über 500 Beschäftigten und 63 % mit bis zu 50 Beschäftigten sind auf unterschiedliche Weise gesellschaftlich engagiert. Dieses Engagement ist zu 90 % an den Standort gebunden. Insgesamt 80 % geben an, dass sie lokale Akteure unterstützten, um ein funktionierendes Gemeinwesen zu stärken, etwa 70 % sind der Ansicht, dass ihr Engagement auch unternehmerische Ziele befördert (Deutscher Bundestag 2012).

> Corporate Citizenship ist Bestandteil eines sehr viel breiteren Konzepts gesellschaftlicher Verantwortung von Unternehmen. „Corporate Social Responsibility" (CSR) – die gesellschaftliche Verantwortung von Unternehmen oder: „Verantwortliche Unternehmensführung" – bedeutet die Wahrnehmung ökonomischer, ökologischer und sozialer Verantwortung in allen Bereichen der Unternehmenstätigkeit durch die aktive Gestaltung aller Schnittstellen eines Unternehmens zur Gesellschaft im Hinblick auf eine Verbesserung der ökonomischen, ökologischen und sozialen „Performance": von der eigentlichen Geschäftstätigkeit, Produkten und dem Austausch

> mit Kunden und Zulieferern auf dem Markt über das Verhalten gegenüber den Mitarbeiterinnen und Mitarbeitern am Arbeitsplatz bis zu ökologisch relevanten Aspekten der Unternehmenstätigkeit für die Umwelt und dem Austausch mit Anspruchsgruppen im Gemeinwesen (Corporate Citizenship). Im Kern geht es also nicht darum, was Unternehmen mit ihren Gewinnen „Gutes" tun, sondern wie Unternehmen ihre Gewinne erwirtschaften. Das ist zunehmend auch für mittelständische Unternehmen der handlungsleitende Rahmen für ihr gesellschaftliches Engagement (siehe die Beiträge von R. Merchel und R. Danielzyk u. a. in diesem Band sowie Nelius und Dresewski 2014).

Es gibt also eine ganze Reihe praktischer Anknüpfungspunkten für die Schaffung neuer Verbindungen zwischen Wirtschaft und Gemeinwesen, die allen Seiten nutzen und für die Stadt- wie für die Quartiersentwicklung neue Horizonte erschließen können.[2] Der Ausgangspunkt für die Aktivierung des Engagements der lokalen Wirtschaft im Gemeinwesen liegt demnach nicht im passiven Transfer zusätzlicher Ressourcen, sondern im aktiven *beiderseitigen* Interesse an neuen Lösungen für veränderte Problemlagen im gemeinsamen Umfeld. Ziel einer strategischen Engagementförderung vor Ort muss es demnach sein, solche „sozialen Kooperationen" zwischen bürgerschaftlich engagierten Unternehmen, gemeinnützigen Organisationen und der öffentlichen Verwaltung zu einem Faktor regionaler Entwicklung und eine lebendige Kooperationskultur zum „Normalfall" zu machen. Deren Potenziale können vor Ort entfaltet werden – gemeinsam mit den Unternehmen am Standort und in der Nachbarschaft (auch wenn dabei mal eins der großen Unternehmen oder dessen Niederlassung mit von der Partie sein sollte).

Das ist gar nicht so schwer. Eine wachsende Zahl guter Beispiele zeigt, wie die vielfältigen Ressourcen und Kompetenzen, die Unternehmen im Rahmen ihres Engagements einsetzen können, sinnvoll mit den Zielen und Angeboten gemeinnütziger Organisationen verbunden werden können. Die Vielfalt an Instrumenten wird dabei ebenso deutlich, wie die Vorteile für die Beteiligten und für die Entwicklung der „weichen Standortfaktoren". Die Beispiele zeigen auch, dass vor Ort belastbare Verbindungen zwischen Wirtschaft und Gemeinwesen geschaffen werden können, wenn mit Themenkonjunkturen und normalen Fluktuationen – die wir ja auch von Stiftungen und den öffentlichen Händen kennen – von vornherein gerechnet wird. Für das Gelingen ist es wichtig, dass der Transfer von kurzfristigen, besonders aber für den *Einstieg* geeigneten Projekten Schritt für Schritt hin zu längerfristigen *Programm*strukturen und einer Vernetzung vor Ort erfolgt, ohne die Akteure durch zu hohe Erwartungen zu überfordern und dennoch die erforderliche *Ver-*

---

[2] Das hat insbesondere das Positionspapier „Gesellschaftliches Engagement von Unternehmen und Stiftungen in der sozialen Quartiersentwicklung. Diskussions- und Positionspapier des Expertenbeirates im ExWoSt-Forschungsfeld ‚Unternehmen und Stiftungen für die soziale Quartiersentwicklung'" deutlich gemacht, das im Namen des trisektoralen Beirats von Quaestio publiziert wurde (Quaestio 2015).

lässlichkeit und Fachlichkeit bei der Bearbeitung der genannten Themen sicherzustellen. Das hört sich kompliziert an, aber auch dafür gibt es eine Reihe erfolgreicher und übertragbarer Konzepte, die im Kern alle darauf gerichtet sind, konkrete *Erfahrungen* miteinander zu vermitteln, die Akteure vor Ort in gemeinsamen praktischen Aktivitäten zusammen zu bringen, in Bewegung zu setzen, und die auf diese Weise neue Horizonte öffnen können. Mehrere praktische Beispiele für diesen Prozess werden im Folgenden beschrieben. Um einige Erfolgsfaktoren und die Rolle der Kommune geht es im letzten Abschnitt.

2 Verbreiten: Impulse für Engagement und neue Kooperationen geben

Zu den Gelingensbedingungen einer strategischen Engagementförderung, die nachhaltige Kooperationen zwischen Gemeinwesen und der Wirtschaft vor Ort initiieren will, gehört es nach den vorliegenden Erfahrungen, Schritt für Schritt vorzugehen, klein anzufangen und das größere Ziel dabei nicht aus den Augen zu verlieren. Der Einstieg gelingt am besten, wenn zunächst einfache Einstiege ermöglicht und die Beteiligten beteiligt werden:

- durch gemeinsames Tun praktische Erfahrungen miteinander vermitteln und dabei persönliche Kontakte zwischen den „Welten" herstellen,
- niedrigschwellige und im ersten Schritt „unverbindliche" Zugänge zu neuen Formen des Engagements ermöglichen,
- viele dabei mitnehmen und sie für nicht in erster Linie monetär ausgerichtete gemeinsame Aktivitäten öffnen,
- praktische Beispiele vor Ort schaffen, die zeigen, was geht, die aber auch auf Engagement und Kooperationen in der Region aufmerksam machen.

Das heißt, es sollte nicht bei einer einmaligen Aktion bleiben, sondern von Beginn an Wachstum angestrebt und eine lokale „Marke" aufgebaut werden, die am besten selbst schon Ergebnis einer Kooperation ist und Ausgangspunkt für weiter gehende Aktivitäten in der Region sein kann. Nicht zuletzt kommen in solch einfachen und niedrigschwelligen Impulsprojekten viele Mitarbeiter von Unternehmen zum ersten Mal mit bürgerschaftlichem Engagement in Berührung und nicht wenige werden danach auch in ihrer Freizeit aktiv – ein nicht unwesentlicher Aspekt der Engagementförderung durch Unternehmen, der durchaus etwas mehr Aufmerksamkeit verdient.

Die beiden am weitesten verbreiteten Formate für ein solches Vorgehen, die bereits in gut 100 großen und kleinen Kommunen in Ost und West funktionieren und auch in Quartieren oder für spezielle Themen schon erfolgreich erprobt wurden, sind der „Marktplatz für Gute Geschäfte" und der „Lokale Aktionstag für Unternehmen und Gemeinnützige".

Lokaler Aktionstag für Unternehmen und Gemeinnützige
An einem Tag im Jahr gehen möglichst viele lokale Unternehmen jeder Größe und Branche in Teams mit möglichst vielen Mitarbeitern in möglichst viele gemeinnützige Orga-

nisationen, Einrichtungen und Projekte in ihrer Stadt und arbeiten dort mit: Gemeinsam mit Sozialarbeitern, Eltern, Bürgern, Jugendlichen packen sie an in „Aktivprojekten" bei Renovierungs- und Bauvorhaben in Schulen, Kitas, Stadtteilzentren oder bei besonderen Veranstaltungen, die sonst nicht, nicht jetzt oder nicht auf diese Weise möglich wären (Kicken mit Knackis, Stadtteilolympiade, Integrationsfest). Sie begleiten Adressaten der Organisationen in „1:1-Begegnungsprojekten" beispielsweise bei einem Tandemausflug mit Sehbehinderten, in der Rollstuhldisko, bei einem Entdeckertag mit jungen Flüchtlingen; oder sie setzen ihr Wissen in „Kompetenz-Projekten" ein für Bewerbungstrainings, die Beratung ehrenamtlicher Vereinsvorstände, die Gestaltung ansprechender Schulungsmaterialien, die Implementierung eines IT-Vorhabens etc. Der Aktionstag kann zudem einen einfachen Rahmen schaffen für das Engagement von Teams geflüchteter Menschen, die ihrer Stadt etwas „zurückgeben" möchten und dabei unkompliziert Begegnungen mit lokalen Unternehmen herstellen. Unternehmen und Gemeinnützige finden bei einer Projektbörse zueinander und bereiten anschließend ihr Projekt für den Aktionstag gemeinsam vor.

Der Aktionstag wird von einem „Komitee" organisiert, in dem Engagierte aus dem Gemeinwesen, aus Unternehmen und der kommunalen Verwaltung mitwirken. Koordiniert wird das Komitee in der Regel von einem lokalen Mittler[3], der oft auch den ersten Impuls für die Aktion gegeben und die Mitwirkenden gewonnen hat. Das Komitee plant und führt den Aktionstag gemeinsam durch, sorgt für die Herstellung aller Materialien und ein einprägsames Label, gewinnt die Teilnehmenden, beschafft alle erforderlichen Ressourcen und begleitet die Projekte. Damit ist der Aktionstag selbst schon von Anfang an ein kooperatives Projekt und gewinnt auch von da her an Überzeugungskraft. Der Tag schließt mit einer After-Work-Party ab, wird von intensiver Öffentlichkeitsarbeit begleitet – und im folgenden Jahr (etwas größer) erneut durchgeführt[4].

Marktplatz für „Gute Geschäfte"
Nach diesem Prinzip funktionieren auch die Marktplätze für „Gute Geschäfte" zwischen Unternehmen und Gemeinnützigen (Abb. 1): Lokale Veranstaltungen für maximal zwei Stunden, bei denen einmal im Jahr in einer netten und informellen Atmosphäre konkrete gemeinsame Engagementaktivitäten von Unternehmen und gemeinnützigen Organisationen und Einrichtungen zur Verbesserung und Belebung des Gemeinwesens vereinbart – und anschließend umgesetzt werden. Auf dem Marktplatz kommt dieses Engagement für ein besseres Zusammenleben in der Kommune oder im Stadtteil zusammen, Angebot und Nachfrage finden zueinander, konkrete Vorhaben werden „gematcht". Was der eine übrig hat oder geben möchte, können andere gut gebrauchen: Helfende Hände, Wissen und Kenntnisse, Hilfsmittel und Logistik, Gelegenheiten und Kontakte. Oberste Regel: Es darf über alles gesprochen werden – nur nicht über Geld.

---

[3] Siehe unten: Die Rolle der Kommune.
[4] Einen Leitfaden und alle erforderlichen Materialien zum Download gibt es hier: www.upj.de/aktionstag.

Abb. 1 Durchführung von Lokalem Aktionstag und Marktplatz. (UPJ)

Unternehmen können auf dem Marktplatz engagierte Vereine, Initiativen oder Schulen aus ihrer Stadt kennenlernen und direkt ein passendes Projekt finden, das ihr spezifisches Angebot gut gebrauchen kann und ihren Interessen entspricht. Dies kann auf eine einmalige Kooperation begrenzt – oder der Beginn einer längerfristigen Beziehung sein. Vereine, Projekte und Einrichtungen können neue engagierte Partner in ihrem direkten Umfeld finden, mit denen ein konkretes Vorhaben möglich oder noch besser wird. Und sie können Unternehmen ebenfalls etwas bieten und wie auf einem Marktplatz gleich darüber verhandeln. Der Marktplatz ist in der Regel offen für alle, funktioniert aber auch mit einem speziellen Themen-Schwerpunkt (Gute Geschäfte für ..., Hilfe und Integration geflüchteter Menschen, Soziale Stadt, Kultur, Bildung etc.).

Auch der Marktplatz wird jährlich wiederholt und von einem Vorbereitungskomitee organisiert, in dem engagierte Personen aus Unternehmen, gemeinnützigen Organisationen und der Stadtverwaltung mitwirken, die die Idee in ihren jeweiligen Netzwerken verbreiten – und das die Keimzelle für die Entwicklung einer Infrastruktur zum Thema in der Region werden kann.[5]

---

[5] Auch für den Marktplatz gibt es einen Leitfaden, alle erforderlichen Materialien zum Download sowie einen Überblick über andere Marktplätze in der Region, die mit ihren Erfahrungen beim Start gerne behilflich sind: www.gute-geschaefte.org.

Sozialer Tag und 72-Stunden-Aktion

Am jährlichen „Sozialen Tag" gehen Jugendliche bei Unternehmen, gemeinnützigen Organisationen oder öffentlichen Verwaltungen arbeiten und spenden ihren – von den Arbeitgebern großzügig bemessenen – Lohn an selbst definierte soziale Zwecke bzw. Organisationen. Die größte, nur von Schülern getragene Initiative „Schüler Helfen Leben", die den Sozialen Tag aus Norwegen übertragen und in ganz Deutschland etabliert hat, finanziert mit den jährlich gut 1,5–2 Mio. €, die hier zusammen kommen, politische Bildung und Projekte für Kinder und Jugendliche im ehemaligen Jugoslawien, in Jordanien und Syrien. Beim Sozialen Tag „Mitmachen Ehrensache" der Jugendstiftung in Baden-Württemberg wird für lokale Belange von Jugendlichen gearbeitet, bei „genialsozial" der Sächsischen Jugendstiftung generieren Schüler finanzielle Mittel für Hilfsprojekte an ihren Schulen und in Entwicklungsländern. Das Format ist in jeder Größenordnung und in jedem Sozialraum machbar.[6]

Die „72-Stunden-Aktion" hat als eine öffentlichkeitswirksame Methode vor allem im ländlichen Raum Vereine, Projekte, Initiativen und Unternehmen im Interesse des Gemeinwohls aktiviert: Jugendgruppen bewältigen innerhalb eines festen Zeitlimits (z. B. 48 oder 72 h) eine selbst gewählte oder vom Initiator der Aktion gestellte gemeinnützige Aufgabe in ihrem Heimatort – z. B. Herrichten einer Bushaltestelle, Bau eines Spielplatzes, Organisation eines Familienfestes, Baumpflanzungs- oder Müllsammelaktionen. Lokale Unternehmen unterstützen die Aktion mit logistischer Hilfe, Sachleistungen, Materialien, Mitarbeitern. Die „72-Stunden-Aktion" wird seit 1995 von der Niedersächsischen Landjugend und seit 2001 von einigen katholischen Jugendverbänden durchgeführt und ist in den Kommunen ein „Event", an dem im besten Falle die gesamte lokale Öffentlichkeit mitwirkt[7].

NACHTSCHICHT: 8 Überstunden für den guten Zweck

Ein neues Impuls-Format, das bereits die ersten Nachahmer gefunden hat, mobilisiert Kompetenzspenden von Unternehmen, und das sozusagen „über Nacht": Mehrere Teams à 4–6 Experten aus unterschiedlichen Firmen der Kreativbranche machen gemeinsam „8 Überstunden für den guten Zweck" und erledigen in einer Nachtschicht je eine konkrete Kommunikations- oder Marketing-Aufgabe einer gemeinnützigen Organisation, die dieser dabei hilft, die Angebote für ihre Zielgruppen zu verbessern und ihr Anliegen zu verbreiten. Ergebnisse einer NACHTSCHICHT sind zum Beispiel überzeugende Werbemittel, eine aussagekräftige Webseite, ein aufmerksamkeitsstarker Info- oder Messestand, eine Postkartenserie zur Ansprache neuer Zielgruppen, eine Plakatkampagne oder eine passende IT-Lösung. Kosten für die Gemeinnützigen: null. Einsatz der Unternehmen: mehrere 100 h professionelle Dienstleistung pro bono für konkrete soziale Aufgaben in ihrer Stadt.

---

[6] Informationen und Materialien zum Mitmachen: sozialer-tag.de | mitmachen-ehrensache.de | genialsozial.de.
[7] BDKJ: www.72stunden.de/ | Landjugend: www.72-stunden-aktion.de/.

Der Clou: Am Ende der NACHTSCHICHT können die Ergebnisse gleich mitgenommen und eingesetzt werden.

Auch die NACHTSCHICHT wird – ebenfalls pro bono – von einem Komitee organisiert, das die erforderlichen Expertisen und Zugänge zu Netzwerken verbindet (idealerweise: Nonprofitbereich, Kreativwirtschaft, Veranstaltungsorganisation, Kommunikation) und eine öffentlichkeitswirksame Brücke für die Engagementbereitschaft der Kreativfirmen vor Ort baut.[8] Auch dieses übertragbare Einstiegsformat bringt die lokale Wirtschaft mit dem Gemeinwesen bei einer sinnfälligen Aktion in eine praktische Beziehung und funktioniert in jedem Sozialraum und für Unternehmen aller Größen und Branchen.

3 Vertiefen: Einen programmatischen Rahmen schaffen

Über einen Einstieg hinaus gehen Programme, in denen Unternehmen mit ihren spezifischen Ressourcen und Kompetenzen, die gerade sie sinnvoll in soziale Projekte und Maßnahmen einbringen können, über einen definierten Zeitraum hinweg a) Angebote für die Adressaten einer Organisation so sinnvoll ergänzen, dass am Ende vor allem ein qualitatives „Mehr" an Leistung erzielt werden kann, oder b) die Organisationen selbst in ihrer Entwicklung unterstützen, damit sie die Arbeit für ihre ideellen Ziele besser oder effektiver oder in größerem Rahmen durchführen können (Kompetenztransfer, „capacity building"). Für das Gelingen einer solchermaßen verlässlichen und fachlich ausgerichteten Einbindung engagierter Unternehmen vor Ort muss ein klarer und überschaubarer Rahmen mit realistischen Konditionen geschaffen werden, der eine Mitwirkung vieler ermöglicht, einen klaren Anfang und ein definiertes Ende hat, klare Prozesse und Aufgaben der beteiligten Unternehmen wie ihrer Partner und des Projektmanagements beschreibt, als Programm auf eine gewisse Dauer angelegt und am besten ebenfalls als lokale „Marke" entwickelt wird. Das Geschäftsmodell eines solchen Programms muss Schwankungen und Fluktuationen einkalkulieren, vor allem aber müssen die Programmaktivitäten der Unternehmen sowie die Art ihrer Beteiligung den Sinn und Nutzen ihres Beitrags erlebbar machen, um ausstrahlen und andere (Unternehmen und Organisationen) anstecken zu können. Hilfreich für die Entwicklung einer solchen erweiterten Einbindung engagierter Unternehmen ist es, wenn es in der Region bereits eins der genannten Impulsprojekte gibt. Damit steht ein gewisser Pool an potenziell ansprechbaren Akteuren zur Verfügung, die bereits erste praktische Erfahrungen miteinander gemacht und dabei eine Idee von den Möglichkeiten gemeinwesenbezogener Kooperationen jenseits von Spende und Sponsoring entwickelt haben. Wie ein solcher Rahmen beschaffen sein kann, zeigt exemplarisch das folgende Beispiel:

---

[8] Ergebnisse der bisherigen NACHTSCHICHTen, Mitwirkende, Links zu anderen Städten (z. B. Jena, Nürnberg, Klagenfurt, Wien oder in Berlin der refugeehackathon.de) siehe www.nachtschicht-berlin.de; www.facebook.com/N8SCHICHT.

WiesPaten – Unternehmen für Bildung und Integration
Ein Beispiel, wie der Spagat zwischen Machbarkeit, Verlässlichkeit und fachlicher Einbindung gelingen kann und regelmäßig viele regionale Unternehmen zu einer Erweiterung und Vertiefung ihres Engagements motiviert werden können, ist das Wiesbadener Programm „WiesPaten – Unternehmen für Bildung und Integration" (www.wiespaten.de): Unternehmen übernehmen für ein Jahr eine Patenschaft für jeweils eine Gruppe von zwölf bis fünfzehn Schülern aus Zuwandererfamilien, die sich freiwillig für einen Förderunterricht gemeldet haben. Jedes Unternehmen verpflichtet sich zu vier Aktivitäten mit „seiner" Gruppe, die den wöchentlichen Förderunterricht ergänzen: Kennenlernen (die Unternehmen laden „ihre" Gruppe ins Unternehmen ein und besuchen sie in ihrer Schule, der „Gastgeber" ist jeweils verantwortlich für die Gestaltung des Nachmittags), Anpacken (ein Unternehmensteam und die Fördergruppe engagieren sich einen Tag lang gemeinsam in einer sozialen Organisation), Kultur erleben (vom Fußball- oder Kinobesuch über gemeinsames Eisessen bis zum gemeinsamen Theaterprojekt) und Feiern (bei einem Dankeschön-Fest des Sozialdezernenten der Stadt Wiesbaden für alle Beteiligten in einem besonderen Rahmen, den ein Fünf-Sterne-Hotel pro bono zur Verfügung stellt). Für die Organisation dieser Aktivitäten leistet jedes Unternehmen einen finanziellen Beitrag, aus dem der Förderunterricht finanziert werden kann. Seit dem Pilotprojekt mit fünf „Pionier"-Unternehmen im Jahr 2009 sind mittlerweile regelmäßig 12–18 Unternehmen in jedem Schuljahr beteiligt. Das Ziel des WiesPaten-Programms – die Ergänzung des Förderunterrichts durch weitere sinnvolle Angebote für Bildung und Integration – wird seit 2015 durch einen fünften Baustein „Internationale Begegnung" unterstützt: Die Förderschüler können mit Unterstützung der WiesPaten und der Kommune drei Wochen in einer europäischen Partnerstadt verbringen.

> Der Förderunterricht ebenso wie die Koordination der WiesPaten-Module wird vom Amt für Soziale Arbeit durchgeführt. Das Programm findet vor allem in Haupt- und Realschulen sowie in einzelnen Jugendeinrichtungen statt und richtet sich dezidiert an bildungsbenachteiligte Kinder und Jugendliche, die selbst die Initiative ergriffen haben, um ihre Schullaufbahn zu meistern. Im Amt für Soziale Arbeit ist das Programm eingebunden in die Koordination mit anderen sozialraum- und arbeitsweltbezogenen Angeboten zur Stärkung von Kindern, Jugendlichen und ihren Familien, in die zum Teil ebenfalls gezielt engagierte Unternehmen aus der gesamten Stadt eingebunden werden. Ziel dieser Strategie ist es, die „Stadt ins Quartier" zu holen, neue Verbindungen herzustellen und dieses Engagement fruchtbar zu machen für die Erschließung zusätzlicher Räume und handfester Gelegenheiten für Bildung, Integration und Teilhabe.

Weitere Beispiele solcher Programme, die in anderen Feldern nach ähnlichem Muster aufgebaut sind und Unternehmen mit einem quantitativ und qualitativ „tieferen" Engagement kalkulierbar und vor allem fachlich bedeutsam in neue Lösungsansätze einbinden, sind u. a. die „Stadtteilpaten" in Nürnberg, das Programm „Mitwirkung" für Hospitationen von Auszubildenden in sozialen Lernfeldern der Freiwilligenagentur Halle-Saalkreis, das vor allem vom Unternehmen SAP ermöglichte Programm „Social Impact" für die Gründung von Sozialunternehmen, „enterAbility" zur Unterstützung von Existenzgründungen von Menschen mit Behinderungen oder auch größere Programme wie z. B. „Joblinge".[9]

Kompetenztransfer
Einen programmatischen Rahmen für eine verlässliche Einbindung von Unternehmen, der die Beteiligten zu einer Erweiterung und Vertiefung ihres Engagements motiviert und Gemeinnützigen hilft, ihre organisatorischen Kompetenzen zu erweitern, um die Qualität ihrer Arbeit zu erhöhen und letztlich ihre Wirksamkeit steigern zu können, bieten exemplarisch die folgenden Programme:

Die „Kulturpaten" in Leipzig und Köln vermitteln Patenschaften zwischen Wirtschaft und Kultur: Engagierte Unternehmen unterstützen Kulturorganisationen und -betriebe in ihrer Stadt pro bono mit ihrer Fachkompetenz im Rahmen einer von ihnen selbst festgelegte Zahl an Dienstleistungsstunden. Dafür erhalten sie das Label als „Kulturpate" (www.leipzigerkulturpaten.de). In Leipzig wird das Kulturpaten-Programm – das derzeit in mehreren ostdeutschen Städten adaptiert wird – allein durch Spenden lokaler Unternehmen und Institutionen getragen.

„Partners in Leadership": Führungskräfte von Unternehmen coachen Schulleiter, die in der Regel als Pädagogen ausgebildet sind und dabei nicht unbedingt für die Leitung einer mittelständischen Organisation qualifiziert wurden, bei ihren Führungsaufgaben und erarbeiten gemeinsam Strategien und Konzepte, um die jeweils einzelne Schule zukunftsfähig zu gestalten (www.partners-in-leadership.bildungscent.de).

Eine Mittlerorganisation übernimmt jeweils die Recherche und das Matching mit passenden Organisationen sowie die Begleitung der Partner bei der Umsetzung und die Kommunikation. Unternehmen können sich in solchen Programmen engagieren als a) Dienstleister (Fokus: Aufgaben erledigen), b) Coach (Fokus: Wissen in die Organisation transferieren) oder c) Entwicklungspartner (Fokus: Innovation) (Eine Systematisierung der unterschiedlichen Typen von Kompetenzspenden siehe in Lang und Sturm 2015).

Für eine regionale Übertragung eher nicht geeignet, aber gleichwohl anregend für programmatische Überlegungen in diese Richtung (und eine Ressource für einzelne Organisationen) sind zum einen das größte deutsche Kompetenztransfer-Programm „startsocial", das engagierte Experten aus Beratungsunternehmen, z. B. McKinsey, mit gemeinnützigen Organisationen und ehrenamtlichen Initiativen verbindet, um ihnen mit professioneller Unterstützung bei besonderen Entwicklungsschritten oder der Erweiterung ihres Angebots zu helfen. Und zum anderen der von mehreren großen Anwaltskanzleien gegründete

---

[9] Vgl. Brenner et al. 2012 sowie mitwirkung.eu/ I socialimpact.eu/ I enterability.de/ I joblinge.de.

"Pro Bono Deutschland e. V.", die pro bono Rechtsberatung durchführen und den Rahmen dafür verbessern wollen.[10]

Gute Sache: Qualifizierung gemeinnütziger Organisationen für Unternehmenskooperationen

Für eine Verbreitung solcher Ansätze braucht es nicht nur regionale Mittlerstrukturen, sondern auch Organisationen, Einrichtungen und Initiativen im Gemeinwesen, die die Unternehmen mit machbaren Angeboten für ein verlässlicheres und fachlich eingebundenes Engagement „herausfordern" und erkannt haben, dass sie für eine erfolgreiche Einbindung von Unternehmen an Stelle der Fixierung auf Ressourcen zunächst vor allem *eigene fachliche* Zielsetzungen für die Kooperation entwickeln müssen. Dieser Perspektivwechsel – einer der wichtigsten Hebel für die Vertiefung und Wirksamkeit der Zusammenarbeit mit engagierten Unternehmen – steht bei der Qualifizierungsreihe „Gute Sache" im Mittelpunkt: Drei Seminare und zwei Workshops innerhalb von neun bis zehn Monaten für kleine Lerngruppen mit jeweils zwei Teilnehmenden pro Organisation werden von regionalen Kooperationspartnern des Programms durchgeführt. Die praktische Erprobung des Gelernten in einem realen „Übungs"-Projekt mit einem Unternehmen aus der Region ist hier fester Bestandteil des Curriculums. Bei einer Abschlussveranstaltung mit Vertretern aus Politik, Wirtschaft und Gemeinwesen werden die durchgeführten Projekte gemeinsam mit den Kooperationspartnern vorgestellt.

Auch „Gute Sache" ist das Ergebnis einer exemplarischen Kooperation: Entwickelt wurde die Qualifizierung durch einen Beirat, in dem die Bertelsmann-Stiftung, die Unternehmen Generali, KPMG, RWE und SAP sowie das MFKJKS des Landes NRW und das Corporate-Citizenship- und CSR-Netzwerk UPJ zusammen wirken. Die regionalen Partner erhalten ein fertiges Curriculum, alle erforderlichen Materialien, qualifizierte Trainer sowie eine Einführung und Begleitung bei der Durchführung. Bis Ende 2015 haben 20 Durchgänge für 160 Organisationen mit 15 verschiedenen Regionalpartnern stattgefunden. Die für die Durchführung auf regionaler Ebene erforderlichen Ressourcen werden bislang von Unternehmen, Stiftungen, Kommunen, Ländern und Wohlfahrtsverbänden eingebracht, die damit auch das Ziel verfolgen, ihre regionale Engagementinfrastruktur für die Förderung von Kooperationen zwischen Wirtschaft und Zivilgesellschaft zu stärken (www.gute-sachen.org).[11] Finanziert wird das Programm darüber hinaus von dem genannten Beirat, der die Reihe zudem komplett entwickelt und erprobt hat, das Programm aktiv begleitet und die übergreifenden Aufgaben fördert.

---

[10] www.startsocial.de; www.pro-bono-deutschland.org; weitere Informationen zum Kompetenztransfer für Gemeinnützige siehe auch www.proboneo.de.
[11] „Gute Sache" konnte dafür in den letzten beiden Jahren ca. 120.000 € an regionalen Förderungen aktivieren, die damit auch zur Stärkung der lokalen Infrastruktur beigetragen haben.

4 Verankern: Regionale Netzwerke aufbauen

Zentral für die Verankerung von Kooperationen vor Ort und deren Verstetigung ist zweierlei: Eine wirksame und erfahrbare Mitwirkung von Unternehmen (Beteiligung, Identifikation, „ownership") an Entwicklungsaufgaben der sozialen Stadtentwicklung und des Engagements als Standortfaktor. Dafür ist zweitens ein regionaler „Kümmerer" – eine Mittlerorganisation oder eine „Instanz" an der Schnittstelle von Gemeinwesen, Wirtschaft und Staat, die die Akteure aus den drei Sektoren Schritt für Schritt zu konkreten gemeinsamen Projekten und Programmen anregt, sie dabei in Verbindung bringt und perspektivisch zu mehr und tieferem Engagement motiviert – einer der wichtigsten Erfolgsfaktoren. Erste Erfahrungen mit solchen regionalen Netzwerken in einer Reihe von Regionen zeigen: a) Natürlich nicht bei allen, aber doch bei einer relevanten Anzahl an Unternehmen vor Ort trifft man regelmäßig auf Offenheit und die Bereitschaft zur gemeinsamen Bearbeitung gesellschaftlicher Aufgaben. b) Ohne eine konkrete handlungsorientierte Programmatik gehen Motivation, Aktivitäten und Mitwirkung bald zurück: das Netzwerk muss praktische Ergebnisse hervorbringen und für Außenstehende wie für die Akteure selbst sichtbar und nachvollziehbar zeigen, dass es funktioniert. c) Das Netzwerk muss so beschaffen und durch sein Programm quasi „in Bewegung" sein, dass übliche und erwartbare Fluktuationen einkalkuliert und verkraftet werden können. Die o. g. trisektoralen „Komitees", die Marktplätze für „Gute Geschäfte" oder „Lokale Aktionstage" organisieren, können diese Rolle Schritt für Schritt einnehmen oder der Ausgangspunkt für eine weitergehende Vernetzung sein. Den Erfolg der beschriebenen Programmatik zeigt idealtypisch das folgende Beispiel in der niederländischen Stadt Arnheim:

Arnheim Uitdaging
Das Arnheimer Uitdaging-Netzwerk wurde vor 10 Jahren von der Kommune initiiert als „Herausforderung" an die lokale Wirtschaft, mit dafür zu sorgen, dass Engagement, Eigeninitiative und neue Kooperationen mit ganz praktischen Ergebnissen zustande kommen, um den sozialen Zusammenhalt und die Quartiersentwicklung in der Stadt zu stärken. In jedem der vier (durch einen Fluss und eine große Straße quasi natürlichen) Quartiere der Stadt wurde eine lokale Aktionsrunde engagierter Personen aus Unternehmen im Quartier aufgebaut, die jeweils viermal im Jahr für zwei bis drei Stunden zusammenkommen. Hier wird über Vorschläge gemeinnütziger Organisationen, Einrichtungen und Initiativen aus dem jeweiligen Stadtteil entschieden, die konkrete (nichtmonetäre) Bedarfe an Unternehmensengagement formulieren für Vorhaben im Quartier, die einen konkreten Nutzen für konkrete Gruppen von Bewohnern und deren Beteiligung nachweisen müssen. Ein „alter Hase" aus der Wirtschafts-Community in der Runde stellt den Kontakt zu einem passenden Unternehmen in der Stadt her, einer der „jungen Hunde" – eine Nachwuchs(führungs)kraft, die ein Unternehmen als seinen Beitrag in die Runde entsandt hat – bittet dort um die jeweilige Unterstützung und stellt den Kontakt zur jeweiligen Organisation her. Jede der vier Aktionsrunden verpflichtet sich jährlich zu einer gewissen Anzahl an Kooperationsprojekten. Koordiniert wurden die vier Runden zu Beginn von ei-

ner Gemeinwesenorganisation, heute von Freiberuflern mit entsprechenden Kompetenzen, die auch die Vorschläge der Organisationen vorprüfen, die Umsetzung der Kooperationsprojekte begleiten und in einem übergreifenden Beirat die Verbindung zu Kommune, Unternehmens- und Sozial-/Wohlfahrtsverbänden herstellen. Die Kommune, gemeinsam mit Unternehmen aus der Stadt und dem nationalen Oranje-Fonds, fördert dafür Personalkapazitäten von 20 h pro Woche, alle anderen Ressourcen (Materialien, Internetseite, Veranstaltungen etc.) werden durch die Mitwirkenden im Netzwerk aufgebracht.[12]

Regionale Themen-Netzwerke
Engagement und die Bearbeitung vor Ort relevanter gesellschaftlicher Themen über den regulären Rahmen unternehmerischer Tätigkeit im engeren Sinne hinaus sind auch die Grundlage lokaler Bündnisse für Familie, regionaler Netzwerke der Initiative für Beschäftigung und des Bundesnetzwerks Schule-Ausbildung, der lokalen Arbeitskreise Schule-Wirtschaft oder der regionalen Ökoprofit- und Demografienetzwerke. Regionale „Verantwortungspartner"-Netzwerke, „Unternehmen Ehrensache" in Nürnberg, „Unternehmen für München" sind weitere Beispiele handlungsorientierter Plattformen, die sektorübergreifende Kooperationen verfolgen und als Baustein einer strategischen Förderung von Unternehmenskooperationen vor Ort gestaltet werden können[13].

Für das Gelingen sektorübergreifender regionaler Netzwerke zur Bearbeitung von in der Region jeweils drängenden gesellschaftlichen Problemen wird über die o. g. Faktoren hinaus das Zusammenwirken von fünf Bedingungen beschrieben (Collective Impact): Eine gemeinsame Agenda – und damit die Beschreibung eines mit den vorhandenen Ressourcen und Akteuren erreichbaren Ziels in einem realistischen Zeitraum –, abgestimmte Aktivitäten, eine regelmäßige Überprüfung der Umsetzung anhand einheitlicher Indikatoren, gegenseitiges Lernen und ein zentrales Management durch eine entsprechend ausgestattete und qualifizierte „Backbone-Organisation" (vgl. Kania und Kramer 2011, Bertelsmann-Stiftung und FSG o.J.). Dies ist auch in „kleinem" Rahmen möglich und kann an lokale Bedingungen angepasst werden. Dafür muss es vor Ort den (politischen) Willen und eine Strategie der Kommune geben mit dem Ziel, Unternehmen als Akteure im Gemeinwesen zu betrachten und sie nicht nur mit ihren Ressourcen und Kompetenzen, sondern auch mit ihren jeweiligen Interessen an der Lösung von Problemen im Umfeld mit den Interessen, Ressourcen und Kompetenzen potenzieller Kooperationspartner in Ge-

---

[12] „Uitdaging" = Herausforderung. Das Konzept wurde auf Initiative mehrerer Unternehmen im Wiesbadener Stadtteil Schelmengraben adaptiert und wird derzeit im Rahmen eines vom BMUB geförderten Projekts erprobt, eine Übertragung an andere Standorte ist beabsichtigt. Ausgangspunkt für die Initiative der Unternehmen waren erste Erfahrungen mit neuen Kooperationen im Rahmen ihrer Mitwirkung am lokalen Aktionstag „Wiesbaden:Engagiert!" – siehe www.wiesbaden.de/leben-in-wiesbaden/gesellschaft/buergerengagement-ehrenamt/gemeinsam-aktiv.php.
[13] www.lokale-buendnisse-fuer-familie.de | www.initiative-fuer-beschaeftigung.de | www.schulewirtschaft.de | www.bundesnetzwerk.org | exemplarisch: www.oekoprofit-nrw.de | http://www.demographie-netzwerk.de/regionale-netzwerke/ | www.verantwortungspartner.de | www.unternehmen-ehrensache.nuernberg.de | www.unternehmen-fuer-muenchen.de.

meinwesen und Kommune zu verbinden. „Es reicht nicht, Unternehmen und Stiftungen zum Beispiel zu einer Stadtteilkonferenz einzuladen … Aus Erfahrung kann schon jetzt gesagt werden, dass eine gelingende Kommunikation sehr schnell zum Abbau von Vorurteilen und in ein produktives Miteinander führt" (siehe Loring Sittler: „Prozess- und Strukturförderung ersetzt Projektförderung in der lokalen CSR- und Engagementpolitik" in diesem Band).

5 Die Rolle der Kommune

Engagierte Unternehmen sind keine Lückenfüller, sie können, wollen und sollten öffentliche Mittel für sozialstaatliche Aufgaben im Gemeinwesen nicht ersetzen. Wenn aber die Aktivierung zusätzlicher Ressourcen und Kompetenzen für die soziale Stadtentwicklung gewünscht ist, so ist dies auch eine Aufgabe von Politik und Verwaltung, die sich für Engagement, Eigeninitiative und Beteiligung öffnen und fünf wesentliche Voraussetzungen schaffen müssen:

In der Kommune muss eine explizite Entscheidung für die aktive Beschäftigung mit dem Thema getroffen und politisch abgesichert werden.

Zweitens braucht es einen Protagonisten bzw. einen Ansprechpartner innerhalb der Verwaltung mit Weitsicht, Beharrlichkeit und Durchsetzungsvermögen, der in der Anfangsphase die Initiative ergreift, dies mit anderen Fachabteilungen und geeigneten Akteuren in der Stadt abstimmt

und drittens die Entwicklung einer Strategie und die Klärung der erforderlichen Rahmenbedingungen herbeiführt. Die Aktivierung neuer Kooperationen ist – wie bei den Unternehmen auch – zunächst mit einer Investition verbunden. Aber auch kleine Schritte können zum Ziel führen. Wichtig ist, dass es überhaupt ein definiertes Ziel, einen Plan und die dafür notwendigen Rahmenbedingungen gibt.

Viertens braucht es den schon erwähnten „Kümmerer" oder „Brückenbauer": eine geeignete Person in der Kommune selbst, die örtliche Bürgerstiftung oder Freiwilligenagentur, das Quartiersmanagement, das Mehrgenerationenhaus, den Wohlfahrtsverband oder eine andere Einrichtung, die als Erweiterung ihrer sozialraumbezogenen Arbeit die Aufgabe eines regionalen Mittlers für Unternehmenskooperationen wahrnimmt. Deren Aufgabe besteht darin, wie beschrieben, Schritt für Schritt und an die Gegebenheiten vor Ort angepasst, Begegnungen zwischen den einander nach wie vor fremden „Welten" zu organisieren und in praktischen Kooperationen persönliche Erfahrungen miteinander zu initiieren. Je nach Konzept muss dieser Mittler dafür entsprechend ausgestattet werden.

Schließlich muss der Prozess kontinuierlich und aktiv durch die Kommune begleitet werden, auch wenn die Rolle des Mittlers durch einen Dritten wahrgenommen wird.

Dieser Prozess kann nur von den Beteiligten selbst mit Leben erfüllt werden. Die neuen Kooperationen können nicht „in Dienst genommen" und vorab auf Themen oder spezielle Vorhaben im Rahmen kommunaler Planungen und erwarteter Ergebnisse festgelegt werden, wenn sie nicht ihre Dynamik verlieren sollen, die sich, wie beschrieben, vor allem aus dem jeweils eigenen Interesse an Veränderung und neuen Lösungen speist. So offen dieser Prozess im Hinblick auf seine Inhalte gehalten werden muss, im Hinblick auf sein Ziel – neue soziale Kooperationen von Unternehmen, gemeinnützigen Organisationen und öffentlicher Verwaltung für ein funktionierendes Gemeinwesen aktivieren – lässt er sich planen und steuern. Dafür wird hier ein klar strukturiertes programmatisches Vorgehen Schritt für Schritt vorgeschlagen und dafür plädiert, das Rad nicht neu zu erfinden. Die beschriebenen Konzepte und Erfahrungen engagierter Kollegen mit der Verbreitung, Vertiefung und Verankerung des Engagements von Unternehmen im Gemeinwesen stehen für eine Übertragung zur Verfügung, die Bereitschaft von Unternehmen, sich gesellschaftlich zu engagieren und gemeinsam mit anderen etwas für sich und die Region zu tun, wächst ebenso wie das Interesse an sektorübergreifenden Kooperationen im Gemeinwesen (wie dieser Band zeigt). Beste Voraussetzungen, dass soziale Kooperationen zu einem Faktor regionaler Entwicklung und eine lebendige Kooperationskultur zum „Normalfall" werden.

Literatur

Bertelsmann-Stiftung, FSG (o.J.): Gemeinsam wirken. Systematische Lösungen für komplexe Probleme. Report Nr. 13. Gütersloh

Brenner H, Brochier A, Glaser U, Prölß R (2012) Die Stadtteilpatenschaft: Ein Modell öffentlich-privater Partnerschaft. Nürnberger Arbeitspapiere zu sozialer Teilhabe, bürgerschaftlichem Engagement und „Good Governance". Nr. 1. nuernberg.de/imperia/md/sozialreferat/dokumente/sonstige_downloads/1_stadtteilpaten.pdf. Zugegriffen: 20.11.16

Deutscher Bundestag (2012) Erster Engagementbericht – Für eine Kultur der Mitverantwortung. Bericht der Sachverständigenkommission und Stellungnahme der Bundesregierung. Drucksache 17/10580 vom 23. Aug. 2012

Dresewski F (2004) Corporate Citizenship. Ein Leitfaden für das soziale Engagement mittelständischer Unternehmen. UPJ, Berlin

Kania J, Kramer M (2011) Collective Impact. In: Stanford Social Innovation Review, Winter 2011, S. 35–41. Stanford University

Lang R, Sturm E (2015) Neue Verbindungen schaffen. Unternehmenskooperationen für gemeinnützige Organisationen. UPJ, Berlin

Nelius C, Dresewski F (2014) Verantwortliche Unternehmensführung. Corporate Social Responsibility im Mittelstand. UPJ, Berlin

Quaestio (2015) Positionspapier des Expertenbeirates im ExWoSt-Forschungsfeld „Unternehmen und Stiftungen für die soziale Quartiersentwicklung". Quaestio, Bonn. quaestio-fb.de/files/gesellschaftliche_engagement_von_unternehmen_und_stiftungen_in_der_sozialen_quartiersentwicklung.pdf

Dr. Reinhard Lang ist geschäftsführender Vorstand des gemeinnützigen UPJ e.V. UPJ ist das Netzwerk engagierter Unternehmen und gemeinnütziger Mittlerorganisationen in Deutschland. Im Mittelpunkt stehen Projekte, die zur Lösung gesellschaftlicher Probleme beitragen, indem sie neue Verbindungen zwischen Unternehmen, gemeinnützigen Organisationen und öffentlichen Verwaltungen schaffen. Diese Akteure unterstützt UPJ darüber hinaus mit Informationen und Beratung bei der Entwicklung und Umsetzung ihrer Corporate Citizenship und Corporate-Social-Responsibility-Aktivitäten (upj.de).

Werkswohnungsbau als wiederentdeckte Aufgabe

Peter Kadereit

1 Werkswohnungsbau – eine alte und zugleich neue Aufgabe

Mit dem im Jahr 2011 getroffenen Beschluss der Geschäftsführung der Stadtwerke München GmbH (SWM) in den folgenden Jahren in erheblichem Umfang neue Werks- oder Mitarbeiterwohnungen zu bauen, stärkt das kommunale Unternehmen vorhandene Strukturen und verfolgt – verglichen mit Konzernen ähnlicher Größenordnung – eine außergewöhnliche Strategie der Corporate Social Responsibilty: ausgehend von ca. 550 Wohneinheiten im Unternehmensbesitz, werden die SWM diesen Bestand bis zum Jahr 2021 auf 1100 Einheiten verdoppeln und hierfür 100–120 Mio. € bereitstellen.

Außergewöhnlich ist diese „Werkswohnungsoffensive" der SWM weniger im historischen Kontext – der Werkswohnungsbau hat dank unterschiedlicher Motivationen eine lange Tradition in Deutschland –, aber umso mehr in der gegenwärtigen Situation: Unternehmen, die über entsprechende Bestände verfügten, haben diese in den vergangenen Jahrzehnten meist veräußert, der Bau von Mitarbeiterwohnungen wird aktuell nicht als personalpolitische Maßnahme begriffen und die entsprechende Bindung von Kapital ist den Anteilseignern in der Regel kaum vermittelbar. Zwar erfolgen in besonderen Fällen nach wie vor – gerade bei der Rekrutierung von Spitzenkräften – gezielte Subjektförderungen (Mietzuschüsse, Übernahme von Maklerkosten, Einschaltung von Vermittlungsagenturen etc.), doch letztlich soll nach dem gängigen Verständnis der Unternehmensführung durch eine ausreichende Vergütung der Mitarbeiter in die Lage gesetzt werden, auf dem Immobilienmarkt geeigneten Wohnraum zu finanzieren. Grundsätzlich bewährt sich dieses System auch, es kommt aber an seine Grenzen in einer Gemengelage, die charakterisiert ist durch einen sich in den vergangenen Jahren erheblich zunehmenden Druck auf den

P. Kadereit (✉)
Stadtwerke München
München, Deutschland
E-Mail: Kadereit.Peter@swm.de

Wohnimmobilienmarkt in den Ballungszentren, durch eine Vergütungsstruktur, die gerade bei Beziehern geringerer Einkommen zu einem ungewöhnlich hohen Mietkostenanteil am Nettoeinkommen führt und durch eine sich dramatisch verschärfende Personalnachfrage angesichts der demografischen Wende – oder etwas martialischer ausgedrückt dem anstehenden „war of talents".

2 Werkswohnungsbau – Umgang mit einer unternehmerischen Aufgabe

Für den Werkswohnungsbau können in der modernen, kapitalistischen Wirtschaftsgeschichte zwei wesentliche Triebkräfte identifiziert werden: einerseits das Bemühen, im Umfeld von Produktionsstandorten Wohnraum für Beschäftigte zu schaffen und andererseits der paternalistische geprägte Ansatz, Wohnungen zur Personalgewinnung, zur Personalbindung, aber auch als Mittel der Mitarbeiterfürsorge einzusetzen.

In der Frühindustrialisierung lagen die Standorte der Rohstoffgewinnung und der Produktion oftmals außerhalb bestehender Siedlungsstrukturen – dies und die häufig unzureichenden Transportbedingungen beförderten den Bau der ersten Werks- oder Arbeitersiedlungen im Mutterland der Industrialisierung, in England. Während sich dort in erster Linie die Textilindustrie für die Errichtung von Arbeitersiedlungen, wie beispielsweise Copley und Saltaire im mittelenglischen Yorkshire, engagierte, war es in Deutschland vor allem die Montanindustrie die insbesondere im Ruhrgebiet durch den Bau von Wohnungen für Unternehmensangehörige ganze Stadtquartiere entwickelte; zunächst um Arbeiter in der Nähe der Produktionsstätten anzusiedeln, doch dann ab ca. 1880 primär aus paternalistischen Erwägungen. Mitunter wurden städtebaulich wie sozial herausragende Gemeinschaftssiedlungen geschaffen, wie die Siedlungen Altenhof I und II der Friedrich-Krupp AG in Essen oder die Werkssiedlung Piesteritz der Reichsstickstoffwerke in Wittenberg.

In München setzte die Industrialisierung erst verspätet ein – entsprechendes gilt für den Wohnungsbau von Institutionen und Firmen. Die ersten umfassenden Ansätze sind eng mit dem Wirken Theodor Fischers verbunden. Entsprechend seiner Entwürfe wurde die Siedlung Alte Heide in München-Schwabing zwischen 1918 und 1929 errichtet. Im Auftrag der Löwenbräu AG, der Bayerische Motorenwerke AG, der Krupp AG und der Lokomotivfabrik Maffei erbaute ein Bauträger fast 800 Wohnungen für die Beschäftigten dieser Unternehmen. Des Weiteren wirkten vor allem die öffentliche Hand und ihr verbundene Unternehmen, wie Reichsbahn, Post, Stadtverwaltung, städtische Werke und Kliniken, als Bauherrn. Nach dem Zweiten Weltkrieg engagierten sich insbesondere jene Unternehmen im Werkswohnungsbau, die München in Folge der deutschen Teilung als Firmensitz wählten, allen voran die Siemens AG. Im Münchner Süden errichtete der Konzern 1100 Wohneinheiten, darunter die ersten Wohnhochhäuser Deutschlands, die „Sternhäuser" aus dem Jahr 1952 (Abb. 1).

Im Jahr 2009 verkaufte die Siemens AG allerdings den gesamten Wohnungsbestand an ein Investorengremium und folgte damit einem seit Mitte der 1990er-Jahre einsetzenden

Abb. 1 Siedlung Alte Haide, München-Schwabing

Trend privatrechtlich organisierter Großunternehmen, dem sich pikanterweise gerade jene Unternehmen anschlossen, die aus öffentlichem Besitz hervorgegangen sind: der systematischen Trennung vom eigenen Wohnungsbestand und dem damit einhergehenden Entstehen institutioneller Wohnportfolioeigentümer. So baut das Immobilienvermögen des größten deutschen Wohnungsbestandshalters, der im Oktober 2015 in den DAX30 aufgestiegenen Vonovia AG, auf ehemaligen Beständen der Deutschen Bahn, der RWE AG und der E.on AG auf. Die Gründe für diese Geschäftspolitik vieler Traditionsunternehmen sind die Fokussierung auf das Kerngeschäft, das Shareholder-Value-Prinzip, die erheblichen Kosten bzw. die unzureichende Professionalität der eigenen Wohnungsverwaltung sowie die durchaus gewünschte Entkoppelung der vereinten Verantwortlichkeit gegenüber Mitarbeitern und Mietern (Abb. 2).

Abgesehen von kommunalen Gebietskörperschaften und Betrieben besitzen heute nur noch wenige Unternehmen ein umfassendes Wohnimmobilienportfolio, welches gerade auch Mitarbeitern zugutekommt, wie die Volkswagen AG oder in Ansätzen noch die Ruhrkohle AG bzw. die Evonik AG. Das öffentlich verbundene Unternehmen Stadtwerke

Abb. 2 „Sternhäuser" (ehemals Siemens AG) in München-Obersendling

München GmbH stellt alleine mit seinem nach wie vor vorhandenen Bestand an Werkswohnungen eine Ausnahme in diesem Kontext dar.

3 Werkswohnungsbestände der Stadtwerke München GmbH

Der Werkswohnungsbestand der Stadtwerke München GmbH spiegelt die Heterogenität der Aufgabenbereiche des kommunalen Versorgungsunternehmens wieder und dies sowohl in Bezug auf das Baualter, die Verortung und den Zusammenhang zu betrieblichen Funktionen.

Die SWM sind das größte kommunale Unternehmen Deutschlands und befinden sich im Alleineigentum der Landeshauptstadt München. Das Unternehmen wurde 1998 als GmbH gegründet und geht aus vormaligen kommunalen Werken, bzw. Eigenbetrieben hervor. Im Kerngeschäft stehen die SWM für die kommunalen Dienstleistungen:

- Energieerzeugung (Strom) und Primärenergiegewinnung (Gas),
- Wassergewinnung,
- Versorgung (Strom, Gas, Fernwärme, Wasser),
- Öffentlicher Personennahverkehr (U-Bahn, Trambahn, Bus),
- Öffentliche Bäder.

Sehr ambitioniert zeigt sich das Unternehmen bei der Umsetzung der klimapolitischen Ziele des Münchner Stadtrats: Die SWM investieren umfassend in den Aufbau erneuerbarer Energieerzeugungsanlagen (insb. Windkraft Onshore/Offshore, Solarenergie etc.) und können bereits heute sicherstellen, genauso viel Energie regenerativ zu erzeugen wie die Münchner Privathaushalte verbrauchen. Im Jahr 2025 soll dies für den gesamten Strombedarf aller Verbraucher in München gelten. Zudem ist das Unternehmen in der Gasexploration in Norwegen und Dänemark aktiv. Die 100%ige Tochtergesellschaft Münchner Verkehrsgesellschaft sichert sich regelmäßig sehr hohe Kundenzufriedenheitswerte – bester Nahverkehr Deutschlands. Die SWM belegen mit 6,09 Mrd. EUR im Jahr 2014 Platz 85 der umsatzstärksten Unternehmen Deutschlands und beschäftigen rd. 9000 Beschäftigte.

Aktuell verfügen die SWM über 550 werkeigene Wohnungen sowie über Belegungsrechte für weitere 450 Wohneinheiten bei öffentlichen wie privaten Wohnungsbaugesellschaften (werkgeförderte Wohnungen), rund 50 Wohnungen für Mitarbeiter werden zudem bei Dritteigentümern angemietet. Insgesamt wohnen rund 2800 Menschen in den Beständen, größtenteils handelt es sich um aktive Mitarbeiter, teils auch um in Rente befindliche ehemalige Mitarbeiter oder deren Angehörige.

Während die Belegwohnungen alle im Münchner Stadtgebiet liegen, befinden sich ca. 15 % der unternehmenseigenen Wohnungen außerhalb Münchens. Ursache hierfür ist der umfassende Immobilienbesitz im Bereich der Quellgebiete der Münchner Trinkwasserversorgung rd. 50 km südlich von München im Landkreis Miesbach und die hier vorhandenen Arbeitsplätze der SWM. Bis auf eine zusammenhängende Anlage handelt es sich bei diesen auswärtigen Beständen um Streubesitz.

Im Stadtgebiet verteilen sich die 480 werkeigenen Wohneinheiten auf fast 50 Standorte im gesamten Stadtgebiet. Zu differenzieren ist zwischen zusammenhängenden Wohnquartieren mit bis zu 120 Wohneinheiten und einer Vielzahl von Einzelstandorten, die Teil von betrieblichen Einrichtungen des Unternehmens sind (insbesondere Umspannwerke, Schwimmbäder oder Wasserkraftanlagen). Aber ebenso zeigen die größeren Anlagen meist eine Nähe zu betrieblichen Einrichtungen auf: während sich die Altbaubestände zumeist auf oder angrenzend zu betrieblich erforderlichen bzw. ehemals erforderlichen Grundstücken befinden, sind die Anlagen jüngeren Ursprungs Entwicklungen auf nicht mehr betriebsnotwendigen Grundstücken des Unternehmens. So liegt die größte Bestandseinheit, an der Dachauer Straße, neben einem ehemaligen Trambahndepot, hingegen der jüngste Komplex, an der Dülferstraße, auf dem Standort eines ehemaligen Umspannwerks errichtet wurde. Hinzu kommen noch einzelne vornehmlich gründerzeitliche Mietshäuser in verschiedenen Stadtquartieren (Abb. 3 und 4).

Das älteste Wohngebäude stammt aus dem Jahr 1860. Insgesamt 34 % der Wohnungen wurden vor 1918, 18 % zwischen 1918 und 1945, 25 % zwischen 1945 und 1980 und 23 % nach 1980 errichtet. Entsprechend der ausgeführten räumlichen Zusammenhänge wurden bis ca. 1980 die Wohngebäude meist zeitgleich zu der jeweiligen betrieblichen Infrastruktur errichtet. Dank einer laufenden soliden Bewirtschaftung darf der Erhaltungszustand der Gebäude über alles als gut betrachtet werden, die technische Ausstattung ist hingegen altersbedingt mitunter nicht zeitgemäß – die Bestände wurden in der Vergangenheit gut gepflegt, aber nur in Ausnahmefällen umfassend saniert. Beispielhaft hierfür steht die energetische und schalltechnisch ausgerichtete Renovierung des an einer Hauptausfallstraße gelegenen Objektes Tegernseer Landstraße 248/250 mit 20 Wohneinheiten in den Jahren 2009/10 (Abb. 5).

Abb. 3 Wohngebäude an der Dachauer Straße 106/108 (Baujahr 1906)

Abb. 4 Wohngebäude an der Dülferstraße 31/33 (Baujahr 2004/05)

Abb. 5 Kürzlich saniertes Wohngebäude an der Tegernseer Landstraße 248/250

4 Bewirtschaftung und Belegung der SWM-Wohnungen

Mit einem durchschnittlichen Mietzins von 8,50 €/m² im Münchner Stadtgebiet sind die Werkswohnungen der SWM deutlich günstiger als der Mittelwert der Münchner Mietwohnungen, der bei ca. 11,00 €/m² liegt. Gleichwohl ist die Durchschnittsmiete höher als jene der städtischen Wohnungsbaugesellschaften Gewofag und GWG mit ca. 6,50 €/m² im größtenteils geförderten Segment. Noch ist eine erhebliche Differenzierung bei den Mieten zwischen langjährigen Bestandsmietern und Neuvermietungen festzustellen. Ziel ist insofern die sukzessive, zugleich sozial verträgliche Angleichung der Miethöhen. Bei Neuvermietungen erfolgt die Bemessung der Miete gemäß den Berechnungsgrundlagen des Münchner Mietspiegels anhand der Kriterien Lage, Bauqualität, Ausstattungsqualität.

Entsprechend ergeben sich für die einzelnen Wohnungsbausegmente bei Neuvermietung folgende Mietpreisspannen: in sozial geförderten Neubauten 9,00–11,50 €/m^2, in Bestandsgebäuden 9,00–12,00 €/m^2, und in Neubauten 11,50–14,00 €/m^2. Im Bereich der Bestandsgebäude und der nicht geförderten Neubauten liegt diese nach Mietspiegel ermittelte Miete gut 30 % unter der Marktmiete! Rund 20 % des Wohnungsbestandes sind sozial gebundene beziehungsweise an das Haushaltseinkommen gebundene Wohnungen. Die Verwaltung der Wohnungen wird seit 2007 nicht mehr durch die SWM, sondern durch externe Hausverwaltungen durchgeführt. Neben der Vergabe der Wohnungen ist vor allem der Neubau der Wohnungen die originäre Aufgabe des Geschäftsbereichs Immobilien der SWM.

Die mitbestimmungspflichtige Vergabesystematik der Werkswohnungen ist mittels einer Vereinbarung mit dem Betriebsrat des Konzerns abgestimmt. Um einen transparenten Auswahlprozess zu gewährleisten, erfolgt die Mieterauswahl über einen Punktekatalog mit den Kriterien:

- Beschäftigtenstatus,
- Dauer des bestehenden Beschäftigungsverhältnisses,
- Einkommen bzw. für Miete benötigter Anteil am Nettoeinkommen,
- Behindertenstatus,
- Familienstand bzw. Anzahl der unterhaltspflichtigen Kinder,
- Härtefälle, besondere soziale Dringlichkeit.

Zu berücksichtigen ist, dass es sich um einen „begrenzten Markt" handelt – Angebot und Nachfrage sind beschränkt und daher nicht immer deckungsgleich. In der Vergangenheit kam es daher vor, dass freie Wohnungen kurzzeitig leer standen, da das Suchprofil der Mietinteressenten nicht der Offerte entsprach. Aufgrund des angespannten Wohnungsmarktes kommt dies aber seit mehreren Jahren nicht mehr vor – Leerstände existieren heutzutage nicht.

Die Ausgestaltung der Mietverträge erfolgt unter Bezug auf § 576 BGB – es handelt sich also um Wohnraum, der mit Rücksicht auf das Bestehen eines Dienstverhältnisses vermietet ist. Somit ist der Wohnraum seitens des Vermieters kündbar, wenn das Beschäftigungsverhältnis endet, die Wohnung dem Mieter weniger als zehn Jahre überlassen worden ist und der Wohnraum für einen anderen zur Dienstleistung Verpflichteten benötigt wird. In der Regel funktionieren die im Zusammenhang mit dem Arbeitsverhältnis stehenden Wohnungskündigungen reibungslos; Schwierigkeiten ergeben sich nur, wenn z. B. Familiengerichte bei Scheidungen über die weitere Verwendung der Wohnung entscheiden oder sonstige Härtefälle vorliegen. Beim Übertritt in die Rente lassen die SWM das Mietverhältnis nicht enden, sondern gestatten bewusst die weitere Anmietung durch die ehemals aktiven Mitarbeiter.

5 Die Werkswohnungsoffensive der SWM – eine unternehmerische Herausforderung

Für die Stadtwerke München GmbH stellt die Umsetzung der Werkswohnungsoffensive bis zum Jahr 2021 eine erhebliche finanzielle Herausforderung dar. Für den Bau von ca. 550 Wohnungen werden Mittel in Höhe von 100 bis 120 Mio. EUR erforderlich werden. Und dies in einem aktuell für ein Versorgungsunternehmen herausfordernden Marktumfeld, einhergehend mit den Umwälzungen der Energiewende und den gleichzeitig erheblichen Investitionserfordernissen in die bestehende und wachsende Verkehrsinfrastruktur. Umso mehr bedurfte es bei der Initialisierung der Werkswohnungen fundierter Analysen und Argumente, um das Projekt gegenüber Mitarbeitern, der Öffentlichkeit und vor allem den Kunden belastbar zu begründen, die sich gliedern lassen in die Themenkomplexe:

- Portfolio des SWM Wohnungsbestandes,
- Bewohnerstruktur,
- Personalentwicklung und Arbeitgebermarke SWM,
- Vorbildwirkung für Münchner Unternehmen.

Wie bereits aufgezeigt, befinden sich viele Wohnungen der SWM in älteren Gebäuden. Ein angemessener Anteil an barrierefreien Wohnraum kann hier nicht zielführend hergestellt werden. Entscheidender ist aber, dass die Belegungsrechte in den sogenannten werkgeförderten Wohnungen in den kommenden Jahren sukzessive zurückgehen. Zwar bestehen die Mietverhältnisse nach Ablauf der Bindungsfrist zwischen dem Mitarbeiter des Unternehmens und der jeweiligen Wohnungsbaugesellschaft weiter, aber Nachbelegungen bei Fluktuationen sind für die SWM nun nicht mehr möglich. Im Sinne einer Portfoliobereinigung werden sich die SWM perspektivisch auch in geringem Umfang von Werkswohnungsbeständen trennen – dies betrifft vor allem dezentral gelegene Einzelstandorte im Münchner Umland. Es gilt also auf den Rückgang des Angebotsportfolios zu reagieren, um das Quantum der für eine Anmietung verfügbaren Wohnungen niveaugleich zu halten (siehe Abb. 6).

Die Mitarbeiter der SWM können nach dem Ausscheiden aus dem aktiven Berufsleben in den Wohnungen des Unternehmens verbleiben. Es zeigt sich bereits heute, dass von dieser sozial orientierten Praxis des Unternehmens reichlich Gebrauch gemacht wird und nur wenige ehemalige Mitarbeiter die Mietverhältnisse mit Eintritt in das Rentenalter beenden. Der Mangel an Alternativen im angespannten Münchner Mietwohnungsmarkt spielt hier sicherlich eine nicht unerhebliche Rolle. Entsprechend altert die Bewohnerschaft in den Bestandsobjekten, die somit weiterhin belegten Wohnungen stehen einer Anmietung durch aktive Mitarbeiter nicht zur Verfügung – eine weitere Verknappung des Angebotes ist die Folge.

Umgekehrt wird die Gewinnung neuer Mitarbeiter in den kommenden Jahren eines der vordinglichsten Ziele zur Sicherung der Zukunfts- und Wettbewerbsfähigkeit der Stadt-

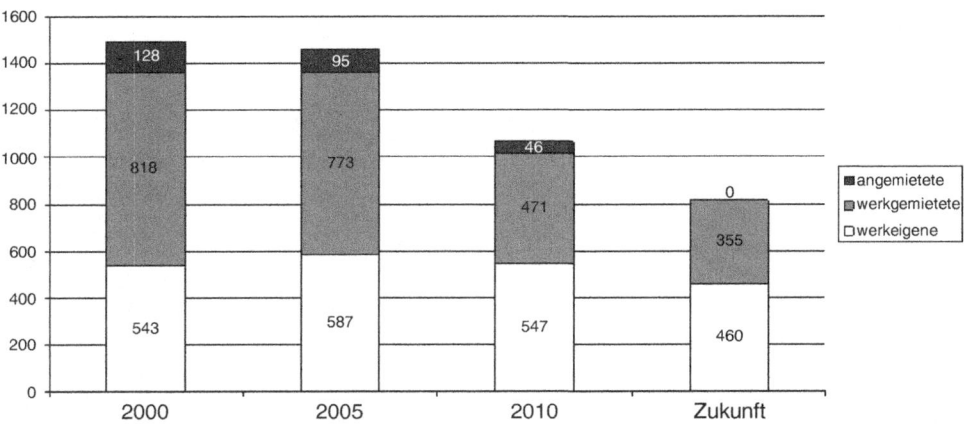

Abb. 6 Entwicklung des SWM-Wohnungsportfolios ohne Neubauaktivitäten

werke München GmbH sein. Bis zum Jahr 2025 scheiden gut 15 % der heute aktiven Belegschaft aus dem Unternehmen aus, deren Positionen in aller Regel zu besetzen sind. In einzelnen Sparten des Unternehmens ist darüber hinaus von einem Personalwachstum auszugehen – dies betrifft insbesondere die Verkehrsbetriebe, die mit dem Wachstum der Bevölkerung Münchens ein deutlich erweitertes Leistungsangebot bereitstellen müssen. Zugleich befinden sich die SWM in einem ausgeprägtem Wettbewerb mit anderen Unternehmen, die vor ähnlichen demografischen Herausforderungen stehen – allerdings kann das tarifvertraglich gebundene kommunale Unternehmen nicht im gleichen Maß mit finanziellen Anreizen für seine heterogene Beschäftigtenstruktur reagieren, wie dies privatwirtschaftlich organisierte Unternehmen speziell im Hochlohngebiet des Großraums Münchens können. In diesem Zusammenhang kommt einem substanziellen Angebot an Mitarbeiterwohnungen eine erhebliche Bedeutung bei Rekrutierung von neuen Arbeitnehmern für das Unternehmen zu – in der gegenwärtigen Situation ist dies tatsächlich ein sehr erfolgreiches Herausstellungsmerkmal für den Arbeitgeber Stadtwerke München GmbH. Zwar kann natürlich nicht jedem Stellenbewerber eine Wohnung in Aussicht gestellt werden, aber die Perspektive bei den SWM ein zusätzliches und dem üblichen Wettbewerb entzogenes Angebot vorzufinden, zeigt häufig positive Wirkung. Zugleich erhöht die Werkswohnung die Bindung der Mitarbeiter an das Unternehmen – auch dies ein nicht zu unterschätzender Effekt angesichts der zunehmenden Konkurrenz um Arbeitskräfte (Abb. 7).

Die Schaffung von zusätzlichem und vor allem bezahlbarem Wohnraum ist eines der Kernanliegen der Münchner Stadtpolitik. Zur Sicherung der Zukunftsfähigkeit der Region ist dies eine der größten kommunalpolitischen Herausforderung für die Stadt und die Umlandgemeinden. Mit der Wohnungsbauoffensive übernimmt das kommunale Unternehmen SWM einen nicht unerheblichen Beitrag zur Bewältigung dieser Aufgabe und findet dabei allseitig Unterstützung aus der Politik. Selbstverständlich ist seitens der Po-

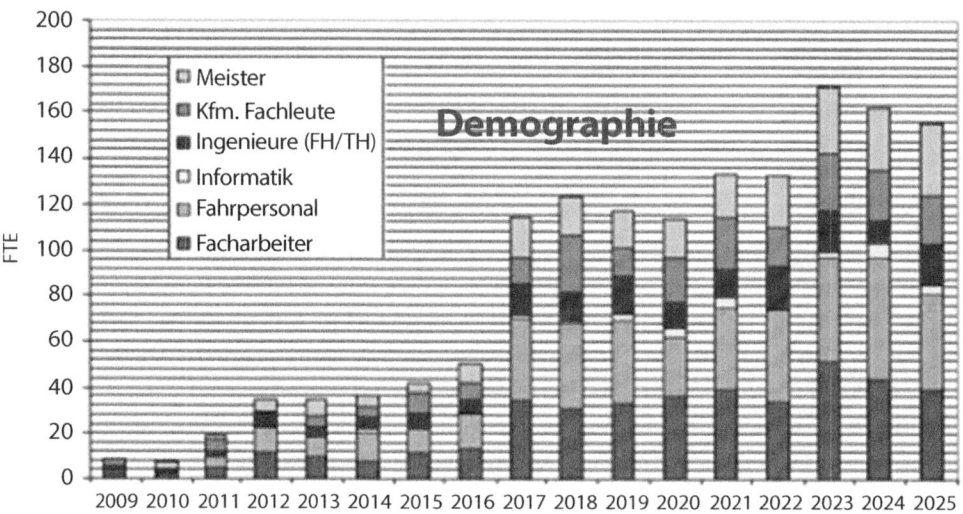

Abb. 7 Entwicklung Renteneintritt Mitarbeiter SWM

litik eine animierende Wirkung auf weitere große Arbeitgeber in München gewünscht – ein Vorbild für eine Renaissance dieser Facette des unternehmerischen, sozial orientierten Handelns. Entsprechend äußerte sich der Oberbürgermeister der Landeshauptstadt München, Dieter Reiter, beim Spatenstich zur Umsetzung des ersten Neubauvorhabens der Wohnungsbauoffensive im Mai 2015:

> Der Wirtschaftsraum München wächst – und er braucht dringend bezahlbare Wohnungen. Die Schaffung dieses Wohnraums ist eine gesellschaftliche Aufgabe, bei der nicht nur die Stadt und ihre Wohnbaugesellschaften in der Pflicht stehen. Auch Unternehmen können damit für dringend benötigte Fachkräfte attraktive Arbeitsbedingungen schaffen. Als kommunales Unternehmen gehen die SWM beim Werkswohnungsbau erfolgreich voran. Das ist vorbildlich. Dieses Modell sollte endlich wieder Nachahmer in der Münchner Wirtschaft finden.

Gleichwohl ist bis dato zu konstatieren, dass abgesehen von wenigen Ausnahmen die Appelle der Politik bei den meisten Unternehmen noch nicht die entsprechende Resonanz gefunden haben: Werkswohnungsbau ist Anlegern nur schwer zu vermitteln, bindet langfristig finanzielle Mittel und scheitert häufig an der Verfügbarkeit geeigneter Grundstücke für den Wohnungsbau, beziehungsweise am mangelnden Willen diese auf dem Immobilienmarkt zu erwerben. Ob die Großunternehmen sich dies aber dauerhaft leisten werden können, wird die nähere Zukunft zeigen (Abb. 8).

Abb. 8 Oberbürgermeister Dieter Reiter (*rechts*) und der Vorsitzende der Geschäftsführung der SWM, Dr. Florian Bieberbach, bei der Veranstaltung zum ersten Spatenstich des Bauvorhabens Kuglerstraße am 12.05.2015

6 Die Werkswohnungsoffensive in der Umsetzung

Aufgrund einer differenzierten Bewerberdatenbank besteht ein guter Überblick über die primär nachgefragten Wohnungstypen. Generell besteht eine hohe Nachfrage nach 2–3 Zimmerwohnungen in der Größe zwischen 45 bis 75 m^2. Allerdings ist diese Übersicht nur bedingt repräsentativ, da bestimmte Wohnungsangebote gar nicht oder nur sehr begrenzt zur Verfügung stehen. Im Wohnungsportfolio der Stadtwerke München GmbH befinden sich nur sehr wenige familiengerechte Wohnungen bzw. kaum kleine Apartments. Interessenten an diesen Wohnungstypen weichen auf den allgemeinen Wohnungsmarkt aus. Im Zuge der Werkswohnungsoffensive wird daher primär das beschriebene Segment der 2–3 Zimmerwohnungen bedient, allerdings ist den SWM an einer Ausdifferenzierung des Angebotes gelegen. Gerade mit familiengerechten, größeren Wohnungen sollen Fachkräfte angesprochen werden, die mit ihren Familien neu nach München ziehen, somit eine erste Basis vorfinden und nach erfolgter Etablierung auch alternative Angebote des Immobilienmarktes in Anspruch nehmen können. Ein zusätzliches neues Segment im Portfolio der Mitarbeiterwohnungen der SWM bilden Miniapartments bzw. Wohnheime. Damit sollen speziell Bezieher niedrigerer Vergütungen, Auszubildende, Fernpendler oder auch temporär Beschäftigte angesprochen werden.

Eine maßgebliche Grundlage für die Umsetzung der Werkswohnungsoffensive ist das erhebliche Immobilieneigentum der Stadtwerke München GmbH. Zwar ist in aller Regel im Vorgriff auf eine Wohnbebauung der ehemals betrieblich genutzten Areale eine entsprechende Baurechtschaffung – sei es über Bauvoranfragen oder über Bauleitpläne – erforderlich, aber die Grundstücke müssen nicht am Markt erworben werden. Bei der Auswahl geeigneter Standorte für den Bau von Werkswohnungen sind folgende Kriterien ausschlaggebend:

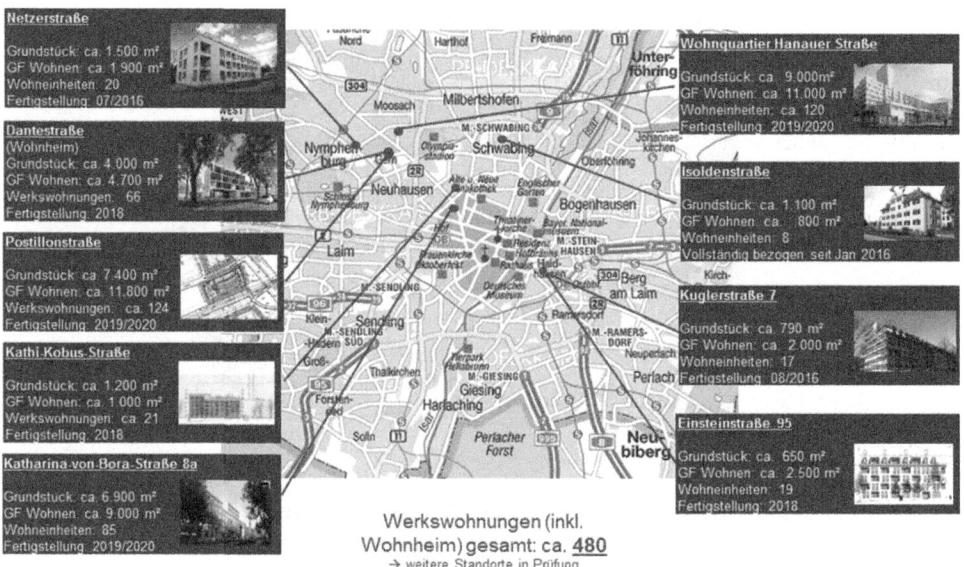

Abb. 9 Übersicht zu den Standorten der Wohnungsbauoffensive der Stadtwerke München GmbH. Weitere Standorte befinden sich aktuell in Prüfung

- Die Nähe zu betrieblichen Einrichtungen des Konzerns. Generell werden kurze Wege und Nähe zu den Arbeitsstätten der Mitarbeiter angestrebt. Daher liegt ein Schwerpunkt der Wohnungsbauoffensive im Münchner Nordosten im Stadtteil Moosach, wo auch die Zentrale der Stadtwerke München GmbH befindet.
- Die Lagegunst in Bezug auf die Anbindung an das Netz des öffentlichen Personennahverkehrs.
- Die Eignung der ursprünglich betrieblich genutzten Grundstücke für eine Wohnbebauung.
- Das Potenzial der Drittverwertung. Bevorzugt werden Standorte ausgewählt, deren Überbauung durch Dritte – also öffentliche oder private Wohnbauträger – nur eingeschränkt möglich ist, weil a) weiterhin eine Nähe zu betrieblichen Einrichtungen gegeben ist und damit der Verwertungserlös eingeschränkt wird, b) bei einem Bau durch einen Dritten negative Auswirkungen auf betriebliche Einrichtungen in der Nähe des neuen Wohnstandortes zu befürchten sind, beispielsweise in Form von Nutzungseinschränkungen und c) aus konzernpolitischen Erwägungen eine Umnutzung von Liegenschaften nur bei der Errichtung von Mitarbeiterwohnungen, die für die SWM und ihre Beschäftigten erforderlich sind, vermittelbar ist.

Gewünscht ist darüber hinaus eine Streuung der Wohnbauten, eine Konzentration an einem Standort soll auch im Sinne der Beschäftigten vermieden werden. Als verträgliche Standortgröße wird von maximal 200 Wohneinheiten ausgegangen (Abb. 9).

Die Stadtwerke München GmbH unterliegen als 100 %ige Gesellschaft der Landeshauptstadt München den gesetzlichen Vorgaben eines öffentlichen Auftraggebers, also insbesondere der Vergabeverordnung, des Gesetztes gegen Wettbewerbsbeschränkung der VOF sowie der VOB/A. Bei Bau- und Planungsaufgaben sind insbesondere die Schwellenwerte nach § 2 Vergabeverordnung zu beachten. In aller Regel werden daher die Planungsleistungen über VOF-Verfahren ausgeschrieben, in Einzelfällen gehen diesen Architektenwettbewerbe gemäß der „Richtlinie für Planungswettbewerbe" (RPW) (Bundesministerium für Umwelt, Naturschutz, Bau und Reaktorsicherheit 2013) voraus. Die Vergabe der Bauleistungen erfolgt Gewerkeweise oder in Gewerkegruppen. Sowohl die Erstellung des Anforderungsprofils an das Vorhaben wie die Steuerung der Planungs- und Bauleistungen erfolgt seitens der SWM, die erforderlichen Kompetenzen hält das Unternehmen vor. Die Fristvorgaben der öffentlichen Ausschreibungen haben zur Folge, dass der Zeitraum für Planung und Errichtung ca. 9 bis 12 Monate länger dauert verglichen mit einer privatwirtschaftlichen Bauträgerschaft. Alternative Errichtungsformen, beispielsweise Grundstücksverkäufe mit gleichzeitiger Verpflichtung einer anteiligen Errichtung von Werkswohnungen durch einen Bauträger oder die Komplettvergabe von Planung und Bau mittels einer Baukonzession, wurden eingehend geprüft, aber aus vergaberechtlichen Gründen und immobilienwirtschaftlichen Erwägungen nicht weiter verfolgt. Dies gilt auch für den Erwerb von Wohnungen auf dem Immobilienmarkt. Allerdings prüfen die SWM, inwieweit es sinnvoll sein kann Mitarbeiterwohnungen auch für Dritte (Unternehmen, Körperschaften öffentlichen Rechts) im Zuge der Entwicklung eigener Bauvorhaben zu erstellen und an diese langfristig zu vermieten. Nachfragen an derartigen Lösungen bestehen gerade seitens Institutionen der Öffentlichen Hand.

Für die einzelnen Bauvorhaben hat die Stadtwerke München GmbH einen standardisierten Katalog entwickelt mit Angaben zur Funktionalität, Grundrisskonfiguration, technischen Gebäudeausstattung und Qualität der einzelnen Nutzungsbereiche. Weitergehende Standards – insbesondere im energetischen Bereich – die über die gesetzlichen Vorgaben hinausgehen –, werden aus Gründen der Wirtschaftlichkeit nicht gemacht. Letztlich sind der Standardisierung aber Grenzen gesetzt, da es sich je nach Grundstückskonfiguration und ergänzendem Programm (beispielsweise ergänzende Anordnung von Kinderbetreuungseinrichtungen, Einzelhandel etc.) um singuläre Baumaßnahmen handelt, die nur durch individuelle Planung zu einer optimierten Lösung geführt werden können. Die Stellplatzsatzung der Landeshauptstadt München ist ein schwerwiegender Kostentreiber der Projektrealisierung. Gefordert wird im gesamten Stadtgebiet ein Stellplatz pro Wohneinheit. Abgesehen davon, dass die Gleichung ein Fahrzeug pro Wohneinheit angesichts verändertem Mobilitätsverhalten überholt ist, ist eine Vermietung zur Refinanzierung der Herstellungskosten (rd. 100 €/Stellplatz/Monat) alles andere als gesichert. Gerade der seitens der SWM im Fokus stehende Bau von Anlagen mit kleineren Wohneinheiten wird mit diesen Auflagen dramatisch erschwert – um geringfügige Abweichungen von diesem Schlüssel ist sehr intensiv bei jedem Bauvorhaben zu verhandeln.

Für die Planung bestimmend sind zudem Sollkostenkennwerte, die mit Abschluss der HOAI Leistungsphasen 2 (Kostenschätzung) und 3 (Kostenberechnung) kritisch überprüft werden. Unter Beachtung dieser Prämissen gelingt es mit Mietansätzen, die sich am Mietpreisspiegel orientieren, die erforderliche Mindestrendite bei Immobilieninvestitionen der SWM zu erzielen. Allerdings kann der Wert für Grund und Boden nur gedämpft angesetzt werden. Wenn dieser in voller Höhe mit einem durchschnittlichen Wert für Bauland in München von ca. 1800 €/m² Geschossfläche eingerechnet würde, wären Mieten in Höhe von ca. 18 bis 22 €/m² die Folge, also weit jenseits der beschriebenen Werte des Mietpreisspiegels. Werden die Opportunitäten einer Immobilienverwertung betrachtet, wäre so gesehen ein alternativer Verkauf der Wohnbaugrundstücke an Bauträger mit dem Ziel Teileigentum im Geschosswohnungsbau zu errichten, stets die rein wirtschaftlich zu bevorzugende Lösung. Der Verzicht auf dieses Potenzial betrachten die SWM als einen wesentlichen Beitrag zur Umsetzung der Corporate Social Responsibilty des Unternehmens – allerdings besteht im Hinblick auf die Mitarbeitergewinnung und -bindung auch ein hoher Nutzen im Werkswohnungsbau für die Stadtwerke München GmbH.

7 Projekte der Werkswohnungsoffensive

Die nachfolgenden Projektbeschreibungen zeigen beispielhaft die Verwirklichung der aufgezeigten Umsetzungsstrategien der Werkswohnungsoffensive der Stadtwerke München auf.

Kuglerstraße/Einsteinstraße

Im Stadtteil Haidhausen errichten die SWM in zwei Bauabschnitten eine Wohnanlage mit 35 Wohneinheiten auf einem nicht mehr benötigten Reservegrundstück für ein ursprünglich projektiertes Umspannwerk. Im Erdgeschoss sind zudem Flächen für den Einzelhandel vorgesehen. In Teilen werden geförderte Wohnungen errichtet. Die Baugenehmigung erfolgte auf Basis § 34 BauGB (Einfügungsgebot). Der Bezug der ersten Einheiten erfolgte in 2016 (Abb. 10).

Abb. 10 Baustellenbild Vorhaben Kugler-/Einsteinstraße

Abb. 11 Visualisierung Wohnheim Dantestraße

Dantestraße

Unmittelbar an die Außenbereiche des größten Münchner Freibades angrenzend errichten die SWM im Stadtteil Neuhausen-Nymphenburg eine aufgeständerte Anlage mit Miniapartments bzw. Wohnheimplätzen. Insgesamt entstehen ca. 70 Wohneinheiten. Die Wohnungen sind nach Westen orientiert und grenzen somit das Schwimmbad von der Straße ab. Die Erschließung der Wohnungen erfolgt über einen Laubengang. Im Erdgeschoss wird der Kassenbereich des Schwimmbads integriert. Die Baugenehmigung erfolgte auf Basis § 34 BauGB. Der Bezug ist für 2018 vorgesehen (siehe Abb. 11).

Katharina-von-Bora-Straße

In sehr zentraler Lage wird das Areal eines ehemaligen Heizwerks im Stadtteil Maxvorstadt zu einer Wohnanlage mit 100 Wohneinheiten und einer integrierten Kindertagesstätte umgenutzt. Der Wohnungsneubau befindet sich im Inneren eines Blocks und verfügt über eine hervorragende Ausrichtung nach Süden. Die SWM folgen mit dieser Entwicklung dem Wunsch der Landeshauptstadt München auch im innerstädtischen Stadtbereich verstärkt Mietwohnungsbau für alle sozialen Schichten zu errichten – entsprechend wird auch ein Förderanteil von 34 % im Wohnungsmix vorgesehen. Für die Überplanung ist die Aufstellung eines vorhabenbezogenen Bebauungsplans erforderlich. Der Planung ist ein Architektenwettbewerb vorausgegangen. Der Bezug ist für 2020 vorgesehen. Aktuell wird das ehemalige Heizwerk zwischengenutzt als Raum für künstlerische Veranstaltungen, Eventlocation und Gastronomie (siehe Abb. 12 und 13).

Hanauer Straße

Im Jahr 2001 haben die SWM den Neubau der Konzernzentrale auf einer Teilfläche des ehemals über 30 ha großen Areals des städtischen Gaswerks errichtet. Nördlich hiervon entsteht unter der Regie der SWM aktuell ein attraktiver Business-Park. In den kommenden Jahren wird die Umnutzung des Gesamtgeländes auf der Westseite des Gaswerkge-

Abb. 12 Katharina-von-Bora-Straße – Bestand und Projekt

Abb. 13 Katharina-von-Bora-Straße – Bestand und Projekt

Abb. 14 Hanauer Straße – Visualisierung Quartiersentwicklung und Werkswohnungsbau

ländes abgeschlossen: an einen neuen Busbetriebshof mit ummantelnder Bürobebauung schließt sich südlich ein Wohnquartier mir rund 600 Wohneinheiten und ein Schulneubau an. Für all diese Entwicklungen wurden städtebauliche bzw. Hochbauwettbewerbe durchgeführt. Das Projekt für den Werkswohnungsbau stellt eine Scharnierfunktion zwischen dem Busbetriebshof und der angrenzenden neuen Wohnbebauung dar. Bis 2020 entstehen rund 150 neue Mitarbeiterwohnungen in unmittelbare Nähe zur Konzernzentrale auf Basis eines entsprechenden Bebauungsplans (Abb. 14 und 15).

Abb. 15 Hanauer Straße – Visualisierung Quartiersentwicklung und Werkswohnungsbau

Heinrich-Wieland-Straße

Im Gegensatz zu den vorgenannten Projekten befindet sich dieses Vorhaben noch in der Konzeptionsphase. Überplant wird eine geringwertig ausgelastete Park-und-Ride-Anlage im Stadtteil Berg-am-Laim. Die SWM beabsichtigen, die östliche Gebietshälfte an Wohnbauträger zu verwerten und die Erlöse als Anteilsfinanzierung für die Errichtung eines gemischt genutzten Bauprojektes in der westlichen Gebietshälfte zu verwenden. Neben Flächen für den Einzelhandel sollen 60 Wohnungen für Mitarbeiter und gut 200 Plätze für Flüchtlinge mit Bleibestatus, eine sogenannte und vom Freistaat Bayern geförderte Gemeinschaftsunterkunft, entstehen. Neben der laufenden Zurverfügungstellung von Flächen für temporäre Flüchtlingsunterbringung, wollen die SWM damit auf eigenen Grundstücken und in eigener Bauträgerschaft einen Beitrag zur Bewältigung der aktuellen gesellschaftlichen Herausforderung bei der dauerhaften Integration der Zuwanderer leisten. Für die Überplanung ist ein Bebauungsplanverfahren erforderlich – die Fertigstellung ist für das Jahr 2020 vorgesehen (Abb. 16).

Abb. 16 Lageplan zur vorgesehenen Überbauung P+R Anlage Heinrich-Wieland-Straße

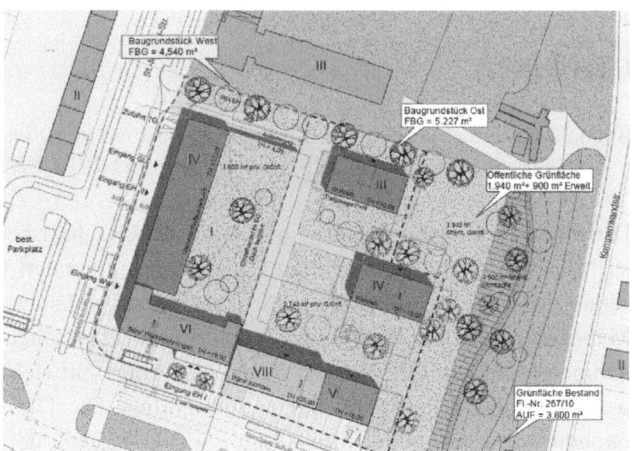

8 Fazit und Ausblick

Die Werkswohnungsoffensive der Stadtwerke München GmbH ist ein außergewöhnlicher und aktiver Beitrag eines Unternehmens im Sinne einer gelebten Corporate Social Responsibilty. Der kapitalintensive Bau von Mitarbeiterwohnungen trägt direkt zur Entlastung des angespannten Mietmarktes in München bei und dies eben in bewussten Gegensatz zur sonst gängigen Praxis der Subjektförderung von Mitarbeitern, die eine weitere Anheizung des Immobilienmarktes befördert. Trotz eines für ein Versorgungsunternehmen der Energiewirtschaft alles andere als einfachen wirtschaftlichen Umfelds, stellen die SWM hierfür erhebliche Investitionsmittel in den kommenden Jahren bereit. Im Ergebnis wird das Unternehmen hiervon profitieren. Beim sich verschärfenden Wettbewerb um „humanes Kapital", also um motivierte und gut qualifizierte Mitarbeiter wird ein differenziertes und zielgruppenorientiertes Wohnungsangebot perspektivisch eine immer größere Rolle spielen – ein USP in der Personalrekrutierung.

Zwar kommt der SWM zugute, dass diese über umfassenden Immobilienbesitz verfügen und damit eine wesentliche Anfangshürde des Mitarbeiterwohnungsbaus entfällt – der Erwerb der Grundstücke. Häufig wäre aber der Verkauf der Grundstücke die einfachere und vor allem unmittelbar ergebniswirksamere Verwertungsstrategie. Die Umsetzung der Werkswohnungsoffensive ist somit eine zukunftsorientierte Entscheidung eines Unternehmens, das sich seiner sozialen Verantwortung gegenüber Mitarbeitern wie dem städtischen Gemeinwohl bewusst ist. Noch sind die Hürden für viele umsatzstarke Unternehmen groß, ähnliche Wege einzuschlagen, aber die Prognose darf gewagt werden, dass an Standorten mit einem angespannten Immobilienmarkt eine Renaissance des Werkswohnungsbaus oder vergleichbarer Modelle einsetzen wird –als bewusst eingesetztes Angebot an heterogen aufgestellten Belegschaften und letztlich zur Sicherung der wirtschaftlichen Zukunftsfähigkeit der Unternehmen.

Literatur

Bundesministerium für Umwelt, Naturschutz, Bau und Reaktorsicherheit (2013) Richtlinie für Planungswettbewerbe RPW 2013. Fassung vom 31.1.2013, Berlin

Peter Kadereit verantwortet seit 9 Jahren den Geschäftsbereich Immobilien der Stadtwerke München GmbH (SWM), dem größten kommunalen Unternehmen Deutschlands. In seinen Aufgabenbereich fallen das Corporate-Real-Estate-Management und das Facility-Management für den heterogenen und sehr umfangreichen Immobilienbestand des Unternehmens sowie in erheblichem Maße die Projektentwicklung, Baurealisierung und Verwertung nicht betriebsnotwendiger Immobilien. Der Diplom-Ingenieur und Immobilienökonom war zuvor beim Büro Albert Speer & Partner, bei der Wirtschaftsprüfungsgesellschaft Ernst & Young und bei der DB Services Immobilien GmbH in beratender bzw. leitender Funktion tätig.

Stadtentwicklung durch gesellschaftliches Engagement – Die Rolle von Sparkassen und Sparkassenstiftungen

Susanne Uhlen

1 Einleitung: Sparkassen – Regional verbunden

Der örtliche Fußballverein, der Kirchenchor, das Studententheater; der Metzgereibetrieb, der IT-Dienstleister, die Gärtnerei – sie und die zahlreichen weiteren Vereine und gemeinnützigen Organisationen sowie die örtlichen Unternehmen sorgen dafür, dass eine Region lebenswert und wirtschaftlich erfolgreich ist. Sie tragen zur Entwicklung einer Stadt oder einer Region bei. Viele von ihnen tun dies mit Unterstützung ihrer örtlichen Sparkasse oder deren Stiftung.

Vor über 250 Jahren wurden Sparkassen aus der Vorstellung heraus gegründet, dass jeder Bürger die Möglichkeit haben soll, für Notsituationen, sei es Alter oder Krankheit, vorzusorgen. Auch kleine Beträge wurden bei Sparkassen zinsbringend angelegt, sodass auch einfache Arbeiter für ihre Zukunft sparen konnten. Diese Grundidee der Sparkassen, die auf den Prinzipien von Gemeinwohl und demokratischer Partizipation beruht, besteht bis heute fort. Eingesetzt durch die öffentliche Hand agieren Sparkassen heute bundesweit als öffentlich-rechtliche, regional verankerte Finanzdienstleister nach dieser Maxime.

Die Einnahmen der Sparkassen, das heißt die Spareinlagen der Bürgerinnen und Bürger, verbleiben dabei nicht bei den Sparkassen oder werden an internationalen Finanzmärkten gehandelt. Sie fließen als Kredite, insbesondere an regionale Mittelständler, in die Regionen zurück. Die Sparkassen ermöglichen so jungen Unternehmern den Start ins eigene Unternehmen oder geben bereits bestehenden Unternehmen die Möglichkeit zu Investitionen und damit zu Innovation und Weiterentwicklung. Durch ihre regionale Verbundenheit, die durch die Beschränkung ihrer Geschäftstätigkeit auf das Gebiet ihres Trägers besteht, existiert bei den Sparkassen eine besondere Kenntnis der Regionen und

S. Uhlen (✉)
Deutscher Sparkassen- und Giroverband e.V. (DSGV)
Berlin, Deutschland
E-Mail: Susanne.Uhlen@DSGV.de

ihrer Menschen. Sparkassen geben damit Hilfe zur Selbsthilfe und bieten Bürgerinnen und Bürgern die Chance, sich selbst zu entwickeln und eine eigene Lebensexistenz zu gründen. Somit sind Sparkassen mit ihrer Geschäftstätigkeit Triebkräfte der wirtschaftlichen Entwicklung von Regionen und Städten.

Zum Geschäftsmodell der Sparkassen gehört außerdem, dass ihre Geschäftstätigkeit nicht auf Gewinnmaximierung ausgerichtet ist. Selbstverständlich müssen sich auch Sparkassen am Markt behaupten. Sie sind, genau wie andere Finanzdienstleister, Unternehmen, die den marktwirtschaftlichen Gesetzen folgend handeln müssen. Doch es ist nicht ihr oberstes Ziel, möglichst hohe Gewinne zu erwirtschaften. Ihr öffentlicher Auftrag, die Gesellschaft mit Finanzdienstleistungen zu versorgen, steht im Vordergrund. Folglich gehört es zu ihrem Selbstverständnis, dass erzielte Gewinne, die nicht unmittelbar in die Geschäftstätigkeit investiert werden müssen, an die Gesellschaft zurückgegeben werden.

2 Das gesellschaftliche Engagement der Sparkassen-Finanzgruppe

Aufgrund ihres Selbstverständnisses und ihrer regionalen Verbundenheit unterstützen die Sparkassen und ihre Verbundunternehmen jedes Jahr gesellschaftliche Belange mit rund 500 Mio. € (Abb. 1). Das Engagement wird durch vier Säulen getragen. Rund die Hälfte der Ausgaben erfolgt als Spende, d. h. die Mittel werden an gemeinnützige Vereine, Organisationen, Verbände etc. vergeben, ohne eine Gegenleistung zu erwarten und ohne dieses Engagement breit zu kommunizieren. Es handelt sich hier also um ein Engagement, das uneigennützig und aus dem Bewusstsein heraus erfolgt, dass es die Pflicht eines regional verankerten Unternehmens ist, die Region, in der es unternehmerisch tätig ist, auch darüber hinaus zu unterstützen und zu ihrer Entwicklung beizutragen. 2015 betrugen die Spenden der Sparkassen-Finanzgruppe 211 Mio. €.

Rund ein Viertel der Mittel (122 Mio. € in 2015) wird in Form von Sponsoring aufgewendet. Sponsoring stellt im Gegensatz zu einer Spende ein Marketinginstrument dar. Das heißt, es werden kommunikative Gegenleistungen vereinbart, die die Förderung in

Abb. 1 Förderleistungen der Sparkassen-Finanzgruppe 2015

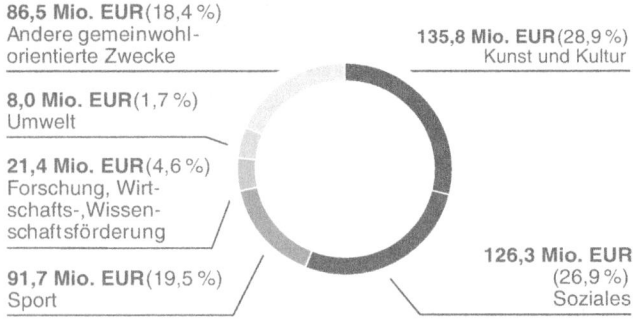

Abb. 2 Ausschüttungen der Stiftungen der Sparkassen-Finanzgruppe nach Förderbereichen 2015

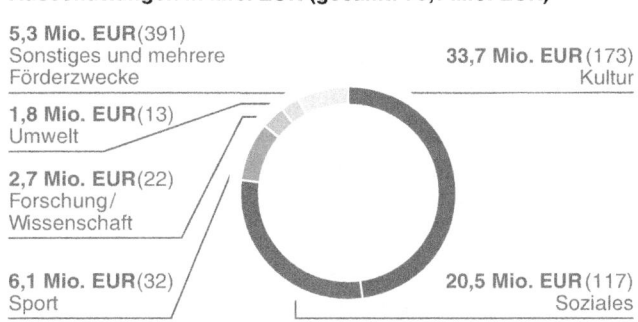

Ausschüttungen in Mio. EUR (gesamt: 70,1 Mio. EUR)

5,3 Mio. EUR (391) Sonstiges und mehrere Förderzwecke
1,8 Mio. EUR (13) Umwelt
2,7 Mio. EUR (22) Forschung/Wissenschaft
6,1 Mio. EUR (32) Sport
33,7 Mio. EUR (173) Kultur
20,5 Mio. EUR (117) Soziales

der Öffentlichkeit bekannt machen. Sparkassen nutzen dieses Instrument, um auf ihr gesellschaftliches Engagement aufmerksam zu machen, denn Sparkassen sind, wenn auch öffentlich-rechtliche, so doch wirtschaftlich agierende Unternehmen. Sie müssen sich am Markt gegenüber Wettbewerbern durchsetzen. Auch wenn bei den Sparkassen der Fördergedanke im Vordergrund steht, streben Sparkassen mithilfe des Sponsorings einen positiven Effekt auf ihr Image an, das ihre Marktposition verbessert.

Die dritte Säule des gesellschaftlichen Engagements von Sparkassen stellen ihre Stiftungen dar. 748 rechtsfähige, gemeinnützige Stiftungen haben die Institute der Sparkassen-Finanzgruppe bis zum Jahr 2015 gegründet. Ihr Gesamtkapital beläuft sich auf rund 2,45 Mrd. €. Jährlich fördern sie mit mehr als 70 Mio. € gemeinnützige Zwecke (Abb. 2). Die Stiftungen stellen eine besonders nachhaltige Form gesellschaftlichen Engagements dar, denn sie sind auf Ewigkeit angelegt. Nur die Erträge aus dem Stiftungskapital werden den gemeinnützigen Zwecken zugeführt. Ihr Vermögen selbst bleibt erhalten. Als eigenständige Rechtspersönlichkeiten und ausgestattet mit ihrem Stiftungsvermögen sind die Stiftungen der Sparkassen von der wirtschaftlichen Situation ihrer Stifterinnen unabhängig, sodass ihr Engagement auch in wirtschaftlich schlechten Zeiten erhalten bleibt.

Bei ihrem Engagement für gemeinnützige Belange agieren die Sparkassenstiftungen vornehmlich auf zweierlei Weise: Ein Großteil ist fördernd tätig, d. h. die Stiftungen unterstützen Projekte Dritter. Dadurch tragen sie dazu bei, dass Bürgerinnen und Bürger, die in Musikvereinen, Sportvereinen oder sonstigen gemeinnützigen Initiativen organisiert sind, ihre Projekte umsetzen können. Andere Sparkassenstiftungen sind operativ tätig. Diese Stiftungen entwickeln Projekte entsprechend ihrer Förderschwerpunkte selbst. Oft arbeiten sie hier mit Partnern aus der Region zusammen, d. h. mit weiteren Akteuren, die sich in diesem Themenfeld in der Region engagieren. Sparkassenstiftungen agieren somit auch als Netzwerker, die Kräfte und Know-how in den Regionen bündeln und gemeinsam weiterentwickeln. Hinzu kommen in relativ geringer Zahl die Einrichtungsträgerstiftungen, die z. B. soziale Einrichtungen wie Altenheime oder kulturelle Häuser wie etwa Museen tragen und betreiben. Einige Stiftungen arbeiten sowohl fördernd als auch operativ.

Die Stiftungen der Sparkassen-Finanzgruppe sind eigenständige Institute, die gemeinnützigen Zwecken dienen. Entsprechend werden Entscheidungen durch die Gremien der

Stiftungen herbeigeführt. Als Grundlage der Stiftungsarbeit dienen die „Handlungsprinzipien der Stiftungen der Sparkassen-Finanzgruppe" (www.sparkassenstiftungen.de. Zugegriffen: 25.11.2016) In diesen verpflichten sie sich z. B. zu Transparenz, klaren Entscheidungswegen und Kontrollmechanismen. Die Handlungsprinzipien geben jedoch keinerlei Vorgaben zur inhaltlichen Arbeit der Stiftungen. Entsprechend sind ihr Wirken und ihre interne Organisation individuell. So ist in den Handlungsprinzipien z. B. eine Trennung zwischen operativer Tätigkeit und Kontrolle festgelegt, jedoch keine korsettartige Vorgabe zur Umsetzung.

Die vierte Säule des gesellschaftlichen Engagements der Sparkassen ist der Ertrag aus dem Lotteriesparen, der ebenfalls gemeinnützigen Zwecken zugutekommt.

Mit den Mitteln aus diesen vier Bereichen ist die Sparkassen-Finanzgruppe der größte nicht-staatliche Kulturförderer, der größte Förderer des Breitensports sowie einer der größten Förderer im sozialen Bereich in Deutschland. Hinzu kommen Förderungen im Bereich Forschung und Wissenschaft sowie Umwelt und weiteren Bereichen.

3 (Stadt-)Entwicklung durch gesellschaftliches Engagement

Mit ihrem gesellschaftlichen Engagement tragen Sparkassen und ihre Stiftungen dazu bei, dass sich Regionen und Städte weiterentwickeln. Sie unterstützen dabei einerseits die Voraussetzungen für zukünftige Entwicklungen und fördern Stadtentwicklung damit indirekt, zum anderen wirken sie durch ihre Fördertätigkeit direkt an der Stadt- bzw. regionalen Entwicklung mit. Das führt zur Steigerung der Lebensqualität einer Region, aber vor allem fördert es die Menschen in den Regionen, die letztlich die entscheidende „Ressource" für Stadtentwicklung sind. Die konkreten Ansatzpunkte sind dabei so vielfältig wie die Landschaft der Sparkassen und Sparkassenstiftungen selbst. Im Folgenden werden verschiedene Bereiche beispielhaft für das Wirken der Sparkassen und ihrer Stiftungen in Bezug auf die Entwicklung von Städten und Regionen vorgestellt.

3.1 Zukunftsideen fördern

Sparkassen und ihre Stiftungen unterstützen die Entwicklung von Städten und Regionen auf vielfältige Art und Weise. Mit Projekten, die Bürgerinnen und Bürger dazu ermutigen, sich selbst mit der Frage auseinanderzusetzen, wie ihr Lebensumfeld und die Gesellschaft zukünftig aussehen sollen, fördern die Institute Zukunftsideen als Grundlage für zukünftige Entwicklungen oder der Bildung von Visionen.

Die Mittelbrandenburgische Sparkasse in Potsdam zum Beispiel unterstützt das Projekt „Stadt der Kinder". Im Rahmen eines Feriencamps gestalten hier Sechs- bis Zwölfjährige ihre eigene Stadt im Potsdamer Stadtteil Schlaatz. Durchgeführt wird das Projekt jährlich seit 2008 vom Bürgerhaus am Schlaatz mit zahlreichen weiteren Kooperationspartnern. Die Kinder müssen sich hier mit Fragen auseinandersetzen wie: Wie soll unsere Stadt aussehen? Welche Gebäude soll es geben? Wie sollen sie aussehen und welche Funktionen werden sie haben? Wer leitet sie? Und: Wer vertritt unseren Bautrupp im „Stadtrat"? So werden in der ersten Woche kleine und größere Häuser gebaut. In der zweiten Woche werden die Häuser mit Leben gefüllt – mit Kunst und Kultur, Geschäften und Cafés, Spiel und Sport, Polizei und Rathaus, alles nach den Vorstellungen und Wünschen der Kinder. Diese erschaffen hier ihre eigene Welt und müssen soziale Fantasie und kreative Innovationen entwickeln. Die Kinder erhalten hier die Möglichkeit des Mitredens und Mitbestimmens, was auch über die Zeit des Feriencamps hinausstrahlt. Schon im jungen Alter werden hier Kinder dazu angeregt, über die Themen Zukunft und Entwicklung nachzudenken (www.stadtderkinder-potsdam.de/. Zugegriffen: 25.11.2016).

Konkrete Gestaltungsszenarien wurden bei dem Projekt „Auf Probe" entwickelt, das von der Braunschweigischen Stiftung, eine von der Norddeutschen Landesbank Girozentrale und der Öffentlichen Versicherung Braunschweig gegründete Stiftung, sowie der Braunschweigischen Landesbausparkasse und der Öffentliche Versicherung Braunschweig 2014 unterstützt wurde. Die Hochschule für Bildende Künste Braunschweig und das LOT-Theater ließen dabei Alltagsutopien für das Braunschweigische Land mithilfe des Theaters entwickeln. Drei Künstlergruppen aus der Region erschufen auf der Grundlage umfassender Regionalrecherchen Szenarien für die Entwicklung des Großraums Braunschweigisches Land. Diese Szenarien dienten den beteiligten Künstlern als Ausgangspunkt für ihre theatralen Inszenierungen, die Zukunftsutopien je nach Entwicklung des regionalen Wirtschaftssystems und des Lebensstils in der Region darstellten. Die Entwicklung der Szenarien erfolgte auf wissenschaftlicher Grundlage, die dann künstlerisch umgesetzt wurden. Die Zuschauerbefragungen zeigten, dass diese neuartige Art der Beschäftigung mit Utopien und Zukunftsvisionen in Verbindung mit wissenschaftlicher und künstlerischer Herangehensweise eine große Inspirationsquelle darstellen kann (www.lot-theater.de/389.html. Zugegriffen: 30.5.2016).

Beide Projektbeispiele zeigen, dass Sparkassen und die Stiftungen der Sparkassen-Finanzgruppe Städte und Regionen dabei unterstützen, Ideen für ihre zukünftige Gestaltung zu entwickeln – sei es bei Kindern, Künstlerinnen und Künstlern oder Bürgerinnen und Bürgern.

3.2 Innovationsfähigkeit fördern

Zukünftige Entwicklungen gehen mit Innovationen einher. Um am Wirtschaftsstandort Deutschland den wirtschaftlichen Wohlstand dauerhaft zu sichern und Regionen in Bezug auf wirtschaftliche Innovationen zukunftsfähig zu machen, müssen die Voraussetzungen für technische Innovationen geschaffen werden. Naturwissenschaftlich-technische Bildung ist dabei ein zentraler Baustein, so die Initiatoren des Netzwerkprojekts „MINT-macher", das 2013 gemeinsam von der Initiative Junge Forscherinnen und Forscher e. V. und der Bayerischen Sparkassenstiftung initiiert wurde. MINT steht für Mathematik, Informatik, Naturwissenschaften und Technik. Ziel des Projekts ist es, alle Akteure einer

Region, die MINT-Bildung fördern, miteinander zu vernetzen. So soll eine durchgängige MINT-Bildungskette von der Kleinkindbetreuung bis zum Schulabschluss entstehen. Durch das Netzwerk, das zum Beispiel auf einer Internetseite die Bildungsangebote der verschiedenen Akteure bündelt, können sich Kinder und Jugendliche, Eltern, pädagogische Fachkräfte, Lehrerinnen und Lehrer sowie Unternehmen und Betriebe über die Angebote in ihren Regionen informieren. So können junge Menschen für die MINT-Fächer und MINT-Berufe begeistert werden und der Grundstein für zukünftige technische Innovationen wird gelegt. Die erste MINT-Region in Bayern war 2014 die Region IngolStadtLandPlus. Es folgte 2015 die Region Mainfranken (www.mintmacher.de. Zugegriffen: 30.5.2016).

3.3 Kultur als Standortfaktor fördern

Ein wichtiger Standortfaktor ist die kulturelle Infrastruktur. Immer mehr Unternehmen treffen ihre Entscheidungen, wo sie sich niederlassen wollen, danach, welche kulturellen und Bildungsangebote es am Ort gibt. Mit ihrem großen Förderschwerpunkt im Bereich Kunst und Kultur entwickeln Sparkassen und ihre Stiftungen diese Infrastruktur mit, sodass durch ihre Kunst- und Kulturförderung die Attraktivität des kulturellen Angebots beeinflusst wird. Auch die Landessparkasse zu Oldenburg hat mit ihrer Stiftung Kunst und Kultur einen Schwerpunkt in diesem Förderbereich gesetzt, um durch Kulturförderung eine Weiterentwicklung ihrer Region zu erreichen. Ein herausragendes Beispiel ist die Unterstützung des „Kulturbahnhofs" in Cloppenburg, den die Stiftung gemeinsam mit der Niedersächsischen Sparkassenstiftung unterstützt hat. Das denkmalgeschützte, aber kaum genutzte Cloppenburger Bahnhofsgebäude wurde 2013 vollständig restauriert und saniert und als „Kulturbahnhof" wiedereröffnet. Seitdem findet hier ein vielfältiges, spartenübergreifendes Kulturangebot statt, das dem soziokulturellen Ansatz „Kultur für alle" folgt. Das heißt, das Angebot richtet sich an ein breites Publikum, das Zugang zu Kultur auf hohem Niveau erfahren soll. Darüber hinaus stärkt das neue Kulturzentrum das kulturelle Profil Cloppenburgs. Betrieben wird der Kulturbahnhof durch das Kulturforum Cloppenburg e. V., den Dachverband der etwa 40 Cloppenburger Kulturinstitutionen, Vereine und Initiativen. Das Projekt trägt also darüber hinaus zur Vernetzung der Kulturakteure in Cloppenburg bei. Geschaffen wurde hier ein Ort für Kultur, Bildung und Integration, durch den das Profil Cloppenburgs als kultureller Standort ausgebaut wird. Dies stärkt die Stadt Cloppenburg und die gesamte Region (www.kulturbahnhof-cloppenburg.de/. Zugegriffen: 30.5.2016).

Doch nicht immer muss ein gesamtes Gebäude in einem Großprojekt umgestaltet werden. So zeigt z. B. die Ostdeutsche Sparkassenstiftung, die Kunst und Kultur in den Ländern Brandenburg, Mecklenburg-Vorpommern, dem Freistaat Sachsen und dem Land Sachsen-Anhalt fördert, wie Kultur durch gezielte Unterstützung zu einem treibenden Standortfaktor für eine Stadt oder eine Region werden kann.

Die Stadt Leipzig ist ein Motor für Mitteldeutschland in Wirtschaft und Kultur. Mit seiner Vielfalt an Museen, Festivals, der Oper, dem Schauspiel, der Künstlerszene sowie als Musik- und Buchstadt lockt Leipzig die Menschen an. Hier wirkten Johann Sebastian Bach, Felix Mendelssohn Bartholdy, Max Klinger und Richard Wagner. Zu Leipzig gehören architektonisch beeindruckende Institutionen wie das Völkerschlachtdenkmal, das Grassimuseum, das Museum der Bildenden Künste oder die Deutsche Nationalbibliothek. Gemeinsam mit der Sparkasse Leipzig begleitet die Ostdeutsche Sparkassenstiftung diese für den Standort Leipzig wichtigen Kulturorte bei Konzerten, Ausstellungen und Restaurierungsprojekten. Stiftung und Sparkasse unterstützen den Erhalt des kulturellen Erbes und fördern zugleich die zeitgenössische Kunst und deren Vertreter, die wie Neo Rauch, Henriette Grahnert und Michael Triegel in ihren Ateliers in der Baumwollspinnerei ihre Kreativität ausdrücken (www.ostdeutsche-sparkassenstiftung.de/projekte. Zugegriffen: 30.5.2016).

2009 errichtete die Stiftung das Evelyn-Richter-Archiv im Museum der bildenden Künste. In diesem Archiv wird das Gesamtwerk dieser bedeutenden Vertreterin der dokumentarisch geprägten Fotografie in der DDR bewahrt und anschaulich vermittelt. Zum 20-jährigen Stiftungsjubiläum 2016 wurden in der Ausstellung „Evelyn Richter und Weggefährten" mit Evelyn Richter (*1930), Ursula Arnold (1929–2012) und Arno Fischer (1927–2011) erstmalig gemeinsam die drei wichtigsten Fotografen der DDR am bedeutendsten Standort für mitteldeutsche Fotografie – dem Museum der Bildenden Künste Leipzig – gezeigt (www.evelyn-richter-archiv.de. Zugegriffen: 30.5.2016).

Die vorhandenen Traditionen zu bewahren, zu stärken und weiterzuentwickeln wirkt sich, das zeigen beide Beispiele, auf die Kultur und die Atmosphäre einer Stadt aus und strahlt in die Region. Die Sparkassen-Finanzgruppe begreift Kunst und Kultur als Standortfaktor, den es zu entwickeln sowie kontinuierlich und gezielt zu unterstützen gilt. Kultur bereichert das Leben der Menschen und regt ihre Kreativität an. Städte und Gemeinden gewinnen so durch Förderungen und partnerschaftliche Zusammenarbeit weiter an Attraktivität.

3.4 Touristische Attraktivität fördern

Für die Aufwertung eines Ortes sorgt auch ein attraktives touristisches Angebot, denn besondere Sehenswürdigkeiten locken Gäste, die über den Besuch der touristischen Attraktionen hinaus Einkaufsmöglichkeiten nutzen und in Hotels übernachten. Zeigen diese touristischen Angebote die Besonderheit einer Region oder einer Stadt auf, stellen sie auch immer einen kulturellen Mehrwert dar, der gleichzeitig identitätsbildend ist.

So unterstützte die Niedersächsische Sparkassenstiftung gemeinsam mit der Stiftung der Kreissparkasse Soltau die 2015 eröffnete „Filzwelt Soltau". In einem historischen Lagergebäude an der Soltauer Fußgängerzone ist ein Bildungs- und Erlebniszentrum zum Thema Filz entstanden, das vielfältige Funktionen auf neuartige Weise miteinander verbindet. Das Haus ist zugleich Museum und Science Center, Geschichtshaus und Innovationsforum, gläserne Fabrik und Kreativzentrum sowie Spielplatz und Veranstaltungsort. Eingerichtet wurde es auf dem Gelände einer seit 160 Jahren erfolgreich produzierenden Filzfabrik, sodass hier Geschichte und laufender Betrieb direkt nebeneinander stehen und aufeinander Bezug nehmen. Als Themenzentrum, das Innovationen präsentiert, Kreativität fördert und jeden einzelnen zum Mitmachen einlädt, ist mit diesem besonderen Konzept ein kulturhistorischer Leuchtturm in der Heide geschaffen worden. Die einzigartige und für Soltau spezifische Attraktion, die gleichzeitig überregionale Bedeutung hat, stellt ein Produkt in den Vordergrund, das so selbstverständlich wie zunächst unscheinbar erscheint. Es wird deutlich, dass das Naturprodukt Filz, das eine weltweit reiche kulturelle Tradition aufweist, ein Anwendungsspektrum vom Kinderball bis zum High-Tech-Emissionsfilter aufweist. Mit dieser ungewöhnlichen Thematik, die auf unkonventionelle Art und Weise vermittelt wird, fügt sich die Filzwelt Soltau in den Gesamtkontext der Regionalentwicklung und des Tourismus ein. Die beiden Sparkassenstiftungen tragen mit ihrer Förderung dazu bei, dass die Stadt Soltau und die Heideregionen eine besondere touristische Attraktivität erhalten, die insgesamt zur Entwicklung von Stadt und Region beiträgt.

Neben der Erhöhung der touristischen Attraktivität von Stadt und Region stärkt das Projekt die städtische und regionale Identität. Denn auch die Bürgerinnen und Bürger legen so verstärkt ein Augenmerk auf die Bedeutung des Filzes für ihre Region. Stadtentwicklung heißt also auch Förderung von Identität und damit Förderung des Selbstverständnisses und Selbstbewusstseins (www.filzwelt-soltau.de. Zugegriffen: 30.5.2016).

3.5 Identität fördern

Kunst und Kultur schaffen Verbindungen zwischen Menschen und den städtischen wie regionalen Kulturorten. Durch lebendige Kultur werden Menschen angeregt, begeistert, wird ihr Blick erweitert, das Selbstverständnis gefördert und die Herausbildung einer städtischen und regionalen Identität befördert.

Dies zeigt sich auch in der Stadt Dessau. Ähnlich Dresden in der Bombennacht fast völlig zerstört, kommt den Kultureinrichtungen der Stadt hier eine besondere Bedeutung zu. Durch langjährige Partnerschaften bei wechselnden Schwerpunkten unterstützen die Ostdeutsche Sparkassenstiftung und die Sparkasse Dessau die unterschiedlichen Kulturakteure, die bei aller Vielfalt eines verbindet: lokale Verwurzelung und überregionale Ausstrahlung. Vom Dessau-Wörlitzer Gartenreich und seiner Weltkulturerbe-Architektur über das Bauhaus; vom Kurt-Weill-Fest bis zum Anhaltischen Theater und seiner Philharmonie oder dem IMPULS-Festival für Neue Musik – die lange Tradition von Musik, Theater und Architektur haben die Stadt Dessau und die Region geprägt. Die Dessauer sind mit der Kunst und Kultur ihrer Stadt verbunden. Zugleich finden sie darin Halt durch alle Zeiten und Bereicherung fürs Leben. Dessau und das Land Sachsen-Anhalt werben mit ihren international bedeutenden Kulturstätten. Wie stark Kunst und Kultur von einem persönlichen Erleben hin zum Kern des städtischen Selbstverständnisses und damit identitätsstiftend werden kann, zeigt sich in Dessau in eindrucksvoller und nachhaltiger Weise (www.ostdeutsche-sparkassenstiftung.de/projekte).

3.6 Menschen fördern

Die vorangegangenen Beispiele zeigen, dass Stadtentwicklung auf sehr vielfältige Art und Weise erfolgen kann. Im Kern aber haben alle Beispiele gemeinsam, dass sie von Menschen umgesetzt werden, die eine Vision davon haben, wie sie selbst, ein bestimmtes Thema oder ihr Lebensort weiterentwickelt und verbessert werden können. Die Förderung von Menschen und ihren Potenzialen bildet bei der Stadtentwicklung also die Grundlage.

Zahlreiche Sparkassen und Sparkassenstiftungen engagieren sich im sozialen Bereich, um Menschen Chancen aufzuzeigen, ihre persönliche Entwicklung zu fördern und ihre Zukunft verwirklichen zu helfen.

Die Stiftung Berliner Sparkasse – von Bürgerinnen und Bürger für Berlin hat eigens zu diesem Zweck den Themenfonds Chancengleichheit und Bildung eingerichtet. Dieser Fonds fördert Projekte für Kinder und Jugendliche in Berlin. Eines der Projekte ist das „Kinder- und Jugendhaus Bolle" des Straßenkinder e. V., das im April 2010 eröffnet wurde und seit 2012 durch die Stiftung unterstützt wird. Täglich werden bis zu 170 Kinder und Jugendliche betreut, die vor Kinder- und Bildungsarmut geschützt werden sollen. Die Kinder erhalten ein Freizeit- und Bildungsangebot, angefangen vom warmen Mittagessen über Hausaufgabenbetreuung und den Gemüsegarten bis hin zur Bibliothek, einem Musikraum und vielem mehr. Über Bildung soll für die betreuten Kinder der Ausweg aus sozial schwachen Strukturen ermöglicht werden. Dies bringt nicht nur die Kinder und Jugendlichen selbst voran, sondern deckt auch die Potenziale dieser jungen Menschen für die Gesellschaft auf (www.strassenkinder-ev.de/bolle0.html).

3.7 Bürgerschaftliches Engagement fördern

Die Stiftung Berliner Sparkasse – von Bürgerinnen und Bürger für Berlin ermöglicht, wie oben beschrieben, durch ihre Zuwendungen die Unterstützung sozialer Projekte und damit die Entwicklung von sozial schwachen Stadtteilen. Doch die Stiftung ermöglicht es auch Bürgerinnen und Bürgern, sich selbst zu engagieren. So nimmt die Stiftung nicht nur Spenden entgegen, sondern es sind Zustiftungen, Stiftungsfonds oder Treuhandstiftungen unter dem Dach der Stiftung Berliner Sparkasse möglich. So haben Bürgerinnen und Bürger, die sich mit ihrem Vermögen gesellschaftlich engagieren möchten, verschiedene Möglichkeiten, ihr Vermögen dauerhaft einem gemeinnützigen Zweck zuzuführen. Sie erhalten die Chance, sich bürgerschaftlich zu engagieren und legen damit ihrerseits die Grundlagen für die Entwicklung ihrer Stadt.

Zahlreiche Sparkassen bieten unterschiedliche Modelle für stifterisches Engagement. Beispielhaft genannt sei hier das Kompetenz-Center Stiftungen der Stadtsparkasse Düsseldorf, das neben der Gründungsberatung und stiftungsspezifischen Bankdienstleistungen auch Beratungen im Fundraising und Stiftungsmarketing anbietet. Außerdem werden gezielt Zustifter, Spender und Sponsoren innerhalb des eigenen Netzwerks vermittelt. Auch Stiftungen wie die Haspa Hamburg Stiftung sowie zahlreiche Bürgerstiftungen, die von Sparkassen bundesweit gegründet wurden, sind gute Beispiele, wie Bürgerinnen und Bürger mit umfangreichen Angeboten bei ihrem stifterischen Engagement für ihre Heimat unterstützt werden können. Oft legen die Sparkassen hier die Grundlage, indem sie die Stiftungen gründen und mit einem Grundkapital ausstatten. Mit ihrer Expertise im Stiftungsmanagement und durch die Schaffung von Strukturen unterstützen die Sparkassen so Bürgerinnen und Bürger dabei, sich auch über die eigene Lebenszeit hinaus gesellschaftlich zu engagieren.

Bürgerschaftliches Engagement, sei es durch Spenden- oder Stiftungsbereitschaft und vor allem durch die Ausübung eines Ehrenamtes und die Umsetzung eigener Projekte in Kunst, Kultur, Sport und vielen anderen Bereichen, stellt eine wesentliche Säule für die Entwicklung von Städten und Regionen dar. Denn die Initiativen von Bürgerinnen und Bürgern, sei es organisiert über Vereine, Stiftungen o. ä., bringen Leben in die Städte und machen diese lebenswert. Deswegen unterstützen Sparkassen und ihre Stiftungen in so umfassender Art und Weise gesellschaftliche Belange.

Um Bürgerinnen und Bürger für ehrenamtliche Arbeit zu motivieren, unterstützen Sparkassen wie z. B. die Förde Sparkasse, Ehrenamtsmessen. Darüber hinaus unterstützen sie als eine besondere Anerkennung von ehrenamtlichem Engagement beispielsweise die Verleihung von Ehrenamtspreisen. So fördert etwa die Mittelbrandenburgische Sparkasse in Potsdam die Verleihung des Ehrenamtpreises im Landkreis Teltow-Fläming und Oberhavel, bei der jedes Jahr ausgewählte Bürgerinnen und Bürger, die sich in ihrer Freizeit für Kultur, Sport, Soziales oder andere gesellschaftliche Themen engagieren, ausgezeichnet werden. Diese Form der Anerkennung schafft Motivation, sich weiterhin für die Gesellschaft einzusetzen.

Auch Mitarbeiterinnen und Mitarbeiter der Sparkassen selbst engagieren sich ehrenamtlich in Corporate-Volunteering-Programmen, vielfach unterstützt durch die Sparkassen. So hat die Sparkasse Bremen beispielsweise mit ihrer Aktion „Wir für Bremen" anlässlich ihres 190-jährigen Jubiläums ihre Mitarbeiter dazu aufgerufen, sich gemeinnützig zu engagieren. 250 Mitarbeiterinnen und Mitarbeiter haben in diesem Rahmen 16 Einrichtungen in Bremen in rund 2000 Arbeitsstunden unterstützt (https://www.sparkassenzeitung.de/blaumann-statt-anzug/150/148/62153/?searchresult. Zugegriffen: 30.5.2016).

4 Fazit

Die Sparkassen und Sparkassenstiftungen tragen zur Entwicklung von Städten und Regionen bei, indem sie das Gemeinwohl auf vielfältige Art und Weise unterstützen. Dem liegt das Selbstverständnis zu Grunde, dass es die Menschen, die sich für ihre Region engagieren, sind, die neben den staatlichen Stellen entscheidend zur Entwicklung von Städten und Regionen beitragen. Als regional verankerte, öffentlich-rechtliche Institute, verstehen sich die Sparkassen als Partner dieser Menschen.

Es gehört zum Selbstverständnis der Sparkassen, sich auch über ihre unmittelbare Geschäftstätigkeit hinaus für die Gesellschaft zu engagieren. Durch die Förderung von Kunst und Kultur sowie von Sportprojekten werden Städte und Regionen aufgewertet, durch Bildungsprojekte wird z. B. die Innovationsfähigkeit einer Region erhöht und durch soziales Engagement werden Potenziale junger Menschen freigelegt, die der Gesellschaft insgesamt zugutekommen können.

Das umfangreiche gesellschaftliche Engagement der Sparkassen und ihrer Stiftungen trägt damit in besonderer Weise zur Entwicklung von Städten und Regionen bei. Darüber hinaus fördern sie durch ihr gesellschaftliches Engagement die Partizipation der Bürgerinnen und Bürger zur Gestaltung ihrer Heimatorte.

> **Infobox**
> Die Sparkassen-Finanzgruppe, das sind 403 Sparkassen, sieben Landesbanken-Konzerne, die DekaBank, neun Landesbausparkassen, elf Erstversicherergruppen der Sparkassen und zahlreiche weitere Finanzdienstleistungsunternehmen. Darüber hinaus gehören 748 gemeinnützige Stiftungen dazu (Stand September 2016).

Susanne Uhlen ist Referentin für Stiftungen/Sponsoring beim Deutschen Sparkassen- und Giroverband (DSGV). Zu ihren Tätigkeiten zählen die Konzeption und Umsetzung von Gemeinschaftsprojekten der Stiftungen der Sparkassen-Finanzgruppe, beispielsweise die jährlich stattfindende Stiftungsfachtagung, sowie die Umsetzung bundesweiter Sponsoringengagements wie die Unterstützung des Nachwuchswettbewerbs „Jugend musiziert". Nach ihrem Studium der Angewandten Kulturwissenschaften an der Universität Lüneburg begann sie ihre Tätigkeit beim DSGV im Jahr 2012 als Referentin für Kulturförderung.

Unternehmerisches Engagement für eine nachhaltige Stadtentwicklung in Duderstadt

Der Medizintechnikhersteller Ottobock prägt eine Region

Sebastian Tränkner und Carolin Schwarz

1 Einleitung

> Unser Unternehmen tritt als Sponsor und Förderer in Erscheinung und verkörpert damit den Grundsatz, über seine Rolle als Wirtschaftsfaktor hinaus gesellschaftliche Mitverantwortung zu tragen (Ottobock-Code-of-Conduct 2015, S. 7).

In Zeiten der Globalisierung und von sich schnell wandelnden wirtschaftlichen Rahmenbedingungen steht auch die Frage von Verantwortung durch international agierende Konzerne für das Wohl der Gesellschaft zunehmend im Fokus der Öffentlichkeit. Gerade mit Blick auf grenzüberschreitende Probleme, von Natur- und Umweltkatastrophen und zunehmendem Fachkräftemangel werden Unternehmen verstärkt als wichtige Partner zur Lösung gesellschaftlicher Herausforderungen angesehen (Suchanek 2010, S. 37; Rogowski 2004, S. 1). Während sich staatliche Institutionen zunehmend aus den Aufgaben sozialer Sicherung für Bürger zurückziehen, gewinnt die unternehmerische Mitgestaltung in der Gesellschaft an besonderer Relevanz (Backhaus-Maul et al. 2008, S. 16).

Im vorliegenden Beitrag soll das gesellschaftliche Engagement des Medizintechnikherstellers Ottobock und seines Firmeninhabers Professor Hans Georg Näder im Fokus stehen. Dieser übernahm 1990 im Alter von 28 Jahren den familiengeführten Betrieb mit Hauptsitz in Duderstadt. Für Menschen mit eingeschränkter Mobilität entwickelt Ottobock medizintechnische Produkte und Versorgungskonzepte in den Bereichen Prothetik, Orthetik, Mobility Solutions (z. B. Rollstühle, Reha-Hilfsmittel), Neurorehabilitation und

---

S. Tränkner (✉)
Göttingen, Deutschland
E-Mail: sebastian_traenkner@web.de

C. Schwarz
Dransfeld, Deutschland
E-Mail: carolin.schwarz.office@gmail.com

MedicalCare. Tochtergesellschaften in 55 Ländern bieten Qualität „Made in Germany" weltweit an und beschäftigen mehr als 7000 Menschen.

Allein in Duderstadt sind für das Unternehmen rund 1800 Mitarbeiter beschäftigt. Der Hauptsitz des Konzerns prägt das Stadtbild und eine ganze Region, sowohl aufgrund eines großen Werksgeländes im Industriegebiet als auch durch die Förderung von Kultur und Stadtentwicklung. Duderstadt ohne Ottobock? Das kann sich im niedersächsischen Eichsfeld kaum jemand vorstellen. Viele Projekte und Initiativen der Stadtplanung und Kulturförderung in der südniedersächsischen Kleinstadt mit ca. 22.000 Einwohnern werden durch das Unternehmen Ottobock und seinen Inhaber getragen. Der Ort und seine Umgebung profitieren von der „Heimatliebe" des Medizintechnikherstellers und seines Geschäftsführers. Zum Engagement des gebürtigen Duderstädters und Firmenerben zählen die Sanierung von Fachwerkhäusern in der Altstadt, die Einrichtung einer Kunsthalle, ein Therapieangebot für sozial benachteiligte und körperlich eingeschränkte Kinder und Jugendliche oder die Ausrichtung von Zukunftskonferenzen zur Weiterentwicklung der Region und der Wirtschaftskraft in Südniedersachsen (Willkommen in Duderstadt. Der Heimat verpflichtet 2016; Wetzestein 2016).

Die Idee der Förderung von Menschen und die Unterstützung der Gesellschaft sind dabei für das 1919 gegründete Familienunternehmen Ottobock Teil des Selbstbildes. Der Konzern engagiert sich seit Jahren im Bereich gesellschaftlicher Verantwortung und Stiftungsarbeit. Der Inhaber wird im Portrait auf der Website des Unternehmens als „leidenschaftlicher Kunstsammler, begeisterter Sportler, sozial engagierter Mensch, Kosmopolit und lokal verwurzelt" beschrieben (Ottobock: Das Unternehmen. Der Inhaber 2015). Diese Darstellung verdeutlicht die enge Verbindung von firmeneigener Förderung und privatem Einsatz für die Gesellschaft. Die Firmenhomepage weist auch darauf hin, dass „Firmengeschichte und Familiengeschichte nicht voneinander zu trennen" sind (Ottobock: Das Unternehmen. Der Inhaber 2015).

Vor diesem Hintergrund werden die Rahmenbedingungen und Effekte des gesellschaftlichen Engagements der Firma Ottobock und seines Eigentümers anhand des Stufenmodells von Schneider (2012) analysiert und Erkenntnisse für erfolgreiches CSR von Unternehmen abgeleitet.

2 Gesellschaftliches Engagement im Stufenmodell

Zur Einordnung des Engagements wird im Folgenden Bezug auf das CSR-Reifegradmodell von Schneider (2012) genommen, der gemeinnützige Projekte von Unternehmen in vier verschiedene Stufen einteilt. Schneider definiert sein „CSR-Reifegradmodell von CSR 1.0 zu CSR 3.0" dabei wie folgt:

> Je höher die Stufe, auf der das Engagement eines Unternehmens eingeordnet werden kann, desto größer ist das Potenzial, zur Ausbildung von gesellschaftlichem Nutzen und Mehrwert für Umwelt, Gesellschaft und auch für das Unternehmen selbst (Schneider 2012, S. 28).

Dabei fasst Schneider unter Stufe 1 (CSR 0.0) eine allgemeine gesellschaftliche Verantwortung von Unternehmen zusammen, die sich weniger durch bewusste Mitwirkung an der Gesellschaft als durch indirekte Folgen von Angeboten des Konzerns im Bereich Ausbildung, Arbeitszeitenregelung, Lohnentwicklung und der Einhaltung von gesetzlichen Vorgaben und Standards äußert (siehe Abb. 1).

Auf der zweiten Stufe (CSR 1.0) werden darüber hinausgehend Aktivitäten gefasst, wie Spenden, Sponsoring und Mäzenatentum, die unabhängig vom eigentlichen Kerngeschäft des Unternehmens spontan und nicht zielgerichtet erfolgen. Hinter diesen Maßnahmen stehen somit keine strategischen oder in das Management integrierten Ziele. Das sehr stark auf einzelne Projekte fokussierte Engagement ist schwerpunktmäßig im Bereich Marketing anzutreffen und zielt vor allem auf die positive Außendarstellung des Unternehmens und weniger auf den Mehrwert für die Gesellschaft.

Auf der dritten Stufte (CSR 2.0) ist das unternehmerische Engagement bereits Teil der Gesamtstrategie des Konzerns und in die zukünftige Ausrichtung der Firma eingebettet. Hierbei sind die Projekte langfristig ausgerichtet und verfolgen das Ziel, einen wechselseitigen Nutzen für Gesellschaft, Unternehmen und Umwelt zu generieren (Schneider 2012, S. 28 f.).

Als höchste Ebene für gesellschaftliches Engagement stellt Schneider schließlich auf der vierten Stufte (CSR 3.0) den Konzern als „aktiven Mitgestalter des Politischen" (Schneider 2012, S. 34), der mithilfe und als Teil von Netzwerken und Clustern eine wichtige Rolle bei der Entwicklung der Gesellschaft übernimmt. Im Zusammenspiel von Staat, Wirtschaft und Gesellschaft erhöhen sich dabei die Verantwortung und der Anteil

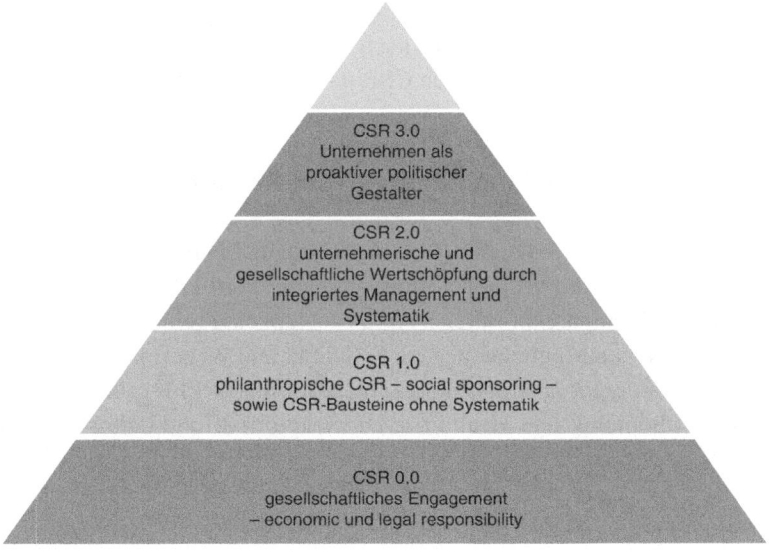

Abb. 1 CSR-Reifegradmodell. (Eigene Darstellung nach Schneider 2012, S. 29)

an Projekten, die durch Unternehmen getragen werden. Schneider beschreibt dabei, dass sich CSR 3.0 zu einer „Querschnittsfunktion" entwickelt, bei der das Prinzip des Engagements „vom ganzen Unternehmenskörper gelegt und weitergedacht wird" (Schneider 2012, S. 35). Im Schwerpunkt geht CSR 3.0 dabei auch über das Kerngeschäft des Unternehmens hinaus und sucht seine Verantwortung auch in Bereichen wie Menschenrechte oder allgemeine Bildung oder Anti-Korruptionsmaßnahmen (Schneider 2012, S. 34 f.).

3 CSR-Aktivitäten von Ottobock und Prof. Hans Georg Näder

Im familiengeführten global tätigen Konzern Ottobock werden bestimmte Werte als Teil einer Unternehmensphilosophie definiert. Dabei steht der Mensch im Mittelpunkt – sowohl als Kunde aber auch als Mitarbeiter und im Rahmen gesellschaftlichen Engagements. Dabei spielen für die Marke Ottobock Eigenschaften eine wichtige Rolle: Respekt, Engagement, Menschlichkeit, Authentizität, Spielfreude, Weltoffenheit, Unternehmertum und Mut (Ottobock o.J..).

Der Inhaber des Unternehmens, Prof. Hans Georg Näder, wurde in Duderstadt geboren und ist seiner Heimat eng verbunden. Die Stadt Duderstadt hat ihm für sein Engagement für die Region im Jahr 2011 die Ehrenbürgerwürde verliehen. Anlässlich der Festveranstaltung im Rathaus formulierte der Preisträger seine Motivation.

> Mein Engagement ist und war immer geprägt davon, zu geben, ohne etwas dafür zu erwarten. Ich habe Glück gehabt, dieses Glück möchte ich teilen und etwas an meine Heimat zurückgeben, die mich so geformt hat (Prof. Hans-Georg Näder in Lottmann 2015).

Nachfolgend werden anhand der Struktur nach Schneider sowohl Projekte des Konzerns als auch des Unternehmers in den Ebenen CSR 0.0–3.0 vorgestellt.

3.1 CSR 0.0 – Allgemeine Ausbildungs- und Weiterbildungsmaßstäbe

Das Unternehmen Ottobock engagiert sich zunächst auf Ebene der eigenen Mitarbeiter für hohe Arbeitsqualität und ermöglicht umfangreiche Fortbildungsmaßnahmen für die Belegschaft (interne Seminare im Bereich Arbeitstechniken, Fremdsprachen und auch Sozialkompetenzen). Neben Möglichkeiten zur Schulung und Weiterbildung hat Ottobock in Zusammenarbeit mit der Privaten Fachhochschule Göttingen (PFH) auch Studiengänge in den Bereichen Orthobionik und Healthcare entwickelt und trägt damit zur Qualität der Ausbildung bei.

3.2 CSR 1.0 – Stiftungswesen & Paralympics

Um die Technische Orthopädie und interdisziplinäre Zusammenarbeit durch Fortbildungsveranstaltungen für Ärzte, Ingenieure und Orthopädiemechaniker zu fördern, wurde 1987 die firmenunabhängige Otto-Bock-Stiftung gegründet. Dabei beschränkt sich die soziale Verantwortung nicht nur auf Deutschland. Die Stiftung bringt sich auch bei internationalen Hilfsprojekten ein, etwa nach dem Tsunami in Südostasien oder den Erdbeben in China und Haiti. Ein weiteres Tätigkeitsfeld der Stiftungsarbeit ist die Förderung der Ausbildung von Orthopädietechnikern in Entwicklungsländern, damit die betroffenen Menschen nachhaltig und bestmöglich mit Hilfsmitteln versorgt werden können. Die Koordination von internationalen Hilfsprojekten nach Naturkatastrophen wurde 2015 in die neu gegründete Ottobock-Global-Foundation überführt, die diesen Bereich des Engagements gebündelt organisieren soll (Ottobock-Global-Foundation 2015).

Im Kernbereich des Unternehmenskonzepts steht durch die Herstellung von Orthesen und Prothesen traditionell auch die Förderung von Angeboten und Projekten im Bereich Paralympics und des Behindertensports. Seit mehr als 25 Jahren unterstützt Ottobock mit Fördermaßnahmen in Deutschland sowohl Leistungs- als auch Breitensport im Bereich des Behindertensports. An dieser Stelle sind die Interessen des Konzerns zur Präsentation und Vermarktung seiner Produkte und das gesellschaftliche Engagement eng miteinander verbunden. Seit 1988 bietet das Unternehmen seine technische Unterstützung bei den Paralympics für die Athleten an und steht zur Wartung und Reparatur der Ausrüstung für die Sportler zur Verfügung. Im Bereich Breitensport engagiert sich Ottobock für behinderte Sportler. Im Rahmen der Talent Days in Duderstadt 2015 konnten Kinder und Jugendliche mit körperlichen Behinderungen am erstmals ausgerichteten Sportwochenende verschiedene Sportarten ausprobieren. Das Programm wurde von Ottobock und dem Deutschen Behindertensportverband (DBS) ausgerichtet. Dabei konnten viele der jungen Teilnehmer zum ersten Mal mit einer professionellen Sportprothese trainieren oder im Rahmen des Wochenendes neue Modelle ausprobieren (Ottobock: Pressemitteilungen 2010; Ottobock Passion for Paralympics 2015). Langfristig können mit der Breitensportförderung Imageträger für die Markenentwicklung des Unternehmens aufgebaut werden.

3.3 CSR 1.0 Kunst und Kultur in Duderstadt – Kunsthalle HGN

In seiner Heimat im Eichsfeld engagieren sich H. G. Näder und das Unternehmen Ottobock bereits seit Jahrzehnten für lokale Projekte und Initiativen. Mit der Kunsthalle HGN hat der Kunstsammler auf seinem privaten Gelände im Jahr 2011 einen Raum für wechselnde Ausstellungen mit international renommierten Künstlern geschaffen. Das Engagement wurde 2015 mit dem Kulturpreis des Landes Niedersachsen ausgezeichnet.

> Ich habe eine starke regionale Bindung. Das Eichsfeld, Duderstadt ist einfach meine Heimat. Als Mäzen denke ich nicht nur global, ich möchte auch die große Kunst in unsere Region ho-

len. Als Unternehmer wie als Sammler trage ich Sorge, im besten Sinne des Anteilnehmens und der gesellschaftlichen Verpflichtung, für meine Angestellten wie für „meine" Künstler – ich möchte sie unterstützen und ihr Werk verbreiten helfen (Prof. Hans Georg Näder in Kunsthalle Duderstadt 2015).

Die Förderung von Ausstellungen in Duderstadt hat dabei eine positive Wirkung auf die Kunstszene in und um Duderstadt, die in ihrer Wahrnehmung als Kulturregion an Wert gewinnt. Die Rückmeldungen der einzelnen Ausstellungen durch Besucher zeigen dabei, dass längerfristiges Interesse an Kunstangeboten geweckt wurde und sich das Angebot etabliert hat. Ein Besucher der Ausstellung „Traumwelten" am 22.9.2012:

> HGN – vielen herzlichen Dank für die Eindrücke und Objekte wahrzunehmen; vielen Dank dafür, an der großen weiten Kunstwelt teilzuhaben ... und das in dem schönen beschaulichen Duderstadt.

In der Kunsthalle in Duderstadt führen Studenten der Kunstgeschichte der Universität Göttingen durch die Ausstellungen. Hans Georg Näder bietet die Ausstellungen kostenfrei an und erweitert damit das kulturelle Angebot für die Bürgerinnen und Bürger der Region. Die bisherigen Ausstellungen boten u. a. Fotografien und Kunstgegenstände zum Thema „Heimat", „Traumwelten", „Cuba", „Utopia" oder „The Feeling of Light" (Kunsthalle Duderstadt 2015).

3.4 CSR 1.0 Förderung benachteiligter Kinder – Das Tabalugahaus Duderstadt

Auch im Bereich Bildung und Förderung von benachteiligten Kindern setzt sich Ottobock in der Stadt Duderstadt für Projekte ein. Im Jahr 2012 gründete Näder zusammen mit Peter Maffay das Tabalugahaus in einem renovierten mittelalterlichen Fachwerkgebäude mitten in der Altstadt von Duderstadt als Rückzugsort für sozial benachteiligte Kinder und Kinder mit Handicap, die hier wohnen und an Projekten zu Themen aus den Bereichen Musik, Kunst, Umwelt, Landwirtschaft oder Stadtgeschichte teilnehmen können. In dieser Einrichtung werden pro Jahr rund 500 Kinder und Betreuer empfangen (Tabalugahaus Duderstadt 2015; Peter-Maffay-Stiftung 2015; Lottmann 2012).

3.5 CSR 2.0 & 3.0 – Stadt- und Regionalentwicklung

Neben einem breiten kulturellen Angebot für seine Mitbürger investieren der Unternehmer und sein Unternehmen auch in die Entwicklung der Infrastruktur und den Wirtschaftsstandort im Eichsfeld.

Bei der Restaurierung alter Fachwerkhäuser in seiner Heimatstadt Duderstadt hat Näder in den letzten Jahren als wesentlicher Sponsor und Eigentümer zur Aufwertung des

Stadtbildes beitragen können. Dabei hat der Unternehmer zur Sanierung des historischen Rathauses und des Schützenmuseums zwischen 2011 und 2015 rund 2,5 Mio. € investiert. Auch die Sanierung des ehemaligen Duderstädter Bahnhofs für die Nutzung als Ärztezentrum leitete er in die Wege. Dazu erwarb er 2011 das ehemalige Bahnhofsgebäude und investierte rund 1,5 Mio. € in die Umgestaltung (Hobrecht 2011). Darüber hinaus engagierte sich der Unternehmensinhaber auch für die Sanierung des Hotels „Zum Löwen" in der historischen Altstadt.

Im Jahr 2009 hat er zudem als Auftraggeber die Stadtentwicklungsinitiative „Masterplan Duderstadt 2020" ins Leben gerufen. Dieses Projekt hat sich zum Ziel gesetzt, mit einer breiten Bürgerbeteiligung Zukunftskonzepte für die Stadt Duderstadt zu entwickeln, die den Herausforderungen des demografischen Wandels und einer sich schnell wandelnden Gesellschaft angepasst sind.

3.6 Duderstadt2020 – vom Masterplan zur Stadtentwicklungsagentur

Die Auswirkungen des demografischen Wandels wie Überalterung, Abwanderung junger Menschen und jüngst durch den Zuzug von Flüchtlingen, gepaart mit globalen technologischen und konjunkturellen Trends, stellen ländliche Räume vor hohe Herausforderungen. Duderstadt liegt rund 25 km südöstlich von Göttingen im niedersächsischen Teil des Eichsfelds. Am 1. Januar 2016 lebten 21.480 Einwohner in der Kernstadt und in den 14 Ortsteilen (Stadt Duderstadt 2016). Bevölkerungsprognosen gehen davon aus, dass Duderstadt von 2008 bis 2025 über 9 %, d. h. rund 2000, Einwohner verlieren wird (Waibel 2010). Für den lokal und regional bestimmenden Wirtschaftsfaktor Ottobock liegt es daher im ureigenen Interesse, auf adäquate Standortbedingungen und Produktionsfaktoren, wie geeignetes Fachkräftepotenzial zurückgreifen zu können.

Mit dem Ziel, die Lebensqualität im Raum Duderstadt und der Region Eichsfeld langfristig zu erhalten und die „weichen Standortfaktoren" für das Unternehmen Ottobock und seine Mitarbeiter zu fördern, initiierte der Firmeninhaber Hans Georg Näder im Jahr 2009 den „Masterplan Duderstadt2020". Ziel des interdisziplinären F&E-Prozesses Duderstadt2020 war es zunächst, auf Basis fundierter wissenschaftlicher Analysen und über moderierte Beteiligungsprozesse Akteure aus Unternehmen, Politik, Verwaltung und Zivilgesellschaft aus Duderstadt und Umgebung sektorübergreifend und themenoffen zusammenzubringen, für die Herausforderungen im demografischen Wandel zu sensibilisieren und gemeinsam innovative Lösungen zu entwickeln (Harteisen et al. 2010). Für die Umsetzung wurde ein interdisziplinäres Team der Hochschule für angewandte Wissenschaft und Kunst Hildesheim/Holzminden/Göttingen (HAWK) beauftragt. Beteiligt waren Stadtplaner, Geografen, Wirtschafts- und Sozialwissenschaftler sowie Gestalter mehrerer Fakultäten. Unter anderem in den Themenfeldern Stadtmarketing, Handel, Jugendförderung, Tourismus, Quartiersentwicklung und Wirtschaftsförderung wurden themenbezogene Netzwerke aufgebaut und Pilotprojekte umgesetzt. Bereits mehrere Monate vor Projektbeginn wurden ein Kommunikationskonzept, ein CI/CD und die wesentlichen Kommunikationstools, wie eine Website, Flyer und Plakate, entworfen. Eine Lenkungsgruppe unter Beteiligung von Führungskräften aus Politik, Verwaltung und Wirtschaft flankierten den Projektstart. Im Unterschied zu von der öffentlichen Hand beauftragten Stadtentwicklungsprozessen, sollte nicht ein fertiger Plan, sondern der emergente Prozess das Ergebnis sein. Die Beteiligten sollten handlungsorientiert über intensive Beteiligung an Projekten und Diskursen aktiviert werden und den Wandel dadurch direkt erfahren (Engel et al. 2011).

Nach dieser ersten Phase der Analyse, Aktivierung, des Netzwerkaufbaus und der Pilotprojekte wurde Anfang 2012 die Duderstadt 2020 GmbH & Co. KG als Stadtentwicklungsagentur aus dem Prozess ausgegründet. Hundertprozentiger Gesellschafter ist seitdem Hans Georg Näder. Im Fokus von Duderstadt2020 stehen weiterhin die koordinierte Vernetzung und der Dialog von Beteiligten. Ergänzend werden seitdem Projekte im Auftrag und/oder in Kooperation mit vielen Partnern aus Wirtschaft, Verwaltung und Institutionen durchgeführt. Ein wesentliches Ziel war darüber hinaus die stärkere Bündelung von bisher relativ getrennt voneinander laufenden Prozessen der Stadtentwicklung und des Stadtmarketings. Seit Ende 2015 arbeitet die Duderstadt 2020 GmbH & Co. KG an einer weiteren Entwicklungsstufe, die Ausweitung ihrer Aktivitäten als Innovationsagentur über das bisherige Kerngebiet hinaus.

Bisherige Projekte und Prozesse
Ende 2009 startete Duderstadt2020 mit einer groß angelegten Auftaktveranstaltung. Im Jahr 2010 fand der Duderstädter Zukunftstag als ein Markt der Möglichkeiten und als großes Stadtfest statt, bei dem sich lokale Vereine und Initiativen und das umfangreiche ehrenamtliche Engagement in Duderstadt vorstellen konnten. Eine weitere Konferenz für die zukünftige Entwicklung der Region wurde 2015 unter der Überschrift „Zukunftskonferenz Duderstadt 2030" ausgerichtet. Hier wurden neue Leitthemen erarbeitet: Digitalisierung, Nachhaltigkeit im ländlichen Raum, Willkommenskultur, Lebensqualität und Jugend. Seit 2010 fanden zudem mehrere Jugendzukunftskonferenzen statt. Am 5. Februar 2015 wurde diese zum dritten Mal organisiert. In den Jahren 2014 und 2015 wurden zwei Veranstaltungen zur Elektromobilität unter dem Namen „Elektromobilitätsmeile" angeboten. Am 20. Mai 2015 fand ein Bürgerdialog der Bundesregierung auf dem Gut Herbigshagen bei Duderstadt statt, hier fungierte Duderstadt2020 zusammen mit der Heinz-Sielmann-Stiftung als Gastgeber. Zudem werden regelmäßig Bürgerfeste und Familientage oder Kreativlounge-Stände auf regionalen Märkten organisiert.

Duderstadt2020 hat sich als lokale Entwicklungsagentur insbesondere bei Wirtschaftsvertretern, Institutionen und auch in der Bevölkerung als Netzwerkplattform und Projektpartner etabliert. Wichtig ist hierbei, dass eine Bewusstseinsbildung bei den Akteuren vor Ort entsteht, sodass innovative Ideen in einem Prozess langsam Anklang finden und sich Partner für eine Umsetzung solcher Ideen finden. Dieser Mechanismus funktioniert auf Projektebene mit engagierten Bürgern, der Wirtschaft und Institutionen bereits sehr gut. Optimierungsbedarf ist jedoch im Bereich der Zusammenarbeit mit politischen Verantwortlichen erkennbar. Eine enge strategische Verknüpfung des Unternehmerengagements

Schwerpunkte Duderstadt2020

Jugend-förderung	Wirtschafts-förderung	Stadt-marketing	Standort-kommunikation
Jugendzukunfts-Konferenzen	Berufsfindungs-börsen	Einzelhandels-marketingaktionen	Regionalblog willkommen-in-duderstadt.de
Jugendfonds Duderstadt	After-Work-Partys	Kulturgroßevents	Facebook Du machst Duderstadt
Jugenddisco	Fachmessen z. B. zur Elektromobilität o. Smart Home	Öffentliches W-Lan (Freifunk)	Portal für Flüchtlinge welcomeduderstadt.de

Beteiligungsprozesse: u. a. Duderstädter Zukunftstag/Bürgerdialog der Bundesregierung/ Zukunftskonferenz DUDERSTADT 2030

Abb. 2 Duderstadt2020. (Eigene Darstellung)

mit der Stadtentwicklungspolitik steht indes noch aus. Ursächlich hierfür ist die seitens der Stadtverwaltung wahrgenommene Konkurrenz in Themenbereichen, die sowohl von Duderstadt2020 und als auch von der Stadtverwaltung adressiert werden. Für ein integriertes Handeln muss ein noch größeres Verständnis für gemeinsame Stadtentwicklung geschaffen werden. Dies kann nur über eine bewusstere Auslegung der politischen Steuerung und des Politikmanagements gelingen, bei der Beteiligung stärker fokussiert und gewollt ist.

Die vielfältigen Angebote von Duderstadt2020 auf den Ebenen (1) Jugendförderung, (2) Wirtschaftsförderung, (3) Stadtmarketing und (4) Standortkommunikation wurden seit dem Auftakt des Programms 2009 von vielen Bürgern genutzt. Interessierte Duderstädter haben sich an Diskussionsrunden und Planungsmöglichkeiten beteiligt. Die gute Resonanz auf die Projekte zeigt, dass Stadtentwicklung heute mehr ist als Stadtplanung mit standardisierten Beteiligungsformen. Die Bürger wollen mitreden, mitmachen und mitentscheiden, wenn es um ihre Stadt geht. Dies hat die Initiative erreichen können (Duderstadt2020. Archiv 2015) (Abb. 2).

Schwerpunkt 1: Jugendförderung
Als besonders erfolgreich kann die Idee der Jugendzukunftskonferenz eingeordnet werden. Aus der Tagung von Duderstädter Jugendlichen, die 2015 mittlerweile zum dritten Mal ausgerichtet wurde, sind seit 2010 verschiedene Projekte entstanden und es hat sich eine feste Gruppe von Jugendlichen gefunden, die jedes Jahr bei Aktionen von Duderstadt2020 mithilft. Dabei zeigt sich gerade die Kooperation mit Partnern in der Stadt als sehr dynamisch. Bei den einzelnen Aktionen, die aus den Zukunftskonferenzen entstehen, sind Mitarbeiter der Stadt, von Schulen, der Kirchen, des Landkreises und Sozialarbeiter

der Jugendzentren und der Jugendarbeit beteiligt. Auch für das Konzept der Jugendzukunftskonferenz wurde dabei von anderen Jugendeinrichtungen in Deutschland angefragt, wie z. B. vom Stadtjugendring in Münster.

Aus den Zukunftskonferenzen mit Jugendlichen, die für ihre Heimatstadt eigene Ideen, Wünsche und Kritik formulieren sind verschiedene langfristige Projekte und Aktionen entstanden, die Duderstadt2020 zusammen mit Kooperationspartnern und den Jugendlichen realisiert. Dazu zählen unter anderem die monatlich stattfindende Jugenddisco und verschiedene Weihnachtsaktionen in Kooperation mit Händlern der Innenstadt. Die Jugenddisco ist ein Projekt, das auf der ersten Jugendzukunftskonferenz als Wunsch herausgearbeitet wurde. Seit fünf Jahren organisieren Jugendliche in Duderstadt in Zusammenarbeit mit dem Netzwerk Jugend (mit Vertretern der aufsuchenden Jugendarbeit des Landkreises, der Polizei, des Kinder- und Jugendbüros Duderstadt, der Schulsozialarbeit und von Duderstadt2020) einmal im Monat eine eigene Disco. Nachdem das Freibadfest als eine Idee der 3. Jugendzukunftskonferenz im Sommer 2015 in Duderstadt sehr gut angenommen wurde, wurde Duderstadt2020 vom Freibadbetreiber die Möglichkeit für eine Zusammenarbeit bei weiteren Aktionen angeboten. Hier steht eine langfristige Kooperation in Aussicht.

Schwerpunkt 2: Wirtschaftsförderung

Ein wichtiger Baustein der Arbeit von Duderstadt2020 stellt die Förderung des Wirtschaftspotenzials der Region dar. Dazu ist Duderstadt2020 zunächst mit Projektbeginn 2013 Mitglied des Arbeitskreises Berufsfindungsbörse geworden. Diese Gruppe aus unterschiedlichen Akteuren der Wirtschaft sowie der Berufsbildenden Schule (BBS) in Duderstadt hatte seit 2002 die Berufsfindungsbörse auf ehrenamtlicher Basis organisiert. Als Hauptorganisatoren waren anfangs die Sparkasse Duderstadt und später die BBS verantwortlich. Im Jahr 2014 wurde die Aufgabe der Planung und Durchführung der Messe an Duderstadt2020 übertragen, die dabei erstmals auch eine professionellere Veranstaltungsorganisation und stärkere Vernetzung mit anderen Kooperationspartnern möglich machte. Die Ziele, die Duderstadt2020 mit der Übernahme der Verantwortung für die Berufsfindungsbörse verbindet, sind (1) das Potenzial der Wirtschaft vor Ort bekannt zu machen und das Bildungs- und Ausbildungsangebot der Region zu bewerben, (2) einen Anreiz für gut ausgebildete Duderstädter zu schaffen, die nach einem Studium wieder zurück in ihre Heimat kommen und (3) neue Kontakte mit Partnern auszubauen, die sich durch die Berufsfindungsmesse ergeben und Duderstadt überregional bekannter zu machen.

In diesem Rahmen hat Duderstadt2020 das Zielgruppenkonzept verändert. Während zu Beginn vor 13 Jahren eine große Zahl an Schulabsolventen auf dem Markt nach Stellen suchte, sind heute mittlerweile die Unternehmen in der Verantwortung im Zeichen des Fachkräftemangels um Auszubildende zu werben und dafür neue Vermarktungsstrategien zu nutzen. Hier zeigt sich ein Sinneswandel bei den Unternehmen, die bei der Suche nach Nachwuchs bereit sind, sich auf der bis 2013 kostenfreien Messe finanziell einzubringen. Damit konnte das Budget der Veranstaltung durch die wirtschaftliche Ausrichtung als Angebot durch Duderstadt2020 im Jahr 2014 verfünffacht werden. Die Berufsfindungsbörse ist darüber hinaus Schnittstelle zum Schwerpunkt 1 – Jugendförderung. In Zusammenarbeit mit engagierten Jugendlichen, die bei anderen Projekten, z. B. der Jugenddisco oder der Jugendzukunftskonferenz Ideen einbringen, wurde für 2015 eine Bewerbung der Berufsfindungsbörse geplant, die andere Jugendliche auf das Angebot aufmerksam machen soll. Dabei berichten Jugendliche selbst von ihren positiven Erfahrungen durch die Berufsmesse und vermitteln anderen Schülern dabei die Möglichkeiten für die Suche nach einem Ausbildungsplatz.

Ein weiteres Ziel, die Vernetzung der regionalen Wirtschaft zu stärken, wird mit der Ausrichtung monatlicher After Work Partys verfolgt. Mit diesem Konzept bietet sich für Duderstadt2020 die Möglichkeit, eine große Zielgruppe von Unternehmen, Arbeitnehmern, jungen Fachkräften, Künstlern oder anderen freiberuflich tätigen Duderstädtern zu erreichen. Durch After Work Partys entsteht ein modernes kulturelles Angebot im ländlichen Raum, das Arbeitnehmer direkt nach Feierabend nutzen können, ohne vorgegebene Diskussionsthemen den Tag ausklingen zu lassen. Die Veranstaltungsreihe startete im Juni 2014 in Kooperation mit dem Hotel zum Löwen mit ersten Partys. Dazu wird neben Musik auch ein Büfett angeboten. Die Veranstaltungen finden einmal im Monat statt. Unternehmen können Sponsor für eine Party werden und sich an diesem Abend präsentieren, Kunden gewinnen oder Veranstaltung als Netzwerkplattform zum Austausch nutzen.

Schwerpunkt 3: Stadtmarketing
Im Stadtmarketing Duderstadts arbeiten mehrere Institutionen in stadtmarketingrelevanten Themen. Zu nennen sind hier die Stadt Duderstadt mit den Themen Tourismus, Kultur und Wirtschaftsförderung sowie der Treffpunkt Stadtmarketing Duderstadt e. V. als Interessenvereinigung vor allem der innerstädtischen Einzelhändler und Organisator der Themenmärkte. Duderstadt2020 versteht sich als ergänzende Stadtmarketinginstitution, um vor allem demografierelevante Themen, z. B. Fachkräftemangel, Lebensqualität, Jugendförderung und Kommunikation, in die bestehenden Stadtmarketingprozesse einzubinden. Das Zusammenwachsen zu einer zentralen Stadtmarketinggesellschaft, an der sowohl öffentliche als auch privatwirtschaftliche Institutionen gleichermaßen beteiligt sind, ist jedoch bisher nicht gelungen. Ein für 2 Jahre von Duderstadt2020 initiiertes informelles „Netzwerk Stadtmarketing" mit einer breiten Beteiligung öffentlicher und privater Akteure konnte vor allem aufgrund der mangelnden Bereitschaft der Stadtverwaltung und des örtlichen Stadtmarketingvereins keine größere Wirksamkeit erzielen. Planungen für ein neues Duderstadt-Internetportal im Sinne einer Public Private Partnership gelangen bisher nicht in Umsetzung. Durch die Aufnahme von Duderstadt2020 in den Vorstand des Stadtmarketingvereins im Jahr 2015 und durch wachsende wechselseitige finanzielle wie personelle Beteiligungen an Projekten bestehen zumindest intensivere strategische und operative Verknüpfungen.

Schwerpunkt 4: Standortkommunikation
Duderstadt2020 bezweckt, bestimmte Formen und Strategien der Onlinekommunikation im ländlichen Raum zu entwickeln und aufzubauen. So wurde der Blog Willkommen-in-

Duderstadt.de gegründet, der als eine Art Onlinemagazin über Projekte, Personen und Ideen aus Duderstadt und dem Eichsfeld berichtet, die für die regionale Identität und Werte stehen. Darüber hinaus betreibt Duderstadt2020 zu seinen Themen eine Facebook-Präsenz. Des Weiteren gibt es einen Onlineveranstaltungskalender, eine Kinderseite, einen eigenen YouTube-Channel, die Internetseite der Konferenz zu Duderstadt 2030, eine Seite für die Freifunkinitiative, für das Projekt „Welcome-Duderstadt" für Flüchtlinge und die Hauptseite der Gesellschaft zu Duderstadt2020. Damit bietet Duderstadt2020 für verschiedene Zielgruppen unterschiedliche Onlinequellen und Kanäle zur Vernetzung und Information. Das Konglomerat an verschiedenen Seiten macht jedoch auch deutlich, dass hier eine weitere Bündelung der Angebote nötig ist. Hierzu bedarf es jedoch noch einer stärkeren politischen Bereitschaft zur strategischen Kooperation weiterer Partner, z. B. der Stadt Duderstadt und des Treffpunkt Stadtmarketing Duderstadt e. V., ein gemeinsames Stadtinformationsportal aufzubauen.

3.7 Kulturelle Vielfalt in Duderstadt – Engagement für Flüchtlinge

Vor dem Hintergrund der aktuellen Flüchtlingsbewegungen und der Diskussion um die Unterbringung und Verteilung von Schutzsuchenden in Deutschland hat Hans Georg Näder in Duderstadt mit verschiedenen Projekten und Aktionen einen Beitrag zur Integration der hilfsbedürftigen Menschen und zur Unterstützung der zuständigen Behörden und freiwilligen Helfer geleistet.

> Wir haben eine soziale Verpflichtung. Unseren Mitarbeitern gegenüber aber auch den Menschen, die in unserem Land Schutz suchen (Prof. Hans Georg Näder in Eckermann 2015).

Im Juni 2015 lud er 300 Flüchtlinge, die in den Erstaufnahmelagern in Friedland und Westerode untergebracht sind, Bürger der Stadt Duderstadt sowie Vertreter aus Wirtschaft, Kultur und Politik zu einem Abendempfang in das Hotel zum Löwen. Das Göttinger Tageblatt berichtete von einem „Fest der Verständigung" bei dem Näder deutlich machte, dass ihn die Schicksale der Menschen auch persönlich bewegen.

> Meine Eltern sind nach dem Zweiten Weltkrieg als Kriegsflüchtlinge nach Duderstadt gekommen, berichtete Näder (Prof. Hans Georg Näder in Willkommen in vielen Sprachen 2015).

Duderstadt2020 erstellte im Auftrag des Unternehmers die Website www.welcomeduderstadt.de. In den Sprachen deutsch, englisch und arabisch werden hierauf relevante Informationen für Flüchtlinge und Hilfswillige angeboten. In Kooperation mit der Jugendhilfe Südniedersachsen und dem Tabalugahaus Duderstadt werden aktuell Freizeit- und Kulturangebote für unbegleitete minderjährige Flüchtlinge erarbeitet. Das Ziel ist hier die Integration in die neue Heimat und das Entdecken eigener Fertigkeiten und Kompetenzen.

3.8 SüdniedersachsenStiftung

Als einer der wesentlichen Initiatoren der SüdniedersachsenStiftung unterstützt Hans Georg Näder zusammen mit weiteren Akteuren aus Wirtschaft, Wissenschaft und Verwaltung der Region zudem Fachkräfteförderprogramme und Standortprojekte für Südniedersachsen.

Auf Initiative von Unternehmern der Region wurde am 16. März 2004 die SüdniedersachsenStiftung gegründet, welche die Landkreise Göttingen, Northeim, Osterode, das Eichsfeld und das Oberzentrum Göttingen umfasst. In der Stiftung sind Akteure der Wirtschaft, der Wirtschaftsverbände, der Hochschulen, der Landkreise und der Stadt Göttingen vertreten. Hans Georg Näder hatte für sein Unternehmen dabei in den ersten Jahren den Vorsitz im Stiftungsrat inne. Im Stiftungsrat sitzt weiterhin der Leiter der Abteilung Corporate Social Responsibility bei Ottobock (Innovationsregion Südniedersachsen – Regionalökonomische Strategie 2015).

Die SüdniedersachsenStiftung organisiert verschiedene Projekte zur Förderung des regionalen Wirtschaftsstandortes.

- Die Workshopreihe TOPAS – Top Arbeitgeber Südniedersachsen hat die SüdniedersachsenStiftung in Kooperation mit der IHK Hannover und dem Projektpartner teneo Organisationsberatung initiiert. Sie richtet sich an alle regionalen Betriebe und Institutionen und erweitert deren Kompetenzen im strategischen Arbeitgebermarketing.
- Das Fachkräftebündnis Südniedersachsen wurde Mitte 2015 als Koordinierungsnetzwerk für gemeinsame Projekte zur Verbesserung des Lebens- und Wirtschaftsraums Südniedersachsen gegründet. Im Fokus stehen u. a. die Wirtschaftsbereiche Gesundheit, Metallbau, Bauwesen, Handwerk (SüdniedersachsenStiftung. Presseinformation 2015).
- Der SüdniedersachsenInnovationsCampus (SNIC) wird ab 2016 das zentrale strukturbildende Element der Innovationsregion Südniedersachsen darstellen. Die Idee ist aus dem Südniedersachsenplan des Landes Niedersachsen entstanden. Mit der neuen Plattform sollen Wirtschaft und Wissenschaft zukünftig noch enger verknüpft werden, um damit die Umsetzung von Innovationen zu befördern und die Attraktivität der Region für hochqualifizierte Fachkräfte zu untermauern.

4 Das gesellschaftliche Engagement im Ausblick

Wie lässt sich nun abschließend der gesellschaftliche Beitrag von Ottobock und Hans Georg Näder im Kontext der wissenschaftlichen Debatte um Corporate Social Responsibility einordnen?

Bei den vorgestellten Projekten lag der Schwerpunkt auf regionaler Unterstützung von Kultur, Bildungsprogrammen und Wirtschaftsförderung. Hiermit wird die starke Verwurzelung des geschäftsführenden Gesellschafters deutlich. Mit Bezug auf das Stufenmodell nach Schneider konnten für das Engagement von Ottobock und Hans Georg Näder verschiedene Stufen von CSR in Duderstadt festgestellt werden.

Auf der untersten Stufe, dem CSR 0.0 kann die Förderung der Ausbildung bei Ottobock angesiedelt werden. Dabei werden Fort- und Weiterbildung gestärkt und mit der Konzeptionierung spezifischer Studiengänge im Bereich Orthetik und Medizintechnik Qualitätsstandards gesetzt.

Im Bereich CSR 1.0 finden sich Projekte von Ottobock, die stark im lokalen Umfeld stattfinden und keinen direkten Bezug zum Produktschwerpunkt des Medizintechnikherstellers haben. Dazu können die auf Initiative des Unternehmens gegründete Otto-Bock-Stiftung und die Ottobock-Global-Foundation gezählt werden. Dazu gehören aber auch die Kunsthalle HGN sowie die Förderung des Tabalugahauses in Duderstadt.

Auf den Ebenen CSR 2.0 und CSR 3.0 siedeln sich Programme von Ottobock an, die eine gesellschaftliche Förderung zum Ziel haben. Mit der Initiierung der Südniedersachsenstiftung 2004 verfolgte Ottobock als Konzern und sein Inhaber das Ziel, den Wirtschaftsstandort Südniedersachsen zu stärken. Im Bereich Stadt- und Regionalentwicklung gab der Medizintechnikhersteller ein Forschungsprojekt zur nachhaltigen Gestaltung von Duderstadt in Auftrag, das zunächst als „Masterplan Duderstadt 2020" in Kooperation mit der Wissenschaft und später als eigenständige Entwicklungsgesellschaft umgesetzt wurde. Sowohl die SüdniedersachsenStiftung als auch Duderstadt2020 haben dabei nach einer Anfangsförderung durch Unternehmen und Inhaber im Rahmen des CSR 2.0-Gedankens eigene Organisationsstrukturen entwickelt und tragen damit zu einer politischen Gestaltung der Region auf der Ebene von CSR 3.0 bei.

Anhand der umfassenden Darstellung des Engagements wurde deutlich, dass sich Ottobock und Hans Georg Näder nicht auf einen oder wenige Bereiche fokussiert haben, sondern vielmehr in vielen Feldern aktiv sind, in denen Hilfe und Förderung gesellschaftlichen Mehrwert erzeugen können. Besonders hervorzuheben ist das hohe Engagement des Unternehmenseigentümers, der Wert auf eine umfassende Förderung von Projekten aus sehr unterschiedlichen Bereichen legt und dazu auch privat ohne finanzielle Zuwendungen seines Unternehmens tätig wird. Bei vielen vorgestellten CSR-Aktivitäten überschneiden sich dabei die Förderung des Konzerns und die Interessen seines Inhabers: Auf Initiative des Firmenerbens Näder werden sowohl Projekte im Verantwortungsbereich des Konzerns als auch durch den Unternehmer privat ins Leben gerufen. Dazu zählen die Bereiche Kultur, Bildung, Hilfsmaßnahmen für von Katastrophen betroffenen Kindern und Jugendlichen, Stadtentwicklung und Wirtschaftsförderung.

Das gesellschaftliche Engagement von Ottobock und Prof. Hans Georg Näder hat deutlich gemacht, dass traditionell familiengeführte und lokal stark verwurzelte Unternehmen sowohl regionale Projekte unterstützen und sich für ihr unmittelbares Umfeld einsetzen als auch global tätig werden können, im Angesicht von Naturkatastrophen und Armut von Kindern und Jugendlichen. Dabei besteht für die Region Südniedersachsen und Duderstadt ein umfangreiches Portfolio von klassischem philanthropischen Sponsoring und Hilfsprogrammen, die explizit mit dem Kerngeschäft und in der Strategie des Unternehmens verbunden sind. Die Praxis in der Umsetzung des lokalen Engagements zeigt jedoch auch, dass es einer eng abgestimmten Vorgehensweise mit den verantwortlichen politischen und administrativen Akteuren bedarf. Die Aktivitäten des unternehmerischen Engagements werden in Teilen seitens formal legitimierter Institutionen wie der Stadtverwaltung, aber auch seitens anderer stadtmarketingrelevanter Akteure als Konkurrenz wahrgenommen. Möglicherweise wirkt in diesem Kontext die Befürchtung, dass das Engagement des dominierenden Unternehmers zu sehr in die Handlungsautonomie weiterer Stakeholder der Stadtentwicklung und des Stadtmarketings eingreift (Tränkner 2011). In diesem Sinne ist lokales und regionales CSR-Management eine herausfordernde, oft hoch politische Vermittlungsaufgabe und Duderstadt2020 ein ungewöhnliches Experiment der Stadtentwicklung mit offenem Ausgang (Harteisen 2013).

Literatur

Wissenschaftliche Literatur

Backhaus-Maul H, Biedermann C, Polterauer J, Nährlich S (2008) In: Backhaus-Maul H, Biedermann C, Polterauer J, Nährlich S (Hrsg) Corporate Citizenship in Deutschland. Die überraschende Konjunktur einer verspäteten Debatte. VS Verlag für Sozialwissenschaften, Wiesbaden, S 15–52

Engel A, Harteisen U et al. (Hrsg) (2011) Duderstadt. Eine Stadt in Bewegung. Das Buch zum Prozess „Duderstadt2020". Mecke Druck und Verlag, Duderstadt

Harteisen U (2013) Duderstadt2020 – ein Experiment zur Entwicklung eines integrierten Stadtentwicklungsmanagements. Land-Berichte. Sozialwissenschaftliches J XV(2):44–58

Harteisen U, Nolte W, Tränkner S (2010) Masterplan Duderstadt 2020. Regiebuch für eine querschnittsorientierte und nachhaltige Stadtentwicklung. Die Niedersächsische Gem 62(1):19–21

Rogowski M (2004) Bürgerschaftliches Engagement der Unternehmen: seit langem gepflegt, nötiger denn je. Friedrich-Ebert-Stiftung, Arbeitskreis Bürgergesellschaft und Aktivierender Staat

Schneider A (2012) Reifegradmodell CSR – eine Begriffserklärung und Abgrenzung. In: Schmidpeter R (Hrsg) Corporate Social Responsibility. Verantwortungsvolle Unternehmensführung in Theorie und Praxis. Springer Gabler, Berlin, S 17–38

Suchanek A (2010) Die Verantwortung von Unternehmen in der Gesellschaft, in: Braun, Sebastian, Gesellschaftliches Engagement von Unternehmen. Der deutsche Weg im internationalen Kontext. VS Verlag für Sozialwissenschaften, Wiesbaden, S 37–49

Tränkner S (2011) Wohin geht die Reise? Plädoyer für mehr Kooperation im Tourismus. In: Engel A, Harteisen U et al (Hrsg) Duderstadt. Eine Stadt in Bewegung. Das Buch zum Prozess „Duderstadt2020". Mecke Druck und Verlag, Duderstadt

Waibel M (2010) Demografischer Wandel im Landkreis Göttingen. Prognose 2025. Hamburg

Publikationen des Unternehmens und seiner Kooperationspartner

Duderstadt2020: Flyer zum Projektstart. http://www.duderstadt2020.de/fileadmin/user_upload/bilder/PDFs/Flyer_zum_Projektstart.pdf. Zugegriffen: 4. Aug. 2015

Duderstadt2020: Masterplan Duderstadt 2020. Projektinformationen. http://www.duderstadt2020.de/fileadmin/user_upload/bilder/PDFs/Praesentation_zum_Projektstart.pdf. Zugegriffen: 4. Aug. 2015

Duderstadt2020: Projektflyer 2915. http://www.duderstadt2020.de/fileadmin/user_upload/Duderstadt2020/Projektflyer_2015.pdf. Zugegriffen: 4. Aug. 2015

Otto-Bock-Stiftung: Hilfsprojekt für Syrien. http://foundation.ottobock.com/fileadmin/portal/syrien_brosch-DE-01-1411w.pdf. Zugegriffen: 6. Aug. 2015

Ottobock-Global-Foundation: Flyer Hilfe für Nepal. www.ottobock-global-foundation.com/pdf/Flyer_Nepal_Hilfe_DE_1504k.pdf. Zugegriffen: 6. Aug. 2015

Peter-Maffay-Stiftung (2012) Begegnungen – Schutzräume für Kinder. Symposium, 2012. Tutzing

Peter-Maffay-Stiftung (2014) Schutzräume für benachteiligte Kinder und Jugendliche. Tutzing

SüdniedersachsenStiftung: Innovationsregion Südniedersachsen – Regionalökonomische Strategie. http://www.suedniedersachsenstiftung.de/upload/download/Innovationsregion_Suedniedersachsen_-_Regionaloekonomische_Strategie.pdf. Zugegriffen: 4. Aug. 2015

Tabalugahaus Duderstadt: Fyler. http://www.tabalugahaus.de/fileadmin/pdf/131209_Tabalugahaus_Folder_12_RZ_web.pdf. Zugegriffen: 4. Aug. 2015

Tabalugahaus Duderstadt: Rückblick 2014. http://www.tabalugahaus.de/fileadmin/user_upload/Glasklar_Febr._2015.pdf. Zugegriffen: 13. Aug. 2015

Internetverweise

Behinderte können trotz Prothese sportlich sein, HNA-Artikel vom 2.8.2015. http://www.hna.de/lokales/goettingen/behinderte-koennen-trotz-prothese-sportlich-sein-5312119.html. Zugegriffen: 13. Aug. 2015

Duderstadt2020: Archiv. http://www.duderstadt2020.de/index.php?id=30. Zugegriffen: 14. Aug. 2015

Eckermann N (2015) Näder kündigt weitere Unterstützung für Flüchtlinge an, in: Göttinger Tageblatt. http://t.goettinger-tageblatt.de/Goettingen/Themen/Fluechtlinge-in-der-Region-Goettingen/Naeder-kuendigt-weitere-Unterstuetzung-fuer-Fluechtlinge-an. Zugegriffen: 21. Jan. 2016

Faktor Magazin (2009) SüdniedersachsenStiftung – das Netzwerk wächst. http://www.faktor-magazin.de/flycms/SuedniedersachsenStiftung-das-Netzwerk-waechst/2128325256.html. Zugegriffen: 14. Aug. 2015

Faktor Magazin (2013) SüdniedersachsenStiftung auf gutem Kurs. http://www.faktor-magazin.de/flycms/SuedniedersachsenStiftung-auf-gutem-Kurs/0717253346.html. Zugegriffen: 14. Aug. 2015

Hobrecht H (2011) Hans Georg Näder kauft Duderstädter Bahnhof, in: Göttinger Tageblatt. http://www.goettinger-tageblatt.de/Nachrichten/Duderstadt/Uebersicht/Hans-Georg-Naeder-kauft-Duderstaedter-Bahnhof. Zugegriffen: 21. Aug. 2015

Kunsthalle Duderstadt: Interview. http://kunsthallehgn.de/Interview.19.0.html. Zugegriffen: 6. Aug. 2015

Lottmann U (2011) Ehrenbürgerwürde für Hans Georg Näder, in: Göttinger Tageblatt. http://www.goettinger-tageblatt.de/Duderstadt/Uebersicht/Ehrenbuergerwuerde-fuer-Hans-Georg-Naeder. Zugegriffen: 25. Sep. 2015

Lottmann U (2012) „Es ist geschafft". Tabalugahaus ist eröffnet, in: Göttinger Tageblatt. http://www.goettinger-tageblatt.de/Nachrichten/Duderstadt/Uebersicht/Es-ist-geschafft-Tabalugahaus-ist-eroeffnet. Zugegriffen: 21. Jan. 2015

Otto-Bock-Health-Care: Unternehmensprofil. http://media.ottobock.com/_group-site/profiles/files/profil-otto-bock-healthcare.pdf. Zugegriffen: 14. Aug. 2015

Otto-Bock-Health-Care (o.J.) Unternehmensprofil. http://www.ottobock.com/de/unternehmen/ottobock-heute. Zugegriffen: 14. Aug. 2015

Otto-Bock-Stiftung: Internetpräsenz. www.stiftung.ottobock.com. Zugegriffen: 4. Aug. 2015

Ottobock (2010) Pressemitteilung Ottobock. http://professionals.ottobock.de/cps/rde/xchg/ob_de_de/hs.xsl/29109.html. Zugegriffen: 13. Aug. 2015

Ottobock (2013) Platin für Paralympics-PR. Juroren loben Respekt, Mut und Leidenschaft. Pressemitteilung. http://professionals.ottobock.de/cps/rde/xbcr/ob_de_de/2013_10_28_econ_award.zip. Zugegriffen: 13. Aug. 2015

Ottobock (2015) Leichtathletik als Erlebnis für Kinder und Jugendliche. Pressemitteilung. http://www.ottobock-group.com/de/presse/pressemitteilungen/talent-days-mit-sportprothese.html

Ottobock (2015) Talent days in Duderstadt bringen Kinder und Jugendliche zum Sport. Pressemitteilung. http://www.ottobock-group.com/de/presse/pressemitteilungen/talent-days-in-duderstadt.html. Zugegriffen: 13. Aug. 2015

Ottobock: Code of Conduct, Duderstadt 2015. http://media.ottobock.com/_group-site/_general/files/ottobock-code-of-conduct-de.pdf. Zugegriffen: 6. Aug. 2015

Ottobock: Das Unternehmen. Der Inhaber. http://www.ottobock-group.com/de/unternehmen/der-inhaber/. Zugegriffen: 19. Aug. 2015

Ottobock: Passion for Paralympics. http://www.ottobock-group.com/de/paralympics/. Zugegriffen: 6. Aug. 2015

Papenheim C (2014) Hilfe für Bürgerkriegsopfer. Ottobock-Mitarbeiter versorgen Kinder und Jugendliche aus Syrien mit Prothesen, in: HNA online. http://www.hna.de/lokales/goettingen/hilfe-buergerkriegsopfer-3828435.html. Zugegriffen: 25. Sep. 2015

Peter-Maffay-Stiftung: Internetpräsenz. www.maffay-begegnungen.de/home.html. Zugegriffen: 4. Aug. 2015

Stadt Duderstadt: Bevölkerungszahlen Stand 1. Januar 2016 http://www.duderstadt.de/virtuelles-stadthausstatistiken/einwohner.html. Zugegriffen: 20. Jan. 2016

SüdniedersachsenStiftung (2015) Presseinformation Fachkräftebündnis. http://www.suedniedersachsenstiftung.de/upload/2015-09-01_SdniedersachsenStiftung_Fachkrftebndnis.pdf. Zugegriffen: 25. Sep. 2015

Wendland J (2012) Den Ort mit guter Kunst „aufladen", in: Handelsblatt. http://www.handelsblatt.com/panorama/kultur-kunstmarkt/kunsthalle-hgn-den-ort-mit-guter-kunst-aufladen/7176308.html. Zugegriffen: 14. Aug. 2015

Wetzestein D. Mitdenken – Tun und Entwickeln. http://www.fachwerktriennale.de/Fachwerktriennale-2015/Teilnehmerstaedte/Duderstadt-3.html?sn=&teaser=729. Zugegriffen: 21. Jan. 2016

Willkommen in Duderstadt, Der Heimat verpflichtet. http://blog.willkommen-in-duderstadt.de/2014/09/der-heimat-verpflichtet/. Zugegriffen: 12. Jan. 2016

Willkommen in vielen Sprachen Eichsfelder und Flüchtlinge kommen ins Gespräch. Göttinger Tageblatt vom 26.06.2015. http://t.goettinger-tageblatt.de/Duderstadt/Uebersicht/Eichsfelder-und-Fluechtlinge-kommen-ins-Gespraech. Zugegriffen: 21. Jan. 2016

Sebastian Tränkner, arbeitete von 2012–2016 als Geschäftsführer der DUDERSTADT 2020 GmbH & Co. KG, entwickelt im Auftrag des Orthopädietechnikherstellers Ottobock und des Inhabers Prof. Hans Georg Näder CSR-Projekte zur Standortentwicklung am Stammsitz des Unternehmens in Duderstadt (Südniedersachsen). Den studierten Wirtschafts- und Sozialgeografen treibt dabei insbesondere an, innovative Lösungen im demografischen Wandel ländlicher Räume u. a. in den Bereichen Wirtschaftsförderung, Jugendbeteiligung und Standortmarketing zu entwickeln, zu kommunizieren und zu vermarkten. Im Zentrum seiner Tätigkeit stehen der Aufbau und die Moderation von Stakeholdernetzwerken, das Management von Entwicklungsprojekten und der Aufbau von Kommunikationsstrategien.

Carolin Schwarz hat von 2010 bis 2016 Politikwissenschaft und Wirtschafts- und Sozialgeschichte in Jena, Paris und Göttingen studiert und ihre Masterarbeit zum Thema „Die Herausforderungen des kommunalpolitischen Ehrenamts" verfasst. Während ihrer Studienzeit hat sie am Institut für Demokratieforschung in Göttingen im Projekt „Bürgerproteste in Zeiten der Energiewende" gearbeitet. Ihr Forschungsinteresse liegt im Bereich des politischen Systems und seiner Akteure in der Bundesrepublik Deutschland. Bisherige Arbeiten befassen sich dabei u. a. mit der Rolle der Zivilgesellschaft in und Fragen des gesellschaftlichen Engagements von Unternehmen. Im Jahr 2015 hat sie ein Praktikum im Bereich Corporate Social Responsibility beim Medizintechnikhersteller Ottobock absolviert und damit Einblick in die Projekte des Konzerns und seines Inhabers erhalten.

Gemeinsam für die Stadt: Community Organizing und die Rolle der Unternehmen

Tobias Meier

1 Einleitung

Community Organizing verbindet unterschiedliche Erfahrungen und Sozialräume und ermöglicht über einen klaren methodischen Ansatz, sich wieder neu zu begegnen. Es geht dabei nicht darum, besondere oder komplexe Formen dafür zu erfinden, sondern eine Kultur des Begegnens und gemeinsamen Handeln zu schaffen. Diese Idee ist nicht ganz neu, setzt Community Organizing doch nun schon seit über 80 Jahren auf unterschiedliche Partnerschaften in der Verbesserung der Lebensbedingungen vor Ort. Die Idee dahinter ist: Indem Begegnung stattfindet, erkennt man gleiche Interessen und entwickelt diese im Prozess des Beziehungsaufbaus Stück für Stück weiter. Am Ende stehen dann konkrete Aktionen, um Veränderung herbeizuführen. Es ist das Ideal der Bürgergesellschaft, das hier im Mittelpunkt steht und auf der politischen Teilhabe möglichst vieler Menschen gründet.

2 Community Organizing und der Aufbau von Bürgerplattformen

Der Ansatz des Community Organizing hat sich in den 1930er-Jahren durch das Engagement von Saul Alinsky in Chicago entwickelt. Dort wurden Menschen in miserablen Arbeits- und Lebensbedingungen unterstützt, für ihre Anliegen selbst einzutreten und konkrete Verbesserungen zu erreichen. In diesen Nachbarschaften herrschten menschenunwürdige Bedingungen, da viele in den Schlachthöfen unter unhygienischen und ausbeuterischen Zuständen arbeiteten. Es war dem Einzelnen gleichzeitig nicht möglich, über klassische Wege der Selbstorganisation Verbesserungen und Mitsprache zu erreichen.

T. Meier (✉)
Deutsches Institut für Community Organizing
Berlin, Deutschland
E-Mail: meier-dico@gmx.de

Spannungen zwischen Religion, Herkunftsländern und politischer Überzeugung machten gemeinsame Aktionen undenkbar. Deshalb wurde ein anderer Ankerpunkt gefunden: Die Mitgliedschaften in den verschiedenen Vereinen, Gemeinden und Gewerkschaften diente als Katalysator und ermöglichte fortan die Basis für gemeinsames Handeln. Vor allem der Schulterschluss von katholischer Kirche und Gewerkschaften machte es möglich, die Grenzen der herkunftsbezogenen Zugehörigkeit zu durchbrechen und anhand gemeinsamer Interessen zusammenzuarbeiten (siehe ausführlich Szynka 2014). Das Ergebnis zur Zusammenführung dieser Gruppen und Fundament zum Handeln war im Falle Chicagos das Back of the Yards Neighborhood Council (BYNC), das als „Community Organization", 127 der vormals nicht verbundene Gruppen vereinte. Der Ansatz des Community Organizing verbreitete sich in der Folge durch die Gründung der Industrial Areas Foundation (IAF), die es ermöglichte, professionelle Organizer zu beschäftigen und weitere „Community Organizations" in anderen Städten aufzubauen. Alinsky selbst legte mit den Publikationen „Reveille for Radicals" (1946) und „Rules for Radicals" (1971) bereits die methodischen Grundlagen für Community Organizing. Nach dem Tod Saul Alinskys 1972 war es vor allem sein Mitarbeiter Edward Chambers, der die Inhalte weiterentwickelte und in der Publikation „Roots for Radicals" (2003) zusammenfasste; ergänzende Erfahrungen finden sich in Michael Gecans „Going Public" (2002). In Summe reflektieren diese Publikationen bis heute die methodischen Grundlagen der Praxis der IAF. Derzeit sind mit der IAF über 70 „Community Organizations" assoziiert. Die meisten „Community Organizations" finden sich dabei in industriell geprägten Großstädten der einzelnen Länder (u. a. Baltimore, Chicago, New York, Los Angeles in den USA, Vancouver in Kanada, Sydney in Australien, u. a. London, Birmingham und Cardiff in Großbritannien; eine vollständige Liste findet sich bei Industrial Areas Foundation 2016). Viele Bürgerplattformen haben sich dabei wie in Chicago in alten Industrie- und Arbeitervierteln zusammengefunden, um in Strukturwandel und veränderter Arbeitswelt als Gemeinwesen handlungsfähig zu bleiben. So bilden neben sozialpolitischen Themen, wie u. a. Waffenkontrolle (Kampagne „Do not Stand Idly by": http://donotstandidlyby.org/), weiterhin arbeitspolitische Themen internationale Schwerpunkte. Herausragendes Beispiel sind die Living Wage-Kampagnen, die in Baltimore entwickelt wurden (BUILD 2016) und u. a. in Großbritannien umfassende Wirkung erzielen. Ziel der Living Wage-Kampagnen ist es, in Verhandlungen mit Arbeitgebern einen Lohn über dem Mindestlohn zu erreichen, der es Angestellten möglich macht, ihre Unkosten für Lebensunterhalt ohne Zweitjob zu begleichen. So liegt der Mindestlohn in England bei £ 6,70, während nur für den Living Wage von £ 9,40 ein Leben in London möglich ist (Living Wage Foundation 2016).

3   Community Organizing in Deutschland

Seit den 1990er-Jahren ist der Ansatz des Community Organizing auch in Deutschland verankert, unter anderem durch die Arbeit des Deutschen Instituts für Community Organizing (DICO) der Katholischen Hochschule für Sozialwesen Berlin (KHSB). Professor

Dr. Leo J. Penta hat als Institutsleiter den Ansatz nach Deutschland mitgebracht, nachdem er bereits seit den 1970er-Jahren im Aufbau und der Begleitung von „Community Organizations" in Brooklyn und anderen Städten tätig war. Die Anfangszeit in Deutschland war vor allem davon geprägt, den Ansatz auf die hiesigen Verhältnisse zu übertragen sowie die englischen Begriffe handhabbar zu machen. Dadurch sind gerade in den letzten Jahren verschiedene Bürgerplattformen entstanden. Bürgerplattformen stehen, in einer Übertragung des Begriffs „Community Organizations", dafür – ähnlich wie in den USA – Menschen mit unterschiedlichen Hintergründen und Herkünften anhand ihrer Interessen zusammenzuführen und eine Handlungsfähigkeit aufzubauen (Penta 2008, S. 195, siehe auch Penta 2011). Damit wird eine Traditionslinie erneuert, die bereits in den Jahren ab 1945 (und verstärkt ab den 1960er-Jahren) versuchte, das Handwerkszeug und die Ideen des Community Organizing in die deutsche Gemeinwesenarbeit zu übertragen (siehe hierzu Renner und Penta 2014, S. 44 ff., für die kirchliche Gemeinwesenarbeit Götzelmann 2010, S. 37 ff.). Penta selbst weist aber auch darauf hin, dass dies vielfach im Rahmen der Sozialarbeit erfolgte und das eigentliche Ergebnis und Instrument des Community Organizing, der Aufbau und das Handeln in Bürgerplattformen, in den Hintergrund rückte (Penta und Düchting 2014, S. 3). Ein Überblick über die ersten Aufbauprozesse von Bürgerplattformen sowie die Erfahrungen damit finden sich in der Publikation „Community Organizing. Menschen verändern ihre Stadt" der Körber-Stiftung (Penta 2007).

Mit Stand 2015 gibt es in Zusammenarbeit mit dem DICO folgende fünf Plattformen:

- *SO! Mit uns – Bürgerplattform Südost* (www.organizing-berlin.de; 17 Gruppen) im Bezirk Berlin-Treptow-Köpenick,
- *Wir sind Da! Bürgerplattform Wedding/Moabit* (www.wirsindda.com; 30 Gruppen) in den Stadtteilen Wedding und Moabit im Bezirk Berlin-Mitte,
- *WIN – Wir in Neukölln* (www.win-berlin.org; 30 Gruppen) im Bezirk Berlin-Neukölln,
- *Stark! im Kölner Norden – Die Bürgerplattform* (www.stark-koeln.org; 27 Gruppen) in den Kölner Bezirken Ehrenfeld, Chorweiler und Nippes.

Im chronologischen Verlauf gründete sich die erste Bürgerplattform 2002 im Stadtteil Berlin-Schöneweide vor dem Hintergrund massiver Folgen des lokalen Strukturwandels im Zuge der Maueröffnung. Waren im Stadtteil vor der Wende noch mehrere tausend Industriearbeitsplätze vorhanden, war dieser Ende der 1990er-Jahre vor allem von Industriebrachen und Leerständen geprägt. Dieser Entwicklung stellten sich Kirchengemeinden, Vereine und Nachbarschaften entgegen und bewirkten nach zähen Verhandlungen 2004 die Ansiedlung der Fachhochschule für Technik und Wirtschaft (FHTW, jetzt HTW Berlin) am Standort, um mit diesem Anker die Nachbarschaften zu revitalisieren. Des Weiteren wurde ein Regionalmanagement verhandelt und eine gerechtere Verteilung von Ärzten erwirkt. Im öffentlichen Raum und beim öffentlichen Verkehrsangebot erreichte man verschiedene Erfolge, wie eine neue Straßenbahn-Wendeschleife und ein Uferweg. Im Jahr 2012 erweiterte sich die Bürgerplattform auf den gesamten Stadtbezirk Treptow-Köpenick. Des Weiteren bildete sich 2008 in den Berliner Stadtteilen Wedding und

Moabit eine Bürgerplattform, die mit anderen Schwerpunkte startete. Eines der ersten Themen war die Situation im Jobcenter Mitte, in dem viele Klienten falsch oder schlecht beraten wurden, Akten verloren gingen und allgemein eine schlechte Beratungssituation vorherrschte. Gemeinsam gelang es, genug Druck aufzubauen, dass über 100 Stellen endlich besetzt wurden, die telefonische Erreichbarkeit sich verbesserte und der Umgang durch Personalgespräche und Schulungen menschlicher wurde. Auch auf dem Leopoldplatz konnte entsprechender Druck aufgebaut werden, sodass sich bestehende Nutzungskonflikte lösten und sich die Aufenthaltsqualität durch eine Neugestaltung mit Brunnen, Bänken, und einem Imbiss verbesserte. Eine dritte Berliner Bürgerplattform entstand 2010 in Neukölln, die sich zusammen mit Südost in der Ärzteverteilung engagierte, ein Projekt gegen Jugendarbeitslosigkeit anstieß und zuletzt einen muslimischen Friedhof verhandelte. Mit der Gründung im Kölner Norden gibt es seit 2014 auch in einem westdeutschen Flächenland eine Bürgerplattform, die sich den Themen Bildung, soz. Infrastruktur, Verkehr und Wohnen widmen wird. Alle folgenden Beispiele sind der Arbeit der deutschen Bürgerplattformen entnommen, im Detail fokussiert auf die jüngste Bürgerplattform in Köln.

4 Bürgerplattformen als starke Zivilgesellschaft

Eine Bürgerplattform ist ein Zusammenschluss zivilgesellschaftlicher Gruppen, mit dem Ziel handlungsfähig zu werden und auf Augenhöhe zu verhandeln. Dafür schließen sich Kirchengemeinden, Moscheen, Vereine, Nachbarschaften und informellere Gruppen zusammen und bilden eine gemeinsame Dachorganisation. Nicht im Sinne eines Verbands oder eines Vereins, sondern eher im Sinne eines Aktionsbündnisses. Der Begriff der Gruppe ist dabei weit gefasst und umfasst Vereine, Nachbarschaftsinitiativen, Sozialträger, Kirchengemeinden, Verbände, muslimische Gemeinden, Gewerkschaften und viele mehr. Es sind dabei immer Teile der Zivilgesellschaft, die sich, in Abgrenzung von staatlichen und wirtschaftlichen Organisationen definieren.

Inhaltlich sind diese geprägt von freiwilligem Zusammenhandeln der Bürger und basieren auf der Einhaltung gemeinsamer Werte wie Toleranz, Verständigung, Gewaltfreiheit und Gemeinsinn. Die große Klammer bildet zudem meist ein „utopisches Moment" des selbstregulierten demokratischen Zusammenlebens (Adloff 2005, S. 8).

In der Bürgerplattform *Stark! im Kölner Norden* (Abb. 1) sind beispielsweise folgende Gruppen engagiert:

- **Christliche Gemeinden/Orden:** Katholische Kirchengemeinde „Zu den Heiligen Rochus, Dreikönigen und Bartholomäus", Katholische Kirchengemeinde „St. Pankratius Am Worringer Bruch", Katholische Kirchengemeinde „St. Engelbert und St. Bonifatius", Gesellschaft der Töchter vom Herzen Mariä (THM), Evangelische Kirchengemeinde Bickendorf, Evangelisch-methodistische Kirche Köln (Markuskirche), Perfektion Tabernakle.

Abb. 1 Gründungsversammlung von Stark! im Kölner Norden am 18.10.2015. (Hubert Brand)

- **Muslimische Gemeinden:** DITIB Zentralmoschee Chorweiler, ATIB Weidenpesch Moschee, IGMG Fatih Moschee.
- **Sozialträger:** Kolping Jugendwohnen Köln-Mitte, Islamic Relief, Neues Wohnen im Alter e. V., Fundus Köln-Nord e. V., Outline e. V., Katholisches Familienzentrum Am Worringer Bruch.
- **Kulturvereine:** Association des Ressortissants Tchadiens en Allemagne (ARTA) e. V., Marie e. V., Eritreischer Kultur – und Sozialverein e. V., Gambian German Cultural Association (GGCA) e. V., Afrikanische Gemeinde Köln e. V.
- **Nachbarschafts-/informelle Gruppen:** Bündnis14, Eltern im Kölner Norden, Wir Mittendrin!, Aktionsraum Köln, Mosaik.

Grundlegend ist dabei der Gedanke, dass viele politische und wirtschaftliche Entscheidungsstrukturen bereits sehr ausgereift sind, in der Vielfalt der Zivilgesellschaft meist aber wenig Kenntnis darüber sowie voneinander herrscht. Die Erfahrung weltweit zeigt, dass viele engagierte Gruppen meist in ihrem Kenntnisrahmen bleiben und nicht immer Zeit und Zugang haben, mit anderen Gruppen ins Gespräch zu kommen. Wenn dies passiert, stellt man überraschender Weise fest, dass die benachbarte Gruppe meist ähnliche Anliegen hat, auch wenn diese einem anderen Glauben, einer anderen Organisationsform oder einem anderen Migrationshintergrund angehört. Community Organizing bietet mit dem interessengeleiteten, persönlichen Gespräch (siehe „Beziehungen vor Themen") einen Baustein an, um diese Kommunikation zu befördern. Daneben kommen alle Gruppen im fortschreitenden Prozess immer wieder in größeren Runden zusammen und bestimmen den Aufbauprozess strategisch mit. Meist beginnt ein Aufbauprozess mit 3–5 interessierten Gruppen, welche die Idee in ihre Nachbarschaften weitertragen und die Struktur Stück für Stück wachsen lassen. Der Moment der Gründung ist dann gekommen, wenn die aufgebauten Beziehungen tragfähig genug sind, um auch schwere Verhandlungen kooperativ durchzustehen. Zudem müssen sich dafür genug Gruppen versammeln, dass man von Entscheidungsträgern aus Politik/Verwaltung oder Wirtschaft auch gehört wird (in der Regel gründet sich eine Bürgerplattform mit 20 oder mehr Gruppen) (siehe Abb. 2).

Verpflichtend ist über den ganzen Prozess hinweg (vor allem nach der Gründung), dass alle Gruppen mit ihren Menschen mitwirken und finanzielle Ressourcen einbringen. Das Besondere an einer Bürgerplattform ist, dass sie dabei nach innen und außen den Grundsatz der Augenhöhe berücksichtigt und sich immer wieder neu reflektiert. Es ist bisherige Praxis, dass nach der Gründung der Bürgerplattform alle mitwirkenden Gruppen eine Stimme haben, unabhängig von ihrer Größe. Dies spiegelt die Gedanken wider, dass die unterschiedlichen Gruppen verschiedene Aspekte der Zivilgesellschaft repräsentieren und als solche wertgeschätzt werden.

In Köln haben sich die Gruppen dafür entschieden, regelmäßig zu einem Plenum zusammenzukommen, in dem die nächsten Schritte besprochen und Entscheidungen getroffen werden. Aus diesem Plenum heraus werden dann Teams gebildet, die die Entscheidungen vorbereiten (zu Finanzen, Öffentlichkeitsarbeit und den Aktionen). Jede Gruppe wirkt bei diesen Schrit-

Abb. 2 Aufbauprozess einer Bürgerplattform. (DICO, Darstellung T. Meier)

ten mit und es ist unter anderem die Aufgabe des Organizers, darauf zu achten, dass auch nach innen alle auf Augenhöhe miteinander sprechen.

Jede Bürgerplattform weltweit leistet sich einen hauptamtlichen Organizer, der die Schnittstelle bildet zwischen den Gruppen und den Transfer zu den Netzwerken (andere Bürgerplattformen, Verbündete, Unterstützer). Zudem reflektiert er die Erfahrungen aus den Treffen und Aktionen und unterstützt bei Vor- und Nachbereitung. Der Organizer ist dabei nicht der Sprecher oder Geschäftsführer der Bürgerplattform, sondern eher Impulsgeber und Unterstützer bei der Strategieentwicklung. Zudem coacht und unterstützt er einzelne Schlüsselpersonen in der Entwicklung ihrer öffentlichen Rolle. Wenn eine Bürgerplattform sich entscheidet mit dem DICO zusammenzuarbeiten, erhält der Organizer von dort einen Mentor an die Hand und wird über die Netzwerke des Instituts und in den internationalen Schwesterplattformen fortgebildet. Dieser Berufsweg ist grundsätzlich nicht auf eine bestimmte Fachrichtung beschränkt, sondern orientiert sich vielmehr an der Fähigkeit einen Aufbauprozess zu begleiten. Der Auswahlprozess findet über schrittweise Erfahrungen in der Zusammenarbeit statt. Die deutschen Organizer haben bisher einen politologischen, stadtplanerischen, pädagogischen oder sozialarbeiterischen Hintergrund und haben bereits im Vorfeld direkt (in einer Gruppe) oder indirekt (als Trainee oder punktuelle Unterstützung) mit einer Bürgerplattform gearbeitet.

5 Beziehungen vor Themen

Damit eine Bürgerplattform entsteht, braucht es eine Einladung von starken Partnern, z. B. Unternehmen oder Stiftungen, um mit der Methodik des Community Organizing anzusetzen. Bei Aufbauprozessen, die durch das DICO begleitet werden, ist dies mit einer Zusage eines Startbudgets für drei Jahre verbunden, vorrangig um die Funktion des Organizers zu sichern. Der Bezugsraum der Einladung sollte groß genug sein, um über den Nahraum hinaus neue Beziehungen aufbauen zu können. Aus der Erfahrung in Berlin und Köln sind dies Teile einer Stadt, die mehr als 200.000 Menschen umfassen, nicht zwangsläufig orientiert an bestehenden Stadtbezirken. Es sind meist Stadtgebiete, die im Wandel stehen oder in denen Menschen Benachteiligung erfahren (evtl. sind die Stadtteile bereits Teil eines Förderprogramms, etwa dem Programm Soziale Stadt).

> So erhalten im Kölner Norden (in den Stadtbezirken Ehrenfeld, Chorweiler und Nippes mit knapp über 300.000 Einwohnern) derzeit (Stand 2013) 11–17 % der Einwohner unter 65 Jahren Leistungen nach SGB II (Hartz-IV), während der Anteil in den anderen linksrheinischen Gebieten 4–9 % beträgt. Die Arbeitslosenquote beträgt im Nordwesten 8–10,3 % (Kölner Durchschnitt 9,5 %, andere linksrheinische Gebiete 4,3–7,8 %). Die Besonderheit dabei ist, dass dabei nicht alle Gebiete gleichermaßen betroffen sind. Während zentrale Bereiche von Ehrenfeld und Nippes Aufwertungsprozesse zu verzeichnen haben, bleiben andere Bereiche problembehaftet. Stadtteile wie Bocklemünd, Bickendorf (Stadtbezirk Ehrenfeld), Seeberg, Chorweiler-Zentrum, Heimersdorf (Stadtbezirk Chorweiler) und Bilderstöckchen (Stadtbezirk Nippes) sehen sich vor großen Herausforderungen bei Demografie und Teilhabe (so

beträgt die Arbeitslosenquote in Chorweiler-Zentrum beispielsweise 21 %). Hinzu kommen massive übergreifende demografische Veränderungen: So hat der ganze Stadtbezirk Chorweiler in den letzten 13 Jahren knapp 4 % seiner Einwohner verloren, während Nippes (4,7 %) und Ehrenfeld (7,8 %) hinzugewinnen konnten (alle Daten Stadt Köln 2014). Auch die geringe Wahlbeteiligung macht deutlich, vor welchen Herausforderungen diese Stadtgebiete stehen. So lag bei der Oberbürgermeisterwahl im Oktober 2015 die Wahlbeteiligung im Stadtteil Chorweiler bei knapp 15 % während im Kölner Süden meist noch wenigstens die Hälfte der Wahlberechtigten von seinem Recht Gebrauch machte (Stadt Köln 2015).

Mit einer entsprechenden Ausgangslage sind die Beziehungen der verschiedenen Gruppen untereinander meist nur noch rudimentär vorhanden und jenseits von sozialarbeiterischen Netzwerken sehr überschaubar (zur generellen Problematik siehe Schridde 2005). Demzufolge ist der erste Schritt immer die individuelle Ansprache von Gruppen, nicht mit dem Ziel zusätzliche Hilfs- und Unterstützungsangebote zu schaffen, sondern vielmehr Schlüsselpersonen zu finden, die die Missstände selbst in Angriff nehmen und Solidarität miteinander aufbauen möchten (vor allem in Beantwortung der Fragen: „Was schaffe ich allein, wo brauche ich die Hilfe anderer? Wen kann ich dafür noch gewinnen?"). Zu Beginn ist das vorrangig die Aufgabe des Organizers, der dann Stück für Stück durch andere (haupt- und ehrenamtlich) Engagierte aus den Gruppen unterstützt wird. Die Methode, die dafür genutzt wird, ist das (maximal) einstündige, persönliche Beziehungsgespräch, in dem explizit auf die Interessen des Gegenübers gezielt wird und der Grundstein einer Beziehung gelegt wird. Sofern dann die ersten Menschen bereit sind, mitzuwirken, finden erste Treffen statt, in denen das gegenseitige Kennenlernen (wieder über Beziehungsgespräche) und die weitere strategische Planung im Fokus stehen. Es gilt dabei vor allem den Blick für die Lücken in den Hilfs-, Beteiligungs- und Sozialangeboten zu schärfen und dort diejenigen Menschen zu finden, die bereit sind, sich über ihre Gruppe hinaus zu engagieren.

> In Köln wurden bis zur Gründung von März 2013 bis Oktober 2015 insgesamt knapp 1000 solcher Einzelgespräche durch den Organizer geführt. Die Gruppen kamen in 10 Aufbaukreisen und über 150 kleineren Gesprächsrunden zusammen. Zudem wurden durch das DICO vier Dreitages- und mehrere Abendseminare angeboten.

Dass beim Aufbau der Bürgerplattform Spannungen und Missverständnisse auftreten, ist nicht ungewöhnlich. Insbesondere vor dem Hintergrund, dass unterschiedliche Wertegemeinschaften zusammenkommen, die in Bezug auf das Miteinander unterschiedliche (im demokratischen Rahmen mögliche) Optionen leben. So muss eine Gewerkschaft das kirchliche Arbeitsrecht nicht befürworten, wenn diese aber in einer Bürgerplattform mit einer Gemeinde zusammenkommt, kann man auf anderen Feldern aber sehr wohl kooperieren (zum Beispiel im Bereich Aus- und Weiterbildung). Letztendlich ist das auch der besondere Schritt, den alle Mitwirkenden im Aufbauprozess gehen: sich erst einmal als Schlüsselpersonen zu sehen und nicht schon anhand der Themen zusammenzufinden. Das macht den Aufbau im Unterschied zu einer Bürgerinitiative aus und auch zu einem Quartiersmanagement, in dem bereits grundlegende Handlungsfelder (programmatisch) benannt sind. Auch aus diesem Grund finden die Treffen und Gespräche erst einmal in einem geschützten Rahmen und ohne Politik und Verwaltung statt, sodass alle ohne (politische) Öffentlichkeit voneinander lernen. Dadurch sollen andere Formen von Beteiligung und Teilhabe (wie Bürgerinitiativen, Quartiersmanagement, Parteien etc.) nicht abgewertet werden. Alle haben ihre Relevanz in der Stärkung der Zivilgesellschaft; jede Gruppe hat schließlich andere Interessen und soll selbst wählen, wie und wo sie diese am besten zu Gehör bringt. Zudem sind viele Gruppen der Bürgerplattformen in anderen Beteiligungsformen aktiv, während eine Bürgerplattform als Gesamtstruktur meist nicht partizipiert. Je nach Thema können aber zeitweise Kooperationen entstehen, wenn dies für beide Seiten sinnvoll erscheint.

> In Köln gab es zu Beginn des Aufbauprozesses durch den Organizer Gespräche mit den Bezirksbürgermeistern sowie kommunalen Beauftragten (wie z. B. den Sozialraumkoordinatoren oder einzelnen Vertretern der Bezirksjugendpflege). Darin wurde darauf hingewiesen, dass eine Bürgerplattform entsteht sowie Einschätzungen zu den Stadtbezirken ausgetauscht. Aber erst mit der Gründung der Bürgerplattform – knapp zwei Jahre später – waren die Themen hinreichend fixiert, dass über konkrete gemeinsame Schritte nachzudenken ist. Bis dahin beschränkte sich der Kontakt auf gegenseitige Information.

6 Gemeinsam handlungsfähig werden

In der letzten Phase des Aufbauprozesses führen die Gruppen die Interessen zusammen und skizzieren eine Aktionskampagne. Ist die Entscheidung der Gruppen gefallen, dass sich die Gruppen als Bürgerplattform der Öffentlichkeit vorstellen, präsentieren diese das Ergebnis dieser Zusammenführung. Meist werden diese Themen in Workshops in den Wochen vor der Gründungsveranstaltung erarbeitet.

> In der Bürgerplattform Stark! im Kölner Norden haben sich Vertreter aller Gruppen in drei Themenworkshops getroffen und anhand persönlicher Betroffenheit die Themen erarbeitet. Die Menschen aus dem Kölner Norden haben anhand ihres Alltags erzählt, was sie erleben und womit sie am meisten zu kämpfen haben. Es sind Geschichten wie schlecht beleuchtete Radwege zwischen Rheinkassel und Blumenberg, desolate Wohnzustände in Roggendorf/Thenhoven, marode Schulgebäude in Worringen und Bickendorf oder unzureichende Zugänge zur S-Bahn-Haltstelle, die dabei in den Fokus geraten.

Die Menschen sollen nicht nur von der Situation vor Ort berichten, sondern sich direkt dafür engagieren und mitwirken, dass die Zustände besser werden. Insofern ist die Themenerarbeitung eine weitere Form der Beziehungsarbeit, die daran anknüpft, was die Gruppen im Aufbauprozess erreicht haben. Aus allen Nennungen werden dann die dringlichsten Themenbereiche von der Bürgerplattform ausgewählt und dafür Lösungen recherchiert. Es gibt dabei auch eine Blindstelle: Diejenigen Felder, auf denen aufgrund der Vielfalt der Meinungen keine Schnittmenge zu finden ist, müssen ausgeblendet bleiben und anderen Teilhabemodellen überlassen werden. Das kirchliche Arbeitsrecht an sich –

um beim oben genannten Beispiel zu bleiben – kann so ein Feld sein, Einzelaspekte sind wiederum bearbeitbar (wie Stellenausstattungen in bestimmten Einrichtungen).

Ist ein Thema dann von der Mehrheit der Bürgerplattform gewählt und recherchiert, werden die Entscheidungsträger identifiziert und für ein Gespräch angefragt. Dort soll geklärt werden, was in welchem Zeitrahmen möglich ist und wen man dafür noch ins Boot holen muss. Da viele Themen einer Bürgerplattform struktureller Art sind – soziale und technische Infrastruktur z. B. – sind Verhandlungen dazu nicht immer einfach und es muss unter Umständen öffentlicher Druck erzeugt werden, damit die Dinge in Bewegung kommen. Die Gruppen der Bürgerplattform haben genau aus diesem Grund so lange am Aufbauprozess gearbeitet, dass dies auch gemeinsam möglich ist und machen auf kreative aber bestimmte Weise die Wichtigkeit des Themas deutlich.

> Eines der ersten Themen der Bürgerplattform Wedding/Moabit war die Situation im Jobcenter: schlechte Beratung, Stellen nicht besetzt, keine telefonische Auskunft, Warteschlangen vor der Tür bei Wind und Wetter etc. Allein die Recherche der Entscheidungsträger hat einige Monate in Anspruch genommen und als dann der Geschäftsführer gesprächsbereit war, hat dies noch zu keinen Zugeständnissen geführt. Erst als sich über 400 Menschen zu einer öffentlichen Aktion versammelt hatten und der Geschäftsführer auf der Bühne dazu befragt wurde, gab es erste Bewegungen zu den vorgeschlagenen Verbesserungen. Heute sind die Stellen besetzt, die Hotline auskunftsfähig und auch der Wartebereich umgestaltet. Es finden weiterhin Gespräche statt, aber zu Beginn schuf man erst einmal Augenhöhe.

7   Die Rolle der Unternehmen

Waren die ersten Aktionen und Verhandlungen in den USA noch von einem Gegenüber zu Unternehmen geprägt (siehe dazu u. a. Alinsky 1989 (1946), S. 135 ff.), so hat sich mittlerweile ein differenziertes Zusammenspiel entwickelt. Mit Stand 2015 verfügen alle deutschen Bürgerplattformen über einen sogenannten Unterstützerkreis, der über Spenden und Zuwendungen die Umsetzung von Community Organizing möglich macht. Nicht im Sinne eines Sponsorings, sondern im Gegenteil als zweckgebundene Spende, die eine Unabhängigkeit der Bürgerplattform auch den Unternehmen gegenüber ermöglicht. Dabei können grundsätzlich zwei verschiedene Phasen unterschieden werden:

- Den Aufbauprozessen voraus geht meist eine Einladung in einem Stadtgebiet tätig zu werden und dort erste Beziehungsgespräche zu beginnen. Diese kommt meist von Unternehmen und Stiftungen, die sich damit verpflichten für mindestens drei Jahre einen jährlichen Beitrag zu leisten, der in Summe 100 % des Budgets abdeckt.
- Ist die Bürgerplattform dann erfolgreich gegründet, tragen die Gruppen einen Anteil von in der Regel 25–40 % des Jahresbudgets selbst bei, der Rest wird weiter vom Unterstützerkreis ergänzt. Nach bisheriger Erfahrung gibt es mit der Gründung meist noch einmal einen Wechsel in den unterstützenden Institutionen, in dem Sinne, dass einige neu hinzukommen und einige den Kreis verlassen.

Aus der Erfahrung der letzten Jahre beteiligen sich in beiden Phasen meist Unternehmen, die bereits Erfahrung mit Corporate Social Responsibilty haben oder die Organisation selbst sozialpolitische Ziele verfolgt. Daneben finden sich vereinzelt höhere Hierarchieebenen von Religionsgemeinschaften (Bistum, Kirchenkreis, Verband), die nicht als Gruppen mitwirken, sondern wie die Unternehmen als Finanzgeber und Multiplikatoren einsteigen. Die Interessen und Kommunikationswege sind dabei genauso unterschiedlich wie die beteiligten Unternehmen und Organisationen. Meist ist über das Interesse an der Unterstützung einer Bürgerplattform hinaus ein Interesse an der Stadt oder des Stadtbezirks gegeben; entweder über den Standort, die Mitarbeiter oder die Kunden. Betrachtet man exemplarisch den Unterstützerkreis der Bürgerplattform Stark! im Kölner Norden, so waren im Aufbauprozess folgende Unterstützer vertreten: Generali Zukunftsfonds, Katholisches Stadtdekanat, Rewe Group – Region West, GAG Immobilien AG, Ford, Remondis, Sparkasse Köln-Bonn, UPS Deutschland und Industrie- und Handelskammer zu Köln. Die meisten der Beteiligten haben ihren Standort im Kölner Norden (Logistiklager bei Rewe, Hauptzentrale bei Remondis, Werk und Hauptverwaltung bei Ford, Logistikzentrale bei UPS; bei der GAG Immobilien AG sind es entsprechend die Wohnstandorte und beim Katholischen Stadtdekanat die Kirchengemeinden) oder haben ein generelles Interesse an der Stärkung der Zivilgesellschaft vor Ort (wie auch andere Initiativen bei IHK und Generali Zukunftsfonds zeigen). Insofern sind viele Unterstützer meist noch auf andere Weise mit den Bürgerplattformen verbunden. Für viele Menschen sind die Unternehmen vor Ort (zum ersten Mal) die wirtschaftliche Existenz und ermöglichen dadurch erst, eine Kirchengemeinde, muslimische Gemeinde oder einen Verein aufzubauen.

> Am 18. Oktober 2015, Flora Köln: Ein junger, türkisch-stämmiger Mann betritt die Bühne und berichtet davon, wie einst sein Großvater am Band im Automobilwerk angefangen hat und dies auch für die nachfolgende Generation der natürliche Weg war. Er selbst sollte es besser haben und über ein Studium einen ruhigen Büro-Job erhalten. Dies begann er nach dem herausragenden Abitur direkt, aber über ein duales Studium ebenfalls im gleichen Werk wie es schon die beiden Generationen vor ihm getan haben. Die Geschichte des jungen Mannes steht direkt am Anfang der Gründungsveranstaltung der Bürgerplattform Stark! im Kölner Norden und soll exemplarisch verdeutlichen, was die Menschen aus dem Kölner Norden in ihrer Lebensgeschichte geprägt hat.

Gerade wenn Mitarbeiter erfahren, dass ihr Unternehmen die Arbeit in den Bürgerplattformen unterstützt, kann eine neue Form von Wertschätzung der gesamten Person (also auch der Rolle und des Engagements im Ehrenamt) entstehen und – über die Bürgerplattform – unternehmensweite Brücken zu Mitarbeitern in anderen Abteilungen und Bereichen aufgebaut werden. Eine Verbindung, die jedoch in Gefahr gerät, wenn sich die Rahmenbedingungen ändern (so z. B. zu sehen in den Diskussionen um die Produktionsverlagerung des Ford Fiesta im Jahr 2014). Umso mehr Dichte diese Verbindung in Unternehmenskultur und Alltagserfahrung erhält, umso mehr wird dadurch die Rolle des Unternehmens an sich fortgeschrieben. Das Unternehmen ist dann nicht mehr nur Produzent von Gütern und Dienstleistungen, sondern teilweise selbst politischer Akteur in der eigenen Nachbarschaft.

> Die Ford-Werke sowie UPS bieten in Köln die Möglichkeit, Mitarbeiter für ein bis zwei Tage für soziales Engagement freizustellen (Corporate Volunteering). Dies konnte genutzt werden, um mit einem Team aus beiden Unternehmen die Gründungsveranstaltung vorzubereiten und bei Aufbau und Logistik zu helfen. Im weiteren Verlauf ist geplant, weitere Mitarbeiter für die Aktionen freizustellen und z. B. bei Umgestaltungen von Spielplätze etc. einen ersten Baustein selbst zu leisten.

Es entsteht damit ein Netzwerk im Unternehmen, das sich als zivilgesellschaftlicher Netzwerkknoten nach außen versteht und gleichzeitig ein internes Beziehungsnetz formiert. Im Gespräch sind teilweise sogar eigene zivilgesellschaftliche Gruppen aus den Unternehmen heraus zu gründen, die dann als Schnittstelle zur sozialpolitischen Arbeit der Bürgerplattform fungieren und nach innen die Relevanz der Nachbarschaft deutlich macht. Durch die Themen der Bürgerplattform sind Konflikte in und mit dem Unternehmen natürlich nie ausgeschlossen, oft aber notwendig, um strukturelle Rahmenbedingungen zu bewegen. Unternehmen, die sich darauf einlassen, profitieren in der Regel von diesen Prozessen und stärken das Verantwortungsbewusstsein ihrer Mitarbeiter. Gerade der Wandel der Arbeitswelt von reiner industrieller Produktion zu wissensbasierten Berufen bietet eine optimale Grundlage, um Menschen in solch einer Gesamtheit wertzuschätzen. Corporate Social Responsibility beschränkt sich dann nicht nur auf Spenden oder das Freistellen von Mitarbeitern, sondern bewirkt eine nachhaltige Mitwirkung im Gemeinwesen und wandelt sich zu Corporate Citizenship oder sogar „Corporate Political Responsibility" (Bohnen 2015).

8 Fazit

Die Arbeit mit und in Bürgerplattformen ist politisch und das im besten Sinne. Dort kommen Menschen zusammen, die in ihrem Alltag tagtäglich erfahren, was in ihrer Nachbarschaft geändert werden muss und bereit sind, daran mitzuwirken. Sie tun dies nicht alleine, sondern im demokratischen Miteinander ihrer Gruppe und zusammen mit anderen Schlüsselpersonen, die dies in ähnlicher Form in ihrer jeweiligen Gruppe vorantreiben. Dadurch entsteht ein starkes Netzwerk mit Vertrauen und Handlungsfähigkeit, das auf Politik/Verwaltung und Wirtschaft Handlungsdruck erzeugt. Gerade vor dem Hintergrund der Pluralisierung der Lebensstile ist eine Bürgerplattform durch die Vielfalt an Gruppen aber auch Abbild und Knotenpunkt einer anderen Form von Stadtpolitik, die sich mit bestehenden Formen gut ergänzt. Die Verbindung zu den Unternehmen verändert sich dabei gleichermaßen, wie sich die politischen Themen ändern. Waren in den Anfangszeiten in den USA die Unternehmen noch Verhandlungspartner und Ziel der Aktionen, so hat sich heutzutage eine differenzierte Kooperation entwickelt. So haben sich in allen Bürgerplattformen Unterstützerkreise zusammengefunden, die über Spenden diese Arbeit unterstützen. Es wird sich in den themenbezogenen Verhandlungen zeigen, ob bei gleichen Interessen sogar weiterführende Partnerschaften entstehen. Im besten Falle nutzen die Unternehmen die entstehenden internen und externen Netzwerke, um sich als Akteur der sozialen Stadtentwicklung zu positionieren und bestehende Strukturen der Zusammenarbeit immer wieder neu zu justieren.

Literatur

Adloff F (2005) Zivilgesellschaft: Theorie und politische Praxis. Campus, Frankfurt/Main

Alinsky S (1989/1946) Reveille for Radicals. Vintage Books, New York

Alinsky S (1989/1971) Rules for Radicals. Vintage Books, New York

Chambers, Edwards (2003) Roots for Radicals. Continuum International Publishing Group, New York

Bohnen J (2015) Corporate Political Responsibility statt CSR – Unternehmen, mischt euch ein! Cicero. http://www.cicero.de/kapital/corporate-political-responsibility-statt-csr-unternehmen-mischt-euch-ein/59194. Zugegriffen: 4.3.2016

Gecan M (2002) Going Public. Beacon Press, Boston

Götzelmann A (2010) Kirchliche Gemeinwesenarbeit. In: Hermann V, Horstmann M (Hrsg) Wichern drei – gemeinwesendiakonische Impulse. Neukirchener Verlagsgesellschaft, Neukirchen-Vluyn, S 31–45

Penta LJ (Hrsg) (2007) Community Organizing. Menschen verändern ihre Stadt. edition Körber-Stiftung, Hamburg

Penta LJ (2008) Community Organizing und die gestaltende Bürgergesellschaft. Warum Gutes tun allein nicht ausreicht. In: Dettling D (Hrsg) Die Zukunft der Bürgergesellschaft. Springer, Berlin, S 191–198

Penta LJ (2011) Community Organizing. In: Deutscher Verein für öffentliche und private Fürsorge e. V. (Hrsg) Fachlexikon der sozialen Arbeit. Nomos, Baden-Baden, S 153

Penta LJ, Düchting F (2014) Für eine lebendige Zivilgesellschaft – Community Organizing in Bürgerplattformen. In: eNewsletter Wegweiser Bürgergesellschaft 01/2014 vom 17. Jan. 2014

Renner G, Penta LJ (2014) Community Organizing in Deutschland. In: Stiftung-Mitarbeit (Hrsg) Handbuch Community Organizing, Theorie und Praxis in Deutschland. Verlag Stiftung Mitarbeit, Bonn, S 43–52

Schridde H (2005) Systemdenken und kollektive Wissensgenerierung: Die „Soziale Stadt" als Testfall modernen Regierens. In: Greiffenhagen S, Neller K (Hrsg) Praxis ohne Theorie? Wissenschaftliche Diskurse zum Bund-Länder-Programm „Stadtteile mit besonderem Entwicklungsbedarf – die Soziale Stadt". VS, Wiesbaden, S 141–164

Stadt Köln (2014) Wahlinformationssystem. http://www.stadt-koeln.de/wahlen/verbundwahl_2014/Ratswahl_Uebersicht_stadtteil.html

Szynka P (2014) Theorie und Geschichte des Community Organizing. In: Stiftung-Mitarbeit (Hrsg) Handbuch Community Organizing, Theorie und Praxis in Deutschland. Verlag Stiftung Mitarbeit, Bonn, S 11–15

Weiterführende Literatur

Stadt Köln (2014) Kölner Stadtteilinformationen. Zahlen 2013. http://www.stadt-koeln.de/mediaasset/content/pdf15/stadtteilinformationen_2013.pdf

Stiftung-Mitarbeit (Hrsg) (2014) Handbuch Community Organizing, Theorie und Praxis in Deutschland. Verlag Stiftung Mitarbeit, Bonn

Internetverweise

BUILD (2016). www.buildiaf.org/about. Zugegriffen: 11.11.2016

Citizens UK. http://www.citizensuk.org

Deutsches Institut für Community Organizing (DICO). http://www.dico-berlin.org

www.donotstandidlyby.com. Zugegriffen: 4.3.2016

Industrial Areas Foundation (IAF) (2016). http://www.industrialareasfoundation.org/affiliate-members#all. Zugegriffen: 11.11.2016

Living Wage Foundation (2016). http://www.livingwage.org.uk/calculation. Zugegriffen: 11.11.2016

www.organizing-berlin.de. Zugegriffen: 4.3.2016

www.wirsindda.com. Zugegriffen: 4.3.2016

www.win-berlin.org. Zugegriffen: 4.3.2016

www.stark-koeln.org. Zugegriffen: 4.3.2016

Tobias Meier ist Community Organizer des DICO und begleitet derzeit die Bürgerplattform Stark! im Kölner Norden. Er hat Stadt- und Regionalplanung an der TU Berlin studiert und sammelte erste Erfahrungen als Schlüsselperson und später als Trainee in der Bürgerplattform Wedding/Moabit. Vor der Arbeit in Bürgerplattformen hat er zudem in Programmgebieten der Sozialen Stadt, des Stadtumbau West und in der Jugendhilfe gearbeitet. Sein Interesse gilt dem Miteinander verschiedener Kulturen und der Rolle, die Institutionen dabei einnehmen können. Er lebt in Düsseldorf.

Von Heuschrecken und alten Wurzeln

Kleine und mittlere Unternehmer meistern die Herausforderungen der ländlichen Regionen

Mathias Burke, Eleonore Harmel und Leon Jank

1 Die Herausforderung des ländlichen Raumes heute

Corporate Social Responsibility bezieht sich auf das Leitbild des ehrbaren Kaufmanns (vgl. Klink 2008), welcher sich entsprechend historisch verwurzelter Tugenden als verantwortlicher Teilnehmer des Wirtschaftslebens einer Stadt verstand. Im ländlichen Raum waren es historisch gesehen nicht Kaufmänner, sondern vor allem die Großgrundbesitzer, welche die wirtschaftliche Entwicklung ihrer Regionen prägten. Auch wenn deren Güter in weiten Teilen Deutschlands schon im 18. Jahrhundert straff zentralistisch organisiert waren, bestand doch Abhängigkeit von den natürlichen Ressourcen und eine starke Interessensgemeinschaft mit den Bauern und Arbeitern, mit denen das Gut gemeinsam bewirtschaftet werden musste (vgl. Land und Willisch 2002, S. 104). Diese Beziehung zwischen (Agrar-)Unternehmen, Arbeitern, Umwelt und Gemeinden ist durch zunehmende Modernisierungs- und Rationalisierungsstrategien heute so weit reduziert, dass auf dem Land besonders drastische Folgen dieser „Entkopplung" zu beobachten sind:

> Die ländliche Gesellschaft – so scheint es – verliert mit den Bindungen zu lokalen Unternehmen auch ihre Entwicklungsressourcen; aber nicht nur das, sie verliert mit ihren Funktionen auch Sinn, Identität und politische Legitimität (Land und Willisch 2002, S. 104).

So ist diese Entkopplung zwischen Unternehmen und Gemeinde für die Krise der ländlichen Regionen stark (mit-)verantwortlich, welche zu einer Abwärtsspirale ganzer Landstriche führt. Als Folge entstehen schrumpfende Regionen, vor allem abseits der prosperierenden Metropolregionen, geprägt von geringer ökonomischer Wettbewerbsfähigkeit, überdurchschnittlicher Arbeitslosigkeit, Abwanderung und Überalterung.

M. Burke · E. Harmel (✉) · L. Jank
studio amore
Berlin, Deutschland
E-Mail: harmel@studioamore.de

Zunehmend kann eine adäquate Infrastruktur nicht mehr aufrechterhalten werden, es kommt zu Leerstand und einer Wahrnehmung als „Verliererregion".

Diesem ökonomischen Funktionsverlust der ländlichen Gemeinden steht eine extreme Ökonomisierung von Grund und Boden mit rasant steigenden Flächenpreisen gegenüber. Das westdeutsche Niveau für Ackerland – in Bayern durchschnittlich 40.000 €/ha, in anderen alten Bundesländern um die 20.000 €/ha – ist ohnehin schon sehr hoch. Doch besonders in Ostdeutschland ist die Steigerung der Bodenpreise dramatisch: einerseits durch die Sondersituation der Privatisierung der Flächen durch die Treuhand BVVG, die Bodenverwertungs- und Entwicklungs-GmbH, aber auch aufgrund einer anderen Flächenparzellierung. Diese ist auf die historisch bedingte deutlich größeren Bewirtschaftungsflächen im ostdeutschen Raum zurückzuführen und der Kollektivierung der Landwirtschaftsflächen in Landwirtschaftlichen Produktionsgenossenschaften, den so genannten LPGs, während der Deutschen Teilung geschuldet. Seit Anfang der 2000er-Jahre sind Preissteigerungen von bis zu 150 % zu verzeichnen, wodurch der durchschnittliche Hektarpreis in Ostdeutschland von 2003 bis 2012 von 3800 € auf 9600 € angestiegen ist. In Mecklenburg-Vorpommern hat der Bodenpreis bis 2015 im Durchschnitt auf 17.539 €/ha angezogen (Destatis 2015). In diesem Kontext wird vermehrt von „Landgrabbing" in Ostdeutschland gesprochen, da sich ein großer Teil der Agrarfläche in den Händen von drei westdeutschen Unternehmen befindet und weitere von internationalen Investmentfonds als Anlageobjekte erworben wurden (vgl. Voß 2014). Doch auch mit Blick auf die gesamtdeutsche Entwicklung ist dieser Anstieg der Kauf- und Pachtpreise landwirtschaftlicher Flächen dafür verantwortlich, dass besonders kleine und mittlere Betriebe die für eine Existenzsicherung notwendigen Flächen nicht mehr halten oder erwerben können. Durch die zunehmend schwierigen Bedingungen hat sich die Zahl der land- und forstwirtschaftlichen Betriebe in den letzten 25 Jahren mehr als halbiert und vor allem in der Landwirtschaft werden massiv Arbeitsplätze abgebaut, da durch die Industrialisierung der landwirtschaftlichen Produktion vier Arbeitskräfte heute bis zu 1000 ha bewirtschaften können. Bis 2030 wird die Landwirtschaft laut derzeitiger Prognosen weitere 40 % ihrer Arbeitsplätze verlieren (Bennert 2011, S. 62).

Abseits des Bodenmarktes werden Leistungen des ländlichen Raumes wie beispielsweise Klima und Biodiversität oder der Erholungswert der Natur nicht in die wirtschaftliche Bewertung eingezogen, da sie nur eine begrenzte oder keine Wertschöpfung erzeugen (ARL Thesenpapier 2008, S. 4). Diese Entwicklungen tragen gemeinsam dazu bei, dass ländlicher Raum vor allem als „Problemkategorie" gesehen wird, der von den städtischen Zentren mitgetragen und stabilisiert werden muss. In dieser Ausgangslage wird deutlich, welch (traditionell) große Verantwortung Unternehmen im ländlichen Raum spielen und welche Schlüsselposition sie inne haben, um die in der Region erzielten Gewinne auch den Bewohnern dieses Raumes in ausreichendem Maße zukommen zu lassen, lokale Wertschöpfungsketten zu stabilisieren und die Profite nicht allein in (inter-)nationale Konzernzentralen zu verschieben (hier wirkt die „absentee owned" Problematik – vgl. Polanyi 1978).

2 Kleine und mittlere Unternehmen als Vorreiter einer nachhaltigen Wirtschaftsweise

In dieser schwierigen Ausgangslage sind es vor allem kleine und mittlere Unternehmen, die das Fundament einer nachhaltigen wirtschaftlichen Entwicklung bilden. Neben der Landwirtschaft sind Handwerk, Einzelhandel, Gastgewerbe, Tourismus und Freizeit sowie personenbezogene und haushaltsnahe Dienstleistungen die wichtigsten Wirtschaftszweige. In diesen Betrieben wird ein Großteil der Einkommen für die ortsansässige Bevölkerung erwirtschaftet, hier findet die Ausbildung von Nachwuchskräften statt und es entstehen lokale Arbeitsplätze (vgl. BLE 2013, S. 20). So sind es häufig diese kleinen und mittleren Unternehmen, welche die wirtschaftliche Entwicklung tragen und regionale Wertschöpfung ermöglichen. Auch ohne ausdrücklich als solche bezeichnete CSR-Maßnahmen

> bringt sich so mancher in der Region verwurzelte Kleinunternehmer aktiv in regionale Entwicklungsprozesse ein. Etwa aus besonderer Verbundenheit mit dem Standort, an dem ihre Unternehmen manchmal seit Generationen ansässig sind, sehen sich diese Unternehmer in der Verantwortung, dessen Zukunft mitzugestalten bzw. zu sichern (BLE 2013, S. 22).

So lässt sich an immer mehr Beispielen beobachten, wie sich Unternehmen aktiv für die Regionalentwicklung engagieren und die Stärken und Potenziale der Region über das eigene unmittelbare wirtschaftliche Interesse hinaus fördern. Nicht zuletzt, weil hier die Entscheidungen nicht in fernen Konzernzentralen getroffen werden, sondern sie direkt von dem Fachkräfteangebot und der Lebensqualität vor Ort betroffen sind. So schaffen es diese Unternehmen oft schneller, an die endogenen Potenziale ihrer Regionen anzuknüpfen und Strategien zu entwickeln, welche an die naturräumlichen oder historischen Besonderheiten, die Handwerkstraditionen oder die gewachsenen sozialen und ökonomischen Netzwerke anschließen können (BLE 2013, S. 42). Herauszustellen ist hier, dass das Wirken oft mehr mit dem Unternehmer als Person verbunden ist als mit dem Unternehmen, da es an die Einbindung in das soziale Gefüge des Ortes, beispielsweise das Engagement in Vereinen oder die Übernahme von Ehrenämtern in vorhandenen Institutionen, geknüpft ist.

Auch Schmidpeter und Kleine-König (2012, S. 9) betonen die

> besondere Rolle hinsichtlich des Engagements im lokalen oder regionalen Umfeld von kleinen und mittleren Unternehmen (KMU), die sich auf dieser Ebene am stärksten beteiligen.

Es lässt sich also vermuten, dass kleine und mittlere Unternehmen im ländlichen Raum ein umfassendes Verständnis einer nachhaltigen Wirtschaftsweise haben, die weit über einzelne (CSR-) Maßnahmen hinausgeht. Anders als (urbane) Großunternehmen sind sie meist fest in soziale, ökologische und ökonomische Prozessen in ihrer Region eingebunden.

Im Folgenden werden ausgewählte Beispiele von kleinen und mittleren Unternehmen im ländlichen Raum vorgestellt, die durch ihr Wirken einen großen Einfluss auf die positive Entwicklung ihrer Region haben und durch ihr strategisches und vernetztes Engagement von Bedeutung sind.

3 Landwirtschaftliche Unternehmen zwischen Ökologie und Ökonomie

Im Bereich der Agrarunternehmen sind es besonders die biologisch wirtschaftenden Höfe, welche sich entsprechend ihres Selbstverständnisses für Nachhaltigkeit interessieren – oft weit über die Forderungen der Bio-Zertifizierungen hinaus. Gerade sie zeichnen mit ihrem Handeln einen Gegenentwurf zu der von wenigen großen Konzernen bestimmten Agroindustrie. Viel entscheidender als der maximal erzielbare Gewinn sind diesen kleinen Unternehmen ökologische Aspekte wie beispielsweise der sorgsame Umgang beziehungsweise gar der Verzicht auf Pflanzenschutzmittel oder das Verwenden von älteren Sorten für den Anbau. Vor allem in den Städten steigt die Nachfrage nach diesen Produkten mittlerweile stark an, sodass ökologische Betriebe im Umland davon profitieren und zum Teil wirtschaftlich unabhängiger werden. Dennoch ist es für sie genauso wie für die peripher gelegenen Höfe sehr schwierig, sich gegen die großen Akteure im Kampf um die landwirtschaftlichen Flächen durchzusetzen.

Es gibt jedoch erfolgreiche Strategien im Kampf um die Flächenverteilung. Ein herausragendes Beispiel dafür ist das Gut Temmen in der Uckermark. Dieser ökologische Gemischtbaubetrieb bewirtschaftet ca. 3500 ha für die Getreide- und Fleischproduktion mit 1500 Rindern und 300 Schweinen. Mit dem Fleisch wird sowohl die traditionelle Stracke-Wurst hergestellt als auch das hochpreisige Berliner Restaurant Grill Royal beliefert. Trotz diesem hohen Grad an technischer Professionalisierung in den Betriebsabläufen sind dem Besitzer Rolf Henke hohe ethische Standards wichtig, die er nicht auf die Vorgaben von Bio-Labeln allein begründet, sondern eher aus alten philosophischen Traditionen. „Man gibt dem Boden drei Mal so viel wie man nimmt" lautet einer seiner Richtsprüche.

Das Gut Temmen liegt in der Choriner Schorfheide, welche als UNESCO Biosphärenreservat Lebensraum für eine große Anzahl von seltenen Pflanzen und Tieren ist. Zwanzig Prozent der Anbauflächen sind ausgewiesene Biotope und bieten seltenen und bedrohten Tierarten eine Heimat. Dass Landwirtschaft und Naturraum voneinander profitieren können, spiegelt sich in den Anbauverfahren, Ernte- und Saatpraktiken und der Tierhaltung wider. Der „Erfolg" dieser Arbeit zeigt sich für Rolf Henke auch darin, dass genauso viele Wildschweine auf dem Boden des Gutes geschossen werden, wie Mastschweine in den Ställen stehen.

Auch für das Dorf setzt sich das Gut Temmen ein und hat unter anderem den lokalen Bauernverein wieder ins Leben gerufen und organisiert einmal jährlich das Dorffest und ein Tangofestival. Gleichzeitig ist das Gut Temmen ein großer Arbeitgeber und beschäftigt an die vierzig Menschen aus der Umgebung. Auch hier nimmt das Gut seine soziale Verantwortung wahr und versucht keinen seiner Angestellten zu entlassen – was in der Landwirtschaft, die oftmals Saisonarbeiter beschäftigt, heute eine Seltenheit ist.

Gleichzeitig war Rolf Henke ein wichtiger Initiator des Bio-Bodenfonds Schorfheide, den er zusammen mit 11 Bauern aus der Region und der GLS Bank ins Leben gerufen hat. Als ein Verkauf von 2550 ha ehemaligen BVVG-Landes bevorstand und durch das Höchstpreis-Bieterverfahren an nichtbäuerliche Investoren für den Energiepflanzenanbau gegangen wäre, war über den Bodenfonds der Kauf der Fläche für 12,7 Mio. € möglich. Diese werden nun an die Bio-Bauern verpachtet – mit Option auf Verlängerung und einer Rendite für die Anleger von 2,5 %. Insgesamt bewirtschaften die 12 Betriebe nun die wohl größte zusammenhängende Bio-Fläche Europas. Das ist auch deutlich in der Attraktivität der Natur zu spüren, was positive Auswirkungen auf den Tourismus hat. Auffällig bei der Selbstpräsentation des Gutes auf seiner Webseite ist, dass weder mit Bio-Labeln noch mit Nachhaltigkeitszertifikaten offiziell geworben wird. Das Gut versteht sich eher als gelebtes Beispiel – auch dafür, dass sich ökologische Verantwortung rechnet und wertvolle Lebensmittel entstehen.

Das Ökodorf Brodowin ist ein Landwirtschaftsbetrieb im gleichnamigen Ort in Brandenburg, welcher Milchviehwirtschaft, Gemüse- und Getreideanbau sowie Geflügel produziert. Die Wurzeln liegen bereits in der ökologischen Bewegung zu DDR-Zeiten und der Fortführung und Übernahme der LPG durch die lokalen Bauern nach der Wende. Der Erfolg des Unternehmens ist darin begründet, dass Anbau, Verarbeitung und Vertrieb vor Ort stattfinden. So ist Brodowin der flächenmäßig größte Demeter-Betrieb Deutschlands und ein Vorzeigeunternehmen für ökologischen Landbau. Der direkte Vertrieb findet über den Hofverkauf und die Lieferung der Biokiste an 2500 Berliner Haushalte und den deutschlandweiten Versand statt. In der Selbstdarstellung seiner Internetpräsenz wird aktiv mit der Verantwortlichkeit des Betriebes für Region, Menschen und Umwelt geworben:

> Ökodorf Brodowin steht für Regionalität, kurze Transportwege, Transparenz, Arbeitsplätze in der Region, Umweltschutz, Nachhaltigkeit, Zeitersparnis durch Lieferservice (Ökodorf Brodowin).

Hierbei wird deutlich, dass die Kunden solcher Produkte auch vermehrt Wert auf ethische, regionale und nachhaltige Herstellungsbedingungen der Lebensmittel legen und diese Selbstverpflichtung Teil des „Brandings" und unverzichtbare Unternehmensstrategie ist. Von diesen Werten können sich die Verbraucher im Sommer durch wöchentlich stattfindende Führungen überzeugen. Der Hof kann auch darüber hinaus jederzeit betreten werden und die „Gläserne Molkerei" macht die Produktionsbedingungen und Weiterverarbeitung der Milch sichtbar. Auch der Name des Unternehmens „Ökodorf Brodowin" verweist auf eine enge Verbindung mit dem Dorf und dessen Vermarktung als Tourismusziel. Für Berliner ist Brodowin so oft ein erster Anlaufpunkt für Wochenendausflüge, Urlaube oder sogar um den Traum des Lebens auf dem Land zu verwirklichen. Dies hat zu einer sehr positiven Entwicklung in Bezug auf Einwohner, Kunst- und Kulturangebote sowie wirtschaftliche Entwicklung und Arbeitsplätze geführt. Andererseits verzeichnet Brodowin auch die höchsten Bodenpreise in Brandenburg und es lässt sich von einer „Gentrifizierung" des Dorfes durch den Zuzug von Berlinern, aber auch aus anderen Gemeinden im Umland, sprechen.

Ein letztes Beispiel für Unternehmen im landwirtschaftlichen Bereich ist die Lobetaler Bio-Molkerei nördlich von Berlin. Sie setzt ein besonderes Augenmerk auf eine „soziale Milchwirtschaft", denn sie ist ein Betriebszweig der Hoffnungstaler Werkstätten gGmbH, die wiederum zu der Hoffnungstaler Stiftung-Lobetal und damit zum Verbund der von Bodelschwinghschen-Stiftungen-Bethel gehört. So verschreibt sich dieser Betrieb dem Ziel „sinnvolle Arbeit" zu schaffen und beschäftigt hauptsächlich 23 behinderte Menschen und vier weitere Mitarbeiter. Gleichzeitig konkurriert er auf dem Markt um regionale und biologische Produkte und setzt dabei etwas andere Akzente, um den Zielen der Nachhaltigkeit gerecht zu werden, und nutzt dazu unter anderem „cause related marketing". So gibt es seit 2013 beispielsweise eine erfolgreiche Kooperation mit dem Naturpark Barnim. Beim Kauf eines 500 g-Naturjoghurt im „Naturschutzbecher" werden 3 Cent pro verkauftem Becher automatisch für Naturschutzprojekte gespendet. Auf dem Deckel gibt es ansprechende Ausflugstipps, womit auch für den Naturpark eine neue Zielgruppe erreicht werden kann. Dieses Kooperationsprojekt wurde mit dem Nachhaltigkeitspreis des Landes Brandenburg ausgezeichnet. Auch für den Becher selbst hat das Unternehmen in Zusammenarbeit mit der Verpackungsberatung C. E. Schweig eine ökologische Produktinnovation entwickelt, welche mit dem „Dairy Innovation Award" ausgezeichnet wurde. Dieser Becher wird aus einem Kreide-Kunststoff-Gemisch hergestellt und besteht damit aus fast 60 % weniger Rohöl und verbraucht im Herstellungsprozess deutlich weniger Energie als konventionelle Becher (http://www.verpackungsberatung-ces.de/fileadmin/files/pdf/Pressemitteilung_Dairy_Innovation_Award.pdf. Zugegriffen: 18.11.2016).

Bei den hier angeführten Beispielen wird deutlich, dass es vor allem ökologische Betriebe sind, die sich sowohl aus eigenem Antrieb als auch durch die strengen Richtlinien der Demeter oder Naturland-Zertifizierung ganzheitlich und nachhaltig wirtschaften, Natur- und Klimaschutz aktiv praktizieren und Sozialrichtlinien einhalten. Gleichzeitig sind es anspruchsvolle Konsumenten, welche Transparenz bei den Produktionsbedingungen wünschen und sich durch ihre Konsumentscheidung bewusst für nachhaltige und regionale Produkte entscheiden. Für die oben beschriebenen Unternehmen war die Entscheidung für biologische Produktion und die direkte Weiterverarbeitung der Produkte oft der einzige Weg, sich als kleines Unternehmen am Markt positionieren zu können und die schnell wachsende Nachfrage nach hochwertigen regionalen und biologischen Produkten zu befriedigen. Gleichzeitig wird deutlich, dass sie für die Gemeinden und ganz besonders auch für die Pflege und den Erhalt einer vielfältigen, erholungsstiftenden Kulturlandschaft eine sehr große Verantwortung übernehmen.

4 Vom verantwortungsvollen Unternehmer zu regionalen Wirtschaftskreisläufen

Neben dem Engagement des klassischen Unternehmers sind es oft Unternehmensnetzwerke und regionale Kooperationen, die die Entwicklung in ländlichen Regionen nachhaltig beeinflussen können. Ein positives Beispiel hierfür ist das Grüne Zentrum in der Hersbrucker Alb bei Nürnberg. Das Grüne Zentrum ist eine Büro- und Arbeitsgemeinschaft der Landwirtschaft, der Forstbetriebsgemeinschaft und des Naturschutzzentrums Wengleinpark, was bereits eine starke Kooperation der sonst schwer zusammenkommenden Akteure in diesen Bereichen darstellt. Es ist seit den 1980er-Jahren ein wichtiger Akteur in der Regionalentwicklung – so haben sie beispielsweise den Initiativkreis Holz aus der Frankenalb angestoßen, einen Zusammenschluss von Waldbauern, Forstamt, Handwerkern, Architekten, Sägewerkern, Energieberatern und dem Naturschutzzentrum, um die Nutzung des heimischen Holzes zu fördern.

Teil des Netzwerkes ist das angestammte Handwerksunternehmen Die Möbelmacher aus Kirchensittenbach bei Hersbruck, das sich der Nachhaltigkeit schon seit ca. 30 Jahren verschrieben und umfangreiche Corporate-Citizenship-Maßnahmen angestoßen hat, ohne diese jedoch als CSR-Maßnahmen zu benennen. Für sein Engagement für Natur, regionale Wertschöpfungskreisläufe und soziale Belange wurde das Unternehmen bereits vielfach ausgezeichnet. Ein Unternehmen wie „die Möbelmacher" ist wichtiger Ideenbringer, Initiator und Unterstützer für diese vielfältigen Maßnahmen.

> Die Möbelmacher hatten nie ein ausformuliertes Corporate-Citizenship-Konzept, aber sie versuchen seit 21 Jahren der Gesellschaft zu geben, was sie auch von ihr als Gegenleistung erhoffen: ein angenehmes Leben und Arbeiten in der Hersbrucker Alb.

Unter anderem wurde ein „Regionales Musterhaus" aus regionalem Holz mit dem „Best-Practice-Preis" für Handwerk vom Bundeswirtschaftsministerium ausgezeichnet. Vom Zentrum ging auch die Gründung einer Bauerngemeinschaft der landwirtschaftlichen Direktvermarkter von Biobauern und konventionellen Betrieben aus. Gemeinsam mit diesen und den Möbelmachern wurde auch der „Tag der Regionen" 1998 ins Leben gerufen, der inzwischen deutschlandweit veranstaltet wird. Damit eng zusammen hängt die Initiative „Heimat auf dem Teller", bei der Gastronomen direkt von Erzeugern vor Ort beliefert werden. Ein anderes Beispiel für die Förderung der lokalen Wertschöpfungsketten ist die „Streuobstinitiative Hersbrucker Alb", welche die traditionellen Streuobstwiesen erhalten will. Mit einer „mobilen Obstpresse" und der Vermarktung als lokaler Bio-Apfelsaft leisten sie einen Beitrag zum Erhalt der Kulturlandschaft und historischer Sorten und der Initiierung von neuen Verwertungskreisläufen. Am Beispiel der Hersbrucker Alb zeigt sich exemplarisch, wie die Förderung von Regionalentwicklung, regionaler Wirtschaftsförderung und Naturschutz erfolgreich zusammengehen können.

5 Unternehmensnetzwerke als Teil einer integrierten Regionalentwicklung

Neben dem individuellen Engagement von einzelnen Unternehmen wird schon aus den oben beschriebenen Beispielen des Grünen Zentrums und des vom Gut Temmen initiierten Bio-Bodenfonds deutlich, dass durch Vernetzung verschiedener Akteure und gemeinsame

Projekte ein größerer Nutzen für die Region entsteht. Dieses vernetzte und gebündelte Engagement kann sogar so weit gehen, dass zusammen mit der Zivilgesellschaft und Politik/Verwaltung ein gemeinsames Leitbild für die zukünftige Entwicklung der Region entworfen wird (Kleine-König und Schmidpeter 2012, S. 11). Dieses gemeinsame Engagement wird auch durch das EU-Förderprogramm LEADER bewusst im ländlichen Raum gestärkt. Lokale Aktionsgruppen erarbeiten hier ein regionales Leitbild, welches dann in einzelnen Projekten umgesetzt wird.

Solch ein Beispiel ist das Unternehmensnetzwerk von ursprünglich acht Landwirtschaftsbetrieben aus dem Saaletal-Rudolstadt, welche die regionale LEADER-Aktionsgruppe Saaletal-Rudolstadt initiiert haben. Darüber hinaus sind nach den Forderungen der EU-Kommission auch die Gemeinden/Landkreise und Vereine bzw. Vertreter der Zivilgesellschaft Mitglieder des Vereins. Bereits 1998 wurde die Gruppe ins Leben gerufen und engagiert sich seitdem aktiv für die integrierte ländliche Entwicklung der Region. Der Verein unterstützt den LEADER-Prozess nicht nur inhaltlich, sondern auch finanziell, um beispielsweise den Eigenanteil für die Finanzierung des Regionalmanagements sicherzustellen. Inzwischen wurde auch für die Förderperiode 2014–2020 eine regionale Entwicklungsstrategie entworfen, welche die regionale Wertschöpfung, starke Gemeinschaften und zukunftsfähige Strukturen in den Fokus nimmt. Unter dem Motto „Selber machen" besinnt man sich auf die

> endogenen Potenziale und die eigene Kraft, den Mut notwendige strukturelle Veränderungen aus eigenem Antrieb und in eigener Verantwortung anzugehen und die Erkenntnis, dass sich Selbstheilungsprozesse nur durch aktives Tun vollziehen (LEADER Aktionsgruppe Saalfeld-Rudolstadt e. V. 2015).

Die Akteure aus Wirtschaft und der öffentlichen Verwaltung haben sich für ein Miteinander statt eines Gegeneinanders ausgesprochen und durch die finanzielle Unterstützung der Unternehmen ist die Regionalentwicklung fernab lokaler politischer Befindlichkeiten. In der langjährigen Zusammenarbeit ist die Erkenntnis gereift, dass der Prozess für die Region und somit auch für ihre Unternehmen von erheblichem Vorteil ist (geht es der Region gut, geht es auch dem Unternehmen gut).

Dieses Unternehmerengagement als Teil einer integrierten ländlichen Entwicklung speist sich auch aus einem Eigeninteresse an der Stärkung der Standortattraktivität (IAO 2014, S. 27), denn das Image der Region, Lebensqualität, Wohn- und Freizeitwert, haben Bedeutung, wenn es um die Gewinnung neuer Arbeitskräfte geht. Gleichzeitig gewinnen Unternehmen in solchen Prozessen Kontakte zu Anspruchsgruppen wie Mitarbeitern, Kunden oder lokalen Politikern und sie profitieren von einer größeren Bekanntheit des Unternehmens in der Region.

6 Ausblick

Mit Blick auf die vorgestellten Beispiele lässt sich zeigen, dass Unternehmen im ländlichen Raum meist viel enger in soziale Netzwerke und regionale Verantwortlichkeiten eingebunden sind als solche in städtischen Kontexten. CSR wird in der Folge oft nicht aktiv kommuniziert bzw. gar nicht unter diesem Label wahrgenommen, weil es als selbstverständliche Aufgabe und Teil der unternehmerischen Verantwortung verstanden wird. Man gibt der Region etwas zurück, die gleichzeitig auch die Lebensgrundlage für den eigenen Erfolg ist. Diese Logik regionaler Kreisläufe, die bei den biologischen Höfen besonders stark ausgeprägt ist, wird viel unmittelbarer erfahren und umgesetzt. Hier wird auch die Unterscheidung zwischen Unternehmen deutlich, bei denen diese Unternehmensethik Teil des Produktes ist und solchen, wo diese Herangehensweise nicht unbedingt im Produkt oder der Tätigkeit selbst begründet liegt. Bei letzteren ist die Motivation für das Engagement häufig eine (Familien-)Tradition oder entsteht, wenn „Städter" als neue unternehmerische Akteure im ländlichen Raum auftreten, welche mit dem Außenblick die Herausforderungen besonders deutlich erkennen und versuchen, gemeinwohlorientierte Lösungen zu finden.

Darüber hinaus ist immer mehr zu beobachten, dass diese Impulse nicht nur von angestammten Unternehmern kommen, sondern von Neuankömmlingen aus den Städten oder Rückkehrern in die Heimatregion, die diese Potenziale manchmal deutlicher sehen und daher das besondere Wissen und Fertigkeiten der Region eher in Wert setzen können. So ist der Trend zu regionalen Produkten aus kleinen Manufakturen, wie beispielsweise lokale Schnapsbrennereien oder traditionelle Käse- und Wursterzeugnisse, sehr groß und findet besonders in den Metropolen reißenden Absatz. Inzwischen wird sogar von einer „Renaissance der Regionen" gesprochen und regionale Produkte übertreffen inzwischen die Nachfrage nach biologischen Produkten. Über die Produktion solcher regionaler Genussmittel hinausgehend widmet sich Entrepreneurship auf dem Land auch zunehmend der Sicherung der Daseinsvorsorge. Als unternehmerische Zivilgesellschaft werden Aufgaben übernommen, die vormals von der öffentlichen Hand getragen wurden und meist auf ein konkretes lokales Problem reagieren – sei dies der Betrieb des Schwimmbades oder Kinos, neue Formen des Nahverkehrs oder der Kinderbetreuung (IAO 2014, S. 11). Solche Ansätze zeichnen sich oft durch hohe pragmatische und flexible Lösungsansätze aus, die gleichzeitig von einem Verantwortungsbewusstsein für die Gemeinschaft zeugen und weniger auf Gewinn fokussiert sind, sondern vorrangig auf den Erhalt einer lebenswerten Region. Durch neue Akteursverbünde kann eine positive Dynamik entstehen und die Identität gestärkt werden. Diese Entwicklungen gewinnen immer mehr an Bedeutung und so bleibt trotz der besorgniserregenden Verschiebungen im Bereich der Bodenverwertung doch die Hoffnung, dass das Engagement von Unternehmern und Unternehmernetzwerken im ländlichen Raum ein wesentliches Gestaltungsmerkmal bleiben wird. Dies wird ohne Hilfe der Politik nicht möglich sein, wenn sich in den letzten Jahren die Planungen „im Kontext von wettbewerbsorientierten Globalisierungsdiskursen mehr und mehr eine Orientierung auf Zentren, Metropolen oder Wachstumskerne" (Leber und Kunzmann in

Baumann 2014, S. 99) konzentrieren. Ein positives Zeichen für die Unterstützung von alternativen Entwicklungspfaden gibt die 2015 gestartete „Zukunftsstrategie für den ökologischen Landbau" des Bundesministeriums für Ernährung und Landwirtschaft, die das Ziel der Steigerung des Flächenanteils für den ökologischen Anbau auf 20 % nach stagnierenden Jahren vorantreiben soll (Die Bundesregierung 2002, S. 227). Es werden noch viele weitere Zeichen folgen müssen, allen voran jedoch die Erkenntnis um die Wichtigkeit der „Restkategorie" ländlicher Raum.

Literatur

Akademie für Raumforschung und Landesplanung (ARL) (Hrsg) (2008) Politik für periphere, ländliche Räume. Für eine eigenständige und selbstverantwortliche Regionalentwicklung. Positionspapier, Bd. 77. Eigenverlag ARL, Hannover

Baumann C (2014) Facetten des Ländlichen aus einer kulturgeografischen Perspektive. Die Beispiele Raumplanung und Landmagazine. In: Nell W, Weiland M (Hrsg) Imaginäre Dörfer: Zur Wiederkehr des Dörflichen in Literatur, Film und Lebenswelt. transcript, Bielefeld

Bennert W (2011) Ländliche Immobilienwerte im demografischen Wandel. In: Berlin-Institut für Bevölkerung und Entwicklung (Hrsg) Die Zukunft der Dörfer: Zwischen Stabilität und demografischem Niedergang

Bundesanstalt für Landwirtschaft und Ernährung Anstalt des öffentlichen Rechts (BLE) (Hrsg) (2013) Förderung kleiner Unternehmen in ländlichen Räumen. Herausforderungen und Handlungsoptionen für eine bedarfsgerechte Förderung von Handwerk, Handel und Gewerbe. Bonn

Die Bundesregierung (2002) Perspektiven für Deutschland. Unsere Strategie für eine nachhaltige Entwicklung. Presse- und Informationsamt der Bundesregierung, Berlin

Destatis, abgerufen am 21. Nov. 2015 über Proplanta

Fraunhofer-Institut für Arbeitswirtschaft und Organisation IAO (2014) Trendreport Land. Innovationslabor Land schafft Zukunft. Eigenverlag, Stuttgart

Kleine-König C, Schmidpeter R (2012) Gesellschaftliches Engagement von Unternehmen als Beitrag zur Regionalentwicklung. In: Corporate Social Responsibility. Verantwortungsvolle Unternehmensführung in Theorie und Praxis. Springer, Wiesbaden, S 681–700

Klink C (2008) Der Ehrbare Kaufmann – Das ursprüngliche Leitbild der Betriebswirtschaftslehre und individuelle Grundlage für die CSR-Forschung. In: Schwalbach J (Hrsg) Corporate Social Responsibility. Zeitschrift für Betriebswirtschaft – Journal of Business Economics. Special Issue, Bd. 3. Gabler, Wiesbaden, S 57–79

Land R, Willisch A (2002) Unternehmen und Gemeinden im ländlichen Raum. Berl Debatte Initial 13:97–109

LEADER Aktionsgruppe Saalfeld-Rudolstadt e. V. (Hrsg) (2015) Regionale Entwicklungsstrategie Saalfeld-Rudolstadt. 2014–2020. Broschüre im Selbstverlag, Rudolstadt

Polanyi K (1978) The Great Transformation: Politische und ökonomische Ursprünge von Gesellschaften und Wirtschaftssystemen. Jahrbücher für Nationalökonomie und Statistik, Frankfurt am Main

Voß E (2014) Landgrabbing in Deutschland. oya 26. http://www.oya-online.de/article/read/1304-landgrabbing_in_deutschland.html#. Zugegriffen: 10.11.2016

Weiterführende Literatur

Burke M, Harmel E, Jank L (2015) Die ländliche Verheißung: Städter als neue Akteure auf dem Land. Unveröffentlichte Masterarbeit, Publikation in Planung

Hansen C (2007) Politische Positionierung – Herausforderungen einer kommunalen Infrastrukturpolitik im ländlichen Raum. In: Beetz S (Hrsg) Die Zukunft der Infrastrukturen in ländlichen Räumen. Materialien der Interdisziplinären Arbeitsgruppe, Berlin-Brandenburgische Akademie der Wissenschaft, Nr. 14, Berlin

Für die Portraits der Unternehmen wurden außerdem die jeweiligen Webseiten herangezogen

Das Grüne Zentrum, Henfenfeld. http://www.naturschutzzentrum-wengleinpark.de/. Zugegriffen: 8.3.2016

Die Möbelmacher, Kirchensittenbach. http://www.die-moebelmacher.de/. Zugegriffen: 8.3.2016

Gut Temmen, Temmen. http://www.gut-temmen.de/. Zugegriffen: 8.3.2016

Hoffnungstaler Werkstätten, Biesenthal. http://www.lobetaler-bio.de/. Zugegriffen: 8.3.2016

LEADER-Aktionsgruppe Saaletal-Rudolstadt, Rudolstadt. http://www.leader-saalfeld-rudolstadt.de/. Zugegriffen: 8.3.2016

LH-Plastics GmbH, Langenhessen. http://www.lh-plastics.de/. Zugegriffen: 8.3.2016

Ökodorf Brodowin, Brodowin. www.brodowin.de. Zugegriffen: 18.11.2016

Mathias Burke studierte Stadtplanung an der Hamburger HafenCity Universität und schloss sein Urban Design Studium an der Technischen Universität Berlin ab. Seine Abschlussarbeit untersuchte die Auswirkung einer neuen Hinwendung von Städtern zum ländlichen Raum. Zurzeit arbeitet und forscht er im Spannungsfeld von Stadtentwicklung und Urban Design in Theorie und Praxis als Mitgründer von studio amore.

Eleonore Harmel studierte in Weimar, Ahmedabad und Berlin Architektur und Urban Design. Sie ist Mitarbeiterin des Thünen-Institutes für Regionalforschung in Bollewick und widmet sich im BMBF-Forschungsprojekt fokusland der Entwicklung des ländlichen Raumes und der Rolle des zivilgesellschaftlichen Engagements. Sie ist Mitgründerin von studio amore, einem Büro für partizipative Prozesse und Transformationsdesign.

Leon Jank studierte in Mainz, Sevilla sowie Berlin Architektur und Urban Design. In seiner Abschlussarbeit befasste er sich mit neuen hybriden Lebensstilen zwischen Stadt und Land am Beispiel Brandenburg. Als wissenschaftlicher Mitarbeiter an der HTW Dresden forscht er derzeitig zu digitalen Formaten der Bürgerbeteiligung. Darüber hinaus arbeitet er als Mitgründer von studio amore im Themenfeld der innovativen Nutzereinbindung.

CSR und Stadtrendite bei degewo: eine erste Bilanz

Reinhard Heitzmann und Janko Jost

1 Vorbemerkung: Renaissance des „Städtischen"

Berlin wächst rasant. Nach Berechnungen der Senatsverwaltung für Stadtentwicklung und Umweltschutz werden in den Jahren 2015 und 2016 insgesamt 160.000 Neuberliner in der Stadt wohnen – das entspricht der Einwohnerzahl von Flensburg oder Konstanz. Im gleichen Zeitraum werden allerdings voraussichtlich nur 27.000 neue Wohnungen gebaut werden (Zawattka-Gerlach 2015). Das wird nicht reichen, um die zunehmende Wohnungsnot in der deutschen Hauptstadt zu lindern.

Damit in Berlin auch wieder bezahlbare Mietwohnungen in nennenswerten Dimensionen entstehen, setzt der Berliner Senat jetzt wieder verstärkt auf die sechs städtischen Wohnungsbaugesellschaften. Sie sollen helfen, die sich abzeichnende Wohnungsnot zu lindern, indem sie ihren Bestand deutlich erweitern. In den kommenden zehn Jahren sollen diese Gesellschaften ihren Bestand von 300.000 Wohnungen im Jahre 2015 um 100.000 Wohnungen aufstocken. Insgesamt 75.000 Wohnungen sollen neu gebaut, 25.000 zugekauft werden.

Es ist auch in Berlin die Renaissance der städtischen Wohnungsbaugesellschaften zu beobachten. Mit einem Anteil von derzeit rund 15 % am Berliner Wohnungsmarkt bilden sie bereits jetzt ein starkes Fundament für sicheres, bezahlbares und gutes Wohnen in vielen Lagen der Hauptstadt. Mit ihren regionalen Verwurzelungen stehen sie heute mehr denn je für lebenswerte Quartiere und gute Nachbarschaften. Sie bieten Wohnraum für

---

R. Heitzmann
Berlin, Deutschland

J. Jost (✉)
degewo AG
Berlin, Deutschland
E-Mail: janko.jost@degewo.de

breite Schichten der Bevölkerung, investieren in neue Wohnungen, bringen den Klimaschutz voran und sind Vorreiter bei der Integration (vgl. Schwenk und Smuda 2012).

Beste Beispiele also für Unternehmen, die für ein wirtschaftliches Denken stehen, das ein Unternehmen nicht als ein abgeschlossenes, nur am Profit orientiertes System betrachtet, sondern als Teil einer Gesellschaft, für die ein Unternehmen auch Nutzen bringt: etwa in Form von Arbeitsplätzen, von Sozialleistungen oder einem sozialen oder ökologischen Mehrwert (vgl. degewo 2011). Unternehmen also, die im Rahmen von Corporate Social Responsibility (CSR) monetär bewertbar „Stadtrendite" abliefern und von den Bürgern zusehends wertgeschätzt werden.

2 Der steinige Weg zur Wertschätzung der kommunalen Gesellschaften

2.1 Die neuere Geschichte kommunaler Wohnungsgesellschaften

„Niemand braucht staatliche Wohnungsgesellschaften" titelte die Frankfurter Allgemeine Zeitung im Februar 2007 und machte Berlins damaligen Finanzsenator Thilo Sarrazin (SPD) zum Kronzeugen. Der oberste Finanzaufseher der Städtischen Berliner Wohnungsbaugesellschaften habe nachgewiesen, dass „ein Bedarf für Wohnungsunternehmen im öffentlichen Eigentum empirisch nicht bewiesen ist" (Friedmann 2007). Andere „Studien", schrieb Die Welt im Herbst 2006, bescheinigten Ländern und Gemeinden „miserables Management und Ineffizienz" als Vermieter und forderte in der Überschrift: „Neue Vermieter braucht das Land" (Fabricius 2006). Der Wert der öffentlichen Wohnungen sinke, niemand wolle dort wohnen. Städte und Gemeinden sollten sich von dem Gedanken verabschieden, dass es zu ihren Kernaufgaben gehöre, Wohnraum zu bewirtschaften (Fabricius 2006).

Das Verkaufen von Wohnungsbeständen war bei Deutschlands Kommunen angesichts der klammen Kassenlage vieler Städte eine vermeintliche Notwendigkeit. Mehrere Hunderttausend Wohnungen wurden Anfang des ersten Jahrzehnts im neuen Jahrtausend von der öffentlichen Hand an Finanzinvestoren verkauft. Schätzungsweise die Hälfte davon wechselte seitdem zum zweiten oder dritten Mal den Besitzer.

Um das Jahr 2007 änderte sich die Situation grundlegend. Der damalige Bundesbauminister, Ministerpräsidenten und die Bürgermeister vieler Städte warnten vor dem Verkauf ihres Wohnungseigentums. Das Schielen auf mögliche kurzfristige Einnahmen mit dem Verkauf von kommunalen Wohnungen sei kontraproduktiv, man sei gut beraten, auch die „soziale Rendite" der öffentlichen Wohnungsunternehmen zu betrachten.

In Berlin beschloss der damalige rot-rote Senat im Juli 2007 keine der noch sechs landeseigenen Wohnungsgesellschaften oder größerer Bestände zu verkaufen. Seit dem Mauerfall gab es zwei komplette Privatisierungen in Berlin: 2001 wurde die Gehag für 135 Mio. € verkauft, 2004 die GSW für 406 Mio. € an Cerberus veräußert. Darüber hinaus haben sich einige der städtischen Unternehmen gegenseitig gekauft. Die verbliebenen sechs von ehemals 19 Gesellschaften verwalten heute rund 300.000 Wohnungen. Das größte Unternehmen ist degewo mit rund 70.000 Wohnungen, gefolgt von der Gewobag mit 60.000 Einheiten. Darauf folgen Gesobau, Howoge, Stadt und Land sowie die WBM.

2.2 Kommunale Gesellschaften: CSR im besten Sinne

Wer oder was hatte den offensichtlichen Stimmungsumschwung in weiten Teilen von Politik und Gesellschaft bewirkt? Vor allem hatte die Erkenntnis zugenommen, dass die Städte in den kommenden Jahren vor dramatischen Herausforderungen stehen und die großen kommunalen Wohnungsgesellschaften ein wichtiges Instrument sein würden, um diese Aufgaben zu meistern.

Öffentliche Wohnungsunternehmen nehmen idealerweise ihre Verantwortung für zukunftsfähige und lebenswerte Städte vielfältig wahr. Sie sind in ihren Quartieren nicht nur Immobilieneigentümer und Vermieter, sondern wirken weit darüber hinaus: Sie beeinflussen das Wohnumfeld und damit das Wohlbefinden der Bewohner und die Attraktivität der Stadt. Sie können das Sozialleben durch ihre Vermietungspolitik sowie die Unterstützung von Projekten mit Räumen, Geld und Personal fördern. Sie tragen Kosten für die Vermietung an Personen mit hohem Ausfallrisiko, bieten Mieten auch unterhalb des Mietspiegels an und erwirtschaften Ausgaben für soziale Integration, Verkehrsflächen und Berufsförderungen. Sie halten Grünanlagen in Schuss, erbringen Stadtentwicklungsleistungen in Form von Modernisierung und Instandhaltung und verfolgen ein aktives Quartiersmanagement.

Die Wohnungsunternehmen ermöglichen damit auch denen ein würdiges Wohnumfeld, die auf dem „freien Markt" hierauf keine Aussicht (mehr) haben. Damit erbringen sie wichtige Leistungen auch für sozial stärkere Bürger, denn sie mindern soziale Spannungen und Folgekosten, leisten einen Beitrag für Sicherheit und Ordnung, verhindern zumeist Verwahrlosung und Verödung und machen die gesamte Stadt für alle Bürgerinnen und Bürger lebenswerter und attraktiver. Corporate Social Responsibility im besten Sinne.

Dahingegen verfolgen private Investoren meist das singuläre Ziel, mit ihrem eingesetzten Kapital eine möglichst hohe Rendite zu erwirtschaften. Gerade Unternehmen aus dem privaten Equity-Bereich stehen unter hohem Ertragsdruck, die Einlagegelder schnell und sicher zu vermehren. Daran orientiert sich ihr Geschäftsmodell – auch wenn heute die Themen Nachhaltigkeit und Verantwortung für alle Stakeholder in der privaten Wohnungswirtschaft eine wichtigere Rolle spielen als noch vor zehn Jahren (vgl. Bielka 2007b).

Wohnungen als Teil der Daseinsvorsorge sind jedoch kein Wirtschaftsgut wie jedes andere. Eine Stadt funktioniert nicht wie ein Unternehmen, das Prinzip „Markt" ist nicht in der Lage, allein für ein soziales und friedliches Zusammenleben zu sorgen. Es braucht daher Unternehmen, die für den „sozialen Kitt" sorgen, also einem inneren Auftrag für CSR und Stadtrendite folgen.

3 Degewo: Integrierte Quartiersentwicklung als Grundlage für CSR und Stadtrendite

Die größte städtische Wohnungsbaugesellschaft Berlins; degewo; muss bei allem Streben nach einer positiven Geschäftsbilanz stets ihren sozialen Auftrag als kommunales Wohnungsunternehmen im Blick halten. Ziel des Unternehmens sind sozial ausgeglichene Quartiere, denn diese sorgen für ein hohes Maß an Quartiersstabilität. Bereits 2005 hat degewo in ihrem Leitbild die Übernahme von Verantwortung für die Stadt festgeschrieben. Konkret zeigt sich das im Prinzip der integrativen Stadtentwicklung, das degewo in ihren Quartieren verfolgt, was bedeutet, die Menschen erfolgreich in ihr Stadtquartier zu integrieren. Daher gibt es bei degewo eine ganzheitliche Betrachtungsweise, ein Zusammenführen aller Akteure vor Ort: der Bewohner, der Schulen und Kitas, der Verwaltungen, des Quartiersmanagements, der Vereine und der unternehmenseigenen Stadtteilmanager (Bielka und Schwerk 2011).

Zu den zunehmenden Herausforderungen – neben dem aktuell stark im Vordergrund stehenden Bau von neuen Wohnungen – sieht degewo unter anderem die demografische Entwicklung (Altersstruktur, Familienentwicklung, Haushaltsstruktur) sowie die Ausdifferenzierung der Gesellschaft (Einkommen, Kaufkraft, Bildung, neue moralische und ethnische Sichtweisen). Gefragt sind innovative Wege und Instrumente des sozialen, kulturellen und gesellschaftlichen Engagements, mithin Instrumente zum Erhalt des sozialen Friedens in den Quartieren und Städten.

Ganz konkret geht es um bezahlbare Wohnungen auch in der Zukunft, ordentliche Grünanlagen und gute Verkehrsanbindungen, die Wohngebiete erst lebenswert machen. Für Familien ist darüber hinaus eine gute Qualität von Kitas und Schulen für ihre Kinder im Quartier entscheidend. Eine lebendige Bildungslandschaft mit Ganztagsschulen, Jugendfreizeiteinrichtungen, Bibliotheken und Weiterbildungsangeboten prägt ein Wohngebiet und seine Nachbarschaft, erhöht die Attraktivität eines Quartiers und bestimmt seine Zukunft.

3.1 Drei Beispiele für „integrierte Quartiersentwicklung"

Die integrierte Quartiersentwicklung von degewo wird an den Beispielen des Brunnenviertels in Berlin-Wedding, der Gropiusstadt in Berlin-Neukölln und von Mariengrün in Berlin-Tempelhof vorgestellt (vgl. Bielka und Fay 2012).

Für alle drei Quartiere wurden zunächst Gesamtkonzepte von degewo erarbeitet, anhand derer die konkreten Maßnahmen abgeleitet wurden und werden. Bei den Konzepten geht es immer um umfassende, langlebige und konstante Lösungen – zusammengefasst unter dem Begriff nachhaltig. Die meist unbefristeten Maßnahmen basieren auf den jeweiligen Gegebenheiten, den aktuellen Rahmenbedingungen und den zukünftigen Erfordernissen der Quartiere. Zudem gibt es für jedes Quartier spezifische Schwerpunktthemen (Abb. 1).

Integrierte Quartiersentwicklung

Abb. 1 Integrierte Quartiersentwicklung. (degewo)

3.1.1 Integration im Brunnenviertel in Berlin-Wedding

Im Zuge der industriellen Entwicklung entstanden, wies das Brunnenviertel in Berlin-Wedding bis in die 1970er-Jahre hinein einen sehr einfachen Wohnstandard auf. Häufig gab es kein Bad. Die Toiletten befanden sich auf halber Treppe oder auf dem Hof. Mitte der 1970er-Jahre erklärte der Berliner Senat das Brunnenviertel zum Sanierungsgebiet. Es entstanden großzügige Neubauten mit Bädern, Zentralheizung, Fahrstuhl und Balkonen. In den Folgejahren veränderte sich die Bewohnerstruktur. Sie wurde insbesondere durch den Zuzug von Migranten geprägt. Anders als ursprünglich erhofft, geriet das Brunnenviertel in eine langsame aber stetige Abwärtsspirale. Mit dem Ergebnis, dass das Quartier im Jahr 2005 zu jenen Wohngebieten zählte, in denen sich Armut und Perspektivlosigkeit teilweise räumlich verfestigt hatten. Der Erfolg der damaligen Integrationsmechanismen und Entwicklungsinstrumenten des Staates war nur sehr beschränkt (Bielka und Fay 2012).

Das Gebiet wies vor zehn Jahren auch massive Imageprobleme auf: Ein weit verbreitetes Gefühl des Niedergangs war gepaart mit einem verstärkten Unsicherheitsgefühl. Hinzu kamen Schulklassen, in denen Migrantenkinder deutlich in der Mehrheit waren, was vor allem Familien dazu brachte, das Viertel zu verlassen bzw. zu meiden. Wachsender Leerstand, eine steigende Fluktuation und vor allem der Wegzug besser situierter, bildungsorientierter Familien waren die Folge.

Das Brunnenviertel stand am Scheideweg: Entweder man überließ das Quartier sich selbst mit dem Risiko einer Verslumung und Ghettoisierung oder man begann mit dem Versuch, die bereits weit vorangeschrittene negative Entwicklung umzukehren.

Abb. 2 Veränderte Mieterstruktur im Brunnenviertel. * Neuvermietungsstatistik. (degewo)

	2006	2015
Leerstandsquote Wohnungen	6,8%	2,8 %
Transfereinkommensbezieher*	29,3%	8,9%
Passausländer*	58,8%	22,5%

Um Erfolge im Brunnenviertel zu erlangen, musste es gelingen, das Gebiet für die Bewohner – auch für zukünftige Mieter – wieder attraktiv zu gestalten. Auch junge, in Arbeitsmarkt und Gesellschaft integrierte Menschen mit und ohne Familie sollten sich im Brunnenviertel zu Hause fühlen. Mithin: degewo, die hier knapp 4000 Wohnungen besitzt, musste die Bewohnerstruktur im Brunnenviertel verändern. Es blieb dem Unternehmen nur der Weg einer aktiven und gleichzeitig behutsamen Änderung seiner Vermietungspolitik.

Es gab eine intensive Zusammenarbeit mit dem Quartiersmanagement des Programms „Soziale Stadt". Degewo begann damit, die Arbeit von Kindertagesstätten als Ort der Integration und Bildung im Quartier zu fördern. Es begann ein regelmäßiger Informationsaustausch mit dem Bezirk, die Kontakte mit den Bewohnern wurden durch unternehmenseigene Stadtteilmanager intensiviert und gepflegt. Vor allem aber begann degewo damit, die Bildungseinrichtungen im Brunnenviertel – insbesondere die Schulen – zu vernetzen. Degewo finanzierte einen Bildungskoordinator, der bei jeder Schule und jedem Schulleiter für die Idee eines Bildungsverbundes warb und schließlich alle an einen Tisch brachte. Dazu stießen auch die zuständige Senatsverwaltung, das Jugendamt, das Quartiersmanagement, die Degewo-Stadtteilmanagerin und bei Bedarf weitere Vor-Ort-Akteure. Kitas und Schulen fühlten sich nicht mehr alleingelassen, sondern eingeflochten in ein Netz interessierter und aktiver Unterstützer und Mitgestalter (vgl. degewo 2011).

Die positiven Auswirkungen der Arbeit von degewo im Brunnenviertel in Berlin-Wedding machen sich vor allem in den Bereichen Leerstand und der Änderung der Mieterstruktur deutlich bemerkbar (Abb. 2).

3.1.2 Bildungslandschaft südliche Gropiusstadt in Berlin-Neukölln

In der südlichen Gropiusstadt verfolgt degewo die Strategie, die besondere Wertigkeit einer Großwohnsiedlung wiederherzustellen und sie zum Familienwohnort weiterzuentwickeln. Degewo besitzt in der Gropiusstadt rund 4400 Wohnungen. Im Mittelpunkt des dortigen integrativen Quartiersmanagements stehen Maßnahmen zur Aufwertung des Quartiers und zur Verbesserung des Außenimages, das Schaffen einer deutlich erhöhten Wohnzufriedenheit sowie die Verbesserung des Bildungs- und Qualifikationsniveaus.

Kernthema ist das soziale Engagement im Quartier, unter anderem durch ein eigenes Stadtteilmanagement von degewo und die Förderung des Bildungsverbundes im Quartier.

Die Ausgangssituation im Jahr 2008, als degewo mit der Bestands- und Quartiersentwicklung begann, war gekennzeichnet durch den Wegzug bildungsorientierter Familien, die fehlende Wertigkeit der baulichen Struktur, ein schlechtes Image der Schulen, fehlendes Sicherheitsempfinden, ein unattraktives Einzelangebot, ein ungepflegtes Wohnumfeld und wenig Engagement seitens der Bewohner.

Im Jahr 2015 können wichtige Erfolge verzeichnet werden: Es gibt eine gute Zusammenarbeit in den neu gebildeten Bewohnerbeiräten, der Vandalismus ging zurück und das gesamte Quartier gibt insgesamt ein gepflegteres Erscheinungsbild ab. Vor allem aber zeigt der von degewo initiierte „Bildungsverbund südliche Gropiusstadt" Erfolge. Die Vernetzung von Schulen, Kitas, Unternehmen und Behörden des Bezirksamtes trägt Früchte. Auch gibt es inzwischen weitaus mehr ehrenamtliches Engagement der Mieter als früher.

3.1.3 Generationenwohnen Mariengrün in Berlin-Marienfelde

Mariengrün, wie das Quartier im Ortsteil Marienfelde aufgrund seines parkähnlichen Ambientes genannt wird, gehört zu den späten Neubaugebieten Westberlins. Degewo besitzt dort 2410 Wohnungen. Das Quartier ist kein „Problemkiez" wie die beiden oben beschriebenen Gebiete. Vorteile sind die ruhige Lage am Stadtrand und eine stabile Bewohnerschaft. Allerdings ist das Gebiet geprägt von einem nicht mehr zeitgemäßen Standard der Gebäude und einer zunehmenden Alterung der Bewohnerschaft und damit einhergehend wenig nachbarschaftlichem Zusammenleben. Hinzu kommt eine den heutigen und künftigen Ansprüchen nicht mehr gerecht werdende Infrastruktur, was das Angebot an Gastronomie, Einzelhandel und Aufenthaltsmöglichkeiten im öffentlichen Raum betrifft.

Die Folgen für degewo waren ein zunehmender Leerstand und eine hohe Fluktuation. Von besonderer Bedeutung ist die Tatsache, dass mehr als 50 % der Mieter im Mariengrün älter als 60 Jahre sind.

Mit dem integrierten Ansatz des Degewo-Konzeptes „Park der Generationen" macht das Unternehmen zielgruppenorientierte Angebote für Mieter in verschiedenen Lebensphasen. Dazu gehören barrierearme Ausstattungen der Wohnungen sowie ein umfassendes Betreuungsangebot für die Mieter in den unterschiedlichen Lebensabschnitten.

Um die verschiedenen Generationen im Mariengrün einander näher zu bringen und gleichsam funktionstüchtige wie auch lebenswerte Nachbarschaften zu schaffen, revitalisierte degewo in großem Umfang Grünflächen. Für den „Park der Generationen", in dem eine aktive Bewohnerschaft, selbstbestimmtes Wohnen, gute nachbarschaftliche Beziehungen und Übernahme von Verantwortung gewollt und auch möglich sind, bedurfte es konkreter Maßnahmen zur sozialen Stabilisierung des Quartiers, eines positiven Imagewandels der Siedlung und einer ausgewogenen Mieterstruktur.

Deutlich wurde, dass die Bereiche Dienstleistungen und Kooperationen für das Gelingen solcher Vorhaben mitentscheidend sind: regelmäßige Sprechstunden des Unternehmens vor Ort, Kontaktvermittlung und Weiterleitung von Hilfebedürftigen an professionelle soziale Träger und Dienstleister oder auch der Einsatz eines Wachschutzes mit dem Ziel, das Sicherheitsempfinden der Mieter zu erhöhen.

4 „Stadtrendite" – ein neuer Begriff macht Karriere

Die Stadtrendite ist ein gangbarer Weg, um die gesellschaftliche Verantwortung von Wohnungsunternehmen für die Kommunen in Prozent und Euro auszuweisen. Wohnungsunternehmen wie degewo wirken wie alle Wirtschaftsunternehmen über ihr jeweiliges Geschäft hinaus weit in die Gesellschaft und tragen entsprechend hohe Verantwortung. Sie sind – wie oben beispielhaft beschrieben – in ihren Quartieren nicht nur Immobilieneigentümer und Vermieter. Sie beeinflussen das Wohnumfeld und damit das Wohlbefinden der Bewohner und die Attraktivität der Stadt. Sie fördern das Sozialleben durch ihre Vermietungspolitik sowie die Unterstützung von Projekten mit Räumen, Geld und Personal. Zudem treten sie als Mittler zwischen den Bewohnern, der lokalen Verwaltung und der Politik auf und können mithelfen, politische und administrative Prozesse im Sinne des Quartiers zu optimieren (vgl. Bielka 2007).

Mit diesen Leistungen wirken Wohnungsbaugesellschaften wie degewo indirekt auf den kommunalen Haushalt: Über ihren unmittelbaren finanziellen Ertrag und ihren Beitrag zur Wohnungsversorgung hinaus erwirtschaften sie eine quantifizierbare Stadtrendite. Die Höhe dieser Stadtrendite erlaubt Aussagen darüber, wie weit ein Wohnungsunternehmen seiner gesellschaftlichen Verantwortung gerecht wird.

Um hierüber mehr Aufschluss zu gewinnen, hat degewo vom Institut für Management der Humboldt-Universität Berlin als erstes Wohnungsunternehmen wissenschaftlich exakt ihre Stadtrendite für das Geschäftsjahr 2005 errechnen lassen. Die Studie, die in rund einjähriger Arbeit erstellt wurde, betrat damals wissenschaftliches Neuland. Inzwischen hat degewo die Stadtrendite um ökologische Aspekte erweitert und weist diese seither in ihrem jährlichen Geschäftsbericht aus (vgl. degewo 2011).

Die errechnete Stadtrendite von degewo ergibt sich aus der finanzwirtschaftlichen Rendite des Unternehmens und der Berechnung des Zusatznutzens zugunsten Berlins. Dieser Zusatznutzen umfasst Leistungen der degewo im städtebaulichen, sozialen und kulturellen Bereich. Sie erhöhen die Lebensqualität und verbessern die Chancen der rund 70.000 Haushalte, die in den Wohnungen des Unternehmens leben und wirken darüber hinaus in die Stadt hinein. Sie machen Berlin attraktiver und wirtschaftlich leistungsfähiger. In Summe kreieren sie für die Stadt hohe zusätzliche Steuereinnahmen bzw. Kosteneinsparungen.

Den Entwicklern des Begriffs Stadtrendite ist es zu verdanken, dass das Wirken von Wohnungsunternehmen nicht nur qualitativ betrachtet wird oder werden kann, sondern auch in seinen finanziellen Folgen für die Stadt.[1] Dabei werden die Rendite-Aspekte

---

[1] Eine erste öffentliche Erwähnung des Begriffes „Stadtrendite" findet sich im Geschäftsbericht 2003 des Wohnungsunternehmens BGW Bielefeld. Im April 2005 erwähnte Lutz Freitag den Begriff, der damalige Präsident des GdW Bundesverbandes deutscher Wohnungs- und Immobilienunternehmen e. V. Freitag reagierte auf eine Studie der Beratungsgesellschaft McKinsey mit dem Titel „Sanierungsfall öffentliche Wohnungsunternehmen?", in der die Bewirtschaftungsrendite kommunaler Wohnungsunternehmen mit durchschnittlich 2,6 % angegeben wurde, dagegen die von privaten Wohnungsunternehmen mit 5,7 %. Dagegen wendete Freitag ein, dass in der Studie we-

vernachlässigt. Auch degewos betriebswirtschaftliches Ziel war und ist es, Erträge zu erwirtschaften und ertragsorientiert am Markt zu agieren. Nur mit wirtschaftlichem Erfolg kann das Unternehmen seine Funktion als Motor von Quartiers- und Stadtentwicklung wahrnehmen.

Doch auch das Umgekehrte gilt: Nur mit zufriedenen Mietern in lebenswerten Quartieren sind die Renditeziele zu erreichen. Denn nur in einem ansprechenden Umfeld wohnt man gern. Als kommunales Wohnungsunternehmen sieht sich degewo dem Land Berlin doppelt verpflichtet: zum einen in seiner Funktion als Gesellschafter, der eine angemessene Verzinsung seines Kapitals erwartet, die seit einigen Jahren nicht mehr an das Land abgeführt werden muss, sondern für Investitionen in den Bestand und den Ankauf von Wohnungen verwendet wird. Und zum anderen in seiner Funktion als Gemeinwesen, auf deren Boden degewo agiert und das dem Unternehmen einen Versorgungsauftrag erteilt hat.

4.1 Stadtrendite – in Theorie und Praxis

Das Institut für Management der HU Berlin hat den Beitrag von degewo für die Gesellschaft zunächst in zwei Komponenten unterteilt, genannt „Stadtrendite 1" und „Stadtrendite 2". Beide Komponenten zusammen ergeben die monetär bewertete „Stadtrendite" (vgl. Schwenk und Smuda 2012; Abb. 3).

Die Stadtrendite 1 betrachtet die monetären Mittel, welche das Wohnungsunternehmen dem öffentlichen Haushalt unmittelbar einbringt bzw. erspart.

Dazu gehört zunächst der Jahresüberschuss selbst. Hinzu kommen Kosten für quasi öffentliche Aufgaben, die das Wohnungsunternehmen übernimmt, etwa für Stadtteilmanagement, für Spenden und für die Bereinigung des Wohnungsmarktes in der Form damals noch bestehender Rückbauprogramme. Ein weiterer Faktor sind stadtpolitisch gewollte Einnahmereduzierungen des Wohnungsunternehmens, etwa durch Mietnachlässe und Mietverzicht zur Behebung von Strukturproblemen.

Ob eine Aktivität der degewo in die Berechnung der Stadtrendite einbezogen wurde und weiterhin wird, entschied das Institut für Management nicht nach willkürlichen Kriterien. Vielmehr wird stets überprüft, ob die jeweilige Aktivität von degewo im Einklang mit den Zielen des „Quartiersmanagement-Programms" des Landes Berlin steht, das die

---

der die Stadtrenditen errechnet worden seien noch die möglichen Ertragseinbußen, die öffentliche Wohnungsunternehmen zur Erfüllung ihres Versorgungsauftrags in Kauf nehmen würden. Schließlich verwendete den Begriff auch das Institut für Wohnungswesen, Immobilienwirtschaft, Stadt und Regionalentwicklung (InWIS) an der Ruhr-Universität Bochum in seiner Studie „Mietersozialanalyse" aus dem Jahre 2005: „Die Gesamtrendite eines kommunalen Wohnungsunternehmens entspricht also eben nicht nur der ausgeschütteten betriebswirtschaftlichen Dividende, die relativ leicht als Eigenkapitalrendite ausgewiesen werden kann. Vielmehr wird diese monetäre Rendite ergänzt durch eine Stadtrendite, die sich einerseits aus der Sozialrendite, also den Kosten für auffälliges Wohnverhalten, und den Aufwendungen für ein soziales Management als wesentliche Bausteine zusammensetzt."

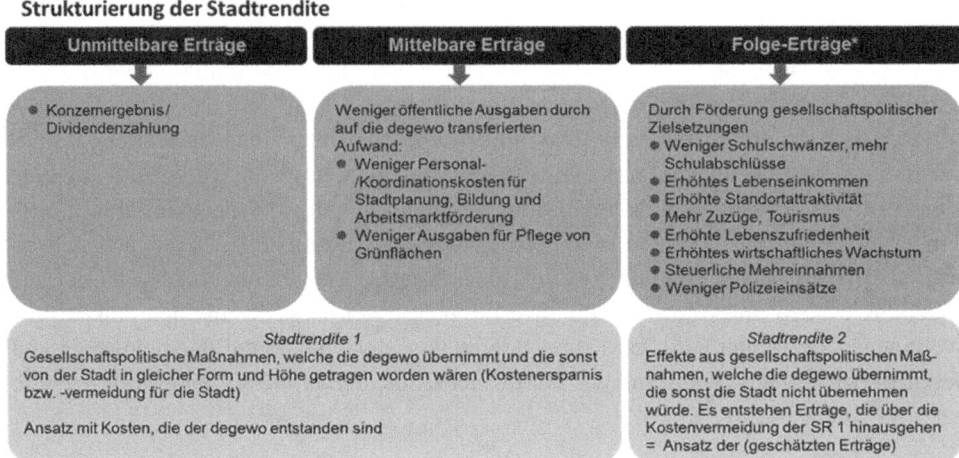

Abb. 3 Strukturierung der Stadtrendite. * Ziel ist die Quantifizierung der Folge-Erträge. (degewo)

Defizite eines Quartiers beschreibt und die Ziele des Landes für seine weitere Entwicklung vorgibt.

Ein bedeutender Kostenblock, der von degewo zugunsten der Stadt getragen wird, sind Ausgaben für städtebauliche Verbesserungen, für Bereinigungen des Wohnungsmarkts sowie für Kauf und Bewirtschaftung unrentabler Quartiere und Grundstücke. Betriebswirtschaftlich lassen sich diese Aktivitäten allenfalls mit einem sehr langfristigen Horizont rechtfertigen. Sobald degewo unrentable Quartiere von der Stadt übernimmt, wird deren Haushalt entlastet, während Gewinn- und Verlustrechnung sowie Bilanz von degewo belastet werden.

Über ihre immobilienwirtschaftliche Betätigung hinaus hat degewo eine Vielzahl von Bürgerprojekten initiiert, beteiligt sich an weiteren oder fördert diese aktiv. Der Aufwand für diese Projekte setzt sich gewöhnlich zusammen aus Kosten für eigenes und von degewo bezahltes fremdes Personal, aus Mietkosten bzw. entgangenen Mieteinnahmen sowie aus sonstigen Sachkosten.

Ein Bespiel: Das Projekt „Jugendladen Freizeiteck/Kiezläufer" förderte junge Menschen. Sie wurden von sogenannten 1,50 €-Kräften und Ehrenamtlichen aus dem Verein und der Nachbarschaft unterstützt, etwa durch Hausaufgabenhilfe und die Vorbereitung von Veranstaltungen. Zu den Projektzielen gehörte die Drogenaufklärung und -prävention, die Integration und Beteiligung schwieriger Jugendlicher sowie ein Angebot an Sportveranstaltungen und Spielen. Mit Fördermitteln von degewo wurden außerdem zwei „Kiezläufer" genannte Streetworker finanziert, die auf Jugendliche im Kiez zugehen und sie unterstützen.

Das Unternehmen installierte auch eine „Lärmpolizei" und einen Concierge-Service. Die „Lärmpolizei" vermeidet oder entschärft Konflikte zwischen lärmproduzierenden und

Tab. 1 Beispiel für Berechnung der „Stadtrendite 1". (degewo)

Projekt	Kosten
Sozialprojekt (Marzahn und Wedding)	146.216 € (Personal 111.500 €, Zuschuss laufende Kosten 7377 €, Miete bzw. Mietausfall 27.339 €)
Jugendladen „Freizeiteck" (Wedding)	12.085 € (Personal- und Sachkosten 6670 €, Mietkosten 5415 €)
Lärmpolizei (Marzahn und Wedding)	154.167 € (Personal 150.711 €, Mietkosten 3456 €)
Mobile Concierge (Marzahn und Wedding)	208.800 € (Personal)
„Kinderkeller und Nachbarschaftscafé" (Marzahn)	20.207 € (Mietkosten)
„Schulprojekt" (Wedding)	20.037 € (Gesamtkosten)

ruhebedürftigen Bewohnern. Der mobile Concierge-Service erhöht die Qualität der Wohn- und Lebensräume und verbessert das Sicherheitsniveau und das Sicherheitsempfinden der Bewohner (siehe Tab. 1).

Die „Stadtrendite 2" umfasst indirekte fiskalische Folgen für die Stadt aus dem Wirken von degewo. Dabei geht es zunächst um ideelle und immaterielle Qualitäten, die vom Unternehmen erhöht werden, etwa ein attraktives Stadtbild oder eine wachsende Zufriedenheit der Menschen. Dies wiederum bringt der Stadt mehr Bewohner und Besucher und führt so zu Einnahmen für den Fiskus. Hinzu kommen Erträge, die die Stadt etwa durch die Unterstützung von Jugend- und Ausbildungsprojekten durch degewo erzielt: Bessere Bildung erhöht die Bruttowertschöpfung und das Lebenseinkommen und damit auch die Steuererträge.

Durch weitere Bildungsaktivitäten und durch Kinderbetreuung in Objekten und Quartieren von degewo kommen Arbeitslose wieder zu Beschäftigungen. Nicht nur die Schaffung von Arbeitsplätzen in einer Stadt bringt dieser Geld ein, sondern auch die Höherqualifizierung der Beschäftigten. Durch sie können anspruchsvollere und besser bezahlte Positionen erreicht werden.

Einbezogen sind auch Studenten und Studentinnen, die dank degewo nach Berlin gezogen sind bzw. ziehen – vor allem durch die Gewährung von Studentenrabatten. Auch sie bringen der Stadt Geld. Der Tourismus wächst ebenfalls, wenn Wohnungsunternehmen die Attraktivität der Stadt erhöhen, etwa durch Pflege des Wohnumfelds und durch Projekte, die direkt und indirekt die Kriminalität senken.

Die Stadtrendite 2 lässt sich durch Multiplikation der Fallzahlen mit dem jeweils errechneten Ertrag für die Stadt ermitteln (vgl. Schwenk und Smuda 2012; Abb. 4).

So umfangreich und methodisch exakt die Studie des Instituts für Management auch ist, so muss weiter an der Verbesserung und Verfeinerung der Methodik und am Instrumentarium des vorliegenden Stadtrendite-Konzeptes gearbeitet werden. Teilweise werden Effekte anhand von wissenschaftlichen Studien geschätzt. Beispielsweise werden die Auswirkungen des Tourismus auf die Einnahmesituation der Stadt an Hand der Studie „Wirtschaftsfaktor Tourismus" mit Basiszahlen aus 2008 ermittelt.

Formel zur Berechnung der Stadtrendite

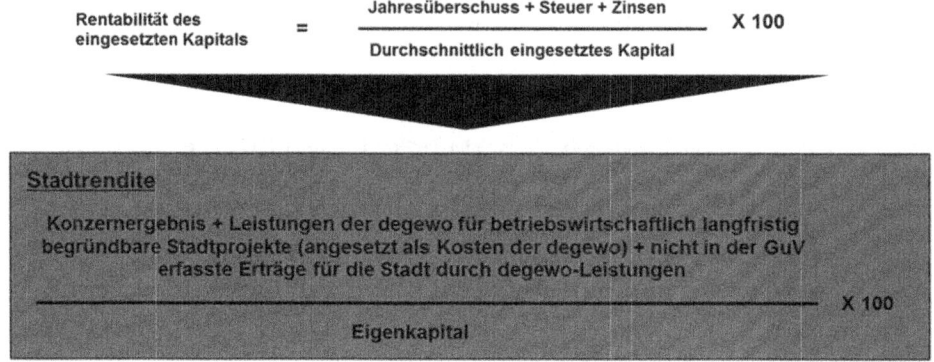

Abb. 4 Formel zur Berechnung der Stadtrendite. (degewo)

4.2 Bilanz der Degewo-Stadtrendite von 2005 bis 2015

In diesem Beitrag wird erstmals eine Bilanz der Entwicklung der Stadtrendite von degewo über mehrere Jahre gezogen. Betrachtet wird der Zeitraum von neun Jahren (2005 bis 2015). Eine langfristige Betrachtung der Stadtrendite bietet sich auch deshalb an, weil zahlreiche, diese Rendite beeinflussende Faktoren nur mittelbar bzw. langfristig wirken.

Überwogen in der ersten Studie für das Jahr 2005 noch die sozialen Effekte den finanziellen Mehrwert der Stadtrendite, so spielen inzwischen auch die unmittelbaren und mittelbaren Erträge der Stadtrendite 1 inklusive der ökologischen Aspekte eine bedeutendere Rolle. So wirken zum Beispiel die baulichen und anderen Maßnahmen von degewo zur Vermeidung von CO_2-Emissionen im Jahr 2015 mit rund 1,1 Mio. € auf die Stadtrendite 1 ein. Sie werden dort unter dem Punkt „Kostenvermeidung der Stadt" (Gesamtsumme 2015: rund 14,1 Mio. €) berücksichtigt.

Ebenso wie die Bedeutung der ökologischen Aspekte steigt auch die Bedeutung der verbesserten Finanzergebnisse von degewo für die jeweilige Höhe der Stadtrendite (Abb. 5).

Von 33,95 Mio. € im Jahr 2005 stiegen die absoluten Werte über 56,06 Mio. € im Jahr 2010 bis zu 125,6 Mio. € im Jahr 2015. Insgesamt errechnet sich damit eine Gesamthöhe der Stadtrendite von degewo in diesen neun Jahren von rund 753 Mio. €. Im selben Zeitraum betrug der ausgewiesene und addierte Jahresüberschuss von degewo rund 370 Mio. €.

Die größten Posten der Stadtrendite in diesen neun Jahren waren – neben dem jeweiligen Jahresüberschuss von degewo – die Bereiche „Mieterentlastung" (Mietverzicht Gewerbe und Mieterentlastung allgemein) sowie „Bürgerprojekte". Die Gesamtsumme der Bürgerprojekte, die in die Stadtrendite einflossen, lag bei rund 12,9 Mio. €. Lärmpolizei und Sicherheitsdienste fanden zum Beispiel mit rund 5,8 Mio. €, Jugendprojekte

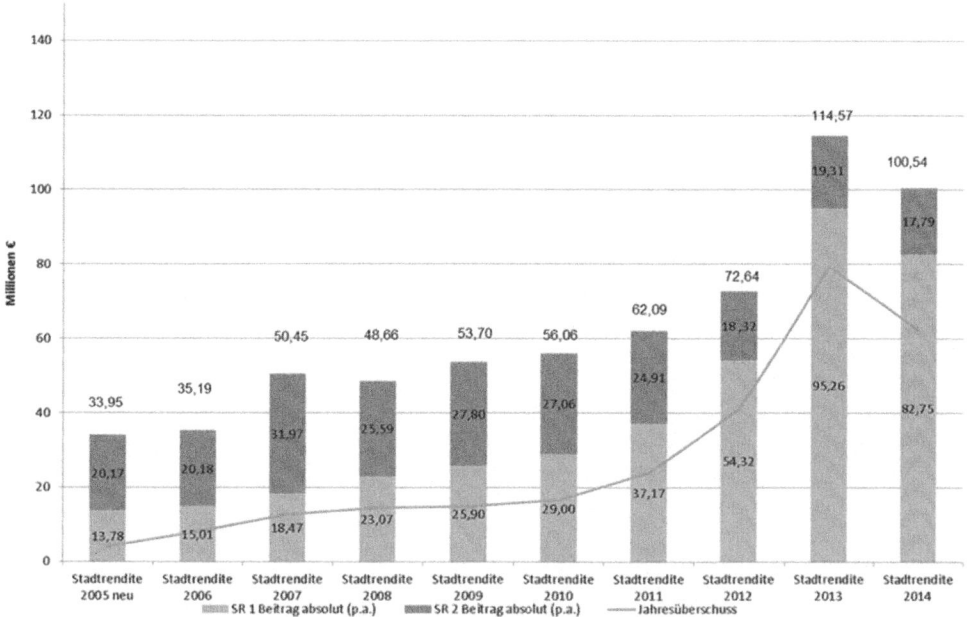

Abb. 5 Entwicklung der Stadtrendite degewo 2005 bis 2015 (absolute Werte). (degewo)

mit 2,0 Mio. € und Kunstprojekte mit 1,2 Mio. € Berücksichtigung. Die Personalkosten für das Stadtteilmanagement von degewo in ihren Quartieren lagen bei 2,0 Mio. €. Die Position „Spenden und Sponsoring" (vor allem: Förderung von Familien, Kindern, Jugendlichen, Senioren und Nachbarschaftshilfe) betrug rund 2,6 Mio. €.

Die von degewo erbrachte „Mieterentlastung" ist der mit Abstand größte Posten, der in die Stadtrendite einfließt. Mieterinnen und Mieter von degewo wurden mit insgesamt rund 95,0 Mio. € von 2005 bis 2015 entlastet. Der Grund dafür ist, dass die Mieterinnen und Mieter von degewo vor allem dadurch, dass das Unternehmen in Objekten des sozialen Wohnungsbaus oft weit unter den Kostenmieten bleibt, im Rahmen des vom Berliner Senat beschlossenen „Bündnisses für bezahlbare Mieten" Wohnungen günstig vermietet, auf Mieterhöhungen verzichtet sowie Künstlern und sozialen Projekten seit Jahren Gewerberäume günstig zur Verfügung stellt. Die Mietverzichte von degewo im Gewerbesektor betrugen in diesem Zeitraum alleine rund 10 Mio. €.

Dagegen fällt zum Beispiel der Beitrag zur Stadtrendite, der aus dem Zuzug von Studenten und anderen Haushalten berechnet wird, seit Jahren immer geringer aus. Die Wohnungen von degewo sind inzwischen voll vermietet und die Fluktuation sinkt. Die eigenkapitalbasierte Finanzrendite von degewo steigerte sich von 1,10 % im Jahre 2005 über 3,18 % in 2007 und 3,55 % in 2010 auf 12,4 % im Jahr 2015. Die berechnete eigenkapitalbasierte Stadtrendite von degewo reichte von 9 % im Jahr 2005 über 12,54 % in 2007 und 11,96 % in 2010 bis 16,7 % im Jahr 2015 (Abb. 6).

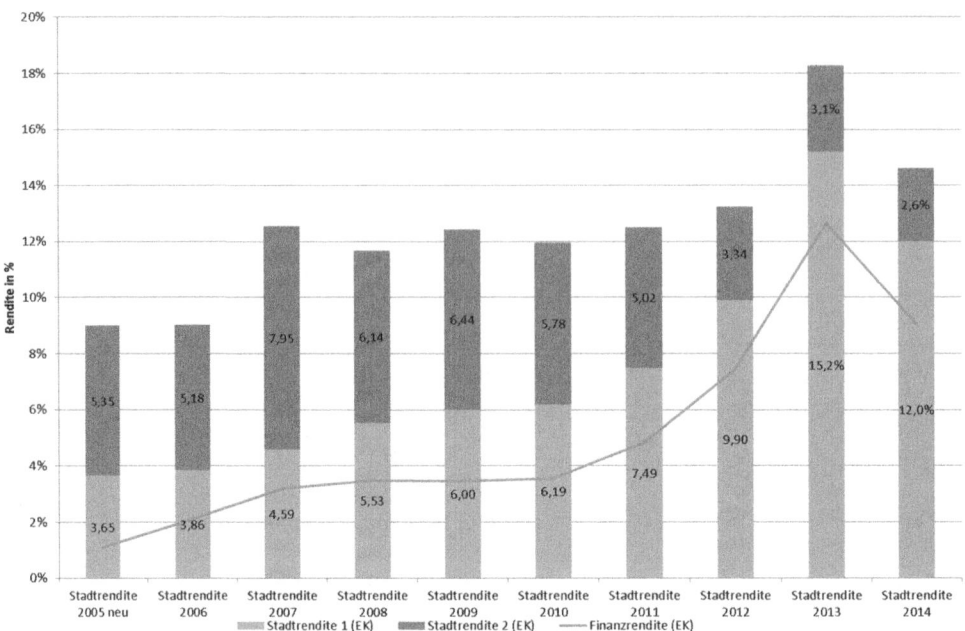

Abb. 6 Entwicklung der Stadtrendite degewo 2005 bis 2015 (EK-basiert) in Prozent. (degewo)

Abb. 7 Waldäquivalent und eingesparte CO_2-Emissionen. (degewo)

Seit 2014 wird die von der von der Humboldt-Universität überarbeitete Ermittlung der ökologischen Aspekte bei der Berechnung der Stadtrendite von degewo umgesetzt. Die Effekte durch CO_2-Vermeidung durch Bauliche Maßnahmen und Mülltrennung werden seither nicht mehr durch den Verfall der CO_2-Zertikatswerte beeinflusst. Eine Bewertung der CO_2-Einsparungen wird unter dem Aspekt des dafür notwendigen Waldes berücksichtigt. Dies entspricht der Waldfläche, die das Land Berlin pflanzen müsste, um eine CO_2-Vermeidung zu erreichen, die äquivalent wäre zu der von degewo erbrachten Leistung (Abb. 7).

Die CO_2-Einsparung von degewo zwischen 2005 bis 2015 entspricht mehr als 9700 ha Waldäquivalent. Um eine vergleichbare CO_2-Reduzierung ohne die ökologischen Maßnahmen von degewo zu erreichen, hätte das Land Berlin in diesem Zeitraum beispielsweise die Fläche des Forsts Grunewald vervierfachen – oder die Stadtbezirke Mitte und Neukölln vollständig in 50-jährigen Wald umwandeln müssen.

5 Fazit

Als sich der Vorstand von degewo 2004 entschloss, ein wissenschaftlich fundiertes Modell zur Berechnung des gesellschaftlichen Nutzens des Berliner Wohnungsunternehmens in ökonomischer, sozialer und ökologischer Hinsicht zusammen mit der Humboldt Universität in Berlin zu entwickeln, reagierte das Unternehmen auch auf die sich damals verschärfende Kritik in Politik und Gesellschaft an einer unterstellten mangelnden Effizienz und an zu geringen Finanzrenditen der Wohnungsunternehmen. Gleichzeitig hatte eine Verkaufswelle von kommunalen Wohnungen oder ganzer Wohnungsunternehmen an Finanzinvestoren oder an private Immobilienunternehmen eingesetzt, die die kommunalen Politiker vordergründig mit eben diesen Argumenten rechtfertigten.

Mit der erstmaligen quantitativen und monetären Berechnung der Stadtrendite, die auf dem Konzept von Corporate Social Responsibility basiert, ging degewo 2005/2006 argumentativ in die Offensive, um dem damaligen „Mainstream" in der öffentlichen Diskussion fundiert entgegen treten zu können.

Inzwischen sind die Diskussionen um mangelnde Effizienz und zu geringe Renditen bei den kommunalen Wohnungsgesellschaften angesichts tausender fehlender Wohnungen in Deutschland abgeebbt. Städte und Gemeinden verkaufen schon lange keine kommunalen Wohnungen oder kommunale Gesellschaften mehr. Im Gegenteil: Es wird gekauft und gebaut, soweit es Flächen und Finanzen zulassen.

Die kommunalen Wohnungsbaugesellschaften sind auch Steuerungselemente für politisch Verantwortliche wenn es jetzt darum geht, Wohnungsnot zu verhindern oder zumindest zu lindern. Aber sie werden auch leicht zum Spielball von politischen oder ökonomischen Interessen und von Personen an der Spitze von Kommunen und Städten. Die letzten Jahrzehnte haben in Deutschland gezeigt, dass man diese Wohnungsbaugesellschaften auch missbrauchen kann. Beispiel Berlin: In Zeiten defizitärer Staatskassen verkaufte das Land 1998 die landeseigene Gehag für 135 Mio. €, 2004 die landeseigene GSW für

406 Mio. €. Noch 2007 wollte Berlins damaliger Finanzsenator Sarrazin auch die restlichen sechs städtischen Wohnungsgesellschaften in Berlin verkaufen (Friedmann 2007).

Nur wenige Jahre später bekannte sich die Regierungskoalition von SPD und CDU in Berlin in der Koalitionsvereinbarung von 2011 unter der Überschrift „Landeseigene Wohnungsbestände und Wohnungsgesellschaften stärken" eindeutig zu diesen Unternehmen und erklärte sie für unverkäuflich. Ähnliche politische Kehrtwendungen gab es auch in vielen anderen deutschen Städten (vgl. Bielka 2012). Auch aus diesem Grund sind öffentliche Wohnungsbaugesellschaften gut beraten, sich auch künftig mit dem Thema Stadtrendite zu beschäftigen und entsprechende Zahlen und Werte vorrätig zu halten, um diese zu gegebener Zeit in die politische und öffentliche Diskussion einfließen lassen zu können.

Es ist anzunehmen, dass sich die Zukunft unserer Gesellschaft in den nächsten Jahren und Jahrzehnten vor allem in den Städten entscheiden wird. Die meisten öffentlichen Wohnungsunternehmen nehmen ihre Verantwortung für zukunftsfähige und lebenswerte Städte für alle Bürger in besonderer Weise wahr und leisten so einen hohen Beitrag zur zukunftsfähigen Ausgestaltung des städtischen Umfeldes. Mit dem Instrument der Stadtrendite lässt sich diese gesellschaftliche Leistungserbringung nun auch wissenschaftlich fundiert darstellen.

In einer Zeit intensiven globalen Wettbewerbs und dramatischer Flüchtlingsströme haben die kommunalen Wohnungsunternehmen mehr denn je eine stabilisierende gesellschaftliche Funktion im Markt. Dies sollten die Unternehmen klar, offensiv und selbstbewusst nach innen und außen vertreten. Auch mit Zahlen und Belegen für ihre CSR und ihre erwirtschaftete Stadtrendite. Die Blaupause dafür ist vorhanden.

Literatur

Bielka F (2007a) Stadtrendite der öffentlichen Wohnungswirtschaft: Hoher Gewinn für die Stadt. In: Steinert J (Hrsg) Kommunale Wohnungsunternehmen – Tafelsilber oder Saatkartoffeln?

Bielka F (2007b) Unsere Shareholder sind die Bürger. Berliner Stimme vom 13.10.2007

Bielka F (2012) Unsere Shareholder sind die Bürger. In: Beck C, Bielka F (Hrsg) Verantwortung für die Stadt. Beiträge für ein neues Miteinander

Bielka F, Fay C (2012) Nachhaltigkeit durch Vernetzung – neue Pfade moderner Stadt- und Quartiersentwicklung. In: Hartwig J, Kroneberg DW (Hrsg) Urban Governance und Stadtrendite

Bielka F, Schwerk A (2011) Fünf Thesen zur strategischen Einbettung von CSR in das Unternehmen am Beispiel der degewo. In: Sandberg B, Lederer K (Hrsg) Corporate Social Responsibility in kommunalen Unternehmen

degewo AG (2011) Werkbuch Stadtrendite. Projekte-Ideen-Perspektiven

Fabricius M (2006) Neue Vermieter braucht das Land. Die Welt, 29. Okt. 2006

Friedmann J (2007) Niemand braucht staatliche Wohnungsgesellschafften. Frankfurter Allgemeine Zeitung, 9.2.2007

Schwenk A, Smuda D (2012) Stadtrendite – Der Wert von Wohnungsunternehmen in der Stadt. In: Bielka F, Beck C (Hrsg) Verantwortung für die Stadt

Zawattka-Gerlach U (2015) Berlin wächst rasant. Der Tagesspiegel, 25.9.2015

Dipl. Volkswirt Reinhard Heitzmann arbeitet als Unternehmensberater mit den Schwerpunkten strategisches Kommunikationsmanagement und Reputationsmanagement für Unternehmen sowie für Vorstände und Politiker. Er war Mitinitiator des Projektes „Stadtrendite" bei degewo und begleitet seither deren Weiterentwicklung und Umsetzung.

Dipl. Volkswirt Janko Jost ist seit Mitte 2015 Leiter Investitionsmanagement bei degewo. Davor leitete er rund neun Jahre das Bestandscontrolling von degewo und ist für die Berechnung der Stadtrendite im Unternehmen verantwortlich.

Verantwortungspartner für Lippe – ein Beitrag zur Regionalentwicklung durch lokales Engagement im unternehmerischen Verbund

Rolf Merchel

1 Einleitung

Eine positive Entwicklung von Städten und Gemeinden sowie Landkreisen ist heute für die meisten Gebietskörperschaften allein aufgrund ihrer finanziellen Ausstattung schwer zu gewährleisten. Zukünftig wird sich diese Situation noch verschärfen. Für die Kommunen kommt es darauf an, im Zusammenspiel mit ihren Bürgerinnen und Bürgern, wissenschaftlichen Einrichtungen und den am Standort befindlichen Unternehmen die Bedingungen für eine prosperierende Entwicklung zu schaffen. Die Kooperationen zwischen Kommunen und ihren Stakeholdern sind insgesamt betrachtet noch sehr ausbaufähig. Allerdings ist ein Unterschied hinsichtlich des Umfangs und der Intensität der Zusammenarbeit zwischen Kommunen und ihren Bürgerinnen und Bürgern einerseits und den Unternehmen andererseits erkennbar. So nutzen z. B. viele Kommunen bereits das ehrenamtliche Engagement von Bürgerstiftungen (teilweise mit Beteiligung der lokalen Wirtschaft), Vereinen oder Elterninitiativen. Eine vergleichbare Zusammenarbeit zwischen Kommunen und ihren Unternehmen, mit dem Ziel, konkrete Herausforderungen und gemeinsame Problemstellungen, etwa im Rahmen des demografischen Wandels anzupacken, denen sich die Kommune oder einzelne Stadtteile gegenüberstehen, existieren dagegen äußerst selten.

Die GILDE-Wirtschaftsförderung Detmold beschäftigt sich seit 2005 mit der Verbreitung von CSR im Mittelstand und mit der Frage, wie das gesellschaftliche Engagement von Unternehmen für die Entwicklung von Kommunen genutzt werden kann. Im Kreis Lippe engagieren sich seit 2009 auf Initiative der GILDE-Wirtschaftsförderung ca. 70 Unternehmen unter dem Dach der „Verantwortungspartner für Lippe".

R. Merchel (✉)
Gewerbe- und Innovationszentrum Lippe-Detmold GILDE GmbH
Detmold, Deutschland
E-Mail: merchel@gildezentrum.de

Die Bertelsmann-Stiftung hat das „Verantwortungspartnermodell" im Rahmen ihrer Initiative „Unternehmen für die Region" entwickelt. Hiermit wird das gesellschaftliche Engagement von Unternehmen gebündelt und somit der Standort gefördert. Dazu begleitete die Bertelsmann-Stiftung diverse Regionen in Deutschland mit einem moderierten Rahmenprozess, u. a. auch in Lippe. So konnten konkrete Projekte entwickelt werden, die die Region Lippe in ausgewählten Themenfeldern vorangebracht haben.

2 Die Verantwortungspartnerregion Lippe

Der Kreis Lippe verteilt sich mit seinen ca. 350.000 Einwohnern auf insgesamt 16 Städte und Gemeinden und ca. 1250 km^2. Dies unterscheidet eine Flächenregion oder auch eine eher ländlich geprägte Region von Agglomerationsräumen oder von Großstädten. So lebt z. B. in Bochum die annähernd gleiche Bevölkerungsanzahl auf einer Fläche, die nur gut 10 % der Fläche des Kreises Lippe entspricht. Während sich in den Großstädten die sozialen Strukturen in den einzelnen Stadtteilen oder Quartieren zum Teil deutlich unterscheiden, verläuft dieser Prozess in vergleichbarer Form, wenn die Entwicklung von verschiedenen kleineren Städten und Gemeinden im ländlichen Raum betrachtet wird. So lassen sich auch in Lippe „Quartiere" bzw. Stadtteile in mittelgroßen Städten oder in Form von Kleinstädten feststellen, die über eine ausgesprochen ungünstige Sozialstruktur verfügen.

Um Unternehmen dafür zu gewinnen, sich für ihren Standort zu engagieren, ist die Identifikation mit dem Standort bzw. der Region, in der sich das Unternehmen als Citizen eingebunden fühlt, von besonderer Bedeutung. Hier kann Lippe auf zwei Standortfaktoren aufbauen, von denen einer relativ einmalig ist.

So verfügen die Menschen in Lippe über eine regionale Identität, die einen historischen Ursprung hat. Der heutige Kreis Lippe ist dritter Landesteil Nordrhein-Westfalens NRW, neben dem Rheinland und Westfalen. Im Landeswappen NRW wird dies durch die dort dargestellte Lippische Rose deutlich. Bis zur Gründung des Landes NRW im Jahre 1947 war Lippe eigenständiger Freistaat, zuvor ein deutsches Fürstentum.

Aus der historischen Entwicklung heraus ist zu verstehen, dass Lippe noch heute über eine eigene Industrie- und Handelskammer, einen eigenen Arbeitgeberverband oder eine entsprechende Agentur für Arbeit verfügt. Nicht nur diese Institutionen sind in der Residenzstadt Detmold angesiedelt, dem Sitz der Kreisverwaltung Lippe und der Bezirksregierung Ostwestfalen-Lippe. Die regionale Identität und die historischen Wurzeln machen es einfacher, lippische Unternehmen zu motivieren, ihr Engagement für ihren Standort hoch zu halten bzw. zu erweitern.

Unterstützt wird dieses Ziel durch einen zweiten Standortfaktor, der für Lippe kennzeichnend ist. Lippe zeichnet sich dadurch aus, dass die Unternehmenslandschaft fast ausschließlich von Familienunternehmen gekennzeichnet ist. Geprägt wird die Region durch die Branchen Elektrotechnik, Maschinenbau, Möbelindustrie und Kunststoffindustrie. Die

Firmen sind bis auf wenige Ausnahmen klein und mittelständisch (KMU) strukturiert; nur sehr wenige größere konzerngebundene Unternehmen haben in Lippe einen Standort.

KMUs haben häufig eine enge Beziehung zu ihrem Standort, d. h. dass ihr CSR-Engagement grundsätzlich strategisch an den Bedarfen des Standortes ausgerichtet werden kann.

Lokale Wirtschaftsförderung kann dieses Thema professionalisieren und die Wirkung für Unternehmen und Kommunen optimieren.

3 Die Rolle der Wirtschaftsförderung im Verantwortungspartnerprozess Lippe

Es gibt kaum ein kommunales Aufgabenfeld, das so unverzichtbar ist wie die kommunale Wirtschaftsförderung. Hierbei gilt: Wirtschaftsförderung gibt es nicht „von der Stange". Jede Kommune hat zunächst die Aufgabe ihr eigenes Wirtschaftsförderungskonzept zu erarbeiten (Kleinschneider 2014, S. 8 f.).

In Detmold wird die Wirtschaftsförderung durch die GILDE GmbH betrieben. Die GmbH wird mehrheitlich von der Stadt Detmold getragen, weitere Gesellschafter sind die Industrie- und Handelskammer Lippe zu Detmold und die Sparkasse Paderborn-Detmold. Detmold ist zentraler Standort der Region Lippe im Regierungsbezirk Ostwestfalen-Lippe. Der Wirtschaftsstandort Detmold ist ebenso wie die Region Lippe insgesamt mittelständisch geprägt, mit einem breiten Branchen-Mix.

Die Förderung von Unternehmen ist das Ziel der GILDE-Wirtschaftsförderung für den Standort Detmold. Hierfür werden sehr unterschiedliche Instrumente eingesetzt. Zum Beispiel entwickelt und vermarktet die GILDE-Wirtschaftsförderung neue Gewerbegebiete, stellt Kontakte zwischen Unternehmen und Forschungseinrichtungen her, betreibt ein Gründer- und Innovationszentrum und führt Projekte durch, die zu neuen Arbeits- oder Ausbildungsplätzen führen. Dabei ist es wichtig, nicht nur das tägliche Geschäft im Auge zu behalten, sondern auch über den Tellerrand zu blicken und Entwicklungen bzw. Trends zu erkennen, die für die Unternehmen in der Zukunft von Bedeutung sind. Das Klientel der GILDE-Wirtschaftsförderung sind insbesondere KMU, die häufig keine oder nur eingeschränkte Möglichkeiten besitzen, mittelfristig wirkende gesellschaftliche Veränderungen zu erkennen, die Einfluss auf deren Wettbewerbsfähigkeit haben. In diesem Spektrum hat die GILDE-Wirtschaftsförderung seit ihrer Gründung vor mehr als 20 Jahren zahlreiche nationale und internationale Projekte durchgeführt.

Seit 2005 beschäftigt sich die GILDE-Wirtschaftsförderung mit dem Thema Gesellschaftliche Verantwortung von Unternehmen bzw. Corporate Social Responsibility. Im Rahmen mehrerer CSR-Projekte wurden hier die Kompetenzen geschaffen für eine stärkere Verbreitung von CSR im deutschen Mittelstand, für die Unterstützung von Unternehmen bei der Entwicklung eigener CSR-Strategien und letztendlich für die Förderung eines gezielten (gemeinsamen) Engagements von Unternehmen für ihren Standort.

Die Beschäftigung mit Themen wie CSR und Stadtentwicklung ist bislang nicht für alle Wirtschaftsförderungen ein Geschäftsgegenstand. Zwar wächst die Gruppe, für die diese Instrumente zielführend sind, um Unternehmen wettbewerbsfähiger zu machen oder um Standorte aufzuwerten. Allerdings existiert eine eher stärkere Gruppe von Wirtschaftsförderungen, die mit CSR eher softe Themen verbinden, die nicht zum vermeintlichen Kerngeschäft von Wirtschaftsförderungen zählen. Häufig wird auch nicht erkannt, welche Vorteile und Chancen sich für Städte und Landkreise ergeben, wenn gezieltes gesellschaftliches Engagement von Unternehmen durch Wirtschaftsförderungen gefördert wird. Zu berücksichtigen ist auch, dass Wirtschaftsförderungen vielfach mit sehr begrenzten Ressourcen ausgestattet sind, sodass sie gezwungen sind, sich auf bestimmte Themen zu konzentrieren und andere Aspekte ausblenden. Zu erwarten ist, dass auch die zögerlichen Wirtschaftsförderungen sich neu aufstellen, wenn sie erkennen, dass die Märkte gesellschaftlich verantwortliches Handeln verlangen. Deutlich erkennbar zeigt sich dies auf dem Markt für Fachkräftebedarfe. Vor dem Hintergrund der demografischen Entwicklung und den Erwartungshaltungen von gerade jungen Nachwuchskräften, auch z. B. bezogen auf das Lebens- und Wohnumfeld, wachsen die Recruiting-Anforderungen an die Unternehmen im Sinne von CSR.

Wie zuvor bereits ausgeführt, besteht der Gesellschaftszweck der GILDE in der Förderung der Wirtschaft in Detmold. Die durchgeführten CSR-Projekte ziehen allerdings einen Aktionsradius, der deutlich über die „Lippische Metropole Detmold" hinausgeht – wie passt das zusammen?

Zunächst integrieren wir in den Projekten auch immer Unternehmen aus unserer Region. So haben wir z. B. im Rahmen des Projektes InnoTrain CSR, bei dem ein CSR-Qualifizierungskompendium entwickelt wurde, als eines der vier Best-Practice-Beispiele aus Europa das Unternehmen Hanning & Kahl aus Lippe einbezogen. Das Unternehmen mit ca. 300 Beschäftigten produziert Bremssysteme, z. B. für schienengebundene Fahrzeuge (Straßenbahnen) oder Windkraftanlagen. Das Unternehmen verfolgt eine CSR-Strategie, um die im Unternehmen eingesetzten Mitarbeiter zu halten und um weitere gute Fachkräfte hinzuzugewinnen. Hanning & Kahl bietet u. a. breite Mitwirkungsmöglichkeiten für die Mitarbeiter an den betrieblichen Entscheidungsprozessen oder ein breites Spektrum an Qualifizierungsangeboten. Hierzu gehören sowohl fachspezifische Themen oder aber auch Angebote, die z. B. Mitarbeiter mit Migrationshintergrund befähigen, einen Einblick in das deutsche Sozialversicherungs- oder Steuerrecht zu erlangen (www.csr-training.eu).

Bei einer Ausweitung unseres räumlichen Geschäftsfeldes weit über Detmold hinaus, ist es außerdem wichtig, dass die heimischen Unternehmen aus den Projekten einen direkten Nutzen ziehen können. Das ist bei unseren CSR-Aktivitäten eindeutig der Fall. Bereits mit Start unseres CSR-Mittelstandsprojektes konnten wir einen unserer Mitgesellschafter, die Industrie- und Handelskammer Lippe zu Detmold von den Chancen, die CSR den Unternehmen aber auch einer ganzen Region bieten kann, überzeugen. Hieraus ist dann später die Initiative „Verantwortungspartner für Lippe" entstanden.

Insgesamt sprechen fünf Faktoren dafür, warum sich Wirtschaftsförderungen mit CSR, und hiermit verbunden, um die Entwicklung von Standorten kümmern sollten:

Wirtschaftsförderungen agieren an der Schnittstelle von Wirtschaft, Verwaltung, Wissenschaft und Gesellschaft

... und genau hier setzt das Thema „Verantwortung von Unternehmen" gegenüber ihrem Umfeld und ihren Anspruchsgruppen an!

Wirtschaftsförderungen transferieren Trends und Innovationen in die heimische Wirtschaft

... und CSR und Nachhaltigkeit sind unumkehrbare Megatrends in unserer Gesellschaft!

Wirtschaftsförderungen setzen den Fokus auf den Mittelstand

... und CSR ist (seit Langem) ein Thema für kleine mittelständische Unternehmen!

Wirtschaftsförderungen unterstützen Betriebe in Sachen Zukunftsfähigkeit und Wettbewerbsfähigkeit

... und CSR ist ein strategischer Erfolgsfaktor – nicht nur in Sachen Mitarbeitergewinnung und -bindung!

Wirtschaftsförderungen vernetzen und bündeln Akteure und Strukturen

... und gesellschaftliches Engagement ist eine Gemeinschaftsaufgabe in Regionen!

Somit stellt CSR für Wirtschaftsförderungen eine Chance dar, den Unternehmen am Standort ein strategisches Instrumentarium zu vermitteln, das vielfältige Aktivitäten eines Unternehmens im Sinne gesellschaftlicher Verantwortung konzeptionell zusammenfasst. Gerade der Mittelstand engagiert sich traditionell am Standort, für soziale oder ökologische Zwecke und stellt somit für CSR eine ideale Zielgruppe dar. Wirtschaftsförderungen können darüber hinaus als wichtiger Netzwerk-Akteur einen Beitrag leisten, das gesellschaftliche Engagement mehrerer Unternehmen an einem Standort zu bündeln und zielgerichtet für die Entwicklung der Region zu nutzen.

4 Die Rolle der kleinen und mittleren Unternehmen

Für viele Unternehmen ist selbstverständlich: Sie sind Teil der sozialen Gemeinschaft und haben eine Verantwortung gegenüber ihren Stakeholdern, wie Mitarbeitern, Kunden und Nachbarn, ihrer Umwelt und der Gesellschaft insgesamt. Während die meisten Großunternehmen bereits die Vorteile von CSR erkannt haben und sich entsprechend positionieren, bestehen in kleineren und mittleren Unternehmen in Deutschland häufig Informationsdefizite: „Was ist eigentlich das Besondere an CSR" und „Wie kann ich CSR für mich nutzen?" sind typische Fragen, die Inhaber kleinerer Unternehmen häufig stellen. Dabei wird der Vorteil von freiwilligem gesellschaftlichem Engagement von diesen Unternehmen nicht verkannt. In einer für die Europäische Kommission durchgeführten CSR-

Studie, die die GILDE-Wirtschaftsförderung Detmold vor einigen Jahren in Deutschland, Frankreich und Polen durchführte, haben lediglich 22 % der befragten mittelständischen deutschen Unternehmen die Auffassung vertreten, dass sich CSR betriebswirtschaftlich nicht rechne. Dagegen waren 75 % der Auffassung, dass die Bedeutung von CSR mittel- bis langfristig weiterhin an Bedeutung zunehmen werde (www.csr-mittelstand.de). Hauptgrund für die Nichteinführung eines CSR-orientierten Unternehmenskonzeptes waren im Übrigen nicht evtl. fehlende finanzielle Ressourcen, sondern fehlende Informationen zu CSR im Unternehmen bzw. nicht ausreichend zu CSR qualifizierte Mitarbeiter und Mitarbeiterinnen.

Dabei sind Mittelständler sehr häufig gesellschaftlich verantwortlich engagiert. Sie haben Transparenz über ihre Prozessketten und sehen sich, anders als bei Großunternehmen, weniger der Gefahr ausgesetzt, dass irgendwo im Unternehmen etwas nicht sauber ist. Sie sind mit ihrem Standort eng verbunden und versuchen ihn mit zu entwickeln. KMU stellen vor diesem Hintergrund eine ideale Gruppe für die Lösung regionaler oder lokaler Herausforderungen dar.

Obwohl sich KMU vielfach im Sinne von CSR verhalten, so sprechen sie nicht unbedingt von CSR oder kommunizieren offensiv ihr gesellschaftliches Engagement. Auch wenn in den letzten Jahren CSR im Mittelstand als Begriff bekannter geworden ist, so ist vielen Mittelständlern aber nicht bewusst, was CSR ausmacht und welche Chancen mit CSR verbunden sind. Nicht selten wird CSR nach wie vor mit Spenden, Sponsoring oder Mäzenatentum gleichgestellt. Diesen Unternehmen muss vermittelt werden, dass sie bei CSR aus ihrem Kerngeschäft heraus etwas „Gutes" für die Gesellschaft bzw. für bestimmte Stakeholder sowie für die soziale und städtische Infrastruktur am Standort tun und hierbei gleichzeitig die eigene Unternehmensentwicklung fördern. Nachteilig bei dieser Unternehmensgruppe wirkt sich teilweise aus, dass insbesondere kleinere Unternehmen viel weniger strategisch geführt werden als größere Firmen. Eine konzeptionelle Ausrichtung des Unternehmens im Sinne von CSR erfordert in diesen Fällen auch eine Veränderung der Unternehmensplanung und -steuerung. Einen Vorteil von KMU bzw. Familienunternehmen stellen allerdings die eher mittel- und langfristig ausgerichteten betriebswirtschaftlichen Erwartungen der Unternehmensinhaber dar. Diese korrespondieren sehr gut mit den Möglichkeiten zur Entwicklung von kommunalen Strukturen lebenswerter Städte, die ebenfalls einen „langen Atem" erfordern.

5 Begleitende CSR-Projekte beim Verantwortungspartnerprozess

Die Initiative der Verantwortungspartner zeichnet sich für Lippe dadurch aus, dass der Impuls zur Mitwirkung am Verantwortungspartnermodell der Bertelsmann-Stiftung durch die GILDE-Wirtschaftsförderung ausging, die bereits damals auf Erfahrungen in der Vermittlung von CSR in KMU verweisen konnte. Die CSR-Expertise war für das Verantwortungspartnerprojekt in Lippe nicht nur zum Startzeitpunkt vorteilhaft, vielmehr konnten die zum Teil parallel zum Verantwortungspartnerprojekt laufenden CSR-Projekte der

GILDE-Wirtschaftsförderung immer wieder Anregungen oder Lösungen für die Verantwortungspartner Lippe liefern.

Die GILDE-Wirtschaftsförderung engagierte sich im Auftrag der EU bereits seit 2005 mit dem Thema Verbreitung von CSR im Mittelstand und zwar über das Projekt „Zukunft Mittelstand – Erfolgsfaktor gesellschaftliches Engagement". In dem Projekt wurden z. B. CSR Best-Practice-Beispiele in Deutschland, Frankreich und Polen gesammelt und dokumentiert, Unternehmen beraten, CSR-Fallstudien für die Hochschulausbildung entwickelt sowie Informationsveranstaltungen durchgeführt. Ein wichtiger Bestandteil des Projektes war die Durchführung einer Primäranalyse (www.csr-mittelstand.de). Hiermit wurde der CSR-Entwicklungsstand von mittelständischen Unternehmen in den zuvor genannten drei Nationen ermittelt.

Neben unterschiedlichen Ergebnissen waren in den beteiligten Nationen auch einheitliche Ergebnisse feststellbar: So erwarteten grundsätzlich deutlich mehr als die Hälfte der befragten Unternehmen, dass die Bedeutung von CSR für ihr Unternehmen in Zukunft zunehmen wird. Gleichzeitig wiesen die Unternehmen aber auch auf Hemmnisse hin, die die stärkere Nutzung von CSR-Strategien für insbesondere mittelständische Unternehmen einschränken. Hierzu gehörten in erster Linie nicht die mit einer CSR-Strategie eventuell verbundenen Kosten, sondern vielmehr wurden als Hemmnis-Faktoren fehlendes CSR-Know-how und nicht vorhandenes qualifiziertes Personal genannt.

Die Resultate des CSR-Mittelstandsprojektes waren Auslöser für die Entwicklung eines CSR-Qualifizierungskompendiums. Das CSR-Kompendium besteht aus gut 80 Lernbriefen und vier filmischen Beiträgen in denen erfolgreiche CSR-Unternehmen aus Groß-Britannien, Portugal, Ungarn und Deutschland präsentiert werden. Auch dieses Projekt wurde von der EU gefördert, wiederum trat die GILDE-Wirtschaftsförderung als Konsortialführer für die beteiligten nationalen und internationalen Projektpartner, u. a. die Auslandshandelskammern in London und Budapest, auf. Das CSR-Kompendium vermittelt Inhalte zu CSR und zu verwandten Themenfeldern. Darüber hinaus liefern die meisten Lernbriefe auch methodisches Wissen und zeigen durch Übungen oder Planspiele, wie mit CSR begonnen werden kann und wie die einzelnen Schritte zum CSR-Unternehmen erfolgreich absolviert werden können.

Die Projektergebnisse sind unter www.csr-training.eu dokumentiert.

Auf der Basis des CSR-Kompendiums führte anschließend die GILDE-Wirtschaftsförderung im Auftrag des Bundesministeriums für Arbeit und Soziales das Projekt „CSR unternehmen!" durch. Ziel war, maßgeschneiderte Unternehmensstrategien für Corporate Social Responsibility (CSR) in kleinen und mittleren Unternehmen zu entwickeln. Betriebsübergreifend wurden an insgesamt 10 Standorten in Deutschland mehr als 750 KMU zu CSR informiert und hiervon 85 Unternehmen auf ihrem Weg zum CSR-Unternehmen unterstützt. Das Angebot war vierstufig aufgebaut und bestand aus einer CSR-Impulsveranstaltung, einem CSR-Intensivseminar, einem CSR-Praxisworkshop und einem CSR-Erfahrungsaustausch (Abb. 1).

Die vier Stufen der CSR-Qualifizierung wurden mit strategischen Partnern vor Ort durchgeführt. Der Erfolg des Projektes basierte auch auf einer starken Partnerschaft mit

Abb. 1 CSR-Qualifizierung

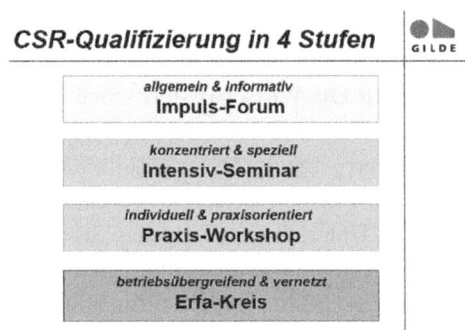

Wirtschaftsförderungsgesellschaften und Industrie- und Handelskammern an den jeweiligen Standorten.

Nähere Informationen zu dem Projekt: www.csr-unternehmen.de.

Parallel zu den Projekten, in denen die GILDE-Wirtschaftsförderung die Leadfunktion eingenommen hatte, hat sie sich auch als Konsortialpartner an diversen EU-Projekten beteiligt, bei denen CSR entweder zentrales Thema war oder bei denen das Thema CSR einen wichtigen Bestandteil der Projektarbeit darstellte. So hat sie beispielsweise im Jahr 2009 und 2010 den deutschen Part in dem Projekt „Several modules of CSR in Europe and different ways to promote diversity within enterprises" übernommen (Pour la Solidarité 2010). Als einer von acht Konsortialpartnern aus sechs Staaten wurde von der GILDE-Wirtschaftsförderung die Verbindung von CSR und Diversity in Deutschland anhand von 3 Unternehmensfallstudien herausgearbeitet.

Erfahrungen für den Verantwortungspartnerprozess in Lippe konnte die GILDE-Wirtschaftsförderung auch durch ihre Mitwirkung in anderen Organisationen und Gremien einbringen, die sich mit der Verbreitung von CSR im Mittelstand beschäftigen. So war die GILDE beispielsweise Mitglied im CSR-Expertenbeirat der ZDH Zentralstelle für Weiterbildung des Handwerks Düsseldorf sowie im Expertenbeirat zum Forschungsfeld „Unternehmen und Stiftungen für die soziale Quartiersentwicklung", das vom Bundesministerium für Umwelt, Naturschutz, Bau und Reaktorsicherheit finanziert wurde. Auch über die Mitwirkung in Gremien auf der europäischen Ebene können Erfahrungen in den Verantwortungspartnerprozess in Lippe einfließen, z. B. über die Mitwirkung als „SME-Advisor on CSR" für die EU-Kommission.

Die bei der GILDE-Wirtschaftsförderung über einen längeren Zeitraum erworbene CSR-Kompetenz hat einen positiven Einfluss auf die Entwicklung des Verantwortungspartnerprozesses in Lippe gehabt, insbesondere in der Start- und Anfangsphase des Verantwortungspartnerprojektes in Lippe. Für den nachhaltigen Erfolg des Verantwortungspartnerprozesses in Lippe insgesamt sind aber weitere Faktoren entscheidend, auf die nun näher eingegangen wird.

6 Verantwortungspartner für Lippe

Die „Verantwortungspartner für Lippe" (www.verantwortungspartner-lippe.de) basieren auf der Initiative „Unternehmen für die Region" der Bertelsmann-Stiftung (www.unternehmen-fuer-die-region.de). Ziel der Initiative ist es, das gesellschaftliche Engagement von Unternehmern für ihren Standort zu fördern. Dazu begleitet die Bertelsmann-Stiftung ausgewählte Regionen über einen begrenzten Zeitraum mit einem moderierten Rahmenprozess. Im Jahr 2009 hat sich die Region Lippe gemeinsam mit vier anderen Regionen in Deutschland der Initiative angeschlossen. Für zunächst gut 12 Monate begleitete die Bertelsmann-Stiftung die Verantwortungspartner in Lippe. In den darauffolgenden zwei Jahren lief der Prozess, wie ursprünglich bereits geplant, ohne Beteiligung der Stiftung in Lippe weiter. Im Zeitraum von Mitte 2012 bis Mitte 2013 konnte noch einmal auf eine Unterstützung durch die Bertelsmann-Stiftung zurückgegriffen werden, mit der es gelang, die Aktivitäten stärker mit den Programmen der anderen Verantwortungspartnerregionen zu verbinden und somit voneinander zu lernen.

Die Verantwortungspartnerinitiative stellt für Lippe eine Chance dar, dem demografischen Wandel zu begegnen. Die Herausforderung besteht darin, vor dem Hintergrund des zum Teil bereits bestehenden oder in naher Zukunft zu erwartenden Fachkräftemangels, alle zur Verfügung stehenden Beschäftigungspotenziale zu aktivieren. Dies bedeutet z. B. eine stärkere Integration von Menschen mit Migrationshintergrund in die Arbeitsprozesse, eine Verbesserung der Vereinbarkeit von Familie und Beruf oder die Förderung von Beschäftigungsmöglichkeiten in den Unternehmen für ältere und älter werdende Arbeitnehmerinnen und Arbeitnehmer.

Zum Start der „Verantwortungspartner für Lippe" konnten die bereits damals vorliegenden CSR-Kenntnisse und Erfahrungen der GILDE-Wirtschaftsförderung in das Projekt eingebracht werden. Ein weiterer Vorteil in der Startphase: Unabhängig vom Verantwortungspartnerprojekt bestand die Zielsetzung der Industrie- und Handelskammer Lippe zu Detmold das Bild von Unternehmerinnen und Unternehmern in der Öffentlichkeit zu verbessern. Mit CSR und dem Verantwortungspartnerprozess wurde die Chance gesehen, das Unternehmerbild im Sinne des „ehrbaren Kaufmanns" ins bessere Licht zu rücken.

6.1 Projektstruktur der Verantwortungspartner in Lippe

Noch vor dem eigentlichen Start der „Verantwortungspartner für Lippe" wurde eine Steuerungsgruppe gegründet, die auch heute noch existiert und die Arbeit in den einzelnen Arbeitskreisen koordiniert und Vorschläge entwickelt für die zukünftige Ausrichtung der Verantwortungspartner in Lippe. In der (informellen) Startphase bestand für die rund 15-köpfige Steuerungsgruppe die Aufgabe darin, die Grundlagen für einen erfolgreichen formellen Start der Initiative zu schaffen. Hierzu gehörten insbesondere die nachfolgenden drei Aspekte:

- Auf welche inhaltlichen Themen sollten sich die Verantwortungspartner konzentrieren?
- Welche Personen stehen in der Startphase als Sprecher der Initiative und als Leiter der zukünftigen Arbeitskreise zur Verfügung?
- Wer koordiniert den Prozess?

Die Festlegung auf bestimmte inhaltliche Themen sollte erst mit dem formellen Startschuss der Verantwortungspartner Lippe vorgenommen werden. Hierzu wurde durch ein von der Bertelsmann-Stiftung beauftragtes Unternehmen ein erstes Meilensteintreffen geplant, bei dem die Teilnehmer in Workshops die einzelnen Themen gemeinsam definierten. Als Rahmen für die Definition der Arbeitsthemen wurde ein Spektrum vorgegeben, das aus den Fachgebieten „Bildung – Beruf – Lebensqualität" bestand.

Die Identifikation bestimmter Personen, die eine leitende Rolle in dem Verantwortungsprozess übernehmen sollten, war eine sehr anspruchsvolle Aufgabe. Insbesondere die Auswahl des zukünftigen Sprechers der Initiative würde einen entscheidenden Einfluss auf den zukünftigen Erfolg des Projektes haben. Gesucht wurde eine Persönlichkeit, die zunächst mit dem eigenen Unternehmen selber gesellschaftlich verantwortlich handelnd agiert und gesellschaftliches Engagement von Unternehmen als wichtiges Element der Unternehmensführung betrachtet. Darüber hinaus musste die Person bereit sein, die notwendige Zeit einzusetzen und als Leitfigur zu agieren. Ihre Aufgabe bestand darin, Unternehmen zusammenzubringen, um die Entwicklung in Lippe positiv zu beeinflussen. Weiterhin sollte es sich um einen Unternehmensvertreter oder eine Unternehmensvertreterin handeln, mit der sich auch möglichst viele kleinere Unternehmen identifizieren konnten. Die Wahl fiel damals auf den geschäftsführenden Gesellschafter eines Detmolder IT-Unternehmens mit ca. 50 Beschäftigten, der auch heute noch als Sprecher der „Verantwortungspartner für Lippe" agiert. Für die Leitung der zukünftigen Arbeitskreise, deren Anzahl zum damaligen Zeitpunkt noch nicht festgelegt war, stellten sich einzelne Mitglieder des Steuerungskreises zur Verfügung.

Die Koordinierung des Verantwortungspartnerprozesses in Lippe verlief zunächst zweigleisig. Die IHK Lippe zu Detmold und die GILDE-Wirtschaftsförderung haben diese Funktion zu Beginn zu gleichen Teilen wahrgenommen. Nach ca. einem Jahr hat die IHK eine eigene Personalstelle für die Verantwortungspartnerinitiative geschaffen. Seitdem liegt ein großer Teil der Projektkoordination bei der Kammer. Auch wenn von Anfang an geplant war, dass sich die Teilnehmer an dem Verantwortungspartnerprozess möglichst autonom organisieren, d. h., ihre Projekte definieren und sie entsprechend umsetzen, sollte dennoch im Hintergrund eine Organisation stehen, die den Gesamtprozess unterstützt. Nur hierdurch war es möglich, bis heute das Projekt mit ca. 70 Teilnehmern erfolgreich weiterzuführen.

Für den bisherigen Erfolg und die weiterhin starke Beteiligung im mittlerweile siebten Verantwortungspartnerjahr waren zwei weitere Aspekte mitverantwortlich. So hat in der Anfangsphase die moderierte Unterstützung der Bertelsmann-Stiftung in Zusammenarbeit mit dem von ihr beauftragten Beratungsunternehmen :response sehr geholfen, das Projekt auf einen guten Weg zu bringen und eine Projektstruktur aufzubauen, die auch heute noch Grundlage für die Arbeit der Verantwortungspartner Lippe ist. Ebenfalls von großer Bedeutung war die Vereinbarung, in den einzelnen Arbeitskreisen kurzfristig erzielbare Ergebnisse und Erfolge vorweisen zu können, gerade um Themen mit „langem Atem" bewältigen zu können. Die kurzfristigen Erfolge haben maßgeblich dazu geführt, dass viele Teilnehmer der Anfangsphase auch heute noch mit dabei sind und immer wieder neue Akteure sich den Verantwortungspartnern angeschlossen haben. Die Ergebnisse werden z. B. durch Veranstaltungen der jeweiligen Arbeitskreise, durch die Jahresveranstaltungen des gesamten Netzwerkes oder durch Veröffentlichungen in Online- und Offlinemedien kommuniziert.

Noch ein Blick zurück auf die Startphase: Zum 1. Juli 2009 erfolgte mit dem ersten Meilensteintreffen der „Verantwortungspartner für Lippe" in Detmold der Start der Initiative. Damit begann die Arbeitsphase der seinerzeit ca. 80 Verantwortungspartner. Von Anfang an wurde das Augenmerk darauf gerichtet, möglichst vielen Unternehmen in Lippe die Chancen, die mit CSR und einer Beteiligung bei den Verantwortungspartnern verbunden sind, zu vermitteln. Beim 1. Meilensteintreffen wurden auf der Basis des zuvor festgelegten Themenspektrums „Bildung – Beruf – Lebensqualität" die Arbeitsschwerpunkte mit den Teilnehmern definiert. Vier Arbeitskreise haben sich damals gebildet, die die nachfolgenden Ziele verfolgen:

- Angebote schaffen, die Familien bei den Anforderungen des Berufsalltags unterstützen,
- Jugendlichen eine bessere berufliche Orientierungsmöglichkeit anbieten,
- Integration von Beschäftigten mit Migrationshintergrund verbessern,
- Älteren Mitarbeiterinnen und Mitarbeitern eine längere Berufsphase im Unternehmen ermöglichen.

Die Arbeitskreise sind auch heute noch aktiv und werden weiter unten detailliert vorgestellt.

Die Beteiligung der Bertelsmann-Stiftung und des von ihr engagierten Beratungsunternehmens war von vornherein auf 12–14 Monate terminiert. Diese Prozessphase wurde durch eine Projektplanung organisiert, die insgesamt drei sogenannte Meilensteintreffen umfasste. An diesen Veranstaltungen nahmen alle ca. 80 Mitglieder des Verantwortungspartnerprojektes teil. Inhaltlich wurden dort die Zwischenergebnisse der Arbeitskreise vorgestellt und die Entwicklungen dieser Gruppen abgeglichen sowie das weitere Vorgehen abgestimmt. Zwischen den Meilensteintreffen haben die jeweiligen Mitglieder der vier Arbeitskreise ihre Sitzungen durchgeführt, um ihre spezifischen Zielsetzungen zu erreichen. Parallel zu den beiden genannten Gremien tagte nach Bedarf die Steuerungsgruppe. Die erste Phase der „Verantwortungspartner für Lippe" wurde am 05. Juli 2010 mit der sogenannten Jahresveranstaltung und ca. 150 Teilnehmerinnen und Teilnehmern erfolgreich abgeschlossen. Seitdem werden die Ergebnisse der Verantwortungspartner Lippe jährlich durch eine Jahresveranstaltung der Öffentlichkeit präsentiert. Eingeladen werden hierzu nicht nur Unternehmensvertreter, sondern z. B. auch Angehörige von öffentlichen Verwaltungen und sozialen bzw. religiösen Einrichtungen. Die jeweiligen Projektergebnisse werden sowohl durch Wortbeiträge als auch durch Präsentationen im Rahmen eines Marktes der Möglichkeiten vorgestellt. Insbesondere auf diesen Veranstaltungen gelingt es immer wieder neue Mitglieder für den Verantwortungspartnerprozess zu gewinnen. Hierdurch ergeben sich nicht nur neue Teilnehmer unterschiedlicher gesellschaftlicher Gruppen, wie z. B. von kommunalen Verwaltungen, in den bestehenden Arbeitskreisen, sondern es werden auch neue Themen/Teilprojekte definiert, die in den vorhandenen Arbeitskreisen bearbeitet werden. So wurde z. B. die Umsetzung einer Berufsorientierungsveranstaltung von einem neuen Teilnehmer in den Arbeitskreis hineingetragen, der sich mit dem Thema des Übergangs von der Schule in den Beruf beschäftigt.

6.2 Arbeitsgruppen der „Verantwortungspartner für Lippe"

Die bereits zu Beginn des Verantwortungspartnerprojektes in Lippe gebildeten vier Arbeitsgruppen stellen auch weiterhin die Basis für die jeweiligen Projekte der Verantwortungspartner dar. Die Projekte der einzelnen Arbeitsgruppen wurden im Verlauf der zurückliegenden Jahre teilweise verändert oder werden in bestimmten Abständen immer wieder neu angeboten, wie z. B. die jährlich stattfindende Kocholympiade der Arbeitsgruppe ARMIN.

Die Unternehmen bringen sich in die Arbeitsgruppen in unterschiedlicher Form ein. Alle investieren zunächst Arbeitszeit in die regelmäßig stattfindenden Arbeitsgruppensitzungen. Pro Jahr sind hierfür durchschnittlich sechs bis zwölf Termine zu veranschlagen. Darüber hinaus stellt ein Teil der Unternehmen auch Finanzmittel zur Verfügung, z. B. für die Realisierung von Veranstaltungen, zur Kostenübernahme für die Finanzierung der Kocholympiade oder als Mitgliedsbeitrag für den FABEL-Service (siehe Abb. 2).

FABEL steht für „Familienbetreuung Lippe" (www.fabel-service.de). Primäres Ziel von FABEL ist es, den Unternehmen ein besseres Betreuungsangebot für die Familien ihrer Beschäftigten zu geben. Gleichzeitig soll hierdurch auch die Attraktivität des Wirtschaftsstandorts Lippe gefördert werden. Mittlerweile finanzieren und nutzen knapp 30 Unternehmen in Lippe den FABEL-Service. Um die hiermit verbundenen Aufgaben

Abb. 2 FABEL – Familienbetreuung in Lippe

zu bewältigen, wurde die organisatorische Umsetzung zwischenzeitlich von der Kreisverwaltung Lippe übernommen.

Das Leistungsspektrum von FABEL erstreckt sich z. B. auf folgende Situationen (Bertelsmann-Stiftung o.J., S. 5):

- Suche nach kurzfristiger Betreuung für Kinder und hilfsbedürftige Familienangehörige,
- Suche nach Betreuung aufgrund beruflicher Verpflichtung am Wochenende oder zu Zeiten, die über die typischen Kita- und Schulzeiten hinaus gehen,
- Beratung zu Betreuungsmöglichkeiten nach Beendigung der Elternzeit,
- Fragen zur Pflege von Familienangehörigen,
- Information für neu in die Region gezogene Personen zu lokalen Angeboten rund um das Thema Familie und Beruf.

Auch wenn es bereits zahlreiche Angebote in Lippe zur Kinderbetreuung, zur Unterstützung und Beratung bei familiären Problemen sowie Betreuungsmöglichkeiten für pflegebedürftige Angehörige gibt, so stellt das FABEL-Angebot für die Unternehmen eine Chance dar, hierüber die Mitarbeiter und Mitarbeiterinnen direkt in bestimmten Situationen zu unterstützen.

JUBEL – JUgend und BEruf in Lippe

Ziel von JUBEL ist es, junge Menschen für technische Berufe und die sogenannten MINT-Fächer (Mathematik, Informatik, Naturwissenschaft, Technik) zu begeistern. Hierdurch soll ein Beitrag zur Reduzierung des heute bereits teilweise bestehenden Fachkräftemangels und zur Deckung der zukünftig verstärkt auftretenden Fachkräftenachfrage geleistet werden.

Von der JUBEL-Arbeitsgruppe werden z. B. Kindertagesstätten und Schulen Angebote unterbreitet, die die Kinder und Jugendlichen stärker an z. B. naturwissenschaftliche Themen heranführen sollen. Unter Anleitung konstruieren und bauen z. B. Schüler und Schülerinnen Holzkanus. Auf diese Weise erlernen sie praktische Fertigkeiten, Teamwork und Verantwortung. Zudem erhalten Sie einen Einblick in die beteiligten Unternehmen, wie z. B. in holzverarbeitenden Unternehmen und bekommen einen Eindruck von spezifischen Berufsfeldern.

Insbesondere der JUBEL-Arbeitsgruppe haben sich andere Initiativen angeschlossen, die z. B. ihre Programme zur Berufsorientierung junger Menschen, unter dem Dach der Verantwortungspartner Lippe mit anbieten. So werden z. B. von JUBEL in Kooperation mit der Schwering & Hasse-Stiftung (www.sh-stiftung.de) MINT-Projekte in einzelnen Orten in Lippe angeboten. Weitere Initiativen, die ihre Arbeit mit der Arbeitsgruppe JUBEL verbinden, organisieren z. B. einen Tag der offenen Betriebe, bilden Auszubildende – auch aus nichttechnischen Ausbildungsgängen – zu sogenannten Energiescouts in ihren Ausbildungsunternehmen aus oder führen Kinder als „Miniköche" an den Beruf des Kochs oder einer Köchin heran (siehe Abb. 3).

Abb. 3 Das Projekt „Miniköche" der Arbeitsgruppe JUBEL

ARMIN – ARbeitnehmer.Migration.INtegration

Lippe verfügt über einen hohen Anteil von Bürgerrinnen und Bürgern mit Migrationshintergrund. Die Mitglieder der Arbeitsgruppe ARMIN wollen die Arbeitsmarktchancen für diese Menschen verbessern. Mit Partnern aus der Wirtschaft und regionalen Migrantenorganisationen werden gemeinsame Konzepte und Lösungen entwickelt, um bereits bei der Berufsorientierung zu unterstützen.

Allerdings nutzen auch nicht alle Unternehmen die Potenziale, die Menschen mit anderer Herkunft für die Betriebe mitbringen. Vor diesem Hintergrund wurde die Kocholympiade Lippe entwickelt, die 2010 zum ersten Mal angeboten und seitdem bereits siebenmal durchgeführt wurde. Mit der Kocholympiade wird demonstriert, welche Chancen sich für Unternehmen ergeben, die auf international besetzte Teams setzen.

Kern der Kocholympiade ist ein Wettkampf von Unternehmen, die mit jeweils 4-köpfigen Teams antreten. In den Teams müssen mindestens drei unterschiedliche Nationalitäten vertreten sein. Angerichtet wird von jedem Team ein individuelles 3-Gänge-Menü aus landestypischen Gerichten. Eine Jury bewertet die Ergebnisse.

Die Initiative ARMIN will mit diesem Projekt Mitarbeiterinnen und Mitarbeiter unterschiedlicher Nationen zusammenbringen, den Besuchern, insbesondere den KMU, die bislang ggf. noch nicht auf international besetzte Teams setzen, aufzeigen, welche Erfolge hiermit gefeiert werden können und letztendlich Vorurteile abbauen. Die Kocholympiade Lippe ist seit ihrer ersten Ausrichtung ein regelmäßiger und besonderer Event in Lippe. Ein Einblick in die Kocholympiade verschafft das Rezeptbuch der Veranstaltung im Jahr 2015 unter folgendem Link: http://www.verantwortungspartner-lippe.de/datei/tabledoc/5.

Lipper sind fitter

Die demografische Entwicklung wird in Lippe die Anzahl der Erwerbspersonen deutlich reduzieren. Das Renteneintrittsalter wird auf einen späteren Zeitpunkt verschoben. Vor diesen Hintergründen beschäftigt sich die Arbeitsgruppe „Lipper sind fitter" mit der Frage „Was ist zu tun, damit Arbeitnehmerinnen und Arbeitnehmer auch im fortgeschrittenen Alter noch produktiv im Unternehmen eingesetzt werden können?"

Aus Sicht der Arbeitsgruppe gibt es hierfür mindestens vier Ansatzmöglichkeiten. Sie reichen von Weiterbildungsangeboten für älter werdende Mitarbeiterinnen und Mitarbeiter, die Anpassung der Arbeitsorganisation, Angeboten zur Gesundheitsförderung bis hin zu Strategien, die die Motivation und das Engagement der Beschäftigten fördern.

Die Arbeitsgruppe identifiziert gute Praxisbeispiele und transferiert sie in andere Unternehmen, z. B. durch Veranstaltungen und Öffentlichkeitsarbeit. Neuestes Projekt des Arbeitskreises ist ein wöchentlicher Praxistipp, der über die sozialen Medien und Newsletter in die Unternehmen in Lippe kommuniziert wird und zwar kurz und unterhaltsam.

7 Perspektiven der Verantwortungspartner in Ostwestfalen-Lippe

Die Verantwortungspartner in Lippe befinden sich im siebten Jahr ihrer Projekttätigkeit. Um die nach wie vor hohe Anzahl der ca. 70 mitwirkenden Akteure auch in Zukunft mit ihrem Engagement bei den Verantwortungspartnern zu halten, ist es notwendig, immer wieder die Relevanz bestehender Teilprojekte zu prüfen und ggf. durch neue Maßnahmen zu ergänzen oder auch zu ersetzen. Dieser Prozess wird unterstützt durch die Einwerbung neuer Akteure, die sich den Verantwortungspartnern anschließen und quasi von außen betrachtet, ihre Vorstellungen und Ideen zu den Handlungsfeldern der Verantwortungspartner einbringen. Die Jahresveranstaltungen der „Verantwortungspartner für Lippe" bieten die Gelegenheit, die erzielten Projektergebnisse zu reflektieren und schaffen die Möglichkeit der Ansprache neuer Akteure.

Entwicklungsmöglichkeiten für die Verantwortungspartner in Lippe und darüber hinaus deuten sich durch die Gründung eines CSR-Kompetenzzentrums an, das für die Region Ostwestfalen-Lippe OWL tätig ist. Die Landesregierung NRW hat beschlossen, den in NRW angesiedelten Unternehmen über CSR-Kompetenzzentren den Weg zur Entwicklung einer eigenen CSR zu erleichtern. Die GILDE-Wirtschaftsförderung hat im Rahmen einer Ausschreibung den Zuschlag erhalten, ein entsprechendes Zentrum in Detmold für die Region OWL zu betreiben.

Ziel des CSR-Kompetenzzentrums OWL ist es, flächendeckend allen KMU die Möglichkeit zu verschaffen, sich über die Chancen von CSR zu informieren, eine CSR-Ausrichtung für das eigene Unternehmen zu prüfen und die Unternehmen zu befähigen, eine eigene CSR-Strategie zu entwickeln. Konkret werden den Unternehmen drei Leistungsbausteine angeboten werden, die sich mit den Möglichkeiten der Sensibilisierung, der Qualifizierung und der Vernetzung befassen:

Sensibilisierung: Durch Maßnahmen der Öffentlichkeitsarbeit und Impulsveranstaltungen erfahren Unternehmen die Charakteristika von CSR und erkennen die Relevanz für die eigenen Entwicklungschancen. Ziel ist, CSR stärker in den Blickpunkt von KMU zu rücken und praxisorientierte Chancen für die eigene Unternehmensstrategie aufzuzeigen. Ein CSR-Aktionstag OWL nimmt dabei eine besondere Rolle ein, um das Thema CSR in der Breite zu kommunizieren.

Qualifizierung: Für ein praxisnahes Lernen werden den KMU niederschwellige Workshopangebote unterbreitet, die einen kompakten Themenüberblick ebenso ermöglichen wie eine spezifische Themenfokussierung. Ziel ist es, KMU auf ihrem Weg zum CSR-Unternehmen so zu unterstützen, indem sie befähigt werden, ihren eigenen CSR-Weg zu finden.

Vernetzung: Unternehmen, die Interesse haben, sich mit anderen Unternehmen in OWL oder darüber hinaus zum Thema CSR auszutauschen und voneinander zu lernen, erhalten durch das CSR-Kompetenzzentrum OWL eine notwendige Plattform.

Insbesondere über die Vernetzung besteht die Möglichkeit, das Verantwortungspartnermodell von Lippe aus in die benachbarten Kreise und Städte zu tragen und umgekehrt die Erfahrungen und Ergebnisse die dort getätigt werden, zurück nach Lippe zu transportieren.

8 Fazit

Die Verantwortungspartnerregion Lippe kann auf langjährige Erfahrungen bei der Standortentwicklung durch gemeinschaftliches gesellschaftliches Engagement von Unternehmen zurückblicken. Die bislang erzielten Ergebnisse rechtfertigen den Einsatz der an diesem Prozess beteiligten Unternehmen und Personen. Allerdings ist das Verantwortungspartnermodell kein Selbstläufer. Für die Mitwirkenden muss relativ schnell erkennbar sein, dass sich gemeinschaftliches Engagement lohnt. Und das nicht unbedingt in dem Sinne, dass sich die Arbeit in der Initiative unmittelbar für das eigene Unternehmen auszahlt. Hier trennt sich sehr schnell die „Spreu vom Weizen". Teilnehmer, die ihren schnellen eigenen (ökonomischen) Vorteil im Vordergrund sehen, werden eher enttäuscht. Das Partnermodell führt dazu, dass auch Erfolge gemeinsam gefeiert werden und i. d. R. nicht originär auf einen Akteur zurückfallen. Die Entwicklung der Region steht im Focus und somit letztendlich auch die Entwicklung jedes einzelnen Unternehmens oder einer bestimmten Organisation.

Vor dem Hintergrund der kommunalen Haushalte kann es für Gebietskörperschaften nur sinnvoll sein, das gemeinschaftliche Engagement der Bürgerrinnen und Bürger zu aktivieren und zu nutzen. Vielversprechend ist hierbei das Engagement der Unternehmen als Bürger bzw. Citizen. Zur Bündelung des Engagements der Unternehmen ist es erforderlich ein Backoffice, quasi als gemeinsame CSR-Infrastruktur einzurichten. Von dort werden die notwendigen organisatorischen Aufgaben gesteuert und ggf. Detailaufgaben umgesetzt. Für diese Aufgabe wird es schwierig sein, ein Unternehmen zu finden. Hier bieten sich intermediäre Organisationen, wie z. B. Kammern oder Wirtschaftsförderungseinrichtungen, an. Die notwendigen Ressourcen wie Zeit und Finanzmittel sind sinnvoll angelegt und bieten Möglichkeiten für eine zukunftsfähige Stadt- bzw. Standort- und Unternehmensentwicklung.

Literatur

Bertelsmann-Stiftung (o. J.) Verantwortungspartner für Lippe. Gütersloh, S. 5 ff.

Kleinschneider H (2014) Grundlagen und Praxis der kommunalen Wirtschaftsförderung. neomedia, Coesfeld, S 5

Pour la Solidarité (2010) Several modules of CSR in Europe and different ways to promote diversity within enterprises – Final Report. Brüssel, S 14

Rolf Merchel ist seit mehr als 20 Jahren Geschäftsführer der GILDE-Wirtschaftsförderung GmbH in Detmold. Zuvor war er Innovationsberater der Universität Kassel. Unmittelbar nach seinem Studium der Wirtschaftswissenschaften war er bei einem Gewerkschaftsunternehmen und anschließend bei einem Unternehmensverband tätig. Gelernt hat er Industriekaufmann in einem mittelständischen Bauunternehmen.

Teil III
Zukunft, Ausblick & Perspektiven

Ausblick: CSR in der Stadt von Morgen

Guido Spars

1 Einleitung

Eine begründete Einschätzung zur Bedeutung und Rolle von CSR in der Stadt von Morgen zu geben, bedeutet eine Voraussage bzw. Prognose über diesen Gegenstand in der Zukunft zu wagen. Hierbei geht es in diesem Beitrag um eine argumentierbare Voraussage, die ihre Berechtigung aus Fakten und statistischen Daten, aus begründbarem Erfahrungswissen und seiner Extrapolation bezieht. Um die Bedeutung von CSR in der Stadt von Morgen herauszuarbeiten, werden somit zunächst Überlegungen zur Wirtschaft in der Stadt von Morgen generell angestellt, bevor danach mögliche Treiber für die weitere Entwicklung von CSR in der zukünftigen Stadt abgeleitet werden können.

2 Wirtschaft in der Stadt von Morgen

Die Frage nach der Stadt von Morgen lässt zunächst einmal den Bedeutungszuwachs der Städte für das „Morgen" generell konstatieren: Wir leben in einer Zeit zunehmender Urbanisierung, man spricht nicht umsonst vom „Urban Age" und meint damit die zunehmende Verstädterung in vielen Teilen der sich entwickelnden Welt als auch parallel dazu die Reurbanisierung in unseren Breiten. Erstmals in ihrer Geschichte ist die Menschheit aufgefordert, einen Urbanisierungsprozess für bald 5 Mrd. Menschen zu „gestalten".

G. Spars (✉)
Bergische Universität Wuppertal
Wuppertal, Deutschland
E-Mail: spars@uni-wuppertal.de

2.1 Globalisierung und Stadtentwicklung in Deutschland

Deutschland ist dabei intensiv eingebunden in die internationale Arbeitsteilung, es gehört seit Jahren in die Spitzengruppe der Exportweltmeister und verfügt über Unternehmenssitze zahlreicher globaler Konzerne. Die mit der Globalisierung einhergehende Intensivierung transnationaler Verflechtungen führt in räumlicher Sicht zu einer permanenten Neubewertung und Umstrukturierung räumlicher Konfigurationen, die sich vor allem in Städten, aber auch zwischen Städten und peripheren Räumen abspielen (Cox 1997; Johnston et al. 2002). Die Globalisierung führt einerseits zu einer Auflösung traditioneller Standortbindungen und zu einer „Verflüssigung" von Produktionsstrukturen, andererseits sind aber auch „Rückbettungsaktivitäten" ins Lokale bei Unternehmen und Menschen auszumachen, die wie eine Gegenbewegung zu den parallel stattfindenden Prozessen der Enträumlichung gesehen werden können (Glokalisierung).

Städte sind somit – allen Unkenrufen zum Trotz – nach wie vor die räumlichen Gebilde, in denen ökonomische Prozesse der Ballung und des Wachstums vonstattengehen und Qualitäten offeriert werden, die dem aktuellen und zukünftigen Lebensgefühl und den Bedürfnissen vieler Menschen entsprechen.

Dennoch ist es so, dass in einem demografisch stagnierenden Land wie Deutschland zwar viele Städte weiterhin wachsen, etliche aber auch schrumpfen. Diese differenzierte Raumentwicklung, diese Ungleichzeitigkeit der Ausdehnungs- und Schrumpfungsprozesse wird sich wohl auch in Zukunft fortsetzen, sie ist dabei fundamental mit der wirtschaftlichen Entwicklung der jeweiligen Städte und Regionen verknüpft. Die Zukunft der räumlichen Entwicklung verläuft somit weiterhin zunehmend polarisierend.

2.2 Industrie 4.0 und Stadtentwicklung

Viel wird derzeit über die digitalen Herausforderungen für die Wirtschaft der Zukunft gesprochen und geschrieben, die unter dem Schlagwort von der Industrie 4.0 zusammengefasst werden. Hierunter werden die Erwartungen gefasst, die sich mit einer flächendeckenden und schnittstellenfreien Nutzung von echtzeitnahen Informationen auf der Produktions- und der Kundenseite verbinden. Es geht also zum einen um den Mehrwert, den internetfähige Produkte durch den Datenaustausch mit anderen Objekten generieren (Internet der Dinge). Auf der Seite der Produktion wird die Vernetzung von Maschinen, Anlagen und Produkten entsprechende Kosten- und Effizienzvorteile schaffen. Weitere Vorteile entstehen durch die Einbeziehung der Mitarbeiter über mobile Kommunikationsmittel und die Nutzung von Social Media in der Produktion (Bauer et al. 2014).

Als die wesentlichen Technologiefelder dieser Entwicklung sehen Experten die „Embedded Systems", „Smart Factory", „Robuste Netze", „Cloud Computing" und „IT-Security". Das mit diesen Technologien verbundene zusätzliche Wertschöpfungspotenzial bis 2025 wird allein in den sechs Branchen Automobilbau, Elektrotechnik, chemische

Industrie, IuK-Technologie, Anlagenbau und Landwirtschaft auf 78 Mrd. € (jährliches Wachstum von 1,7 %) geschätzt (Bauer et al. 2014).

Was die Bedeutung der Industrie 4.0 für den Arbeitsmarkt bedeuten könnte, haben kürzlich das IAB und das BIBB mit einer ersten modellbasierten Wirkungsabschätzung veröffentlicht (Wolter et al. 2015). Ein Kernergebnis zeigt, dass die Industrie 4.0 vor allem die Terziärisierungsprozesse beschleunigen dürfte. „Dabei sind Arbeitskräftebewegungen zwischen Branchen und Berufen weitaus größer als die Veränderung der Anzahl der Erwerbstätigen insgesamt. Mit den Umwälzungen auf dem Arbeitsmarkt geht eine zunehmende Wertschöpfung einher, die nicht nur zu mehr volkswirtschaftlichen Gewinnen sondern – aufgrund höherer Anforderungen an die Arbeitskräfte – auch zu höheren Lohnsummen führt" (Wolter et al. 2015, S. 6).

Welche räumlichen Auswirkungen mit den Technologien der Industrie 4.0 und ihrer Vernetzung verknüpft sein werden, ist bislang noch weitgehend unerforscht. Allerdings erscheint es auch in diesem Falle übertrieben zu sein, davon auszugehen, dass die digitale Wirtschaft der Zukunft sich aus den Städten heraus bewegt und ihr Heil nur noch in den peripheren Lagen suchen wird.

Raum und Zeit erfahren zwar infolge der wirtschaftlichen Nutzung der benannten digitalen Technologien einen relativen Bedeutungsverlust. Andererseits kann man deshalb aber auch zuspitzen, dass dem Raum durch den nunmehr globalen Wettbewerb um die kostengünstigste Produktion unter diesen digitalen Rahmenbedingungen erst recht eine besondere Rolle zukommt. Standortfaktoren wie die vorhandene Qualität der Infrastruktur, das erreichbare Einzugsgebiet, das qualifizierte Arbeitskräftepotenzial, die Verfügbarkeit von kostengünstigen Flächen sowie die logistische Integration in den Weltmarkt entscheiden stärker als je zuvor über die Chancen und Entwicklung einer Kommune oder Region (Spars et al. 2003).

Dies könnte also aus der Perspektive der Unternehmen auch in Zukunft ein wichtiger Grund für ihr Mitgestalten und Einwirken auf lokale Standortbedingungen sein, wie es sich auch in CSR-Aktivitäten widerspiegelt. Dieser Aspekt wird in der späteren Argumentation erneut aufgegriffen.

Vor dem Hintergrund der Diskussion der Digitalisierung stellt sich die Frage, inwieweit in Zukunft die Peripherie, der Stadtrand oder die zentrale Lage für bestimmte Segmente der Wirtschaft der betrieblich „optimale" Standort sein werden. Für Betriebe des produzierenden Gewerbes und des Handwerks, die über Jahrzehnte eher von einer Suburbanisierung geprägt waren, kann ein innerstädtischer Standort vorteilhaft sein. Sie können hier von dem zumeist attraktiveren Umfeld und der besseren Erreichbarkeit für Beschäftigte bzw. dem besseren Zugang zu Arbeitskräften profitieren, was vor dem Hintergrund des Fachkräftemangels und des Urbanisierungstrends zunehmend wichtiger wird (Herrmann et al. 2014, S. 284). Aber auch das Ziel, an einem einzigen Standort forschen, entwickeln, produzieren und vermarkten zu können und die zunehmende Bedeutung der Vernetzung von Kunden, Kooperationspartnern und Forschungseinrichtungen können für einen innerstädtischen Standort sprechen. Für das meist lokal geprägte Handwerk stellt beispielsweise die Nähe zu den meist in der Stadt liegenden Kunden einen wichtigen Wettbewerbs- und damit Standortfaktor dar. Aufstrebende Wirtschaftsbereiche wie die Informations- und Kommunikationstechnologien, Medizintechnik und Biotechnologie sowie das „neue" Manufakturwesen („Urban Manufacturing"), das als Weiterentwicklung des traditionellen Handwerks mit neuen Vertriebs- und Kommunikationswegen zu verstehen ist, sind durchaus stadtaffin und an integrierten, zentral gelegenen Standorten interessiert (Schössler et al. 2012). Durch neue Fertigungs- und Logistikkonzepte verlieren für etliche Betriebe des produzierenden Gewerbes räumliche Abstandsanforderungen aufgrund von Lärm- und Schadstoffemissionen zudem an Relevanz.

„Der technologische Fortschritt lässt es in vielen Fällen zu, dass auch vermeintlich störende Nachbarschaften von Produktion, Dienstleistung und Wohnen heute wieder möglich sind" (Bundesministerium für Verkehr, Bau und Stadtentwicklung 2011). In vielen Städten stehen jedoch für stadtaffine „Urban Industries" und zunehmend auch für das Handwerk kaum noch geeignete Flächen zur Verfügung. Vielerorts werden die letzten vorhandenen Industrie- und Gewerbeflächen in zentralen Lagen zu Wohn-, Büro- oder Einzelhandelsflächen umgewidmet.

Somit hängt es sehr stark von der jeweiligen Flächenverfügbarkeit und den Flächenpreisen ab, inwieweit es zu Neuansiedlungen in den Städte kommt und dort vorhandene Unternehmen ihre Standorte ausweiten. Aufgrund der Flächenknappheit insbesondere in den Wachstumsmetropolen Deutschlands sollte somit der Trend der Reurbanisierung von Industrie quantitativ nicht überschätzt werden.

2.3 Zukünftige Entwicklung von Arbeitskräften

In diesem Zusammenhang ist es auch interessant – neben der Frage der räumlichen Verortung des Gewerbes – auch über die demografische Entwicklung und vor allem die Entwicklung der Beschäftigtenzahlen und des Arbeitskräftepotenzials in Zukunft nachzudenken. Wie bereits im Zusammenhang mit den Arbeitsmarktauswirkungen der Industrie 4.0 beschrieben, lässt sich davon ausgehen, dass bis 2030 aufgrund der Digitalisierung und damit verbundener Routinen weitere Arbeitsplätze im verarbeitenden Gewerbe verloren gehen werden (−490.000), auf der anderen Seite jedoch auch ein fast gleich hoher „Aufwuchs" an Dienstleistungsarbeitsplätzen (+430.000) stattfinden wird (Wolter et al. 2015).

Auch andere Studien argumentieren mit der sehr wahrscheinlichen zunehmenden Terziärisierung in der deutschen Wirtschaft in den nächsten Jahrzehnten. Die Szenario-Betrachtung von Helmrich et al. (2013) zeigt beispielsweise eine Abnahme der Beschäftigung von 2010 bis 2030 um knapp 1,5 Mio., deren Verlust allerdings nur im verarbeitenden Gewerbe stattfinden wird (−1,8 Mio.) die Dienstleistungssegmente verzeichnen einen leichten Zugewinn von 500.000 Beschäftigten (Abb. 1).

Nun wird bei der Betrachtung derartiger Szenarien und Prognosen zur Beschäftigung in Deutschland schnell deutlich, wie sehr der (zu prognostizierende) Faktor der Zuwanderung hierbei seine Relevanz entfaltet. Geht man davon aus, dass es in den nächsten

Ausblick: CSR in der Stadt von Morgen

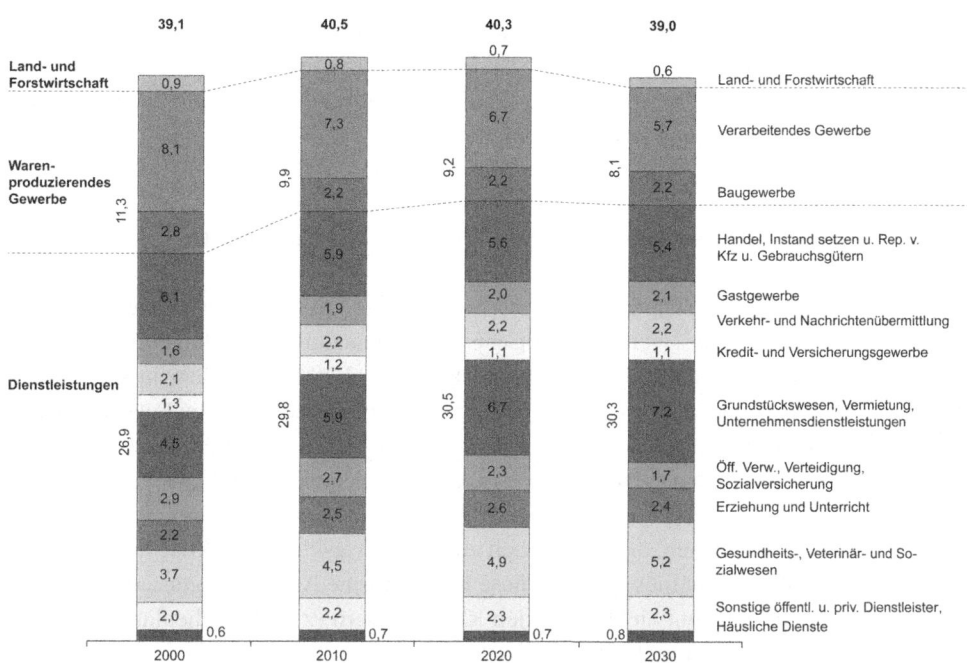

Abb. 1 Entwicklung der Beschäftigten nach Sektoren in Mio. (Eigene Darstellung in Anlehnung an Helmrich et al. 2013)

Jahren zu einer außergewöhnlich hohen Zuwanderung so wie in diesem Jahr kommen wird, bedeutet dies zunächst starke Zuwächse im Bereich des Arbeitskräftepotenzials und der gesamtwirtschaftlichen Nachfrage.

Für die Beurteilung der Arbeitsmarkteffekte lautet jedoch die wichtigste Frage, in welchem Umfang die Zuwandernden diejenigen Qualifikationen mitbringen oder (kurzfristig) erwerben können, die in den nächsten Jahren von der Wirtschaft benötigt werden. Hierüber wird derzeit viel spekuliert. Es wird jedoch durch die Zuwanderung offensichtlich, dass es bis 2030 zu einem durchaus höheren Beschäftigungswachstum kommen könnte, als in vielen Arbeitsmarktprognosen bislang unterstellt. Gerade der wachsende Dienstleistungsbereich, könnte stark von der Zuwanderung profitieren. So ist z. B. für das Segment Gesundheits-, Veterinär und Sozialwesen bereits jetzt ein Beschäftigungswachstum von 15 % (2010–2030) prognostiziert (Helmrich et al. 2013), das noch weiter gesteigert werden könnte. Es sollte jedoch auch davon ausgegangen werden, dass die Zuwanderung nicht kurzfristig und auch nicht in Gänze das deutsche Problem des Fachkräftemangels, vor allem an Hochqualifizierten zu lösen vermag.

Spitzt man die Standortfrage für die sich digitalisierende Wirtschaft zu, so scheint die Bedeutung des harten Standortfaktors der ausreichenden Quantität und Qualität an Fachkräften und Hochqualifizierten aufgrund der künftigen demografischen Entwicklung in den Städten weiter zu wachsen.

Die Hochqualifizierten präferieren i. d. R. einen urbanen Lebensstil an Standorten mit entsprechend hoher Qualität der weichen Standortfaktoren, wie z. B. ansprechende Kultur- und Freizeitangebote, differenzierte gute Wohnraumversorgung und gute städtebauliche Struktur sowie insgesamt hohe Lebensqualität.

2.4 Krisenanfälligkeit und Governancefragen in der Stadt

Städte stehen – wie die gesamte Gesellschaft – spätestens seit den Auswirkungen der globalen Finanzkrise vor massiven ökonomischen und finanziellen Problemen. Zum einen fand sich der Ursprung der weltweiten Finanzkrise 2007/2008 vor allem in städtischen Immobilienmärkten und den dort durch „billiges Geld" angeheizten spekulativen Käufen von Wohnimmobilien, vor allem in den USA, aber auch in weiten Teilen Europas. Andererseits ist die zur Krisenbewältigung stark angestiegene öffentliche Verschuldung selbst zum Problem geworden und hat sich in Europa zur nächsten Krise, der sogenannten Eurokrise, ausgewachsen, die in Wahrheit eine Staatsverschuldungskrise innerhalb des europäischen Währungsraumes ist. Dass diese Krise enorme Auswirkungen auf das städtische Leben und die Stadtentwicklung in den Krisenländern (z. B. Griechenland, Spanien, Portugal) hat, leuchtet unmittelbar ein.

Für die deutschen Städte zeigen sich Auswirkungen derartiger Krisen sehr viel indirekter. Auch in Deutschland steigen die (Wohn-)Immobilienpreise seit einigen Jahren deutlich, für manche Städte und Quartiere wird inzwischen ebenfalls vor ersten Blasenbildungen gewarnt (Kholodilin et al. 2014; Deutsche Bundesbank 2013). Zwar sind die Entkoppelungseffekte zwischen den Vermögenspreisen und den realen Größen in deutschen Städten längst nicht in diesem Ausmaß messbar, wie es in den USA oder z. B. in Spanien festzustellen war, ob es allerdings in Zukunft nicht doch zu stärkeren Übertreibungen und daraus erwachsenden Problemen kommt, lässt sich eben nicht ausschließen.

Denn eine Konsequenz der internationalen Krisen ist, dass der „sichere Hafen" Deutschland von vielen Immobilieninvestoren besonders geschätzt wird und insbesondere der Kauf von Wohnimmobilien in den deutschen Städten nach wie vor auf der Agenda internationaler Käufer weit oben steht. Etliche Städte haben ihre kommunalen Wohnungsbestände veräußert und sehen dem Steigen der Immobilienpreise und der Mieten relativ hilflos zu.

Der Wohnungsmarkt wird sich somit in den nächsten Jahren – vor allem auch vor dem Hintergrund der steigenden Zuwanderung – zu einem großen verteilungspolitischen „Spielfeld" entwickeln, auf dem unterschiedliche gesellschaftliche Gruppen um Lagen und ihre Chancen miteinander streiten. Bereits jetzt sind ausgeprägte NIMBY-Koalitionen in vielen Städten als Gegner von (notwendigen) Neubaumaßnahmen erkennbar und parallel lässt sich beobachten, dass der zusätzliche Nachfragedruck – unabhängig von den Flüchtlingen – als „Überschwappeffekt" zur Verdrängung der angestammten Bevölkerung in den Stadtquartieren der „zweiten Reihe" in den prosperierenden Großstädten führt (so z. B. in Quartieren wie München-Giesing, Köln-Deutz oder Berlin Pankow-Süd).

Auch wenn man unterstellt, dass in Zukunft weniger Flüchtlinge nach Deutschland kommen werden als 2015 und es überdies immer besser gelingen wird, diese in geordneten Verfahren als Asylberechtigte anzuerkennen und den jeweiligen Kommunen zuzuweisen, bleibt die Unterbringung der Flüchtlinge, ihre Integration in die Quartiere, in die Stadtgesellschaft und vor allem in den Arbeitsmarkt die eigentliche Herausforderung für die Städte.

Neben der bereits angesprochenen Flüchtlingskrise wird von vielen Autoren auch vor einer Klimakrise für die deutschen Städte gewarnt. Hierbei geht es um mögliche Auswirkungen, die der Treibhauseffekt für das Klima und die Städte mit sich bringen kann (Bienert et al. 2013). Überschwemmungen, Stürme, Starkregen und Hagel sowie ein Anstieg der Temperatur, besondere Hitzeereignisse und Waldbrände können in den Städten zu entsprechenden gesundheitlichen Beeinträchtigungen der Bewohner und materiellen Schäden führen. Viele Städte versuchen hier mit einer Doppelstrategie aus CO_2-Vermeidungsstrategien (Mitigation) und Strategien der Anpassung (Adaption) diese Risiken besser in den Griff zu bekommen.

Neben diesen benannten Auswirkungen und Risiken der Klimaverschärfung kann als eine Folge davon eine klimabedingte Flüchtlingswelle von Menschen aus dem globalen Süden in die Städte des globalen Nordens erfolgen. In vielen Regionen der Welt werden die Auswirkungen der Klimakatastrophe sehr viel stärker ausfallen als in unseren Breiten, was dazu führen kann, dass sich verstärkt Menschen auf den Weg machen um zu uns zu kommen. Diese Verstärkung der Flüchtlingskrise durch die Auswirkungen des Treibhauseffektes ist ein Szenario mit dem sich die Städte der Zukunft in Europa auseinanderzusetzen haben.

In der Aufzählung dieser genannten, bereits stattfindenden und eventuell in Zukunft für unsere Städte zu erwartenden Krisen, von der Finanz- und Wirtschaftskrise, über die Klimakrise bis zur Flüchtlingskrise, stehen die Städte vor enormen Herausforderungen und es drängt sich die Frage auf, inwieweit sie diesen Aufgaben und ihrer Komplexität gewachsen sind?

Hierbei stellt sich zunächst neben der Frage der Handlungskompetenzen und des Managements auch die Frage nach den Handlungskapazitäten von Städten, nach ihren Ressourcen. Hierbei ist zunächst ein Blick auf die Finanzsituation der Kommunen in Deutschland angebracht.

Denn eine weitere indirekte Auswirkung der Finanz- und Eurokrise verbindet sich mit eben dieser Finanzsituation der deutschen Kommunen. Insgesamt ist die Verschuldung der öffentlichen Haushalte seit der Finanzkrise stark gestiegen. Gerade in den Jahren 2009 und 2010 haben alle Kommunen in West-Deutschland (ohne Stadtstaaten) einen negativen Finanzierungssaldo in Höhe von 8 Mrd. und 7 Mrd. € ausgewiesen, was einen Extremwert darstellt. Die Kommunen in den neuen Ländern wiesen in beiden Jahren einen leicht positiven Saldo auf. Der Finanzierungssaldo der Kommunen insgesamt hat sich in den darauf folgenden Jahren leicht negativ (2011, 2014) bzw. leicht positiv (2012, 2013) entwickelt. Allerdings verläuft die finanzielle Lage der Kommunen stark polarisierend, da nicht alle von den zuletzt gestiegenen Gewerbesteuereinnahmen profitieren.

Die Summe der Kassenkredite aller Gemeinden und Gemeindeverbände (ohne Stadtstaaten) als Seismograf für die kurzfristige Neuverschuldung der kommunalen Verwaltungshaushalte, hat sich von 23,8 Mio. € in 2005 auf fast 50 Mio. € in 2014 mehr als verdoppelt (BMF 2015).

Dieses Thema wird also auch in den kommenden Jahren nicht an Brisanz und Bedeutung verlieren. So wundert es auch nicht, dass eine aktuelle Befragung von 120 Oberbürgermeistern des Difu ergeben hat, dass das wichtigste Thema der nächsten fünf Jahre in den Kommunen die Verbesserung der Finanzlage sei. Dabei rangiert das Finanzthema noch vor dem Flüchtlings- und dem Demografiethema, die auf den Plätzen zwei und drei folgen (Difu 2015).

Solange eine grundsätzliche Finanzreform zugunsten der kommunalen Ebene weiter ausbleibt, bleiben auch die finanziellen Spielräume der Städte und Gemeinden in Zukunft weiterhin eng.

Es zeigt sich also bei nüchterner Betrachtung für die Kommunen auch in Zukunft ein begrenzter finanzieller Spielraum bei immer größer werdenden Handlungserfordernissen und komplexeren Aufgabenstellungen.

Seit einigen Jahren thematisiert die Governance-Forschung, dass diese wachsenden Herausforderungen nur durch neue Formen der sozialen Kooperation (Governance) in Stadt und Quartier bewältigt werden können (Drilling und Schnur 2009). Hierbei überwindet die Governance-Perspektive die kategorialen Trennungen zwischen öffentlichen und privaten Aufgaben (Börzel 2006) und legt das Verhältnis zwischen Staat und Zivilgesellschaft neu aus. Mit Blick auf die Arbeitsteilung zwischen zivilgesellschaftlichen und öffentlichen Akteuren in der Bewältigung der derzeitigen Flüchtlingskrise leuchtet die Notwendigkeit der Weiterentwicklung des Governance-Modells in den Kommunen absolut ein und Corporate Social Responsibility stellt einen wesentlichen Pfeiler dieses neuen Rollenverständnisses in der Wirtschaft dar.

3 Treiber für CSR in der Stadt von Morgen

Wachsende Herausforderungen
Die geschilderte wachsende Komplexität der kommunalen Aufgaben, die beengten Kommunalfinanzen und der (damit verbundene) verstärkte Rückzug öffentlicher Akteure auf eher Rahmen setzende und moderierende Aktivitäten führen somit (auch) in Zukunft zu einem Pull-Effekt für Unternehmen, in dieses Handlungsvakuum weiter vorzudringen und entsprechende Aufgaben in der Stadt(-entwicklung) zu übernehmen.

3.1 Glaubwürdigkeit und Vertrauen

Dabei werden sie in Zukunft von einem ebenfalls mit den beschriebenen Krisen in Zusammenhang stehenden Aspekt angetrieben (Push-Faktor). Die Wirtschafts- und Finanzkrise ging und geht einher mit einem „Glaubwürdigkeitsproblem" des kapitalistischen Wirtschaftssystems und der Unternehmen (Riess 2012, S. 782), vor allem in den betroffenen Branchen der Finanz- und Immobilienindustrie (Baumast 2012), aber auch weit darüber hinaus. Ein zentraler Vorwurf vieler Akteure und Nachfrager stellt ab auf ethische Verantwortungsfragen und den aus den Fugen geratenen Zusammenhang zwischen dem von Wirtschaftsakteuren eingegangenen (hohen) Risiko und ihrer nicht vorhandenen Haftung für die entstandenen volkswirtschaftlichen Schäden. Für viele Fehler der Wirtschaftsakteure ist die Gemeinschaft und damit der Steuerzahler in die Haftung genommen worden (z. B. „Bankenrettung").

Dieses Problem der z. T. außer Kraft gesetzten Haftung von Entscheidern setzt Fehlanreize für Unternehmensentscheider. Es wird durch das Prinzipal-Agent-Problem gut beschrieben, das besagt, dass der bezahlte Manager (Agent) zwar Entscheidungen trifft, im Ernstfall aber der Eigentümer des Unternehmens (Prinzipal) die Konsequenzen tragen muss und ihn aufgrund von Informationsasymmetrien nicht so gut kontrollieren und sanktionieren kann. Je nach Anreizsystem und -struktur im Unternehmen kann es also zu Fehlentscheidungen durch Manager kommen, da sie eher ihren eigenen kurzfristigen Nutzen maximieren, als das langfristige oder nachhaltige Unternehmenswohl im Blick zu haben (Jensen und Meckling 1976).

Die beschriebene Glaubwürdigkeitsproblematik wird auch in Zukunft ein Treiber für die Unternehmen sein, sich den CSR-Aktivitäten verstärkt zu widmen. Denn eine gesellschaftliche Verantwortung der Unternehmen legitimiert, gesellschaftlich betrachtet, mehr und mehr ihren betriebswirtschaftlichen Erfolg.

3.2 Fach- und Führungskräfte

Ein weiterer Treiber für die CSR-Aktivitäten der Unternehmen in der Stadt der Zukunft könnte aus der beschriebenen Knappheit an Hochqualifizierten und Fachkräften erwachsen. Dies zeigt eine Befragung von Ernst & Young zum Förderprogramm der Bundesregierung „Gesellschaftliche Verantwortung im Mittelstand". Dort wird das „Aktionsfeld Arbeitsplatz" von 67,6 % aller befragten mittelständischen Unternehmen als bedeutsamstes Aktionsfeld auf den ersten Platz gewählt (Pirsig et al. 2015, S. 95). Dies betrifft häufig Themen wie Mitarbeiterzufriedenheit und Partizipation, Qualifizierung sowie die Vereinbarkeit Familie und Beruf etc.

Insbesondere auch die Bedeutung weicher Standortvorteile für die Bindung von Fach- und Führungskräften, kann Unternehmen veranlassen, auch auf einer strategischen Ebene Stadtentwicklung zu betreiben bzw. diese mit zu gestalten. Aber auch die Mitwirkung an der Verbesserung harter Standortfaktoren in Stadt und Region wird für die Unternehmen in Zukunft wichtig bleiben. Die Raumproduktion wird durch die Unternehmen sowohl auf der konkreten Projektebene mit direkten Einflüssen als auch indirekt über Werte, Normen und Regeln vorgenommen (Knieling et al. 2012). Die direkten Einflüsse zeigen sich beispielsweise im Bereich des Place Makings durch z. B. ÖPP-Projekte, Business Improvement Districts (BID) oder Sponsoring oder im Bereich des Policy Makings, z. B. in Form einer aktiven Teilnahme an der politischen Entscheidungsfindung (Lobbyarbeit) und des Agenda Settings (Knieling et al. 2012, S. 458).

Typische Beispiele für die direkte Einflussnahme von Unternehmen auf Stadtentwicklungspläne und -konzepte sind z. B. die Finanzierung des Masterplanes Innenstadt in Köln durch die Kölner IHK oder das Entwicklungskonzept der Handelskammer in der Hansestadt Hamburg. Eine direkte Einflussnahme via Lobbyarbeit lässt sich für die Städte Erlangen (Siemens AG), Lübeck (Dräger AG), Hannover (IKEA) und Basel (Novartis AG) beobachten (Knieling et al. 2012). Einfacher gestaltet sich der direkte Einfluss von Unternehmen auf die Stadtentwicklung über das Einbringen eigener Flächen (z. B. Deutsche Bahn AG in Stuttgart, Thyssen-Krupp und Ruhrkohle AG im Ruhrgebiet).

In manchen Städten ist die direkte Aktivität von Unternehmen als Ko-Produzenten von städtischen Räumen sogar über die unternehmerische Verfasstheit von Städten und Stadtentwicklungsprojekten erfolgt, wie beispielsweise die Wolfsburg AG oder die Dortmund AG zeigen.

Am Beispiel VW in Wolfsburg lässt sich dann aber auch gut diskutieren, inwieweit die Zyklizität der wirtschaftlichen Performance eines Konzerns Einfluss auf seine CSR-Aktivitäten im Bereich Stadtentwicklung haben kann. Die aktuelle Krise bei Volkswagen führt wohl dazu, dass sowohl die Aktivitäten des Konzerns im Bereich CSR zurückgefahren werden als auch die Stadt selbst bestimmte Stadtentwicklungsaufgaben „liegen lässt", weil sie mit rückläufigen Gewerbesteuereinnahmen rechnet und einen vorläufigen „Ausgabenstopp" verhängt hat. Diese doppelte Abhängigkeit von der Performance großer Wirtschaftsunternehmen stellt in der Krise ein besonderes Problem für solche Städte dar. Im Einzelfall kann dies natürlich verheerende Folgen für die Stadtentwicklungsprojekte in derartigen Städten haben, insbesondere wenn die Verwaltung aufgrund der starken privaten Partner bereits vorher schon Kapazitäten abgebaut hat, die nicht leicht wieder aufgebaut werden können.

3.3 Kommunale Finanzprobleme

Hierbei tritt auch die Zweischneidigkeit der schwierigen Haushaltslage der Kommunen für die Entwicklung der CSR-Aktivitäten von Unternehmen zu Tage. Zwar wirkt – wie oben beschrieben – die Knappheit der kommunalen Kassen grundsätzlich wie eine Art Pull-Effekt auf die Unternehmen. Wenn jedoch die geringen Ressourcen in den Kommunen dazu führen, dass die Verwaltung nicht mehr ausreichend in der Lage ist „den Rahmen" für die CSR-Aktivitäten der Unternehmen zu setzen, können diese auch nicht richtig stattfinden. Häufig werden die Verwaltungsaktivitäten in den „klammen" Städten auf ein Mindestmaß an Pflichtleistungen und Tätigkeiten beschränkt und es wird vornehmlich bei den freiwilligen Leistungen eingespart, wozu häufig Kooperationsprojekte gehören. Dieser bremsende

Einfluss auf die strategische Ebene der Stadtentwicklung, auf die Schaffung von neuen Beteiligungsformaten und gemeinsamen Entwicklungsprojekten mit der Privatwirtschaft ist hierbei nicht von der Hand zu weisen.

Wägt man zwischen dem beschriebenen Pull-Effekt (Handlungsvakuum) und dem bremsenden Effekt (mangelnde Rahmensetzung) ab, spricht jedoch vieles dafür, dass die Pull-Effekte überwiegen und Lerneffekte in den deutschen Kommunen dazu führen werden, die CSR-Aktivitäten von Unternehmen besser für die Aufgaben der Stadtentwicklung zu nutzen und somit dem wachsenden Interesse von Unternehmen in der Mehrheit der Städte auch einen entsprechenden „Rahmen" zu setzen.

3.4 Empirische Ergebnisse zu CSR-Aktivitäten

Da für Deutschland grundsätzlich von einem steigenden Wachstum des Bruttoinlandsproduktes in Städten und damit auch vom steigenden wirtschaftlichen Erfolg der Unternehmen in den nächsten Jahren ausgegangen werden kann, werden wohl auch aus diesem Grunde die CSR-Aktivitäten der Unternehmen in den Städten zunehmen.

Diese Annahme wird ferner gestützt von der Entwicklung der Anzahl der Unternehmen, die Nachhaltigkeitsberichte erarbeiten und veröffentlichen. Dies geschieht z. B. über die Plattform der Global Reporting Initiative. Diese weist für Deutschland seit 1999 eine Anzahl von 980 Reports aus, alleine im Jahr 2015 wurden 98 Reports veröffentlicht (Stand Ende November) (www.database.globalreporting.org. Zugegriffen: 28.11.2015). Ein Vergleich mit Spanien zeigt hier allerdings, dass es europäische Länder gibt, die intensiver berichten. Dort wurden alleine im Jahr 2015 bereits 128 Nachhaltigkeitsberichte publiziert, bei einer Gesamtzahl von 1739 seit 1999.

Es lässt sich jedoch für die Unternehmen in Deutschland feststellen, dass die Zahl der berichtenden Unternehmen weiter ansteigt, allerdings wird auch bewertet, dass trotz „steigender Zahl der Unternehmen die nach GRI berichten ... sich die Qualität der Berichterstattung zu den tatsächlich Nachhaltigkeitsleistungen nicht in gleichem Maße entwickelt" [hat] (Riess 2012).

Auch der Vergleich einer Befragung zu den CSR-Aktivitäten von Großunternehmen durch den Bundesverband Verbraucher Initiative (VI) in den Jahren 2009, 2011 und 2015 zeigt einen Anstieg und eine Verbesserung der Aktivitäten bei 46 Unternehmen seit 2009 (Wischniewski 2015).

Befragungen von Experten zu den derzeitigen und zukünftigen Aktivitäten der deutschen Unternehmen im Bereich CSR unterstützen diese Einschätzung ebenfalls (BMAS 2012). So werten 100 befragte Experten (Wirtschaftsprofessoren, Wirtschaftspolitiker, Fachjournalisten, Großunternehmen), dass bereits in mehr als 50 % der deutschen Großunternehmen CSR-Aktivitäten verankert sind, in kleinen und mittelständischen Unternehmen sehen sie dies nur in etwas geringerem Maße.

3.5 Unternehmensgröße und CSR

Die Experten sprechen sich zudem bei Großunternehmen für einen starken Bedeutungszuwachs von CSR in den nächsten 10 Jahren aus, der Zustimmungswert steigt hierbei auf 70 %, bei den Experten aus Großunternehmen sogar auf über 80 %. Auch bei KMU sehen die Expertinnen und Experten einen steigenden Bedeutungszuwachs bis 2022, wenn auch auf niedrigerem Niveau (BMAS 2012).

Untersucht man die Projekte und Bereiche, in denen sich Unternehmen in deutschen Städten mit CSR-Aktivitäten engagieren, so fällt auf, dass die Mehrzahl der Projekte eher in kleinerem, lokalem Maßstab stattfindet. So zeigt beispielsweise eine Unternehmensbefragung bei kleinen und mittelständigen Unternehmen (KMU) in Sachsen-Anhalt (Mittelstädt et al. 2013), dass es sich dabei zu über 60 % um philanthropischen Maßnahmen, wie etwa Spenden, Geld- und Sachmittelgaben an lokale Vereine, Schulen oder Stiftungen (Corporate Funding) handelt. Den Projekten der KMU insgesamt werden von den Befragten zu 80 % eine „Reichweite" innerhalb der Kommune attestiert, nur bei ca. 20 % wird eine auf das Bundesland Sachsen-Anhalt bezogene Wirkung und unter 10 % eine Auswirkung auf das gesamte Bundesgebiet (Mehrfachnennungen) attestiert. Mit ihrem Engagement tragen somit die KMU in vielfältiger Weise „zur Regional- und Stadtentwicklung bei, etwa durch die Mitwirkung in den bundesweiten ‚lokalen Bündnissen für Familie' oder die Unterstützung von Kultur- und Sportangeboten" (Mittelstädt et al. 2013, S. 19).

Diese Ausrichtung gerade der KMU mit ihren CSR-Aktivitäten auf ihr unmittelbares Umfeld erscheint vor dem Hintergrund begrenzter Ressourcen und der lokalen Verbundenheit einleuchtend. Auch ihr eher auf kleine Projekte und das Corporate Funding (z. B. Sportvereine, freiwillige Feuerwehr) ausgerichtete Engagement ist plausibel.

Dass die größeren Unternehmen wenn, dann eher in größere und strategische Projekte der Stadtentwicklung investieren werden, dies z. T. aber auch nur an ihren Stammsitzen machen, wäre eine weitere Hypothese für die Einschätzung des CSR in der Stadt von Morgen. Hierbei interessiert natürlich für eine zukünftige Einschätzung auch die zu erwartende Entwicklung der Unternehmensgrößen im deutschen Unternehmensbestand.

Schaut man auf die Entwicklung von 2006 bis 2013, so wird deutlich, dass die Unternehmensanzahl der größeren Unternehmen mit einer höheren Dynamik gewachsen ist, als die der kleineren. In diesem Zeitraum sind sowohl die Unternehmen mit 250 Mitarbeitern und mehr um 16 % auf eine Zahl von 13.112 gewachsen, die Unternehmen zwischen 50 und 249 Mitarbeitern (57.717) und die Unternehmen zwischen 10 und 49 Mitarbeitern (268.263) jedoch mit jeweils 12 %. Nur die Kleinstunternehmen mit 0 bis 9 Mitarbeitern sind lediglich um 1,2 % auf 3,3 Mio. Unternehmen angestiegen, bleiben aber insgesamt gesehen die größte Gruppe.

Schreibt man diese Entwicklung auch in die Zukunft fort, so lässt sich auch hieraus eine Dynamik für weitere CSR-Aktivitäten in den Städten ablesen. Das Wachsen aller Unternehmenssegmente mit 10 und mehr Mitarbeitern, insbesondere das deutliche Wachstum von Großunternehmen führt auf allen Ebenen des Engagements der Unternehmen für das städtische Gemeinwesen – sowohl was das Corporate Funding, aber auch was das direkte Einwirken mit Projekten des Place Makings und auch die direkte Ebene des Policy Makings im Bereich Stadtentwicklung anbelangt – zu einem wachsenden Potenzial der Einmischung und Gestaltung durch die Privatwirtschaft.

3.6 CSR-Aktionsplan der Bundesregierung

Ein weiterer wichtiger Treiber dieser Entwicklung – unabhängig von der Größenordnung der Unternehmen – kann in den Förderprogrammen und somit der Förderpolitik gesehen werden, die in Zukunft weiter verstärkt werden soll. Dabei haben sich die „meisten guten (internationalen) Politikansätze zur Förderung gesellschaftlicher Unternehmensverantwortung … [erst] in den Jahren seit 2007 entwickelt" (Riess 2012).

Obwohl es in einigen europäischen Ländern, wie z. B. in Dänemark, eine stärkere indirekt verpflichtende Ausgestaltung von CSR gibt (Danish Company Accounts Act), steht in Deutschland eher freiwilliges Unternehmenshandeln als handlungsleitendes Prinzip im Mittelpunkt der „Nationalen CSR-Strategie" (2010). Allerdings hat die Bundesregierung mit dem CSR-Aktionsplan auch einen neuen, kooperativen und beteiligungsorientierten Politikstil an den Tag gelegt (Riess 2012). Hierbei geht es verstärkt darum, CSR besser in den Unternehmen zu verankern, vor allem in den KMU und dafür die politischen Rahmenbedingungen zu verbessern (Abb. 2).

Die Bundesregierung stützt sich hierbei auf „Vorarbeiten" der EU-Kommission. Diese hat sich – beginnend mit dem Grünbuch „Europäische Rahmenbedingungen für die soziale Verantwortung der Unternehmen" (2001) – diesem Politikfeld zugewendet und es 2002 mit einer EU-Strategie unterlegt, die 2006 und 2011 jeweils weiterentwickelt wurde (Pirsig et al. 2015). Corporate Social Responsibility wird im Rahmen der Wachstumsstrategie der EU (Europa 2020) als ein wesentlicher Beitrag für ein intelligentes, nachhaltiges und integratives Wirtschaften betrachtet.

Strategische Integration
- CSR in Unternehmen und öffentlicher Verwaltung besser verankern
- Verstärkt kleine und mittlere Unternehmen (KMU) für CSR gewinnen
- Die Sichtbarkeit und Glaubwürdigkeit von CSR zu erhöhen
- Politische Rahmenbedingungen für CSR zu optimieren
- Einen Beitrag zur sozialen und ökologischen Gestaltung der Globalisierung leisten

Bereiche des Aktionsplans

| 1. CSR in Unternehmen stärker verankern | 2. Glaubwürdigkeit und Sichtbarkeit von CSR erhöhen | 3. Integration von CSR in Bildung, Qualifizierung, Wissenschaft und Forschung | 4. Stärkung von CSR in internationalen und Entwicklungspolitischen Zusammenhängen | 5. Beitrag von CSR zur Bewältigung gesellschaftlicher Herausforderungen | 6. Weiterentwicklung eines CSR-förderlichen Umfelds |

Abb. 2 CSR-Aktionsplan der Bundesregierung. (Eigene Darstellung in Anlehnung an Pirsig et al. 2015, S. 3)

Das mit ESF-Mitteln (Europäischer Sozialfonds) finanzierte und oben bereits erwähnte Förderprogramm „Gesellschaftliche Verantwortung im Mittelstand" ist wohl das einzige Förderprogramm auf Bundesebene, das direkt auf die Unterstützung von CSR-Aktivitäten im Mittelstand abzielt.

Es wurden insgesamt 74 Projekte (48,6 % Projektnetzwerke, 41,4 % Einzelprojekte) aus 14 Bundesländern mit 41,3 Mio. € gefördert. Hiervon stammen 80 % der Mittel aus den Töpfen der öffentlichen Hand.

Eine Evaluation des Förderprogramms durch Ernst & Young (Pirsig et al. 2015) zeigt, dass in 573 Veranstaltungen insgesamt 11.343 Teilnehmer über CSR informiert und insgesamt 3583 Unternehmen für das Thema sensibilisiert wurden. Insgesamt 1305 Unternehmen wurden intensiv betreut, um CSR zu verankern. Hierfür haben 741 Coachings und 622 Qualifikationen auf allen Unternehmensebenen stattgefunden.

4 Fazit

Die Rahmenbedingungen in der Stadt von Morgen werden CSR-Aktivitäten von Unternehmen weiter begünstigen. Hierbei wirken für das Engagement von Unternehmen für die Stadt und den städtischen Raum parallel einige Pull- und Push-Effekte. Zu den Pull-Effekten zählt insbesondere die

- wachsende Komplexität der künftigen Herausforderungen für die Stadtgesellschaft (Finanzkrise, Schuldenkrise, Flüchtlingskrise, Klimakrise),
- bei gleichzeitigen Finanzproblemen kommunaler Haushalte und einer „Überforderung" administrativer Strukturen.

In dieses Handlungsvakuum stoßen zivilgesellschaftliche und somit auch unternehmerische Akteure vor und versuchen, mit ihren Beiträgen auf unterschiedlichen Ebenen vom Einzelprojekt bis zum strategischen Stadtentwicklungsplan ihre Stadt mit zu gestalten.

Als Push-Effekte für CSR zeigen sich aus der Perspektive der Unternehmen sowohl die weitere Terziärisierung und Digitalisierung der Wirtschaft, mit einer für die Unternehmen (über-)lebensnotwendigen Gestaltung von harten Standortfaktoren, wie Fach- und Führungskräftenachwuchs, Infrastruktur etc., und weichen Standortfaktoren wie Freizeit- und Kulturangebote, städtebauliche Qualitäten, Image etc. Insbesondere den in Zukunft in ihrer Anzahl weiter wachsenden mittleren und großen Unternehmen wird zunehmend klar, dass sie im globalen Wettbewerb nicht nur die Handlungsoption des Standortwechsels, sondern zunehmend auch die Handlungsoption und -aufforderung der Standortgestaltung haben.

Als weitere Treiber der zukünftig wachsenden CSR-Aktivitäten der Unternehmen können generell ein wachsendes wirtschaftliches Umfeld und die Fortführung und Ausweitung von Förderprogrammen zur Sensibilisierung und Verankerung von CSR-Strategien in KMU, wie bereits mit dem CSR-Aktionsplan der Bundesregierung begonnen, gezählt werden. Gerade die kleinen und mittleren Unternehmen können hierbei mehrheitlich in ihrem direkten Unternehmensumfeld, somit in der Stadt- und Quartiersebene, tätig werden und die Stadt von Morgen mitgestalten.

Wichtig wird es sein, bei allem notwendigen und auch gewünschten Engagement der Unternehmen für die Städte und ihre Entwicklung die unterschiedlichen Interessenlagen und Handlungslogiken der Unternehmen auf der einen und der Stadtpolitik und -verwaltung auf der anderen Seite nicht zu übertünchen. Gerade im Rahmen von CSR-Projekten erscheint die Transparenz von Interessenlagen im Entscheidungsprozess und die Beteiligung von unterschiedlichen Stakeholdern – nicht nur Unternehmen – als geboten.

Zwar geht ein stärker kooperatives Planungs- und Gestaltungsverständnis in den Städten einher mit einem Zurücktreten der öffentlichen Hand aus der Rolle des alleinigen Gestalters, es ist jedoch essenziell, dass die öffentliche Hand trotz ihrer „Überforderung" auch zukünftig in der Lage bleibt, den langfristigen Rahmen im Wesentlichen zu setzen, den andere Akteure dann mit ihrem Engagement ausfüllen. Andererseits können die öffentlichen Akteure auch eine Menge von der Privatwirtschaft lernen, insbesondere neue Managementmethoden, Flexibilität und ein proaktives Handeln. Wenn es gelingt, diese Zusammenarbeit in Zukunft auf eine solide, transparente und „lernende" Basis zu stellen, sind für die Stadt- und Quartiersentwicklung eine Reihe an neuen Synergien zu gewinnen.

Literatur

Bauer W, Schlund S, Marrenbach D, Gaschar O (Hrsg) (2014) Industrie 4.0 in Produktion, Automatisierung und Logistik: Anwendung. Technologien. Migration. Springer Verlag, Dordrecht

Baumast A (2012) Finanzmarkt und CSR. In: Schneider A, Schmidpeter R (Hrsg) Corporate Social Responsibility, Verantwortungsvolle Unternehmensführung in Theorie und Praxis. Springer Gabler Verlag, Berlin, Heidelberg

Bienert S, Hirsch J, Braun T (2013) ImmoRisk, Risikoabschätzung der zukünftigen Klimafolgen in der Immobilien- und Wohnungswirtschaft. Forschungen, Bd. 159. BBSR, Berlin, Bonn

Börzel TA (2006) Was ist Governance? Online-Publikation FU Berlin

Bundesministerium der Finanzen (BMF) (Hrsg) (2015) Eckdaten zur Entwicklung und Struktur der Kommunalfinanzen 2005 bis 2014. Eigenverlag, Berlin

Bundesministerium für Arbeit und Soziales (BMAS) (Hrsg.) (2012) Verbreitung, Entwicklung und Erfolgsfaktoren von Corporate Social Responsibility (CSR) – eine Expertenbefragung, Präsentation zur Verleihung des CSR-Preises der Bundesregierung am 8. Okt. 2012 in Berlin

Bundesministerium für Verkehr, Bau und Stadtentwicklung (BMVBS) (Hrsg) (2011) Weißbuch Innenstadt, Starke Zentren für unsere Städte und Gemeinden. Eigenverlag, Berlin/Bonn

Cox KR (Hrsg) (1997) Spaces of globalization: reasserting the power of the local. Guilford Press, New York

Deutsche Bundesbank (2013) Monatsbericht Oktober 2013. Kajuth F, Knetsch TA, Pinkwart N (2013): Assessing house prices in Germany: Evidence from an estimated stock-flow model using regional data. Discussion Paper Deutsche Bundesbank 46/2013

Deutsches Institut für Urbanistik (2015) OB-Barometer 2015, Ergebnisse einer Difu-Befragung der (Ober-) Bürgermeister/innen deutscher Städte. Eigenverlag, Berlin

Drilling M, Schnur O (2009) Governance in der Quartiersentwicklung, Theoretische und praktische Zugänge zu neuen Steuerungsformen. VS Research, Wiesbaden

Helmrich R, Wolter M-I, Zika G (2013) Zukünftige Fachkräftemärkte in Deutschland: Von Modellrechnungen zu Szenarien. In: Breuer H, Schmitz-Veltin A (Hrsg) Szenarien zur demografischen, sozialen und wirtschaftlichen Entwicklung in Städten und Regionen. Verband Deutscher Städtestatistiker, Köln

Herrmann C, Schmidt C, Kurle D, Blume S, Thiede S (2014) Sustainability in Manufacturing and Factories of the Future. Int J Precis Eng Manuf – Green Technol 1(4):283–292

Jensen M, Meckling W (1976) Theory of the firm. Managerial behavior, agency costs, and ownership structure. J financ econ 3(4):305–360

Johnston RJ, Taylor PJ, Watts MJ (Hrsg) (2002) Geographies of global change: remapping the world, 2. Aufl. Blackwell, Oxford

Kholodilin K, Michelsen C, Ulbricht D (2014) Stark steigende Immobilienpreise in Deutschland – aber keine gesamtwirtschaftlich riskante Spekulationsblase. Wochenbericht, Bd. 47. DIW, Berlin, S 1231–1240

Knieling J, Othengrafen F, Preising T (2012) Privatisierung von Stadt- und Regionalentwicklung: Gesellschaftlicher Nutzen oder Verwirklichung von Unternehmenszielen? Corporate Spatial Responsibility oder Corporate Spatial Strategy. Raumforschung und Raumordnung, Bd. 70. BBSR, Berlin, S 451–464

Mittelstädt F, Backhaus-Maul H, Kunze M (2013) Gesellschaftliches und ökologisches Engagement von Unternehmen (CSR) in Sachsen-Anhalt, Ergebnisse einer Unternehmensbefragung von kleinen und mittleren Unternehmen. Schriftenreihe des Fachgebietes Recht, Verwaltung und Organisation, Bd. 3. Martin Luther Universität Halle, Halle

Pirsig S, Kirbach M et al. (E&Y) (2015) Evaluation des ESF-Förderprogrammes – „Gesellschaftliche Verantwortung Mittelstand", Online-Abschlussbericht, Berlin

Riess B (2012) Quo vadis CSR? In: Schneider A, Schmidpeter R (Hrsg) Corporate Social Responsibility, Verantwortungsvolle Unternehmensführung in Theorie und Praxis. Springer Gabler, Berlin, Heidelberg, S 779–787

Schössler M (2012) „Grüne Fabrik" statt grüne Wiese – warum die Industrie wieder näher an die Stadt rücken sollte. Policy Brief, Bd. 02/12. Stiftung Neue Verantwortung, Berlin

Spars G, Heinze M et al. (2003) Technisch-ökonomischer Strukturwandel: räumliche Auswirkungen und regionale Anpassungsstrategien. Schriftenreihe Werkstatt: Praxis, Bd. 1. Bundesamt für Bauwesen und Raumordnung, Berlin

Wischniewski T (2015) Verbraucher Initiative: CSR-Engagement in Deutschland legt weiter zu. www.umweltdialog.de

Wolter MI, Mönnig A, Hummel M, Schneemann C, Weber E, Zika G, Helmrich R, Maier T, Neuber-Pohl C (2015) Industrie 4.0 und die Folgen für Arbeitsmarkt und Wirtschaft, Szenario-Rechnungen im Rahmen der BIBB-IAB-Qualifikations- und Berufsfeldprojektionen. IAB-Forschungsbericht, Bd. 08/2015. Eigenverlag, Nürnberg

Prof. Dr. Ing. Dipl. Volkw. Guido Spars ist seit 2006 Leiter für das Fachgebiet Ökonomie des Planens und Bauens an der Bergischen Universität Wuppertal, wo er ebenfalls stellvertretender Studiengangleiter des Weiterbildungsstudienganges REM/CPM ist. Seine Forschungsgebiete sind Stadt- und Regionalökonomie sowie -entwicklung, insbesondere Immobilienwirtschaft. Er studierte VWL an der Universität Köln und promovierte 2000 an der TU Berlin über den Bodenmarkt und seine Abgaben. Seine Habilitation, ebenfalls TU Berlin, verknüpfte neuere Ansätze der Stadt- und Regionalökonomie mit der Immobilienwirtschaft, illustriert am Beispiel Berlins. Neben zahlreichen Forschungsprojekten, Veröffentlichungen und Vorträgen im benannten Themenfeld ist Guido Spars Mitglied der Gesellschaft für immobilienwirtschaftliche Forschung (gif), berufenes Mitglied der Deutschen Akademie für Städtebau und Landesplanung und des Kuratoriums des Bundesverbandes für Wohnen und Stadtentwicklung e. V. sowie im Fachbeirat des UNESCO-Welterbe Oberes Mittelrheintal.

Geek-Towns

Wie die Technologiefirmen des Silicon Valley ihr städtisches Umfeld verändern

Felix Hartenstein

1 Einleitung

In dem Spielfilm „Prakti.com" (Originaltitel: „The Internship" 2013) versuchen die beiden Protagonisten, durch ein Praktikum einen Job bei Google[1] zu bekommen. Dabei werden dem Zuschauer fortlaufend die bekannten Vorzüge des Unternehmenscampusses präsentiert: die bunten Fahrräder, das Gratisessen, die Tischtennisplatten und Kickertische, die Volleyballfelder, die Rutschen zwischen den Etagen. Auch wenn diese Angebote im Film gelegentlich infantil wirken, übt die porträtierte neue Arbeitswelt eine starke Faszination aus. Dies liegt u. a. an der starken Inszenierung der „Googliness" (Meiert 2014),[2] dem unablässigen Zelebrieren eines von Kreativität, Kooperation und Innovation geprägten Arbeitsethos.

Der Film greift durchaus auch kritische Aspekte auf. Google ist eben nicht nur ein „riesiger Spielplatz für Erwachsene" (Prüfer 2014) und „auch im Bällebad kann man in Arbeit ertrinken" (Prüfer 2014). So verliebt sich der Filmheld in eine Karrierefrau, die den Campus gar nicht mehr verlässt, da dieser ihr alle erdenklichen Annehmlichkeiten bietet. Auch die Problematik von limitierter Diversität und verbreiteter Uniformität kommt zur Sprache, wenn eine Firma wie Google die immer gleiche Art von Leuten beschäftigt – vorrangig männlich und „weiß" (vgl. Mangalindan 2014; Ricker 2015) –, die sich über

---

[1] Im Oktober 2015 wurde Google Inc. in die neugeschaffene Holding Alphabet Inc. eingegliedert (Bager 2015). Da umgangssprachlich der Name Google nach wie vor weit verbreitet ist, wird er in diesem Beitrag synonym für Alphabet und sämtliche Tochtergesellschaften verwendet, soweit nicht zur Differenzierung explizit ein anderer Name genannt wird.

[2] Eine Interpretation von „Googliness", beschrieben von einem Google-Mitarbeiter, findet sich unter http://meiert.com/en/blog/20130812/googliness.

F. Hartenstein (✉)
Zentralinstitut El Gouna, Technische Universität Berlin
Berlin, Deutschland
E-Mail: felix.hartenstein@tu-berlin.de

die immer gleichen Themen unterhalten. Doch trotz dieser durchaus reflektierten Szenen überwiegt in dem Film letztendlich das Bild eines Vorbildunternehmens, das in höchstem Maße um die Belange seiner Angestellten bemüht ist und folglich als der begehrteste Arbeitgeber der Welt gilt (vgl. Dämon 2015).

Während man die filmische Darstellung der Google-Welt noch als klischeebehaftetes Hollywoodkino werten kann, hat das reale Unternehmen durchaus gewichtige Auswirkungen auf seine Umgebung. Google steht dabei stellvertretend für eine ganze Reihe von Technologieunternehmen, die sich südlich von San Francisco im Silicon Valley niedergelassen haben und einer weitreichenden Geek-Kultur[3] anhängen. Gemeinsam ist ihnen der feste Glaube an die Vorzüge der Technologisierung und Digitalisierung zahlreicher Lebens- und Arbeitsbereiche. Die dabei freigesetzten disruptiven Energien (vgl. Alexander 2016; Manyika et al. 2013)[4] werden durchweg positiv konnotiert, die einschneidenden gesellschaftlichen und ökonomischen Auswirkungen gefördert und als erstrebenswert erachtet. Das zugrunde liegende Weltbild bleibt somit nicht auf die Campusse der Technologiefirmen beschränkt, sondern findet auf vielfältige Weise globale Verbreitung. Insbesondere die urbanen Zentren sind von diesen Veränderungen betroffen. Obwohl die meisten Geschäftsmodelle im Internet beheimatet sind, manifestieren sie sich deutlich spürbar auch im urbanen Raum, beispielsweise indem sie bestehende Wirtschaftsformen zerstören und neue erschaffen: statt Taxi zu fahren benutzt man Uber und anstelle eines Hotels bucht man ein Zimmer bei Airbnb (vgl. Beitrag von Albers in diesem Band). Noch stärker sind die Einflüsse auf die unmittelbare Nachbarschaft der Unternehmenssitze. Durch das kleinstädtische Milieu des Silicon Valley stellen die ICT-Unternehmen einen entscheidenden Faktor in den lokalen Bereichen von Wirtschaft, Politik und gesellschaftlichem Zusammenleben dar. Dieser Einfluss ist auch entlang der gesamten Bay Area und insbesondere in San Francisco erkennbar.

Das Ziel dieses Kapitels ist es, einen ersten Beitrag zur Untersuchung der Auswirkungen von Technologiefirmen auf ihre urbane Umgebung zu leisten. Als globales Vorzeigebeispiel wird dabei das Silicon Valley herangezogen, insbesondere die Firmen Apple, Facebook und Google. Dabei wird zwischen drei konzentrischen Betrachtungseben unterschieden. Die erste Ebene beschreibt die Unternehmenssitze selbst, ihre architektonische Gestaltung und Einbindung in den städtebaulichen Kontext, sowie das Image, welches durch die gebaute Form transportiert wird. Zweitens richtet sich der Blick auf die unmittelbare Nachbarschaft der Firmen. Es wird der Frage nachgegangen, wie sich die kleinstädtisch geprägten Orte im Silicon Valley durch die Präsenz der wirtschaftlichen Schwergewichte und ihrer Mitarbeiter verändern. Die dritte Ebene bildet die Stadt San Francisco als urbanes Hauptzentrum der Bay Area. Anhand ausgewählter Beispiele werden aktuelle Entwicklungen im urbanen Kontext aufgezeigt, die mittelbar oder un-

---

[3] Mit dem Begriff „Geek" werden Menschen bezeichnet, die sich durch eine starke Affinität zu besonderen Themen, häufig wissenschaftlicher oder technologischer Art, hervorheben. Verwandte Bezeichnungen sind „Hacker" oder „Nerd".
[4] Als „disruptiv" werden Innovationen oder Technologien umschrieben, die durch ihre Neuartigkeit bestehende Märkte oder Produktlinien zerstören.

mittelbar durch die Technologiefirmen angestoßen oder verursacht werden. Abschließend werden die gewonnen Erkenntnisse auf die wachsende Digital- und Start-up-Industrie in Berlin übertragen, wo Zalando momentan einen neuen, vom Silicon Valley inspirierten Unternehmenscampus errichtet. Es wird untersucht, ob in der deutschen Hauptstadt mittelfristig ähnliche Entwicklungen zu erwarten sind wie in San Francisco.

2 Die Gestaltung der Unternehmenssitze

Das Silicon Valley ist das weltweite Zentrum der ICT-Industrie. Es erstreckt sich über eine Länge von knapp 70 Kilometer zwischen den Städten San Francisco und San José und besteht aus einer Agglomeration mehrerer kleinerer urbaner Zentren, darunter Cupertino, Menlo Park, Mountain View und Palo Alto. Als Keimzelle der einzigartigen Konzentration an Hochtechnologiefirmen gilt die Standford University, in deren Nähe zahlreiche Pioniere des frühen Computerzeitalters ihre Firmen gründeten, darunter Apple, IBM und Microsoft. Eine erste Hochphase durchlief das Silicon Valley während der Zeit des sogenannten Internet 1.0 in den 1990er-Jahren. Als die „Dotcom-Blase" im Jahr 2000 schließlich platzte, kam es zu einem zwischenzeitlichen Niedergang der Region, in dessen Folge etliche der hoffnungslos überbewerteten Unternehmen insolvent gingen. Der Schock traf die Region hart und San Francisco verlor rund 30.000 Einwohner (SF-info o.J.). Doch das kreative Milieu bestand weiter und mit dem Beginn des Web 2.0 erlebte auch das Silicon Valley eine rasante Auferstehung. Von den aktuellen „Big Five" der ICT-Firmen (Amazon, Apple, Facebook, Google, Microsoft) hat lediglich Amazon sein Hauptquartier nicht an der San Francisco Bay, sondern in Seattle. Zu den weiteren bekannten Namen des regionalen Clusters gehören u. a. Adobe, Dell, eBay, HP, Oracle, Tesla, Twitter und Yahoo. Dazu haben sich unzählige Start-ups in der Nähe angesiedelt, die auf ihren Durchbruch warten.

Teil des Narrativs des Silicon Valley sind die zahlreichen Gründungsmythen der Tech-Firmen, in denen besonders gerne auf die Ursprünge als Bastelschuppen verwiesen wird. Obwohl die großen Unternehmen der elterlichen Garage seit langem entwachsen sind, wird in den modernen Unternehmenszentralen noch immer das Image des innovativen Tüftlers kultiviert. Bei Facebook macht sich dies beispielsweise durch einen gezielten „Hacker Chique" (vgl. Lange 2014) bemerkbar. Das Innere der Bürogebäude wird durch den Schein des Unfertigen geprägt: Deckenverkleidungen fehlen, Leitungen und Kabel liegen offen und die Wände sind mit (beauftragten) Graffiti besprüht. Google verweist ebenfalls auf seine bescheidenen Wurzeln, indem es seine Werkstätten und flexiblen Arbeitsbereiche als „Garages" bezeichnet (Liedtke 2011).

War es während der Gründerjahre der heutigen Großunternehmen noch üblich, aufgegebene Büro- und Industrieparks zur Erweiterung zu nutzen,[5] haben Apple, Facebook und Google mittlerweile damit begonnen, neue Hauptquartiere zu errichten, die sie von

---
[5] Google übernahm zahlreiche Gebäudekomplexe von Silicon Graphics, Facebook ist auf dem ehemaligen Gelände von Sun Microsystems angesiedelt.

Beginn an nach ihren Bedürfnissen und entsprechend ihrer Firmenkultur gestalten. Die baulichen Ausgestaltungen der Firmensitze und die daraus resultierenden Außendarstellungen unterscheiden sich dabei erheblich.

Google setzt von jeher auf eine universitätsähnliche Campusstruktur. Der „Googleplex" in Mountain View besteht aus mehr als 65 einzelnen Gebäuden und beschäftigt rund 20.000 Mitarbeiter[6] auf einer Fläche von 190.000 m^2. Das Gelände ist offen zugänglich und wird von großzügigen Park- und Sportanalagen gesäumt. Google ist sichtlich bemüht, eine hohe Aufenthaltsqualität der Außenanlagen zu gewährleisten. Das zugrundeliegende Prinzip hinter der baulichen Gestaltung liegt in den intendierten „Casual Collisions" (Goldberger 2013), den zwanglosen Zusammenstößen der Beschäftigten, die einen gegenseitigen befruchtenden Austausch bewirken sollen. Das Konzept beruht auf der Beobachtung, dass hochwertige physische Räume die Kreativität befördern: „The theory is that open spaces that are fun ... facilitate idea exchange" (Goldberger 2013). Bei der Aufwertung des Arbeitsumfeldes handelt es sich also keineswegs um Altruismus. Vielmehr steht dahinter eine kalkulierte, datenbasierte Strategie, die auf die Produktivitätserhöhung der Mitarbeiter und letztlich auf die Umsatzsteigerung des Unternehmens abzielt. Diese Einstellung spiegelt sich auch in Googles erklärtem Ziel hinsichtlich seiner Rolle als Arbeitgeber wieder: „to create the happiest, most productive workplace in the world" (Goldberger 2013).

Der Neubau von Facebook in Menlo Park, Building 20, zielt ebenfalls auf die Schaffung eines kreativen Arbeitsmilieus ab. Der Architekt Frank Gehry hat dazu die Form eines durchlässigen Gebäudes gewählt, das die weltweit größte durchgehende Büro- und Arbeitsfläche bietet. Das Innere – mit einer gewollt unfertigen Aufmachung – soll eine offene und transparente Unternehmenskultur widerspiegeln und die Mitarbeiter zum Kollaborieren anregen (Metz 2015). Der mit Bäumen bepflanzte Dachgarten bietet Erholungs- und Sportangebote. Von außen jedoch erinnert das Bauwerk vornehmlich an ein Parkhaus. Das Erdgeschoss besteht aus einer durchgängigen PKW-Stellfläche und die schmucklose Fassade ist mit metallenen Fluchttreppen versehen. Mark Zuckerberg (2015) schreibt auf seiner Facebook-Seite über das neue Hauptquartier: „The building itself is pretty simple and isn't fancy. That's on purpose. We want our space to feel like a work in progress".

Einen gänzlich anderen Ansatz wählte Apple für sein neues Hauptquartier in Cupertino, das von Norman Foster entworfen wurde. Es handelt sich um ein kreisrundes Gebäude, welches durch seine Form bereits die Spitznamen „Doughnut" und „UFO" erhalten hat (vgl. Wainwright 2015). Der Komplex ist nach innen auf einen zentralen Park hin ausgerichtet und die Fassade nach außen hermetisch abgeschlossen. Zusätzlich wird das Gebäude von Bäumen umgeben, um ungewollte Einblicke zu verhindern. Der festungsgleiche Komplex spiegelt mit seinem durchdachten und simplistischen Design die Ästhetik von Apples Produkten wieder und veranschaulicht gleichzeitig das hohe Bedürfnis nach Geheimhaltung und Sicherheit.

---

[6] In typischer Google-Manier wird diese Summe auf der Webseite nicht einfach genannt, sondern ist als „die Summe der ersten 200 natürlichen Zahlen" zu entschlüsseln.

Die Unternehmen und die von ihnen beauftragten Architekten benutzen zur Beschreibung ihrer neuen Hauptquartiere gerne ein Vokabular, das Assoziationen von Urbanität und Gemeinschaft erzeugt. Häufig verwendete Begriffe sind beispielsweise „Community", „Neighborhood", „Livability", und „Vibrancy". Diesen Bildern stehen jedoch meist antiurbane Räume gegenüber, die von Segregierung, sozioökonomischen Monokulturen und Abschottung (v. a. bei Apple) geprägt sind. Die Hightech-Campusse erinnern weniger an eine bunte und vielschichtige Stadtgesellschaft als an eine abgeschlossene, feudalistische Elite. Auch wenn das Gelände von Google frei zugänglich ist, erweckt es nur den Anschein eines öffentlichen Raumes. Der Besucher bleibt sich stets seines Status als Gast bewusst und es überwiegt ein Gefühl des Nichtdazugehörens. Letztlich bleibt die Nutzung des Areals somit einer privilegierten Gruppe Angestellter vorbehalten, die sich durch die Summe ihrer Vorrechte deutlich vom gesellschaftlichen Durchschnitt abhebt. Der Guardian spricht aufgrund der immer offensichtlicher werdenden Parallelwelt bereits von einer „Silicon Valley Truman Show" (Wainwright 2015).

Jane Jacobs (1961) umschreibt in „The Life and Death of Great American Cities" das öffentliche Leben der Stadt als „sidewalk ballet". Mumford (1937) nutzt in ähnlicher Weise die Metapher einer Bühne, indem er in „What is a City" die Stadt als „a theater of social activity" auslegt. Von derartigen Qualitäten sind die kuratierten Arbeitslandschaften der Technologiefirmen weit entfernt. Nicht die Auseinandersetzung mit der Diversität innerhalb einer Stadt- oder Sozialgemeinschaft steht dort im Fokus, sondern die stete Bekräftigung der Gleichartigkeit und Konformität der Mitarbeiterschaft. Der Googleplex und die anderen Campusse sind kein Mumfordsches Theater sozialer Aktivitäten, sondern eine Ausstellungsfläche der betrieblichen Zugehörigkeit.

In der Summe sind die Unternehmenssitze der großen ICT-Firmen gekennzeichnet vom Charakter einer Gated Community. Es entstehen geschützte Parallelwelten, die für die Mehrheit der Bevölkerung nicht zugänglich sind – sei es durch gezielte physische Abschottung, wie bei Apples neuem Hauptquartier, oder unterschwellige Zugangsbarrieren, wie bei Facebook und Google. Die starke Betonung der flächendeckend vorhandenen Unterhaltungsangebote (Sportfelder, Gastronomie, Kinos usw.) erinnern darüber hinaus an die Verwertungsmechanismen einer Shopping Mall. Die Arbeit wird zum Event, zum hedonistischen Ereignis. Die Firmencampusse zeichnen sich zunehmend durch eine alle Lebensbereiche umfassende Komplettversorgung aus (zum Angebot gehören mittlerweile u. a. Friseure, Waschsalons, Autowerkstätten und Ärzte), die die Bedürfnisse der Angestellten in passgenauen Einklang mit den Unternehmenszielen bringen und so zu Orten werden, an denen diese sich bevorzugt aufhalten. Unter der Vorgabe einer verbesserten Work-Life-Balance werden somit Bedingungen geschaffen, die die Arbeitsumgebung schnell angenehmer erscheinen lassen als das private Umfeld und die Zumutungen der „richtigen" Stadt. Psychologen warnen bereits, dass derartige Betriebsstätten zunehmend das Zuhause ersetzen. Angestellte jedoch, die die Firma gar nicht mehr verlassen wollen, kapseln sich in der Unternehmenswelt ein und laufen Gefahr, den Kontakt zum realen Leben zu verlieren (vgl. Laube 2014). Wohin dieser Trend langfristig führen kann, hat Dave Eggers (2013) in seinem Roman „The Circle" aufgezeigt. Die Protagonistin identifiziert sich zum Ende des Buches in persönlichkeitsauflösender, selbstverneinender Weise mit ihrem Unternehmen und unterwirft sich für das Gefühl der betrieblichen Zugehörigkeit einer vollständigen Überwachung.

3 Das Verhältnis zum urbanen Umfeld

Googles plant gegenwärtig eine Campuserweiterung[7] (vgl. Frearson 2016), deren Ziele hoch gesteckt sind. Laut Bjarke Ingels, einem der Architekten, werden die neuen Gebäude „keine Festung, die die Natur und Nachbarn ausschließt", sondern sollen „die Diversität und Lebendigkeit einer urbanen Nachbarschaft" bieten (Google 2015). Doch genau an diesen Punkten entzündet sich immer häufiger Kritik. Mit seiner zunehmenden Ausbreitung wird Google zu einem stets mächtigeren Akteur in Mountain View. Bei den Bewohnern wächst daher die Sorge, mittelfristig zu einer „Googletown" zu werden (vgl. Hollister 2014). Sie befürchten eine wirtschaftliche Monostruktur mit den entsprechenden Vulnerabilitäten und Abhängigkeiten, wie sie bereits von der Phase des Web 1.0 und anderen verschwundenen Industriezweigen (bspw. die Automobilindustrie in Detroit) bekannt ist. Zudem halten sich die direkten Vorteile für den Küstenort in Grenzen. So ist Google mit 9,7 % der Jobs zwar der größte Arbeitgeber und besitzt 10,7 % der steuerpflichtigen Liegenschaften (Stand 2013), jedoch sind die Steuerzahlungen relativ gering, da die Suchmaschinenfirma für viele ihrer digitalen Geschäftsfelder keine Umsatzsteuer zu entrichten braucht (Hollister 2014). Als weitere Auswirkungen kommen die durch Googles Mitarbeiter versursachten Steigerungen der örtlichen Miet- und Immobilienpreise sowie enorme Verkehrsbelastungen entlang der Pendelrouten hinzu.

Google versucht sein lokales Ansehen durch „Public Benefits" aufzubessern, ein in den USA weit verbreitetes Mittel, das in Deutschland wohl als Korruption gewertet würde. So bot das Unternehmen im Falle des Zuschlags für den Kauf einer weiteren Ausbaufläche als Gegenleistung den Bau von Infrastrukturmaßnahmen im Wert von $ 240 Mio. in Mountain View an (vgl. Cagle 2015a). Der Stadtrat sprach das Grundstück jedoch in einer knappen Entscheidung dem Mitbewerber LinkedIn zu. In der Begründung wurde explizit die Absicht genannt, eine zu dominante Stellung Googles vor Ort vermeiden zu wollen. Ob die geplanten „Geschenke" für Mountain View nun noch realisiert werden ist ungewiss. Davon unberührt überhäuft das Unternehmen den Ort schon seit längerem derart mit diversen „Wohltätigkeitsprojekten", dass es mittlerweile auch die Kosten für zwei Stadtplaner in der Verwaltung übernommen hat, die für eine schnellere Umsetzung dieser Initiativen sorgen sollen (Cagle 2015c).

Zu Googles lokalem Engagement in Mountain View gehören neben der Bereitstellung eines stadtweiten kostenlosen WLAN-Netzes auch zahlreiche Charity-Initiativen. Das Un-

---

[7] Da ein Großteil der benötigten kommunalen Grundstücke dem Mitbewerber LinkedIn zugesprochen wurden, mussten die Pläne für die Erweiterung noch einmal überarbeitet werden und fallen nun wesentlich kleiner aus, als ursprünglich angedacht.

ternehmen fördert u. a. Projekte zur Verringerung von Jugendarbeitslosigkeit, Armut und Obdachlosigkeit. Darüber hinaus initiierte es eine regionale Förderrunde seiner „Impact Challenge" mit Fokus auf die Bay Area, in der NGOs für ihre Ideen zur Förderung der Gemeinschaft Zuschüsse von bis zu $ 500.000 erhalten konnten (Google Local Giving o.J.).

Bereits seit Längerem setzt sich Google für die Erlaubnis zum Bau von Wohnungen auf seinem Areal ein. Der Stadtrat von Mountain View hat diesem Anliegen kürzlich stattgegeben und in der Gegend der North Bayshore den Genehmigungsprozess für bis zu 9100 Wohneinheiten eingeleitet. Ein Großteil des umgewidmeten Landes befindet sich im Besitz von Google. Nach gesetzlichen Vorgaben müssen 10 % der Einheiten für Sozialwohnungen vorgehalten werden. Google erhofft sich von den Plänen eine Verbesserung der lokalen Balance zwischen Arbeitsplätzen und Wohnraum, eine Reduzierung des Drucks auf dem Wohnungsmarkt und eine spürbare Verringerung der Pendlerströme. Gleichzeitig gilt die Schaffung von Wohnraum als Voraussetzung für weitere Büroerweiterungen von Google, da das Unternehmen aufgrund neuer Vorgaben nur auf diese Weise über die notwendigen Entwicklungsrechte verfügen kann (vgl. Donato-Weinstein 2015). Das neue Wohngebiet wäre eines der größten der Region und würde sich mit bis zu zwölfstöckigen Gebäuden stark von der bisherigen, eher kleinstädtischen Struktur unterscheiden. Die Mehrzahl der Anlagen soll aus Studios sowie Wohnungen mit ein oder zwei Schlafzimmern bestehen. Familiengerechte Behausungen sind derzeit nicht vorgesehen (vgl. Donato-Weinstein 2015). Kritiker befürchten durch Googles Einstieg in den Wohnungsmarkt die Möglichkeit der indirekten politischen Einflussnahme, da bei örtlichen Abstimmungen ein „Google-Block" entstehen könne – den prognostizierten 13.600 Bewohnern des geplanten Gebietes stehen lediglich 12.000 abgegebene Stimmen bei der letzten Wahl gegenüber. Google betont jedoch, dass es mit dem Wohnungsprojekt nicht nur auf seine eigenen Mitarbeiter abzielt, sondern auch andere Nutzergruppen erreichen möchte (vgl. Dougherty 2015).

Facebook hat ebenfalls Pläne für den Bau von Wohnungen, geht dabei jedoch noch einen Schritt weiter. Gleich neben dem Unternehmenssitz in Menlo Park möchte Mark Zuckerberg unter der Leitung von Norman Foster „Zee Town" errichten, eine firmeneigene Kleinstadt für 10.000 Mitarbeiter (vgl. Greenfield 2015). Facebook ist damit kein Einzelfall – historisch gibt es zahlreiche Vorbilder für derartige „Corporate Towns". Dazu gehören u. a. die Stadt des Kraft-durch-Freude-Wagens bei Fallersleben, das spätere Wolfsburg (Volkswagen), Celebration in Florida (Disney) oder Bournville in England (Cadbury). Der ägyptische Ferienort El Gouna gehört nicht nur einer Firma (Orascom Hotels and Development), sondern stellt als Urlaubsdestination auch das Produkt dar (vgl. Hartenstein 2015). Diese und andere Vorhaben zeichnen sich grundsätzlich durch ein paternalistisches Planungsverständnis aus: die Stadtgemeinschaft soll durch die städtebauliche Form auf eine gewünschte Art beeinflusst und geformt werden. Das zugrundeliegende Konzept des „Social Engineerings" hat sich jedoch häufig als Trugschluss erwiesen. Den derart konstruierten Orten fehlt trotz (oder wegen) der allumfassenden Planung das Element der Urbanität, welche gerade durch die Auseinandersetzung mit unterschiedlichen sozialen und kulturellen Gruppen und einem hohen Grad an Zufälligkeit der menschlichen Begegnungen und Interaktionen gekennzeichnet ist (vgl. bspw. Simmel 1903). Bei vielen durchgeplanten Stadtneugründungen entstand erst durch eine graduell gewachsene Informalität an den ungeplanten Rändern urbanes Leben – im klaren Kontrast zu den ursprünglich intendierten Top-down-Entwürfen.

Durch die anhaltende Ausbreitung der Tech-Firmen in den Kleinstädten des Silicon Valley – sei es durch Büroparks oder zukünftig durch Wohnungsbau – kommt es zu einer zunehmenden Privatisierung vormals öffentlicher Flächen, da zahlreiche Grundstücke entlang der Küste vormals in kommunalem Besitz waren. Anna Minton (2014) hat anhand des Beispiels von London eindringlich beschrieben, was die beunruhigenden Auswirkungen auf das urbane Zusammenleben sein können, wenn Firmen die Kontrolle über weite Teile der Stadt erlangen: öffentliche Räume gehen verloren, die Stadt wird zusehends auf die Funktion als Verkaufsfläche reduziert und die Bürger vorrangig als Konsumenten betrachtet, große Stadtareale sind für weite Bevölkerungsschichten nicht mehr zugänglich und werden zusätzlich durch private Sicherheitsdienste und Kameras „bewacht". Es ist daher nicht verwunderlich, dass das flächenmäßige Wachstum des ICT-Sektors entlang der San Francisco Bay von den Einwohnern und politischen Entscheidungsträgern durchaus kritisch betrachtet wird.

Die großen Technologiefirmen haben in den vergangenen Jahren durch den Betrieb ihrer weitläufigen Campusse viel Erfahrung in den Bereichen der räumlichen Planung und des Baus von physischer Infrastruktur gesammelt. Sie beginnen nun, diese Expertise in Kombination mit ihrer technikaffinen Grundhaltung zur Lösung urbaner Herausforderungen einzusetzen – häufig beginnend an ihren eigenen Standorten. Doch welche Rolle spielt das menschliche Element bei diesen technologischen Ansätzen? Und inwieweit ist ein ICT-Unternehmen in der Lage, die vielschichtige Komplexität einer Stadt in seinen Überlegungen zu berücksichtigen?

Die Intentionen der Tech-Firmen im und für den urbanen Raum erscheinen ambivalent. Einerseits betont Google, das bisher ausschließlich durch Gewerbe geprägte Gebiet der North Bayshore durch den Bau von Wohnungen beleben und urbanisieren zu wollen. Andererseits hat Google kürzlich die „Sidewalk Labs" gegründet, eine „Urban Innovation Company" (Sidewalk Labs o.J.) mit dem vordergründigen Ziel, das Stadtleben verbessern zu wollen. Der Fokus liegt deutlich erkennbar auf technologischen Lösungen, nicht auf sozialen Innovationen. Die Kreativität von „Civic Hackers" soll mit den Möglichkeiten des Großunternehmens vernetzt werden (vgl. Lohr 2015). Google begibt sich damit auf das Feld der „Smart Cities", auf dem sich bereits seit Längerem andere namhafte Technologiegrößen bewegen, allem voran Cisco, IBM und Siemens. Es ist daher fragwürdig, ob Google mit seiner neuen Unternehmung wirklich das städtische Zusammenleben im Sinn hat oder die Erschließung eines neues Geschäftszweiges. Bestärkt wird dieser Zweifel durch das erste Projekt der Sidewalk Labs. Mit „LinkNYC" soll New York flächendeckend mit drahtlosem Internet versorgt werden (Stanley 2015) – ein eindeutiger Bezug zu Googles onlinebasiertem Kerngeschäft.

Kritiker zweifeln bereits länger an der Nützlichkeit des Smart-City-Ansatzes. Adam Greenfield (2013) bezeichnet in seiner Streitschrift „Against the Smart City" die Vorhaben der Technologiekonzerne als „technokratische Visionen". Er moniert, dass niemand wisse, was der Begriff Smart City eigentlich bedeute und betont, dass Städte „vielstimmige, heterogene Organismen" seien, die sich nicht einfach optimieren ließen (vgl. Dax 2014). Weitere Kritikpunkte zum Smart-City-Konzept betreffen den Mangel an demokratischen Beteiligungsprozessen, die Degradierung der Stadtbewohner zu Nutzern und Konsumenten, die Überhöhung und den Missbrauch von Technologien sowie die Bevorzugung von Industrieinteressen (vgl. bspw. Laimer 2014; Libbe 2014; Sassen o.J.; Sennett o.J.; Townsen 2014). Wie sich die ICT-Firmen in dieser Gemengelage positionieren werden ist noch nicht abschließend ersichtlich. Es ist jedoch davon auszugehen, dass ein Unternehmen wie Facebook, das von den Daten seiner Nutzer lebt, in Zee Town auf den Einsatz von Smart Metern und ähnlichen Geräten setzen wird. Google hat mit dem Kauf von Nest, einem Vorreiter der Smart Devices, bereits einen Schritt in diese Richtung gemacht. Die Erhebung von Nutzerprofilen wird somit zukünftig nicht nur im Digitalen stattfinden, sondern zunehmend auch im realen Stadtraum. Insgesamt sind die Unternehmen des Silicon Valley gegenwärtig dabei, ihr digitales Habitat zu verlassen und sich in Form neuer Produktpaletten in der materiellen Welt zu manifestieren – vorrangig in Städten. Bourdin et al. (2014) bezeichnen die aus diesen Entwicklungen resultierenden Räume als „ortlos", als „Kulisse und Bühne für ein mobiles, extrem fragil-virtuelles urbanes Leben". Der Pacific Standard überschrieb in diesem Zusammenhang kürzlich einen Artikel mit der Prognose „Google is Planning to Plan Your City" (Cagle 2015a), was durchaus als Warnung zu verstehen ist.

4 Der Einfluss auf San Francisco

San Francisco bekommt als nächstgelegene Großstadt und trendiges Habitat der Tech-Szene die Hauptlast der urbanen Folgen des boomenden ICT-Sektors im Silicon Valley zu spüren. Die Auswirkungen machen sich vor allem in rasant steigenden Miet- und Immobilienpreisen und der stadtweiten Gentrifizierung bemerkbar. Das nominelle Durchschnittseinkommen in San Francisco liegt bei rund $ 83.200[8] im Jahr (Department of Numbers o.J.) und in der Tech-Branche bei $ 150.000 (Kuhn 2015). Darüber hinaus herrscht eine hohe Dichte junger Millionäre, die mit dem Börsengang oder Verkauf ihrer Start-ups zu enormen Wohlstand gekommen sind, den sie zur Sicherung ihres Lebensstandards vornehmlich in Immobilen anlegen. Entsprechend überhitzt ist der Wohnungsmarkt. Die Mieten sind seit 2010 um 40 % gestiegen (Moore 2015). Eine Zweizimmerwohnung kostet durchschnittlich $ 3670 (Heuer 2016), eine Hochbettpritsche im geteilten Zimmer $ 1400 pro Monat (Cagle 2015b). San Francisco ist somit die Stadt in den USA, in der sich die wenigsten Bewohner noch eine Wohnung leisten können. Lediglich 14 %

---

[8] Der nationale Durchschnitt liegt bei $ 53.700.

der Häuser sind für Käufer aus der Mittelklasse noch bezahlbar (vgl. Goode und Miller 2013). Selbst für die gut entlohnten „Techies" sind die aufgerufenen Preise nicht mehr erschwinglich. Im Jahr 2015 machte ein Google-Mitarbeiter auf sich aufmerksam, der in einem ausgebauten Truck auf dem Parkplatz des Unternehmens wohnt (vgl. Töpper 2015) und seither netto über $ 10.000 an Miete gespart hat, um seinen College-Kredit abzubezahlen (Thoughts from Inside the Box 2016).

Die Verfügbarkeit enormer Finanzreserven bei den Tech-Millionären führt zu weitreichenden Verwerfungen auf dem Immobilienmarkt. Beispielsweise erwarb Mark Zuckerberg ein Haus im besonders angesagten Stadtteil The Mission für $ 10 Mio., obwohl dieses von Maklern mit lediglich $ 3 Mio. bewertet wurde (Berniker 2013). Und der Effekt breitet sich aus: gegenüber von Zuckerbergs neuer Residenz wird aktiv mit dem berühmten Nachbarn für eine Wohnung bei Airbnb geworben, die für $ 300 pro Nacht zu mieten ist. Wohnraum wird somit zu einer Ware, die für eine sehr begrenzte Elite in beliebigem Maße verfügbar ist, während sie für den Großteil der Bevölkerung unbezahlbar wird.

San Franciscos 5500 Multimillionären stehen 7000 Obdachlose gegenüber (Kuhn 2015). Die Armutsquote liegt bei 12,1 % (United States Census Bureau o.J.) und die Zwangsräumungen haben im Zeitraum von 2010 bis 2013 um 38 % zugenommen (Lagos 2013). Gentrifizierung, Wohnungsnot und Vertreibung sind weit verbreitete Phänomene. Die Tech-Firmen tragen in erheblichem Maße zu dieser Entwicklung bei. Paulina Borsook, eine amerikanische Technologie-Journalistin, schrieb bereits 1999 einen Artikel mit dem Titel „How the Internet ruined San Francisco" (Borsook 1999). Sie legt darin die undemokratische und gesellschaftszerstörerische Kraft offen, die ihrer Ansicht nach vielen ICT-Unternehmen inhärent ist. Die Folgen dieser auf sich bezogenen Unternehmenskulturen manifestieren sich nun in immer radikalerem Maße im urbanen Raum San Franciscos. Siedelten sich junge Start-ups in der Vergangenheit noch fast ausschließlich in der Nähe der etablierten Akteure im Silicon Valley an, ist seit einigen Jahren ein neuer Trend zu beobachten: Immer mehr Unternehmensgründer zieht es direkt in das Zentrum San Franciscos (vgl. The Economist 2015). Twitter gilt als Pionier dieser Entwicklung, doch auch Airbnb, Dropbox und Uber haben ihre Hauptquartiere in Downtown. Der Druck auf Arbeits- und Wohnräume erhöht sich dadurch noch zusätzlich.

Das Silicon Valley ist einer der dynamistischsten Wirtschaftsräume der Welt. Alleine die 74 sogenannten „Einhörner", Start-ups mit einem Wert von mindestens $ 1 Mrd., sind gemeinsam $ 273 Mrd. wert (The Economist 2015). San Francisco profitiert erheblich von dieser Prosperität. Von 2010 bis 2012 entstanden 40.000 neue Jobs, davon zwei Drittel außerhalb des Hightech-Sektors. Schätzungen zufolge zieht jeder Tech-Job weitere fünf Arbeitsplätze in anderen Wirtschaftszweigen nach sich, vor allem im Dienstleistungsbereich. Die Arbeitslosigkeit ist eine der niedrigsten des Landes. Zudem wachsen die durchschnittlichen Löhne in San Francisco doppelt so schnell wie die Inflation. Jedoch steigen die Mieten noch schneller, sodass das die verfügbaren Einkommen insgesamt sinken (vgl. Ferenstein 2014). Während Immobilienbesitzer und Spitzenverdiener von diesem Trend profitieren, bedeutet er für einen Großteil der Bevölkerung einen erheblichen Verlust an Wohlstand und Lebensqualität.

Zunehmend erwacht Widerstand gegen die dramatischen Entwicklungen in San Francisco. Im Jahr 2013 entzündeten sich Proteste an den Shuttle Bussen der Tech-Firmen, den sogenannten Google Bussen,[9] die Mitarbeiter ins Silicon Valley und zurück transportieren (Montgomery 2012). Täglich nutzen rund 14.000 Techies diesen Service (Goldman 2014). Die Busse entlasten den Verkehr entlang der Pendelrouten und sorgen für erhebliche CO_2-Einsparungen, doch werden sie auch für eine Verschärfung der Gentrifizierungstendenzen entlang ihrer Routen verantwortlich gemacht. Alexandra Goldman (2013) zeigt auf, dass die Mieten innerhalb eines Radius von einer halben Meile um die Haltestellen um bis zu 20 % schneller steigen als außerhalb. Rosanne de Koning (2014) bezeichnet die Google-Busse als „vehicles of gentrification". Sie vergleicht ihren Effekt mit dem von Gated Communities, da sie durch die exklusive Ausstattung und den beschränkten Zugangs zu einer Abschottung der Mitarbeiter von ihrem Umfeld führen. Die Shuttles stehen somit im größeren Kontext der Veränderungen in San Francisco. Die Los Angeles Times bezeichnete die Proteste in zutreffender Weise als „proxy fight against gentrification" (Los Angeles Times 2014). Google entgegnet der Kritik, indem es $ 6,8 Mio. bereitstellt, um Jugendlichen die kostenlose Nutzung des ÖPNV zu ermöglichen (Coté und Lagos 2014). Seit 2015 betreibt Google zudem eine kostenlose Shuttle-Route in Mountain View (O'Brien 2015).

In San Francisco zeigen sich die Folgen des Hyperkapitalismus im Silicon Valley. Die Tech-Firmen führen zu großem Wohlstand aber auch zu Gentrifizierung, sozialer Segregation und Vertreibung. Ein erheblicher Teil der Stadtgemeinschaft ist nicht mehr in der Lage, am gesellschaftlichen Leben teilzunehmen. Saskia Sassen (2014a) beschreibt in ihrem Buch „Expulsions", wie diese Prozesse auf globaler Ebene voranschreiten. Sie analysiert den Ausschluss eines Großteils der Weltbevölkerung von einer beruflichen Existenz, Lebensraum und seiner natürlichen Umwelt. Sie zeichnet die Ursachen dieser Missstände nach und verweist explizit auf die tragende Rolle des technologischen Fortschritts: „the complex types of knowledge and technology we have come to admire are used too often in ways that produce elementary brutalities" (Sassen 2014b). In San Francisco lassen sich diese Entwicklungen in äußerst konzentrierter Form nachvollziehen.

5 Entwicklungen in Berlin

Berlin gilt als eine der bedeutsamsten Start-up-Metropolen außerhalb des Silicon Valley. Insgesamt holt Europa gegenüber den USA stark auf. Im Jahr 2015 flossen rund 11,8 Mrd. € an Wagniskapital in europäische Jungunternehmen – ein Wachstum von fast 50 % gegenüber dem Vorjahr. Davon ging beinahe jeder sechste Euro an eine Firma in Berlin (vgl. Tönnesmann 2016). Die „Silicon-Allee" (Skop 2016) rangiert damit in

---

[9] Auch Apple, Facebook, Yahoo u. a. setzen Shuttle Busse ein, Google jedoch die meisten – daher der umgangssprachliche Begriff. Eine Übersicht der Linien findet sich unter http://uptownalmanac.com/2012/09/google-shuttle-pribilege-broken-down-handy-map-from.

Europa an vorderster Stelle, noch vor London und Paris. Als maßgebliche Vorzüge Berlins gelten seine Diversität und das kooperative Umfeld. Im internationalen Wettbewerb um die klügsten Tech-Köpfe scheint die deutsche Hauptstadt mit dieser Kombination als einer der Gewinner hervorzugehen. Einer Studie des Instituts für Strategieentwicklung (2016) zufolge sind Berlins 620 Start-ups mit zusammen 13.200 Beschäftigten bereits der fünftgrößte Arbeitgeber der Stadt. Sind an der Spree also bald ähnliche Auswirkungen des Tech-Booms zu befürchten wie entlang der San Francisco Bay?

Vorreiter in Berlin ist die Zalando AG. Für 140 Mio. € baut der Online-Versandhändler in Friedrichshain in der Nähe des Ostbahnhofs einen neuen Unternehmenssitz für 5000 Mitarbeiter. Vorbild dürften die Tech-Campusse im Silicon Valley gewesen sein. Das verwendete Vokabular klingt bekannt. Als jung, flexibel, innovativ, offen und dynamisch sieht sich das Unternehmen – und diese Attribute sollen sich auch in den Gebäuden widerspiegeln (Räth 2015). Das große, helle Atrium soll – genau wie bei Facebook oder Google – den Austausch zwischen den Mitarbeitern fördern. Die Konferenzräume heißen „Neighborhoods", die Besprechungsecken „Living Rooms". Der Standort ist bewusst gewählt, denn laut Unternehmen passe der Kiez gut zum Team. Darüber hinaus sei das Gebiet „auf dem Weg zur Urbanität" (Zalando 2015). Der Tagesspiegel erklärt Friedrichshain schon zur „Zalando-Stadt" (Hubschmid 2015).

Ein wichtiger Mitbegründer von Zalando, Rocket Internet – ein Risikokapitalgeber für Internetunternehmen –, bezieht ebenfalls eine neue Konzernzentrale in Berlin. In Kreuzberg wird ein bestehendes Hochhaus zum „Rocket Tower" umgebaut. Dort soll neben dem Firmensitz Europas größter Start-up-Campus entstehen (vgl. Meyer 2015). Rocket Internet tritt damit auch in Konkurrenz zu der bereits etablierten Factory Berlin, einem Start-up-Center zwischen Mitte und Wedding, in dem u. a. der Musikstreamingdienst Soundcloud beheimatet ist.

Durch ein anhaltendes Bevölkerungswachstum – in jüngster Zeit verstärkt durch den Zuzug zahlreicher Flüchtlinge – leidet Berlin zunehmend unter Wohnungsnot. Nach Schätzungen müssten jährlich 50.000 neue Wohnungen gebaut werden, um den wachsenden Bedarf zu decken. Im Jahr 2015 wurden jedoch nur knapp 10.000 Einheiten fertiggestellt (vgl. Schönball 2015). Der Mangel an Wohnraum sorgt für anziehende Preise. Im besonders angesagten Bezirk Neukölln stiegen die Mieten von 2009 bis 2014 um 54,5 % (Bünger 2014) – deutschlandweiter Negativrekord.

Trotz der angespannten Lage auf dem Wohnungsmarkt und des Erfolges der Berliner Tech-Branche, ist mit vergleichbaren Zuständen wie in San Francisco momentan nicht zu rechnen. Zum einen sind die institutionellen (u. a. Wohngeld, Quartiersmanagement, staatliche Wohnbaugesellschaften) und regulatorischen (u. a. Mieterschutz, Mietpreisbremse, Bauvorschriften) Instrumentarien zum Schutz der Stadtgemeinschaft wesentlich stärker ausgeprägt. Zum anderen versorgen die Start-ups und etablierten ICT-Firmen in der Hauptstadt ihre Mitarbeiter zwar mit gut bezahlten Jobs, jedoch befindet sich das Lohnniveau bei weitem noch nicht auf der Höhe des Silicon Valley. Zudem fehlt die hohe Anzahl Superreicher, die durch ihre Unternehmen zu Multimillionären geworden sind und den lokalen Immobilienmarkt verzerren. Dennoch sind deutliche Parallelen mit der Situation in Kalifornien zu beobachten. Die erfolgreicheren Unternehmen beginnen damit, in Berlin Campusse nach dem Vorbild ihrer amerikanischen Vorbilder zu bauen. Da sich diese im Zentrum der Stadt befinden, werden sie einen signifikanten Einfluss auf ihr urbanes Umfeld ausüben. Es bleibt abzuwarten, ob diese Entwicklung zu ähnlichen Deformierungs- und Segregationsprozessen führen wird wie in der kalifornischen Vorbildregion.

6 Fazit und Ausblick

> The smart city vision tends to focus on infrastructure, buildings, vehicles, looking for a client amidst the city governments that procure or plan such things. But the city is something else. The city is its people. We don't make cities in order to make buildings and infrastructure. We make cities in order to come together, to create wealth, culture, more people. As social animals, we create the city to be with other people, to work, live, play. Buildings, vehicles and infrastructure are mere enablers, not drivers. They are a side-effect, a by-product, of people and culture. Of choosing the city (Hill 2013).

Die Technologiefirmen des Silicon Valley haben durch ihre Produkte und Dienstleistungen bereits erheblichen Einfluss auf das tägliche Leben zahlreicher Menschen. Sie wirken darauf ein, wie wir miteinander kommunizieren, was wir kaufen, welchen Partner wir wählen, wie wir uns bewegen und welchen Job wir machen. Auch wenn diese Aktivitäten ursprünglich im Digitalen stattfinden, sind ihre Konsequenzen doch äußerst fassbar. Eine Chatnachricht wird über das Internet versendet, am Ende erreicht sie jedoch eine „echte" Person. Eine Ware wird auf einer Onlineplattform bestellt, Versand und Transport werden jedoch von „realen" Angestellten erledig. Da die beiden Komponenten dieser Vorgänge meist nicht am selben Ort stattfinden, entsteht eine wachsende Diskrepanz und Entfremdung zwischen unserem digitalen Handeln und den daraus resultierenden analogen Auswirkungen. Grundlage dieser Entwicklung sind die Visionen der großen ICT-Unternehmen, welche eine positivistische, technologisch-optimierte und nicht zuletzt auch bequemere Zukunft propagieren, die (nur) durch ihre Innovationen verwirklicht werden kann. Die von Apple, Facebook, Google und Co. entworfenen Technologien werden dazu mit Sehnsüchten nach einer besseren Welt, Gemeinschaft, Lebendigkeit und Erfüllung verknüpft und entsprechend beworben. Diese Zukunftsbilder sind jedoch von einem unternehmerischen Verständnis motiviert und somit losgelöst von der kollektiven Auseinandersetzung über gesellschaftliche Ziele oder einer demokratischen Legitimation.

Gegenwärtig ist zu beobachten, dass sich die Unternehmensvisionen nicht länger nur auf die digitale Welt beschränken, sondern sich zusehends im urbanen Raum manifestieren. Drei ineinandergreifende Faktoren spielen dabei eine Rolle. Erstens ging mit dem ökonomischen Wachstum der Tech-Firmen auch eine räumliche Ausdehnung einher, die in dem gegenwärtigen Trend zum Campusneubau gipfelte. Durch die Auseinandersetzung mit der baulichen Gestalt ihrer Hauptquartiere und des dortigen Arbeitsumfeldes erlangten die Firmen die technische Expertise, die sie nun auf den erweiterten städtischen Raum anwenden. Zweitens gerieten einige der Unternehmen durch gesellschaftliche und politische Akteure unter Druck, da ihr Wachstum verstärkte Folgen für das lokale Umfeld hatte. Sie waren daher gezwungen, sich mit Lösungsansätzen für die von ihnen verantworteten Auswirkungen (u. a. Verkehrsstaus, Wohnungsnot, Preissteigerungen, Umweltzerstörungen) auseinanderzusetzen. Die dabei gemachten Erfahrungen dienen nun als Grundlage für die Erschließung neuer Geschäftsfelder. Drittens ist mit dem Aufkommen des Smart-City-Ansatzes ein neuer Markt für urbane Technologien entstanden, welcher bisher vor allem von traditionellen Technologiefirmen, z. B. Siemens, bedient wurde. Mit der zunehmenden Angebotsdiversifizierung (u. a. Smart Meters, selbstfahrende Autos, Drohnen) der modernen ICT-Firmen dringen diese nun schrittweise in dieses Segment vor.

Als Ergebnis des wachsenden (geschäftlichen) Interesses der Tech-Firmen an Stadtentwicklungsthemen ist mittelfristig die Entstehung von Geek-Towns zu befürchten – Ortschaften, die von dem gleichen technokratischen Verständnis und Szientismus geprägt sind wie die Produkte der Unternehmen. Vordergründig mag es dabei um die Anliegen von Bewohnern bzw. Nutzern gehen: schnelleres Internet, weniger Energieverbrauch, saubere Straßen. Wahrhafte soziale und kulturelle Bedürfnisse dürften jedoch nur eine untergeordnete Rolle spielen. Vielmehr steht stets die beste technische Lösung eines ingenieurtechnischen Problems im Vordergrund. Urbanität – und letztendlich eine pluralistische Gesellschaft – kann aber nur durch das Unvorhergesehene, den Zufall, das Unfertige, die Auseinandersetzung und den Ausgleich zwischen den Bewohnern entstehen. All diese unkontrollierbaren Komponenten sind in den städtischen Visionen der ICT-Unternehmen jedoch nicht vorgesehen, da sie deren Grundverständnis von Optimierung widersprechen. Geek-Towns werden daher zwingendermaßen unurban sein.

Einen Eindruck der zu erwartenden Entwicklungen kann man im Silicon Valley auf verschiedenen Ebenen exemplarisch beobachten: an den Unternehmenssitzen der Tech-Konzerne, ihrem direkten Umfeld und der nächstgelegenen Großstadt San Francisco. Die Firmencampusse stellen einen in sich abgeschlossenen Kosmos dar, der durch seine zahlreichen Angebote und Privilegien für die Mitarbeiter an feudalistische Strukturen erinnert und zu einer Abgrenzung gegenüber der benachbarten Bevölkerung führt. Zudem wird das kleinstädtisch geprägte Profil des Silicon Valley durch die Größe der Firmengelände und die Anzahl der Mitarbeiter stark überformt. Gleichzeitig sind die Orte und ihre Bewohner vom wirtschaftlichen Erfolg der Unternehmen großenteils abgeschnitten, da diese für ihre digitalen Geschäfte häufig keine oder nur geringe Steuern entrichten müssen. Zwar sind die meisten Firmen vor Ort sozial engagiert, jedoch bestimmen sie – anders als bei Steuerzahlungen – auch über die Verwendung der Mittel. Das Instrument der Public Benefits steht zudem im Verdacht der illegitimen politischen Einflussnahme. Derweil führt die Prosperität der „Techies" zu erheblichen Verwerfungen im städtischen Gebilde, vornehmlich auf dem Immobilienmarkt. Die Auswirkungen auf San Francisco sind zum Teil dramatisch. In Folge der steigenden Mieten müssen „Normalverdiener" stets weiter ins Umland ziehen und lange Pendelstrecken in Kauf nehmen. Viele verlieren ihre Wohnung oder werden durch zweifelhafte Methoden aus ihnen verdrängt. Die steigende Obdachlosigkeit ist im Straßenbild allgegenwärtig. Der Kontrast zwischen neu gebauten Luxusapartments und den nebenan auf dem Bürgersteig campierenden Wohnungslosen ist erschütternd und verstörend.

Die Frage der Geek-Towns ist somit in hohem Maße eine des sozialen Zusammenhaltes und der Zukunft der Stadtgemeinschaft. Dem steigendem Wohlstand und Zugang zu weitreichenden Privilegien auf Seiten der „Techies" stehen Exklusion und Verdrängung („Expulsions" – vgl. Sassen 2014a) auf Seiten abgehängter Bevölkerungsteile gegenüber. Während die einen fast unbegrenzten Zugang zu urbanen Ressourcen haben, werden die anderen zunehmend marginalisiert und von einer Teilnahme am städtischen Leben ausgeschlossen. Die Innovationen der Technologieunternehmen fördern und festigen diese Effekte. Zum einen stehen die Produkte und Errungenschaften nicht allen Stadtbewohnern im gleichen Maße zur Verfügung – man muss sie sich auch leisten können. Diese Tatsache allein führt zu einer Spaltung der Gesellschaft. Zum anderen kann die neue Generation „smarter" Produkte auch in repressiver Weise eingesetzt werden: zur Überwachung der Bevölkerung, zum Schutz von Vorrechten und Macht sowie zur Durchsetzung einer allgemeinen, konsumorientierten und unkritischen Konformität. Die voranschreitende Ausbreitung der Tech-Firmen in den städtischen Raum stellt somit den Charakter der Urbanität mit dem Ideal des demokratischen, öffentlichen Raumes und des Gemeingutes „Stadt" nachhaltig in Frage.

In Berlin sind ähnlich destruktive Auswirkungen wie im Silicon Valley gegenwärtig noch nicht zu erwarten, dennoch sind erste verwandte Tendenzen zu beobachten. So bezieht sich Zalando bei der Beschreibung seines neuen Campusses zwar explizit auf das urbane Umfeld, dieses wird jedoch nur genutzt bzw. konsumiert, ohne einen eigenen Beitrag dazu zu leisten. Der Onlinehändler legt explizit Wert darauf, in einem „passenden" Kiez angesiedelt zu sein, aber gleichzeitig schottet er sich architektonisch von diesem ab. Die Stadt wird somit zur Kulisse degagiert, vor deren Hintergrund sich Zalando als progressiver Arbeitgeber inszenieren kann. Bisher kann Berlin derartige Erscheinungen durch seine gewachsenen Stadtstrukturen noch kompensieren. Doch auch dort beginnen die letzten Freiräume allmählich zu verschwinden und es droht eine Überzeichnung durch unternehmerische Interessen. Aufgabe der Planung muss es daher sein, derartigen Entwicklungen frühzeitig entgegen zu wirken und den Schutz der Urbanität und der pluralistischen Stadtgesellschaft in den Fokus ihres Handelns zu stellen.

Literatur

Alexander L (2016) Why it's time to retire „disruption", Silicon Valley's emptiest buzzword. The Guardian. https://www.theguardian.com/technology/2016/jan/11/disruption-silicon-valleys-buzzword. Zugegriffen: 30. März 2016

Bager J (2015) Google vollzieht Umbau zu Alphabet-Holding. Heise. http://www.heise.de/newsticker/meldung/Google-vollzieht-Umbau-zu-Alphabet-Holding-2837146.html. Zugegriffen: 10. März 2016

Berniker M (2013) $ 10 million house: Did Zuck overpay for SF home? CNBC. http://www.cnbc.com/2013/10/24/10-million-house-did-mark-zuckerberg-overpay-for-sf-home.html. Zugegriffen: 10. März 2016

Borsook P (1999) How the Internet ruined San Francisco. Salon. http://www.salon.com/1999/10/28/internet_2. Zugegriffen: 10. März 2016

Bourdin A, Eckardt F, Wood A (2014) Die ortlose Stadt: Über die Virtualisierung des Urbanen. Transcript, Bielefeld

Bünger R (2014) Mieten steigen in Neukölln am stärksten. Der Tagesspiegel. http://www.tagesspiegel.de/wirtschaft/immobilien/studie-zu-wohnen-in-berlin-mieten-steigen-in-neukoelln-am-staerksten/10913186.html. Zugegriffen: 30. März 2016

Cagle S (2015a) Google Is Planning to Plan Your City. Pacific Standard. http://www.psmag.com/nature-and-technology/google-city-planning-sidewalk-labs. Zugegriffen: 10. März 2016

Cagle S (2015b) Silicon Valley's Extremely Expensive Bunk Beds. Pacific Standard. http://www.psmag.com/nature-and-technology/wtf-1386-dollars-to-sleep-in-a-bunk-like-a-child-what-is-the-point-of-adulthood-even-if-not-having-a-sweet-bed. Zugegriffen: 10. März 2016

Cagle S (2015c) Why One Silicon Valley City Said „No" to Google. Next City. https://nextcity.org/features/view/why-one-silicon-valley-city-said-no-to-google. Zugegriffen: 10. März 2016

Coté J, Lagos M (2014) Google says $ 6.8 million for youth Muni passes just a start. SF Gate. http://www.sfgate.com/news/article/Google-says-6-8-million-for-youth-Muni-passes-5273937.php. Zugegriffen: 10. März 2016

Dämon K (2015) Alle lieben Google: Die besten Arbeitgeber der Welt. Wirtschaftswoche. http://www.wiwo.de/erfolg/campus-mba/alle-lieben-google-die-besten-arbeitgeber-der-welt/11930316.html. Zugegriffen: 10. März 2016

Dax P (2014) „Niemand weiß, was Smart City bedeutet". Futurezone. http://futurezone.at/digital-life/niemand-weiss-was-smart-city-bedeutet/70.823.281. Zugegriffen: 10. März 2016

Department of Numbers (o. J.) *San Francisco-Oakland-Fremont California Household Income*. http://www.deptofnumbers.com/income/california/san-francisco/#household. Zugegriffen: 10. März 2016

Donato-Weinstein N (2015) 9100 housing units next to Google? Mountain View council signals support for sweeping North Bayshore housing plans. Silicon Vally Business Journal. http://www.bizjournals.com/sanjose/news/2015/11/11/9-100-housing-units-next-to-google-mountain-view.html. Zugegriffen: 10. März 2016

Dougherty C (2015) Google Plans New Headquarters, and a City Fears Being Overrun. The New York Times. http://www.nytimes.com/2015/02/26/technology/google-plans-new-headquarters-and-a-city-fears-being-overrun.html?_r=0. Zugegriffen: 10. März 2016

Eggers D (2013) The Circle. McSweeney's, San Francisco

Ferenstein G (2014) Is Tech Money Good For San Francisco's Middle Class? An Economist's Perspective. Tech Crunch. http://techcrunch.com/2014/02/15/is-tech-money-good-for-san-franciscos-middle-class-an-economists-perspective. Zugegriffen: 10. März 2016

Frearson A (2016) BIG and Heatherwick rework Google HQ design for smaller Mountain View site. Dezeen Magazine. http://www.dezeen.com/2016/03/15/big-bjarke-ingels-thomas-heatherwick-studio-new-google-campus-design-charleston-east-mountain-view-california. Zugegriffen: 30. März 2016

Goldberger P (2013) Exclusive Preview: Google's New Built-from-Scratch Googleplex. Vanity Fair News. http://www.vanityfair.com/news/tech/2013/02/exclusive-preview-googleplex. Zugegriffen: 10. März 2016

Goldman A (2013) The „Google Shuttle Effect": Gentrification and San Francisco's Dot Com Boom 2.0. Masters Thesis. Department of City and Regional Planning. University of California, Berkley

Goldman A (2014) Curbing the Google bus. Aljazeera America. http://america.aljazeera.com/opinions/2014/2/google-bus-san-franciscopublictransitrentgentrification.html. Zugegriffen: 10. März 2016

Goode E, Miller CC (2013) Backlash by the Bay: Tech Riches Alter a City. The New York Times. http://www.nytimes.com/2013/11/25/us/backlash-by-the-bay-tech-riches-alter-a-city.html?_r=0. Zugegriffen: 10. März 2016

Google Local Giving. http://google.org/local-giving. Zugegriffen: 10. März 2016

Google (2015) Google's Proposal for North Bayshore [Video]. YouTube. https://www.youtube.com/watch?v=z3v4rIG8kQA&feature=youtu.be. Zugegriffen: 30. März 2016

Greenfield A (2013) Against the smart city. Do projects, New York

Greenfield A (2015) Is Facebook's „Zee Town" more than just a Mark Zuckerberg vanity project? The Guardian. http://www.theguardian.com/cities/2015/mar/10/facebook-zee-town-mark-zuckerberg. Zugegriffen: 10. März 2016

Hartenstein F (2015) Public Appropriations of Private Space: Ambiguous Notions of Publicness in the Egyptian Resort Town of El Gouna. RC21 International Conference on „The Ideal City: between myth and reality. Representations, policies, contradictions and challenges for tomorrow's urban life", Urbino (Italy), 27–29 August 2015

Heuer S (2016) Und raus bist du. Brand Eins (01): 137–138

Hill D (2013) Essay: On the smart city; Or, a „manifesto" for smart citizens instead. City of Sound. http://www.cityofsound.com/blog/2013/02/on-the-smart-city-a-call-for-smart-citizens-instead.html. Zugegriffen: 30. März 2016

Hollister S (2014) Welcome to Googletown: Here's how a city becomes company property. The Verge. http://www.theverge.com/2014/2/26/5444030/company-town-how-google-is-taking-over-mountain-view. Zugegriffen: 10. März 2016

Hubschmid M (2015) Friedrichshain wird Zalando-Stadt. Der Tagesspiegel. http://www.tagesspiegel.de/wirtschaft/neue-buero-gebaeude-geplant-friedrichshain-wird-zalando-stadt/12602946.html. Zugegriffen: 30. März 2016

Institut für Strategieentwicklung (2016) *Booming Berlin: A closer look at Berlin's startup scene*

Jacobs J (1961) The Life and Death of Great American Cities. Vintage Books, New York City

Koning R de (2014) *Google Bus and Spatial Justice: A Call for Greater Social Responsibility in Urban Governance*. MA Dissertation. RMA Cultural Analysis. University of Amsterdam

Kuhn J (2015) Willkommen in der Hyperzivilisation. Süddeutsche Zeitung. http://www.sueddeutsche.de/leben/gentrifizierung-in-san-francisco-willkommen-in-der-hyperzivilisation-1.2528338?reduced=true. Zugegriffen: 10. März 2016

Lagos M (2013) San Francisco evictions surge, report finds. SF Gate. http://www.sfgate.com/bayarea/article/San-Francisco-evictions-surge-report-finds-4955020.php. Zugegriffen: 10. März 2016

Laimer C (2014) *Smart – Cities: Zurück in die Zukunft*. Dérive, Nr. 56

Lange A (2014) The Dot-Com City: Silicon Valley Urbanism. Strelka Press, London

Laube H (2014) Wann ist endlich wieder Montag? Spiegel Online. http://www.spiegel.de/karriere/jobs-im-silicon-valley-arbeiten-bei-google-facebook-evernote-a-965811.html. Zugegriffen: 29. November 2016

Libbe J (2014) Smart City: Herausforderung für die Stadtentwicklung. Difu-Berichte (2). https://difu.de/publikationen/difu-berichte-22014/standpunkt-smart-city-herausforderung-fuer-die.html. Zugegriffen: 29. November 2016

Lietdke M (2011) Google replants its garage roots in tech workshops. USA Today. http://usatoday30.usatoday.com/tech/news/2011-04-26-Goolge-garage-workshops.htm. Zugegriffen: 10. März 2016

Lohr S (2015) Sidewalk Labs, a Start-Up Created by Google, Has Bold Aims to Improve City Living. The New York Times. http://www.nytimes.com/2015/06/11/technology/sidewalk-labs-a-start-up-created-by-google-has-bold-aims-to-improve-city-living.html. Zugegriffen: 10. März 2016

Los Angeles Times (2014) San Francisco's bus wars are a proxy fight against gentrification. Los Angeles Times. http://articles.latimes.com/2014/jan/24/opinion/la-ed-google-bus-san-francisco-20140123. Zugegriffen: 10. März 2016

Mangalindan JP (2014) How tech companies compare in employee diversity. Fortune. http://fortune.com/2014/08/29/how-tech-companies-compare-in-employee-diversity. Zugegriffen: 30. März 2016

Manyika J et al (2013) Disruptive technologies: Advances that will transform life, business, and the global economy. McKinsey Global Institute

Meiert JO (2014) The Meanings of Googliness [Blogeintrag]. http://meiert.com/en/blog/20130812/googliness. Zugegriffen: 29. November 2016

Metz C (2015) Facebook Moves Into Its New Garden-Roofed Fantasyland. Wired. http://www.wired.com/2015/03/facebook-moves-new-garden-roofed-fantasyland. Zugegriffen: 30. März 2016

Meyer S (2015) GSW-Gebäude wird zum Rocket-Tower. Der Tagesspiegel. http://www.tagesspiegel.de/wirtschaft/immobilien/rocket-internet-zieht-um-gsw-gebaeude-wird-zum-rocket-tower/11593980.html. Zugegriffen: 30. März 2016

Minton A (2012) Ground Control: Fear and happiness in the twenty-first-century city. Penguin Books, London

Montgomery K (2012) Google Shuttle Privilege, Broken Down in Handy Map Form [Blogeintrag]. http://uptownalmanac.com/2012/09/google-shuttle-privilege-broken-down-handy-map-form. Zugegriffen: 29. November 2016

Moore D (2015) An Open Letter to Anyone Moving to San Francisco for a Tech Job. The Bold italic. http://www.thebolditalic.com/articles/7266-an-open-letter-to-anyone-moving-to-san-francisco-for-a-tech-job. Zugegriffen: 10. März 2016

Mumford L (1937) In: LeGates RT, Stout FS (Hrsg) The City Reader. Routledge, Abingdon-on-Thames (Nachgedruckt)

O'Brien M (2015) Google's new bus is for the people. San Jose Mercury News. http://www.mercurynews.com/business/ci_27291456/googles-new-bus-is-people. Zugegriffen: 10. März 2016

Prüfer T (2014) Aufmöbeln. Zeit Online. http://www.zeit.de/2014/15/kreativitaet-am-arbeitsplatz-raumgestaltung. Zugegriffen: 30. März 2016

Räth G (2015) Zalando baut neue Firmenzentrale für 14 Mio. Euro. Gründerszene. http://www.gruenderszene.de/allgemein/zalando-campus-2018. Zugegriffen: 30. März 2016

Ricker T (2015) How do tech's biggest companies compare on diversity? The Verge. http://www.theverge.com/2015/8/20/9179853/tech-diversity-scorecard-apple-google-microsoft-facebook-intel-twitter-amazon. Zugegriffen: 30. März 2016

Sassen (o.J.) Talking back to your intelligent city. McKinsey on Society. http://voices.mckinseyonsociety.com/talking-back-to-your-intelligent-city. Zugegriffen: 10. März 2016

Sassen S (2014a) Expulsions: Brutality and Complexity in the Global Economy. Belknap Press, Cambridge

Sassen S (2014b) Publications. http://www.saskiasassen.com/publications.php. Zugegriffen: 30. März 2016

Schönball R (2015) Berlin braucht 50.000 neue Wohnungen. Der Tagesspiegel. http://www.tagesspiegel.de/berlin/bevoelkerungswachstum-und-wohnraum-berlin-braucht-50-000-neue-wohnungen/12500912.html. Zugegriffen: 30. März 2016

Sennett R (o.J.) The stupefying smart city. LSE Cities. https://lsecities.net/media/objects/articles/the-stupefying-smart-city/en-gb/. Zugegriffen: 10. März 2016

SF-info. Dot-com bubble. http://www.sf-info.org/history/d15/dot-com-bubble. Zugegriffen: 30. März 2016

Sidewalk Labs. http://www.sidewalklabs.com. Zugegriffen: 10. März 2016

Simmel G (1903) Die Großstädte und das Geistesleben. In: Petermann T (Hrsg) Die Grossstadt. Vorträge und Aufsätze zur Städteausstellung. Jahrbuch der Gehe-Stiftung Dresden, Bd. 9. V. Zahn & Jaensch, Dresden, S 185–206. http://socio.ch/sim/verschiedenes/1903/grossstaedte.htm. Zugegriffen: 29. November 2016

Skop Y (2016) Wadi vs. Allee. Zeit Online. www.zeit.de/2016/11/startups-berlin-tel-aviv-szene-jungunternehmer. Zugegriffen: 30. März 2016

Stanley J (2015) Google's Sidewalk Labs Announces First Project. Next City. https://nextcity.org/daily/entry/google-sidewalk-labs-announces-first-project-internet-nyc. Zugegriffen: 10. März 2016

The Economist (2015) Tech-tonic shifts. The Economist. http://www.economist.com/blogs/graphicdetail/2015/07/daily-chart-mapping-fortunes-silicon-valley. Zugegriffen: 10. März 2016

The Internship (2013) Regisseur: Shawn Levy. 20th Century Fox

Thoughts from Inside the Box (2016) The Quest for Arbitrary Milestones. Thoughts from Inside the Box, 13. März 2016. frominsidethebox.com/view?key=5767494685949952. Zugegriffen: 20. März 2016

Tönnesmann J (2016) Jagt die Einhörnchen! Zeit Online. http://www.zeit.de/2016/11/start-ups-europa-berlin-investitionen-gruenderszene. Zugegriffen: 30. März 2016

Töpper V (2015) Google-Mitarbeiter lebt auf Firmenparkplatz. Spiegel Online. http://www.spiegel.de/karriere/berufsleben/google-mitarbeiter-lebt-auf-parkplatz-hier-sagt-brandon-s-warum-a-1059305.html. Zugegriffen: 10. März 2016

Townsend A (2014) Smart Cities: Big Data, Civic Hackers, and the Quest for a New Utopia. Norton & Company, New York City

United States Census Bureau (o.J.) Quick Facts: San Francisco County, California. http://www.census.gov/quickfacts/table/PST045215/06075. Zugegriffen: 10. März 2016

Wainwright O (2015) Google's new headquarters: an upgradable, futuristic greenhouse. The Guardian. http://www.theguardian.com/artanddesign/2015/feb/27/googles-new-headquarters-upgradable-futuristic-greenhouse. Zugegriffen: 10. März 2016

Zalando (2015) Zalando schafft Raum für Wachstum. Zalando Pressemitteilung. https://corporate.zalando.de/de/pressemitteilungen?tid=All&date_filter[min][date]=&date_filter[max][date]=&keys=campus. Zugegriffen: 30. März 2016

Zuckerberg M (2015) Today we moved into our new Facebook building in Menlo Park, California [Facebook-Eintrag]. Facebook. https://www.facebook.com/photo.php?fbid=10101999874192881&set=a.612287952871.2204760.4&type=1&theater. Zugegriffen: 30. März 2016

Felix Hartenstein (*1980) ist Stadtökonom und Urbanist. Nach seinem Studium der Volkswirtschaft in Maastricht und Santiago de Chile war er für die GIZ in den Bereichen kommunale Wirtschaftsförderung und KMU-Mentoring in Namibia tätig. Seit 2012 ist er wissenschaftlicher Mitarbeiter an der TU Berlin und arbeitet im Wechsel in Ägypten und Deutschland. In seiner Forschung und Lehre beschäftigt er sich mit den Themen unternehmerisches Engagement & Stadtentwicklung, städtische Arbeits- und Lebensformen, (neue) urbane Ökonomien, zukunftsfähige Stadtgestaltung sowie Stadt & Klimawandel.

CSR auf dem Weg in die digitalmoderne Stadt

Hans-Hermann Albers

Our mission is to improve life in cities for everyone through the application of technology to solve urban problems (www.sidewalklabs.com, letzter Zugriff: 10.02.2016).

1 Einleitung

Im Juni 2015 gab Google (Alphabet) die Gründung von Sidewalk Labs bekannt – ein Startup, das künftig neue Technologien zur Verbesserung des städtischen Lebens anbieten will. Neben seinen digitalen Wurzeln im Internet baut der Konzern damit sein Angebot an physischen Produkten weiter aus, nachdem er bereits selbstfahrende Autos, Google Glasses und intelligente Thermostate ins Portfolio aufgenommen hat. Exemplarisch steht Google damit für eine Entwicklung, bei der Unternehmen der Digital- und Internetwirtschaft immer prägendere Positionen in der Entwicklung der Städte einnehmen. Wie das erste Maschinenzeitalter die Städte modernisierte und umformte, so schreibt sich das zweite Maschinenzeitalter (Brynjolfsson und Mcafee 2015) heute immer deutlicher in die Strukturen und Funktionen der Städte ein. Diese Veränderungen und Neuerungen sind nützlich und erleichtern vielerorts das Leben in den Städten. Gleichzeitig jedoch werden gewohnte urbane Strukturen von den disruptiven Technologien der Digitalwirtschaft gefährdet oder sogar zerstört. Dystopische Szenarien zeichnen bereits Zukunftsstädte á la Metropolis 2.0, in denen Internetkonzerne die Gesellschaft wie in Dave Eggers Roman „The Circle" beherrschen (Eggers 2014). Vor diesem Hintergrund erscheint es notwendig, die gesellschaftliche Verantwortung der Unternehmen und ihre Rolle für aktuelle Stadtentwicklungsprozesse und letztlich die Gestaltung unserer künftigen Lebensräume

H.-H. Albers (✉)
STADTREGIE stadtforschung
Berlin, Deutschland
E-Mail: albers@stadtregie.de

zu diskutieren. Dieser Artikel möchte einen Beitrag zu dieser Diskussion liefern. Dazu wird zunächst der Wandlungsprozess hin zur digitalmodernen Stadt aufgezeigt und mit den parallelen ökonomischen Entwicklungen verbunden. Dem gegenüber folgt eine kurze Darstellung der CSR-Entwicklungsgeschichte, bevor das Thema „CSR in der digitalmodernen Stadt" fokussiert wird. Dabei werden einerseits neue Entwicklungen im Bereich der CSR-Instrumente vorgestellt, andererseits wird das (lokale) gesellschaftliche Engagement von Unternehmen aus der Digital- und Internetwirtschaft im Ansatz skizziert. Weil das Thema CSR in der Digital- und Internetwirtschaft, besonders im Bereich der Stadtentwicklung, noch kaum wissenschaftlich erfasst ist, kann und soll dieser kurze Beitrag vor allem für das Thema sensibilisieren und Impulse für den handlungsorientierten CSR-Einsatz bieten.

2 Die Stadt im (digitalen) Wandel

Die Stadt ist ein Ort des Wandels und der Anpassung! Mit der „Krise des Fordismus" seit den 1970er-Jahren wird die moderne Stadt von einem Transformationsprozess erfasst, der die alten Strukturen infrage stellt und neue heterogene und flexible Strukturen schafft. Treibende Kräfte dieser Entwicklung sind technologische Erneuerungen, vor allem in den Kommunikations- und Informationstechnologien. Manuel Castells beschreibt diesen Verlauf als den Beginn des Informationszeitalters (Castells 1989). Die weite Verbreitung moderner Telekommunikation hat seither starken Einfluss auf die ökonomische Entwicklung genommen. Arbeit kann nun flexibler organisiert werden und neue Produktionsformen, z. B. Kleinserien oder spezielle Produktdifferenzierungen, sind möglich. Gleichzeitig wird die Fließbandarbeit und Massenproduktion in den Industriestaaten abgebaut bzw. verlagert oder durch wissens- und technologieintensive Produktionsformen ersetzt. Im Arbeitsmarkt vollzieht sich eine Tertiärisierung und Ausdifferenzierung, ein Übergang von der Industrie- in die Dienstleistungsgesellschaft. Mit dieser Entwicklung geht eine umfassende Individualisierung in nahezu allen gesellschaftlichen Bereichen einher, auch im Bereich des Konsum- und Freizeitverhaltens. An die Stelle von relativ klaren Mittelschichtstrukturen treten Komplexität und Pluralisierung, auf die ökonomische, politische, soziale und kulturelle Systeme reagieren müssen. Weniger dynamische Strukturen können sich dieser Entwicklung oft schwer anpassen und werden inkompatibel. Entsprechend ist die „fordistische Krise" insbesondere eine Krise der fordistischen (Industrie-) Stadt, ihrer Organisationssysteme, Infrastrukturen und Institutionen (Esser und Hirsch 1987, S. 39 f.). Dabei wirken vor allem zwei grundlegende, als „auflösend" bezeichnete Kräfte auf die Stadt, die sich in die Wirtschaftsprozesse einschreiben und damit auch die traditionellen Bindungen zum städtischen Raum massiv beeinflussen (vgl. Läpple 2001). Dies ist zum einen die Digitalisierung, zum anderen die damit vorangetriebene Globalisierung. Die neuen digitalen (Kommunikations-) Technologien haben nicht nur starke Auswirkungen auf die ökonomische Entwicklung, auch physische Räume werden damit neuen Bedingen unterworfen. Daraus resultieren seit den 1990er-Jahren Debatten, welche Rolle die physische Ortsgebundenheit noch spiele oder ob die Existenz des Urbanen gefährdet sei. Die Verringerung und Auflösung von Distanzen durch Kommunikation und Datenaustausch hat die These vom „Tod der Entfernung" populär gemacht („Death of Distance" – Cairncross 2001). Mit der „City of Bits" (1995) nimmt W. Mitchell Bezug auf eine Verschiebung des physischen Raumes in die Virtualität (Rötzer 1995). Die höhere Mobilität von Menschen, Waren und Kapital begünstigt demzufolge die Lösung der Wirtschaft und der Gesellschaft aus ihren lokalen, traditionellen Bindungen. Giddens (1996) nennt diesen Prozess des Herauslösens „Disembedding", im Deutschen „Entbettung". Die zunehmende Flexibilität auf den globalen (Arbeits-) Märkten eröffnet den Unternehmen die Nutzung jeweiliger Standortvorteile. Gleichzeitig führt die globale Kapitalmobilität dazu, dass sich die Besitzverhältnisse von Unternehmen oft nicht mehr mit den Stand- oder Produktionsorten decken – sie etwa in globale Holdings überführt werden, die ihren Firmenhauptsitz in den Finanzmetropolen oder Offshore-Steueroasen haben und mit geringem Personal Entscheidungen mit hoher Standort- und Kulturdistanz treffen („Absentee Owned" – vgl. Polanyi 2007). Viele Unternehmen werden in diesem Kontext als „standortlos" bezeichnet und es wird die Frage aufgeworfen, ob die physische Ortsgebundenheit noch wichtig ist und inwieweit die Existenz des Urbanen (gerade hinsichtlich der Kommunikation) davon betroffen ist. Diese „Enträumlichung" wurde etwa durch M. Castells so charakterisiert, dass der „Raum der Ströme" („Space of Flow") den „Raum der Orte" („Space of Place") zunehmend dominiert, dass sich Räume also unabhängig von natürlichen oder administrativen Grenzen verflüssigen (vgl. Castells 1996). In den 1990er-Jahren finden deshalb in den gesellschaftswissenschaftlichen Diskursen Thesen vom „Zerfall der Städte" (Siegel 1997) oder vom „Ende der Stadt" (Touraine 1996) eine weite Verbreitung. Eingelöst werden diese Prognosen gerade an den Orten, die von fordistischer Produktion dominiert waren und fortan durch den Wegfall der Arbeitsplätze von Abwanderungsbewegungen und Schrumpfungsprozessen charakterisiert sind (vgl. Oswalt 2004). Außerdem verlieren die urbanen Kernstädte in dieser Zeit große Teile ihrer Bevölkerung an die Peripherie (vgl. Sieverts 1997).

Neben diesen sichtbaren und problematischen Konsequenzen erschließt sich aber auch ein natürlicher Wandlungs- und Entwicklungsprozess. Dieser wird als Neukonfiguration verstanden und schafft die Stadt als lokale Instanz nicht ab. „No space disappears in the course of growth and development: the worldwide does not abolish the local" (Lefebvre 1994, S. 86). Die Stadt wird in diesem Sinne von der Globalisierung und ihrer Triebkraft – der Digitalisierung – nicht aufgelöst, sondern vielmehr re- oder neuprogrammiert. Dabei werden die Globalisierungseffekte als räumliche Reterritorialisierung verstanden (vgl. Brenner 1998, 1999, 2000). Das Ausgangsargument lautet, dass sowohl für globale Waren- und Kapitalströme als auch für viele Unternehmen spezifische (stadt-)räumliche und lokale Konfigurationen nötig sind (Swyngedouw 1992, S. 40 ff.).[1] Mit Globalisierung und Digitalisierung findet also auch eine spezielle Art der Lokalisierung statt. Denn der

---

[1] Der Geograf Erik Swyngedouw stellt mit dem Konzept der „Glokalisierung" diese Komplementarität von Globalisierung und Lokalisierung begrifflich dar.

Informationsaustausch erfolgt nicht bevorzugt über die neuen Informations- und Kommunikationssysteme, sondern verstärkt persönlich und „Face to Face". Besonders in den urbanen Zentren haben sich sogenannte „High-Touch"-Aktivitäten (Mode-, Designbranche etc., die „Creative Industries", vgl. Florida 2002) etabliert. Auch Angehörige des Finanz- und Bankenwesens benötigen den städtischen Raum, um real miteinander in Kontakt treten zu können. Damit wird die Unternehmenskonzentration in einigen dominanten Finanzzentren begründet, den Global Cities (vgl. Sassen 2001). Gerade die informationsintensiven Wirtschaftsbereiche benötigen für den Austausch kontextgebundenen Wissens, „Tacit Knowledge" und „Sticky Knowledge", den städtischen Raum mit seinen gemeinsamen kognitiven, kulturellen und sozialen Kontexten (vgl. Amin und Graham 1997). Ohne Zweifel hinterlässt die Fordismuskrise in vielen industriell dominierten Städten und Regionen urbane Schrumpfungsszenarien (z. B. in Detroit oder im Ruhrgebiet). Größtenteils ist der Wandel ins postfordische Produktions- und Dienstleistungszeitalter allerdings mit Wachstum verbunden (Läpple 2001), der als „urbane Renaissance" bezeichnet wird. Vielerorts entwickeln sich die Industriebrachen zu neuen städtischen Dienstleistungs- und Wohnquartieren, etwa auf alten Hafengeländen. Gleichzeitig werden die Städte zu postmodernen Eventbühnen für Sport- und Kulturveranstaltungen. Der Bau von Museen und Ausstellungshallen dient dem Aufbau eines attraktiven Stadtimages, als touristische Attraktion und weicher Standortfaktor in der Unternehmensakquise. Die neuen Technologien und boomenden Unternehmen der Kommunikations- und Medienbranche sind um die Jahrtausendwende maßgebliche Triebkräfte und Impulsgeber einer technodeterministischen Sichtweise auf die Stadtentwicklung – „E-City" und „Telepolis" sind typische Begriffe dieser Zeit, die auf virtuelle Realität auch als Stadtplanungselement setzen. Jedoch verschwinden viele Ansätze dieser Ära mit dem Platzen der Dotcom Blase. Das rückt die Realökonomie wieder in den Aufmerksamkeitsfokus städtischer Entwicklungen, sie wird zur bestimmenden Einflussgröße des Urban Age.

Wenig überraschend erscheint deshalb die Interpretation, dass der Fortschritt der digitalen Technologien fortan für die Stadt wieder auf die Weiterentwicklung klassischer Infrastrukturen gerichtet ist. Und so sind es etablierte Unternehmen u. a. der Old Economy, die eine Führungsrolle im Smart-City-Trend übernehmen. Mit dem Konzept der Smart City treten Unternehmen wie Cisco, IBM, Siemens oder die Deutsche Telekom als Akteure einer (energie-)effizienten und klimaneutralen Stadtentwicklung auf. Dabei versprechen die – ökonomisch motivierten – Konzepte, das Management der Städte durch Vernetzung effizienter zu gestalten und, z. B. mit „Smart Grids", die städtische Infrastruktur optimal zu steuern. Der Begriff „Smart City" wird dabei als willkommenes Label im globalen Standort-Wettbewerb der Städte eingesetzt (Smart-City-Wien, Smart-City-Napoli, Smart-City-San Diego etc.). Das Zukunftsbild dieser Städte ist jedoch vorwiegend von einer technokratischen Vorstellung von Transformation geprägt; die Stadt soll hinsichtlich Effizienz und neuer Technik umgebaut oder – gleich einer futuristischen Vision – neu erbaut werden (vgl. Masdar City in Abu Dhabi oder New Songdo in Korea). Die Kritik mahnt deshalb die Entwicklungen an, bei denen Technik mehr als Selbstzweck in Erscheinung tritt oder sogenannte „Greenfield Smart Cities" als „Closed Systems", deterministische Städte konzipiert werden. Das Unvorhersehbare und charakteristisch „Urbane" wird allerdings ausgeklammert. Technologie soll vor allem als „Add-on" in den Smart-City-Konzepten gedacht werden, so der Stadtforscher Anthony Townsend (2013). Damit bekräftigt er die Anpassungsfähigkeit und historische Basis der Stadt. Und obwohl die Konzepte der Smart Cities mit dem Slogan „Der Mensch steht im Mittelpunkt" beworben werden, ist die Realität meist davon geprägt, soziale bzw. sozialräumliche Aspekte und Reformchancen zu vernachlässigen und vorwiegend auf Top-down-Prinzipien und klassische Planungsauffassungen zu setzen (Hajer und Dassen 2014). Auch ist zu Beginn des 21. Jahrhunderts die Vision einer vernetzten Stadt in den Stadtplanungsdisziplinen verbreitet, welche den IKT's (Internet und Kommunikationstechnologien) vorwiegend eine unterstützende Rolle für eine soziale und nachhaltige Stadt zuweist (vgl. Neue Charta von Athen 2003). Die damit formulierte „Interpretation der ‚digitalen Stadt' kann heute in vielerlei Hinsicht als naiv und als Unterschätzung der Effekte der Wissens- und Kommunikationsrevolution gelten" (Bourdin et al. 2014, S. 55). Denn die gerade massiv sichtbar werdenden Veränderungen in der „digitalmodernen Stadt" sind von Prozessen einer kreativen oder schöpferischen Zerstörung (Schumpeter 1912) geprägt. Die Entwicklung der Vernetzung von einem Web 1.0, das noch von einem klassischen Sender-Empfänger-Verständnis geprägt war, hin zu einer ubiquitären Vernetzung im Web 2.0 mit zunehmender Kollaboration und Interaktion, ist dabei die entscheidende Grundlage. Die vielen neuen Formen digitaler Kollaboration und Interaktion schlagen sich in allen Gesellschafts- und Wirtschaftsbereichen nieder. Sie ermöglichen – oftmals als disruptiv bezeichnete – neue Innovationen und heben im Fordismus formulierte Rollenverhältnisse auf: Der Konsument wird zum Prosumer oder Prosumenten, einem Hybrid aus Produzenten und Konsumenten. Gleichzeitig verschwimmen die Grenzen zwischen dem Sozialen und dem Ökonomischen, dem Privaten und dem Öffentlichen. Das Web 2.0 und der virtuelle Raum werden so zu einer Triebkraft in sozialen und ökonomischen Kontexten und stellen vor allem neue räumliche Bezüge her, bei denen die Stadt als Ressource genutzt und gleichzeitig immer stärker davon geformt wird. Im bisherigen Smart-City-Kontext werden diese Korrelationen zwischen virtuellem Handeln und physischem Stadtraum allerdings vielfach noch unterschätzt. Denn in rasantem Tempo erobern die neuen digitalen Technologien und Online-Strukturen den urbanen Raum und legen eine informationelle Infrastruktur als digitale Schicht über die Stadt („Digital Overlay"). Der mobile Einsatz von Smartphones erlaubt neue Erkundungs- und Orientierungsmöglichkeiten durch die Verbindung von Informationen mit GeoDaten („GeoWeb", vgl. „Living Map", de Waal 2014, S. 75). Zugleich sind die virtuellen Netzwerke die Handlungsbasis für gesellschaftliche Bewegungen und alternative Lebensmodelle im Kontext von Commons (Gemeingüter) oder Collaborative Consumption (Kokonsum). Mitfahrzentralen, Couchsurfing, oder Tausch- und Konsumbörsen konnten erst durch die digitale Vernetzung wirksam werden. Die neuen Wertevorstellungen und netzbasierten Nutzungsformen beeinflussen die Strukturen der Stadt hinsichtlich Mobilität, Wohnen, Reisen oder Konsum. Auf Basis dieses „Mitmachwebs" wird das Internet ein partizipatives Medium. Der Bürger nutzt diese neuen Kommunikationslandschaften und digitalen Sphären nicht nur als Konsuminstrument und lineares Kommunikationswerkzeug, sondern er nimmt Einfluss auf räumliche und gesellschaftliche Prozesse. Dabei partizipieren Bürger direkt über Online-Plattformen an urbanen Prozessen. Sie initiieren Projekte und übernehmen damit eine neue Verantwortung für ihre Stadt (Höffken 2015). Sie mischen sich als Amateur-Urbanisten ein, gestalten als Urban-Prosumer mit oder agieren als Hinweisgeber und Sensor für Defizite von städtischen Infrastrukturen. So tritt der Bürger in neuer Rolle als „Smart Citizen" auf, der die bestehende Stadt verändert (vgl. Albers und Höffken 2014). Zudem profitiert die Stadt laut H. Rauterberg von den zahlreichen digital befähigten Initiativen der Collaborative Economy (Rauterberg 2013, S. 109). Als Bespiele dienen ihm hierfür Sharing-Plattformen, Shared Offices oder Fab Labs.

Schon wird vor dem Hintergrund dieser Diagnose manches „Smart-City"-Modell hinterfragt und der „Smart Citizen" zum Leitmotiv ernannt: „Ambient intelligence and sensing networks will not change the container but the contained; not smart cities but smart citizens," formuliert der italienische Architekt und Leiter des Senseable Lab am MIT Carlo Ratti (2014). Entscheidender als vernetzte Städte (bzw. deren Infrastrukturen) sind demnach die vernetzten Menschen. Doch diese Entwicklung ist auch ambivalent. Denn trotz dieser positiven Vision sind es vielmehr die Auswirkungen plattformbasierter Gründungen der Internetökonomie, die sich in den Städten bemerkbar machen und sogar als Gefahr für oder Angriff auf die Stadt und ihre (gesellschaftlichen) Strukturen gedeutet werden. Denn ausgehend von den oft unkommerziellen – teilweise gemeinnützigen – Online-Communities inspiriert, entwickeln sich zahlreiche kommerzielle Geschäftsmodelle: So ist das kostenfreie Couchsurfing das Inspirationsmodell und die Matrize für die Community-Marktplätze und Unterkunftvermittler AirBnB, 9flats oder Wimdu. Aus dem Vorbild altbekannter Mitfahrzentralen wurden Uber oder BlaBlaCar entwickelt. Und aus der Social-Dining-Idee von Supper-Clubs entsprungen – privat organisierter „closed door restaurants", die ihren Ursprung in den USA der 1930er–Jahre haben – boomen neuerdings Online-Portale wie Eatwith oder Bookalokal. Die Kritik an diesen Vertretern eines Plattform-Kapitalismus (vgl. Lobo 2014) wächst: Neben der Diskussion um die Wahrung von Arbeitnehmerrechten und fiskalischer Aspekte wird der Einfluss dieser online vorangetriebenen Entwicklungen auf die Stadt und ihr gesellschaftliches Gefüge immer deutlicher: Der Wohnungs- und Hotelmarkt wird durch Airbnb und seine Mitbewerber neu interpretiert, sodass neue Konkurrenz entsteht, Wohnungsmietpreise lokal ansteigen oder bestehende Nachbarschaftsverhältnisse gestört werden (vgl. u. a. www.airbnbvsberlin.de. Zugegriffen: 10.3.2016). Die urbane Mobilität wird im Taxi-Gewerbe durch Anbieter wie Uber infrage gestellt. Und im Fall des Social-Dinings wird bereits ein Angriff auf die städtische Restaurantlandschaft befürchtet. Gemein ist diesen Beispielen, dass hier die bipolaren Verhältnisse von Privatem und Öffentlichem aufgelöst werden: die eigene Wohnung wird zum Hotel, das private Auto zum Taxi und die heimische Küche zum Restaurant. Die Inwertsetzung dieser – online erschlossenen – Ressourcen erfolgt dabei immer unter dem Begriff bzw. Mantel des „Sozialen" und unter der Kontrolle verlinkter sozialer Netzwerke.[2] Ebenso wird versucht, das sozialräumliche Element der Nachbarschaft in die Virtualität zu überführen und kommerziell nutzbar zu machen. Plattformen wie die App Roundhere setzen dabei auf positive Inhalte – und Sehnsüchte – wie Nachbarschaftshilfe und Sozialisation. Sie nutzen dabei die ortsbezogenen Nutzerdaten und bieten spezielle Dienstleistungen (z. B. Conciergeservice) an.

Auch die Erschließung der Stadt erfolgt immer mehr unter neuen digitalen Mustern. Die Orientierung und Navigation durch den Stadtraum mit digitalen Karten auf Smartphone-Basis ist allgegenwärtig. Relativ neu ist die Entwicklung von dynamisch generierten und personalisierten Kartendiensten (in Google Maps), die wie eine kundenspezifische Internetsuchanfrage den Nutzer durch den Stadtraum navigieren. Das heißt, dass dem Nutzer Wege und Ziele entsprechend seines digitalen Profils und über Algorithmen – natürlich mit Google Adwords-Einbindung – generiert und vorgegeben werden, z. B. kulturelle Sehenswürdigkeiten, aber vor allem personalisierte Einkaufs- und Restaurantvorschläge (vgl. „The Living Map", de Waal 2014, S. 75). Was damit verhindert wird, ist jedoch das typisch Urbane: unerwartete Begegnungen, Zufälle oder das Aufeinandertreffen von Fremden im öffentlichen Raum:

> The problem with Google's vision is that it doesn't acknowledge the vital role that disorder, chaos, and novelty play in shaping the urban experience. Back in 1970, cultural critic Richard Sennett wrote a wonderful little book – The Users of Disorder – that all Google engineers should read. In it, Sennett made a strong case for „dense, disorderly, overwhelming cities", where strangers from very different socioeconomic backgrounds still rub shoulders. Sennett's ideal city is not just an agglomeration of ghettos and gated communities whose residents never talk to one another; rather, it's the mutual entanglement between the two – and the occasionally mess that such entanglements introduce into our daily life – that makes it an interesting place to live in and allows its inhabitants to turn into mature and complex human beings (Morozov 2015).

Damit wird deutlich, dass die Digitalwirtschaft eine sehr große Rolle spielt, wenn es um die Zukunft der Stadt geht und dass das gefährdet ist, was heute als Urbanität verstanden wird. Deutlich sichtbar und stadträumlich erfahrbar sind bereits die Folgen der Internetökonomie aufgrund des Siegeszugs des Online-Handels. Laut einer IFH-Studie (2015) ist die „Kannibalisierung" des Einzelhandels in vollem Gange und 45.000 Läden stehen bis 2020 vor dem Aus. Das bedeutet für viele Städte – besonders periphere Kleinstädte – einen weiteren Leerstand. Viele Experten fürchten deshalb eine Gefährdung des Urbanen und eine neue Krise der Städte. Das marktmonopolistische Verhalten, das Amazon, Google oder Airbnb an den Tag legen, findet dabei ein Gegenüber in der Bildung von räumlichen Monopolen, in der die Stadt dem Web 2.0 untergeordnet wird. Und was sich als „disruptiv"

---

[2] Es sei darauf hingewiesen, dass die Übersetzung des englischen „social" mit dem deutschen „sozial" oft zu Missverständnissen führt, die durchaus instrumentalisiert werden. Mit „sozial" im herkömmlichen Sinn hat die geläufige und falsche Übersetzung nichts zu tun. Es handelt sich bei „social" vielmehr um die formale Beschreibung einer bestimmten Art der Kommunikations-Infrastruktur.

wirkende Innovation feiern lässt, hinterlässt ebenso disruptiv Spuren in den weniger dynamischen Strukturen – der Stadt (s. o. Auswirkungen der Krise des Fordismus). Spätestens hier wird deutlich, dass das Thema Unternehmensverantwortung und Stadtentwicklung heute mehr denn je ernst genommen werden sollte und dass die (digital-)wirtschaftliche Entwicklung einerseits Mittel für eine lebendige und vielschichtige Urbanität bereithält, andererseits jedoch Tendenzen bestehen, die ein urbanes Stadtleben bedrohen und eher eine Dystopie à la Dave Eggers Roman The Circle auf den Stadtraum übertragen. Corporate Social Responsibility heißt in der digitalmodernen Stadt somit einerseits, die neuen Möglichkeiten für CSR-Instrumente zu nutzen und andererseits, sie im Sinne von CSR 2.0 und CSR 3.0 als integralen Unternehmensbestandteil umzusetzen (vgl. Reifegradmodell, Schneider und Schmidpeter 2015). Corporate Urban Responsibility (Albers 2011) muss dabei als Weiterführung eines Prozesses verstanden werden, der parallel zur Entwicklung von Wirtschaft, Stadt und Gesellschaft erfolgt.

3 Corporate Urban Responsibility im Wandel

Die Entwicklung der (europäischen) Städte wie wir sie heute kennen ist unmittelbar mit der Wirtschaftsgeschichte und dem Engagement der Unternehmen verknüpft. Das Aufblühen von Handel und Handwerk führt im Mittelalter zu einem Boom von Stadtgründungen und der gleichzeitigen Formulierung von bürgerlicher Freiheit. Und diese Freiheit ist für die Produktivität und das Wachstum der Städte substanziell. Denn „die Landbevölkerung, welche in die Städte zog, um einen neuen Lebensunterhalt zu finden, musste sich dort geborgen fühlen" (Pirenne 1982, S. 54). Städtisches Gemeinwesen und öffentliche Einrichtungen sind dabei tragende Säulen, die zu einer Festigung der jungen Bürgerstädte beitragen. Das wachsende Unternehmertum beteiligt sich am Aufbau städtischer Strukturen, unterstützt kulturelle und soziale Einrichtungen. Indem beispielsweise kirchliche Bauten mit Hilfe von sogenannten Memorialstiftungen entstehen, sorgen wohlhabende Bürger für ihr Seelenheil. Neben dieser religiösen Motivation sind die Motive jedoch primär weltlicher Natur: Denn Spender und Stifter verfolgen meist auch wirtschaftliche Absichten. Die Medici aus Florenz betätigen sich im 14. Jahrhundert als erste Mäzene für Kunst und Architektur und festigen darüber enge Beziehungen zu Kirchen- und Staatsmacht (eine Art früher Lobbyismus). Religiös motiviert, aber aufgrund sichtbarer sozialer Probleme im Zuge der Verstädterung werden mildtätige Einrichtungen gegründet (Witwen- und Waisenhäuser, Hospitäler, Wohnstätten etc.). In Augsburg gründet der Bankier Jakob Fugger die Fuggerei (1521), die inzwischen älteste bestehende Sozialsiedlung – eine Art Stadt in der Stadt. Später, während der Aufklärung, ist es das aufstrebende und wirtschaftlich erfolgreiche Bürgertum, das – motiviert von modernen humanistischen Orientierungen – in den Städten aktiv wird. Die Architektur der Aufklärung wird – besonders in den Städten – durch das Handeln der bürgerlichen Finanziers und Mäzenen geprägt. Neue Gebäude entstehen zum Zweck der bürgerlich-politischen Kommunikation und Repräsentanz, für Wissenschaft und Kunst. Öffentlicher Raum wird durch Interessengruppen des Bürgertums gestaltet (beispielsweise durch Gründung von Stadtverschönerungsvereinen). Stadtentwicklung und gesellschaftliches Engagement stehen damit schon lange in wichtigem Kausalzusammenhang und sind bereits in der vorindustriellen Phase ein nennenswerter Bestandteil der Stadtentwicklung.

Mit der Industrialisierung und der Verstädterung erreicht das Unternehmensengagement eine neue Dimension. Es fokussiert sich besonders auf die Bewältigung der „sozialen Frage". Denn in Folge des Arbeiterzustroms werden die bisherigen Stadtstrukturen überfordert. Schlechte hygienische Bedingungen und Wohnverhältnisse, Wohnungsmangel und Mietpreiswucher prägen das Leben in den Städten ab der zweiten Hälfte des 19. Jahrhunderts. Neben dem Aufbau staatlicher Lösungen entwickeln die schnell gewachsenen Industrien und Unternehmen selbst Lösungsansätze, um die soziale Situation zu verbessern – aber auch, um die eigene Produktivität und Kontrolle der Arbeiter nicht zu verlieren. Mitarbeiterfürsorge und eigene Sozialprogramme werden auf Unternehmensseite eingeführt. Eines der markantesten Vorhaben zur Verbesserung der Lebensverhältnisse ist der Bau von Werkswohnungen und Abeitersiedlungen – zunächst in England, später auch in Deutschland. Bekannt ist vor allem der Werkswohnungsbau der Krupp AG, der ab 1860 in Essen umgesetzt wird (z.B. Siedlung Margarethenhöhe, vgl. Kiess 1990). Mit der fortschreitenden industriellen Entwicklung entstehen zudem zahlreiche philanthropisch orientierte Stiftungen. Sie wirken aktiv in Stadtentwicklungsprozessen mit. So verhilft im 20. Jahrhundert gerade die Förderung von Kultur und Wissenschaft den Städten zu einer neuen, bürgerlich geprägten Identität. Während sich in Mitteleuropa Sozialstaaten bilden, wird in den USA das "gesellschaftliche Engagement" der Unternehmen und philanthropisches Handeln zur wichtigsten Form sozialer Sicherung und kultureller Förderung. Dort wird die Bearbeitung der „Sozialen Frage" deshalb durchaus als Beginn eines CSR-Wesens verstanden. Die Rolle amerikanischer Unternehmen in kulturellen und sozialen Bereichen beschleunigt damit die Entwicklung der „Corporate Social Responsibility" zum Instrument der Unternehmenskommunikation. In den USA werden deshalb bereits früh Konsumgüter durch Sponsoringtätigkeiten – über den Gebrauchswert hinaus – mit „emotionalen" oder "kulturellen" Werten aufgeladen.

Mit der Entwicklung von der Industrie- zur Dienstleistungsgesellschaft kündigt sich die nächste Phase für das städtische Unternehmensengagement an. Begleitet von neoliberalen Tendenzen und der Etablierung von Governance-Strukturen in den staatlichen Institutionen, setzen sich Corporate-Social-Responsibility-Konzepte seit den 1980er-Jahren auch in Europa durch. Parallel werden Umweltverschmutzung, Ressourcenverschwendung und Klimawandel zu Gesellschaftsthemen, die verstärkt an die Wirtschaft adressiert sind. Dies führt zu neuen CSR-Motiven und einer zusätzlich thematischen Bindung an Nachhaltigkeitsaspekte. Das Thema Unternehmensverantwortung erweitert dabei nicht nur seinen Zielgruppenrahmen. Es wird vielmehr gegenüber allen Stakeholdern und Unternehmensbereichen zur umfassenden Aufgabe. Auf der Konsumentenebene bedeutet dies, dass die Ansprüche des „kritischen Konsumenten" nach Produkten und Dienstleistungen erfüllt werden müssen, die ökologische, soziale, ethische und moralische Maßstäbe einhalten („Politik mit dem Einkaufswagen"). Corporate-Social-Responsibility-Kommunikation trifft damit auch ein Kennzeichen des postmodernen Konsums: an den Gebrauchswert eines Produktes (oder einer Dienstleistung) werden zusätzliche immaterielle Eigenschaften gekoppelt, die eine „Marke" definieren – ganz nach dem Motto „you are what you buy" (vgl. Hitzler in Becker und Runkel 2010). Ein Hauptanliegen ist mittlerweile, Kunden über das Marketing von dem „fairen", „guten" und „nachhaltigen" Handeln eines Unternehmens zu überzeugen. Der Wertewandel äußert sich auch hinsichtlich der Mitarbeiter und Geschäftspartner, die ähnliche Anforderungen stellen („Moralisierung der Märkte", Stehr 2007). Mit der Tertiärisierung und Ausdifferenzierung der Arbeit kommt es außerdem zu einer Individualisierung der Lebens- und Arbeitsverhältnisse, einem neuen Freizeitverhalten und schließlich neuen Ansprüchen gegenüber Wohn- und Arbeitsorten. Die „weichen Standortfaktoren" werden immer wichtiger, Städte müssen Unternehmen und ihren Mitarbeitern mehr Aufenthalts- und Lebensqualität bieten als zuvor. Die Verbindung von Stadtimage und attraktivem Unternehmensstandort gewinnt damit an Relevanz, besonders für Unternehmen der Kreativindustrie (Florida 2002; Landry 2000). Die Reterritorialisierung von Unternehmen ist die Folge (s. o.), aus der sich auch ein neues Engagement für die Unternehmensstandorte ableitet. Corporate-Social-Responsibility-Projekte sollen in den Städten zur Standortakzeptanz der Unternehmen beitragen (Community Relations), künftige Mitarbeiter in die Stadt locken (Mitarbeiterrecruiting) und halten. Hinzu kommt, dass die öffentlichen Finanzen in vielen Kommunen nicht (mehr) ausreichen, um neue und alte Aufgaben zu erfüllen. Bürger- und Unternehmensengagement sind deshalb (wieder) eine wichtige Säule der Stadtentwicklung. Sie wirken kooperativ, in bi- oder trisektoralen Partnerschaften mit den Kommunen. Die Wolfsburg AG ist ein Beispiel für Private Public Partnerships in diesem CSR-Kontext (vgl. Beiträge von A. Harth und M. Kiese in diesem Band). Ähnlich komplex wirken „Business Improvement Districts" (kurz BIDs): subkommunale Organisationsformen, in der staatliche Organe und private Initiativen (als PPP) Schritte zur Verbesserung eines städtischen Gebietes – meist einer Einkaufsstraße – umsetzen (z. B. BID Neuer Wall Hamburg, siehe Beitrag T. Fuchs in diesem Band). An BIDs formuliert sich jedoch auch Kritik, die eine grundlegende Problematik von CSR im öffentlichen Raum aufgreift: BIDs werden oft als undemokratische Privatisierung städtischer Räume gesehen, da BIDs Aufgaben der öffentlichen Hand wahrnehmen, jedoch die Entscheidungsstrukturen nicht demokratischen Grundregeln entsprechen.

> BIDs schaffen private Eingriffsmöglichkeiten in öffentliche Räume – und zwar weitgehende. … Damit kommen sie natürlich auch mit der städtischen Vielfalt von Verhaltensweisen und Lebensstilen in Konflikt, die nicht in das Konsummuster passen, dessen erfolgreiche Pflege durch ein BIDs ermöglicht werden soll (Häußermann et al. 2008, S. 294).

Dennoch sind es die weniger komplexen CSR-Instrumente, die meist für die (nachhaltige) Stadtentwicklung eingesetzt werden. Sponsoring, Spenden und Stiftungen wirken oft in traditioneller Weise und unterstützen stadt- oder quartiersbezogene Initiativen, finanzieren Sport- und Kulturveranstaltungen oder ermöglichen den Bau von entsprechenden Einrichtungen und die Gestaltung öffentlicher Räume. Allerdings ist in den letzten Jahren der Trend wahrzunehmen, das Unternehmen ihr Engagement strategischer und operativer einsetzen – also weg von der einfachen Geld- oder Sachspende hin zur Engagement- und Projektförderung, zum Teil mit eigenem Know-how-Einsatz und Corporate Volunteering (einige Beiträge in diesem Band stehen für diese Entwicklung). Um diesen Trend in seiner Wirksamkeit zu optimieren und zu verstetigen, müssen einige Hindernisse überwunden werden. Verwaltungs- oder Unternehmenslogik müssen oft erst mühsam den Weg in eine gemeinsam verständliche Kommunikation finden. Unverhältnismäßige Eigeninteressen beziehungsweise Instrumentalisierungen müssen ausgeglichen werden. Zudem müssen Bürgerbeteiligung und -information mit der nötigen Transparenz und Offenheit geführt werden. Vernetzung und Verzahnung sind deshalb die Begriffe, die heute oft fallen, wenn es um CSR und Stadtentwicklung geht. Und mit „Vernetzung" ist das Stichwort gegeben, das zur nächsten Phase und Weiterentwicklung des Unternehmensengagements in der Stadtentwicklung überleitet.

4 CSR in der digitalmodernen Stadt

Ohne Digitalisierung und die neuen technologischen Innovationen ist unsere Arbeits- und Lebenswelt inzwischen kaum mehr vorstellbar. Auch im Bereich des Unternehmensengagements ermöglichen die neuen Mittel des Web 2.0 die Umsetzung von neuen CSR-Instrumenten und Wegen in der CSR-Kommunikation. Parallel treten mit der Digitalwirtschaft und den Unternehmen der Internetökonomie Akteure auf die CSR-Bühne, die Unternehmensverantwortung neu interpretieren und selbst mit neuen gesellschaftlichen Ansprüchen oder Forderungen konfrontiert werden. Sie übernehmen Verantwortung an ihren Firmenstandorten und wirken mit ihren Produkten oder Dienstleistungen an der Stadtentwicklung mit. Gleichsam stellt die Stadt für viele Internetunternehmen trotz ihrer digitalen Natur weiterhin den wichtigsten Markt dar oder dient als zentrale Ressource ihrer Geschäftsinnovationen. Damit wird einerseits das Leben in den Städten mit neuen Qualitäten bereichert und durch optimierte Organisationsabläufe vereinfacht, etwa neuen Formen nachbarschaftlicher Kommunikation, besseren Mobilitätsangeboten oder komfortablen Serviceleistungen. Andererseits wirken die disruptiven Technologien und Internetplattformen nicht selten zerstörerisch auf gewohnte urbane Strukturen (etwa die Folgen des Online-Handels für den innerstädtischen Einzelhandel). Corporate Social Responsibility ist in der jungen Digitalwirtschaft ein bislang noch wenig beleuchtetes Thema, obwohl bereits viele Unternehmen in dem Sektor aktiv sind oder soziale Inhalte Kern des Unternehmens sind. Ebenso wenig gibt es nennenswerte Auseinandersetzungen hinsichtlich der CSR-Aktivitäten der Digitalwirtschaft im Kontext der Stadtentwicklung. Die nachfolgenden Ausführungen sind deshalb der Versuch einer Annäherung und Einordnung einer neuen Phase von CSR in der Stadt.

4.1 Soziale Medien, Apps & Co. – neue CSR-Instrumente in der digitalmodernen Stadt

Verbindet man heute die Begriffe CSR und Digitalisierung, richtet sich der Fokus schnell auf das Thema CSR-Kommunikation oder -Organisation und den Einsatz neuer Medien oder sozialer Netzwerke. Neue soziale Mittler- und Spendenorganisationen gründen sich aufgrund der Möglichkeiten von Online-Medien (z. B. www.betterplace.org. Zugegriffen: 10.3.2016) und treten in Konkurrenz zu klassischen Organisationen. Schnell und einfach kann der Einsatz von freiwilligen und Corporate Volunteering organisiert werden, wie es beispielsweise die Plattform www.vostel.de (zugegriffen: 10.3.2016) ermöglicht. Vor allem aber ist CSR-Kommunikation ohne den Einsatz von Facebook, Google+, Twitter oder Unternehmensblogs kaum mehr vorstellbar. Die meisten CSR-Instrumente profitieren durch die Möglichkeiten der Vernetzung – ob im Bereich Sponsoring, der Stiftungskommunikation oder dem Austausch zu Corporate-Volunteering-Programmen (siehe dazu den Band in dieser Reihe: CSR und Social Media. Wagner et al. 2014). Bei der Durchführung von CSR-Projekten im Rahmen der Stadtentwicklung sind die sozialen Medien ebenfalls immer wichtiger, etwa wenn lokale Akteursgruppen vernetzt oder Aufrufe zur Mithilfe kommuniziert werden sollen. Immer mehr in Erscheinung treten auch neue CSR-Instrumente und Projektinitiativen, welche erst durch die Digitalisierung ermöglicht werden. Diese werden vielfach für eine nachhaltige Stadtentwicklung genutzt. Crowdsourcing und Crowdfunding – Modelle des Sammelns von Informationen oder Gütern (Sourcing) und Finanzen (Funding) – sind Beispiele dieser Entwicklung, die über Online-Plattformen oder Apps umgesetzt werden. Auch die Stadt und das urbane Leben geraten zunehmend in den Fokus von Crowdsourcing Kampagnen – insbesondere seitdem Crowdsourcing mit Smartphones und dem sogenannten „GeoWeb" einen neuen Link zum urbanen Raum herstellen kann: Smart-Urban-Apps ermöglichen in Verbindung mit ortsbezogenen Nutzerdaten die Übermittlung von detaillierten Straßen- und Verkehrsinformationen (z. B. die App Waze). Die OpenStreetMap-App kann Orte kartografisch erfassen, die bisher noch nicht als Karte verfügbar waren. Ein weiteres Beispiel ist www.wheelmap.org, eine Karten-Plattform zur Information über rollstuhlzugängliche Orte (ein Projekt von Sozialhelden e. V.). Plattformen wie www.spacehive.com (beide zugegriffen: 10.3.2016) haben sich zum Ziel gesetzt, soziale Projekte zu unterstützen und sind somit Vorreiter für neue Formen der Bürgerselbstverwaltung. Auf Code for Germany – einem Projekt der Open Knowledge Foundation – vernetzen sich Entwickler, Designer und Open-Data-Akteure über Open Knowledge Labs in 20 deutschen Städten (www.codefor.de. Zugegriffen: 10.3.2016). Ziel des Programms ist es, Kollaborationen zwischen digitalen Vordenkern und städtischen Verwaltungen und der Politik anzuregen. Es werden digitale Werkzeuge und Anwendungen entwickelt, um damit praktisch zu demonstrieren, welche Möglichkeiten neue Technologien für das gesellschaftliche Zusammenleben bieten. Viele dieser urban-sozialen Digitalformate werden über Sponsoren gefördert, meist von Unternehmen aus der Digitalwirtschaft. OpenStreetMap erhält Unterstützung von der Strato AG, wheelmap.org von der Immobilienscout 24 GmbH und Code For Germany von Google. Crowdfunding ist bislang eher eine Plattform für kleine Privatspenden zur Umsetzung verschiedener Projekte – meist im Kultur- oder Kunstbereich und zur Produktentwicklung genutzt (etwa über Plattformen wie Kickstarter oder Startnext). Weil Bau- und Stadtentwicklungsprojekte meist kostenintensiv und langfristig sind, ist der Einsatz von Crowdfunding auf diesem Gebiet relativ neu (vgl. www.brickstarter.org. Zugegriffen: 10.3.2016). Beachtenswerte Projekte sind beispielsweise: das realisierte Luchtsingel (dt. „Luftstraße")-Projekt in Rotterdam, eine hölzerne Fußgängerbrücke zur Verbindung von zwei Stadtteilen (www.luchtsingel.org. Zugegriffen: 10.3.2016), oder das +Pool-Projekt, ein Flussschwimmbad im East River in New York (www.pluspool.org. Zugegriffen: 10.3.2016). Beide Projekte sind letztlich auf zusätzliche Finanzierung angewiesen, da Crowdfunding in dieser Größenordnung bestenfalls die Initialzündung, Anschubfinanzierung und vor allem Öffentlichkeit liefern kann (vgl. Kraemer 2014). Crowdfunding ist in dieser Größenordnung eines „Kickstarter Urbanism", also Teil einer umfassenden Kommunikationskampagne und Finanzierungsstrategie.

Anders verhält es sich bei vielen kleinen Crowdfunding-Projekten, die einen starken lokalen Bezug herstellen und den Spendern eine direkte Wohnumfeldverbesserung oder eigene Nutzung in Aussicht stellen (also Community orientiert sind). Urban-Gardening- und Farming-Projekte werden beispielsweise schon durch die Crowd finanziert, aber auch temporäre urbane Installationen, Stadtmöbel oder Kunst am Bau. Unternehmen beteiligen sich in diesem Kontext bislang eher wie Privatpersonen bzw. Unternehmerpersonen als Spender oder Sponsoren. Dennoch kann Crowdfunding im CSR- und Stadtentwicklungskontext künftig eine größere Rolle spielen. Etwa wenn spezielle Crowdfunding-Plattformen für Stadtentwicklungsprojekte aufgebaut werden, wie es das Projekt www.stadtmacher.org (zugegriffen: 10.3.2016) versucht. Für den gemeinsamen Gebrauch von Gegenständen oder das Teilen von Ressourcen gibt es inzwischen zahlreiche Apps und Online-Plattformen, die gemeinschaftsorientierten kollaborativen Konsum (Collaborative Consumption) ermöglichen und damit lokales Sozialkapital im nachbarschaftlich virtuellen Raum bereitstellen – Beispiele sind soziale Plattformen wie www.streetbank.com, www.nextdoor.com, www.domeafavour.mobi oder www.allenachbarn.de (alle zugegriffen: 10.3.2016). Parallel dazu entwickeln sich kommerzielle Plattformen der Sharing Economy ebenfalls mit einem nachbarschaftlich-räumlichen Bezug (gewissermaßen als profitorientierte Klone) – wie z. B. die Apps Roundhere oder WirNachbarn. Dem Nutzer sind diese Unterschiede allerdings oft nicht bewusst, da der kommerzielle Verwertungszweck verborgen, nicht oder nur im Kleingedruckten kommuniziert wird. Der Grad an Kommerzialisierung und profitorientierter Datennutzung gegenüber sozialer Ausrichtung ist bei diesen Nachbarschaftsnetzwerken fließend. Entsprechend können Aspekte von CSR in diesem Kontext auch durchaus festgestellt werden. Der Nutzen für eine soziale Quartiersentwicklung wird aber eher den unkommerziellen Plattformen zugesprochen, die Wirkung der weitestgehend monetär orientierten Plattformen wird als begrenzt eingeschätzt (Schnur und Günter 2014). Vielmehr tragen die kommerziellen Modelle wohl eher zu einer Kommerzialisierung des Sozialen und Privaten bei – einer „Hyperkapitalisierung" (Rifkin 2000). Zudem verkennen viele der virtuellen Nachbarschaftsnetzwerke (besonders die kommerziellen), dass die Charaktere des Nachbarschaftlichen nicht einfach auf den virtuellen Raum übertragbar sind, etwa das räumlich Situative oder körperlich Haptische. Außerdem wird Nachbarschaft oft als positiv romantisch und immer hilfsbereit präsentiert.[3]

In den zuletzt genannten Aspekten wird deutlich, dass CSR in der digitalmodernen Stadt stärker durch ein Verschwimmen der Grenzen zwischen Sozialem und Ökonomischem gekennzeichnet ist als je zuvor. Dies kann mit Sicht auf die Reife-Stufe CSR 3.0 („Reifegradmodell", Schneider in Schneider und Schmidpeter 2015) zu einer positiven Weiterentwicklung von Unternehmen führen. Es besteht jedoch auch die Gefahr, neue ökonomisch motivierte (Macht-)Strukturen auszubilden, die sich den CSR-Mantel umlegen. Konsequenzen für die Stadt sind dann etwa Auflösungsprozesse räumlicher Konstellationen und der bislang relativ klaren Polarisierung von öffentlichem und privatem Raum (vgl. Rifkin 2000).[4]

4.2 Neue Akteure in der digitalmodernen Stadt

Wie aber verhält es sich mit CSR bei den Unternehmen der Digitalwirtschaft selbst – also der Internetwirtschaft und dem IKT-Sektor? Und welches Engagement üben diese Unternehmen im Kontext der aktuellen Stadtentwicklung aus?

Bei den meisten größeren Unternehmen des IKT-Sektors sind CSR und Nachhaltigkeit schon lange ein Thema. Viele Unternehmen können bereits auf langjährige Erfahrung zurückblicken. Klassische Technologieriesen wie IBM, Cisco oder Siemens haben praktisch zeitgleich mit der Expansion der CSR-Thematik in den letzten beiden Jahrzehnten CSR- und Nachhaltigkeitsabteilungen aufgebaut und setzen CSR-Instrumente um, die in dieser Zeit professionalisiert wurden. Im Kontext der Stadtentwicklung wirken diese Unternehmen einerseits mit den bekannten Instrumenten, wie Corporate Volunteering oder Sponsoring. Andererseits wird heute verstärkt CSR im Rahmen von Smart-City-Konzepten etabliert und mit den eigenen Unternehmenszwecken verknüpft. Der Absatz eigener Smart-City-Technologien im Bereich von Vernetzungstechnik oder energieeffizienten Anlagen für Infrastrukturprojekte soll damit gefördert und entwickelt werden. Der Netzwerkanbieter Cisco ist beispielsweise Hauptakteur für das Smart-City-Projekt Songdo in Korea oder die Smart-City-Initiative in Hamburg. Die Siemens AG erforscht mit ihrem Green City Index die Umweltleistung von Städten weltweit und eröffnet damit gleichzeitig den Weg für eigene Produktlösungen. Ein Beispiel für die Überlagerung von CSR-Projekt und Geschäftsentwicklung ist auch das T-City-Projekt der Deutschen Telekom, das von 2006 bis 2012 in Friedrichshafen umgesetzt wurde. Das Unterneh-

---

[3] Dies kann auch die Erklärung dafür sein, dass Online-Nachbarschaftnetzwerke bislang relativ erfolglos geblieben sind – besonders die kommerziellen.
[4] Quasi die räumliche Komponente der von Rifkin beschriebenen Auflösungsprozesse des alten Kapitalismus.

men hatte für die Projektphase Personal-, Sach- und Finanzdienstleistungen in Höhe von bis zu 80 Mio. € bereitgestellt. Friedrichshafen wurde damit zum T-Zukunftslabor für moderne Informations- und Kommunikationstechnologie. Verschiedene Projekte zu Themen der Vernetzung von Administration, Gesundheitsdiensten oder Bildung wurden dabei erprobt. Die Deutsche Telekom übernimmt mit ihrem Projekt nach eigenen Worten „Verantwortung" für die Zukunft einer Stadt. Der Konzern profitiert aber gleichzeitig von den Ergebnissen der oft experimentellen Projekte und nutzt diese für den kommerziellen Gebrauch und Imagegewinn. Mit der Begleitforschung wurde jedoch auch deutlich, dass die Ergebnisse nicht den erhofften Erwartungen entsprachen (Hatzelhoffer et al. 2012). Festgestellt werden dabei vor allem Defizite hinsichtlich der Einbindung der Bevölkerung in das Smart-City-Projekt. Akzeptanz und Motivation waren auch deshalb nur gering, weil das Projekt überwiegend als technischer Ansatz wahrgenommen wurde. Das Projekt hatte damit schon früh den Charakter einer Top-down-Initiative angenommen und wurde Opfer des „Mitmach-Paradigmas" – also einer geringen und wenig motivierten Beteiligung der Bürger (vgl. Jaekel und Bronnert 2013, S. 107). Auf der Unternehmensseite wurde zudem ein starker Fokus auf Marketing und Kommunikation bzgl. der technischen Innovationen gerichtet, der die Situation vor Ort nur unzureichend berücksichtigte. Erschwerend kam hinzu, dass die Telekom während der Projektlaufzeit ihre Organisationsstruktur neu aufstellte. Ohne das T-City-Projekt in Friedrichshafen hier weiter ausführen (siehe dazu Hatzelhoffer et al. 2012), zeigt sich bereits die Smart-City-Problematik, wie sie auch andernorts beobachtet wird. Nämlich, dass die technologisch dominierten Ansätze nur schwer oder bis gar nicht mit den sozialen und kulturellen Strukturen der Stadt korrelieren, wenn die Stadtgesellschaft und die damit einhergehenden räumlichen Verbindungen nicht mitgedacht werden. Nicht unbegründet besteht sonst die Gefahr der Auflösung des Urbanen zugunsten technokratischer Stadtvisionen (Hajer und Dassen 2014). Vor diesem Hintergrund bedeutet es für CSR-Projekte, die technische Innovationen als Thema haben, vor allem die sozialen Rahmenbedingungen – und Stadt als sozialen Organismus – zu berücksichtigen, um eine optimale Wirkung im CSR-Sinn zu erzielen. Im Smart-City-Kontext bedeutet dies, den vernetzen Bürger – den Smart Citizen – entsprechend der gegebenen technischen Möglichkeiten für ein Mitmachen zu gewinnen (Stichwort: „Stadtentwicklung als Gemeinschaftsaufgabe"). Dabei kann die Internetwirtschaft eine bedeutsame Rolle spielen.

Die relativ jungen Unternehmen der Internetwirtschaft sind in der CSR-Debatte und -Forschung noch eine Randgruppe. Die meisten CSR- oder Nachhaltigkeitsrankings nehmen bislang nicht Bezug auf die Internetwirtschaft. Teilweise wird sie im Bereich der Telekommunikationsunternehmen eingeordnet. Dies liegt zum einen am Alter der Unternehmen, außerdem konzentrieren sich viele junge Unternehmen in ihrer Startphase (noch) nicht auf CSR-Themen – oft kommt die Auseinandersetzung erst mit öffentlichem Druck in Gang. Zum anderen sind viele Internetunternehmen bezüglich ihrer Mitarbeiterzahl Zwerge im Vergleich zu den Belegschaftsriesen der Old-Economy. Blickt man allerdings auf die Marktkapitalisierung, schlägt manch ein Internet-Start-up sein Old-Economy-Gegenüber: So wird der Online-Unterkunft-Vermittler Airbnb mit über $ 25 Mrd.

bewertet (bei ca. 2500 Mitarbeitern), mehr als der Hotel Konzern Mariott (Börsenwert ca. $ 21 Mrd., bei 127.000 Mitarbeitern) oder die Hilton Gruppe (ca. $ 20 Mrd., bei 130.000 Mitarbeitern) (alle Zahlen Stand 08/2015). Schon deshalb besteht ein hoher Anspruch, das Thema Unternehmensverantwortung in dieser Branche nicht zu vernachlässigen. Außerdem ist es gerade der Einfluss von Unternehmen wie Amazon, Airbnb oder Uber auf stadträumliche und -gesellschaftliche Prozesse und Strukturen, der eine diesbezügliche Verantwortung und Unternehmensengagement herausfordert: Airbnb ist in 34.000 Städten in 190 Ländern aktiv und bietet über 2 Mio. Inserate mit Unterkünften an. Amazon und Uber zeigen, wie Waren und Personenströme in der Stadt neu transportiert werden, und Google Maps legt eine neue Organisations- und Orientierungsschicht über die Städte.

Corporate Social Responsibility in der Internetwirtschaft ist allerdings auch besonders auf Themen im IT-Kontext fokussiert, nicht zuletzt, da hier starker öffentlicher Druck bzgl. Datensicherheit und Privatsphäre ausgeübt wird. Entsprechend ist CSR auch eine Frage, die im „virtuellen Raum" verhandelt wird und welche zu den bestehenden Bereichen Mitarbeiterverantwortung, Community Relations und anderen CSR-Feldern hinzukommt. Nachhaltigkeit wird bei vielen Internetunternehmen bereits intensiv thematisiert und für ein positives Image kommuniziert. Dabei geht es oft um CO_2-Neutralität und die Deckung des Energiebedarfs – etwa der Rechnerzentren – aus regenerativen Quellen, wobei letzteres auch als Investition vorangetrieben wird. Google setzte beispielsweise in den letzten Jahren circa $ 1 Mrd. für erneuerbare Energien ein (www.google.com/green. Zugegriffen: 10.3.2016). Auch Amazon ist im Bereich Solarstrom aktiv und betreibt u. a. an seinem Logistikstandort in Bad Hersfeld einen Solarpark. Im Vergleich zu Unternehmen der Old Economy – etwa dem produzierendem Gewerbe – ist die Internetwirtschaft aufgrund ihrer meist immateriellen Produkte in vielen Aspekten des Themas Nachhaltigkeit aber auch im Vorteil. Darüber hinaus sind etliche Internetunternehmen mit ihren Produkten Treiber für eine nachhaltige Entwicklung. Etwa Google: Mit dem Sun-Roof-Projekt, einer Applikation in Google Maps, welche die einfache Prüfung von Dächern bezüglich der Einsatzfähigkeit zur Sonnenenergienutzung ermöglicht. Gerade die Internetapplikationen (Apps) und Online-Plattformen bieten für die nachhaltige und soziale Stadtentwicklung enorme Potenziale. Sie geben dem vernetzten Bürger Möglichkeiten, Städte mitzugestalten. Sie können Werkzeuge zur Verbesserung von Lebensbedingungen liefern oder durch Vernetzung Hilfsangebote verbessern (siehe oben). Corporate-Social-Responsibility-Aktivitäten der Internetunternehmen sind deshalb oft in deren unmittelbaren Geschäftsfeld angesiedelt und werden mit den eigenen Ressourcen unterstützt. Das bedeutet oft, Engagement zu fördern und die Wirkung zu optimieren. Beispielsweise werden mit der Google Impact Challenge für insgesamt 3,75 Mio. € soziale Projekte in Deutschland gefördert, die großteils auf digitale Vernetzung aufbauen, Internetanwendungen sind und das Leben in den Städten verbessern sollen. Zugleich sind Plattformen der Sharing Economy oder Soziale Netzwerke kompatibel für die Vermittlung und Vernetzung von Hilfsleistungen. Für die kostenfreie Vermittlung von Unterkünften von Katastrophenopfern hat Airbnb die spezielle Seite www.airbnb.de/disaster-response (zugegriffen: 10.3.2016) eingerichtet. Ebenso ermöglichen soziale Netzwerke wie Facebook, Google+

oder Twitter Nachbarschaftshilfe oder in Katastrophenfällen schnelle und unbürokratische Hilfe. Es sollte jedoch nicht der Fehler begangen werden, genannte soziale Netzwerke als Musterunternehmen gesellschaftlicher Verantwortung zu interpretieren oder die Sharing Economy als Caring Economy zu verstehen. Ebenso dürfen diese positiven Aspekte und Potenziale hinsichtlich einer nachhaltigen Entwicklung nicht ohne die Auswirkungen betrachtet werden, die von Unternehmen der Internetökonomie in der Stadt in Gang gesetzt werden. Denn die Geschäftsmodelle vieler Vertreter der Internetökonomie sind für starke Wandlungsprozessen in den Städten verantwortlich, manchen wird sogar die Zerstörung von Stadt und Urbanität angelastet. Die Unternehmen des digitalen Wandels werden so schnell zu „Change Monstern" und in vielen Branchen zu monopolistischen „Category Killern" mit entsprechend disruptiven Wirkungen im Stadtraum. Amazon, Zalando und Co. sind mitverantwortlich für die Verödung der Städte, die Mitschuld an der Anspannung lokaler Wohnungsmärkte richtet sich an Airbnb, Wimdu und 9flats und Plattformen wie EatWith, treten als Konkurrenz zur bestehenden Restaurantkultur in Erscheinung. Diese Entwicklungen und ihre Auswirkungen wurden bereits zu Anfang dieses Beitrages aufgezeigt. Ebenso wurde dargestellt, dass die Stadt immer durch den ökonomischen Wandel sowohl geprägt als auch umgeformt wurde und viele Veränderungen letztlich das Leben in den Städten für die meisten Bürger attraktiver gemacht haben. Allerdings findet mit der Digitalisierung, den neuen Medien und der Internetökonomie eine umfassende Neuinterpretation von städtischen Prozessen statt. Die Stadt wird dabei hinsichtlich ihrer Funktion als Marktplatz verändert, denn der städtische Raum wird mit seinen sozialen Beziehungen über die virtuelle Erschließung als neue ökonomische Ressource entdeckt und digital-liberal in Wert gesetzt (de Waal 2014, S. 12). Allerdings erfolgt diese ökonomische Erschließung großteils über Unternehmen der Plattformökonomie, die als hyperkapitalistische Monopole aus der Ferne wenig Bindung mit der Stadt eingehen, in der sie wirken. Diese und andere Unternehmen der Internetökonomie zeigen alle Symptome einer Entbettung aus den lokalen Kontexten, wie sie bereits vor einigen Jahrzehnten während der Krise des Fordismus befürchtet wurde (siehe oben, Giddens 1996). Damit besteht die Gefahr, dass sich lokale Bezugssysteme und die Verantwortung gegenüber den physischen Räumen auflösen, die gerade für CSR in Bezug auf Stadtentwicklung wichtig sind.

Ein Indiz für die Entkopplung der Internetunternehmen aus einer territorialen Bindung ist ebenfalls die Steuerproblematik, die mit grenzübergreifenden Steueroptimierungsstrategien demonstriert wird. Dass ein diffuses ortsbezogenes Steuerverständnis vorliegt, zeigte die Reaktion von Airbnb in San Francisco, nachdem das Unternehmen eine Steuernachzahlung von $ 12 Mio. für Hotelsteuern leisten musste: Airbnb veranlasste eine Plakataktion mit Forderungen über die zweckmäßige Verwendung der Gelder: u. a.

- Please use $ 12 mio. in hotel taxes to feed all expired parking meters.
- We hope you use some of the $ 12 mio. in hotel taxes to put escalators on all the hills.
- We hope you use some of the $ 12 mio. in hotel taxes to keep the library open later.

Der darauf folgende „Shitstorm" in den sozialen Netzwerken zeigte deutlich die allgemeine Selbstverständlichkeit Steuerzahlungen zu leisten und rügte die Kampagne des Internetkonzerns (Carson 2015). Noch steht aber aus, ob die jungen Unternehmen der Internetwirtschaft ohne lokale Bindung langfristig bestehen können – schließlich eröffnen immer mehr bislang rein virtuell sichtbare Unternehmen physische Standorte, gerade im Einzelhandel: Der Online-Händler Amazon pilotierte im Herbst 2015 in Seattle seine erste Offline-Filiale. Die Zalando AG betreibt einige Outlet Stores und plant weitere stationäre Ladengeschäfte, zudem sind Kooperationen mit dem stationären Einzelhandel in Planung. Dennoch ist dies kein Grund zur Entwarnung. Der Monopolcharakter der Internetriesen bleibt, zudem konzentrieren sich die Offline-Strategien auf attraktive Lagen in Großstädten. Die Auswirkungen der Internetökonomie sind deshalb und bislang vor allem ein Problem für kleinere und mittelgroße Städte, besonders in bereits benachteiligten und peripheren Gebieten. Hier machen sich einerseits die reduzierten Steuereinnahmen bemerkbar. Andererseits bricht mit der Reduktion lokaler (Einzel-)Handelsstrukturen meist eine Säule der lokalen Engagementstruktur weg. Denn gerade das KMU-Engagement ist zusammen mit dem Bürgerengagement ein wichtiger Beitrag zur Sicherung der Daseinsvorsorge, wirkt als Identitätsanker und dient der Aufrechterhaltung von lokalen Infrastrukturen, Kultur- oder Sportangeboten (Becker und Runkel 2010). Diese Erkenntnis ist den meisten lokalen Unternehmen durchaus bewusst. Sie formulieren inzwischen verstärkt ihre Rolle als lokale Verantwortungsträger und bilden Interessengemeinschaften, u. a. zur optimalen Kommunikation. Buy Local ist eine solche bundesweite Initiative, die sich auf das soziale Engagement ihrer Mitglieder beruft – CSR dient hierbei als Gegenmittel und Wettbewerbsvorteil gegenüber dem Online-Handel:

> Soziale Verantwortung: Inhabergeführte Einzelhandels- und Handwerksbetriebe tragen zur sozialen und kulturellen Gestaltung ihrer Region bei. Sie schaffen Arbeitsplätze vor Ort und garantieren faire Arbeitsbedingungen. Bundesweit stehen BUY LOCAL Unternehmen gemeinsam für die Vielfalt und Lebendigkeit ihrer Städte und Regionen (ww.buylocal.de).

Der Trend zu regionalen Produkten („regional ist das neue Bio") unterstützt dieses Vorgehen (vgl. Beitrag von Burke et al. „Von Heuschrecken und alten Wurzeln" in diesem Band). Corporate Social Responsibility von Großunternehmen oder der Internetwirtschaft greift hingegen in strukturell schwachen Regionen kaum und evtl. angesiedelte Logistikstandorte des Online-Versandhandels (mit hohem Zeitarbeiteranteil) bringen ebenfalls keine substanziellen Vorteile für die kommunalen Strukturen. Corporate Social Responsibility in der Stadtentwicklung bedeutet meist einen starken lokalen Bezug der Unternehmen zu ihrem räumlichen Umfeld. Oft findet das territoriale Engagement deshalb am oder um den Firmenstandort statt. Die räumliche Entbettung ist deshalb für das Unternehmensengagement vor Ort tendenziell unvorteilhaft und brüchig. Entsprechend kommt die Frage auf, wie die Unternehmen der Internetökonomie an ihren (physischen) Firmenstandorten agieren und Verantwortung übernehmen. Wie bereits genannt, sind die Internetriesen, was ihre Firmensitze angeht, meist Standortzwerge. Große Werksareale für die Produktion wie in der Old Economy sind nicht notwendig, einfache Arbeiten sind meist an Subunternehmen ausgelagert. Die Mitarbeiterschaft rekrutiert sich deshalb großteils aus hochqualifizierten Spezialisten aus den Bereichen IT, Marketing, Kommunikation, Logistik, Grafik oder Design. Charakteristisch sind – aufgrund der jungen Branche – das geringe Alter der Mitarbeiter und teilweise hohe Fluktuationsraten innerhalb der Branche. Die Standortanforderungen sind deshalb mit denen der sogenannten „Creative Class" vergleichbar (Florida 2002), also attraktive urbane Orte – „Creative Cities" – mit einem großen Angebot an kultureller Infrastruktur und optimalen Möglichkeiten für direkten Austausch von kontextgebundenem Wissen (s. o., vgl. Amin und Graham 1997). Berlin zählt deshalb sowohl zu den Creative Cities rühmt sich inzwischen aber auch als Start-up-City. Untersuchungen über CSR in der Internetwirtschaft im Allgemeinen und bezüglich der Stadtentwicklung im Speziellen gibt es bislang nicht. Bekannt sind vorwiegend Unternehmen, die schon länger bestehen oder die groß genug sind, um eigene CSR-Positionen einzurichten. Beispielsweise richtete die Zalando AG im Herbst 2015 eine CSR-Abteilung ein. Das ist auf die gewachsene Größe des Unternehmens und den Wandel in ein börsennotiertes Unternehmen zurückzuführen, basiert aber auch auf dem Druck aus der Öffentlichkeit gerade bzgl. der Textilindustrie und Arbeitsbedingungen in Logistikzentren. Das Unternehmensengagement im Stadtentwicklungskontext ähnelt dabei verwandten Branchen und besteht etwa aus lokalen Sponsoringaktivitäten, Spenden oder Corporate-Volunteering-Projekten (z. B. der Social Day bei Immobilienscout24). Branchenspezifisch und nah an dem Unternehmens-Know-how ist die Unterstützung von Apps und Online-Plattformen für soziale Zwecke, die sich auch auf Stadtthemen beziehen (Beispiele siehe oben).

> Das Herz des Internet schlägt in Schlafstädten – Hewlett-Packard, Google, Apple sind an Orten entstanden, die langweiliger nicht sein könnten. Landschaftlich reizvoll, aber städtebaulich banal (Keese 2014, S. 20).

Deutlicher könnte der Kontrast zur Start-up-City Berlin nicht sein, den das von der IT- und Internetwirtschaft dominierte Silicon Valley ausstrahlt. Die Anforderungen an eine wissens- und innovationsfördernde Dichte sind hier ebenso hoch, nur wird sie anders interpretiert. Hier wird Dichte nicht von der Stadtstruktur, sondern von der Menge und räumlichen Nähe der beherrschenden Digitalwirtschaft vorgegeben. Das Silicon Valley ist vielmehr eine Ansammlung von nah aneinander liegenden Campussen der Internetriesen, dazu der Campus der Stanford-University – der Denkschmiede der IT- und Internettechnologien in Palo Alto. Urbanität im Sinne einer europäischen Stadt – wie in Berlin – findet man hier nicht. Stattdessen bauen Unternehmen wie Google, Apple oder Facebook ihre neuen Konzernzentralen in Mountain View, Cupertino oder Menlo Park zu stadtähnlichen Konstrukten aus, die für die Mitarbeiter über den Arbeitsplatz hinaus vielfältige Funktionen und Annehmlichkeiten bereitstellen. So sind etwa im Googleplex – dem Hauptquartier des Google Konzerns – zahlreiche Sportangebote, Geschäfte, Restaurant- und Dienstleistungsangebote untergebracht – eine kuratierte Urbanität, mit quasi öffentlichen Räumen und vorgetäuschten Nachbarschaften (work groups are organised into „neighbourhoods", vgl. Lange 2014, S. 10). Die Mitarbeiter vieler der Internetriesen müssen praktisch nur zum Schlafen die Firmengelände verlassen. Sie verbringen in der „College Campus Atmosphäre" einen Großteil ihrer Freizeit – wobei die Übergänge zwischen Arbeits- und Freizeit hier meist fließend sind.

> Facebook's advance is in making clear what is latent in other campuses: that the company really wants work to be your home, and its campus to be your hometown (Lange 2014, S. 18).

Der Nebeneffekt: Mit den Annehmlichkeiten dieser inszenierten und exklusiven „Dotcom-Cities" (Lange 2014) werden die Mitarbeiter stark an die Unternehmen gebunden – ein großer Vorteil für die Unternehmen, da der Wettbewerb um die High Potentials hart ist. Für die Mitarbeiter ist dies jedoch ambivalent zu werten, da Sie mit Jobverlust oder -wechsel die Annehmlichkeiten verlieren und damit einen Großteil der über die Arbeit hinausgehenden Sozialisation – zudem ermöglichen die an Gated Communities erinnernden Dotcom-Städte die soziale Kontrolle der Mitarbeiter. Hier lassen sich Parallelen zur Motivation des Werkswohnungsbaus des 19. Jahrhunderts ziehen. Auch damals sollte mit dem Werkswohnungsangebot die Fluktuation der Mitarbeiter verringert werden, aber Arbeitsplatzverlust bedeutete ebenfalls Wohnungsverlust (s. o.). Auch Google plant den Bau von Wohnungen für die Mitarbeiter dicht neben seiner Zentrale in Mountain View. Ein implizierter Effekt dieses „Silicon Valley Urbanism" (Lange 2014) ist, dass die öffentlichen Plätze und Stadtzentren – sofern sie überhaupt vorhanden sind – im Silicon Valley an Bedeutung verlieren und die Chancen für eine vielschichtige Urbanität sinken. Hinzu kommt, dass mit der Dominanz der IT-Unternehmen und ihrer Menge an hochqualifizierten und überdurchschnittlich verdienenden Mitarbeiter im Silicon Valley andere Berufsgruppen mit weniger Kapitalausstattung vor Ort keinen Wohnraum finden oder verdrängt werden. Denn die Wohnungspreise und Lebenshaltungskosten haben sich an die hohen Gehälter der Dotcom-Unternehmen angepasst und sind im US-Vergleich überdurchschnittlich hoch (vgl. Keese 2014, S. 80). Ein Phänomen, das auch in anderen Gegenden mit einer Branchen-Monostruktur zu beobachten ist oder war, beispielsweise in der Autoindustrie (Detroit, Wolfsburg u. a.).

Im Silicon Valley ist Unternehmensengagement – über das Firmengelände hinaus – auch zahlreich vorhanden und mit üppiger Finanzierung ausgestattet. Wie andernorts haben zumindest die großen Player eigene CSR-Abteilungen, initiieren oder beteiligen sich an lokalen Projekten, etwa durch „Corporate Philanthropy". Google engagiert sich etwa für eine bessere Verkehrsinfrastruktur, beauftragt Planungskonzepte für Fahrradwege in Mountain View und finanziert einen öffentlichen Gratis-Bus-Shuttle in der Kommune (Berg 2015). In Menlo Park finanziert Facebook die Erneuerung von Straßen und Wegen, Kunst im öffentlichen Raum und leistete eine Zahlung von $ 2,6 Mio. in den City General Fund. Ein großer Teil der Stadtentwicklung im Silicon Valley wird dabei über sogenannte „Community Benefit Agreements" (CBA's) finanziert, das sind formell ausgehandelte Gegenleistungen für die kommunale Unterstützung bzw. Akzeptanz privater Immobilien-Entwicklungsprojekte. Apple beispielsweise zahlte für sein neues Headquarter in Cupertino etwa $ 100 Mio. für die Renovierung öffentlicher Einrichtungen und städtischer Infrastrukturen.

Dieses formelle oder informelle Engagement für eine (nachhaltige) Stadtentwicklung erscheint zunächst positiv. Jedoch ist es auch selektiv und ermöglicht einen starken Einfluss der dominanten Unternehmen auf die lokale Stadtentwicklung. Zudem ist das lokale Engagement meist auf das Wohl der eigenen Mitarbeiter/Branche fokussiert und verhindert eine vielschichtige Unternehmens- und Bevölkerungsstruktur. Folge kann eine weitere Verschärfung der monothematischen Branchen- und Bewohnerstruktur im Silicon Valley sein. Auch hier lohnt ein Blick auf monostrukturelle Industriestädte des 20 Jahrhunderts, die besonders stark von wirtschaftlichen Krisen getroffen wurden. Diese Effekte sind auch im Silicon Valley bekannt und teilweise wird versucht gegenzusteuern und Diversität zu begünstigen. Entsprechend erhielt in Mountain View – trotz großzügig ausgestattetem CBA-Angebot – Google nicht den Zuschlag für die Entwicklung des „North Bayshore"-Areals, sondern teilweise das Unternehmen LinkedIn (vgl. Cagle 2015). Gerade im Silicon Valley wird damit der Kontrast deutlich, dass CSR im lokalen Kontext auch immer hinsichtlich der Auswirkungen auf die Urbanität betrachtet werden muss.

5 Fazit

Corporate Social Responsibility ist in der digitalmodernen Stadt ein wichtiges und präsentes Thema – das hat dieser Beitrag gezeigt. Der technologische Fortschritt und die ökonomischen Entwicklungen ermöglichen neue Einsatzmöglichkeiten und CSR-Instrumente im Sinne einer nachhaltigen Stadtentwicklung. Dabei wird das gesellschaftliche Unternehmensengagement nicht neu erfunden, sondern durch neue Möglichkeiten, Motive und Akteure ergänzt. Online-Plattformen, Apps und digitale Vernetzung können Akteure zweckorientiert zusammenbringen und die Wirkung von lokalen CSR-Projekten optimieren. Viele Unternehmen der Digital- und Internetwirtschaft fördern bereits solche digitalen Innovationen, die für eine nachhaltige Stadtentwicklung zum Einsatz kommen. Dennoch werden gerade mit der Digitalisierung immer mehr Anzeichen wahrgenommen, die eine Entbettung von Unternehmen aus den lokalen Kontexten und Standorten belegen. Viele Digital-Unternehmen nutzen zwar die Stadt und ihre (sozial-)räumlichen Strukturen als ökonomische Ressource. Ihr Handeln findet jedoch auf virtuellen Marktplätzen statt. Gleichzeitig schwindet mit dieser Distanz zwischen virtueller Plattform und physischem Stadtraum sowie dem Monopolcharakter einiger Unternehmen (Google, Facebook, Amazon etc.) das Verständnis für lokale Tradition, Kultur und Identität. Damit wird gesellschaftliches Unternehmensengagement vor Ort (außerhalb der privilegierten Firmenstandorte) erschwert. Deshalb stellt sich künftig auch die Frage, inwieweit einige Internetunternehmen überhaupt einen guten Unternehmensbürger (Corporate Citizen) darstellen können, wenn sie bereits als „Anti-Unternehmen" (Keen 2015) bezeichnet werden. Umso mehr nutzen regional verankerte Unternehmen ihr gesellschaftliches Engagement als Mittel im Kampf gegen die Online-Konkurrenz – etwa im stationären Einzelhandel, der auch mehr auf zusätzliche Online-Vernetzung setzt. Damit leisten regionale Unternehmen oft einen entscheidenden Beitrag für die Aufrechterhaltung regionaler Daseinsvorsorge und sind starke Identitätsanker. Gesellschaftliches Engagement für den Standort kann allerdings auch eine monothematische Stadtstruktur fördern, die urbane Diversität verhindert oder sogar zerstört – sichtbar an Standorten, die durch dominante Unternehmen oder Branchen geprägt werden, etwa im Silicon Valley. Es ergibt sich heute also eine sehr vielschichtige Situation, wenn CSR räumlich angewendet und für nachhaltige Stadtentwicklung genutzt werden soll. Verbindet man CSR mit dem Erhalt oder der Förderung von Urbanität, ergibt sich sogar oft eine Paradoxie: nämlich, dass die vermeintlich guten Taten für das Auflösen urbaner Strukturen mitverantwortlich sind und milieuübergreifende Vielschichtigkeit gefährden. Corporate Urban Responsibility muss in der digitalmodernen Stadt umso mehr im Sinne von Chancengleichheit, kultureller Diversität und sozialer Gerechtigkeit gedacht werden. Das zu Beginn genannte Google Start-up „Sidewalk Labs" wird bestimmt brauchbare Hilfsmittel für das Leben in den Städten liefern (Lohr 2015). Allerdings bleibt fraglich, ob der Charakter der Urbanität hinreichend beachtet wird – und ob der zitierte Lefebvre-Satz in der Zukunft modifiziert werden darf: No space disappears in the course of growth and development: the virtual space does not abolish the physical space.

Literatur

Albers H-H (2011) Corporate Urban Responsibility. Unternehmensengagement in der Stadtentwicklung. Campus, Frankfurt a. M.

Albers H-H, Höffken S (2014) Vernetztes Stadtmachen – Die Bürger kommen. Forum Wohn Stadtentwickl (5):239–243

Amin A, Graham S (1997) The Ordinary City. Trans Inst Br Geogr 22:411–429

Becker E, Runkel C (2010) Zivilgesellschaft in räumlichen Arenen. In: Becker E, Gualini E, Runkel C, Graf Strachwitz R (Hrsg) Stadtentwicklung, Zivilgesellschaft und bürgerschaftliches Engagement. Maecenata-Schriften, Bd. 6. Lucius & Lucius, Stuttgart

Berg N (2015) Will Google's $ 5 m plan make cycling in the rest of Silicon Valley easier? In: The Guardian. http://www.theguardian.com/cities/2015/jun/19/google-cycle-plan-bikeability-googleplex-mountain-view-silicon-valley. Zugegriffen: 10.03.2016

Bourdin A, Eckardt F, Wood A (2014) Die ortlose Stadt. Über die Virtualisierung des Urbanen. transcript, Bielefeld

Brenner N (1998) Global Cities, glocal states: global city formation and State territorial restructuring in contemporary Europe. Rev Int Polit Econ 5(1):1–37

Brenner N (1999) Globalization as Reterritorialisation: The Re-scaling of Urban Governance in the European Union. Urban Stud 36(3):431–451

Brenner N (2000) The urban question as a scale question: reflections on Henri Lefebvre, Urban Theory and the Politics of Scale. Int J Urban Reg Res 24(2):2000

Brynjolfsson E, Mcafee A (2015) Second Machine Age. Work, Progress, and Prosperity in a Time of Brilliant Technologies. Norton & Company, New York

Cagle S (2015) Why Once Silicon Valley City Said „No" to Google. https://nextcity.org/features/view/why-one-silicon-valley-city-said-no-to-google. Zugegriffen: 9.3.2016

Cairncross F (2001) The Death of Distance: How the Communications Revolution is Changing Our Lives. Harvard Business Review Press, London

Carson B (2015) Airbnb takes down controversial ads after offending San Francisco residents. In: Business Insider UK. http://uk.businessinsider.com/airbnb-takes-down-san-francisco-ads-2015-10?r=US&IR=T. Zugegriffen: 10.3.2016

Castells M (1989) The informational city: Information technology, economic restructuring and the urban-regional process. Blackwell, Oxford

Castells M (1996) The Rise of the Network Society. The Information Age: Economy, Society, and Culture, Bd. 1. Blackwell, Oxford

Eggers D (2014) The Circle. KiWi, Köln

Esser J, Hirsch J (1987) Stadtsoziologie und Gesellschaftstheorie. Von der Fordismuskrise zur „postfordistischen" Regional- und Stadtstruktur. In: Prigge W (Hrsg) Die Materialität des Städtischen. VS, Basel, S 31–58

Florida R (2002) The Rise of the Creative Class. Basic Books, New York

Giddens A (1996) Konsequenzen der Moderne. Suhrkamp, Frankfurt am Main

Hajer M, Dassen A (2014) Smart about Cities. Visualising the challenge for 21st century urbanism. nai01 publishers, Rotterdam

Hatzelhoffer L, Humboldt K, Lobeck M, Wiegandt C-C (2012) Smart City konkret. Eine Zukunftswerkstatt in Deutschland zwischen Idee und Praxis. Jovis, Berlin

Häußermann H, Läpple D, Siebel W (2008) Stadtpolitik. Suhrkamp, Frankfurt am Main

Höffken S (2015) Partizipation mit dem Smartphone. Wie Bürger mit dem Smartphone Stadtplanung mitgestalten. Rohn, Detmold

Institut für Handelsforschung (2015) Studie „Stadt, Land, Handel 2020". Institut für Handelsforschung, Köln

Jaekel M, Bronnert K (2013) Die digitale Evolution moderner Großstädte. Apps-basierte innovative Geschäftsmodelle für neue Urbanität. Springer Vieweg, Wiesbaden

Keen A (2015) The Internet is not the Answer. Atlantic, London

Keese C (2014) Silicon Valley. Was aus dem mächtigsten Tal der Welt auf uns zukommt. Knaus, München

Kiess W (1990) Urbanismus im Industriezeitalter. Edition Axel Menges, Berlin

Kraemer O (2014) Crowd-finanzierter Städtebau. StadtBauwelt 210:58–63

Landry C (2000) The Creative City. Routledge, London

Lange A (2014) The dot-com city. Silicon valley urbanism. Strelka Press, Moskau

Läpple D (2001) City and Region in the Age of Globalisation and Digitization Bd. 40, S 1–19 (II DfK)

Lefebvre H (1994) The Production of space. John Wiley & Sons, Oxford

Lobo S (2014) Die Mensch Maschine, Auf dem Weg in die Dumpinghölle. In: Spiegel. http://www.spiegel.de/netzwelt/netzpolitik/sascha-lobo-sharing-economy-wie-bei-uber-ist-plattform-kapitalismus-a-989584.html. Zugegriffen: 8.3.2016

Lohr S (2015) Sidewalk Labs, a Start-Up Created by Google, Has Bold Aims to Improve City Living. In: New York Times. http://www.nytimes.com/2015/06/11/technology/sidewalk-labs-a-start-up-created-by-google-has-bold-aims-to-improve-city-living.html?_r=1. Zugegriffen: 10.3.2016

Mitchell W (1995) City of Bits: Space, Place, and the Infobahn: Space, Place and Infobahn. MIT Press, Massachusetts

Morozov E (2015) My Map or Yours? Google's plan to personalize maps could end public space as we know it. http://www.slate.com/articles/technology/future_tense/2013/05/google_maps_personalization_will_hurt_public_space_and_engagement.html. Zugegriffen: 4.3.2016

Oswalt P (Hrsg) (2004) Schrumpfende Städte I. Hatje Cantz, Ostfildern

Pirenne H (1982) Sozial- und Wirtschaftsgeschichte Europas im Mittelalter, 5. Aufl. UTB, München

Polanyi K (2007) The Great Transformation: Politische und ökonomische Ursprünge von Gesellschaften und Wirtschaftssystemen. Suhrkamp, Frankfurt am Main

Ratti C (2014) The sense-able city. In: The European Magazine. http://www.theeuropean-magazine.com/carlo-ratti--2/8251-making-our-cities-smarter. Zugegriffen: 8.3.2016

Rauterberg H (2013) Wir sind die Stadt. Urbanes Leben in der Digitalmoderne. Suhrkamp, Frankfurt a. M.

Rifkin J (2000) The Age of Access. The New Culture of Hypercapitalism. Tarcher, New York

Rötzer F (1995) Telepolis. Urbanität im digitalen Zeitalter. Bollmann, Mannheim

Sassen S (2001) The Global City. Princeton, New Jersey

Schneider A (2015) Reifegradmodell CSR. In: Schneider A, Schmidtpeter R (2015) Corporate Social Responibility. Verantwortungsvolle Unternehmensführung in Theorie und Praxis. Springer, Heidelberg

Schneider A, Schmidpeter R (2015) Corporate Social Responsibility. Verantwortungsvolle Unternehmensführung in Theorie und Praxis. Springer, Heidelberg

Schnur O, Günter H (2014) Collaborative Consumption. Sozialkapital und Quartier – eine Annäherung. Raumforsch Raumordn 72(5):401–413

Schumpeter J (1912) Theorie der wirtschaftlichen Entwicklung. Duncker & Humblot, Berlin

Siegel F (1997) The future once happened here. New York, D.C., L.A. and the fate of America's big cities. The Free Press, New York

Sieverts T (1997) Zwischenstadt. Birkhäuser, Basel

Stehr N (2007) Die Moralisierung der Märkte: Eine Gesellschaftstheorie. Suhrkamp, Frankfurt a. M.

Swyngedouw EA (1992) The Mammon quest. ‚Glocalisation', interspatial competition and the monetary order: the construction of new scales. In: Dunford M, Kafkalas G (Hrsg) Cities and Regions in the New Europe. The Global-Local Interplay and Spatial Development Strategies. John Wiley & Sons, London

Touraine A (1996) Das Ende der Städte? Die Zeit Nr. 23, 31.05.1996, S 24

Townsend A (2013) Smart Cities. Big Data, Civic Hackers, and the Quest for a new utopia. Norton & Company, New York

Waal M de (2014) The City as Interface. How New Media are Changing the City. NAI, Rotterdam

Wagner R, Lahme G, Breitbarth T (2014) CSR und Social Media. Unternehmerische Verantwortung in sozialen Medien wirkungsvoll vermitteln. Springer, Berlin/Heidelberg

Vereinigung für Stadt-, Regional- und Landesplanung e. V. (2003) Die Neue Charta von Athen 2003, SRL, Berlin

Weiterführende Literatur

Albers H-H, Höffken S (2015) Digital vernetzt. Mag Planerin (3), Berlin

Beck U, Beck-Gernsheim E (1994) Riskante Freiheiten. Suhrkamp, Frankfurt am Main

Bunz M (2012) Die Stille Revolution. Suhrkamp, Berlin

Giddens A (2001) Entfesselte Welt. Suhrkamp, Frankfurt am Main

Jaekel M (2015) Smart City wird Realität. Wegweiser für neue Urbanitäten in der Digitalmoderne. Springer, Wiesbaden

Lanier J (2013) Who Owns the Future? Penguin, London

Lefebvre H (1972) Die Revolution der Städte. List, München

Lefebvre H (1996) Writings on Cites. Wiley, Oxford

Morozov E (2013) To Save Everything, Click Here. The Folly of Technological Solutionism. Allen Lane, New York

Offenhuber D, Ratti C (2013) Die Stadt entschlüsseln. Wie Echtzeitdaten den Urbanismus verändern. Birkhäuser, Basel

Paddison R, Hutton T (2015) Cities and Economic Change. Restructuring and dislocation the global metropolis. Sage, London

Rötzer F (2015) Smart Cities im Cyberwar. Springer, Frankfurt a. M.

Siebel W (2015) Die Kultur der Stadt. Suhrkamp, Berlin

Streich B (2014) Subversive Stadtplanung. VS, Wiesbaden

Tapscott D (2015) The Digital Economy. Rethinking Promise and the Age of Networked Intelligence. Mcgraw-Hill, New York

Touraine A (1972) Die postindustrielle Gesellschaft. Suhrkamp, Frankfurt am Main

Touraine A (1995) Critique of Modernity. Blackwell, Cambridge

Dipl.-Ing. Dr. techn. Hans-Hermann Albers (*1976) (Berlin) ist selbständiger Architekt, Urbanist und Unternehmensberater. Er studierte Architektur- und Städtebau in Graz, Athen und Helsinki. Promotion zum Dr. techn. an der TU Graz mit dem Thema CSR und Stadtentwicklung. Seine Arbeits-, Lehr- und Forschungsschwerpunkte sind CSR & nachhaltige Stadtentwicklung, (digitale) Stadtökonomie, urbane Tourismus- und Freizeitstrukturen. Er lehrte an der TU Graz und war Mitarbeiter in einer Unternehmensberatung. Er führt seit 2009 ein Büro für Stadtforschung, -entwicklung und -beratung in Berlin.

The manufacturer's authorised representative in the EU is Springer Nature Customer Service Centre GmbH, Europaplatz 3, 69115 Heidelberg, Germany. If you have any concerns regarding our products, please contact ProductSafety@springernature.com

Printed and bound by CPI Group (UK) Ltd, Croydon, CR0 4YY

25/03/2026

02078194-0019